中国自然资源统计年鉴

CHINA NATURAL RESOURCES STATISTICAL YEARBOOK

2023

中华人民共和国自然资源部　编

Compiled by the Ministry of Natural Resources P.R.C.

地质出版社

Geological Publishing House

· 北　京 ·

Beijing

图书在版编目（CIP）数据

中国自然资源统计年鉴. 2023 = China Natural Resources Statistical Yearbook 2023：汉英对照 / 中华人民共和国自然资源部编. — 北京：地质出版社, 2023.12

ISBN 978-7-116-14025-7

Ⅰ. ①中… Ⅱ. ①中… Ⅲ. ①自然资源—统计资料—中国—2023—年鉴—汉、英 Ⅳ. ①P966.2-54

中国国家版本馆CIP数据核字（2023）第246424号

ZHONGGUO ZIRAN ZIYUAN TONGJI NIANJIAN 2023

责任编辑：刘雯芳　郑　丽
责任校对：关风云
出版发行：地质出版社
社址邮编：北京市海淀区学院路31号，100083
电　　话：（010）66554649（邮购部）；（010）66554605（编辑室）
网　　址：https：//www.gph.clmpg.com
印　　刷：北京地大彩印有限公司
开　　本：880 mm × 1230 mm　1/16
印　　张：18.5
字　　数：500千字
版　　次：2023年12月北京第1版
印　　次：2023年12月北京第1次印刷
定　　价：198.00元
书　　号：ISBN 978-7-116-14025-7

《中国自然资源统计年鉴 2023》编委会

《中国自然资源统计年鉴 2023》编辑部

China Natural Resources Statistical Yearbook 2023 Editorial Board

China Natural Resources Statistical Yearbook 2023 Editorial Staff

编者说明

一、《中国自然资源统计年鉴2023》是一部全面反映中华人民共和国自然资源状况和自然资源管理情况的资料性年鉴。本年鉴收录了全国和各省（自治区、直辖市）2022年自然资源领域主要统计数据，以及近年主要统计数据。

二、本年鉴资料内容包括自然资源概况、自然资源开发利用、国土空间规划和用途管制、地质海洋灾害及生态修复、测绘地理信息、自然资源依法行政、自然资源科技人才共七部分。各部分附有主要统计指标解释，对主要自然资源综合统计指标的含义、统计范围、统计口径、计算方法等做了简要说明。

三、本年鉴数据主要来源于自然资源部各司局、中国地质调查局及自然资源部其他直属单位、各省（自治区、直辖市）自然资源主管部门，以及矿山企业、测绘企业、地勘单位等调查统计对象。部分数据来源于国家林业和草原局。部分数据摘自《中国统计年鉴2023》。

四、本年鉴的全国统计数据均未包括香港特别行政区、澳门特别行政区和台湾省数据。

五、一些数据的合计数或相对数，因受进位的影响，不一定等于分项的累加。

六、本年鉴各表中，对表中部分指标的注解在该表下方。

七、本年鉴表中的空格表示该项统计指标数值为“0”。

Explanation of Compilation

Ⅰ. The *China Natural Resources Statistical Yearbook* 2023 is an informative yearbook comprehensively reflecting the status of natural resources and natural resources administration. It collects the main statistical data in the field of natural resources of the whole country and all the provinces (autonomous regions, and municipalities directly under the central government) in 2022, and key statistical data in recent years.

Ⅱ. The yearbook contains seven chapters: ①general situation of natural resources; ②development and utilization of natural resources; ③planning and use control of land space; ④geological, marine disasters and ecological restoration; ⑤surveying and mapping and geographic information; ⑥legal administration of natural resources; ⑦natural resources scientific and technological talented personnel. In addition, explanatory notes on main statistical indicators follow each chapter, which give brief description of the connotations, statistical scopes, statistical approaches, and calculation methods of the main natural resources statistical indicators.

Ⅲ. The principal sources of the yearbook are annual comprehensive statistical reports on the departments and bureaus of the Ministry of Natural Resources, the departments and bureaus of China Geological Survey, other units directly under the Ministry of Natural Resources (MNR), the administrative departments of natural resources of all provinces (autonomous regions, and municipalities directly under the central government), as well as mining enterprises, surveying and mapping enterprises, geological exploration units and other survey and statistics objects. Part of the data come from National Forestry and Grassland Administration. Individual data are extracted from *China Statistical Yearbook* 2023.

Ⅳ. The national statistics in this yearbook do not include the data of Hong Kong, Macao Special Administrative Regions and Taiwan Province.

Ⅴ. Some aggregations or rates/ratios may not add up to the sum of the series because of rounding.

Ⅵ. The notes concerning individual indicators are placed at the lower part.

Ⅶ. The blank used in the yearbook indicates that the statistical indicator value is "0".

目　录

CONTENTS

一、自然资源概况

Chapter 1 General Situation of Natural Resources

土地利用
Land Use

单位：万公顷

地　区	Region	耕地 Cultivated Land	园地 Garden Land	林地 Forest Land	草地 Grassland
总　计	**Total**	**12757.99**	**2011.26**	**28354.58**	**26428.50**
北　京	Beijing	12.48	10.89	96.59	1.45
天　津	Tianjin	33.24	3.58	14.81	1.41
河　北	Hebei	601.12	97.00	641.80	192.01
山　西	Shanxi	387.05	63.12	611.67	305.72
内蒙古	Nei Mongol	1156.11	4.89	2438.95	5398.73
辽　宁	Liaoning	515.67	53.01	598.96	47.81
吉　林	Jilin	744.43	9.36	879.72	63.62
黑龙江	Heilongjiang	1713.13	7.49	2163.48	117.28
上　海	Shanghai	16.16	1.44	8.81	1.76
江　苏	Jiangsu	409.12	22.41	80.47	10.17
浙　江	Zhejiang	130.48	71.98	607.04	7.85
安　徽	Anhui	555.09	37.35	405.92	5.61
福　建	Fujian	92.09	92.64	877.96	7.51
江　西	Jiangxi	271.28	60.35	1033.63	9.52
山　东	Shandong	645.64	121.77	253.51	24.31
河　南	Henan	753.49	40.24	434.93	24.61
湖　北	Hubei	469.80	49.06	932.24	9.33
湖　南	Hunan	365.42	90.54	1263.73	13.98
广　东	Guangdong	190.63	129.40	1072.88	24.07
广　西	Guangxi	327.97	165.81	1602.26	27.91
海　南	Hainan	48.43	122.20	115.53	1.79
重　庆	Chongqing	185.03	29.01	468.98	2.51
四　川	Sichuan	520.99	121.44	2543.50	960.81
贵　州	Guizhou	336.61	61.81	1123.52	19.20
云　南	Yunnan	528.67	262.92	2496.88	131.14
西　藏	Xizang	44.12	1.41	1788.99	8004.56
陕　西	Shaanxi	298.93	114.89	1245.33	219.20
甘　肃	Gansu	519.52	42.52	815.17	1411.40
青　海	Qinghai	56.44	6.05	460.59	3944.25
宁　夏	Ningxia	120.09	9.08	98.11	199.02
新　疆	Xinjiang	708.78	107.63	1178.62	5239.98

状况（2022年）
Status（2022）

Unit：$10^4 hm^2$

湿地 Wetland	城镇村及工矿用地 Land Used for Urban, Industrial and Mining Activities	交通运输用地 Land Used for Transport	水域及水利设施用地 Land Used for Water and Conservancy Facilities
2356.87	**3596.78**	**1018.63**	**3629.55**
0.30	29.78	5.18	6.38
3.27	33.27	4.71	23.54
13.67	215.48	42.57	58.68
4.93	102.89	28.83	17.77
379.66	154.25	82.29	108.86
29.59	134.53	31.21	70.10
22.30	86.18	27.28	62.92
348.73	117.63	55.45	172.40
7.14	28.38	3.62	18.64
40.81	208.08	38.56	248.23
15.78	116.91	27.32	69.23
4.31	175.73	32.52	172.12
18.67	72.64	23.14	37.31
22.63	113.13	36.51	109.28
24.65	285.31	47.71	134.52
3.50	246.52	40.68	86.55
4.97	142.15	35.43	197.94
23.21	164.39	38.61	125.44
17.70	182.89	36.05	132.91
12.59	102.97	40.26	75.24
12.16	25.16	6.35	18.41
1.47	63.68	17.47	27.38
122.96	186.15	54.24	108.66
0.70	78.53	35.85	25.37
3.63	110.37	56.11	63.18
429.92	17.25	17.43	593.87
4.74	93.66	31.72	28.16
118.32	88.01	35.20	41.30
510.01	37.84	15.03	245.60
2.54	30.21	9.87	17.04
151.98	152.80	61.44	531.53

耕地面积变化情况（2022年）

Changes in Cultivated Land （2022）

单位：万公顷 Unit：10^4hm^2

地 区	Region	年初耕地面积 Cultivated Land Area at the Beginning of the Year	年内增加耕地面积 Increase of Cultivated Land Area during the Year	年内减少耕地面积 Decrease of Cultivated Land Area during the Year	年末耕地面积 Cultivated Land Area at the End of the Year
总 计	**Total**	**12751.68**	**101.12**	**94.82**	**12757.99**
北 京	Beijing	12.00	0.61	0.13	12.48
天 津	Tianjin	33.03	0.36	0.16	33.24
河 北	Hebei	596.87	11.86	7.61	601.12
山 西	Shanxi	386.32	3.69	2.96	387.05
内蒙古	Nei Mongol	1155.96	3.43	3.28	1156.11
辽 宁	Liaoning	515.36	2.02	1.71	515.67
吉 林	Jilin	744.98	4.21	4.77	744.43
黑龙江	Heilongjiang	1716.58	0.57	4.03	1713.13
上 海	Shanghai	15.97	0.48	0.29	16.16
江 苏	Jiangsu	408.58	3.77	3.24	409.12
浙 江	Zhejiang	129.49	2.45	1.46	130.48
安 徽	Anhui	554.18	4.84	3.93	555.09
福 建	Fujian	92.03	0.76	0.70	92.09
江 西	Jiangxi	271.12	1.17	1.01	271.28
山 东	Shandong	641.49	11.74	7.60	645.64
河 南	Henan	751.94	6.52	4.96	753.49
湖 北	Hubei	474.14	4.88	9.22	469.80
湖 南	Hunan	362.61	4.11	1.30	365.42
广 东	Guangdong	189.97	2.21	1.56	190.63
广 西	Guangxi	326.02	4.47	2.51	327.97
海 南	Hainan	48.75	0.47	0.80	48.43
重 庆	Chongqing	185.38	1.46	1.80	185.03
四 川	Sichuan	519.53	6.68	5.22	520.99
贵 州	Guizhou	339.33	0.31	3.03	336.61
云 南	Yunnan	538.35	3.48	13.15	528.67
西 藏	Xizang	44.87	0.12	0.87	44.12
陕 西	Shaanxi	296.26	5.23	2.56	298.93
甘 肃	Gansu	520.56	1.14	2.18	519.52
青 海	Qinghai	56.56	0.04	0.16	56.44
宁 夏	Ningxia	119.85	0.58	0.34	120.09
新 疆	Xinjiang	703.59	7.46	2.27	708.78

永久基本农田保护情况（2022年）

Protection of Permanent Prime Farmland （2022）

单位：万公顷 Unit：10^4hm^2

地 区	Region	永久基本农田面积 Area of Permanent Prime Farmland
总 计	**Total**	**10336.43**
北 京	Beijing	10.03
天 津	Tianjin	27.30
河 北	Hebei	511.12
山 西	Shanxi	316.50
内蒙古	Nei Mongol	892.43
辽 宁	Liaoning	416.73
吉 林	Jilin	546.34
黑龙江	Heilongjiang	1355.90
上 海	Shanghai	10.00
江 苏	Jiangsu	356.33
浙 江	Zhejiang	110.14
安 徽	Anhui	476.34
福 建	Fujian	81.01
江 西	Jiangxi	236.36
山 东	Shandong	560.82
河 南	Henan	555.87
湖 北	Hubei	396.68
湖 南	Hunan	320.31
广 东	Guangdong	168.23
广 西	Guangxi	287.39
海 南	Hainan	42.99
重 庆	Chongqing	137.62
四 川	Sichuan	420.58
贵 州	Guizhou	240.93
云 南	Yunnan	382.08
西 藏	Xizang	32.49
陕 西	Shaanxi	225.30
甘 肃	Gansu	425.41
青 海	Qinghai	49.17
宁 夏	Ningxia	94.95
新 疆	Xinjiang	548.42

全国矿产资源储量（2022年）

National Reserves of Mineral Resources（2022）

矿 种	Mineral	单位	Unit	储量 Reserve
煤炭	Coal	亿吨	10^8 t	2070.12
石油	Oil	亿吨	10^8 t	剩余探明技术可采储量：38.06
天然气	Natural Gas	亿立方米	10^8 m^3	剩余探明技术可采储量：65690.12
页岩气	Shale Gas	亿立方米	10^8 m^3	剩余探明技术可采储量：5605.59
煤层气	Coalbed Methane	亿立方米	10^8 m^3	剩余探明技术可采储量：3659.69
天然沥青	Natural Asphalt	矿石 万吨	10^4 t of Ore	16.89
油页岩	Oil Shale	矿石 亿吨	10^8 t of Ore	21.07
石煤	Bone Coal	矿石 亿吨	10^8 t of Ore	9.91
油砂	Oil Sand	矿石 万吨	10^4 t of Ore	18852.20
地热	Geotherm	万米^3/日	10^4 m^3/d	允许开采量：306.40
铁矿	Iron Ore	矿石 亿吨	10^8 t of Ore	162.46
锰矿	Manganese	矿石 万吨	10^4 t of Ore	27561.45
铬铁矿	Chromite	矿石 万吨	10^4 t of Ore	279.47
钒矿	Vanadium	V_2O_5 万吨	V_2O_5 10^4 t	734.39
钛矿	Titanium	折TiO_2 万吨	Converted into TiO_2 10^4 t	10604.62
铜矿	Copper	铜 万吨	Copper 10^4 t	4077.18
铅矿	Lead	铅 万吨	Lead 10^4 t	2186.50
锌矿	Zinc	锌 万吨	Zinc 10^4 t	4607.86
铝土矿	Bauxite	矿石 万吨	10^4 t of Ore	67552.60
镁矿	Magnesium	矿石 万吨	10^4 t of Ore	16147.91
镍矿	Nickel	镍 万吨	Nickel 10^4 t	434.65
钴矿	Cobalt	钴 万吨	Cobalt 10^4 t	15.87
钨矿	Tungsten	WO_3 万吨	WO_3 10^4 t	299.56
锡矿	Tin	锡 万吨	Tin 10^4 t	100.49
钼矿	Molybdenum	钼 万吨	Molybdenum 10^4 t	590.05
锑矿	Antimony	锑 万吨	Antimony 10^4 t	66.69
汞矿	Mercury	汞 吨	Mercury t	7972.56
铋矿	Bismuth	铋 万吨	Bismuth 10^4 t	16.23
铂族金属	Platinum Group Metals	金属 千克	kg of Metals	80913.48
金矿	Gold	金 吨	Gold t	3127.46
银矿	Silver	银 吨	Silver t	70344.21
铌钽矿	Niobium–Tantalum	折铌钽氧化物 万吨	Converted into Niobium–Tantalum Oxide 10^4 t	29.25
铍矿	Beryllium	折氧化铍 万吨	Converted into BeO 10^4 t	6.38
锂矿	Lithium	折氧化锂 万吨	Converted into Li_2O 10^4 t	635.27
锶矿	Strontium	天青石 万吨	Celestite 10^4 t	2456.81
铷矿	Rubidium	Rb_2O 万吨	Rb_2O 10^4 t	115.68
铯矿	Caesium	Cs_2O 万吨	Cs_2O 10^4 t	14.15
锆矿	Zirconium	折氧化锆 万吨	Converted into ZrO_2 10^4 t	7.16
锗矿	Germanium	锗 吨	Germanium t	2333.47

全国矿产资源储量（2022年） 续表1

National Reserves of Mineral Resources（2022） Continued 1

矿种	Mineral	单位	Unit	储量 Reserve
镓矿	Gallium	镓 吨	Gallium t	28865.64
铟矿	Indium	铟 吨	Indium t	1926.24
铊矿	Thallium	铊 吨	Thallium t	1582.41
铼矿	Rhenium	铼 吨	Rhenium t	19.20
镉矿	Cadmium	镉 吨	Cadmium t	37734.53
硒矿	Selenium	硒 吨	Selenium t	5015.22
碲矿	Tellurium	碲 吨	Tellurium t	3109.45
蓝晶石	Kyanite	矿物 万吨	10^4 t of Minerals	8.85
矽线石	Sillimanite	矿物 万吨	10^4 t of Minerals	365.10
红柱石	Andalusite	矿物 万吨	10^4 t of Minerals	484.95
菱镁矿	Magnesite	矿石 万吨	10^4 t of Ore	68011.87
普通萤石	Common Fluorite	折氟化钙 万吨	Converted into CaF_2 10^4 t	8592.06
熔剂用灰岩	Limestone for Flux	矿石 亿吨	10^8 t of Ore	32.95
冶金用白云岩	Metallurgical Dolomite	矿石 亿吨	10^8 t of Ore	17.33
冶金用石英岩	Metallurgical Quartzite	矿石 万吨	10^4 t of Ore	33641.95
冶金用砂岩	Metallurgical Sandstone	矿石 万吨	10^4 t of Ore	387.36
铸型用砂岩	Foundry Sandstone	矿石 万吨	10^4 t of Ore	504.22
铸型用砂	Foundry Sand	矿石 万吨	10^4 t of Ore	11154.67
冶金用脉石英	Metallurgical Vein Quartz	矿石 万吨	10^4 t of Ore	2969.81
耐火黏土	Refractory Clay	矿石 万吨	10^4 t of Ore	21857.76
铁矾土	Ferroalumina	矿石 万吨	10^4 t of Ore	350.02
铸型用黏土	Foundry Clay	矿石 万吨	10^4 t of Ore	1452.60
耐火用橄榄岩	Refractory Peridotite	矿石 万吨	10^4 t of Ore	1776.61
熔剂用蛇纹岩	Serpentinite for Flux	矿石 万吨	10^4 t of Ore	50131.90
硫铁矿	Pyrite	矿石 万吨	10^4 t of Ore	114785.58
伴生硫	Associated Sulfur	硫 万吨	Sulfur 10^4 t	7545.39
磷矿	Phosphate Rock	矿石 亿吨	10^8 t of Ore	35.90
伴生磷	Associated Phosphorus	P_2O_5 万吨	P_2O_5 10^4 t	295.19
钾盐	Potash	KCl 万吨	KCl 10^4 t	28788.70
钠硝石	Nitratine	矿石 万吨	10^4 t of Ore	2495.35
明矾石	Alunite	矿物 万吨	10^4 t of Minerals	119.02
芒硝	Mirabilite	折硫酸钠 亿吨	Converted into Na_2SO_4 10^8 t	12.26
重晶石	Barite	矿石 万吨	10^4 t of Ore	10735.58
毒重石	Witherite	矿石 万吨	10^4 t of Ore	506.74
天然碱	Trona	Na_2CO_3+$NaHCO_3$ 万吨	Na_2CO_3+$NaHCO_3$ 10^4 t	2543.26
电石用灰岩	Limestone for Calcium Carbide	矿石 万吨	10^4 t of Ore	140583.93
制碱用灰岩	Limestone for Alkali Production	矿石 万吨	10^4 t of Ore	63727.73
化肥用灰岩	Limestone for Fertilizer	矿石 万吨	10^4 t of Ore	1606.61
化肥用石英岩	Quartzite for Fertilizer	矿石 万吨	10^4 t of Ore	116.93
化工用白云岩	Dolomite for Chemical Industry	矿石 万吨	10^4 t of Ore	5419.44
化肥用砂岩	Sandstone for Fertilizer	矿石 万吨	10^4 t of Ore	1127.42

全国矿产资源储量（2022年） 续表2

National Reserves of Mineral Resources（2022） Continued 2

矿　种	Mineral	单位	Unit	储量 Reserve
含钾砂页岩	Potassium-bearing Sandy Shale	矿石 万吨	10^4 t of Ore	25.70
含钾岩石	Potassium-bearing Rock	矿石 万吨	10^4 t of Ore	6000.96
化肥用橄榄岩	Peridotite for Fertilizer	矿石 万吨	10^4 t of Ore	249.22
化肥用蛇纹岩	Serpentinite for Fertilizer	矿石 亿吨	10^8 t of Ore	4.10
泥炭	Peat	矿石 万吨	10^4 t of Ore	127.82
盐矿	Mineral Salt	折氯化钠 亿吨	Converted into NaCl 10^8 t	142.90
镁盐	Magnesium Salt	折镁 万吨	Converted into Magnesium 10^4 t	3278.23
碘	Iodine	碘 吨	Iodine t	1497.38
溴	Bromine	溴 万吨	Bromine 10^4 t	12.80
砷	Arsenic	折砷 万吨	Converted into Arsenic 10^4 t	28.73
硼	Boron	B_2O_3 万吨	B_2O_3 10^4 t	901.02
金刚石	Diamond	矿物 千克	kg of Minerals	183.19
压电水晶	Piezoelectric Quartz Crystal	单晶 千克	Single Crystal kg	18687.00
熔炼水晶	Smelting Quartz Crystal	矿物 吨	t of Minerals	418.70
工艺水晶	Technological Quartz Crystal	矿物 千克	kg of Minerals	52.00
刚玉	Corundum	矿物 吨	t of Minerals	2.11
电气石	Tourmaline	矿物 吨	t of Minerals	92664.02
石榴子石	Garnet	折矿物 万吨	Converted into Minerals 10^4 t	3685.83
方解石	Calcite	矿石 万吨	10^4 t of Ore	59126.48
光学萤石	Optical fluorite	矿物 千克	kg of Minerals	91.00
宝石	Gemstone	矿物 吨	t of Minerals	136.93
玉石	Jade	矿石 万吨	10^4 t of Ore	808.73
玛瑙	Agate	矿石 吨	t of Ore	151995.77
硅灰石	Wollastonite	矿石 万吨	10^4 t of Ore	4028.74
滑石	Talc	矿石 万吨	10^4 t of Ore	6045.66
长石	Feldspar	矿石 万吨	10^4 t of Ore	72832.58
叶蜡石	Pyrophyllite	矿石 万吨	10^4 t of Ore	1474.60
高岭土	Kaolin	矿石 万吨	10^4 t of Ore	69345.14
陶瓷用砂岩	Sandstone for Ceramics	矿石 万吨	10^4 t of Ore	5169.55
陶瓷土	Ceramic Clay	矿石 万吨	10^4 t of Ore	142257.27
霞石正长岩	Nepheline Syenite	矿石 万吨	10^4 t of Ore	10796.60
玻璃用灰岩	Limestone for Glass	矿石 万吨	10^4 t of Ore	27.00
玻璃用白云岩	Dolomite for Glass	矿石 万吨	10^4 t of Ore	6674.95
玻璃用石英岩	Quartzite for Glass	矿石 万吨	10^4 t of Ore	102658.99
玻璃用砂岩	Sandstone for Glass	矿石 万吨	10^4 t of Ore	18078.34
玻璃用砂	Sand for Glass	矿石 万吨	10^4 t of Ore	60594.35
玻璃用脉石英	Vein Quartz for Glass	矿石 万吨	10^4 t of Ore	4751.35
粉石英	Powder Quartz	矿石 万吨	10^4 t of Ore	564.33
玻璃用大理岩	Marble for Glass	矿石 万吨	10^4 t of Ore	1527.77
水泥用灰岩	Limestone for Cement	矿石 亿吨	10^8 t of Ore	397.08
制灰用灰岩	Limestone for Ash Making	矿石 万吨	10^4 t of Ore	124894.85

全国矿产资源储量（2022年） 续表3

National Reserves of Mineral Resources（2022） Continued 3

矿种	Mineral	单位	Unit	储量 Reserve
泥灰岩	Marl	矿石 万吨	10^4 t of Ore	2883.58
水泥配料用砂岩	Sandstone for Cement Batching	矿石 万吨	10^4 t of Ore	116905.29
水泥配料用砂	Sand for Cement Batching	矿石 万吨	10^4 t of Ore	6918.10
水泥配料用脉石英	Vein Quartz for Cement Batching	矿石 万吨	10^4 t of Ore	488.93
水泥配料用页岩	Shale for Cement Batching	矿石 万吨	10^4 t of Ore	36829.82
水泥配料用黏土	Clay for Cement Batching	矿石 万吨	10^4 t of Ore	39162.50
水泥配料用红土	Laterite for Cement Batching	矿石 万吨	10^4 t of Ore	4257.80
水泥配料用黄土	Loess for Cement Batching	矿石 万吨	10^4 t of Ore	4499.74
水泥配料用泥岩	Mudstone for Cement Batching	矿石 万吨	10^4 t of Ore	9900.06
水泥用辉绿岩	Diabase for Cement	矿石 万吨	10^4 t of Ore	375.67
水泥混合材用闪长玢岩	Diorite Porphyrite for Cement Mixture	矿石 万吨	10^4 t of Ore	7.35
水泥混合材用玄武岩	Basalt for Cement Mixture	矿石 万吨	10^4 t of Ore	57.05
水泥用凝灰岩	Tuff for Cement	矿石 万吨	10^4 t of Ore	3765.87
水泥用大理岩	Marble for Cement	矿石 万吨	10^4 t of Ore	121206.47
水泥配料用板岩	Slate for Cement Batching	矿石 万吨	10^4 t of Ore	18230.81
砖瓦用页岩	Shale for Brick and Tile	矿石 万立方米	10^4 m^3 of Ore	81762.97
砖瓦用黏土	Clay for Brick and Tile	矿石 万立方米	10^4 m^3 of Ore	32905.02
砖瓦用砂岩	Sandstone for Brick and Tile	矿石 万立方米	10^4 m^3 of Ore	5647.76
砖瓦用砂	Sand for Brick and Tile	矿石 万立方米	10^4 m^3 of Ore	1414.09
凹凸棒石黏土	Attapulgite Clay	矿石 万吨	10^4 t of Ore	4931.71
海泡石黏土	Sepiolite Clay	矿石 万吨	10^4 t of Ore	16.94
伊利石黏土	Illite Clay	矿石 万吨	10^4 t of Ore	13050.06
累托石黏土	Rectorite Clay	矿石 万吨	10^4 t of Ore	198.86
膨润土	Bentonite	矿石 万吨	10^4 t of Ore	17159.80
硅藻土	Diatomite	矿石 万吨	10^4 t of Ore	12322.93
建筑用砂	Sand for Construction	矿石 万立方米	10^4 m^3 of Ore	209393.80
建筑用灰岩	Limestone for Construction	矿石 万立方米	10^4 m^3 of Ore	933118.30
建筑用橄榄岩	Peridotite for Construction	矿石 万立方米	10^4 m^3 of Ore	281.67
建筑用角闪岩	Amphibolite for Construction	矿石 万立方米	10^4 m^3 of Ore	1115.51
建筑用辉绿岩	Diabase for Construction	矿石 万立方米	10^4 m^3 of Ore	9040.78
建筑用安山岩	Andesite for Construction	矿石 万立方米	10^4 m^3 of Ore	30124.99
建筑用凝灰岩	Tuff for Construction	矿石 万立方米	10^4 m^3 of Ore	177239.39
建筑用辉石岩	Pyroxenite for Construction	矿石 万立方米	10^4 m^3 of Ore	17[illegible].33
建筑用玄武岩	Basalt for Construction	矿石 万立方米	10^4 m^3 of Ore	41662.59
建筑用闪长岩	Diorite for Construction	矿石 万立方米	10^4 m^3 of Ore	21399.80
建筑用辉长岩	Gabbro for Construction	矿石 万立方米	10^4 m^3 of Ore	104.90
建筑用花岗岩	Granite for Construction	矿石 万立方米	10^4 m^3 of Ore	316270.58
建筑用大理岩	Marble for Construction	矿石 万立方米	10^4 m^3 of Ore	23959.76
建筑用白云岩	Dolomite for Construction	矿石 万立方米	10^4 m^3 of Ore	63791.88
建筑用砂岩	Sandstone for Construction	矿石 万立方米	10^4 m^3 of Ore	125197.18
建筑用页岩	Shale for Construction	矿石 万立方米	10^4 m^3 of Ore	5482.11

全国矿产资源储量（2022年） 续表4

National Reserves of Mineral Resources（2022） Continued 4

矿 种	Mineral	单位	Unit	储量 Reserve
饰面用辉长岩	Decorative Gabbro	矿石 万立方米	10^4 m^3 of Ore	581.78
饰面用辉绿岩	Decorative Diabase	矿石 万立方米	10^4 m^3 of Ore	1486.02
饰面用玄武岩	Decorative Basalt	矿石 万立方米	10^4 m^3 of Ore	635.36
饰面用闪长岩	Decorative Diorite	矿石 万立方米	10^4 m^3 of Ore	1865.87
饰面用安山岩	Decorative Andesite	矿石 万立方米	10^4 m^3 of Ore	0.10
饰面用辉石岩	Decorative Pyroxenite	矿石 万立方米	10^4 m^3 of Ore	54.60
饰面用角闪岩	Decorative Amphibolite	矿石 万立方米	10^4 m^3 of Ore	2186.78
饰面用花岗岩	Decorative Granite	矿石 万立方米	10^4 m^3 of Ore	225583.01
饰面用大理岩	Decorative Marble	矿石 万立方米	10^4 m^3 of Ore	46823.09
饰面用灰岩	Decorative Limestone	矿石 万立方米	10^4 m^3 of Ore	17670.12
饰面用蛇纹岩	Decorative Serpentinite	矿石 万立方米	10^4 m^3 of Ore	148.29
饰面用板岩	Decorative Slate	矿石 万立方米	10^4 m^3 of Ore	5541.25
火山灰	Volcanic Ash	矿石 万吨	10^4 t of Ore	1520.00
火山渣	Scoria	矿石 万吨	10^4 t of Ore	1905.80
片麻岩	Gneiss	矿石 万立方米	10^4 m^3 of Ore	14407.97
珍珠岩	Perlite	矿石 万吨	10^4 t of Ore	3157.32
陶粒页岩	Shale for Ceramsite	矿石 万吨	10^4 t of Ore	7751.41
陶粒用黏土	Clay for Ceramsite	矿石 万吨	10^4 t of Ore	1438.54
晶质石墨	Graphite	晶质石墨矿物 万吨	Graphite 10^4 t of Minerals	8100.80
隐晶质石墨	Aphanitic Graphite	隐晶质石墨矿石 万吨	Aphanitic Graphite 10^4 t of Ore	1169.03
石棉	Asbestos	矿物 万吨	10^4 t of Minerals	713.10
蓝石棉	Crocidlite Asbestos	矿物 吨	t of Minerals	28303.00
云母	Mica	矿物 吨	t of Minerals	3877.62
碎云母	Scrap Mica	矿物 万吨	10^4 t of Minerals	108.26
透辉石	Diopside	矿石 万吨	10^4 t of Ore	1363.51
透闪石	Tremolite	矿石 万吨	10^4 t of Ore	66.12
蛭石	Vermiculite	矿石 万吨	10^4 t of Ore	293.70
沸石	Zeolite	矿石 万吨	10^4 t of Ore	13006.75
石膏	Gypsum	矿石 亿吨	10^8 t of Ore	17.58
浮石	Pumice	矿石 万立方米	10^4 m^3 of Ore	1376.89
保温材料用黏土	Clay for Insulation	矿石 万吨	10^4 t of Ore	162.69
铸石用玄武岩	Basalt for Cast Stone	矿石 万吨	10^4 t of Ore	168.39
岩棉用玄武岩	Basalt for Rock Wool	矿石 万吨	10^4 t of Ore	177.56
麦饭石	Maifanite	矿石 万吨	10^4 t of Ore	466.30
砚石	Ink Stone	矿石 万吨	10^4 t of Ore	1730.34
矿泉水	Mineral Water	万米^3/日	10^4 m^3/d	允许开采量：77.92
二氧化碳气	Carbon Dioxide	亿立方米	10^8 m^3	剩余探明技术可采储量：1629.79
氦气	Helium	万立方米	10^4 m^3	剩余探明技术可采储量：36247.12
硫化氢气	Hydrogen Sulfide	亿立方米	10^8 m^3	剩余探明技术可采储量：612.90

水资源情况（2022年）

Water Resources（2022）

指 标	Indicator	单位	Unit	数量 Quantity
水资源总量	**Total Water Resources**	**亿立方米**	**$10^8 m^3$**	**27088.1**
地表水资源量	Surface Water Resources	亿立方米	$10^8 m^3$	25984.4
地下水资源量	Groundwater Resources	亿立方米	$10^8 m^3$	7924.4
地表水与地下水资源重复量	Overlapped Measurement between Surface Water Resources and Groundwater Resources	亿立方米	$10^8 m^3$	6820.7

注：数据摘自《中国统计年鉴 2023》。
Note：The data are extracted from *China Statistical Yearbook* 2023.

全民所有自然资源资产情况（2022年）
State-owned Natural Resources Assets （2022）

指标	Indicator	单位	Unit	数量 Quantity
全民所有土地	**State-owned Land**	**万公顷**	**$10^4 hm^2$**	**52360.45**
耕地	Cultivated Land	万公顷	$10^4 hm^2$	1957.53
园地	Garden Land	万公顷	$10^4 hm^2$	239.33
林地	Forest Land	万公顷	$10^4 hm^2$	11260.98
草地	Grassland	万公顷	$10^4 hm^2$	19740.51
湿地	Wetland	万公顷	$10^4 hm^2$	2175.27
建设用地	Land for Construction Use	万公顷	$10^4 hm^2$	1818.64
主要矿产资源	**Main Mineral Resources**			
石油	Oil			
期初量	Quantity at the Beginning of the Period	亿吨	$10^8 t$	36.89
期内变化量	Change during the Period	亿吨	$10^8 t$	1.17
期末量	Quantity at the End of the Period	亿吨	$10^8 t$	38.06
天然气	Natural Gas			
期初量	Quantity at the Beginning of the Period	亿立方米	$10^8 m^3$	63392.67
期内变化量	Change during the Period	亿立方米	$10^8 m^3$	2297.45
期末量	Quantity at the End of the Period	亿立方米	$10^8 m^3$	65690.12
页岩气	Shale Gas			
期初量	Quantity at the Beginning of the Period	亿立方米	$10^8 m^3$	5440.62
期内变化量	Change during the Period	亿立方米	$10^8 m^3$	164.97
期末量	Quantity at the End of the Period	亿立方米	$10^8 m^3$	5605.59
煤炭	Coal			
期初量	Quantity at the Beginning of the Period	亿吨	$10^8 t$	2078.85
期内变化量	Change during the Period	亿吨	$10^8 t$	-8.73
期末量	Quantity at the End of the Period	亿吨	$10^8 t$	2070.12
煤层气	Coalbed Methane			
期初量	Quantity at the Beginning of the Period	亿立方米	$10^8 m^3$	3659.68

全民所有自然资源资产情况（2022年） 续表1

State-owned Natural Resources Assets（2022） Continued 1

指　标	Indicator	单位	Unit	数量 Quantity
期内变化量	Change during the Period	亿立方米	10^8 m^3	0.01
期末量	Quantity at the End of the Period	亿立方米	10^8 m^3	3659.69
铁矿	Iron			
期初量	Quantity at the Beginning of the Period	矿石 亿吨	10^8 t of Ore	161.24
期内变化量	Change during the Period	矿石 亿吨	10^8 t of Ore	1.22
期末量	Quantity at the End of the Period	矿石 亿吨	10^8 t of Ore	162.46
铬铁矿	Chromite			
期初量	Quantity at the Beginning of the Period	矿石 万吨	10^4 t of Ore	308.63
期内变化量	Change during the Period	矿石 万吨	10^4 t of Ore	−29.16
期末量	Quantity at the End of the Period	矿石 万吨	10^4 t of Ore	279.47
铜矿	Copper			
期初量	Quantity at the Beginning of the Period	铜 万吨	Copper 10^4 t	3494.79
期内变化量	Change during the Period	铜 万吨	Copper 10^4 t	582.39
期末量	Quantity at the End of the Period	铜 万吨	Copper 10^4 t	4077.18
铝土矿	Bauxite			
期初量	Quantity at the Beginning of the Period	矿石 万吨	10^4 t of Ore	71113.74
期内变化量	Change during the Period	矿石 万吨	10^4 t of Ore	−3561.14
期末量	Quantity at the End of the Period	矿石 万吨	10^4 t of Ore	67552.60
金矿	Gold			
期初量	Quantity at the Beginning of the Period	金 吨	Gold t	2964.37
期内变化量	Change during the Period	金 吨	Gold t	163.09
期末量	Quantity at the End of the Period	金 吨	Gold t	3127.46
镍矿	Nickel			
期初量	Quantity at the Beginning of the Period	镍 万吨	Nickel 10^4 t	422.04
期内变化量	Change during the Period	镍 万吨	Nickel 10^4 t	12.61
期末量	Quantity at the End of the Period	镍 万吨	Nickel 10^4 t	434.65

全民所有自然资源资产情况（2022年） 续表2

State-owned Natural Resources Assets（2022） Continued 2

指 标	Indicator	单位	Unit	数量 Quantity
钨矿	Tungsten			
期初量	Quantity at the Beginning of the Period	WO_3 万吨	WO_3 10^4 t	295.16
期内变化量	Change during the Period	WO_3 万吨	WO_3 10^4 t	4.40
期末量	Quantity at the End of the Period	WO_3 万吨	WO_3 10^4 t	299.56
锡矿	Tin			
期初量	Quantity at the Beginning of the Period	锡 万吨	Tin 10^4 t	113.07
期内变化量	Change during the Period	锡 万吨	Tin 10^4 t	-12.58
期末量	Quantity at the End of the Period	锡 万吨	Tin 10^4 t	100.49
钼矿	Molybdenum			
期初量	Quantity at the Beginning of the Period	钼 万吨	Molybdenum 10^4 t	584.89
期内变化量	Change during the Period	钼 万吨	Molybdenum 10^4 t	5.16
期末量	Quantity at the End of the Period	钼 万吨	Molybdenum 10^4 t	590.05
锑矿	Antimony			
期初量	Quantity at the Beginning of the Period	锑 万吨	Antimony 10^4 t	64.07
期内变化量	Change during the Period	锑 万吨	Antimony 10^4 t	2.62
期末量	Quantity at the End of the Period	锑 万吨	Antimony 10^4 t	66.69
钴矿	Cobalt			
期初量	Quantity at the Beginning of the Period	钴 万吨	Cobalt 10^4 t	13.86
期内变化量	Change during the Period	钴 万吨	Cobalt 10^4 t	2.01
期末量	Quantity at the End of the Period	钴 万吨	Cobalt 10^4 t	15.87
锂矿	Lithium			
期初量	Quantity at the Beginning of the Period	折氧化锂 万吨	Converted into Li_2O 10^4 t	404.68
期内变化量	Change during the Period	折氧化锂 万吨	Converted into Li_2O 10^4 t	230.59
期末量	Quantity at the End of the Period	折氧化锂 万吨	Converted into Li_2O 10^4 t	635.27
锆矿	Zirconium			
期初量	Quantity at the Beginning of the Period	折氧化锆 万吨	Converted into ZrO_2 10^4 t	7.16

全民所有自然资源资产情况（2022年） 续表3
State-owned Natural Resources Assets（2022） Continued 3

指标	Indicator	单位	Unit	数量 Quantity
期内变化量	Change during the Period	折氧化锆 万吨	Converted into ZrO_2 10^4 t	
期末量	Quantity at the End of the Period	折氧化锆 万吨	Converted into ZrO_2 10^4 t	7.16
磷矿	Phosphate Rock			
期初量	Quantity at the Beginning of the Period	矿石 亿吨	10^8 t of Ore	37.55
期内变化量	Change during the Period	矿石 亿吨	10^8 t of Ore	−0.65
期末量	Quantity at the End of the Period	矿石 亿吨	10^8 t of Ore	36.90
钾盐	Potash			
期初量	Quantity at the Beginning of the Period	KCl 万吨	KCl 10^4 t	28424.65
期内变化量	Change during the Period	KCl 万吨	KCl 10^4 t	364.05
期末量	Quantity at the End of the Period	KCl 万吨	KCl 10^4 t	28788.70
晶质石墨	Graphite			
期初量	Quantity at the Beginning of the Period	矿物 万吨	10^4 t of Minerals	7326.33
期内变化量	Change during the Period	矿物 万吨	10^4 t of Minerals	274.47
期末量	Quantity at the End of the Period	矿物 万吨	10^4 t of Minerals	8[illegible]00.80
普通萤石	Common Fluorite			
期初量	Quantity at the Beginning of the Period	折氟化钙 万吨	Converted into CaF_2 10^4 t	6725.13
期内变化量	Change during the Period	折氟化钙 万吨	Converted into CaF_2 10^4 t	1866.93
期末量	Quantity at the End of the Period	折氟化钙 万吨	Converted into CaF_2 10^4 t	8592.06
水资源	**Water Resources**	**亿立方米**	**10^8 m^3**	**27088.10**
地表水资源量	Surface Water Resources	亿立方米	10^8 m^3	25984.40
地下水资源量	Groundwater Resources	亿立方米	10^8 m^3	7924.40
地下水与地表水资源重复量	Overlapped Measurement between Surface Water Resources and Groundwater Resources	亿立方米	10^8 m^3	6820.70
海洋资源	**Marine Resources**			
管辖海域	Jurisdictional Seas	平方千米	km^2	约 300 万
海岛	Sea Island	个	number	11000 多
海岸线	Coastline	千米	km	约 3.2 万

不动产登记
Real Estate

地区	Region	不动产权登记业务总量/件 Total Amount of Real Estate Registration/piece							
			首次登记 First Registration	转移登记 Transfer Registration	变更登记 Modification Registration	注销登记 Cancellation Registration	更正登记 Correction Registration	异议登记 Objection Registration	预告登记 Advance Notice Registration
总计	**Total**	**116633330**	**61644934**	**24385061**	**4478292**	**5951643**	**3453720**	**2698**	**9882725**
北京	Beijing	790341	226657	408530	23830	81888	4224	492	9402
天津	Tianjin	968124	416481	305081	39375	64573	2850	129	97138
河北	Hebei	2666206	1153815	906139	100594	145276	40313	61	158506
山西	Shanxi	2390871	751714	905274	359215	35531	40842	33	236953
内蒙古	Nei Mongol	2215747	1089636	490899	94413	163230	26884	39	136592
辽宁	Liaoning	2643099	683899	990300	81644	156502	18772	24	215499
吉林	Jilin	1298082	492210	501270	16003	67371	7495	8	102533
黑龙江	Heilongjiang	1432534	515739	559897	80820	88688	9984	55	74961
上海	Shanghai	882331	239708	379648	52239	23345	9034	55	151578
江苏	Jiangsu	9908846	5827841	2080588	392630	146613	159285	103	623636
浙江	Zhejiang	4848806	1562694	1372488	175873	1083762	30756	64	414568
安徽	Anhui	4888258	2859597	1198677	104562	111050	29390	530	402181
福建	Fujian	2335774	782022	858534	52195	200463	15303	38	367668
江西	Jiangxi	3319882	1501766	686749	246176	318348	252822	24	224227
山东	Shandong	11463933	7481044	1946410	307636	560055	40950	135	776581
河南	Henan	8686390	5259901	1227621	325202	277065	323547	37	882851
湖北	Hubei	4978842	2872797	716291	305290	339699	22331	94	407198
湖南	Hunan	7751775	2758964	969240	394991	423125	1355428	83	662044
广东	Guangdong	7359756	2979395	1827151	370363	665642	149924	330	947497
广西	Guangxi	12245816	9298449	815715	362085	529107	660013	50	431003
海南	Hainan	945891	607853	175899	42147	17700	10185	8	47286
重庆	Chongqing	2304203	473535	907712	85812	368	5376	97	536466
四川	Sichuan	8630131	5313889	1705507	194281	181724	110146	53	834591
贵州	Guizhou	4161667	2967021	540547	71845	12668	22560	60	323694
云南	Yunnan	1413363	566072	538244	61145	91006	20744	10	60105
西藏	Xizang	75981	63360	7196	2348		663		274
陕西	Shaanxi	1442489	707673	301748	21896	62445	8203	9	300760
甘肃	Gansu	2962386	1661482	467469	36828	67106	61390	37	188888
青海	Qinghai	176713	67514	57696	12047	8806	1882	3	22851
宁夏	Ningxia	537100	200917	198553	8074	7893	3494	15	81051
新疆	Xinjiang	907993	261289	337988	56733	20594	8930	22	164143

注：不动产登记统计数据来源于国家级不动产登记信息管理基础平台。

Note: The statistic data of real estate registration are derived from the National Base Platform for Real Estate Registration Information Management.

情况（2022年）

Registration（2022）

查封登记 Seal-up Registration	其他 Others	不动产登记证明量/本 Total Amount of Real Estate Registration Certificate/number	抵押权登记证明 Mortgage Registration Certificate	地役权登记证明 Easement Registration Certificate	异议登记证明 Objection Registration Certificate	预告登记证明 Advance Notice Registration Certificate
3127734	**3706523**	**28705595**	**18494838**	**11**	**2184**	**10208562**
34520	798	235499	225615		492	9392
42497		274220	176958		124	97138
73467	88035	833607	666766		59	166782
19829	41480	615518	354087		28	261403
87628	126426	420768	285887	1	38	134842
248747	247712	705517	491557		24	213936
37202	73990	477119	365477		8	111634
84365	18025	335725	258193		55	77477
19770	6954	389509	245622	2	55	143830
392810	285340	2391750	1770964	1	95	620690
67803	140798	1955794	1385759		64	569971
136565	45706	1312713	907486		46	405181
50236	9315	1151935	770474		34	381427
83044	6726	861651	642905		27	218719
193856	157266	2085540	1292365	1	135	793039
268645	121521	1961537	1088229		36	873272
113337	201805	1187961	707842	5	93	480021
160383	1027517	1562211	939360	1	84	622766
367866	51588	3000070	2011632		333	988105
123049	26345	1170872	724620		52	446200
30489	14324	257148	195884		7	61257
82703	212134	1217306	692986		89	524231
226292	63648	1811736	966402		52	845282
52022	171250	640539	317767		60	322712
27469	48568	379934	319899		10	60025
53	2087	3340	3066			274
22330	17425	485547	185654		9	299884
25266	453920	377068	190227		36	186805
3203	2711	61799	31411		3	30385
20801	16302	211489	131060		15	80414
31487	26807	330173	148684		21	181468

不动产登记
Real Estate

不动产权证书量/本

地区	Region		集体土地所有权 Collective Ownership of Land	国有建设用地使用权 State-owned Construction Land Use Right	集体建设用地使用权 Collective-owned Construction Land Use Right	宅基地使用权 Homestead Use Right
总 计	**Total**	**78323045**	**1643138**	**741557**	**38230**	**8208179**
北 京	Beijing	446916	195	746	97	
天 津	Tianjin	470632	273	2214	80	13
河 北	Hebei	1603322	37373	26925	4299	87235
山 西	Shanxi	2259060	4019	8806	327	3209
内蒙古	Nei Mongol	1391894	4996	64350	172	3003
辽 宁	Liaoning	1639485	557	29707	115	7822
吉 林	Jilin	1033042	2599	9166	114	68767
黑龙江	Heilongjiang	943082	7156	5889	80	1691
上 海	Shanghai	433552	48	943		
江 苏	Jiangsu	6598417	1020774	150946	4562	3232
浙 江	Zhejiang	3224214	24521	10830	3661	16637
安 徽	Anhui	3708543	124828	15814	598	224957
福 建	Fujian	1133342	4711	6013	269	20041
江 西	Jiangxi	2435549	193429	21399	1862	249499
山 东	Shandong	7668422	29157	39359	4937	1419006
河 南	Henan	5371123	76238	40915	866	99221
湖 北	Hubei	3927331	2039	14199	437	363336
湖 南	Hunan	4537035	12442	17058	700	10325
广 东	Guangdong	4735063	19701	26824	2686	26180
广 西	Guangxi	9857899	4038	83024	2828	4195565
海 南	Hainan	711028	194	9979	178	35937
重 庆	Chongqing	1019721		6006		7
四 川	Sichuan	4587273	25097	80141	2519	806514
贵 州	Guizhou	2537370	7361	20703	378	402486
云 南	Yunnan	1293077	40	21111	1543	22667
西 藏	Xizang	55111	20046	1665	48	173
陕 西	Shaanxi	934172	3955	6677	534	57578
甘 肃	Gansu	2512299	11398	7240	3796	81897
青 海	Qinghai	109383	5	972	58	506
宁 夏	Ningxia	432556	978	3286	346	29
新 疆	Xinjiang	713132	4970	8650	140	646

情况（2022年） 续表

Registration （2022） Continued

Total Amount of Real Estate Ownership Certificate/number				
国有建设用地使用权/房屋所有权 State-owned Construction Land Use Right/Housing Ownership	集体建设用地使用权/房屋（构筑物）所有权 Collective-owned Construction Land Use Right/Building (Structure) Ownership	宅基地使用权/房屋（构筑物）所有权 Homestead Use Right/Building (Structure) Ownership	海域使用权（无居民海岛）/建筑物（构筑物）所有权 Sea Area Use Right (Uninhabited Island) / Building (Structure) Ownership	国有农用地的使用权（非林地） Use Right of State-owned Agricultural Land (Non-forest Land)
44040429	**199799**	**23114268**	**6040**	**35005**
445875				3
463051	106	385	56	4454
1225522	364	216695	861	330
2214109	382	27693		1
1073368	1142	214139		21925
1568584	382	28945	2150	79
800504	1618	144640		164
890166	931	29945		1630
432543			18	
3998514	5401	1412938	604	35
2852329	864	311997	284	57
2318012	1035	1020155		46
1059852	220	17819	19	5
1424427	5979	520990		1239
2539560	71780	3561956	1494	44
2617701	5477	2528920		113
2204099	13114	1308850		106
1741320	6874	2735059		266
4036209	3078	611399	142	138
1338792	3570	4219580	177	524
290837	135	371571	235	231
942703	1	70963		41
2447920	59987	1091111		15
1140468	617	882940		43
1214196	2056	26719		290
13511	836	18832		
535178	3999	326039		15
1116268	8741	1278342		268
69683	112	38038		5
362885	751	63728		107
662243	247	33880		2317

主要统计指标解释

永久基本农田 指为保障国家粮食安全，按照一定时期人口和经济社会发展对农产品的需求，依据国土空间规划确定的不得占用的耕地。永久基本农田一经划定，任何单位和个人不得擅自占用或改变用途。

水资源总量 指当地降水形成的地表和地下产水总量，即地表径流量与降水入渗补给量之和。

地表水资源量 指河流、湖泊以及冰川等地表水体中可以逐年更新的动态水量，即天然河川径流量。

地下水资源量 指地下饱和含水层逐年更新的动态水量，即降水和地表水入渗对地下水的补给量。

不动产登记业务总量 指办理首次登记、转移登记、变更登记、注销登记、更正登记、异议登记、预告登记、查封登记的件数。

不动产登记证明量 指不动产登记机构依法向权利人颁发的不动产权证明数量。

首次登记 指办理首次登记的件数。

转移登记 指办理转移登记的件数。

变更登记 指办理变更登记的件数。

注销登记 指办理注销登记的件数。

更正登记 指办理更正登记的件数。

异议登记 指办理异议登记的件数。

预告登记 指办理预告登记的件数。

查封登记 指办理查封登记的件数。

不动产权证书量 指不动产登记机构依法向权利人颁发的不动产权证书数量。

Explanatory Notes on Main Statistical Indicators

Permanent Prime Farmland—the cultivated land that cannot be occupied according to the demand of population and economic and social development for agricultural products in a certain period and the land space planning in order to ensure national food security. Once permanent prime farmland is demarcated, no units or individuals may occupy or change its use without authorization.

Total Water Resources—total volume of surface water and groundwater which is from the local precipitation and is measured as the summation of run–off for surface water and recharge of groundwater from local precipitation.

Surface Water Resources—total volume of year renewable water flow which exist in rivers, lakes, glaciers and other surface water, and measured as the natural run–off of rivers.

Groundwater Resources—total volume of yearly renewable water flow which exist in saturation aquifers of groundwater, and are measured as recharge of groundwater from local precipitation and surface water.

Total Amount of Real Estate Registration—the amount of handling first registration, transfer registration, modification registration, cancellation registration, correction registration, objection registration, advance notice registration and seal–up registration.

Total Amount of Real Estate Registration Certificate—the number of real estate ownership proofs issued by the real estate registration authority to the obligee according to law.

First Registration—the number of handling first–time registration.

Transfer Registration—the number of handling transfer registration.

Modification Registration—the number of handling change registration.

Cancellation Registration—the number of handling cancellation registration.

Correction Registration—the number of handling correction registration.

Objection Registration—the number of handling dissidence registration.

Advance Notice Registration—the number of handling advance notice registration.

Seal-up Registration—the number of handling seal–up registration.

Total Amount of Real Estate Ownership Certificate—the number of real estate ownership certificates issued by the real estate registration authority to the obligee according to law.

二、自然资源开发利用

Chapter 2　Development and Utilization of Natural Resources

土地资源

Land Resources

国有建设用地供应情况
State-owned Land for Construction Use

地 区	Region	建设用地供应总量 Total Amount of Construction-use Land Supplied		划拨 Allocation				
		宗地数/宗 Number of Plot/plot	面积/公顷 Area/hm^2	宗地数/宗 Number of Plot/plot	面积/公顷 Area/hm^2	宗地数/宗 Number of Plot/plot	面积/公顷 Area/hm^2	成交价款/亿元 Transaction Price/10^8 Yuan
	2020	**240400**	**658358.97**	**87575**	**339568.33**	**152094**	**314959.43**	**80409.56**
	2021	**230087**	**690267.36**	**85540**	**379775.33**	**143844**	**307476.98**	**77186.95**
	2022	**235061**	**765185.54**	**108161**	**453553.71**	**125837**	**307586.08**	**60536.81**
北 京	Beijing	1298	2134.72	319	1418.27	968	675.17	1879.10
天 津	Tianjin	1206	4651.02	678	3330.74	528	1320.29	415.06
河 北	Hebei	13675	34224.35	7107	19734.63	6543	14372.85	1974.89
山 西	Shanxi	4846	15056.66	2141	8009.28	2701	7032.39	609.46
内蒙古	Nei Mongol	7776	51737.17	2852	31011.27	4888	20415.73	354.54
辽 宁	Liaoning	3628	10039.28	1388	5568.20	2168	4443.91	474.81
吉 林	Jilin	8449	10795.70	2348	7112.61	6038	3524.74	208.99
黑龙江	Heilongjiang	2352	7805.59	1004	4878.36	1338	2853.21	141.37
上 海	Shanghai	659	2309.91	304	932.60	355	1377.32	3511.88
江 苏	Jiangsu	10346	45179.21	4084	20829.15	6256	24346.00	9901.19
浙 江	Zhejiang	15400	37669.86	9056	22525.57	6314	15076.23	7745.25
安 徽	Anhui	11429	43708.63	6044	24311.90	5357	19310.49	2513.02
福 建	Fujian	5304	20654.99	2916	12733.67	2381	7860.51	2588.73
江 西	Jiangxi	8721	27494.48	4141	14169.21	4508	13157.40	1850.82
山 东	Shandong	19030	65492.59	9094	35769.43	9682	29202.38	4926.92
河 南	Henan	11016	42394.54	5591	25453.00	5404	16857.66	2250.70
湖 北	Hubei	12950	36731.81	5083	19517.29	7812	17191.89	2438.22
湖 南	Hunan	16683	26377.71	4152	14443.73	12448	11468.30	2317.99
广 东	Guangdong	13593	33972.94	7077	22150.80	6447	11499.60	4837.98
广 西	Guangxi	12466	29692.79	5632	17401.49	6781	12025.58	786.09
海 南	Hainan	1158	4189.71	764	3214.30	394	975.41	217.74
重 庆	Chongqing	2693	16644.45	1637	12117.61	1056	4526.84	912.25
四 川	Sichuan	11700	39399.05	6377	22329.30	5298	16964.12	3384.11
贵 州	Guizhou	10206	29982.82	4153	18225.84	6001	11528.08	1222.07
云 南	Yunnan	7245	28478.32	2990	23064.52	4245	5373.89	396.45
西 藏	Xizang	545	1344.17	250	1013.89	289	326.81	11.36
陕 西	Shaanxi	6713	18542.71	3645	10144.46	3059	8386.41	1896.48
甘 肃	Gansu	3205	16219.57	1564	10023.92	1629	6128.53	242.19
青 海	Qinghai	982	6943.73	587	5042.64	388	1608.10	81.38
宁 夏	Ningxia	1017	4837.60	560	2497.60	457	2340.00	81.62
新 疆	Xinjiang	8770	50479.46	4623	34578.43	4104	15416.24	364.15

——按供地方式和地区分列
Supplied by Land Supply Way and Region

出让 Granting						租赁 Lease			其他供地方式 Other Land Supply Ways		
协议出让 Granting by Contract			“招拍挂”出让 Granting through Bidding, Auction and Listing								
宗地数/宗 Number of Plot/plot	面积/公顷 Area/hm²	成交价款/亿元 Transaction Price/10⁸yuan	宗地数/宗 Number of Plot/plot	面积/公顷 Area/hm²	成交价款/亿元 Transaction Price/10⁸yuan	宗地数/宗 Number of Plot/plot	面积/公顷 Area/hm²	租金/万元 Rent/10⁴yuan	宗地数/宗 Number of Plot/plot	面积/公顷 Area/hm²	收入/万元 Income/10⁴yuan
47248	**29889.06**	**3075.56**	**104846**	**285070.37**	**77334.00**	**704**	**3745.56**	**1130538.18**	**27**	**85.65**	**352391.47**
47522	**27300.60**	**3214.67**	**96322**	**280176.38**	**73972.28**	**637**	**2445.54**	**248125.64**	**66**	**569.50**	**728400.09**
39733	**39820.00**	**4044.58**	**86104**	**267766.09**	**56455.71**	**964**	**3472.41**	**379678.83**	**99**	**573.37**	**368951.38**
875	243.01	148.94	93	432.16	1730.16	11	41.27	8736.37			
325	129.70	53.23	203	1190.58	361.83						
1625	1632.22	292.05	4918	12740.63	1682.84	25	116.88	5682.62			
304	971.50	33.68	2397	6060.89	575.78	4	14.99	1510.00			
2487	9467.25	73.71	2401	10948.48	280.83	36	310.17	4611.23			
724	692.22	34.32	1444	3751.69	440.49	72	27.17	11374.91			
4992	589.41	14.22	1046	2935.33	194.77	63	158.36	179350.40			
654	920.49	29.80	684	1932.72	111.57	10	74.02	3455.36			
29	97.40	512.34	326	1279.92	2999.54						
634	1045.56	448.82	5622	23300.45	9452.37	6	4.06	470.16			
515	565.85	64.44	5799	14510.37	7680.81	29	67.78	17177.79	1	0.29	300.00
340	669.06	69.02	5017	18641.43	2444.00	28	86.25	788.83			
309	633.79	459.80	2072	7226.72	2128.92	7	60.80	694.36			
140	512.17	28.34	4368	12645.23	1822.48	67	163.06	5510.07	5	4.81	5900.01
1995	6628.56	445.23	7687	22573.82	4481.69	248	517.51	19636.08	6	3.27	
1019	1902.26	137.02	4385	14955.4[illegible]	2113.68	1	1.05	167.00	20	82.82	21758.32
3077	1170.48	181.61	4735	16021.40	2256.61	55	22.64	29226.39			
7608	1121.84	88.79	4840	10346.46	2229.21	65	237.05	12769.95	18	228.63	102174.20
3018	1863.83	502.82	3429	9635.77	4335.16	69	322.55	20029.93			
3808	1872.31	62.96	2973	10153.27	723.13	15	78.95	1959.06	38	186.77	154292.65
52	123.91	9.26	342	851.50	208.48						
24	9.85	1.97	1032	4516.99	910.28						
1144	1023.65	86.56	4154	15940.48	3297.54	25	105.63	1482.01			
715	556.81	0.00	5286	10971.27	1185.55	50	219.33	15605.89	2	9.57	10321.62
1693	445.51	30.81	2552	4928.38	365.64	10	39.90	1905.98			
136	28.53	2.77	153	298.28	8.59	3	1.85	28.28	3	1.62	3545.81
519	1012.21	135.31	2540	7374.20	1761.18	9	11.84	479.14			
286	1479.97	47.55	1343	4648.55	194.64	9	27.61	692.78	3	39.51	68626.41
160	632.00	9.89	228	976.10	71.49	6	291.80	2564.33	1	1.[illegible]8	2[illegible].22
86	98.64	13.27	371	2241.37	68.35						
440	1680.01	26.05	3664	13736.24	338.10	41	469.89	33769.91	2	14.90	201[illegible].14

国有建设用地供应情况

State-owned Land for Construction Use

单位：公顷

地区	Region	建设用地供应总量 Total Amount of Construction-use Land Supplied	工矿仓储用地 Land for Industry, Mining and Warehousing Uses	工业、仓储用地 Land for Industry and Warehousing Uses	商业服务业用地 Land for Commercial and Service Uses	住宅 Land for
	2020	**658358.97**	**166645.68**	**150893.39**	**40541.3**	**114594.08**
	2021	**690267.36**	**174795.95**	**166666.89**	**35581.82**	**100599.66**
	2022	**765185.54**	**198156.18**	**182464.88**	**30934.12**	**79165.08**
北京	Beijing	2134.72	245.19	245.19	52.03	541.29
天津	Tianjin	4651.02	803.64	799.97	86.72	341.65
河北	Hebei	34224.35	8471.44	8412.33	1003.82	4753.06
山西	Shanxi	15056.66	4661.42	4500.58	600.91	1461.77
内蒙古	Nei Mongol	51737.17	18669.87	8331.37	810.21	827.26
辽宁	Liaoning	10039.28	2517.66	2432.46	484.25	868.13
吉林	Jilin	10795.70	2739.82	2446.86	355.93	560.98
黑龙江	Heilongjiang	7805.59	2195.16	1728.57	227.57	393.53
上海	Shanghai	2309.91	709.45	709.45	94.43	505.50
江苏	Jiangsu	45179.21	12846.98	12828.45	2476.47	8533.54
浙江	Zhejiang	37669.86	9077.13	9077.13	1720.71	5201.78
安徽	Anhui	43708.63	13730.07	13620.08	1080.83	4791.66
福建	Fujian	20654.99	5323.72	5323.72	495.78	1954.15
江西	Jiangxi	27494.48	8142.23	8042.29	1630.91	3093.97
山东	Shandong	65492.59	13478.58	13377.71	3095.53	7843.89
河南	Henan	42394.54	9068.70	9032.81	1434.36	5124.65
湖北	Hubei	36731.81	11534.66	11463.19	2118.35	3869.05
湖南	Hunan	26377.71	5654.23	5637.35	1753.76	4600.60
广东	Guangdong	33972.94	8498.01	8498.01	994.30	2713.77
广西	Guangxi	29692.79	8569.69	8568.25	1061.73	2222.68
海南	Hainan	4189.71	428.37	428.37	235.46	490.06
重庆	Chongqing	16644.45	2600.78	2600.50	517.14	1269.41
四川	Sichuan	39399.05	9349.59	9298.99	2435.54	5221.95
贵州	Guizhou	29982.82	6538.72	6492.00	2017.02	3924.60
云南	Yunnan	28478.32	3629.39	3585.65	742.68	1171.10
西藏	Xizang	1344.17	134.19	134.19	95.87	144.29
陕西	Shaanxi	18542.71	5154.33	4939.47	917.20	2627.01
甘肃	Gansu	16219.57	4610.19	4427.02	531.85	918.95
青海	Qinghai	6943.73	1614.43	1260.61	94.27	324.65
宁夏	Ningxia	4837.60	2090.58	1840.85	123.46	216.59
新疆	Xinjiang	50479.46	15067.96	12381.46	1645.03	2653.56

——按用地类型和地区分列

Supplied by Land-use Type and Region

Unit: hm^2

用地 Residential Use	基础设施等其他用地 Land for Infrastructure and Other Uses					
普通商品住房用地 Land for Ordinary Commercial Housing Use		公共管理与公共服务用地 Land for Public Management and Public Service Uses	特殊用地 Land for Special Use	交通运输用地 Land for Transport Use	水域及水利设施用地 Land for Water Conservancy Facility Use	其他土地 Land for Other Uses
95855.49	**336577.91**	**115047.67**	**4337.54**	**187473.22**	**28498.50**	**1220.99**
83230.53	**379289.93**	**108724.24**	**3889.81**	**216831.31**	**49661.48**	**183.99**
56913.89	**456930.15**	**133738.32**	**4453.20**	**271203.86**	**46488.24**	**1046.47**
216.96	1296.21	391.03	2.43	902.74		
254.23	3419.01	696.81	7.92	2713.07	0.24	0.97
2998.11	19996.03	6776.28	161.68	12233.06	814.14	10.87
1205.54	8332.55	3373.77	204.35	4590.59	133.25	30.60
615.86	31429.83	4637.45	175.66	15549.71	11063.58	3.33
825.82	6169.23	2129.99	43.07	3987.02	9.16	
401.97	7138.97	2344.68	51.54	4345.84	156.02	240.90
327.12	4989.33	1070.98	67.39	3634.00	214.88	2.08
472.66	1000.53	326.66	4.18	403.89	255.80	
6940.58	21322.22	5133.14	366.35	14707.00	1115.73	
3114.49	21670.24	6540.65	111.15	12861.01	2145.43	12.00
3073.41	24106.08	6794.33	177.28	14568.37	2557.95	8.14
1229.21	12881.34	4114.79	149.99	6419.11	2197.21	0.24
2576.20	14627.37	5634.42	221.42	8530.95	240.58	
6036.03	41074.59	9248.79	164.60	24126.42	7516.44	18.33
4081.75	26766.83	8320.27	144.45	17090.80	1211.30	
2972.93	19209.76	5732.96	238.19	12739.36	499.24	
3438.67	14369.12	4930.82	132.89	9261.69	43.72	
2246.98	21766.86	6592.11	265.26	14125.72	768.70	15.06
1231.52	17838.68	6076.14	201.84	9616.47	1939.69	4.55
107.82	3035.82	621.76	93.16	2203.11	117.78	
1145.85	12257.11	4889.07	79.28	6529.91	573.19	185.66
3984.33	22391.97	9004.00	178.01	10722.56	2469.33	18.07
2519.46	17502.47	5906.20	257.62	8418.82	2830.51	89.32
767.29	22935.14	3533.03	124.60	15451.23	3823.89	2.40
31.09	969.82	235.61	4.56	363.75	82.53	283.36
1712.37	9844.17	3705.54	114.28	5119.97	900.55	3.83
651.01	10158.58	2403.83	106.42	7397.26	251.07	
167.04	4910.39	764.16	208.48	3388.33	549.40	
199.65	2406.98	992.89	16.92	1383.33	13.84	
1367.94	31112.92	10816.16	378.23	17818.77	1982.99	116.76

主要统计指标解释

建设用地供应总量 指报告期内市、县人民政府根据年度土地供应计划，依法以出让、划拨、租赁等方式将国有建设用地使用权提供给单位或个人使用的国有建设用地总量。

宗地数 指报告期内供应的国有建设用地的宗数。

面积 指报告期内市、县人民政府供应给单位或个人使用的国有建设用地总面积。

划拨 指县级以上人民政府依法批准，在土地使用者缴纳补偿、安置费用后将该幅土地交付其使用，或者将国有建设用地使用权无偿交付给土地使用者使用的行为。

协议出让 指国家以协议方式将国有建设用地使用权在一定年限内出让给土地使用者，由土地使用者向国家支付国有建设用地使用权出让金的行为。

招标出让 指市、县人民政府自然资源管理部门发布招标公告或者发出投标邀请书，邀请特定或不特定的法人、自然人和其他组织参加国有建设用地使用权投标，根据投标结果确定土地使用者的行为。

拍卖出让 指市、县人民政府自然资源管理部门发布拍卖公告，由竞买人在指定时间、指定地点进行公开竞价，根据出价结果确定土地使用者的行为。

挂牌出让 指市、县人民政府自然资源管理部门发布挂牌公告，按公告规定期限将拟出让宗地的交易条件在指定的土地交易场所挂牌公布，接受竞买人的报价申请并更新挂牌价格，根据挂牌期限截止时的出价结果（或现场竞价结果）确定土地使用者的行为。

租赁 指国家依法将国有建设用地出租给土地使用者使用，由土地使用者与县级以上人民政府自然资源管理部门签订一定年限的土地租赁合同，并支付租金的行为。

其他供地方式 指除划拨、出让、租赁以外的其他供地方式，如作价出资入股、授权经营等。

成交价款 指市、县人民政府以协议、招标、拍卖、挂牌等方式出让国有建设用地使用权的实际交易合同金额。

租金 指承租方为取得国有建设用地使用权而向国家支付的价款。以报告期实际收入数为准。

用地类型 见第三次全国国土调查工作分类中的建设用地类型。

普通商品住房用地 指报告期内出让用于普通商品住房建设的建设用地。

Explanatory Notes on Main Statistical Indicators

Total Amount of Construction-use Land Supplied—the total amount of state-owned construction-use land whose use right is provided by the people's government of a city or county to a unit or an individual during the reporting period in the way of granting, allocation or lease according to the annual land supply plan.

Number of Plot—the number of plots of state-owned construction-use land supplied during the reporting period.

Area—the total area of state-owned land for construction supplied to a unit or an individual by the people's government of a city or county during the reporting period.

Allocation—the act through which the people's government at and above the county level assigns a plot of land to the land user after he pays land compensation and resettlement subsidies or assigns state-owned land use right to the land user without compensation. This act is approved by the people's government at and above the county level according to law.

Granting by Contract—the act through which the state assigns the land user the right to the use of state-owned construction-use land for a certain period of time in the way of agreement, and the land user shall pay the state the grant fees for the state-owned construction-use land use right.

Granting through Bidding—the act through which the land administration department of the people's government at the city or county level issues a notice of invitation for bid to invite specially or not specially designated legal persons, natural persons and other organizations to participate in the bidding of the state land use right, and the land user is determined according to the result of the bidding.

Granting through Auction—the act through which the natural resources administration department of the people's government at the city or county level issues a notice of invitation for auction, and the bidders participate in open competition at the prescribed time and locality and the land user is determined according to the result of the price offer.

Granting through Listing—the act through which the natural resources administration department of the people's government at the city or county level issues a notice of listing, draws up the transaction terms of granting land plots in the time limit prescribed by the notice, lists them in public in a land transaction house, receives the offer applications of the bidders, and renews the listed prices accordingly, and the land user is determined according to the price offer (or the result of on-the-spot price competition) at the closing time of the listing time limit.

Lease—the act through which the state leases state-owned construction-use land to a land user, and the land user enters into a land leasing contract with the land administration department of the people's government at and above the county level for a fixed number of years and pays rent.

Other Land Supply Ways—the ways other than allocation, granting, and lease, e.g. investment as a shareholder with state-owned land rights and authorized operations of land.

Transaction Price—the total amount of actual transaction price of state-owned construction-use land granted by the people's government of a city or county in the ways of agreement, bidding, auction, and listing.

Rent—the amount payable by a lessee to the state for a rental period in order to acquire the granted state-owned construction-use land use right. The rent shall be based on the actual income obtained during the reporting period.

Land-use Type—see the types of construction-use land in the third national land survey.

Land for Ordinary Commercial Housing Use—the construction-use land used for ordinary commercial house construction assigned during the reporting period.

矿产资源

Mineral Resources

全国地质勘查单位人员

National Employees and Assets of

地区	Region	年末在职职工/人 On-the-job Employee at the Year End/person								平均从业人员/人 Average Employee/person	劳动者报酬/万元 Remuneration of Labor/10^4 yuan
			地质勘查人员 Geological Exploration Personnel				工程勘察与施工人员 Personnel Engaging in Project Investigation and Construction	矿产开发人员 Personnel Engaging in Mining Exploration	其他人员 Other Personnel		
				技术人员 Technical Personnel							
					高级 Senior	中级 Inter-mediate					
总计	**Total**	**431425**	**172958**	**145825**	**51258**	**68040**	**85174**	**13779**	**159514**	**438440**	**5539315.64**
北京	Beijing	21705	7230	6426	2978	2600	4686	432	9357	22014	359690.47
天津	Tianjin	3110	1712	1734	727	758	532	132	734	3228	66987.57
河北	Hebei	31917	14877	12477	4091	5380	5694	817	10529	31635	357621.90
山西	Shanxi	14964	6468	5445	1848	2752	3183	677	4636	15788	164306.02
内蒙古	Nei Mongol	8344	3808	2874	774	1468	896	460	3180	9068	85217.79
辽宁	Liaoning	15747	5617	4704	1700	2477	3636	823	5671	16066	176906.12
吉林	Jilin	8343	3705	3020	1160	1345	1113	357	3168	8393	74175.11
黑龙江	Heilongjiang	8903	4630	3422	1444	1614	860	218	3195	8932	80429.41
上海	Shanghai	3276	713	546	215	247	883		1680	3273	59444.62
江苏	Jiangsu	9562	4757	4006	1690	1684	3019	130	1656	9816	162774.01
浙江	Zhejiang	27596	6530	5639	1691	2755	10004	418	10644	29858	326835.07
安徽	Anhui	14602	7068	5305	1909	2591	2463	241	4830	14871	199396.30
福建	Fujian	17150	6072	5205	1583	2685	3745	159	7174	17323	252458.18
江西	Jiangxi	24251	8850	6984	2207	3457	6591	326	8484	24588	269864.59
山东	Shandong	16940	8868	6856	2397	3134	1861	377	5834	16902	274926.69
河南	Henan	8976	5309	4503	1345	2138	1513	277	1877	8977	95593.89
湖北	Hubei	23690	8726	7386	2249	4012	7053	637	7274	23956	294110.59
湖南	Hunan	13888	4493	4246	1518	2123	3036	551	5808	13853	147934.11
广东	Guangdong	8062	4237	4501	1641	1802	1411	169	2245	8254	185161.07
广西	Guangxi	10035	3961	3739	1119	1836	1180	332	4562	9971	124618.71
海南	Hainan	1341	863	720	325	300	98	6	374	1333	19257.58
重庆	Chongqing	14424	3699	3235	1444	1336	1733	233	8759	14271	186958.77
四川	Sichuan	29953	13242	10915	3987	4786	5110	1228	10373	30057	502569.21
贵州	Guizhou	11759	4602	4110	1674	1661	1314	240	5603	11891	132637.71
云南	Yunnan	12492	5363	4075	1692	1712	2278	1766	3085	12723	143124.86
西藏	Xizang	1692	816	717	171	340	98	66	712	1742	32308.61
陕西	Shaanxi	45297	14430	12278	4313	6121	8445	2162	20260	45700	439629.93
甘肃	Gansu	8955	4034	3757	909	1723	1207	255	3459	8917	105429.27
青海	Qinghai	4698	2862	2497	704	1220	411	64	1361	4776	74057.02
宁夏	Ningxia	1783	1162	803	220	381	100	14	507	1796	24972.70
新疆	Xinjiang	7970	4254	3700	1533	1602	1021	212	2483	8468	119917.76

及资产情况（2022年）

Geological Exploration Agency（2022）

离退休人员Retiree		总资产/万元 Total Asset/10^4 yuan			总负债/万元 Total Debt/10^4 yuan	净资产/万元 Net Asset/10^4 yuan	存货/万元 Stock/10^4 yuan	固定资产原价/万元 Fixed Asset Cost/10^4 yuan	累计折旧/万元 Accumulated Depreciation/10^4 yuan	
年末人数/人 Number of Retirees at the Year End/person	总费用/万元 Total Expenditure/10^4 yuan		地勘专用仪器设备原值 Original Value of Special Instrument and Equipment for Geological Exploration	地勘专用仪器设备净值 Net Value of Special Instrument and Equipment for Geological Exploration						本年折旧 Depreciation in This Year
377092	**1012680.42**	**75256595.45**	**2887956.60**	**1152317.35**	**38849283.45**	**36407312.00**	**4412134.31**	**14745228.91**	**6107541.16**	**1121444.95**
11841	15484.76	7927619.82	150496.07	38865.30	4540914.33	3386705.49	340192.09	1364820.80	474484.04	100697.64
3115	6557.80	495991.26	51752.17	13198.92	84770.92	411220.34	15100.44	143344.97	82175.72	5310.73
22875	91426.69	3441169.52	225820.41	80298.96	1946507.10	1494662.42	203612.24	1527239.24	473552.94	165676.06
11298	16235.89	1684589.43	105303.95	26790.35	1036019.28	648570.15	62860.65	291343.82	149478.68	14795.06
12134	21781.26	3640621.02	141380.50	53386.50	2045738.54	1594882.48	73785.79	433088.49	186700.61	58572.79
20899	12982.16	2724321.13	101050.88	37423.78	1490221.54	1234099.59	163471.58	571917.30	262661.72	57971.65
13720	28521.76	877525.52	49770.30	21795.83	351091.20	526434.32	47119.15	256443.59	93164.76	3479.80
13364	70409.02	799629.06	94363.53	26575.60	283545.79	516083.27	33862.11	370131.60	149417.76	9207.59
685	1014.97	471127.66	27120.28	8027.43	281903.40	189224.26	19664.60	118775.13	27897.20	10116.66
9902	27031.95	2080882.20	86032.96	44817.40	1082153.34	998728.86	130179.02	290330.85	110473.17	19194.26
9644	46387.00	3445346.97	91746.70	37828.81	2153719.08	1291627.89	380338.25	487277.77	200335.19	48225.51
18240	95712.08	2510798.26	121306.86	76799.50	1139799.93	1370998.33	90319.94	376892.84	129656.18	10093.72
9351	25284.22	1809865.38	110427.02	27038.78	654489.22	1155376.16	109318.42	486846.59	133428.47	26938.53
22197	44269.12	4317595.40	85768.23	49432.70	2544785.45	1772809.95	388829.62	501624.58	145379.38	37439.69
13712	41212.57	2871304.84	239909.27	119485.87	1205209.90	1666094.94	107191.21	919960.09	393337.30	26971.69
9665	16553.68	588616.09	59429.58	18003.43	264995.71	323620.38	59756.56	167029.54	113087.58	2458.16
15250	31041.72	4080238.80	79846.20	31621.73	2131921.09	1948317.71	169105.37	572632.88	176300.16	48594.33
18946	51538.54	920970.39	43378.26	14419.00	369642.31	551328.08	69017.75	241146.15	80521.60	4580.69
11407	85144.92	1192430.76	26880.27	9973.79	327831.68	864599.08	29043.59	334899.92	186634.00	6607.44
11720	14310.64	942662.28	54431.04	19365.51	565478.69	377183.59	88269.09	241192.85	117721.44	30888.27
725	4385.65	100533.53	3543.22	378.74	23906.58	76626.95	747.23	28301.06	10026.17	388.00
8301	7874.94	2285771.51	272163.56	119961.66	1387738.65	898032.86	213969.36	247441.82	94246.72	28825.91
24505	45907.76	4472626.21	106858.35	47732.95	2423034.03	2049592.18	303623.69	934547.52	416124.03	38091.87
14359	34255.38	2595479.09	64731.59	30976.13	1339064.33	1256414.76	87329.72	499475.06	104407.01	43378.13
14622	50350.26	2546964.95	32514.42	10028.63	1570487.51	976477.44	351961.70	806431.68	391460.95	48915.31
2270	949.07	2073070.52	7989.18	4659.98	336082.75	1736987.77	7976.54	280913.98	109013.33	8677.44
22498	42890.28	10138702.68	280598.65	127268.08	5789744.05	4348958.63	584999.85	1396012.29	935350.30	224132.33
9877	29012.59	1179258.42	40269.45	12089.81	528233.70	651024.72	63117.54	180046.54	91660.92	22449.63
6726	41640.43	1006387.52	52333.54	15981.98	209956.07	796431.45	178601.78	248154.52	97521.24	1931.07
2869	491.47	82597.21	15213.32	5740.15	11736.52	70860.69	1471.79	57026.91	26054.50	
10375	12021.84	1951898.02	65526.84	22350.05	728560.76	1223337.26	37297.64	369938.53	144268.09	18734.94

全国地质勘查企业单位

National Revenue and Expenditure of Geological

单位：万元

地区	Region		总收入 Total Income						
			地质专项拨款 Geological Special Funding				矿业权转让收入 Income from Mining Right Transfer	工程勘察与施工收入 Income from Project Investigation and Construction	矿产开发收入 Income from Mining Exploration
				中央财政 Central Finance	地方财政 Local Finance	非财政 Non-financial			
总 计	**Total**	**30899256.67**	**3608808.10**	**189721.25**	**1065786.23**	**2353300.62**	**42541.12**	**17641787.22**	**1269929.47**
北 京	Beijing	3664418.32	211732.32	5948.85	79243.67	126539.80	2083.23	2728828.46	35713.11
天 津	Tianjin	74990.32	1730.07		45.28	1684.79		50735.12	
河 北	Hebei	1639201.32	327476.12	24031.96	13054.20	290389.96	3741.00	985141.90	10428.71
山 西	Shanxi	856541.56	339734.46	7201.28	80899.63	251633.55	200.00	349590.50	21729.97
内蒙古	Nei Mongol	361296.21	130813.68	28467.08	18893.79	83452.81		33982.64	20710.05
辽 宁	Liaoning	1104385.86	119770.77	1070.45	27832.71	90867.61		675550.76	6038.87
吉 林	Jilin	151697.68	20278.18	1699.76	11213.58	7364.84	12.00	45523.12	6033.00
黑龙江	Heilongjiang	103215.22	7123.44		510.63	6612.81	449.00	54293.12	
上 海	Shanghai	241718.12	49826.32		3649.80	46176.52		99945.33	
江 苏	Jiangsu	850438.71	123204.68	8124.00	38889.87	76190.81		698446.66	
浙 江	Zhejiang	3151320.22	224983.54	162.38	147570.68	77250.48		2119625.44	35779.27
安 徽	Anhui	453749.73	35620.13	1.00	1868.48	33750.65		324244.16	
福 建	Fujian	980021.41	86644.84	1696.89	23060.78	61887.17		686958.69	
江 西	Jiangxi	2441180.12	145819.09	11526.09	87249.92	47043.08		2096724.69	
山 东	Shandong	775855.78	174971.27		69635.97	105335.30	4481.79	381723.73	146.28
河 南	Henan	100846.59	43874.69	15.00		43859.69		50489.22	
湖 北	Hubei	1724241.86	204428.69	56860.52	92229.22	55338.95		1207892.57	
湖 南	Hunan	179433.42	27190.59		3772.17	23418.42	29369.98	119879.97	732.00
广 东	Guangdong	348543.31	28176.80	1395.00	13150.82	13630.98		62706.59	251682.00
广 西	Guangxi	435772.61	82613.02	7581.63	14643.53	60387.86		249286.85	26294.68
海 南	Hainan	24022.64	3971.83		88.00	3883.83	5.00	16009.92	
重 庆	Chongqing	1360716.72	71950.80	501.39	54637.75	16811.66		929948.70	
四 川	Sichuan	1676638.51	252235.83	85.42	108968.71	143181.70		1189866.03	99160.72
贵 州	Guizhou	521851.65	125287.98	10.00	8570.07	116707.91		360515.36	1063.58
云 南	Yunnan	2383170.65	98393.34	7546.24	39207.80	51639.30		179654.19	387611.27
西 藏	Xizang	97857.54	738.56		595.00	143.56		832.98	69329.22
陕 西	Shaanxi	4705363.20	590974.74	20757.88	96641.69	473575.17	920.92	1673117.38	265193.32
甘 肃	Gansu	171459.92	28295.76	2463.95	6930.98	18900.83		128869.30	
青 海	Qinghai	77032.28	19056.67	354.54	4138.49	14563.64		16430.60	
宁 夏	Ningxia								
新 疆	Xinjiang	242275.19	31889.89	2219.94	18593.01	11076.94	1278.20	124973.24	32283.42

经费收支情况（2022年）

Exploration Enterprise Agency（2022）

Unit：10^4 yuan

营业外收入 Non-operating Income			投资收益 Income from Investment	其他收入 Other Incomes	成本总额 Total Cost		
	中央财政补助收入 Subsidy Income from Central Finance	地方财政补助收入 Subsidy Income from Local Finance				地质勘查成本 Cost of Geological Exploration	矿产开发成本 Cost of Mining Exploration
102332.94	**8381.38**	**43401.66**	**781726.48**	**7452131.34**	**28511650.58**	**3178748.85**	**757567.50**
3978.35	2110.05	118.58	138251.91	543830.94	3483301.44	232904.88	23505.06
39.83			7927.43	14557.87	66603.35	1431.06	
6124.59	810.78	309.23	513.32	305775.68	1481564.16	262214.07	9766.93
5917.21	1288.01	3347.72	3574.29	135795.13	807007.38	267519.78	13107.06
1819.00	204.80	929.37	112646.70	61324.14	267769.92	86028.19	11546.83
5161.58	1409.30	1532.79	192.19	297671.69	1042704.33	99901.03	5937.25
2502.32	102.49	2046.33	-52.97	77402.03	143056.35	13783.29	5536.38
2422.26	1099.00	390.87		38927.40	106134.08	7073.67	
4953.60		3826.00	540.00	86452.87	196683.30	39271.56	
5726.04	385.00	3944.07	5505.43	17555.90	803036.66	221471.0[illegible]	
30887.83	684.18	17137.39	8105.86	731938.28	2935896.75	184969.7[illegible]	21257.39
625.06	1.00	417.75	342.52	92917.86	426048.57	29070.38	33.00
163.85		72.13	1554.32	204699.71	917926.33	63061.44	[illegible]40.07
851.31		286.98	21460.15	176324.88	2384777.98	117226.21	
722.29		83.43	525.27	213285.15	720210.66	151723.89	40.06
398.58		28.43		6084.10	96496.37	44063.23	
3739.78	20.15	1978.18	7401.88	300778.94	1584631.20	158711.55	1099.66
85.01		47.56	354.95	1820.92	172855.82	24390.85	414.00
52.64				5925.28	223094.48	24364.22	108047.00
592.69	36.21	4.72	3211.60	73773.77	433192.85	73131.99	24351.01
48.66			136.98	3850.25	22237.93	1929.71	
544.76	0.00	118.34	11383.42	346889.04	1318431.60	58255.15	
1462.00	1.64	276.04	7373.04	126540.89	1544056.19	194503.95	35451.06
8771.86	20.36	360.30	7397.98	18814.89	488914.26	88670.49	846.24
1392.28	8.65	6.78	50929.62	1665189.95	2254043.47	86194.03	212230.34
518.57		512.89	21028.77	5409.44	65135.71	992.54	44934.15
10390.32	180.76	4840.23	313917.19	1850849.33	4128494.90	588454.91	229931.79
837.33		754.65	702.18	12755.35	157133.26	28128.92	
1420.30	19.00	2.36	13766.56	26358.15	57611.99	12555.64	
183.04		28.54	43035.89	8631.51	182599.29	16746.40	9392.22

全国地质勘查事业单位

National Revenue and Expenditure of

单位：万元

地区	Region	总收入 Total Income					
			事业收入 Unit Income	经营收入 Operating Income	地质勘查业收入 Income of Geological Exploration Industry		
						地质专项拨款 Geological Special Fund	
						中央财政 Central Finance	地方财政 Local Finance
总　计	**Total**	**8543041.92**	**2405343.05**	**2197025.79**	**5916580.47**	**301186.26**	**636160.35**
北　京	Beijing	419434.57	101978.04	28956.23	363845.20	50529.06	15371.44
天　津	Tianjin	112941.94	27047.50	9723.02	97333.07	11148.16	1683.04
河　北	Hebei	520847.35	135238.74	61025.56	492558.28	17300.73	44499.30
山　西	Shanxi	16106.27	9889.46	5684.57	4377.57		
内蒙古	Nei Mongol	84343.55	36147.87	21108.16	67592.61	29643.49	2096.51
辽　宁	Liaoning	27294.62	20429.71	3607.94	23960.47	8706.25	783.73
吉　林	Jilin	161524.46	64123.77	16378.84	123000.66	351.38	12599.01
黑龙江	Heilongjiang	193733.50	52433.07	41016.31	165251.59	1454.30	20982.96
上　海	Shanghai	11082.00	2276.00	3459.00	6087.00	70.00	1113.00
江　苏	Jiangsu	301141.96	45447.89	118222.74	200352.65	13843.00	53206.01
浙　江	Zhejiang	266571.25	68039.66	47883.18	141679.68	3685.75	26585.86
安　徽	Anhui	697359.15	105264.72	158432.28	365476.54	799.04	16349.51
福　建	Fujian	247040.25	75179.92	19304.61	148808.36	3425.86	21450.86
江　西	Jiangxi	543574.91	187679.65	289784.28	325882.59		32572.06
山　东	Shandong	631804.71	278815.60	18392.33	528646.88	1631.90	28214.02
河　南	Henan	247723.69	73253.67	118063.63	192087.80	4612.01	5071.40
湖　北	Hubei	528293.04	118497.89	153448.23	267810.85	16523.79	38861.79
湖　南	Hunan	360228.45	166198.85	165111.39	265956.60	11166.14	33392.28
广　东	Guangdong	678429.01	109845.19	84617.04	384300.93	41875.00	18564.00
广　西	Guangxi	185704.00	41810.52	15313.88	137824.94	1495.61	11168.93
海　南	Hainan	30051.61	6992.66	3334.19	25715.03	56.63	60.18
重　庆	Chongqing	172921.28	121365.60	20045.03	88963.94		27115.55
四　川	Sichuan	525174.82	134263.85	222471.66	349767.61	19770.81	26272.73
贵　州	Guizhou	297666.86	95741.83	86597.28	233885.95	7635.06	26649.67
云　南	Yunnan	125219.43	45065.88	30397.06	94395.65	4182.32	6013.00
西　藏	Xizang	130023.57	14655.44	91078.51	74341.19		7136.91
陕　西	Shaanxi	152989.21	34048.46	59700.62	96874.29	26079.62	15191.30
甘　肃	Gansu	265467.35	76785.23	119278.76	190790.92	636.00	46827.21
青　海	Qinghai	221212.54	69300.52	29194.71	169294.12	4706.48	51928.74
宁　夏	Ningxia	72641.24	23254.65	7842.20	68518.12	20.00	19730.13
新　疆	Xinjiang	314495.33	64271.21	147552.55	221199.38	19837.87	24669.22

经费收支情况（2022年）

Geological Exploration Agency（2022）

Unit：10^4 yuan

地质勘探费 Geological Exploration Fee		矿产勘查劳务收入 Income from Mineral Exploration Service	矿业权转让收入 Income from Mining Right Transfer	工程勘察与施工收入 Income from Project Investigation and Construction	矿产开发收入 Income from Mining Exploration	其他收入 Other Incomes	总支出 Total Cost		
中央财政 Central Finance	地方财政 Local Finance							地质勘查费用 Cost of Geological Exploration	矿产开发费用 Cost of Mining Exploration
787116.25	**2684050.10**	**1508067.51**	**45544.24**	**1490372.85**	**33043.65**	**1057500.71**	**8055075.55**	**2630993.29**	**26572.32**
197013.17	46570.89	54360.64		18027.49		37561.88	393057.49	168328.77	
46708.74	22333.25	15459.88		11574.94		4033.93	113887.77	62250.98	
91882.61	270719.92	68155.72		12694.96		15594.11	569799.42	174639.53	
	886.91	3490.66		324.27	82.91	11321.52	12529.06	4155.82	13.15
25585.56	6948.94	3318.11		14698.00	89.00	1963.94	65623.19	37355.73	
10992.22	2458.50	1019.77				3334.15	26550.34	20459.95	
9214.65	87505.81	13329.81		31033.97		7489.83	150681.10	30497.72	
30749.11	86544.94	25520.28		12546.42		15935.49	188317.66	55671.86	
	3213.00	1691.00				4995.00	13622.00	2654.00	
7883.09	71755.15	53665.40	9094.62	75360.12	3641.00	12693.57	262048.16	109521.69	1786.00
4181.91	68541.83	38684.33	201.00	116380.12		8310.45	155258.58	80664.35	
21127.16	254651.29	72549.54	8597.00	260797.00		62488.61	694051.38	140532.00	
15324.66	68528.46	40078.52		26440.71		71791.18	241304.02	71911.95	
980.00	239316.92	53013.61	13904.43	77198.67		126589.22	513764.82	90158.92	
90822.88	180869.09	227108.99		22756.84		80400.99	573212.34	258226.20	
3784.52	96703.52	81916.35	4494.05	27962.18		23179.66	230850.54	102719.00	584.37
23328.22	83069.63	106027.42	8501.88	163946.42	2512.60	85521.29	488191.64	142362.58	2292.89
24803.72	137791.91	58802.55		50809.62	10534.86	32927.37	351576.90	106308.50	7949.68
53617.94	201364.85	68879.14		200416.79	9443.71	84267.58	672477.98	131724.62	8025.56
13717.57	79060.29	32382.54	291.26	28227.10		19360.70	172401.99	46908.90	
8876.95	10707.38	6013.89		939.36		3397.22	27910.63	11293.26	
	36105.85	25742.54		31571.56		52385.78	154657.94	40282.95	
52277.77	146554.01	104892.29		86442.51	3752.00	85212.70	507206.17	114597.28	3671.00
694.00	113034.65	85872.57	460.00	37243.61	2367.57	23709.73	284507.39	138125.10	1525.67
12420.56	34807.31	36972.46		10377.77		20446.01	117882.71	54784.60	
1912.02	35911.07	29381.19		53912.14		1770.24	117842.09	26081.28	
18804.06	22433.46	14365.85		28929.00		27185.92	154806.22	57577.26	
1767.52	86102.32	55457.87		23444.55		51231.88	232379.86	85523.47	
8849.25	80205.48	23604.17		26963.12		24955.30	217807.94	92043.16	
487.00	40018.88	8262.11		569.00		3554.12	72695.04	29477.82	
9309.39	69334.59	98048.31		38784.61	620.00	53891.34	278173.18	143052.04	724.00

地质勘查投入和新发现矿产

Input in Geological Exploration and Newly

地 区	Region	地质勘查经费/万元 Geological Exploration Fund/10⁴ yuan				
			中央财政 Central Finance	地方财政 Local Finance		国内企事业资金 Fund from Domestic Enterprise and Institution
	2020	**8718585.05**	**644383.00**	**638691.82**	**7435510.23**	**7288915.52**
	2021	**9728648.61**	**499528.73**	**764364.70**	**8464755.18**	**8437009.43**
	2022	**10102264.37**	**468543.51**	**844083.21**	**8789637.65**	**8768339.68**
北 京	Beijing	56738.85	14348.30	13880.86	28509.69	28509.69
天 津	Tianjin	486565.87	3387.10	3208.01	479970.76	479970.76
河 北	Hebei	275828.94	15430.89	62236.30	198161.75	197143.75
山 西	Shanxi	168316.39	4643.53	48685.03	114987.83	114987.83
内蒙古	Nei Mongol	494970.07	55033.71	68275.10	371661.26	371359.02
辽 宁	Liaoning	108455.15	6755.74	14080.98	87618.43	87618.43
吉 林	Jilin	157172.28	6066.20	12399.39	138706.69	138706.69
黑龙江	Heilongjiang	257942.97	11935.36	9587.33	236420.28	236420.28
上 海	Shanghai	190122.49	490.36	1170.82	188461.31	188461.31
江 苏	Jiangsu	187985.12	3464.17	19626.02	164894.93	164894.93
浙 江	Zhejiang	39688.54	8112.95	24119.98	7455.61	7455.61
安 徽	Anhui	43681.44	5107.07	13252.21	25322.16	25322.16
福 建	Fujian	28458.79	5330.81	13419.30	9708.68	8696.34
江 西	Jiangxi	62387.40	12888.13	19189.89	30309.38	30094.70
山 东	Shandong	508941.00	11444.98	33347.60	464148.42	464050.42
河 南	Henan	165652.15	10020.40	23549.60	132082.15	132041.12
湖 北	Hubei	176485.21	6924.82	49011.02	120549.37	119933.37
湖 南	Hunan	69665.89	22398.76	28665.73	18601.40	17553.73
广 东	Guangdong	850686.93	22957.92	61371.42	766357.59	766314.59
广 西	Guangxi	61098.39	11768.86	25097.45	24232.08	21908.68
海 南	Hainan	368962.86	32120.72	5635.63	331206.51	331206.51
重 庆	Chongqing	350568.89	7472.23	12757.78	330338.88	330134.61
四 川	Sichuan	1129183.24	14947.87	28756.28	1085479.09	1082006.59
贵 州	Guizhou	89572.81	4146.30	35374.22	50052.29	48024.80
云 南	Yunnan	72047.77	16355.43	24340.83	31351.51	27499.36
西 藏	Xizang	51300.69	18367.29	10685.05	22248.35	22248.35
陕 西	Shaanxi	695022.10	11733.50	31612.41	651676.19	649616.82
甘 肃	Gansu	419759.52	18032.30	68583.91	333143.31	333143.31
青 海	Qinghai	262443.64	32382.08	44058.12	186003.44	184106.16
宁 夏	Ningxia	154549.56	1890.24	14720.39	137938.93	137938.93
新 疆	Xinjiang	2086803.05	41379.12	23384.55	2022039.38	2020970.83
全国及跨省勘查项目	Nationwide and Cross-provicial Survey Projects	31206.37	31206.37			

地情况——按地区分列
Discovered Mineral Prospects by Region

企事业资金 Fund from Enterprise and Institution			机械岩芯钻探工作量/米 Footage of Core Drilling/m	坑探工作量/米 Footage of Pitting/m	新发现矿产地/个 Newly Discovered Mineral Prospect/number
港、澳、台商投资 Investment from Hong Kong, Macao and Taiwan	外商投资 Foreign Investment	其他投资 Other Investment			
179.00		**146415.71**	**5280506.24**	**118884.70**	**96**
193.00		**27552.75**	**6366909.10**	**139546.30**	**95**
		21297.97	**6874291.70**	**234869.80**	**132**
		1018.00	192603.30		
			329251.00		4
		302.24	1317933.30	8805.00	
			73609.30	200.00	2
			112458.70	1080.00	
			225096.80		4
			29019.20		
			54319.30	4875.40	1
			314861.80		3
		1012.34	151983.80	9798.50	2
		214.68	397925.10	5662.50	21
		98.00	134170.10	1365.30	4
		41.03	157505.70	4596.60	3
		616.00	177659.50	28229.00	5
		1047.67	290648.20	986.20	15
		43.00	186329.50		17
		2323.40	207367.30	2572.00	9
			2229.70		[illegible]
		204.27	8910.50		
		3472.50	240171.50	100219.00	
		2027.49	378710.30	1060.10	[illegible]
		3852.15	262480.70	27172.70	
			114730.80		1
		2059.37	130877.90	21971.70	1
			390778.70	3621.30	3
		1897.28	197110.00	300.00	3
			38922.30		
		1068.55	756627.40	12354.40	30

地质勘查投入和新发现矿产地

Input in Geological Exploration and Newly

矿种	Mineral	地质勘查经费/万元 Geological Exploration Fund/10^4 yuan				
			中央财政 Central Finance	地方财政 Local Finance		国内企事业资金 Fund from Domestic Enterprise and Institution
总 计	**Total**	**10102264.37**	**468543.51**	**844083.21**	**8789637.65**	**8768339.68**
煤炭	Coal	165251.68		37452.79	127798.89	127137.39
石油、天然气、煤层气、页岩气	Oil, Natural Gas, Coalbed Methane, Shale Gas	8238715.44	50663.00		8188052.44	8188052.44
天然沥青	Natural Asphalt	275.40			275.40	275.40
石煤	Bone Coal	1329.96		1029.62	300.34	58.10
铀矿	Uranium	117375.88	116126.88	1249.00		
地热	Geotherm	22977.79		10944.34	12033.45	12033.45
铁矿	Iron	42423.94		16808.40	25615.54	25585.54
锰矿	Manganese	8322.08		6182.94	2139.14	2139.14
铬矿	Chromium	1673.20		798.20	875.00	875.00
钒矿	Vanadium	7219.22		1878.40	5340.82	5340.82
钛矿	Titanium	1766.28		1216.28	550.00	550.00
铜矿	Copper	65742.72		26962.80	38779.92	34236.26
铅锌矿	Lead and Zinc	57245.76	40.00	17942.94	39262.82	36903.69
铝土矿	Bauxite	25492.82		15895.32	9597.50	8849.90
镍矿	Nickel	5230.25		2107.84	3122.41	3122.41
钴矿	Cobalt	3019.85		2840.85	179.00	179.00
钨矿	Tungsten	14756.65		6574.78	8181.87	8138.87
锡矿	Tin	5533.72		2443.70	3090.02	3090.02
钼矿	Molybdenum	7323.77		5513.44	1810.33	1810.33
锑矿	Antimony	4683.21	250.10	1380.29	3052.82	2747.69
金矿	Gold	107083.68	3204.47	58171.92	45707.29	45504.91
银矿	Silver	12211.19		5557.81	6653.38	6641.38
铌钽矿	Niobium-Tantalum	4729.11		2510.13	2218.98	2218.98
铍矿	Beryllium	3488.23		2271.02	1217.21	1217.21
锂矿	Lithium	19561.22	200.00	6458.74	12902.48	10950.52
锶矿	Strontium	225.00		225.00		
铷矿	Rubidium	222.08		222.08		
稀土矿	Rare Earth Elements	6751.40		6023.36	728.04	728.04
镓矿	Gallium					
硒矿	Selenium	117.82		117.82		
红柱石	Andalusite	597.14			597.14	597.14

情况——按矿种分列（2022年）

Discovered Mineral Prospects by Mineral（2022）

企事业资金 Fund from Enterprise and Institution			机械岩芯钻探工作量/米 Footage of Core Drilling/m	坑探工作量/米 Footage of Pitting/m	新发现矿产地/个 Newly Discovered Mineral Prospect/number
港、澳、台商投资 Investment from Hong Kong, Macao and Taiwan	外商投资 Foreign Investment	其他投资 Other Investment			
		21297.97	**6874291.70**	**234869.80**	**132**
		661.50	1376145.50	2294.90	6
		242.24	16388.00		
			958518.00		
			67755.20		4
		30.00	354998.40	8473.50	2
			61409.50	1995.70	
			8558.60		
			64723.10	3310.00	
			28895.00		
		4543.66	326561.20	5402.00	
		2359.13	379649.60	39098.80	2
		747.60	274869.50		3
			50248.70	93.00	
			9664.30		
		43.00	96868.40	8458.00	3
			44081.40	2572.00	
			61394.10		
		305.13	29808.20	3198.60	
		202.38	678253.50	110113.20	5
		12.00	58701.20	1837.80	
			23984.40		2
			22745.50		
		1951.96	157679.30	175.40	3
			1467.00		
			1871.30		
			68509.20	7119.00	2
			921.90		
			3807.70		

地质勘查投入和新发现矿产地情况
Input in Geological Exploration and Newly Discovered

矿种	Mineral	地质勘查经费/万元 Geological Exploration Fund/10^4 yuan				
			中央财政 Central Finance	地方财政 Local Finance		国内企事业资金 Fund from Domestic Enterprise and Institution
菱镁矿	Magnesite	132.58			132.58	132.58
普通萤石	Common Fluorite	17660.35	731.50	8096.99	8831.86	8423.16
光学萤石	Optical Fluorite	3058.93		3008.93	50.00	
熔剂用灰岩	Limestone for Flux	4687.37		3995.54	691.83	691.83
冶金用白云岩	Metallurgical Dolomite	3040.74		2312.14	728.60	703.60
冶金用石英岩	Metallurgical Quartzite	4811.71		1700.63	3111.08	3103.74
冶金用砂岩	Metallurgical Sandstone	288.00		288.00		
冶金用脉石英	Metallurgical Vein Quartz	1291.44		749.00	542.44	542.44
耐火黏土	Refractory Clay	159.52			159.52	159.52
硫铁矿	Pyrite	2327.18		523.39	1803.79	1803.79
磷矿	Phosphate Rock	28813.21		8926.25	19886.96	16489.02
伴生磷	Associated Phosphorus	5.00			5.00	5.00
钾盐	Potash	8444.04		3647.17	4796.87	4796.87
钠硝石	Nitratine	68.40			68.40	68.40
明矾石	Alunite	75.00		75.00		
重晶石	Barite	1260.02		232.70	1027.32	1007.32
毒重石	Witherite	209.80		209.80		
电石用灰岩	Limestone for Calcium Carbide	799.70		195.00	604.70	604.70
制碱用灰岩	Limestone for Alkali Production	827.23		668.33	158.90	158.90
化工用白云岩	Dolomite for Chemical Industry	969.52		754.52	215.00	215.00
含钾砂页岩	Potassium-bearing Sandy Shale	32.56		32.56		
含钾岩石	Potassium-bearing Rock	115.60		115.60		
矿盐（包括地下卤水）	Mineral Salt (Including Underground Brine)	21161.75		18557.84	2603.91	2603.91
硼矿	Boron	1515.00			1515.00	1515.00
金刚石原生矿	Natural Diamond	790.58		778.58	12.00	12.00
石榴子石	Garnet	483.99			483.99	483.99
方解石	Calcite	2672.93		1214.17	1458.76	1207.26
玉石	Jade	23.36		8.00	15.36	
玛瑙	Agate	179.97		179.97		
硅灰石	Wollastonite	130.00			130.00	130.00
滑石	Talc	1823.13		1370.80	452.33	332.33
长石	Feldspar	1463.49		950.90	512.59	512.59
叶蜡石	Pyrophyllite	1036.45		405.65	630.80	630.80
高岭土	Kaolin	4712.84		886.90	3825.94	3617.04

——按矿种分列（2022年） 续表1
Mineral Prospects by Mineral （2022） Continued 1

企事业资金 Fund from Enterprise and Institution			机械岩芯钻探工作量/米 Footage of Core Drilling/m	坑探工作量/米 Footage of Pitting/m	新发现矿产地/个 Newly Discovered Mineral Prospect/number
港、澳、台商投资 Investment from Hong Kong, Macao and Taiwan	外商投资 Foreign Investment	其他投资 Other Investment			
			1302.60		
		408.70	171816.70	7168.50	1
		50.00	10241.30		
			28147.20		3
		25.00	27387.30		1
		7.34	28796.40		3
			2034.00		
			6664.50		1
			743.20		
			4012.70	200.00	
		3397.94	206843.00	5142.90	
			44111.30	280.00	1
				597.40	
			1192.50		
		20.00	2428.80	170.00	
			1261.00		
			7388.20		
			3380.40		
			1692.80		
			901.50		
			56661.20		1
			3109.80		
			917.80		
			2909.30		
		251.50	18795.00		3
		15.36			
			1759.40		
		120.00	9091.10		
			19516.90		1
			13354.30	100.00	
		208.90	46533.90		1

地质勘查投入和新发现矿产地情况

Input in Geological Exploration and Newly Discovered

矿 种	Mineral	地质勘查经费/万元 Geological Exploration Fund/10^4 yuan				
			中央财政 Central Finance	地方财政 Local Finance		国内企事业资金 Fund from Domestic Enterprise and Institution
陶瓷用砂岩	Sandstone for Ceramics	153.07		54.00	99.07	99.07
陶瓷土	Ceramic Clay	8623.46		74.88	8548.58	8539.68
玻璃用白云岩	Dolomite for Glass	549.00		549.00		
玻璃用石英岩	Quartzite for Glass	4379.70		2583.29	1796.41	1740.11
玻璃用砂岩	Sandstone for Glass	4521.07		2237.24	2283.83	1253.86
玻璃用砂	Sand for Glass	1522.80		1442.80	80.00	80.00
玻璃用脉石英	Vein Quartz for Glass	1516.47		1359.22	157.25	157.25
粉石英	Powder Quartz	220.00		190.00	30.00	30.00
玻璃用凝灰岩	Tuff for Glass	16.00			16.00	
水泥用灰岩	Limestone for Cement	18981.88		11203.69	7778.19	7549.81
制灰用灰岩	Limestone for Ash Making	925.42		805.42	120.00	120.00
泥灰岩	Marl	49.54		49.54		
水泥配料用砂岩	Sandstone for Cement Batching	571.28		473.11	98.17	98.17
水泥配料用砂	Sand for Cement Batching	200.00		200.00		
水泥配料用脉石英	Vein Quartz for Cement Batching	345.25		345.25		
水泥配料用页岩	Shale for Cement Batching	99.28		9.28	90.00	90.00
水泥配料用黏土	Clay for Cement Batching	51.68			51.68	51.68
水泥配料用泥岩	Mudstone for Cement Batching	118.00			118.00	118.00
水泥用凝灰岩	Tuff for Cement	382.80		382.80		
水泥用大理岩	Marble for Cement	427.85		427.85		
水泥配料用板岩	Slate for Cement Batching	802.50		503.00	299.50	299.50
砖瓦用页岩	Shale for Brick and Tile	1369.50		1356.10	13.40	13.40
砖瓦用黏土	Clay for Brick and Tile	254.90		79.90	175.00	175.00
砖瓦用砂岩	Sandstone for Brick and Tile	11.70		11.70		
凹凸棒石黏土	Attapulgite Clay	50.00		50.00		
膨润土	Bentonite	323.84		213.93	109.91	109.91
天然油石	Natural Oilstone					
硅藻土	Diatomite	168.65		140.65	28.00	28.00
建筑用砂	Sand for Construction	4393.59		3883.21	510.38	341.38
建筑用灰岩	Limestone for Construction	13735.51		10106.12	3629.39	3105.22
建筑石料用灰岩	Limestone for Construction Stone	70.00			70.00	70.00
建筑用辉绿岩	Diabase for Construction	450.10		450.10		
建筑用安山岩	Andesite for Construction	415.88		234.88	181.00	181.00

——按矿种分列（2022年） 续表2
Mineral Prospects by Mineral （2022） Continued 2

企事业资金 Fund from Enterprise and Institution			机械岩芯钻探工作量/米 Footage of Core Drilling/m	坑探工作量/米 Footage of Pitting/m	新发现矿产地/个 Newly Discovered Mineral Prospect/ number
港、澳、台商投资 Investment from Hong Kong, Macao and Taiwan	外商投资 Foreign Investment	其他投资 Other Investment			
			2053.40		
		8.90	90110.10		1
			3571.40		1
		56.30	26204.00		2
		1029.97	35762.20		3
			4639.90		
			6184.80		2
			528.00		
		16.00			
		228.38	138259.50		14
			7443.80		
			140.40		
			4072.40		1
			233.20		
			2426.20		
			800.00		1
			382.70		
			428.80		1
			3428.70		
			0.30		
			4223.80		
			2544.80		2
			984.60		
			20.10		1
			566.40		
					1
			100.00		
		169.00	23908.60		1
		524.17	89720.20		11
			2057.70		
			2626.00		2

地质勘查投入和新发现矿产地情况

Input in Geological Exploration and Newly Discovered

矿种	Mineral	地质勘查经费/万元 Geological Exploration Fund/10^4 yuan				
			中央财政 Central Finance	地方财政 Local Finance		国内企事业资金 Fund from Domestic Enterprise and Institution
建筑用凝灰岩	Tuff for Construction	1757.44		1268.94	488.50	488.50
建筑用辉石岩	Pyroxenite for Construction	160.00			160.00	160.00
建筑用玄武岩	Basalt for Consrtuction	2778.71		2526.61	252.10	252.10
建筑用闪长岩	Diorite for Construction	97.60		97.60		
建筑用花岗岩	Granite for Construction	10375.19		7886.77	2488.42	2488.42
建筑用大理岩	Marble for Construction	1629.03		1306.03	323.00	13.00
建筑用白云岩	Dolomite for Construction	2481.91		2039.74	442.17	292.30
建筑用砂岩	Sandstone for Construction	5169.99		3810.68	1359.31	871.71
建筑用页岩	Shale for Construction	30.00			30.00	30.00
饰面用石材	Decorative Stone	662.52		576.52	86.00	86.00
饰面用辉绿岩	Decorative Diabase	545.00		245.00	300.00	300.00
饰面用玄武岩	Decorative Basalt	22.00			22.00	22.00
饰面用闪长岩	Decorative Diorite	19.10			19.10	19.10
饰面用正长岩	Decorative Syenite	17.00			17.00	17.00
饰面用花岗岩	Decorative Granite	14286.10		10411.57	3874.53	3274.53
饰面用灰岩	Decorative Limestone	4612.27		3439.15	1173.12	818.05
饰面用大理岩	Decorative Marble	2804.90		1355.19	1449.71	1353.71
饰面用板岩	Decorative Slate					
片麻岩	Gneiss	750.37		655.68	94.69	94.69
陶粒用黏土	Clay for Ceramsite	1728.00		1628.00	100.00	100.00
石墨	Graphite	14193.85		7024.11	7169.74	7169.74
碎云母	Scrap Mica	33.91		33.91		
透辉石	Diopside	45.00		45.00		
透闪石	Tremolite	47.00			47.00	47.00
沸石	Zeolite	85.40			85.40	85.40
石膏	Gypsum	1152.78		641.45	511.33	511.33
矿泉水	Mineral Water	3062.29		2479.02	583.27	583.27
地下水	Groundwater	2924.94		95.40	2829.54	1166.17
其他矿种	Other Minerals	27017.38	27017.38			
基础地质、科技、水环及地灾调查、信息化等	Basic Geology, Science and Technology, Hydrological Environment and Disaster Investigation, Informationization, etc.	871444.13	270310.18	456223.75	144910.20	144910.20

——按矿种分列（2022年） 续表3

Mineral Prospects by Mineral （2022） Continued 3

企事业资金 Fund from Enterprise and Institution			机械岩芯钻探工作量/米 Footage of Core Drilling/m	坑探工作量/米 Footage of Pitting/m	新发现矿产地/个 Newly Discovered Mineral Prospect/ number
港、澳、台商投资 Investment from Hong Kong, Macao and Taiwan	外商投资 Foreign Investment	其他投资 Other Investment			
			11432.20		2
			762.10		
			22069.00		
			264.70		
			61572.80	400.20	14
		310.00	12680.00		
		149.87	12062.30		1
		487.60	45614.90		3
			847.30		
			5236.90		
			3459.20		
			100.00		
			161.30		
		600.00	93459.50	26088.90	9
		355.07	25838.70		1
		96.00	23212.20	300.00	2
			1265.70		
			3995.30		[illegible]
			10880.00		
			104252.40	280.00	2
			622.40		
			323.20		
			500.30		
			393.70		
			4760.70		
			8939.40		4
		1663.37	14391.70		

全国非油气地质勘查

Completion of National Non-petroleum

地 区	Region	区域地质调查 Regional Geological Survey	区域地球物理调查 Regional Geophysical Survey		
		1：5万区域地质调查/千米² 1：50000 Regional Geological Survey/km²	1：25万区域重力测量/千米² 1：250000 Regional Gravity Measurement/km²	1：5万区域重力测量/千米² 1：50000 Regional Gravity Measurement/km²	航空物探/测线千米 Aerogeophysical Prospecting/line km
总 计	**Total**	**38212.90**	**29287.00**	**21321.00**	**52943.20**
北 京	Beijing			150.00	
天 津	Tianjin				
河 北	Hebei	5137.50			2171.20
山 西	Shanxi	5179.40			
内蒙古	Nei Mongol	1042.00	19887.00		
辽 宁	Liaoning				
吉 林	Jilin	350.00		260.00	
黑龙江	Heilongjiang	1114.00			
上 海	Shanghai				
江 苏	Jiangsu	600.00			
浙 江	Zhejiang	160.00			
安 徽	Anhui	797.00			
福 建	Fujian	7297.00			
江 西	Jiangxi				
山 东	Shandong	435.00		350.00	
河 南	Henan				
湖 北	Hubei	400.00			
湖 南	Hunan				
广 东	Guangdong	2705.00			
广 西	Guangxi	850.00		100.00	
海 南	Hainan	270.00			28000.00
重 庆	Chongqing	1594.00			
四 川	Sichuan	200.00			4000.00
贵 州	Guizhou	1006.00			
云 南	Yunnan	1389.00			
西 藏	Xizang	1380.00			
陕 西	Shaanxi	907.00	9400.00		5272.00
甘 肃	Gansu	5400.00		100.00	
青 海	Qinghai				1000.00
宁 夏	Ningxia			12000.00	8000.00
新 疆	Xinjiang			8361.00	4500.00
其 他	Others				

工作完成情况（2022年）
Geological Exploration（2022）

区域地球化学调查 Regional Geochemical Survey			矿产地质调查 Mineral Geological Survey
1：5万地球化学调查/千米^2 1：50000 Geochemical Survey/km^2	1：5万土地质量地球化学调查/千米^2 1：50000 Land Quality Geochemical Survey/km^2	1：25万土地质量地球化学调查/千米^2 1：250000 Land Quality Geochemical Survey/km^2	1：5万矿产地质调查/千米^2 1：50000 Mineral Geological Survey/km^2
38127.50	**16063.80**	**40894.00**	**48645.60**
17548.00			
1657.00			
300.00		3000.00	1540.00
1000.00		282.00	
	200.00		1131.00
	80.00		1500.00
822.00	2550.70		6898.00
	2.00		1780.00
		17344.00	870.00
	100.00		615.00
			400.00
900.00	1930.00	2044.00	665.00
475.00			675.00
			800.00
	6786.10		
450.00	200.00		2592.00
3190.00			4786.70
310.00	1220.00	3445.00	450.00
950.00		1879.00	1283.00
1006.40	2517.00		3994.40
7059.10	278.00		12715.50
		12900.00	600.00
2100.00	200.00		5350.00
360.00			

全国油气地质勘查
Completion of National Oil and

地 区	Region	探井/口 Exploratory/well
总 计	**Total**	**2510**
北 京	Beijing	
天 津	Tianjin	122
河 北	Hebei	71
山 西	Shanxi	106
内蒙古	Nei Mongol	138
辽 宁	Liaoning	39
吉 林	Jilin	58
黑龙江	Heilongjiang	137
上 海	Shanghai	18
江 苏	Jiangsu	70
浙 江	Zhejiang	
安 徽	Anhui	
福 建	Fujian	
江 西	Jiangxi	
山 东	Shandong	193
河 南	Henan	49
湖 北	Hubei	29
湖 南	Hunan	1
广 东	Guangdong	87
广 西	Guangxi	1
海 南	Hainan	43
重 庆	Chongqing	37
四 川	Sichuan	86
贵 州	Guizhou	9
云 南	Yunnan	
西 藏	Xizang	2
陕 西	Shaanxi	550
甘 肃	Gansu	269
青 海	Qinghai	23
宁 夏	Ningxia	114
新 疆	Xinjiang	258

工作完成情况（2022年）

Natural Gas Geological Exploration（2022）

工作量 Workload		
进尺/千米 Footage/km	二维地震/千米 2D Seismic/km	三维地震/千米^2 3D Seismic/km^2
7953.36	**19514.68**	**46958.70**
335.37		3807.00
256.49	384.00	184.00
178.29	120.00	142.00
531.90	743.00	1215.00
152.78		200.00
176.66	259.00	243.00
212.75		575.00
71.97		2080.00
220.70		187.00
609.00	1095.00	936.00
162.28		33.00
96.67		416.00
1.60		
270.97	3166.25	7287.00
1.00		
132.18	4142.43	5640.00
159.60	433.00	2067.00
433.53	1347.00	7495.00
12.69	3.00	72.70
0.70		
1412.55	30.00	2234.00
782.02	3016.00	2178.00
120.32	660.00	1137.00
357.81		800.00
1263.54	4116.00	7980.00

矿产资源勘查许可证发证及探矿权

Exploration Licenses Issued and Exploration

地区	Region	勘查许可证发证 Exploration License Issued					
		许可证数/个 Number of License/number	登记面积/千米^2 Registered Area/ km^2	注销/个 Cancelled/ number	注销面积/千米^2 Cancelled Area/km^2	个 Number	出让收益/万元 Income from Exploration Right Granted/10^4 yuan
总计	**Total**	**11008**	**2378459.59**	**4278**	**121079.94**	**362**	**1260699.53**
自然资源部	MNR	982	2251716.55	152	23287.94	17	5.59
北京	Beijing	4	16.86			1	86.69
天津	Tianjin	29	31.16	12	9.86	3	9930.00
河北	Hebei	194	1264.45	14	97.22	2	116.00
山西	Shanxi	122	9212.16	52	1623.48	2	475300.00
内蒙古	Nei Mongol	1465	26047.47	1481	44699.48	42	35792.13
辽宁	Liaoning	160	386.03	47	555.80	14	10691.43
吉林	Jilin	219	1257.94	37	241.76	26	2082.23
黑龙江	Heilongjiang	195	5744.38	221	5738.23	6	20000.00
上海	Shanghai						
江苏	Jiangsu	51	75.66	15	22.89		
浙江	Zhejiang	147	477.60	17	57.64	8	603.00
安徽	Anhui	274	2649.20	23	1111.39	9	
福建	Fujian	232	510.65	20	195.15	23	
江西	Jiangxi	1029	1724.86	99	383.31	19	148818.12
山东	Shandong	164	1537.22	50	435.11	1	19203.00
河南	Henan	395	2426.29	34	565.70	29	15973.02
湖北	Hubei	46	140.58	3	3.43		
湖南	Hunan	134	729.89	26	304.89		
广东	Guangdong	93	586.85	9	63.54	3	4734.40
广西	Guangxi	375	3203.13	11	33.65	7	439.00
海南	Hainan	18	51.48	1	2.05		
重庆	Chongqing	11	37.31	2	8.62		
四川	Sichuan	413	2953.16	354	6272.62	4	786.83
贵州	Guizhou	391	4469.60	921	11557.85	11	4013.10
云南	Yunnan	730	6430.49	138	2360.74	13	17911.53
西藏	Xizang	295	10432.94	17	722.67		
陕西	Shaanxi	294	7364.71	16	575.61	5	2412.83
甘肃	Gansu	289	2104.89	29	387.65	27	85582.00
青海	Qinghai	284	9590.64	92	2628.49	4	64500.00
宁夏	Ningxia	26	268.55	22	261.27		
新疆	Xinjiang	1947	25016.90	363	16871.90	86	341718.64

出让、转让情况——按地区分列（2022年）

Rights Granted and Transferred by Region（2022）

探矿权出让 Exploration Right Granted					探矿权转让 Exploration Right Transferred	
申请在先 Application First	协议出让 Granting through Agreement		“招拍挂”出让 Granting through Bidding, Auction and Listing			
个 Number	个 Number	出让收益/万元 Income from Exploration Right Granted/10^4 yuan	个 Number	出让收益/万元 Income from Exploration Right Granted/10^4 yuan	个 Number	转让金额/万元 Amount of Exploration Right Transferred/10^4 yuan
7	**183**	**51813.63**	**172**	**1208885.91**	**136**	**258728.23**
	1	5.59	16			
			1	86.69		
			3	9930.00	2	198.00
			2	116.00	1	
	1		1	475300.00		
2	28		12	35792.13	16	78088.74
	14	10691.43				
	6	445.97	20	1636.26		
	6	20000.00			5	18202.89
			8	603.00	1	1353.00
	9					
	23					
	3	217.12	16	148601.00	9	236.00
			1	19203.00	30	115345.31
	28	4473.02	1	11500.00	3	496.00
					6	5010.79
			3	4734.40	1	464.91
	5		2	439.00	8	946.00
			4	786.83	9	32220.00
1	2		8	4013.10	5	4016.59
	11	15830.01	2	2081.52	17	1610.00
			5	2412.83	1	
4	14	109.00	9	85473.00	1	
	3		1	64500.00	1	
	29	41.49	57	341677.15	20	40.00

矿产资源勘查许可证发证及探矿权出让、
Exploration Licenses Issued and Exploration Rights

矿种	Mineral	勘查许可证发证 Exploration License Issued					
		许可证数/个 Number of License/ number	登记面积/千米^2 Registered Area/km^2	注销/个 Cancelled/ number	注销面积/千米^2 Cancelled Area/km^2	个 Number	出让收益/万元 Income from Exploration Right Granted/10^4 yuan
总 计	**Total**	**11008**	**2378459.59**	**4278**	**121079.94**	**362**	**1260699.53**
煤	Coal	838	29331.17	288	26182.44	51	702401.68
油页岩	Oil Shale	46	3383.34	14	1164.63		
石油	Oil	5	10973.51				
天然气	Natural Gas	2	3528.19				
煤层气	Coalbed Methane	91	17111.82	3	360.17	6	
油砂	Oil Sand	7	180.29				
页岩气	Shale Gas	19	7557.08	1	301.22	2	
石油天然气	Oil and Gas	637	2225714.20	10	8076.04	13	
天然沥青	Natural Asphalt	5	14.83				
地热	Geotherm	389	1972.41	108	2725.79	29	12370.62
铁矿	Iron	936	6073.56	360	6541.20	31	797.00
锰矿	Manganese	161	1218.93	66	834.97	3	
铬铁矿	Chromite	13	231.44	6	138.50		
钛矿	Titanium	21	239.79	4	94.30		
钒矿	Vanadium	63	353.80	23	378.32	1	18119.00
金红石	Rutile	4	11.92	1	52.36		
铜矿	Copper	1788	17921.08	574	14051.27	16	38886.62
铅矿	Lead	1052	10110.04	665	11077.79	15	2114.57
锌矿	Zinc	170	972.82	197	2236.99	7	22.23
铝土矿	Bauxite	121	1637.28	55	1120.75	4	3875.80
镁矿	Magnesium	1	0.87				
镍矿	Nickel	37	305.91	30	884.44	1	1866.00
钴矿	Cobalt	2	16.14	1	17.87		
钨矿	Tungsten	61	257.39	5	30.20	1	5.59
锡矿	Tin	40	209.12	11	126.45		
铋矿	Bismuth	2	4.63				
钼矿	Molybdenum	111	672.36	8	257.95		
锑矿	Antimony	46	233.26	3	40.96		
多金属	Polymetallic Ore	419	5758.00	435	13889.78		
铂矿	Platinum	10	73.88				
砂金	Placer Gold	8	51.57	3	15.92		
金矿	Gold	2082	15725.68	770	19133.76	33	23490.07
银矿	Silver	263	2187.88	166	4555.45	4	13042.17
铌钽矿	Niobium-Tantalum	24	114.94	8	170.12		

转让情况——按矿种分列（2022年）

Granted and Transferred by Mineral （2022）

探矿权出让 Exploration Right Granted					探矿权转让 Exploration Right Transferred	
申请在先 Application First	协议出让 Granting through Agreement		"招拍挂"出让 Granting through Bidding, Auction and Listing		个 Number	转让金额/万元 Amount of Exploration Right Transferred/10⁴ yuan
个 Number	个 Number	出让收益/万元 Income from Exploration Right Granted/10⁴ yuan	个 Number	出让收益/万元 Income from Exploration Right Granted/10⁴ yuan		
7	**183**	**51813.63**	**172**	**1208885.91**	**136**	**258728.23**
1	23	2662.64	27	699739.04	4	79248.19
3	3					
			2			
			13			
			29	12370.62	9	1551.00
1	28	300.00	2	497.00	15	116606.93
	3				1	
			1	18119.00		
	7	10008.95	9	28877.67	23	2600.92
	14	2103.57	1	11.00	10	597.67
	6	21.63	1	0.60	3	436.00
			4	3875.80	2	3101.53
			1	1866.00		
	1	5.59				
					3	374.87
2	27	12065.02	4	11425.05	45	5091.73
	4	13042.17			1	76.12

矿产资源勘查许可证发证及探矿权出让、
Exploration Licenses Issued and Exploration Rights

矿　种	Mineral	勘查许可证发证 Exploration License Issued					
		许可证数/个 Number of License/ number	登记面积/千米^2 Registered Area/km^2	注销/个 Cancelled/ number	注销面积/千米^2 Cancelled Area/km^2	个 Number	出让收益/万元 Income from Exploration Right Granted/10^4 yuan
铌矿	Niobium	4	89.18	3	85.57		
钽矿	Tantalum	5	14.95				
铍矿	Beryllium	10	116.04	1	26.50		
锂矿	Lithium	21	905.40	6	345.49		
锶矿（天青石）	Strontium (Celestite)	1	4.62	1	20.26		
铷矿	Rubidium	7	97.62	2	31.39		
铯矿	Cesium	1	5.28				
重稀土矿	Heavy Rare Earth Elements	1	5.25	1	54.92		
轻稀土矿	Light Rare Earth Elements	7	102.55	2	36.89		
碲矿	Tellurium	1	6.29				
蓝晶石	Kyanite	2	8.53	1	4.79		
红柱石	Andalusite	1	1.98				
菱镁矿	Magnesite	7	82.24	1	33.57	1	334.00
萤石（普通）	Common Fluorite	270	729.53	24	168.61	29	170707.00
熔剂用石灰岩	Limestone for Flux	11	20.70	4	14.81	1	
冶金用白云岩	Metallurgical Dolomite	7	27.69	4	10.78		
冶金用石英岩	Metallurgical Quartzite	11	56.81	7	42.22	2	109.00
冶金用脉石英	Metallurgical Vein Quartz	9	18.12	1	4.98	3	1850.00
耐火黏土	Refractory Clay	2	19.37				
硫铁矿	Pyrite	23	76.69	49	387.41		
钠硝石	Nitratine	31	880.38				
明矾石	Alunite	1	2.04				
芒硝（含钙芒硝）	Mirabilite (Glauberite)	2	31.18				
重晶石	Barite	16	66.43	6	43.12		
毒重石	Witherite	1	6.26				
天然碱（Na_2CO_3）	Trona (Na_2CO_3)	5	188.09				
电石用灰岩	Limestone for Calcium Carbide	3	1.39	3	16.61	1	
制碱用灰岩	Limestone for Alkali Production	2	1.76			1	
含钾岩石	Potassium-bearing Rock	7	25.06	3	205.58		

转让情况——按矿种分列（2022年） 续表1

Granted and Transferred by Mineral （2022） Continued 1

探矿权出让 Exploration Right Granted					探矿权转让 Exploration Right Transferred	
申请在先 Application First	协议出让 Granting through Agreement		“招拍挂”出让 Granting through Bidding, Auction and Listing		个 Number	转让金额/万元 Amount of Exploration Right Transferred/10^4 yuan
个 Number	个 Number	出让收益/万元 Income from Exploration Right Granted/10^4 yuan	个 Number	出让收益/万元 Income from Exploration Right Granted/10^4 yuan		
			1	334.00		
	24		5	170707.00	3	12.00
	1					
	2	109.00				
	2		1	1850.00		
					1	21.00
	1					
	1					

矿产资源勘查许可证发证及探矿权出让、
Exploration Licenses Issued and Exploration Rights

矿　种	Mineral	勘查许可证发证 Exploration License Issued					
		许可证数/个 Number of License/number	登记面积/千米^2 Registered Area/km^2	注销/个 Cancelled/number	注销面积/千米^2 Cancelled Area/km^2	个 Number	出让收益/万元 Income from Exploration Right Granted/10^4 yuan
化肥用蛇纹岩	Serpentinite for Fertilizer	2	43.83	1	22.00		
泥炭	Peat	3	48.73	1	201.55		
矿盐	Mineral Salt	2	20.22				
岩盐	Rock Salt	24	159.71	1	7.75	1	19203.00
湖盐	Lake Salt	1	24.70	1	16.51		
天然卤水	Natural Brine	1	21.54				
钾盐	Potash	20	6195.94			1	
磷矿	Phosphate Rock	75	448.70	25	266.11		
金刚石	Diamond	4	58.79	5	439.92		
石墨	Graphite	66	466.46	22	693.53	1	30.36
隐晶质石墨	Aphanitic Graphite	1	9.68			1	231.52
水晶	Quartz Crystal	1	18.17	1	17.36		
刚玉	Corundum	1	4.12				
硅灰石	Wollastonite	8	21.71	16	332.06	3	34.67
滑石	Talc	14	83.57	4	4.12	1	102.67
云母	Mica	8	36.08				
长石	Feldspar	32	137.23	11	143.04	2	1205.00
电气石	Tourmaline	2	25.51				
石榴子石	Garnet	6	9.09	2	22.07		
叶蜡石	Pyrophyllite	12	18.17	3	9.08		
透辉石	Diopside	1	0.32				
沸石	Zeolite			1	13.14		
透闪石	Tremolite	1	1.05				
石膏	Gypsum	29	163.78	15	205.51	4	1831.43
方解石	Calcite	27	81.54	7	27.10	2	522.98
光学萤石	Optical Fluorite	2	19.18				
玉石	Jade	19	100.54	1	7.50		
玛瑙	Agate	3	82.59				
石灰岩	Limestone	50	257.03	16	159.70	8	4661.00
水泥用石灰岩	Limestone for Cement	87	178.94	18	162.31	16	402.45
饰面用灰岩	Decorative Limestone	1	0.52				
制灰用石灰岩	Limestone for Ash Making	6	2.12	6	2.86	1	5075.00

转让情况——按矿种分列（2022年） 续表2

Granted and Transferred by Mineral （2022） Continued 2

探矿权出让 Exploration Right Granted					探矿权转让 Exploration Right Transferred	
申请在先 Application First	协议出让 Granting through Agreement		"招拍挂"出让 Granting through Bidding, Auction and Listing		个 Number	转让金额/万元 Amount of Exploration Right Transferred/10^4 yuan
个 Number	个 Number	出让收益/万元 Income from Exploration Right Granted/10^4 yuan	个 Number	出让收益/万元 Income from Exploration Right Granted/10^4 yuan		
			1	19203.00	2	40.00
			1			
					3	32000.00
			1	30.36	2	16210.00
			1	231.52		
	3	34.67				
	1	102.67			1	53.00
	1		1	1205.00		
			4	1831.43		
	1	12.98	1	510.00		
	4		4	4661.00	2	12.00
	14	357.66	2	44.79		
			1	5075.00		

矿产资源勘查许可证发证及探矿权出让、
Exploration Licenses Issued and Exploration Rights

矿　种	Mineral	勘查许可证发证 Exploration License Issued					
		许可证数/个 Number of License/ number	登记面积/千米^2 Registered Area/km^2	注销/个 Cancelled/ number	注销面积/千米^2 Cancelled Area/km^2	个 Number	出让收益/万元 Income from Exploration Right Granted/10^4 yuan
泥灰岩	Marl	4	6.25				
白云岩	Dolomite	15	42.16	12	245.23	1	
建筑用白云岩	Dolomite for Construction	1	0.65	1	3.44		
石英岩	Quartzite	30	160.21	8	149.58	5	4050.00
玻璃用石英岩	Quartzite for Glass	14	22.28	1	1.41	1	28.77
砂岩	Sandstone	1	1.05				
玻璃用砂岩	Sandstone for Glass	3	4.30	1	3.41		
水泥配料用砂岩	Sandstone for Cement Batching	6	4.93			1	2692.00
陶瓷用砂岩	Sandstone for Ceramics	1	0.47	1	0.38		
天然石英砂	Natural Quartz Sand	15	85.01	2	5.14	7	43909.00
玻璃用砂	Sand for Glass	2	6.94			1	21.72
建筑用砂	Sand for Construction			4	80.94		
脉石英	Vein Quartz	26	68.69	3	53.47	3	81.14
玻璃用脉石英	Vein Quartz for Glass	21	16.19	1	4.46		
硅藻土	Diatomite	8	24.15	1	39.24		
页岩	Shale	2	0.72	2	3.31	1	1.90
陶粒页岩	Shale for Ceramsite	2	3.09				
水泥配料用页岩	Shale for Cement Batching	1	0.18				
高岭土	Kaolin	37	120.40	17	448.33		
陶瓷土	Ceramic Clay	45	47.02	13	30.56	7	140092.00
凹凸棒石黏土	Attapulgite Clay	4	8.51	1	70.43		
伊利石黏土	Illite Clay	2	5.42				
膨润土	Bentonite	15	85.69	7	62.84		
陶粒用黏土	Clay for Ceramsite	4	12.92				
水泥用黏土	Clay for Cement	2	1.07				
水泥配料用泥岩	Mudstone for Cement Batching	3	1.66				
蛇纹岩	Serpentinite	7	40.82	3	46.03	1	163.06
饰面用蛇纹岩	Decorative Serpentinite	1	0.50				
玄武岩	Basalt	5	19.79	2	6.80	2	164.91
铸石用玄武岩	Basalt for Cast Stone	1	1.83				

转让情况——按矿种分列（2022年） 续表3

Granted and Transferred by Mineral （2022） Continued 3

探矿权出让 Exploration Right Granted					探矿权转让 Exploration Right Transferred	
申请在先 Application First	协议出让 Granting through Agreement		“招拍挂”出让 Granting through Bidding, Auction and Listing			
个 Number	个 Number	出让收益/万元 Income from Exploration Right Granted/10⁴ yuan	个 Number	出让收益/万元 Income from Exploration Right Granted/10⁴ yuan	个 Number	转让金额/万元 Amount of Exploration Right Transferred/10⁴ yuan
	1					
	3		2	4050.00	[illegible]	103.27
			1	28.77		
			1	2692.00		
	3	10691.43	4	33217.57		
			1	21.72		
			3	81.14		
			1	1.90		
					1	460.00
			7	140092.00		
			1	163.06		
			2	164.91		

矿产资源勘查许可证发证及探矿权出让、
Exploration Licenses Issued and Exploration Rights

矿种	Mineral	勘查许可证发证 Exploration License Issued					
		许可证数/个 Number of License/ number	登记面积/千米^2 Registered Area/km^2	注销/个 Cancelled/ number	注销面积/千米^2 Cancelled Area/km^2	个 Number	出让收益/万元 Income from Exploration Right Granted/10^4 yuan
岩棉用玄武岩	Basalt for Rock Wool	1	5.97			1	750.07
辉绿岩	Diabase	1	0.04				
饰面用辉绿岩	Decorative Diabase	5	13.90	1	3.26		
安山岩	Andesite			1	2.45		
闪长岩	Diorite	2	10.94				
建筑用闪长岩	Diorite for Construction			1	0.40		
花岗岩	Granite	20	77.71	10	127.05	6	1825.70
建筑用花岗岩	Granite for Construction	2	3.35	1	1.87		
饰面用花岗岩	Decorative Granite	99	407.52	28	306.32	9	19255.65
麦饭石	Maifanite	1	0.71				
珍珠岩	Perlite	8	23.41	4	223.09	1	
黑曜岩	Obsidian	1	2.09	1	25.74		
霞石正长岩	Nepheline Syenite	1	1.22				
凝灰岩	Tuff	1	0.05			1	
水泥用凝灰岩	Tuff for Cement	1	2.28	1	0.23		
火山渣	Scoria	2	5.65				
大理岩	Marble	17	58.52	6	61.77	4	8971.33
饰面用石料（大理石）	Decorative Stone (Marble)	9	4.45	9	22.19		
水泥用大理石	Marble for Cement	5	12.14	4	19.20		
饰面用板岩	Decorative Slate	2	4.18	3	15.29		
水泥配料用板岩	Slate for Cement Batching			1	0.56		
角闪岩	Amphibolite	3	11.21				
硼矿	Boron	2	11.16	2	26.09		
矿泉水	Mineral Water	83	159.00	23	68.35	14	15400.86
地下水	Groundwater	11	181.71	11	174.71		
氦气	Helium	1	189.40				

转让情况——按矿种分列（2022年） 续表4
Granted and Transferred by Mineral （2022） Continued 4

探矿权出让 Exploration Right Granted					探矿权转让 Exploration Right Transferred	
申请在先 Application First	协议出让 Granting through Agreement		“招拍挂”出让 Granting through Bidding, Auction and Listing			
个 Number	个 Number	出让收益/万元 Income from Exploration Right Granted/10^4 yuan	个 Number	出让收益/万元 Income from Exploration Right Granted/10^4 yuan	个 Number	转让金额/万元 Amount of Exploration Right Transferred/10^4 yuan
			1	750.07		
			6	1825.70		
	3	295.65	6	18960.00	3	132.0[illegible]
	1					
	1					
			4	8971.33		
					1	
			14	15400.86		

矿产资源勘查许可证发证及探矿权出让、
Exploration Licenses Issued and Exploration Rights

企业经济类型	Economic Type of Enterprise	勘查许可证发证 Exploration License Issued					
		许可证数/个 Number of License/ number	登记面积/千米^2 Registered Area/km^2	注销/个 Cancelled/ number	注销面积/千米^2 Cancelled Area/km^2	个 Number	出让收益/万元 Income from Exploration Right Granted/10^4 yuan
总　计	**Total**	**11008**	**2378459.59**	**4278**	**121079.94**	**362**	**1260699.53**
国有企业	State-owned Enterprise	1879	122688.01	1722	72156.76	16	72960.65
集体企业	Collective-owned Enterprise	24	108.57	17	150.58		
股份合作企业	Cooperative Stock Enterprise	55	16583.44	12	163.87		
联营企业	Joint Ownership Enterprise	34	329.76	16	220.35	2	441.42
有限责任公司	Limited Liability Corporation	7745	97589.18	1865	31194.51	313	689830.27
股份有限公司	Share Holding Company Limited	722	920394.16	116	9045.90	21	496682.13
私营企业	Private Enterprise	235	1712.42	396	4367.87	8	5.06
其他企业	Other Enterprise	69	593.88	100	1826.79	2	780.00
港、澳、台投资企业	Enterprise with Fund from Hong Kong, Macao and Taiwan	228	1218256.81	12	810.55		
外商投资企业	Foreign-funded Enterprise	17	203.37	22	1142.75		

注：企业经济类型为企业在工商管理机关登记注册类型。

Note: The economic type of enterprise is the type of enterprise registered in the industrial and commercial administration.

转让情况——按企业经济类型分列（2022年）
Granted and Transferred by Economic Type of Enterprise（2022）

探矿权出让 Exploration Right Granted					探矿权转让 Exploration Right Transferred	
申请在先 Application First	协议出让 Granting through Agreement		“招拍挂”出让 Granting through Bidding, Auction and Listing			
个 Number	个 Number	出让收益/万元 Income from Exploration Right Granted/10^4 yuan	个 Number	出让收益/万元 Income from Exploration Right Granted/10^4 yuan	个 Number	转让金额/万元 Amount of Exploration Right Transferred/10^4 yuan
7	**183**	**51813.63**	**172**	**1208885.91**	**136**	**258728.23**
	8		8	72960.65	2	
					4	
	1		1	441.42		
4	158	31789.44	151	658040.84	117	258629.23
2	8	20019.13	11	476663.00	11	
	8	5.06			[illegible]	99.00
1			1	780.00	1	

矿产资源采矿许可证发证及采矿权出让、
Mining Licenses Issued and Mining Rights

地　区	Region	采矿许可证发证 Mining License Issued								
		许可证数/个 Number of License/ number	面积/千米² Area/km²	生产能力/(万吨·年⁻¹) Capacity of Production/ (10^4t·a^{-1})	注销/个 Cancelled/ number	注销面积/千米² Cancelled Area/ km²	个 Number	生产能力/(万吨·年⁻¹) Capacity of Production/ (10^4t·a^{-1})	出让收益/万元 Income from Mining Right Granted/ 10^4 yuan	个 Number
总　计	**Total**	**30929**	**289132.23**	**1727832.72**	**6512**	**1603.45**	**1384**	**144832.34**	**13389059.80**	**295**
自然资源部	MNR	1661	224438.15	223326.72			126	3564.27	63677.92	125
北　京	Beijing	97	68.64	2340.07						
天　津	Tianjin	250	9.62	4314.05	39	0.01	10	194.14		9
河　北	Hebei	960	1611.64	42873.50	115	42.11	12	1444.38	802.72	9
山　西	Shanxi	1892	10544.58	119718.27	45	8.28	29	2113.76	606607.66	11
内蒙古	Nei Mongol	1919	5544.06	94903.90	1192	301.59	28	4626.90	1518408.65	12
辽　宁	Liaoning	804	833.37	38603.20	435	80.49	8	4361.00	304271.79	6
吉　林	Jilin	719	657.02	23602.20	164	4.71	23	782.93	12538.68	4
黑龙江	Heilongjiang	928	3068.41	28316.67	107	33.54	61	1293.00	57862.71	4
上　海	Shanghai									
江　苏	Jiangsu	165	242.70	12861.68	30	30.84	16	433.80	106797.16	10
浙　江	Zhejiang	517	182.76	65982.62	49	8.51	24	9499.61	1545203.14	6
安　徽	Anhui	647	839.54	81310.85	40	5.04	17	11018.78	1913413.66	4
福　建	Fujian	581	604.50	28411.28	77	10.70	13	3262.00	118513.20	4
江　西	Jiangxi	1412	1002.25	61440.47	217	75.62	30	6983.70	283118.59	9
山　东	Shandong	777	2227.65	48669.86	221	28.36	204	5132.56	113653.85	4
河　南	Henan	989	4096.18	56556.84	30	34.36	16	4446.82	349573.11	10
湖　北	Hubei	686	648.42	54459.70	166	57.44	42	12371.50	354072.78	
湖　南	Hunan	852	928.00	35229.01	205	20.71	21	3964.62	439951.75	1
广　东	Guangdong	815	316.11	51125.15	132	19.81	37	12435.91	2271208.75	
广　西	Guangxi	1540	1154.54	119084.95	547	91.10	114	24530.61	1415943.22	6
海　南	Hainan	105	70.51	6605.46	13	2.54	1	225.00	185000.00	
重　庆	Chongqing	635	318.45	31772.10	50	33.09	14	1507.00	113434.74	1
四　川	Sichuan	2176	1901.14	65219.52	250	63.03	36	3813.28	115368.02	8
贵　州	Guizhou	3257	5380.98	125178.54	341	100.88	86	5406.61	42709.28	11
云　南	Yunnan	2087	1703.91	63717.10	869	270.43	111	5167.98	125842.22	3
西　藏	Xizang	147	974.30	5139.16	6	9.10	6	24.00	327.47	
陕　西	Shaanxi	1172	10477.74	96164.78	163	29.88	18	4156.43	509669.94	5
甘　肃	Gansu	875	1582.25	26171.80	279	65.69	47	1805.61	170254.21	3
青　海	Qinghai	304	3350.88	10875.94	82	62.54	23	596.00	4323.11	3
宁　夏	Ningxia	162	700.35	19223.83	49	11.34	7	1485.84	239676.07	2
新　疆	Xinjiang	1798	3653.60	84633.50	599	101.71	204	8184.30	406835.41	25

转让情况——按地区分列（2022年）

Granted and Transferred by Region（2022）

采矿权出让 Mining Right Granted								采矿权转让 Mining Right Transferred	
探矿权转采矿权 Change of Exploration Right to Mining Right		协议出让 Granting through Agreement			“招拍挂”出让 Granting through Bidding, Auction and Listing				
生产能力/（万吨·年⁻¹） Capacity of Production/ (10^4t·a^{-1})	出让收益/万元 Income from Mining Right Granted/ 10^4 yuan	个 Number	生产能力/（万吨·年⁻¹） Capacity of Production/ (10^4t·a^{-1})	出让收益/万元 Income from Mining Right Granted/ 10^4 yuan	个 Number	生产能力/（万吨·年⁻¹） Capacity of Production/ (10^4t·a^{-1})	出让收益/万元 Income from Mining Right Granted/ 10^4 yuan	个 Number	转让金额/万元 Amount of Mining Right Transferred/ 10^4 yuan
27473.90	**3211178.24**	**6**	**3417.60**	**376779.13**	**1083**	**113940.85**	**9801102.44**	**354**	**450575.73**
3556.67	63285.29	1	7.60	392.63				2	49.54
180.14					1	14.00		5	51.74
975.20	405.00				3	469.18	397.72	2	789.18
802.56	556003.53				18	1311.20	50604.13	22	46970.54
3785.54	1498762.97	1	90.00	6451.74	15	751.36	13193.94	23	16961.62
1188.00	70194.91	1	3000.00	232065.68	1	173.00	2011.20	1	317.93
85.93	50.00				19	697.00	12488.68	4	363.80
140.00	517.14	1	30.00	5064.08	56	1123.00	52281.49	27	42938.73
47.50					6	386.30	106797.16	1	
129.59	27153.14				18	9370.02	1518050.00		
260.78	20066.15				13	10758.00	1893347.51	7	37497.40
115.00	8734.25				9	3147.00	109778.95	3	
4900.50	134675.60				21	2083.20	148442.99	41	57863.47
856.42	56.76				200	4276.14	113597.09	23	124286.61
213.00	5964.59				6	4233.82	343608.52		
					42	12371.50	354072.78	16	13527.96
396.00					20	3568.62	439951.75	7	13927.76
					37	12435.91	2271208.75	4	4437.82
304.81	9676.48				108	24225.80	1406266.74	8	402.03
					1	225.00	185000.00		
300.00	27913.60				13	1207.00	85521.14	5	1883.15
1876.98	22601.36				28	1936.30	92766.66	26	15972.46
221.60	10213.26	1	50.00	150.00	74	5135.01	32346.02	51	7749.60
75.00	2133.90				108	5092.98	123708.32	26	16205.73
					6	24.00	327.47		
2902.68	214776.00				13	1253.75	294893.94	3	4135.26
129.00	2756.33	1	240.00	132655.00	43	1436.61	34842.88	6	1572.02
38.00					20	558.00	4323.11	4	32739.66
390.00	215951.61				5	1095.84	23724.46	3	262.70
3603.00	319286.37				179	4581.30	87549.04	34	9668.03

矿产资源采矿许可证发证及采矿权出让、
Mining Licenses Issued and Mining Rights

矿种	Mineral	采矿许可证发证 Mining License Issued								
		许可证数/个 Number of License/number	面积/千米^2 Area/km^2	生产能力/(万吨·年$^{-1}$) Capacity of Production/(10^4t·a^{-1})	注销/个 Cancelled/number	注销面积/千米^2 Cancelled Area/km^2	个 Number	生产能力/(万吨·年$^{-1}$) Capacity of Production/(10^4t·a^{-1})	出让收益/万元 Income from Mining Right Granted/10^4 yuan	个 Number
总计	**Total**	**30929**	**289132.23**	**1727832.72**	**6512**	**1603.45**	**1384**	**144832.34**	**13389059.80**	**295**
煤	Coal	3941	53375.40	455531.00	371	500.01	38	8915.00	3010027.15	28
油页岩	Oil Shale	16	142.42	4281.00						
石油	Oil	562	65080.47	28889.25			78	2906.05		78
天然气	Natural Gas	237	77626.66	1246.15			26	26.10		26
煤层气	Coalbed Methane	26	2819.42	63.98			3	6.56		3
石煤	Bone Coal	8	17.71	419.00	1	0.02				
油砂	Oil Sand	2	63.54	1841.31						
页岩气	Shale Gas	13	2500.85	111.00						
石油天然气	Oil and Gas	186	54307.84	9171.97			18	619.66		18
天然沥青	Natural Asphalt	2	0.47	1.40						
地热	Geotherm	1094	1250.18	26069.04	101	38.30	247	6059.66	20177.55	39
铁矿	Iron	1795	3387.64	120725.19	95	59.09	17	6636.00	434455.77	16
锰矿	Manganese	166	390.31	1833.15	19	21.65	2	85.00	1307.71	2
铬铁矿	Chromite	7	20.63	34.20	1	0.31				
钛矿	Titanium	27	36.10	892.19	14	0.38				
钒矿	Vanadium	56	232.75	2102.90						
金红石	Rutile	5	7.61	250.00						
铜矿	Copper	402	712.19	30342.03	26	36.60	6	184.50	12594.08	6
铅矿	Lead	463	1108.77	5612.32	19	35.18	3	30.00	2366.74	3
锌矿	Zinc	214	503.19	6176.01	29	67.37	3	426.00	4.54	3
铝土矿	Bauxite	227	1471.99	7417.96	2	7.19	7	210.00	16644.32	7
镁矿	Magnesium	2	7.02	295.00						
镍矿	Nickel	27	71.75	2949.40	1	0.03				
钴矿	Cobalt	1	0.70	165.00						
钨矿	Tungsten	89	277.55	2754.95	1	2.91				
锡矿	Tin	39	146.84	666.38	16	9.12	1	7.60	392.63	
铋矿	Bismuth	2	0.52	6.50						
钼矿	Molybdenum	79	236.77	15582.80						
汞矿	Mercury	4	11.76	28.00						
锑矿	Antimony	30	64.15	246.55	1	1.93				

转让情况——按矿种分列（2022年）

Granted and Transferred by Mineral（2022）

采矿权出让 Mining Right Granted								采矿权转让 Mining Right Transferred	
探矿权转采矿权 Change of Exploration Right to Mining Right		协议出让 Granting through Agreement			"招拍挂"出让 Granting through Bidding, Auction and Listing				
生产能力/（万吨·年$^{-1}$）Capacity of Production/(10^4t·a^{-1})	出让收益/万元 Income from Mining Right Granted/10^4 yuan	个 Number	生产能力/（万吨·年$^{-1}$）Capacity of Production/(10^4t·a^{-1})	出让收益/万元 Income from Mining Right Granted/10^4 yuan	个 Number	生产能力/（万吨·年$^{-1}$）Capacity of Production/(10^4t·a^{-1})	出让收益/万元 Income from Mining Right Granted/10^4 yuan	个 Number	转让金额/万元 Amount of Mining Right Transferred/10^4 yuan
27473.90	**3211178.24**	**6**	**3417.60**	**376779.13**	**1083**	**113940.85**	**9801102.44**	**354**	**450575.73**
8165.00	2661179.70	3	360.00	144170.82	7	390.00	204676.64	56	133093.4
2906.05									
26.10									
6.56									
619.66									
1662.83	4223.33				208	4396.83	15954.22	9	228.88
3636.00	202390.09	1	3000.00	232065.68				7	15820.56
85.00	1307.71								
184.50	12594.08							3	507.61
30.00	2366.74							2	440.03
426.00	4.54							5	2685.30
210.00	16644.32							1	
								1	
		1	7.60	392.63					
								1	49.54

矿产资源采矿许可证发证及采矿权出让、
Mining Licenses Issued and Mining Rights Granted

矿 种	Mineral	采矿许可证发证 Mining License Issued								
		许可证数/个 Number of License/ number	面积/千米^2 Area/km^2	生产能力/（万吨·年$^{-1}$）Capacity of Production/ (10^4t·a^{-1})	注销/个 Cancelled/ number	注销面积/千米^2 Cancelled Area/km^2	个 Number	生产能力/（万吨·年$^{-1}$）Capacity of Production/ (10^4t·a^{-1})	出让收益/万元 Income from Mining Right Granted/ 10^4 yuan	个 Number
铂矿	Platinum	4	8.91	110.00						
砂金	Placer Gold	2	8.84	210.00						
金矿	Gold	773	2295.69	18239.15	14	8.80	9	231.00	20626.03	9
银矿	Silver	81	207.51	1281.24						
铌钽矿	Niobium–Tantalum	4	8.17	303.00						
铌矿	Niobium	1	0.07	10.00						
钽矿	Tantalum	2	15.51	120.00						
锂矿	Lithium	13	1240.88	571.13						
锆矿	Zirconium	2	12.19	659.80						
锶矿（天青石）	Strontium (Celestite)	6	31.24	102.00						
重稀土矿	Heavy Rare Earth Elements	6	37.05	340.70						
轻稀土矿	Light Rare Earth Elements	32	161.33	1857.05			1	0.30	58678.97	1
锗矿	Germanium	5	9.63	420.00	1	0.35				
蓝晶石	Kyanite	1	0.17	10.00						
矽线石	Sillimanite	4	16.94	32.00						
红柱石	Andalusite	6	2.71	178.20	1	0.49				
菱镁矿	Magnesite	50	202.21	1907.50	1	0.15				
萤石（普通）	Common Fluorite	583	538.53	2279.44	84	55.51	9	117.00	7211.33	8
熔剂用石灰岩	Limestone for Flux	156	98.38	26890.32	11	4.03	11	7308.00	253980.00	
冶金用白云岩	Metallurgical Dolomite	73	27.43	5620.98	2	0.09	2	600.00	21132.00	
冶金用石英岩	Metallurgical Quartzite	100	56.91	1410.00	19	11.05	5	170.00	5087.77	3
冶金用砂岩	Metallurgical Sandstone	1	1.32	20.00	2	2.16				
铸型用砂岩	Foundry Sandstone	1	0.29	20.00						
铸型用砂	Foundry Sand	19	12.48	308.00	3	0.09				
冶金用脉石英	Metallurgical Vein Quartz	35	35.02	226.70	10	6.70				
耐火黏土	Refractory Clay	54	55.77	471.50	7	0.70	2	36.00	17917.24	
铁钒土	Bauxite	3	3.02	31.60						

转让情况——按矿种分列（2022年） 续表1
and Transferred by Mineral（2022） Continued 1

采矿权出让 Mining Right Granted								采矿权转让 Mining Right Transferred	
探矿权转采矿权 Change of Exploration Right to Mining Right		协议出让 Granting through Agreement			“招拍挂”出让 Granting through Bidding, Auction and Listing				
生产能力/(万吨·年$^{-1}$) Capacity of Production/(10^4t·a^{-1})	出让收益/万元 Income from Mining Right Granted/10^4 yuan	个 Number	生产能力/(万吨·年$^{-1}$) Capacity of Production/(10^4t·a^{-1})	出让收益/万元 Income from Mining Right Granted/10^4 yuan	个 Number	生产能力/(万吨·年$^{-1}$) Capacity of Production/(10^4t·a^{-1})	出让收益/万元 Income from Mining Right Granted/10^4 yuan	个 Number	转让金额/万元 Amount of Mining Right Transferred/10^4 yuan
231.00	20626.03							8	37203.41
0.30	58678.97								
57.00	4933.33				1	60.00	2278.00	5	1393.58
					11	7308.00	253980.00	5	1820.30
					2	600.00	21132.00	3	23329.78
65.00	1986.77				2	105.00	3101.00	1	
					2	36.00	17917.24		

矿产资源采矿许可证发证及采矿权出让、
Mining Licenses Issued and Mining Rights Granted

矿 种	Mineral	采矿许可证发证 Mining License Issued								
		许可证数/个 Number of License/ number	面积/千米^2 Area/km^2	生产能力/(万吨·年$^{-1}$) Capacity of Production/ (10^4t·a^{-1})	注销/个 Cancelled/ number	注销面积/千米^2 Cancelled Area/km^2	个 Number	生产能力/(万吨·年$^{-1}$) Capacity of Production/ (10^4t·a^{-1})	出让收益/万元 Income from Mining Right Granted/ 10^4 yuan	个 Number
其他黏土	Other Clays	6	8.32	32.00	9	0.41	1	4.00	19.00	
铸型用黏土	Foundry Clay	1	1.63	5.00						
耐火用橄榄岩	Peridotite Resistance	2	1.05	30.00						
熔剂用蛇纹岩	Serpentinite for Flux	3	5.27	270.00						
硫铁矿	Pyrite	79	192.92	2543.80	27	25.32				
钠硝石	Nitratine	2	130.47	140.20						
芒硝（含钙芒硝）	Mirabilite (Glauberite)	49	834.48	4182.00	3	1.95				
重晶石	Barite	192	330.44	1126.10	9	14.88				
毒重石	Witherite	12	13.11	67.00	2	2.38				
天然碱（Na_2CO_3）	Trona (Na_2CO_3)	11	115.13	1203.00						
电石用灰岩	Limestone for Calcium Carbide	13	12.15	3312.00	5	1.03	1	300.00	27913.60	1
制碱用灰岩	Limestone for Alkali Production	21	9.45	2605.00	2	0.19				
化肥用石灰岩	Limestone for Fertilizer				1	0.30				
化肥用白云岩	Dolomite for Fertilizer	1	0.33	5.00	3	0.24				
化肥用石英岩	Quartzite for Fertilizer	6	2.53	63.00						
化肥用砂岩	Sandstone for Fertilizer	6	4.42	79.00						
含钾岩石	Potassium-bearing Rock	9	5.52	276.00	1					
含钾砂页岩	Potassium-bearing Sandy Shale	1	0.95	10.00						
化肥用蛇纹岩	Serpentinite for Fertilizer	3	1.21	14.00						
泥炭	Peat	18	29.57	243.00	4	0.75				
矿盐	Mineral Salt	16	135.48	752.30						
岩盐	Rock Salt	101	320.60	15594.17			1	100.00	10315.00	
湖盐	Lake Salt	29	504.42	1083.19	1	15.00				
镁盐	Magnesium Salt	6	80.81	282.00						

转让情况——按矿种分列（2022年） 续表2

and Transferred by Mineral（2022） Continued 2

采矿权出让 Mining Right Granted								采矿权转让 Mining Right Transferred	
探矿权转采矿权 Change of Exploration Right to Mining Right		协议出让 Granting through Agreement			“招拍挂”出让 Granting through Bidding, Auction and Listing				
生产能力/（万吨·年$^{-1}$） Capacity of Production/ (10^4t·a^{-1})	出让收益/万元 Income from Mining Right Granted/ 10^4 yuan	个 Number	生产能力/（万吨·年$^{-1}$） Capacity of Production/ (10^4t·a^{-1})	出让收益/万元 Income from Mining Right Granted/ 10^4 yuan	个 Number	生产能力/（万吨·年$^{-1}$） Capacity of Production/ (10^4t·a^{-1})	出让收益/万元 Income from Mining Right Granted/ 10^4 yuan	个 Number	转让金额/万元 Amount of Mining Right Transferred/ 10^4 yuan
					1	4.00	19.00		
								4	536.67
300.00	27913.60								
					1	100.00	10315.00		

矿产资源采矿许可证发证及采矿权出让、
Mining Licenses Issued and Mining Rights Granted

矿种	Mineral	采矿许可证发证 Mining License Issued								
		许可证数/个 Number of License/number	面积/千米^2 Area/km^2	生产能力/(万吨·年$^{-1}$) Capacity of Production/(10^4t·a^{-1})	注销/个 Cancelled/number	注销面积/千米^2 Cancelled Area/km^2	个 Number	生产能力/(万吨·年$^{-1}$) Capacity of Production/(10^4t·a^{-1})	出让收益/万元 Income from Mining Right Granted/10^4 yuan	个 Number
天然卤水	Natural Brine	29	437.93	1507.00						
钾盐	Potash	9	7763.07	585.00						
溴	Bromine	39	44.22	3.15						
砷	Arsenic	2	3.11	1.06						
磷矿	Phosphate Rock	187	777.48	17186.00	9	6.03	1	400.00		1
金刚石	Diamond	1	0.75	14.50						
石墨	Graphite	85	110.87	3484.42	3	1.45	2	4.56	4606.32	2
水晶	Quartz Crystal				2	0.22				
熔炼水晶	Smelting Quartz Crystal				1	0.19				
硅灰石	Wollastonite	44	23.91	280.72	8	1.68				
滑石	Talc	58	33.66	566.50	2	0.33				
石棉	Asbestos	8	9.04	52.19						
云母	Mica	6	6.27	28.00	2	4.29				
长石	Feldspar	119	94.01	2233.76	8	2.70	4	42.00	574.02	4
电气石	Tourmaline	1	0.42	3.00						
石榴子石	Garnet	3	2.80	105.20						
叶蜡石	Pyrophyllite	31	10.08	234.10	8	3.03				
透辉石	Diopside	6	1.80	61.00						
蛭石	Vermiculite	2	1.10	5.50	1	0.19				
沸石	Zeolite	17	4.87	163.30	5	0.34				
透闪石	Tremolite	4	0.90	58.00						
石膏	Gypsum	196	199.77	4467.50	21	13.75				
方解石	Calcite	279	105.51	3965.50	100	31.97	6	123.00	6479.97	1
宝石	Gemstone	2	2.03	37.22	5	7.49				
玉石	Jade	63	71.28	11703.92	7	9.30	1	50.00	3002.00	
玛瑙	Agate	4	1.51	3.30	1	10.25				
石灰岩	Limestone	957	248.31	49371.29	243	27.66	11	1300.00	35256.63	1
玻璃用石灰岩	Limestone for Glass				1	0.01				

转让情况——按矿种分列（2022年） 续表3

and Transferred by Mineral (2022) Continued 3

采矿权出让 Mining Right Granted								采矿权转让 Mining Right Transferred	
探矿权转采矿权 Change of Exploration Right to Mining Right		协议出让 Granting through Agreement			“招拍挂”出让 Granting through Bidding, Auction and Listing				
生产能力/(万吨·年$^{-1}$) Capacity of Production/(10^4t·a^{-1})	出让收益/万元 Income from Mining Right Granted/10^4 yuan	个 Number	生产能力/(万吨·年$^{-1}$) Capacity of Production/(10^4t·a^{-1})	出让收益/万元 Income from Mining Right Granted/10^4 yuan	个 Number	生产能力/(万吨·年$^{-1}$) Capacity of Production/(10^4t·a^{-1})	出让收益/万元 Income from Mining Right Granted/10^4 yuan	个 Number	转让金额/万元 Amount of Mining Right Transferred/10^4 yuan
								3	93.50
400.00								5	3126.68
								1	4102.19
4.56	4606.32								
42.00	574.02							2	43.70
100.00	6069.08				5	23.00	410.89	4	103.45
					1	50.00	3002.00		
500.00					10	800.00	35256.63	21	12498.12

矿产资源采矿许可证发证及采矿权出让、
Mining Licenses Issued and Mining Rights Granted

矿 种	Mineral	采矿许可证发证 Mining License Issued								
		许可证数/个 Number of License/ number	面积/千米^2 Area/km^2	生产能力/(万吨·年$^{-1}$) Capacity of Production/ (10^4t·a^{-1})	注销/个 Cancelled/ number	注销面积/千米^2 Cancelled Area/km^2	个 Number	生产能力/(万吨·年$^{-1}$) Capacity of Production/ (10^4t·a^{-1})	出让收益/万元 Income from Mining Right Granted/ 10^4 yuan	个 Number
水泥用石灰岩	Limestone for Cement	1245	951.71	237062.67	77	24.86	40	17035.00	718256.49	4
建筑石料用灰岩	Limestone for Construction Stone	3949	624.99	271676.91	978	77.53	189	34929.20	2318301.92	
饰面用灰岩	Decorative Limestone	260	79.11	4825.10	9	3.69	21	1007.39	17633.79	
制灰用石灰岩	Limestone for Ash Making	115	20.84	4786.80	15	1.43	3	550.00	19112.30	
泥灰岩	Marl	4	1.45	735.60	1	0.02	1	695.40	4124.00	
白垩	Chalk	1	0.50	10.00						
白云岩	Dolomite	124	75.55	7539.75	27	4.97	2	1510.00	43490.06	1
玻璃用白云岩	Dolomite for Glass	4	0.34	155.60	2	0.14				
建筑用白云岩	Dolomite for Construction	279	47.67	18525.80	71	7.17	11	5025.00	264302.80	1
石英岩	Quartzite	196	112.65	2408.65	30	12.59	3	75.00	22.72	2
玻璃用石英岩	Quartzite for Glass	95	36.79	3190.50	5	0.72	2	88.00	968.00	
砂岩	Sandstone	186	33.87	4460.69	70	6.06	2	80.00	15445.00	
玻璃用砂岩	Sandstone for Glass	44	21.03	1209.72	7	0.63	4	182.00	5061.00	1
水泥配料用砂岩	Sandstone for Cement Batching	117	35.29	5250.38	6	0.87	6	526.00	27499.17	
砖瓦用砂岩	Sandstone for Brick and Tile	78	8.80	1002.58	36	0.76	2	51.44	2236.00	
陶瓷用砂岩	Sandstone for Ceramics	16	3.38	184.60	3	0.43	1	60.00	9061.00	
建筑用砂岩	Sandstone for Construction	518	101.23	18817.94	93	4.29	42	3992.56	474445.02	
天然石英砂	Natural Quartz Sand	79	79.03	3803.90	5	2.48	10	885.59	48952.13	3
玻璃用砂	Sand for Glass	13	10.03	519.60	2	1.76				

转让情况——按矿种分列（2022年） 续表4

and Transferred by Mineral（2022） Continued 4

采矿权出让 Mining Right Granted								采矿权转让 Mining Right Transferred	
探矿权转采矿权 Change of Exploration Right to Mining Right		协议出让 Granting through Agreement			"招拍挂"出让 Granting through Bidding, Auction and Listing				
生产能力/（万吨·年$^{-1}$） Capacity of Production/ (10^4t·a^{-1})	出让收益/万元 Income from Mining Right Granted/ 10^4 yuan	个 Number	生产能力/（万吨·年$^{-1}$） Capacity of Production/ (10^4t·a^{-1})	出让收益/万元 Income from Mining Right Granted/ 10^4 yuan	个 Number	生产能力/（万吨·年$^{-1}$） Capacity of Production/ (10^4t·a^{-1})	出让收益/万元 Income from Mining Right Granted/ 10^4 yuan	个 Number	转让金额/万元 Amount of Mining Right Transferred/ 10^4 yuan
1045.00	6075.89				36	15990.00	712180.60	24	127040.76
					189	34929.20	2318301.92	42	45459.64
		1	50.00	150.00	20	957.39	17483.79	1	
					3	550.00	19112.30	3	1002.33
					1	695.40	4124.00		
	90.06				1	1500.00	43400.00		
300.00	1599.69				10	4725.00	262703.11	8	2919.73
65.00	22.72				1	10.00			
					2	88.00	968.00	2	31.50
					2	80.00	15445.00	4	1633.26
50.00	2180.00				3	132.00	2881.00	1	2100.00
					6	526.00	27499.17		
					2	51.44	2236.00	1	180.00
					1	60.00	9061.00		
					42	3992.56	474445.02	5	6660.56
520.00	1593.00				7	365.59	47359.13		

矿产资源采矿许可证发证及采矿权出让、
Mining Licenses Issued and Mining Rights Granted

矿 种	Mineral	采矿许可证发证 Mining License Issued								
		许可证数/个 Number of License/ number	面积/千米^2 Area/km^2	生产能力/(万吨·年$^{-1}$) Capacity of Production/ (10^4t·a^{-1})	注销/个 Cancelled/ number	注销面积/千米^2 Cancelled Area/km^2	个 Number	生产能力/(万吨·年$^{-1}$) Capacity of Production/ (10^4t·a^{-1})	出让收益/万元 Income from Mining Right Granted/ 10^4 yuan	个 Number
海砂	Sea Sand	7	20.13	9722.00	3	3.14	4	6082.00	291893.03	
建筑用砂	Sand for Construction	1714	353.78	31458.41	645	103.02	216	4883.86	87216.18	
水泥配料用砂	Sand for Cement Batching	10	2.85	283.80	4	0.10	1	12.00	104.85	
砖瓦用砂	Sand for Brick and Tile	21	2.22	161.51	11	1.15	1	10.00	48.82	
脉石英	Vein Quartz	75	30.15	399.40	23	7.98	2	22.00	1820.00	
玻璃用脉石英	Vein Quartz for Glass	37	20.61	454.00	3	0.30	1	5.00	58.00	
粉石英	Powder Quartz	4	1.09	42.00						
硅藻土	Diatomite	35	38.21	321.80						
页岩	Shale	197	25.26	2212.84	77	9.12	1	20.00	845.14	
陶粒页岩	Shale for Ceramsite	13	3.52	335.50	4	0.20				
砖瓦用页岩	Shale for Brick and Tile	1410	89.12	15126.70	376	13.72	46	877.18	6519.23	
水泥配料用页岩	Shale for Cement Batching	67	16.52	1573.30	17	3.21	4	160.00	1945.06	
高岭土	Kaolin	211	255.26	4416.32	23	6.94	6	575.00	10362.26	2
陶瓷土	Ceramic Clay	225	115.56	8650.97	34	8.88	11	5082.98	152737.73	3
凹凸棒石黏土	Attapulgite Clay	21	21.85	131.06						
海泡石黏土	Sepiolite Clay	3	2.25	30.00						
伊利石黏土	Illite Clay	23	18.92	533.34						
膨润土	Bentonite	105	99.25	886.91	9	2.01	1	25.48	1109.88	1
砖瓦用黏土	Clay for Brick and Tile	708	154.76	3778.56	1228	65.70	15	133.70	1335.79	
陶粒用黏土	Clay for Ceramsite	12	10.30	109.13	9	0.90				
水泥用黏土	Clay for Cement	56	19.61	1277.93	8	1.63	3	123.80	1197.00	

转让情况——按矿种分列（2022年） 续表5

and Transferred by Mineral（2022） Continued 5

采矿权出让 Mining Right Granted								采矿权转让 Mining Right Transferred	
探矿权转采矿权 Change of Exploration Right to Mining Right		协议出让 Granting through Agreement			"招拍挂"出让 Granting through Bidding, Auction and Listing				
生产能力/（万吨·年$^{-1}$） Capacity of Production/ ($10^4t\cdot a^{-1}$)	出让收益/万元 Income from Mining Right Granted/ 10^4 yuan	个 Number	生产能力/（万吨·年$^{-1}$） Capacity of Production/ ($10^4t\cdot a^{-1}$)	出让收益/万元 Income from Mining Right Granted/ 10^4 yuan	个 Number	生产能力/（万吨·年$^{-1}$） Capacity of Production/ ($10^4t\cdot a^{-1}$)	出让收益/万元 Income from Mining Right Granted/ 10^4 yuan	个 Number	转让金额/万元 Amount of Mining Right Transferred/ 10^4 yuan
					4	6082.00	291893.03		
					216	4883.86	87216.18	26	9459.51
					1	12.00	104.85		
					1	10.00	48.82	2	19.82
					2	22.00	1820.00		
					1	5.00	58.00		
					1	20.00	845.14		
								1	30.00
					46	877.18	6519.23	16	1[illegible]87.79
					4	160.00	1945.06		
70.00	1030.00				4	505.00	9332.26	4	617.06
4840.00	132500.00				8	242.98	20237.73	5	434.87
								2	145.05
								1	24.31
25.48	1109.88								
					15	133.70	1335.79	6	65.36
					3	123.80	1197.00	1	26.00

矿产资源采矿许可证发证及采矿权出让、
Mining Licenses Issued and Mining Rights Granted

矿 种	Mineral	采矿许可证发证 Mining License Issued								
		许可证数/个 Number of License/number	面积/千米^2 Area/km^2	生产能力/(万吨·年$^{-1}$) Capacity of Production/ (10^4t·a^{-1})	注销/个 Cancelled/number	注销面积/千米^2 Cancelled Area/km^2	个 Number	生产能力/(万吨·年$^{-1}$) Capacity of Production/ (10^4t·a^{-1})	出让收益/万元 Income from Mining Right Granted/ 10^4 yuan	个 Number
水泥配料用红土	Laterite for Cement Batching	2	0.09	33.00						
水泥配料用黄土	Loess for Cement Batching	4	0.48	116.00	1	0.16				
水泥配料用泥岩	Mudstone for Cement Batching	17	4.41	473.25	2	0.02				
保温材料用黏土	Clay for Insulation	1	3.67	1.00						
橄榄岩	Peridotite	5	24.45	215.00						
建筑用橄榄岩	Peridotite for Construction	1	0.11	5.00	2	0.13				
蛇纹岩	Serpentinite	15	3.34	89.00	2	0.85				
饰面用蛇纹岩	Decorative Serpentinite	2	1.05	10.70	1					
玄武岩	Basalt	99	21.60	2049.90	89	13.27	4	66.00	1147.00	
铸石用玄武岩	Basalt for Cast Stone	2	0.28	43.20	2	0.01				
岩棉用玄武岩	Basalt for Rock Wool	2	0.37	42.00						
建筑用玄武岩	Basalt for Consrtuction	259	36.71	5604.47	38	5.96	24	1249.49	364592.03	
辉绿岩	Diabase	23	6.17	228.21	6	0.71				
建筑用辉绿岩	Diabase for Construction	68	17.72	2887.57	12	1.47	3	380.00	5297.68	
饰面用辉绿岩	Decorative Diabase	21	7.76	163.72	3	0.21	1	60.00	500.00	
安山岩	Andesite	11	0.65	92.50	27	2.41				
饰面用安山岩	Decorative Andesite	1	1.07	1.16						
建筑用安山岩	Andesite for Construction	174	20.77	5419.50	82	3.10	20	1566.66	457253.28	
闪长岩	Diorite	11	2.10	406.20	14	0.28	1	15.00	481.08	
建筑用闪长岩	Diorite for Construction	80	14.29	2951.30	18	1.81	1	114.50	20670.00	
花岗岩	Granite	132	107.33	1912.34	105	19.82	6	741.79	137191.00	
建筑用花岗岩	Granite for Construction	948	168.00	42240.78	260	18.79	54	7570.20	1510309.70	

转让情况——按矿种分列（2022年） 续表6

and Transferred by Mineral（2022） Continued 6

采矿权出让 Mining Right Granted								采矿权转让 Mining Right Transferred	
探矿权转采矿权 Change of Exploration Right to Mining Right		协议出让 Granting through Agreement			"招拍挂"出让 Granting through Bidding, Auction and Listing				
生产能力/（万吨·年$^{-1}$）Capacity of Production/ (10^4t·a^{-1})	出让收益/万元 Income from Mining Right Granted/ 10^4 yuan	个 Number	生产能力/（万吨·年$^{-1}$）Capacity of Production/ (10^4t·a^{-1})	出让收益/万元 Income from Mining Right Granted/ 10^4 yuan	个 Number	生产能力/（万吨·年$^{-1}$）Capacity of Production/ (10^4t·a^{-1})	出让收益/万元 Income from Mining Right Granted/ 10^4 yuan	个 Number	转让金额/万元 Amount of Mining Right Transferred/ 10^4 yuan
					4	66.00	1147.00		
					24	1249.49	364592.03	8	7[illegible]1.82
					3	380.00	5297.68	1	96.51
					1	60.00	500.00	1	233.21
					20	1566.66	457253.28	2	400.43
					1	15.00	481.08	1	20.06
					1	114.50	20670.00	3	54.33
					6	741.79	137191.00		
					54	7570.20	1510309.70	9	3388.82

矿产资源采矿许可证发证及采矿权出让、

Mining Licenses Issued and Mining Rights Granted

矿 种	Mineral	采矿许可证发证 Mining License Issued								
		许可证数/个 Number of License/ number	面积/千米^2 Area/km^2	生产能力/(万吨·年$^{-1}$) Capacity of Production/ (10^4t·a^{-1})	注销/个 Cancelled/ number	注销面积/千米^2 Cancelled Area/km^2	个 Number	生产能力/(万吨·年$^{-1}$) Capacity of Production/ (10^4t·a^{-1})	出让收益/万元 Income from Mining Right Granted/ 10^4 yuan	个 Number
饰面用花岗岩	Decorative Granite	552	319.56	6895.86	125	27.70	17	1049.90	808750.12	2
麦饭石	Maifanite	4	1.20	61.00						
珍珠岩	Perlite	27	5.96	376.00	7	0.29				
黑曜岩	Obsidian	1	0.12	5.00	1	0.56				
浮石	Pumice	9	2.65	45.41	3	0.64				
粗面岩	Trachyte	2	2.27	27.10	6	0.08				
铸石用粗面岩	Trachyte for Cast Stone	2	0.37	45.00						
霞石正长岩	Nepheline Syenite	9	6.41	347.00						
凝灰岩	Tuff	17	6.09	3594.04	21	5.60	1	50.00	2855.00	
水泥用凝灰岩	Tuff for Cement	10	2.76	96.85	1	0.05				
建筑用石料（凝灰岩）	Stone(Tuff) for Construction	453	88.71	42589.27	282	32.73	29	6298.70	1130436.24	
火山灰	Volcanic Ash	1	0.20	1.50						
火山渣	Scoria	7	4.25	85.08	2	0.13				
大理岩	Marble	143	63.75	2645.80	9	3.09	4	410.00	46315.00	
饰面用石料（大理石）	Decorative Stone (Marble)	203	138.26	2094.05	19	2.71	11	263.10	25417.92	5
建筑用大理岩	Marble for Construction	99	24.60	1660.99	26	4.73	4	264.50	38442.86	
水泥用大理石	Marble for Cement	81	30.18	5086.32	3	1.98	5	905.00	7814.28	1
板岩	Slate	39	15.84	1043.29	14	1.46	4	426.50	75237.13	
饰面用板岩	Decorative Slate	38	13.30	151.59	5	0.85	1	3.00	3047.30	
水泥配料用板岩	Slate for Cement Batching	3	3.20	25.05						
片麻岩	Gneiss	68	10.29	2971.47	19	3.75	2	1283.30	237076.72	
角闪岩	Amphibolite	15	4.59	390.61	19	1.40	2	69.00	4897.79	
硼矿	Boron	23	396.75	401.00						
矿泉水	Mineral Water	478	298.15	4422.80	26	14.71	22	420.14	14452.93	8
地下水	Groundwater	9	15.65	335.54	3	0.05	1	22.00		1
二氧化碳气	Carbon Dioxide	3	32.90	2.22						

转让情况——按矿种分列（2022年） 续表7

and Transferred by Mineral（2022） Continued 7

采矿权出让 Mining Right Granted								采矿权转让 Mining Right Transferred	
探矿权转采矿权 Change of Exploration Right to Mining Right		协议出让 Granting through Agreement			“招拍挂”出让 Granting through Bidding, Auction and Listing				
生产能力/（万吨·年$^{-1}$） Capacity of Production/ (10^4t·a^{-1})	出让收益/万元 Income from Mining Right Granted/ 10^4 yuan	个 Number	生产能力/（万吨·年$^{-1}$） Capacity of Production/ (10^4t·a^{-1})	出让收益/万元 Income from Mining Right Granted/ 10^4 yuan	个 Number	生产能力/（万吨·年$^{-1}$） Capacity of Production/ (10^4t·a^{-1})	出让收益/万元 Income from Mining Right Granted/ 10^4 yuan	个 Number	转让金额/万元 Amount of Mining Right Transferred/ 10^4 yuan
26.00	24090.00				15	1023.90	784660.12	4	2626.[illegible]0
					1	50.00	2855.00		
								2	3287.56
					29	6298.70	1130436.24	11	1525.61
					4	410.00	46315.00	2	758.15
206.50	14611.44				6	56.60	10806.48	[illegible]	968.02
					4	264.50	38442.86		
500.00	6.00				4	405.00	7808.28	3	197.50
					4	426.50	75237.13		
					1	3.00	3047.30		
					2	1283.30	237076.72		
					2	69.00	4897.79		
136.36	170.94				14	283.78	14281.99	4	93.30
22.00									

矿产资源采矿许可证发证及采矿权出让、
Mining Licenses Issued and Mining Rights Granted

企业经济类型	Economic Type of Enterprise	采矿许可证发证 Mining Licenses Issued								
		许可证数/个 Number of License/number	面积/千米^2 Area/km^2	生产能力/(万吨·年$^{-1}$) Capacity of Production/(10^4t·a^{-1})	注销/个 Cancelled/number	注销面积/千米^2 Cancelled Area/km^2	个 Number	生产能力/(万吨·年$^{-1}$) Capacity of Production/(10^4t·a^{-1})	出让收益/万元 Income from Mining Right Granted/10^4 yuan	个 Number
总　计	**Total**	**30929**	**289132.23**	**1727832.72**	**6512**	**1603.45**	**1384**	**144832.34**	**13389059.80**	**295**
国有企业	State-owned Enterprise	846	16269.28	113400.75	132	127.20	65	11287.03	1024403.40	20
集体企业	Collective-owned Enterprise	392	340.63	6880.56	413	68.59	7	39.76	485.87	
股份合作企业	Cooperative Stock Enterprise	104	4890.89	5047.64	48	8.27	2	36.91	245.89	1
联营企业	Joint Ownership Enterprise	48	34.36	7123.71	23	2.63	2	4060.00	249256.02	
有限责任公司	Limited Liability Corporation	22856	68404.18	1317638.59	2455	978.23	1116	120978.29	11896740.63	181
股份有限公司	Share Holding Company Limited	1623	187263.05	157959.81	87	55.66	83	2708.80	128361.59	62
私营企业	Private Enterprise	4500	1916.61	78090.24	3143	340.51	46	1277.38	48754.23	3
其他企业	Other Enterprise	261	66.59	4425.09	191	18.09	31	529.89	2368.96	
港、澳、台投资企业	Enterprise with Fund from Hong Kong, Macao and Taiwan	177	6120.41	23645.74	12	2.14	11	1701.73	38443.21	7
外商投资企业	Foreign-funded Enterprise	122	3826.23	13620.59	8	2.12	21	2212.55		21

转让情况——按企业经济类型分列（2022年）
and Transferred by Economic Type of Enterprise（2022）

	采矿权出让 Mining Right Granted								采矿权转让 Mining Right Transferred	
	探矿权转采矿权 Change of Exploration Right to Mining Right		协议出让 Granting through Agreement			"招拍挂"出让 Granting through Bidding, Auction and Listing				
	生产能力/（万吨·年$^{-1}$）Capacity of Production/(10^4t·a^{-1})	出让收益/万元 Income from Mining Right Granted/10^4 yuan	个 Number	生产能力/（万吨·年$^{-1}$）Capacity of Production/(10^4t·a^{-1})	出让收益/万元 Income from Mining Right Granted/10^4 yuan	个 Number	生产能力/（万吨·年$^{-1}$）Capacity of Production/(10^4t·a^{-1})	出让收益/万元 Income from Mining Right Granted/10^4 yuan	个 Number	转让金额/万元 Amount of Mining Right Transferred/10^4 yuan
	27473.90	**3211178.24**	**6**	**3417.60**	**376779.13**	**1083**	**113940.85**	**9801102.44**	**354**	**450575.73**
	191.97	1924.86				45	11095.06	1022478.54	10	91591.24
						7	39.76	485.87	1	20.19
	6.91					1	30.00	245.89		
						2	4060.00	249256.02		
	24675.40	3197061.27	5	3327.60	370327.39	930	92975.30	8329351.98	309	341711.42
	289.86	10921.23	1	90.00	6451.74	20	2328.94	110988.62	5	7098.98
	63.48	1270.88				43	1213.90	47483.35	28	10036.37
						31	529.89	2368.96	1	17.53
	33.73					4	1668.00	38443.21		
	2212.55									

全国石油、天然气开发利用
National Oil and Natural Gas Exploitation

地 区	Region	油气田总数/个 Number of Oil & Gas Field/number				从业人数/人 Employee/person	石油产量/万吨 Oil Production/10^4 t
			大型 Large	中型 Medium	小型 Small		
	2020	**1060**	**108**	**238**	**714**	**602232**	**19500.21**
	2021	**1083**	**113**	**413**	**557**	**545363**	**19906.22**
	2022	**1099**	**106**	**443**	**550**	**525754**	**20399.48**
天 津	Tianjin	26	4	15	7	19049	400.02
河 北	Hebei	66	5	37	24	30342	547.08
山 西	Shanxi	5		2	3	1235	
内蒙古	Nei Mongol						
辽 宁	Liaoning	41	6	22	13	34344	933.17
吉 林	Jilin	33	6	13	14	18378	425.66
黑龙江	Heilongjiang	55	11	20	24	62875	2971.01
江 苏	Jiangsu	66		10	56	6357	152.92
浙 江#	Zhejiang						
山 东	Shandong	77	16	49	12	62269	2340.25
河 南	Henan	56	4	24	28	8916	242.01
湖 北	Hubei	33	1	5	27	9858	68.60
广 东	Guangdong	6		1	5	165	32.01
广 西#	Guangxi						
重 庆	Chongqing						
四 川	Sichuan	143	1	17	125	28241	10.57
陕 西	Shaanxi	75	15	41	19	168202	3690.68
甘 肃	Gansu	42	3	20	19		87.73
青 海	Qinghai					23102	235.00
新 疆	Xinjiang	123	17	41	65	39630	3040.78
渤 海	Bo Hai	95	10	59	26	6090	3175.24
南 海	South China Sea	133	7	59	67	3338	1972.88
东 海	East China Sea	20		8	12	2867	70.07

注：①中国石油长庆、华北、大港和西南经济数据未按省份分列，本表将中国石油长庆全部计入陕西，中国石油华北全部计入河

②本表不包括页岩气和煤层气。

③依据《中华人民共和国统计法》第二十五条，不予公布的数据用“#”表示，由此会导致表中总数与分项累加不一致。

Notes: ①The data of the Changqing, North China, Dagang and Southwest oil fields of China National Petroleum Corporation（CNPC） are not

Southwest in Sichuan.

②The data of shale gas and coalbed methane are not included in the table.

③According to Article 25 of the Statistics Law of the People’s Republic of China, data that are not to be released are indicated by “#”, which can

情况——按地区分列
and Utilization by Region

天然气产量/亿米³ Natural Gas Production/10^8 m^3	工业总产值/万元 Gross Industrial Output Value/10^4 yuan	工业增加值/万元 Industrial Added Value/10^4 yuan	销售收入/万元 Sales Revenue/10^4 yuan	年利税总额/万元 Total Amount of Annual Profit and Tax/10^4 yuan
1618.22	**70511879.47**	**47160300.86**	**93734793.86**	**12875143.48**
1729.12	**100036627.00**	**66231764.36**	**115699477.20**	**31540480.09**
1795.12	**134507154.72**	**116390485.63**	**147001384.93**	**66830011.93**
6.36	1908383.00	1630073.00	1931740.00	483023.00
6.16	2890975.00	2385920.00	2923002.66	−301870.09
42.43	390412.00	318649.00	390411.59	165082.52
8.41	3863477.00	2790496.00	3816406.00	1332383.00
20.54	1874245.00	1546988.00	1906065.00	80169.00
55.40	14868848.00	12877260.00	15324292.99	8142553.00
0.51	973498.00	824128.00	971996.70	258363.20
8.03	9980285.00	8051462.00	8689751.51	5185843.50
59.57	1801428.00	681051.00	1343551.42	780039.12
1.41	534713.00	428782.00	536244.89	71965.64
1.01	169289.14	139049.00	171877.68	85330.89
331.58	7976047.40	4455761.00	7928935.57	1705008.84
47.17	39525331.00	15668531.00	54250702.35	15990844.00
50.42	2978688.00	2469277.00	2960605.00	228408.00
553.42				
397.18	16222750.00	37730933.00	16574638.60	8032286.62
34.58	14661627.00	13018058.00	14496109.00	13924826.00
151.05	12652072.23	10889222.00	11564324.10	10432810.91
19.85	931851.92	418818.00	917495.84	204618.15

北，中国石油大港全部计入天津，中国石油西南全部计入四川。

listed by province. In this table, the data of CNPC Changqing are included in Shaanxi, CNPC North China in Hebei, CNPC Dagang in Tianjin and CNPC

lead to inconsistencies between the total and the cumulative subtotals in the table.

全国石油、天然气开发利用情况

National Oil and Natural Gas Exploitation and

企业经济类型	Economic Type of Enterprise	油气田总数/个 Number of Oil & Gas Field/number				从业人数/人 Employee/person	石油产量/万吨 Oil Production/10^4 t
			大型 Large	中型 Medium	小型 Small		
总 计	**Total**	**1099**	**106**	**443**	**550**	**525754**	**20399.48**
国有企业	State-owned Enterprise	134	7	62	65	102964.00	345.62
股份有限公司	Share Holding Company Limited	965	99	381	485	422790.00	20053.86

注：企业经济类型为企业在工商管理机关登记注册类型。

Note: The economic type of enterprise is the type of enterprise registered in the industrial and commercial administration.

——按企业经济类型分列（2022年）

Utilization by Economic Type of Enterprise（2022）

天然气产量/亿米³ Natural Gas Production/10^8 m³	工业总产值/万元 Gross Industrial Output Value/10^4 yuan	工业增加值/万元 Industrial Added Value/10^4 yuan	销售收入/万元 Sales Revenue/10^4 yuan	年利税总额/万元 Total Amount of Annual Profit and Tax/10^4 yuan
1795.12	**134507154.72**	**116390485.63**	**147001384.93**	**66830011.93**
232.99	30770836.37	7887449.00	45417771.83	13895384.89
1562.13	103736263.35	108503036.63	101583613.10	52934627.04

全国非油气矿产资源开发利用
National Non-petroleum Mineral Resources

地 区	Region	矿山企业数/个 Number of Mine Enterprise/number			从业人数/人 Employee/person	矿石产量/万吨 Ore Output/10^4t
			大型 Large	中型 Medium		
	2020	45989	6830	9112	3575245	983759.44
	2021	41137	9068	11373	3462388	1067305.67
	2022	38381	9555	10786	3424370	1094534.72 (1193780.54①)
北 京	Beijing	104	45	43	1544	463.47
天 津	Tianjin	312	125	134	3605	4520.50
河 北	Hebei	1766	242	344	140657	28062.11
山 西	Shanxi	2498	519	730	819857	123074.18
内蒙古	Nei Mongol	2984	467	666	234618	130326.38
辽 宁	Liaoning	987	189	199	106027	28313.69
吉 林	Jilin	874	241	271	40927	10474.61
黑龙江	Heilongjiang	1164	196	238	115131	18239.70
上 海	Shanghai					
江 苏	Jiangsu	185	75	27	21788	10359.73
浙 江	Zhejiang	568	305	88	18852	42387.51
安 徽	Anhui	782	324	121	151892	61399.40
福 建	Fujian	669	203	159	26569	22015.22
江 西	Jiangxi	1799	435	411	73259	33500.74
山 东	Shandong	968	413	292	205860	41332.68
河 南	Henan	1190	301	194	250836	42111.86
湖 北	Hubei	838	386	164	47595	32243.25
湖 南	Hunan	1255	372	231	82138	20651.77
广 东	Guangdong	983	366	246	37420	46164.54
广 西	Guangxi	1794	787	519	66533	63781.50
海 南	Hainan	109	86	20	7062	5495.06
重 庆	Chongqing	676	289	179	15778	25952.62
四 川	Sichuan	2886	481	939	121656	33553.18
贵 州	Guizhou	3638	891	1765	232693	32828.80
云 南	Yunnan	2636	546	548	134870	35206.52
西 藏	Xizang	186	32	54	9458	8558.87
陕 西	Shaanxi	1788	363	557	212512	81051.48
甘 肃	Gansu	1438	208	375	89806	19988.44
青 海	Qinghai	432	113	120	27056	13470.86
宁 夏	Ningxia	245	93	88	37169	13557.03
新 疆	Xinjiang	2627	462	1064	91202	65449.02

注：① 根据国家统计局已公布的煤炭和铁矿石产量调整数据。

Note: ① The data are adjusted according to the coal and iron ore production published by the National Bureau of Statistics.

情况——按地区分列

Exploitation and Utilization by Region

设计采矿能力/（万吨·年$^{-1}$）Designed Mining Capacity/(10^4t·a^{-1})	工业总产值/万元 Gross Industrial Output Value/10^4 yuan	综合利用产值/万元 Output Value of Comprehensive Use/10^4 yuan	矿产品销售收入/万元 Sales Revenue of Mineral Commodity/10^4 yuan	利润总额/万元 Total Profit/10^4 yuan	年投资额/万元 Annual Investment/10^4 yuan
1444338.38	**197964819.01**	**9517608.96**	**189236157.36**	**33658869.46**	**50126850.64**
1631203.73	**287225048.20**	**8507059.05**	**277257088.11**	**84929840.31**	**94570395.01**
2212293.47	**339868251.33**	**9875441.97**	**329713872.76**	**105284496.15**	**75090721.67**
2343.98	11999.73		31423.27	-1240.86	5446.51
5427.84	100055.27		72887.00	8953.04	208509.45
68940.31	7667716.93	186410.02	7585533.77	1794626.56	1820546.02
173472.97	87516982.89	55136.82	84716175.03	27012142.35	8971459.75
209450.39	52240649.20	618695.19	51467293.34	18495233.96	7256199.33
68888.47	6414706.45	129548.06	6136963.67	1159020.35	970246.81
36807.65	1434111.97	63857.72	1397589.41	234930.13	1166874.83
44710.59	5776310.68	213326.79	5674954.67	1854258.60	2444806.13
17739.65	1763067.47	97000.99	1760133.28	414131.87	174491.91
91463.56	2692935.24	71202.57	2542819.66	433464.10	724132.98
101933.98	14864033.97	575505.92	15012661.76	3591784.72	3595849.80
50318.13	2171087.60	596360.39	2118357.98	497204.04	830952.98
80369.37	4557464.91	722039.87	4376288.84	1009873.82	3051515.20
77493.54	14025182.39	336774.32	14075781.76	4308195.81	3993493.59
88260.02	11980222.89	797641.96	11918188.63	2261815.42	3351734.79
75807.48	4660595.42	262420.57	4153060.45	960091.26	2205469.91
46664.37	3629587.30	110670.83	3421482.74	473926.23	1884955.42
97475.49	3496302.53	224529.22	3253995.14	305120.20	2194444.82
155587.55	5805340.20	267407.19	3945871.51	493037.13	2787917.26
12056.39	537772.65	7769.49	544071.77	87990.40	232900.05
35862.79	1233215.26	6585.35	1165840.79	36450.59	549512.73
83616.21	6000070.06	404926.30	5688126.53	1142316.52	3011756.61
141388.90	8235216.97	87323.17	7737777.80	1421586.76	5510882.98
75111.45	7946442.84	414719.98	6565528.01	1303781.95	3957115.99
21996.68	2379694.81	421951.99	2384085.55	982529.87	427905.13
136747.11	52249547.49	261652.65	52385181.98	25795860.49	6707732.10
44681.23	5889428.92	502111.74	5690420.47	1303832.47	2640208.15
26469.52	6899607.31	2064736.22	6354570.05	3470895.89	607199.02
25392.46	3768309.95	1353.78	3833075.80	513018.06	628911.66
115815.39	13920592.03	373782.84	13703732.09	3919664.37	3177547.78

全国非油气矿产资源开发利用

National Non-petroleum Mineral Resources

矿　种	Mineral	矿山企业数/个 Number of Mine Enterprise/number			从业人数/人 Employee/person	矿石产量/万吨 Ore Output/10^4 t
			大型 Large	中型 Medium		
总　计	**Total**	**38381**	**9555**	**10786**	**3424370**	**1094534.72 (1193780.54①)**
煤炭	Coal	4185	1071	1566	2272259	395151.99 (455900.00②)
油页岩	Oil Shale	18	7	7	2347	1072.35
油砂#	Oil Sand					
石煤	Bone Coal	62	2	8	1147	2.69
天然沥青#	Natural Asphalt					
地下热水	Geotherm	1352	483	437	25596	17563.58
铁矿	Iron	2479	196	424	188317	58289.49 (96787.30③)
锰矿	Manganese	229	46	82	11628	443.93
铬矿	Chromium	9	1	3	538	20.71
钛矿	Titanium	57	35	12	1029	171.08
钒矿	Vanadium	83	61	18	2457	304.14
铜矿	Copper	598	37	78	72150	22891.66
铅矿	Lead	585	6	52	29386	1284.46
锌矿	Zinc	351	18	56	39745	4012.28
铝土矿	Bauxite	276	16	70	12787	4239.68
镁矿	Magnesium	9	2	3	398	258.71
镍矿	Nickel	54	5	17	9190	1672.18
钴矿#	Cobalt					
钨矿	Tungsten	125	6	23	19141	1505.49
锡矿	Tin	56	3	12	14709	334.92
铋矿	Bismuth	4			35	
钼矿	Molybdenum	141	35	32	15830	9310.13
汞矿	Mercury	9			511	8.29
锑矿	Antimony	47		2	4376	114.24
铅锌矿	Lead and Zinc	35	2	2	1065	133.63
铂矿	Platinum	4	2	1	25	
金矿	Glod	1206	128	295	109628	6442.35
银矿	Silver	103	11	11	7973	428.89
铌钽矿	Niobium–Tantalum	4	1	2	1289	305.72
铌矿#	Niobium					
钽矿#	Tantalum					

注：①其中煤炭、铁矿石产量采用的是国家统计局公布的数据。

②③采用国家统计局公布的数据。

④依据《中华人民共和国统计法》第二十五条，不予公布的数据用“#”表示，由此会导致表中总数与分项累加不一致。

Notes：①The outputs of coal and iron ore are based on the data published by the National Bureau of Statistics.

②③Using the data published by the National Bureau of Statistics.

④According to Article 25 of the Statistics Law of the people's Republic of China, data that are not to be released are indicated by “#”, which can

情况——按矿种分列（2022年）

Exploitation and Utilization by Mineral（2022）

设计采矿能力/（万吨·年$^{-1}$）Designed Mining Capacity/(10^4t·a^{-1})	工业总产值/万元 Gross Industrial Output Value/10^4 yuan	综合利用产值/万元 Output Value of Comprehensive Use/ 10^4 yuan	矿产品销售收入/万元 Sales Revenue of Mineral Commodity/ 10^4 yuan	利润总额/万元 Total Profit/10^4 yuan	年投资额/万元 Annual Investment/ 10^4 yuan
2212293.47	**339868251.33**	**9875441.97**	**329713872.76**	**105284496.15**	**75090721.57**
555842.46	243490094.18	832897.41	240026376.75	84824333.39	34310391.90
4107.00	171585.17	78.70	166099.75	−18328.39	49464.44
684.00	250.30		225.30	5.46	24781.53
34353.75	358876.46		298528.23	−6413.69	1211634.09
134862.58	16194239.04	1022151.94	15940908.20	3375624.51	4184455.70
2036.24	289197.80	5851.47	261141.11	33872.80	266514.92
36.80	48783.19		46895.07	21117.35	4147.07
1968.01	35818.06	25526.81	32880.03	13815.41	42479.62
2850.20	102657.37	6825.58	116341.00	−6697.78	154645.29
38574.53	8933989.14	1916941.96	8577502.53	2762416.50	1515[illegible]80.69
5671.16	1434016.45	154133.74	1412111.06	224973.47	928048.62
9131.06	3849019.31	534838.48	3496906.52	1256414.24	735993.75
8414.26	2645648.02	54074.37	1438212.25	110613.11	381633.08
568.00	27504.53	1352.79	27977.90	10850.23	18890.18
3467.40	1943068.70	401463.59	1816187.16	94260.04	430373.21
2974.95	791353.66	112300.65	792111.27	119613.97	200236.02
1076.83	712421.66	163818.71	713005.32	203091.88	218136.33
15.50					626.35
19482.34	2462483.16	277743.74	2456590.88	963011.52	382912.21
38.00	10181.91	2.50	7485.49	176.05	22560.40
312.60	328030.56	17851.09	335986.44	37132.43	137674.41
389.30	171256.98	23148.41	149742.14	102147.75	31049.97
110.00					60.00
17371.07	6002378.56	279398.72	5968936.33	1210230.09	3280420.11
2118.61	355172.11	76856.36	342425.96	74179.88	287371.43
361.00	267655.71	252559.04	216776.46	155839.38	20339.16

lead to inconsistencies between the total and the cumulative subtotals in the table.

全国非油气矿产资源开发利用情况
National Non-petroleum Mineral Resources

矿种	Mineral	矿山企业数/个 Number of Mine Enterprise/number			从业人数/人 Employee/person	矿石产量/万吨 Ore Output/10^4t
			大型 Large	中型 Medium		
锂矿	Lithium	22	11	3	3090	463.24
锆矿#	Zirconium					
锶矿	Strontium	6		2	263	7.79
重稀土矿	Heavy Rare Earth Elements	10	1		77	25.00
稀土矿#	Rare Earth Elements					
轻稀土矿	Light Rare Earth Elements	64	7	10	1306	612.51
锗矿	Germanium	7	1		826	394.82
碲矿#	Tellurium					
蓝晶石#	Kyanite					
矽线石	Sillimanite	6		1	106	
红柱石	Andalusite	7	1	2	184	33.68
菱镁矿	Magnesite	78	12	10	5128	1386.67
普通萤石	Common Fluorite	816	42	107	16751	741.73
熔剂用灰岩	Limestone for Flux	186	64	42	12541	15689.03
冶金用白云岩	Metallurgical Dolomite	184	46	24	3610	4025.58
冶金用石英岩	Metallurgical Quartzite	271	23	69	2666	896.51
冶金用砂岩#	Metallurgical Sandstone					
铸型用砂岩	Foundry Sandstone	4	1		38	34.00
铸型用砂	Foundry Sand	33	2	18	919	185.47
冶金用脉石英	Metallurgical Vein Quartz	116	10	11	1217	177.08
耐火黏土	Refractory Clay	85	7	17	2582	135.84
铁矾土	Ferroalumina	5		2	63	
其他黏土#	Other Clays					
铸型用黏土#	Foundry Clay					
耐火用橄榄岩	Peridotite Resistance	4			186	11.00
熔剂用蛇纹岩	Serpentinite for Flux	4	2	2	99	12.65
硫铁矿	Pyrite	119	10	18	9744	776.92
钠硝石#	Nitratine					
芒硝	Mirabilite (Glauerite)	57	28	11	2658	782.58
重晶石	Barite	279	24	119	3716	180.77
毒重石	Witherite	18		6	208	5.60
天然碱	Trona (Na_2CO_3)	13	4		3046	275.95
电石用灰岩	Limestone for Calcium Carbide	45	15	4	1384	2625.12
制碱用灰岩	Limestone for Alkali Production	25	8	7	1723	1364.24
化肥用灰岩#	Limestone for Fertilizer					
化工用白云岩	Dolomite for Chemical Industry	14	1	3	189	187.30

——按矿种分列（2022年） 续表1

Exploitation and Utilization by Mineral（2022） Continued 1

设计采矿能力/（万吨·年$^{-1}$）Designed Mining Capacity/(10^4 t·a^{-1})	工业总产值/万元 Gross Industrial Output Value/10^4 yuan	综合利用产值/万元 Output Value of Comprehensive Use/10^4 yuan	矿产品销售收入/万元 Sales Revenue of Mineral Commodity/10^4 yuan	利润总额/万元 Total Profit/10^4 yuan	年投资额/万元 Annual Investment/10^4 yuan
7647.57	2048249.52	373156.28	1873543.55	1354681.58	203256.12
102.00	7626.84	694.91	5009.11	3024.50	5801.49
545.40	8035.11		3003.38	1213.72	5.67
2367.95	297501.02	25572.20	258787.86	108840.73	44949.83
429.00	109139.01	0.00	109137.43	62130.71	11365.04
37.00					31.69
181.20	12972.62	16.00	4764.48	305.54	5917.38
2349.60	243011.37	13496.64	223024.12	43902.78	72447.32
2995.08	576481.28	40744.50	541743.23	65076.04	501542.42
28627.35	1039198.00	68260.03	1048906.68	178043.65	480131.53
9770.76	322949.79	31810.18	301383.96	33805.51	283377.65
2752.78	75251.57	1353.50	73558.32	1128.89	92208.41
23.45	3155.00		20.00	−1.20	628.00
585.40	48810.66	46.00	39527.46	3037.00	9421.58
1169.10	34338.89	1438.61	60678.49	4764.51	53753.86
652.30	55092.07	4832.47	49435.58	7563.08	21653.59
52.20					900.00
50.20	1800.00	183.80	1800.00	−15.09	6290.30
280.00	889.00	105.00	1710.80	554.00	35.00
2431.50	494392.68	96367.25	466147.39	119698.26	77123.29
3995.40	171421.41	30628.91	169839.16	−38297.21	115653.52
1456.71	64851.94	1085.67	67812.33	11122.00	107217.45
89.50	5692.00	96.00	4691.00	−606.80	3753.26
1303.30	459624.39	510.80	514568.82	176335.90	19521.17
4466.78	218011.44	34888.55	224298.46	62153.32	112318.53
3370.00	83769.96	7158.92	81766.12	11514.01	57061 87
244.06	6462.55	438.40	6212.96	776.95	4316.55

全国非油气矿产资源开发利用情况

National Non-petroleum Mineral Resources

矿 种	Mineral	矿山企业数/个 Number of Mine Enterprise/number			从业人数/人 Employee/person	矿石产量/万吨 Ore Output/10^4t
			大型 Large	中型 Medium		
化肥用石英岩	Quartzite for Fertilizer	14	2	3	69	19.87
化肥用砂岩	Sandstone for Fertilizer	12	2	5	191	12.60
含钾砂页岩#	Potassium-bearing Sandy Shale					
含钾岩石	Potassium-bearing Rock	8	1	5	120	10.00
化肥用橄榄岩#	Peridotite for Fertilizer					
化肥用蛇纹岩	Serpentinite for Fertilizer	7			127	11.14
泥炭	Peat	23		7	220	24.34
盐矿	Salt	148	84	28	18385	7456.54
镁盐	Magnesium Salt	6	1	2	461	37.20
钾盐	Potash	19	13	4	11860	9787.77
溴矿	Bromine	42		1	1855	39.81
砷矿#	Arsenic					
磷矿	Phosphate Rock	267	64	111	30326	6757.17
硼矿	Boron	29	8	11	1453	527.27
岩盐	Rock Salt	20	17	1	2073	1031.01
天然卤水	Natural Brine	31	23	5	9029	854.60
湖盐	Lake Salt	6	6		394	172.05
金刚石#	Diamond					
光学水晶#	Optical Quartz Crystal					
工艺水晶#	Technological Quartz					
云母	Mica	12		1	97	7.97
电气石	Tourmaline	5			15	
冰洲石#	Iceland Spar					
石墨	Graphite	137	106	13	4713	971.02
硅灰石	Wollastonite	71	1	14	1586	134.01
滑石	Talc	76	13	26	3698	152.43
石棉	Asbestos	11	7	2	781	285.15
长石	Feldspar	185	20	17	2026	857.46
石榴子石	Garnet	10		2	83	
叶蜡石	Pyrophyllite	43	5	23	596	109.38
透辉石	Diopside	10		1	177	91.01
蛭石#	Vermiculite					
沸石	Zeolite	31	2	2	203	10.85
透闪石	Tremolite	4			28	
石膏	Gypsum	282	41	118	4507	751.81
方解石	Calcite	352	18	69	4611	1187.38
宝石#	Gemstone					
玉石	Jade	136		5	1491	4.83

——按矿种分列（2022年） 续表2

Exploitation and Utilization by Mineral（2022） Continued 2

设计采矿能力/（万吨·年$^{-1}$）Designed Mining Capacity/(10^4 t · a^{-1})	工业总产值/万元 Gross Industrial Output Value/10^4 yuan	综合利用产值/万元 Output Value of Comprehensive Use/10^4 yuan	矿产品销售收入/万元 Sales Revenue of Mineral Commodity/10^4 yuan	利润总额/万元 Total Profit/10^4 yuan	年投资额/万元 Annual Investment/10^4 yuan
109.50	388.08	5.50	612.08	-43.07	254.00
126.50	491.40		533.00	-531.40	14791.67
269.00	4506.00		4609.00	475.00	1589.00
43.90	4836.13		4835.93	288.05	565.24
284.94	1551.60		1194.98	587.48	4613.16
27726.78	2260984.08	65400.57	2303754.09	287965.38	275529.09
282.00	12695.00	12255.00	11389.00	4791.00	2031.31
9512.34	4890377.35	1570141.66	4828080.68	2513272.04	105244.80
59.86	223199.93	190.00	137322.40	32644.10	127[illegible]1.47
20408.00	3596210.63	62744.89	2466721.58	799748.91	863358.32
2011.43	182070.91	84438.37	171418.12	48882.10	44659.13
1261.05	423929.32	450.00	402302.41	85210.93	30172.33
1072.34	329159.05	12969.50	251161.12	44207.90	63177.74
205.00	26610.74	9.00	25099.79	8000.61	1121.85
46.03	994.41	120.00	1003.89	118.37	842.20
15.20					70.00
4193.58	171569.86	2378.95	158896.55	28505.89	226760.79
447.12	41345.49	14624.92	41501.47	4126.76	383500.35
593.50	92865.13	14855.49	81485.76	20940.94	30967.00
540.03	24453.60	7348.00	24745.40	393.00	4289.00
2731.83	33540.07	2788.47	32375.65	-2016.12	101817.72
220.20					3541.00
268.26	20987.48	1099.00	21153.07	2032.57	7163.93
85.00	4590.89	10.00	4590.89	241.58	4976.00
236.50	710.40	5.00	696.50	63.86	2199.24
58.00					2100.00
5093.27	62801.99	849.71	61945.76	6868.43	86672.76
5595.53	143084.89	15464.89	140775.15	9332.86	198857.90
109.09	32003.58	14342.69	22344.08	-1455.07	26346.36

全国非油气矿产资源开发利用情况
National Non-petroleum Mineral Resources

矿　种	Mineral	矿山企业数/个 Number of Mine Enterprise/number			从业人数/人 Employee/person	矿石产量/万吨 Ore Output/10^4 t
			大型 Large	中型 Medium		
玛瑙	Agate	5			18	
石灰岩	Limestone	370	46	95	6578	9105.82
玻璃用灰岩#	Limestone for Glass					
水泥用灰岩	Limestone for Cement	1621	745	306	60362	162507.08
建筑石料用灰岩	Limestone for Construction Stone	5204	2691	1235	93650	143993.73
饰面用灰岩	Decorative Limestone	295	44	41	4337	833.64
制灰用石灰岩	Limestone for Ash Making	274	23	38	4216	5504.45
泥灰岩	Marl	5	1		78	5.00
白垩#	Chalk					
玻璃用白云岩	Dolomite for Glass	26	7	3	643	443.96
建筑用白云岩	Dolomite for Construction	394	170	93	6115	9880.61
玻璃用石英岩	Quartzite for Glass	231	37	49	3409	2741.33
砂岩	Sandstone	62	14	25	559	256.24
玻璃用砂岩	Sandstone for Glass	53	14	20	859	541.03
水泥配料用砂岩	Sandstone for Cement Batching	154	25	58	3568	2040.48
砖瓦用砂岩	Sandstone for Brick and Tile	104	10	51	1682	319.21
陶瓷用砂岩	Sandstone for Ceramics	23	5	7	281	33.06
建筑用砂岩	Sandstone for Construction	846	256	149	14468	15397.47
玻璃用砂	Sand for Glass	45	23	8	1448	839.79
海砂	Sea Sand	5	5		434	14912.08
建筑用砂	Sand for Construction	2277	403	1389	22593	20509.71
水泥配料用砂	Sand for Cement Batching	11		5	96	106.36
水泥标准砂#	Cement Standard Sand					
砖瓦用砂	Sand for Brick and Tile	22	1	12	151	94.94
玻璃用脉石英	Vein Quartz for Glass	115	5	24	1240	200.34
水泥配料用脉石英	Vein Quartz for Cement Batching	10		3	105	20.52
粉石英	Powder Quartz	26	1	8	364	36.23
硅藻土	Diatomite	40	6	18	530	29.65
页岩#	Shale					
陶粒页岩	Shale for Ceramsite	17	4	5	238	47.76
砖瓦用页岩	Shale for Brick and Tile	1992	89	1263	32046	3785.30
水泥配料用页岩	Shale for Cement Batching	96	31	46	861	712.69
建筑用页岩	Shale for Construction	51	3	11	772	114.15
高岭土	Kaolin	256	86	79	4254	1021.85
陶瓷土	Ceramic Clay	291	61	90	3681	2104.63
凹凸棒石黏土	Attapulgite Clay	30	6	11	240	21.92

——按矿种分列（2022年） 续表3

Exploitation and Utilization by Mineral（2022） Continued 3

设计采矿能力/（万吨·年⁻¹）Designed Mining Capacity/(10^4t·a^{-1})	工业总产值/万元 Gross Industrial Output Value/10^4 yuan	综合利用产值/万元 Output Value of Comprehensive Use/10^4 yuan	矿产品销售收入/万元 Sales Revenue of Mineral Commodity/10^4 yuan	利润总额/万元 Total Profit/10^4 yuan	年投资额/万元 Annual Investment/10^4 yuan
4.80					13.00
20478.39	359281.50	20401.05	323129.01	37332.53	254693.[illegible]
268118.45	11910936.39	436142.93	10800967.29	1957700.47	4797045.01
360268.60	5760923.49	164771.01	5461013.58	624037.08	5365946.90
5734.07	81954.01	4576.29	58536.10	2192.70	159455.50
12478.53	239405.91	18731.26	239340.20	24566.06	191306.79
735.60	730.00	110.00	610.00	35.80	2505.00
2338.10	49999.43	45.10	61914.06	9529.45	12072.02
29955.56	307492.89	1523.57	272587.97	32158.94	586255.09
5518.76	327222.74	8317.56	323549.13	93871.50	94496.49
1341.32	11700.55	97.00	10098.96	992.93	28106.64
1350.22	59698.71	2.00	62669.76	6398.22	12125.73
6701.75	414583.51	1956.75	327828.96	50121.46	206538.34
1271.99	24500.89	130.05	22163.30	1607.56	37562.88
337.60	2064.57	2.77	2029.20	–456.17	8243.00
40001.95	721619.22	149458.51	690055.46	64157.93	706327.84
3561.46	104716.85	615.39	107303.90	–132104.43	58354.30
13146.60	312310.90		297750.07	93152.77	251934.26
59606.66	935498.87	17692.85	738863.40	–205078.07	633978.06
267.50	3217.54	65.30	2912.40	–549.03	5634.85
221.33	2152.08	3.00	1925.86	730.49	5094.00
849.73	33086.64	14486.64	31526.17	–828.99	39832.99
147.00	826.39		864.09	–628.11	2630.71
298.80	1900.20		1900.00	847.00	21642.36
342.80	5448.93	20.00	4675.43	676.29	17838.02
361.50	5806.73		5835.85	845.12	6033.50
20135.62	500618.55	10525.30	448153.72	29314.85	633342.55
2092.94	30192.35	71.40	27959.87	2465.11	19443.40
634.66	14864.29	79.10	11006.09	883.19	13352.98
4672.63	290344.61	15826.94	148873.12	22764.57	128637.94
9255.52	271025.54	15261.77	278376.12	164393.90	581907.85
220.12	12304.56	8088.80	12023.68	1906.55	25408.37

全国非油气矿产资源开发利用情况

National Non–petroleum Mineral Resources

矿种	Mineral	矿山企业数/个 Number of Mine Enterprise/number			从业人数/人 Employee/person	矿石产量/万吨 Ore Output/10^4 t
			大型 Large	中型 Medium		
海泡石黏土	Sepiolite Clay	4	3		84	
伊利石黏土	Illite Clay	28	5	13	468	7.71
累托石黏土#	Rectorite Clay					
膨润土	Bentonite	146	31	48	2405	223.40
砖瓦用黏土	Clay for Brick and Tile	1150	22	446	20639	2521.58
陶粒用黏土	Clay for Ceramsite	32	4	3	170	6.71
水泥配料用黏土	Clay for Cement Batching	78	22	28	1226	430.62
水泥配料用红土	Laterite for Cement Batching	5	2	3	111	63.46
水泥配料用黄土	Loess for Cement Batching	6	2	3	35	47.85
水泥配料用泥岩	Mudstone for Cement Batching	23	7	6	538	259.82
保温材料用黏土#	Clay for Thermal Insulation					
橄榄岩	Peridotite	2	2		52	44.96
建筑用橄榄岩	Peridotite for Construction	3			8	
蛇纹岩	Serpentinite	6		1	53	13.20
饰面用蛇纹岩	Decorative Serpentinite	29	1		169	2.05
饰面用辉石岩	Decorative Pyroxenite	5			41	4.19
建筑用辉石岩#	Pyroxenite for Construction					
玄武岩	Basalt	29	7	8	443	90.93
铸石用玄武岩	Basalt for Cast Stone	5	1		35	22.72
岩棉用玄武岩#	Basalt for Rock Wool					
饰面用玄武岩	Decorative Basalt	24	1	2	248	5.96
建筑用玄武岩	Basalt for Construction	413	182	96	5346	4186.98
饰面用角闪岩	Decorative Amphibolite	4			12	
建筑用角闪岩	Amphibolite for Construction	8	5	1	151	222.57
辉绿岩	Diabase	22	1	1	64	25.00
水泥用辉绿岩#	Diabase for Cement					
铸石用辉绿岩#	Diabase for Cast Stone					
饰面用辉绿岩	Decorative Diabase	55	5	4	485	108.49
建筑用辉绿岩	Diabase for Construction	116	46	22	2098	2191.47
饰面用辉长岩#	Decorative Gabbro					
建筑用辉长岩	Gabbro for Construcion	4	2	1	34	13.47
安山岩	Andesite	5		3	27	17.17
建筑用安山岩	Andesite for Construction	239	89	61	3360	4670.86
耐酸碱用安山岩#	Andesite for Acid and Alkali Resistance					
闪长岩	Diorite	8	2	3	154	29.59
建筑用闪长岩	Diorite for Construction	102	41	25	2185	3239.58
水泥混合材用闪长玢岩#	Diorite Porphyrite for Cement Mixture					
饰面用闪长岩	Decorative Diorite	7		1	104	21.93

——按矿种分列（2022年） 续表4

Exploitation and Utilization by Mineral（2022） Continued 4

设计采矿能力/（万吨·年$^{-1}$）Designed Mining Capacity/(10^4 t·a^{-1})	工业总产值/万元 Gross Industrial Output Value/10^4 yuan	综合利用产值/万元 Output Value of Comprehensive Use/10^4 yuan	矿产品销售收入/万元 Sales Revenue of Mineral Commodity/10^4 yuan	利润总额/万元 Total Profit/10^4 yuan	年投资额/万元 Annual Investment/10^4 yuan
30.50					100.53
579.63	815.45		739.85	4.60	4343.34
1148.72	217015.45	429.17	213455.26	25433.35	34894.92
8399.99	187603.60	2503.66	168607.75	15290.55	348644.53
258.50	510.00	17.30	507.00	102.00	2052.00
1878.18	158952.04		65777.34	7811.33	10914.64
136.00	3596.04	15.73	3172.89	216.31	805.94
181.36	155.74		155.74	29.97	399.00
670.35	81432.97	6869.17	83479.89	18339.08	1962.89
200.00	3122.00		3122.00	337.00	20.00
16.91					
39.45	1814.85	176.45	1814.85	95.10	2391.35
143.09	252.28		5.82	–50.85	1366.00
13.50	274.33	6.90	259.44	63.15	38.00
638.88	8305.97	711.96	7603.34	–743.52	12593.65
70.20	2899.00	127.00	2842.00	339.00	2305.00
180.03	9859.25	6665.73	9848.59	1633.10	4489.80
17797.63	236086.84	4076.55	239102.24	30177.67	299234.60
20.70					10.00
762.42	19936.14	1850.00	8260.07	2211.86	5675.00
126.97	753.00		750.00	200.00	1398.94
689.26	17805.10	7398.00	17041.19	2448.99	23954.22
4608.67	148167.08	6797.08	123063.69	7706.83	122277.69
96.00	2350.43	346.00	609.81	–220.00	5830.00
82.40	560.00		559.46	35.98	1280.00
14085.30	164842.29	2686.04	154082.04	34025.46	144921.08
173.92	2611.90	3.00	2554.21	316.53	3700.00
7525.45	182814.84	7928.11	169940.75	17684.96	59075.47
55.90	3133.86	32.00	3106.27	20.70	5556.20

全国非油气矿产资源开发利用情况
National Non-petroleum Mineral Resources

矿 种	Mineral	矿山企业数/个 Number of Mine Enterprise/number			从业人数/人 Employee/person	矿石产量/万吨 Ore Output/10^4t
			大型 Large	中型 Medium		
建筑用正长岩#	Syenite for Construction					
花岗岩	Granite	36	10	4	712	412.03
建筑用花岗岩	Granite for Construction	1256	568	292	27446	36840.69
饰面用花岗岩	Decorative Granite	725	142	73	17374	7774.26
麦饭石	Maifanite	10	1	2	47	0.08
珍珠岩	Perlite	46	3	4	629	179.89
建筑用流纹岩#	Rhyolite for Construction					
黑曜岩#	Obsidian					
浮石	Pumice	12		1	70	0.37
水泥用粗面岩#	Trachyte for Cement					
铸石用粗面岩#	Trachyte for Cast Stone					
霞石正长岩	Nepheline Syenite	9	2	5	325	78.29
凝灰岩	Tuff	10	2	4	108	21.53
水泥用凝灰岩	Tuff for Cement	14	1	2	181	14.14
建筑用凝灰岩	Tuff for Construction	645	292	80	14109	30299.15
火山灰#	Volcanic Ash					
火山渣	Scoria	8			50	0.03
大理石	Marble	16	3	1	168	145.99
饰面用大理岩	Decorative Marble	296	29	27	3889	2591.93
建筑用大理岩	Marble for Construction	178	54	39	3048	3756.99
水泥用大理岩	Marble for Cement	123	24	21	2603	2559.08
玻璃用大理岩	Marble for Glass	18			298	40.02
板岩	Slate	36	17	2	676	505.59
饰面用板岩	Decorative Slate	55	5	3	937	345.08
水泥配料用板岩	Slate for Cement Batching	6	3		321	47.14
片石	Schist	4	1		48	56.00
角闪岩	Amphibolite	7	3	1	315	43.42
片麻岩	Gneiss	94	20	14	2504	1757.68
千枚岩#	Phyllite					
砚石#	Ink Stone					
矿泉水	Mineral Water	626	134	93	16957	1492.27
地下水	Groundwater	8	3	1	275	23.35
二氧化碳气#	Carbon Dioxide					

——按矿种分列（2022年） 续表5
Exploitation and Utilization by Mineral（2022） Continued 5

设计采矿能力/（万吨·年$^{-1}$）Designed Mining Capacity/(10^4t·a^{-1})	工业总产值/万元 Gross Industrial Output Value/10^4 yuan	综合利用产值/万元 Output Value of Comprehensive Use/10^4 yuan	矿产品销售收入/万元 Sales Revenue of Mineral Commodity/10^4 yuan	利润总额/万元 Total Profit/10^4 yuan	年投资额/万元 Annual Investment/10^4 yuan
1885.70	19543.33	305.82	19962.40	2229.85	18402.09
119577.76	1694137.19	62804.63	1628110.55	130593.57	2324619.57
25059.45	793667.56	50934.58	737201.26	41843.32	814269.96
82.13	50.00		50.00		501.13
489.87	33231.55	778.44	31648.77	13004.71	10146.76
41.53	155.90		133.50	20.00	395.00
351.00	11344.07	200.00	11377.57	2893.31	19974.03
234.29	316.34		190.56	−48.31	7130.00
353.62	1320.36	314.00	1276.36	105.14	6300.63
76641.99	1772884.95	13[illegible]92.46	1673444.96	218923.68	769773.34
86.18	6.60		6.60	0.68	972.77
494.40	5360.07		156.00	13.00	20161.30
6548.79	162751.25	7230.01	143896.74	5561.64	235152.03
10087.21	171844.69	2955.60	163753.37	26895.42	148489.12
7100.10	197390.79	15859.80	182347.81	18207.11	73843.27
102.74	4819.91	34.80	4019.32	−373.22	2519.54
2788.09	15294.77	30.03	14640.86	1588.44	40977.37
726.29	22128.80	3033.18	21117.42	1858.08	46395.03
132.00	489.85	0.50	286.70	28.67	3227.03
255.00	961.75	150.00	911.75	42.27	1376.61
423.00	1993.00	65.73	1677.72	186.85	29072.20
7495.28	103266.02	3098.71	93575.25	10664.48	121800.05
5359.71	835386.22		792637.51	43549.79	1045811.01
214.10	2776.95		2776.95	−2569.96	2498.90

全国非油气矿产资源开发利用情况

National Non-petroleum Mineral Resources Exploitation

企业经济类型	Economic Type of Enterprise	矿山企业数/个 Number of Mine Enterprise/number			从业人数/人 Employee/person	矿石产量/万吨 Ore Output/10^4 t
			大型 Large	中型 Medium		
总计	**Total**	**38381**	**9555**	**10786**	**3424370**	**1094534.72 (1193780.54①)**
内资企业	**Domestic Funded Enterprise**	**38054**	**9371**	**10714**	**3377252**	**1068445.30**
国有企业	State-owned Enterprise	1735	750	419	695663	186134.48
集体企业	Collective-owned Enterprise	729	52	129	26879	4661.23
股份合作企业	Cooperative Stock Enterprise	250	55	63	18207	5374.59
联营企业	Joint Ownership Enterprise	139	36	39	17321	3806.54
有限责任公司	Limited Liability Corporation	19935	5648	5538	1695539	578408.83
股份有限公司	Share Holding Company Limited	1703	547	473	564021	138939.40
私营企业	Private Enterprise	12940	2162	3854	349142	145302.63
其他企业	Other Enterprise	623	121	199	10480	5817.61
港、澳、台商投资企业	**Enterprise with Fund from Hong Kong, Macao and Taiwan**	**168**	**94**	**30**	**12412**	**13605.70**
外商投资企业	**Foreign-funded Enterprise**	**159**	**90**	**42**	**34706**	**12483.72**

注：① 根据国家统计局已公布的煤炭和铁矿石产量调整数据。

Note: ① The data are adjusted according to the data of coal and iron ore production published by the National Bureau of Statistics.

——按企业经济类型分列（2022年）
and Utilization by Economic Type of Enterprise（2022）

设计采矿能力/（万吨·年$^{-1}$）Designed Mining Capacity/(10^4t·a^{-1})	工业总产值/万元 Gross Industrial Output Value/10^4 yuan	综合利用产值/万元 Output Value of Comprehensive Use/10^4 yuan	矿产品销售收入/万元 Sales Revenue of Mineral Commodity/10^4 yuan	利润总额/万元 Total Profit/10^4 yuan	年投资额/万元 Annual Investment/10^4 yuan
2212293.47	**339868251.33**	**9875441.97**	**329713872.76**	**105284496.15**	**75090721.67**
2164032.36	**333727273.83**	**9728874.51**	**324352792.39**	**103123866.38**	**73513403.94**
286431.35	72306260.81	1585942.03	71425380.53	21955597.25	10414693.21
11574.11	1679240.17	19358.39	1576467.22	704000.07	510528.74
14832.19	2532443.87	2999.08	2460207.88	1220479.65	493033.01
12537.91	1317420.40	43148.12	1241695.45	418180.08	469574.90
1293363.45	171334299.77	3628067.99	166427090.96	54803938.62	43950474.47
198278.65	60013823.14	3854491.97	57736831.05	17650800.10	7007046.08
332989.46	24215741.92	594063.66	23177052.68	6273515.45	10330503.82
14025.25	328043.75	803.27	308066.62	97355.15	337499.72
27692.74	**1759172.07**	**59500.92**	**1638025.37**	**632692.74**	**1097413.77**
20568.37	**4381805.43**	**87066.55**	**3723055.00**	**1527937.04**	**479903.95**

主要统计指标解释

年末在职职工 指事业单位在编人员，企业在册人员，与单位签订聘用合同、劳动合同或符合劳动保障部门关于认定形成事实劳动关系条件的人员，不含外方及港澳台人员、实习在校生、参军人员以及未经聘用、留用的离退休人员。

地质勘查人员 指年末在职职工中从事地质勘查工作的人员，包括从事基础地质调查、矿产资源调查、资源潜力评价、水文地质、工程地质、环境地质、物探、化探、遥感、岩矿鉴定测试、地质测量等工作的在职职工。

技术人员 指在地勘单位中从事工作并取得劳动报酬的，具有初级及初级以上地质勘查专业技术职称的在职职工，包括已取得专业技术职称，现从事技术管理和行政管理工作的行政人员。

工程勘察与施工人员 指填报单位中专业从事建筑工程勘察、设计、施工工作的人员。

矿产开发人员 指填报单位中从事矿产资源开发利用的人员。

劳动者报酬 指报告期内直接支付给本单位使用的全部劳动报酬（生活费）总额。包括职工工资总额，聘用人员报酬，聘用、留用的离退休人员劳动报酬，外籍及港澳台人员的劳动报酬以及人事档案保留在原单位人员的劳动报酬。

总收入 指报告期内填报单位从事各种经济活动所取得的收入总额。

矿业权转让收入 指报告期内填报单位通过矿业权转让取得的收入，包括通过合资、合作方式成立矿业公司获得的矿产资源开发收入。

工程勘察与施工收入 指报告期内填报单位凭建设主管部门发放的建设工程勘察设计、岩土施工、建筑施工企业等专业资质，从事建设工程勘察、工程设计、工程施工等经营活动取得的各项收入。

矿产开发收入 指报告期内填报单位从事矿产资源开发活动所取得的收入，包括通过合资、合作方式成立矿业公司获得的矿产资源开发收入。

其他收入 指报告期内填报单位在总收入中除去从事地质勘查、矿业权转让、矿产开发、工程勘察施工等经济活动收入以外的收入。

地质勘查业收入 指报告期内填报单位从事地质勘查经济活动所取得的各种收入总和，包括地质勘探费、地质专项拨款、矿产勘查劳务收入等。

地质专项拨款 指报告期内地勘单位取得的中央和地方地质专项拨款费用，包括自然资源大调查项目、矿产资源补偿费项目、财政补贴项目、危机矿山项目、地勘基金项目等，也包括市、县政府设立的各类地质勘查专项项目，按中央和地方的各类专项分别统计。

地质勘探费 指以1998年为基数，由中央财政划转给省财政单列，继续用于地质勘查单位离退休人员、地质勘查工作和经常性费用支出，该指标按照中央财政投入和地方财政投入分别统计。

总费用 指报告期内填报单位为开展业务活动和其他活动所发生的各项资金耗费及损失，以及用于基本建设项目的开支。

矿产开发费用 指报告期内填报单位从事矿产资源开发活动而发生的各项成本、费用支出总额。

地质勘查经费 指报告期内完成的来自各方面的地质勘查资金，包括完成的中央财政、地方财政地质勘查拨款，企事业单位、港澳台商、外商投入的地质勘查工作的资金以及其他资金。

中央财政 指报告期内实际完成的由国家预算收支科目安排的直接用于地质勘查的经费。

地方财政 指报告期内实际完成的地方财政拨付的地质勘查经费。

企事业资金 指报告期内完成的各类企事业单位投入的地质勘查工作的资金，包括内资企事业资金、港澳台商投资和外商投资。

国内企事业资金 指报告期内完成的国有、集体企事业单位和私营企业投入地质勘查工作的资金。

港、澳、台商投资 指港、澳、台企业和经济组织或个人按我国有关政策、法规，用现汇、实物（折资）和技术等投入地质勘查工作资金。

外商投资 指报告期内完成境外投入地质勘查工作的资金，包括外商直接投资、对外借贷（外国政府贷款、国际金融组织贷款、出口信贷、外国银行商业贷款、对外发行债券和股票）及外商其他投资（包括补偿贸易和加工装配由外商提供的设备价款、国际租赁）。不包括我国自有外汇资金（包括国家外汇、地方外汇、流程外汇、调剂外汇和中国银行自有资金发行的外汇贷款等）。

机械岩芯钻探工作量 指用动力机械带动，回转或冲击回转钻进，并以取出岩芯了解和研究地下地质情况为目的的钻探工作的工作量。如手轮给进钻机、油压钻机、石油钻机、海洋石油钻机、水文水井钻机以及汽车钻等。

新发现矿产地 指报告期内通过各类地质调查工作，或者根据群众报矿、群众采矿线索新发现的，并经过矿产调查工作证实为有进一步工作意义或具有工业价值，具有一定规模，作出初步评价的矿区。

二维地震 指在地面上布置一条条测线，沿各条测线进行地震勘探施工，采集地下地层反射回地面的地震波信息。

三维地震 指一种面积地震勘探方法。野外的观测系统有多种形式，如用48个激发点和48道检波器，构成互相垂直的观测系统，对每个反射面可得到2000多个均匀分布的深度点。

勘查许可证发证 指依法颁发的勘查许可证宗数或注销的勘查许可证宗数。

注销（勘查） 包括探矿权人申请注销、自然资源主管部门直接注销的勘查许可证。

探矿权出让 指在报告期内以申请在先、协议、招标、拍卖和挂牌等方式出让给探矿权申请人并新登记勘查许可证。

协议出让（探矿权） 指矿业权人以协议方式取得探矿权，并办理勘查许可证。

“招拍挂”出让（探矿权） 指矿业权人以招标、拍卖和挂牌方式取得探矿权，并办理勘查许可证。

招标（探矿权） 指主管部门发布招标公告，邀请特定或者不特定的投标人参加投标，根据投标结果确定探矿权中标人，探矿权人取得探矿权，并办理勘查许可证。

拍卖（探矿权） 指主管部门发布拍卖公告，由符合探矿权申请人资质条件的竞买人在指定时间、指定地点进行公开竞价，根据出价结果确定探矿权竞得人，探矿权人取得探矿权，并办理勘查许可证。

挂牌（探矿权） 指主管部门发布挂牌公告，在挂牌公告规定的期限和场所接受竞买人的报价申请并更新挂牌价格，根据挂牌期限截止时的出价结果，确定探矿权竞得人，探矿权人取得探矿权，并办理勘查许可证。

探矿权转让 指在报告期内经探矿权人申请将探矿权转让给另一主体，并经自然资源主管部门审查批准的行为。

转让金额 指在报告期内探矿权转让人与受让人之间签订的探矿权转让合同中约定的转让金额。

采矿许可证发证 指依法颁发的采矿许可证个数或注销的采矿许可证个数。

注销（采矿） 包括采矿权人申请注销、自然资源主管部门直接注销的采矿许可证。

采矿权出让 指在报告期内矿业权人以探矿权转采矿权、协议、招标、拍卖和挂牌等方式取得采矿权，并办理采矿许可证。

“招拍挂”出让（采矿权） 指采矿权人通过招标、拍卖、挂牌三种出让方式获得采矿权并取得采矿许可证。

探矿权转采矿权 指在报告期内探矿权人在其勘查许可证范围内，将探矿权申请转为采矿权，并获得采矿许可证。

协议出让（采矿权） 指出让方（采矿权管理机关）按照法律法规的规定采取非竞争性的方式，以协议方式出让采矿权给特定对象，采矿权人取得采矿权，并办理采矿许可证。

招标出让（采矿权） 指主管部门发布招标公告，邀请特定或者不特定的投标人参加投标，根据投标结果确定采矿权中标人，采矿权人取得采矿权，并办理采矿许可证。

拍卖出让（采矿权） 指主管部门发布拍卖公告，由符合采矿权申请人资质条件的竞买人在指定时间、指定地点进行公开竞价，根据出价结果确定采矿权竞得人，采矿权人取得采矿权，并办理采矿许可证。

挂牌出让（采矿权） 指主管部门发布挂牌公告，在挂牌公告规定的期限和场所接受竞买人的报价申请并更新挂牌价格，根据挂牌期限截止时的出价结果，确定采矿权竞得人，采矿权人取得采矿权，并办理采矿许可证。

采矿权转让 指在报告期内经采矿权人申请将采矿权转让给另一主体，并经自然资源主管部门审查批准的行为。

转让金额 指在报告期内采矿权转让人与受让人之间签订的采矿权转让合同中约定的转让金额。

从业人数 指当年度企业中从事矿业（即油气勘查开采，下同）生产劳动并取得劳动报酬或经营收入的全部劳动力的年平均人数。包括职工、再从业的离退休人员以及在企业中工作的外方人员和港、澳、台方人员。当年度在企业中从事矿业活动的临时工、轮换工，应加入此项统计。年平均人数=报告年内12个月平均人数之和/12［月平均人数=（月初人数+月末人数）/2］。非独立法人企业只填报本企业的从业人数。

矿石产量 指矿山当年度采矿作业实际生产的符合矿石产品质量要求的各类矿产数量的总和。盐湖矿、原地浸出和原地爆破浸出开采的矿产按其粗加工后的固态量计。

设计采矿能力 指新建或改建矿山企业在设计任务书和技术文件中规定的正常条件下达到的矿山生产能力。此项指标应填报最终设计确定的年度主矿产的采、选生产能力。采选联合企业，当矿石产量和选矿处理原矿量能力相同时，应分别填写清楚。经改扩建生产能力发生变化的矿山，应填写改扩建后的设计生产能力。单位采用万吨/年（单位是体积单位的一列换算成重量单位计）。

工业总产值 指以货币表现的矿山企业当年度生产的最终工业产品总价值量。包括当年度生产的成品价值、已完工的对外工业性作业价值和自制半成品、在产品期末期初差额价值。采用工厂法的计算原则。它是反映一定时间内工业生产总规模和总水平的重要指标，是计算工业生产发展速度和主要比例关系、计算工业产品销售率和其他经济指标的重要依据。

综合利用产值 指当年矿山综合利用共、伴生矿产及尾、残矿产的矿产品销售产值。

销售收入 指矿山企业当年度销售该矿产品（包括产成品、半成品及废品）所取得的收入。以销售实现为原则进行填报。

Explanatory Notes on Main Statistical Indicators

On-the-job Employee at the Year End—the employees in the public institutions, the registered employees in the enterprises, the employees who sign employment contracts or labor contracts with the units or meet the requirements of the labor and social security department for determining the formation of a factual labor relationship, excluding the foreign party, Hong Kong, Macao and Taiwan personnel, interns, military personnel and retirees who have not been employed or retained.

Geological Exploration Personnel—those who are engaged in geological exploration among the on–the–job staff at the end of the year, including those who are engaged in basic geological survey, mineral resources survey, resource potential assessment, hydrogeology, engineering geology, environmental geology, geophysical exploration, geochemical exploration, remote sensing, rock and mineral identification test, geological survey, etc.

Technical Personnel—the on–the–job workers who are engaged in work and get remuneration in geological exploration units and have professional and technical titles of primary or above, including administrative personnel who have obtained professional and technical titles and are now engaged in technical management and administrative management.

Personnel Engaging in Project Investigation and Construction—those who are specialized in construction engineering investigation, design and construction in the reporting unit.

Personnel Engaging in Mining Exploration—the personnel engaged in the development and utilization of mineral resources in the reporting unit.

Remuneration of Labor—the total amount of labor remuneration (living expenses) directly paid to the unit during the reporting period, including total wages of employees, remuneration of employed personnel, remuneration of employed and retained retirees, remuneration of foreign, Hong Kong, Macao and Taiwan personnel and remuneration of personnel whose files retain in the original unit.

Total Income—the total amount of income obtained by the reporting unit engaged in various economic activities during the reporting period.

Income from Mining Right Transfer—the income obtained by the reporting unit through mining right transfer during the reporting period, including mineral resources development income from establishing mining companies through joint ventures or cooperation.

Income from Project Investigation and Construction—the income derived by the reporting unit from project investigating, designing and constructing with professional qualifications issued by construction authorities such as construction project investigation and design, geotechnical construction and construction enterprises, etc.

Income from Mining Exploration—the income derived by the reporting unit from mineral resources development during the reporting period, including mineral resources development income from establishing mining companies through joint ventures or cooperation.

Other Incomes—the income of the reporting unit during the reporting period excluding the income from geological exploration, mining right transfer, mineral development, project exploration and construction, etc.

Income of Geological Exploration Industry—the sum of all kinds of income obtained by the reporting unit engaged in geological exploration activities during the reporting period, including geological exploration fee, geological special fund, income from mineral exploration service etc.

Geological Special Fund—the central and local geological special funds obtained by the geological exploration units during the reporting period, including large-scale natural resources investigation projects, mineral resources compensation projects, financial subsidy projects, crisis mine projects, geological exploration fund projects, etc., as well as all kinds of special geological exploration projects set up by the municipal and county governments, which are respectively counted according to special projects of central and local governments.

Geological Exploration Fee—the expenses transferred from central finance to provincial finance separately based on 1998, which continue to be used for retired personnel, geological exploration work and recurrent expenses of geological exploration units. This index is calculated separately according to the central and local financial inputs.

Total Cost—expenses and losses of various funds spent by the reporting unit in carrying out business activities and other activities, as well as expenditure for basic construction projects during the reporting period.

Cost of Mining Exploration—the total amount of costs and expenses spent by the reporting unit in mineral resources development during the reporting period.

Geological Exploration Fund—the geological exploration funds from all sides completed during the reporting period, including the funds allocated by the central and local governments for geological exploration, the funds invested by enterprises and institutions, Hong Kong, Macao and Taiwan businessmen, and foreign businessmen, as well as other funds.

Central Finance—expenditures directly used for geological exploration and arranged by the state budgeted revenue and expenditure account, which are actually completed during the reporting period.

Local Finance—expenditures for geological exploration and allocated by local finance, which are actually completed during the reporting period.

Fund from Enterprise and Institution—the funds invested in geological exploration by all kinds of enterprises and institutions during the reporting period, including investment from domestic enterprises and institutions, Hong Kong, Macao and Taiwan businessmen as well as foreign investment.

Fund from Domestic Enterprise and Institution—the funds invested in geological exploration by state-owned, collective enterprises and institutions and private enterprises in the reporting period.

Investment from Hong Kong, Macao and Taiwan—the investment of Hong Kong, Macao and Taiwan enterprises, economic organizations or individuals in geological exploration in cash, in kind (capital converted) and technology in accordance with relevant policies and regulations of China.

Foreign Investment—the funds invested abroad in geological exploration during the reporting period, including foreign direct investment, foreign loans (foreign government loans, loans from international financial organizations, export credits, commercial loans from foreign banks, foreign issuance of bonds and stocks) and other foreign investments (including compensation trade and equipment price and international lease provided by foreign investors for processing and assembling). It excludes China's own foreign exchange funds (including national foreign exchange, local foreign exchange, process foreign exchange, foreign exchange adjustment and foreign exchange loans issued by the Bank of China's own funds).

Footage of Core Drilling—the penetration of rotary or percussive drilling driven by power machinery that recovers the core in order to study the underground geology. The drills include hand-lever feed drills, hydraulic feed drills, oil drills, marine oil drills, hydrological water well drills, and truck-mounted drills.

Newly Discovered Mineral Prospect—mineral occurrences that are newly found through all kinds of geological survey or on the basis of the ore information and clues reported by the broad masses of people, demonstrated through mineral surveys to be of value for further work or of industrial value and have certain sizes, and evaluated preliminarily during the reporting period.

2D Seismic—a kind of area seismic exploration method. arranging a line on the ground, carrying out seismic exploration along each line, and collecting seismic wave information reflected from underground strata back to the ground.

3D Seismic—a kind of area seismic exploration method. There are many forms of field observation system, such as using 48 excitation points and 48 geophones to form a mutually perpendicular observation system. For each reflector, more than 2000 uniform depth points can be obtained.

Exploration License Issued—the number of exploration licenses issued or cancelled in accordance with the law.

Cancelled(Exploration)—the exploration license applied for cancellation by the exploration right owner and directly cancelled by the natural resources department.

Exploration Right Granted—various acts through which the mineral exploration right is granted by administration department to the applicant for the exploration right through the ways of first application agreement, bidding, auction, and listing during the reporting period.

Granting through Agreement (Exploration Right)—the act through which the administration department grants the exploration right to the exploration right holder in the way of agreement, and the exploration right holder obtains the exploration license.

Granting through Bidding, Auction and Listing (Exploration Right)—the acts through which the administration department grants the exploration right in the ways of bidding, auction, and listing, and the exploration right holder obtains the exploration license.

Granting through Bidding (Exploration Right)—the act through which the administrative authorities issue a notice of invitation for bid to invite specially or not specially designated bidders to participate in the bidding, and the warded bidder for the exploration right is determined according to the result of the bidding. The exploration right holder obtains the exploration license.

Granting through Auction (Exploration Right)—the act through which the administrative authorities issue a notice of invitation for auction, while the bidders qualified to be applicants for the exploration right may participate in open competition at the prescribed time and locality and the warded bidder for the exploration or mining right is determined according to the result of the price offer. The exploration right holder obtains the exploration license.

Granting through Listing (Exploration Right)—the act through which the administrative authorities issue a notice of listing, and receive the offer applications of the bidders and renew the listed prices in the time limit and locality prescribed by the notice, and the warded bidder for the exploration right is determined according to the price offer at the closing date of the listing time limit. The exploration right holder obtains the exploration license, and apply for exploration license.

Exploration Right Transferred—the act of transferring the exploration right to another subject upon the application of exploration right holder within the reporting period, and being examined and approved by natural resources authorities.

Amount of Exploration Right Transferred—the price of transfer agreed upon in the contract of exploration right transfer signed between the exploration right assignor and the exploration right assignee during the reporting period.

Mining License Issued—the number of mining licenses issued in accordance with the law or the number of cancelled mining licenses.

Cancelled(Mining)—the mining license applied for cancellation by the exploration right owner and directly cancelled by the natural resources department.

Mining Right Granted—the royalty charged to the mining right holder according to relevant regulations, when the mineral resources administration department to the applicant for the mining right through the ways of change of the exploration right into the mining right, agreement, bidding, auction, and listing during the reporting period.

Granting through Bidding, Action and Listing (Mining Right)—the acts through which the mining right holder obtains the mining right and the mining license in the ways of assigning through bidding, auction, and listing.

Change of Exploration Right to Mining Right—the exploration right holder applies for changing the exploration right into the mining right in his exploration license scope during the reporting period and obtains the mining license.

Granting through Agreement (Mining Right)—the act through which the assignor (mining right administration agency) grants the mining right to the particular individual or organization by adopting the noncompetitive way through agreement according to the provisions of law and the latter obtains the mining license.

Granting through Bidding (Mining Right)—the act through which the administrative authorities issue a notice of invitation for bid to invite specially or not specially designated bidders to participate in the bidding, and the warded bidder for the mining right is determined according to the result of the bidding. The mining right holder obtains the mining license.

Granting through Auction (Mining Right)—the act through which the administrative authorities issue a notice of invitation for auction, while the bidders qualified to be applicants for the mining right may participate in open competition at the prescribed time and locality and the warded bidder for the mining or mining right is determined according to the result of the price offer. The mining right holder obtains the mining license.

Granting through Listing (Mining Right)—the act through which the administrative authorities issue a notice of listing, and receive the offer applications of the bidders and renew the listed prices in the time limit and locality prescribed by the notice, and the warded bidder for the mining right is determined according to the price offer at the closing date of the listing time limit. The mining right holder obtains the mining license.

Mining Right Transferred—the act of transferring the mining right to another subject upon the application of the mining right holder and the approval of natural resources authorities within the reporting period.

Amount of Mining Right Transferred—the price of transfer agreed upon in the contract of mining right transfer signed between the mining right assignor and the mining right assignee during the reporting period.

Employee—the annual average number of all labors engaged in mining (i.e. oil and gas exploration and exploitation, the same hereinafter) and receiving remuneration for their labor or business income in the current year. It includes employees, reemployed retirees, foreign personnel working in the enterprise and personnel from Hong Kong, Macao, Taiwan. Temporary workers and shift workers engaged in mining in enterprises in the current year are included in the statistics. Annual average number = sum of 12-month average number reported in the year /12 [Monthly average number = (number at the beginning of the month + number at the end of the month) /2]. The enterprises with non-independent legal entity only report employees of the enterprise.

Ore Output—the sum of all kinds of minerals actually produced by mining operations in the current year that meet the quality requirements of ore products. Minerals mined by salt lake ore, in-situ leaching and in-situ blasting leaching are measured by the solid quantities after rough processing.

Designed Mining Capacity—the mining production capacity achieved by newly built or renovated mining enterprises under normal conditions specified in the design task book and technical documents. This indicator should report the annual production capacity of the main mineral resources determined by the final design. When the ore production and processing capacity of a mining and beneficiation joint venture are the same, they should also be clearly filled out separately. Mines with changes in production capacity after renovation and expansion should fill in the designed production capacity after renovation and expansion. The unit is 104t/year (converted from a column of volumetric units to weight units).

Gross Industrial Output Value—the total value of final industrial products produced by mining enterprises in monetary terms in the current year. It includes the value of finished products produced in the current year, the value of finished foreign industrial operations and self-made semi-finished products, and value difference at the beginning and end of the product. The factory method is adopted for calculation. It is an important indicator reflecting the total scale and level of industrial production in a certain period of time. It is also an important basis for calculating development speed and main proportion of industrial production, sales rate of industrial products and other economic indicators.

Output Value of Comprehensive Use—the total sum of the values of final industrial products in the gross value of mining output due to the comprehensive use of co-products, by-products and three wastes (waste slag, waste gas, waste liquid).

Sales Revenue—the revenue obtained by mining enterprises from selling the mineral products (including finished products, semi-finished products and waste products) in the current year. It should be reported according to the actual sales.

海洋资源

Ocean Resources

全国海洋生产总值（2022年）
National Gross Ocean Product（2022）

指　标	Indicator	增加值/亿元 Added Value/10^8 yuan	增速/% Growth Rate/%
海洋生产总值	**Gross Ocean Product（GOP）**	**94628**	**1.9**
海洋产业	**Marine Industry**	**38542**	**-0.5**
海洋渔业	Marine Fishery Industry	4343	3.1
沿海滩涂种植业	Plantation Industry in Coastal Mudflat	2	1.0
海洋水产品加工业	Marine Aquatic Product Processing Industry	953	0.9
海洋油气业	Offshore Oil and Natural Gas Industry	2724	7.2
海洋矿业	Marine Mining Industry	212	9.8
海洋盐业	Sea Salt Industry	44	1.4
海洋船舶工业	Marine Shipbuilding Industry	969	9.6
海洋工程装备制造业	Marine Engineering Equipment Manufacturing Industry	773	3.0
海洋化工业	Marine Chemical Industry	4400	-2.8
海洋药物和生物制品业	Marine Pharmaceutical and Biological Products Industry	746	7.1
海洋工程建筑业	Marine Engineering Architecture Industry	2015	5.6
海洋电力业	Marine Electric Power Industry	395	20.9
海水淡化与综合利用业	Seawater Desalination and Comprehensive Utilization Industry	329	3.6
海洋交通运输业	Marine Communications and Transportation Industry	7528	6.0
滨海旅游业	Coastal Tourism	13109	-10.3
海洋科研教育	**Ocean Scientific Research and Education Industry**	**5950**	**3.6**
海洋公共管理服务	**Marine Public Management Services**	**15902**	**3.5**
海洋上游相关产业	**Marine Upstream Related Industries**	**13560**	**2.4**
海洋下游相关产业	**Marine Downstream Related Industries**	**20673**	**4.2**

注：①本年鉴产业分类执行《海洋及相关产业分类》（GB/T 20794—2021）标准。

②2022年数据为初步核算数。

③海洋生产总值、三次产业增加值、各海洋产业增加值、各比例数据按现价计算。海洋生产总值增长速度、各海洋产业增加值增长速度按可比价格计算。

④基础数据来自国务院有关部门、沿海省（自治区、直辖市）自然资源（海洋）行政主管部门、统计机构和公开统计资料。

Notes: ① The industrial classification in this yearbook is subject to the *Industrial Classification for Ocean Industries and Their Related Activities* (GB/T 20794-2021).

② The data for 2022 are preliminary calculation.

③ The gross ocean product , the added value of the tertiary industry, the added value of each marine industry, and the data of each proportion are calculated at current price. The growth rate of marine gross domestic product and the growth rate of the added value of each marine industry are calculated at comparable price.

④ The basic data come from relevant authorities of the State Council, the administrative authorities in charge of natural resources (marine) of coastal provinces (autonomous regions, and municipalities directly under the central government), various statistical institutions, and public statistics.

海洋资源产量（2022年）

Marine Resources Yield（2022）

地 区	Region	海洋原油/万吨 Marine Crude Oil/10^4 t	海洋天然气/万米^3 Marine Natural Gas/10^4 m^3	海水淡化工程规模/（万吨·日$^{-1}$）Scale of Seawater Desalination Project/（10^4t·d^{-1}）	远洋渔业/万吨 Pelagic Fishery/10^4t	海水直接利用量/万吨 Direct Utilization of Seawater/10^4t
合 计	**Total**	**5828.01**	**2185961**	**235.70**	**232.98**	**1770.47**
天 津	Tianjin	3236.76	374083	30.60	0.75	4.59
河 北	Hebei	147.00	40235	39.07	4.26	55.57
辽 宁	Liaoning	57.48	2242	15.20	17.26	145.73
上 海	Shanghai	55.61	196346		12.80	15.50
江 苏	Jiangsu			0.50	1.58	124.10
浙 江	Zhejiang			76.18	68.59	320.86
福 建	Fujian			3.00	61.53	281.18
山 东	Shandong	358.28	15828	60.32	37.37	137.62
广 东	Guangdong	1948.89	1251886	8.89	6.19	567.37
广 西	Guangxi			0.08	1.90	67.49
海 南	Hainan	23.99	305341	0.87		50.46
其 他	Others				20.74	

主要统计指标解释

海洋生产总值 是海洋经济生产总值的简称，指按市场价格计算的沿海地区常住单位在一定时期内海洋经济活动的最终成果，是海洋产业和海洋相关产业增加值之和。

海洋生产总值增速 以不变价格计算，海洋生产总值增速＝（报告期的海洋生产总值-上一年的海洋生产总值）/上一年的海洋生产总值 × 100%。

原油产量 按净原油量来计算的，能直接用于销售和生产自用的原油量。目前海洋石油系统原油产量计算方法采用倒算法。原油产量=销售量+期末库存量-期初库存量+海上平台及陆地终端处理厂自用量。

天然气产量 指进入集输管网的销售量和就地利用的全部气量。天然气产量=外输（销）量+企业自用量。

海水直接利用量 指企业通过各种方式所利用的海水量，包括用于冷却、大生活、灌溉等，其中"大生活用海水"是指海水冲厕、海水消防等。

Explanatory Notes on Main Statistical Indicators

Gross Ocean Product（GOP）—the abbreviation of gross ocean economic production. It refers to the final gain from ocean economic activities of permanent residents in coastal areas at market price in a certain period, and it is the sum of added value of ocean and ocean related industries.

Growth Rate of Gross Ocean Product—calculated at constant price. Growth rate of Gross Ocean Product = (Gross Ocean Product of the reporting period − Gross Ocean Product of the previous year)/ Gross Ocean Product of the previous year × 100%.

Crude Oil Production—it is calculated based on the net amount of crude oil and can be directly used for sales and production purposes. At present, the calculation method for crude oil production in the offshore oil system adopts the "reverse calculation method". Crude oil production=sales volume+ ending inventory − beginning inventory + self–consumption of offshore platforms and land terminal processing plants.

Natural Gas Production—the sales volume of gas entering the gathering and transmission pipeline network and the total amount of gas used on–site. Natural gas production=export (sales) volume + enterprise consumption volume.

Direct Utilization of Seawater—the amount of seawater that enterprises utilize through various means, including cooling, large–scale living, irrigation, etc. Among them, "large–scale living seawater" refers to seawater flushing, seawater firefighting, etc.

三、国土空间规划和用途管制

Chapter 3 Planning and Use Control of Land Space

耕地占补

Cultivated Land Requisition–

地　区	Region	占用情况 Requisition		
		占用耕地面积/公顷 Area of Cultivated Land Requisitioned/hm²	占用水田面积/公顷 Area of Paddy Field Requisitioned/hm²	需补充标准粮食产能/吨 Standard Grain Production Capacity Needed to Supplement/t
总　计	**Total**	**112119.39**	**33538.40**	**1238145.40**
北　京	Beijing	452.15		5146.68
天　津	Tianjin	225.44	0.03	1919.45
河　北	Hebei	7500.64	21.19	66072.86
山　西	Shanxi	4392.62	3.59	30946.56
内蒙古	Nei Mongol	2281.11	1.62	7280.33
辽　宁	Liaoning	1616.17	383.93	12815.53
吉　林	Jilin	3253.87	440.92	27022.67
黑龙江	Heilongjiang	1658.88	337.03	11623.70
上　海	Shanghai	862.20	521.01	13122.46
江　苏	Jiangsu	6202.27	3492.79	93090.05
浙　江	Zhejiang	6474.62	5319.56	79041.27
安　徽	Anhui	6076.31	3519.27	75067.64
福　建	Fujian	2277.03	1208.63	27062.61
江　西	Jiangxi	3468.37	2445.90	42569.88
山　东	Shandong	8546.29	238.92	103244.88
河　南	Henan	13389.49	1043.85	178319.15
湖　北	Hubei	4652.24	2176.04	78377.20
湖　南	Hunan	1670.49	1242.06	21884.35
广　东	Guangdong	3051.98	1218.37	47316.84
广　西	Guangxi	3227.09	916.43	35354.45
海　南	Hainan	577.52	342.94	6844.29
重　庆	Chongqing	1673.72	784.89	17333.98
四　川	Sichuan	9208.48	5404.05	100932.60
贵　州	Guizhou	4003.40	1295.62	31247.37
云　南	Yunnan	2884.14	933.90	27472.13
西　藏	Tibet	111.07		459.62
陕　西	Shaanxi	2998.26	170.07	34102.62
甘　肃	Gansu	3509.07		20129.94
青　海	Qinghai	217.62		1228.03
宁　夏	Ningxia	256.72	25.46	2380.60
新　疆	Xinjiang	5400.13	50.35	38735.64

平衡情况（2022年）

compensation Balance（2022）

省域内补充耕地情况 Supplementary Cultivated Land in the Province			国家统筹补充耕地情况 Supplementary Cultivated Land in State Plan		
补充耕地面积/公顷 Area of Supplementary Cultivated Land/hm^2	补充水田面积/公顷 Area of Supplementary Paddy Field/hm^2	实际补充后新增标准粮食产能/吨 Newly Added Standard Grain Production Capacity after Actual Supplement/t	统筹补充耕地面积/公顷 Overall Supplementary Cultivated Land Area/hm^2	统筹补充水田面积/公顷 Overall Supplementary Paddy Field Area/hm^2	统筹补充标准粮食产能/吨 Overall Supplementary Standard Grain Production Capacity/t
111600.92	**33155.30**	**1233056.22**	**529.50**	**426.92**	**5636.37**
452.15		5147.88			
69.51	0.03	932.50	155.93		985.96
7500.64	21.19	66072.86			
4393.22	3.59	30949.36			
2284.01	1.62	7322.26			
1616.17	383.93	12815.53			
3253.87	460.88	27022.67			
1659.65	340.56	11800.44			
862.20	521.01	13122.46			
6202.27	3505.33	93090.05			
6103.35	5032.65	74391.86	373.57	286.93	4649.41
6076.31	3519.50	75067.64			
2277.03	1209.45	27062.61			
3468.37	2445.95	42569.88			
8546.29	238.92	103244.88			
13393.86	1045.29	178606.70			
4652.25	2176.82	78377.20			
1670.49	1242.06	21884.35			
3051.98	1087.55	47337.65		131.00	
3227.13	916.43	35354.46			
577.52	333.96	6844.29		8.98	
1673.72	784.89	17333.98			
9208.49	5408.32	100932.60			
4003.40	1295.62	31257.12			
2884.15	933.90	27472.13			
111.07		459.62			
2998.27	170.07	34107.11			
3509.07		20129.94			
217.62		1228.03			
256.72	25.46	2380.60			
5400.15	50.35	38737.56			

土地
Land

单位：公顷

地区	Region	土地征收面积 Area of Requisitioned Land	农用地 Agricultural Land	耕地 Cultivated Land
	2020	**363400.69**	**285639.96**	**175144.8**
	2021	**326047.38**	**267988.35**	**161364.49**
	2022	**365757.50**	**314083.12**	**171094.75**
北京	Beijing	1875.53	1280.29	579.43
天津	Tianjin	513.77	414.29	255.75
河北	Hebei	16214.03	13213.17	8449.39
山西	Shanxi	10237.61	7743.19	5379.42
内蒙古	Nei Mongol	25444.65	22516.81	3220.71
辽宁	Liaoning	5198.41	4644.97	2685.89
吉林	Jilin	5923.58	5164.14	4150.09
黑龙江	Heilongjiang	3808.52	3408.20	2739.92
上海	Shanghai	1958.01	1326.61	1026.02
江苏	Jiangsu	13284.94	10184.27	7493.15
浙江	Zhejiang	15668.96	13512.63	7733.68
安徽	Anhui	29443.13	25066.65	18433.13
福建	Fujian	10334.44	8509.33	3062.90
江西	Jiangxi	14438.46	12520.01	4150.74
山东	Shandong	22675.82	18401.25	11775.32
河南	Henan	31675.76	27991.00	22909.05
湖北	Hubei	16838.65	14640.63	7587.28
湖南	Hunan	8050.86	7524.07	2763.81
广东	Guangdong	18981.11	16560.34	4221.59
广西	Guangxi	35847.67	32915.18	13207.55
海南	Hainan	1456.31	1251.20	465.50
重庆	Chongqing	6305.30	5871.24	3426.32
四川	Sichuan	24868.96	22070.79	13969.13
贵州	Guizhou	12178.89	10705.65	5004.17
云南	Yunnan	9555.87	8519.13	3700.53
西藏	Xizang	320.21	294.35	243.49
陕西	Shaanxi	8026.67	6079.96	3887.74
甘肃	Gansu	7049.80	5870.69	4636.68
青海	Qinghai	619.40	511.99	450.86
宁夏	Ningxia	2468.58	1987.49	1321.84
新疆	Xinjiang	4493.60	3383.63	2163.67

注：2020年国务院批准数据含国务院授权委托备案土地面积。

Note: The data approved by the State Council in 2020 include the area of land authorized and entrusted for filing by the State Council.

征收情况

Requisition

Unit：hm²

国务院批准 Requisitioned Land Area Approved by the State Council			省级政府批准 Requisitioned Land Area Approved by Provincial Government		
	农用地 Agricultural Land			农用地 Agricultural Land	
		耕地 Cultivated Land			耕地 Cultivated Land
157368.85	**136207.60**	**77917.64**	**206031.85**	**149432.35**	**97227.14**
119354.56	**105943.17**	**57935.56**	**206692.82**	**162045.17**	**103423.93**
172784.55	**157469.70**	**79518.79**	**192972.95**	**156613.42**	**91575.96**
421.87	383.69	116.52	1453.66	896.60	462.91
7.31	7.31	6.40	506.46	406.98	249.35
3374.78	3016.68	1993.68	12839.25	10196.49	6455.71
3051.97	2294.63	1276.81	7185.64	5448.56	4102.60
19094.66	17843.05	1571.14	6349.99	4673.76	1649.57
3397.73	3151.36	1615.32	1800.68	1493.61	1070.58
2261.08	2109.92	1552.05	3662.50	3054.22	2598.04
2731.76	2435.76	1895.11	1076.76	972.44	844.81
580.52	420.58	349.19	1377.49	906.02	676.83
6053.33	5095.99	3678.16	7231.61	5088.28	3814.99
5914.73	5509.27	3048.84	9754.24	8003.36	4684.35
12416.94	10940.86	7979.26	17026.19	14125.79	10453.36
3126.06	2596.28	928.47	7208.38	5913.04	2134.43
3689.64	3445.94	1213.56	10748.82	9074.07	2937.[illegible]8
9790.51	9094.52	6273.61	12885.31	9306.73	5501.71
14831.88	13666.34	10533.12	16843.88	14324.66	12375.93
7132.31	6658.03	3419.69	9706.34	7982.60	4167.60
3751.72	3632.57	1280.60	4299.14	3891.50	1483.21
8911.29	8273.87	2411.04	10069.82	8286.47	1810.55
28962.13	26742.91	10760.57	6885.54	6172.27	2446.98
			1456.31	1251.20	465.50
3823.77	3570.27	2100.85	2481.52	2300.96	1325.47
11489.57	10534.59	6321.73	13379.40	11536.20	7647.40
3877.39	3742.19	1292.76	8301.50	6963.46	3711.41
3909.76	3553.57	1440.76	5646.11	4965.56	2259.77
242.77	224.02	187.63	77.45	70.32	55.86
1931.66	1784.78	1060.23	6095.02	4295.18	2827.52
4167.26	3541.25	2942.67	2882.55	2329.44	1694.01
273.51	254.29	244.94	345.89	257.69	205.92
2163.79	1756.24	1186.39	304.79	231.26	135.45
1402.89	1188.93	837.71	3090.71	2194.70	1325.97

农用地转用

Approval of Agricultural

单位：公顷

地 区	Region	批准建设用地面积 Area of Approved Construction-use Land	农用地转用 Conversion of Agricultural Land	耕地 Cultivated Land
	2020	**420631.33**	**295479.71**	**167461.85**
	2021	**375464.72**	**282151.81**	**155234.43**
	2022	**459551.03**	**333538.36**	**164607.61**
北 京	Beijing	1633.62	825.42	377.56
天 津	Tianjin	844.28	596.35	222.28
河 北	Hebei	10432.71	7838.34	5378.59
山 西	Shanxi	12405.23	9125.65	5355.15
内蒙古	Nei Mongol	31686.13	11981.80	3098.25
辽 宁	Liaoning	7148.81	6328.84	3138.62
吉 林	Jilin	7004.89	5883.11	4201.96
黑龙江	Heilongjiang	6135.03	5259.99	3486.02
上 海	Shanghai	3510.31	1708.88	1167.35
江 苏	Jiangsu	20679.74	14611.82	8417.05
浙 江	Zhejiang	20938.48	16474.79	8249.89
安 徽	Anhui	30745.47	24870.07	17515.50
福 建	Fujian	11123.18	7729.97	2552.78
江 西	Jiangxi	10947.92	9525.59	3122.82
山 东	Shandong	18387.19	13086.29	8589.04
河 南	Henan	34111.71	28859.21	22085.55
湖 北	Hubei	16521.72	14186.88	7158.75
湖 南	Hunan	9179.99	8519.53	2791.59
广 东	Guangdong	25046.33	21158.89	4691.30
广 西	Guangxi	39670.05	31146.54	11464.37
海 南	Hainan	2032.89	1803.50	335.17
重 庆	Chongqing	7010.44	6063.74	3275.26
四 川	Sichuan	26595.32	21767.11	13191.27
贵 州	Guizhou	13065.36	10900.30	4819.72
云 南	Yunnan	14901.09	12693.10	4795.01
西 藏	Xizang	6232.98	4956.03	543.47
陕 西	Shaanxi	8912.61	6765.67	3952.18
甘 肃	Gansu	12590.40	5519.97	4163.28
青 海	Qinghai	3771.70	2406.35	395.21
宁 夏	Ningxia	4843.67	3331.83	1531.74
新 疆	Xinjiang	41441.81	17612.81	4540.87

批准情况
Land Conversion

Unit：hm²

国务院批准用地 Land Approved by the State Council			省级政府批准用地 Land Approved by Provincial Government		
	农用地转用 Conversion of Agricultural Land			农用地转用 Conversion of Agricultural Land	
		耕地 Cultivated Land			耕地 Cultivated Land
190286.19	**141866.39**	**78403.53**	**230345.14**	**153613.32**	**89058.33**
143200.41	**117828.33**	**59863.91**	**232264.31**	**164323.48**	**95370.52**
211529.72	**153028.10**	**79112.94**	**248021.32**	**180510.26**	**85494.67**
460.10	295.90	115.93	1173.52	529.52	261.63
7.31	7.31	6.40	836.97	589.04	215.88
4011.74	3036.12	2187.01	6420.97	4802.22	3191.57
3382.53	2264.81	1177.12	9022.70	6860.84	4178.04
20035.02	3796.88	1297.97	11651.11	8184.92	1800.28
3753.22	3420.40	1784.00	3395.58	2908.44	1354.52
3067.17	2662.70	1826.90	3937.72	3220.41	2375.06
4179.06	3660.79	2457.24	1955.97	1599.20	1028.78
1085.71	563.42	374.27	2424.60	1145.46	793.08
7183.56	4919.63	3541.86	13496.19	9692.20	4875.19
7600.27	5580.10	3066.05	13338.20	10894.69	5183.84
13511.13	10677.61	7740.47	17234.33	14192.46	9775.03
4176.36	2069.61	658.50	6946.82	5660.36	1894.28
4000.31	3546.15	1188.01	6947.61	5979.44	1934.80
10471.43	8980.02	6341.66	7915.76	4106.27	2247.37
15367.80	13290.17	10337.02	18743.91	15569.04	11748.53
7717.13	6922.39	3488.52	8804.59	7264.49	3670.23
4507.62	4352.19	1489.74	4672.37	4167.33	1301.85
11097.49	9530.50	2498.38	13948.84	11628.40	2192.92
30919.13	23226.57	8785.54	8750.92	7919.96	2678.83
			2032.89	1803.50	335.17
4353.47	3743.51	2098.09	2656.97	2320.23	1177.17
12909.93	10323.38	6189.99	13685.39	11443.74	7001.28
4002.92	3391.59	1174.18	9062.44	7508.71	3645.54
6672.01	5443.57	1997.07	8229.07	7249.53	2797.94
5366.69	4239.70	484.39	866.29	716.33	59.08
2081.09	1837.84	1075.80	6831.52	4927.83	2876.38
5916.00	3688.28	3007.47	6674.40	1831.68	1155.82
1642.96	1460.99	190.13	2128.74	945.36	205.08
3076.18	2417.56	1348.21	1767.49	914.26	183.53
8974.39	3678.42	1185.01	32467.43	13934.39	3355.86

农用地转用

Approval of Agricultural

单位：公顷

地区	Region	城镇村建设用地面积 Area of Land for Construction in City, Town and Village				
			商服用地 Land for Commercial and Service Uses	工矿仓储用地 Land for Industry, Mining and Warehousing Uses	住宅用地 Land for Residential Use	公共管理与公共服务用地 Land Used for Public Management and Public Services
	2020	**206921.98**	**18751.96**	**76334.32**	**38182.00**	**45049.34**
	2021	**171730.94**	**11896.74**	**69771.65**	**28974.57**	**37962.30**
	2022	**200798.85**	**10562.84**	**92799.92**	**26170.92**	**41819.77**
北　京	Beijing	1173.52	41.79	263.12	272.04	265.90
天　津	Tianjin	801.70	19.66	312.88	165.23	173.99
河　北	Hebei	6018.28	241.74	2756.29	864.42	1263.71
山　西	Shanxi	7444.21	400.36	3275.02	693.53	1731.77
内蒙古	Nei Mongol	6222.25	142.79	3071.64	125.76	2580.26
辽　宁	Liaoning	2997.66	49.62	1458.37	690.47	310.37
吉　林	Jilin	3437.06	248.47	1749.04	252.88	726.18
黑龙江	Heilongjiang	1289.21	144.66	774.93	42.68	158.84
上　海	Shanghai	2071.14	154.72	530.12	503.68	241.74
江　苏	Jiangsu	9405.10	372.79	4340.25	1982.66	1703.71
浙　江	Zhejiang	12180.27	927.81	4448.31	3126.00	1535.04
安　徽	Anhui	16277.08	476.57	7986.12	2133.96	2693.52
福　建	Fujian	5884.32	204.74	2641.83	797.23	1017.21
江　西	Jiangxi	6452.11	245.80	2054.75	783.88	2126.73
山　东	Shandong	7067.17	233.51	3507.98	1482.25	1218.78
河　南	Henan	17093.08	664.01	7937.43	2087.21	4483.33
湖　北	Hubei	8344.60	608.70	4464.22	563.03	1297.17
湖　南	Hunan	4229.89	124.55	1721.41	367.17	1186.47
广　东	Guangdong	12429.22	1202.90	5454.56	1488.42	2273.35
广　西	Guangxi	7855.42	244.01	4808.02	393.17	1801.48
海　南	Hainan	1241.87	188.35	324.08	179.80	227.01
重　庆	Chongqing	1992.06	11.33	721.86	170.19	667.25
四　川	Sichuan	12384.74	1264.63	5742.06	1327.23	2052.05
贵　州	Guizhou	8378.02	415.21	3916.18	1081.07	2074.75
云　南	Yunnan	7799.77	581.84	3584.95	999.75	1741.32
西　藏	Xizang	456.13	28.79	44.70	119.42	231.57
陕　西	Shaanxi	6120.74	382.07	2655.01	942.04	1315.32
甘　肃	Gansu	4192.84	130.07	2288.29	423.96	639.66
青　海	Qinghai	421.43	68.53	17.15	59.38	234.84
宁　夏	Ningxia	1613.99	82.76	1095.53	16.38	343.04
新　疆	Xinjiang	17523.98	660.09	8853.83	2036.04	3503.44

批准情况 续表

Land Conversion Continued

Unit: hm²

交通运输用地 Land Used for Transport	单独选址建设用地面积 Area of Land for Construction at Separated Selected Sites			
		交通运输用地 Land Used for Transport	水利设施用地 Land Used for Water and Conservancy Facilities	能源用地 Land Used for Energy Project
20354.51	**213709.35**	**148542.82**	**24718.35**	**30634.57**
18688.95	**203733.78**	**116054.58**	**24834.54**	**47952.26**
24911.78	**258752.18**	**201837.21**	**18825.92**	**22173.75**
249.86	460.10	269.87		
123.70	42.58	31.77	0.82	10.00
868.37	4414.43	3474.29	489.76	275.14
981.55	4961.01	3516.93		507.10
301.80	25463.87	11847.39	102.82	11591.63
321.73	4151.14	3701.27		163.02
430.08	3567.84	3117.94	95.02	261.44
163.10	4845.81	3117.47	93.00	1459.50
197.65	1439.17	776.04	134.76	2.14
771.13	11274.65	9363.67	766.06	86.65
1616.87	8758.21	7267.42	1137.30	169.15
2825.85	14468.38	11075.49	2894.44	202.81
1134.82	5238.86	1910.12	2337.82	38.70
1165.20	4495.81	4045.20	123.26	257.54
456.42	11320.03	10182.07	691.28	289.80
1425.43	17018.63	15480.12	370.49	586.68
1271.72	8177.12	7845.25		277.92
778.14	4950.10	4620.54	31.07	119.70
1699.00	12617.11	12156.41	149.93	167.86
527.61	31814.63	26635.22	4799.34	100.15
276.43	791.02	591.21	4.24	
299.77	5013.38	4303.40	550.08	28.18
1893.91	14210.58	10161.26	3191.54	350.58
714.88	4687.34	4099.21	201.72	240.41
803.70	7101.32	5992.38	17.70	233.54
29.22	5776.85	5774.94		
687.24	2791.87	1900.83	385.07	214.94
648.99	8397.56	6451.32	12.46	1438.25
41.52	3350.27	2601.43	92.91	278.45
61.60	3229.68	2912.80		289.82
2144.49	23917.83	16613.96	153.03	2532.86

海域使用出让情况
Granting of Sea Area

指　标	Indicator	合计 Total	辽宁 Liaoning	河北 Hebei	天津 Tianjin	山东 Shandong
海域使用情况	**Sea Area Use**					
新增项目个数/个	Number of New Project/unit	1648	293	42	24	281
其中：填海造地	Among: Reclamation	160	2	19	16	10
新增宗海数量/宗	Number of Newly Added Sea Area/plot	1840	297	49	26	291
其中：填海造地	Among: Reclamation	203	3	19	17	10
新增用海面积/公顷	Newly Added Sea Area/hm^2	194488.00	81749.39	3181.62	216.55	38662.98
项目投资金额/万元	Project Investment/10^{4}yuan	132607358.58	2838028.89	2987749.29	1925399.82	16350995.45
海域使用审批情况	**Approval of Sea Area Use**					
新增项目个数/个	Number of New Project/unit	1287	208	29	24	212
其中：填海造地	Among: Reclamation	118	2	9	16	10
新增宗海数量/宗	Number of Newly Added Sea Area/plot	1468	212	30	26	222
其中：填海造地	Among: Reclamation	161	3	9	17	10
新增用海面积/公顷	Newly Added Sea Area/hm^2	137927.41	58007.37	2266.54	216.55	22276.29
项目投资金额/万元	Project Investment/10^{4}yuan	116367060.91	2830365.89	1942553.54	1925399.82	8635542.10
海域使用市场化出让情况	**Market-based Transfer of Sea Area Use**					
海域使用权招标	Bidding of Sea Area Use Right					
新增项目个数/个	Number of New Project/unit	2		1		1
新增宗海数量/宗	Number of Newly Added Sea Area/plot	2		1		1
新增用海面积/公顷	Newly Added Sea Area/hm^2	402.39		304.28		98.11
成交价/万元	Transaction Price/10^{4}yuan	84.86		29.67		55.19
海域使用权拍卖	Auction of Sea Area Use Right					
新增项目个数/个	Number of New Project/unit	168	67			27
新增宗海数量/宗	Number of Newly Added Sea Area/plot	168	67			27
新增用海面积/公顷	Newly Added Sea Area/hm^2	28453.94	19286.82			4176.97
成交价/万元	Transaction Price/10^{4}yuan	68242.78	33697.95			1820.12
海域使用权挂牌	Listing of Sea Area Use Right					
新增项目个数/个	Number of New Project/unit	191	18	12		41
新增宗海数量/宗	Number of Newly Added Sea Area/plot	202	18	18		41
新增用海面积/公顷	Newly Added Sea Area/hm^2	27704.27	4455.20	610.80		12111.60
成交价/万元	Transaction Price/10^{4}yuan	363927.14	563.77	30640.65		14789.65

——按地区分列（2022年）

Use by Region （2022）

江苏 Jiangsu	上海 Shanghai	浙江 Zhejiang	福建 Fujian	广东 Guangdong	广西 Guangxi	海南 Hainan	上述省（自治区、直辖市）外 Excluding the Provinces (Autonomous Regions, Municipalities) above
158	8	233	153	191	102	121	37
19		73	6	1			14
166	12	267	170	214	105	125	118
19		91	6	1			37
23985.92	556.80	5880.52	10642.01	11116.99	4830.42	1693.64	11971.16
3650170.56	1328115.79	17759157.48	3248205.31	29010187.03	11054679.16	718269.29	41736400.50
155	8	171	124	188	28	103	37
19		45	2	1			14
163	12	199	141	211	29	105	118
19		63	2	1			37
22821.53	556.80	3404.29	3782.87	10064.99	1332.11	1226.92	11971.16
3550155.56	1328115.79	14176816.11	2972805.31	28648851.68	7964511.21	555543.40	41736400.50
3		3	1		67		
3		3	1		67		
1164.39		66.76	583.03		3175.96		
45.41		7234.14	16429.05		9016.10		
		64	28	3	7	13	
		65	28	3	9	20	
		2409.48	6276.11	1052.00	322.35	466.72	
		90080.82	45078.37	168822.58	6754.15	7197.15	

海域使用出让情况——按海域使用
Granting of Sea Area Use by Type of

指 标	Indicator	海域使用类型 Type of Sea Area Use				
		合计 Total	渔业用海 Fishery Sea	工业用海 Industrial Sea	交通运输用海 Sea for Transportation	旅游娱乐用海 Sea for Tourism and Entertainment
海域使用情况	**Sea Area Use**					
新增项目个数/个	Number of New Project/unit	1648	965	177	280	46
其中：填海造地	Among: Reclamation	160		82	58	
新增宗海数量/宗	Number of Newly Added Sea Area/plot	1840	977	231	366	60
其中：填海造地	Among: Reclamation	203		102	75	
新增用海面积/公顷	Newly Added Sea Area/hm^2	194488.00	160432.35	14364.25	13041.07	1325.57
项目投资金额/万元	Project Investment/10^{4}yuan	132607358.58	11237810.24	59154552.24	56089559.55	333383.85
海域使用审批情况	**Approval of Sea Area Use**					
新增项目个数/个	Number of New Project/unit	1287	693	131	253	36
其中：填海造地	Among: Reclamation	118		48	52	
新增宗海数量/宗	Number of Newly Added Sea Area/plot	1468	705	184	335	44
其中：填海造地	Among: Reclamation	161		68	69	
新增用海面积/公顷	Newly Added Sea Area/hm^2	137927.41	106692.20	12225.88	12700.25	1249.72
项目投资金额/万元	Project Investment/10^{4}yuan	116367060.91	3473269.90	55336002.01	51853364.60	270566.96
海域使用市场化出让情况	**Market-based Transfer of Sea Area Use**					
海域使用权招标	Bidding of Sea Area Use Right					
新增项目个数/个	Number of New Project/unit	2	2			
新增宗海数量/宗	Number of Newly Added Sea Area/plot	2	2			
新增用海面积/公顷	Newly Added Sea Area/hm^2	402.39	402.39			
成交价/万元	Transaction Price/10^{4}yuan	84.86	84.86			
海域使用权拍卖	Auction of Sea Area Use Right					
新增项目个数/个	Number of New Project/unit	168	164	3	1	
新增宗海数量/宗	Number of Newly Added Sea Area/plot	168	164	3	1	
新增用海面积/公顷	Newly Added Sea Area/hm^2	28453.94	27804.15	629.39	20.40	
成交价/万元	Transaction Price/10^{4}yuan	68242.78	44579.59	21438.49	2224.70	
海域使用权挂牌	Listing of Sea Area Use Right					
新增项目个数/个	Number of New Project/unit	191	106	43	26	10
新增宗海数量/宗	Number of Newly Added Sea Area/plot	202	106	44	30	16
新增用海面积/公顷	Newly Added Sea Area/hm^2	27704.27	25533.61	1508.98	320.42	75.85
成交价/万元	Transaction Price/10^{4}yuan	363927.14	28337.45	195850.48	25751.77	5443.75

类型和海域使用方式分列（2022年）

Sea Area Use and Way of Sea Area Use（2022）

海底工程用海 Sea for Submarine Engineering	排污倾倒用海 Sea for Sewage Dumping	造地工程用海 Sea for Land Engineering	特殊用海 Sea for Special Use	其他用海 Sea for Other Uses	海域使用方式 Way of Sea Area Use 合计 Total	填海造地 Reclamation	构筑物 Structures	围海 Enclosing Sea	开放式 Using Sea Area with Open Water	其他方式 Others
32	10	12	72	54						
		12	7	1						
34	10	12	89	61						
		12	13	1						
591.20	484.40	145.93	1729.35	2373.89	194488.00	4498.10	5356.21	4652.03	169340.57	10641.09
295029.45	170031.57	417934.32	2951719.24	959338.11						
30	10	10	72	52						
		10	7	1						
32	10	10	89	59						
		10	13	1						
573.41	484.40	128.44	1729.35	2143.76	137927.41	3909.63	4798.20	4490.72	115548.24	9180.61
1246144.50	170031.57	331692.58	2951719.24	734269.54						
					402.39				402.39	
					28453.94	66.76			27804.15	583.03
2		2		2						
2		2		2						
[illegible]7.79		17.49		230.13	27704.27	521.71	558.01	161.31	25585.78	877.45
385.80		15737.49		92419.40						

围填海项目批准情况

Approval of Sea

指　标	Indicator	合计 Total	辽宁 Liaoning	河北 Hebei	天津 Tianjin	山东 Shandong
涉及新增围填海造地但不涉及利用历史遗留围填海项目情况	**Involved in New Reclamation Projects but Not Involving the Use of Historical Reclamation Projects**					
宗海数量/个	Number of Sea Plot/number	11				
新增填海造地批准面积/公顷	Newly Approved Area for Land Reclamation/hm^2	1301.69				
涉及项目的投资额度/万元	Investment Amount Involved in the Project/10^4 yuan	1479536.00				
涉及项目的预期新增就业岗位/个	Expected New Employment Opportunities Related to the Project/number					
涉及项目的预期产值/万元	Expected Output Value of the Project/10^4 yuan					
既涉及新增围填海造地又涉及利用历史遗留围填海项目情况	**Involved both the Addition of Reclamation Projects and the Utilization of Historical Reclamation Projects**					
宗海数量/个	Number of Sea Plot/number					
新增填海造地批准面积/公顷	Newly Approved Area for Land Reclamation/hm^2					
利用历史遗留围填海面积/公顷	Utilize Historical Legacy Land Reclamation Area/hm^2					
涉及项目的投资额度/万元	Investment Amount Involved in the Project/10^4 yuan					
涉及项目的预期新增就业岗位/个	Expected New Employment Opportunities Related to the Project/number					
涉及项目的预期产值/万元	Expected Output Value of the Project/10^4 yuan					
涉及利用历史遗留围填海但不涉及新增围填海造地项目情况	**Involving the Use of Historical Reclamation Projects but Not Involving New Land Reclamation Projects**					
宗海数量/个	Number of Sea Plot/number	192	5	23	30	11
新增填海造地批准面积/公顷	Newly Approved Area for Land Reclamation/hm^2	3196.42	92.77	1147.51	255.78	176.66

——按地区分列（2022年）

Reclamation by Region（2022）

江苏 Jiangsu	上海 Shanghai	浙江 Zhejiang	福建 Fujian	广东 Guangdong	广西 Guangxi	海南 Hainan	上述省（自治区、直辖市）外 Excluding the Provinces (Autonomous Regions, Municipalities) above
1		8		2			
35.13		1020.72		245.79			
650000.00		3.00		829533.00			
19		92	6	5			1
267.93		1019.39	151.69	84.33			0.35

围填海项目批准情况
Approval of Sea Reclamation

指　标	Indicator	合计 Total	渔业用海 Fishery Sea	工业用海 Industrial Sea
涉及新增围填海造地但不涉及利用历史遗留围填海项目情况	**Involved in New Reclamation Projects but Not Involving the Use of Historical Reclamation Projects**			
宗海数量/个	Number of Sea Plot/number	11		2
新增填海造地批准面积/公顷	Newly Approved Area for Land Reclamation/hm^2	1301.69		245.79
涉及项目的投资额度/万元	Investment Amount Involved in the Project/10^4 yuan	1479536.00		829533.00
涉及项目的预期新增就业岗位/个	Expected New Employment Opportunities Related to the Project/number			
涉及项目的预期产值/万元	Expected Output Value of the Project/10^4 yuan			
既涉及新增围填海造地又涉及利用历史遗留围填海项目情况	**Involved both the Addition of Reclamation Projects and the Utilization of Historical Reclamation Projects**			
宗海数量/个	Number of Sea Plot/number			
新增填海造地批准面积/公顷	Newly Approved Area for Land Reclamation/hm^2			
利用历史遗留围填海面积/公顷	Utilize Historical Legacy Land Reclamation Area/hm^2			
涉及项目的投资额度/万元	Investment Amount Involved in the Project/10^4 yuan			
涉及项目的预期新增就业岗位/个	Expected New Employment Opportunities Related to the Project/number			
涉及项目的预期产值/万元	Expected Output Value of the Project/10^4 yuan			
涉及利用历史遗留围填海但不涉及新增围填海造地项目情况	**Involving the Use of Historical Reclamation Projects but Not Involving New Land Reclamation Projects**			
宗海数量/个	Number of Sea Plot/number	192		100
新增填海造地批准面积/公顷	Newly Approved Area for Land Reclamation/hm^2	3196.42		2187.28

——按海域使用类型分列（2022年）

by Type of Sea Area Use（2022）

交通运输用海 Sea for Transportation	旅游娱乐用海 Sea for Tourism and Entertainment	海底工程用海 Sea for Submarine Engineering	排污倾倒用海 Sea for Sewage Dumping	造地工程用海 Sea for Land Engineering	特殊用海 Sea for Special Use	其他用海 Sea for Other Uses
9						
1055.90						
650003.00						
66				12	13	1
752.53				145.93	86.67	24.01

主要统计指标解释

占用耕地面积 指非农建设经批准占用的耕地面积。

补充耕地面积 指非农建设经批准占用耕地，由占用耕地的单位负责开垦的耕地面积。

补充水田面积 指非农建设经批准占用耕地，由占用耕地的单位负责开垦的水田面积。

批准建设用地面积 指省级以上政府（包括省级人民政府授权设区的市、自治州人民政府）依法批准的建设用地面积。

土地征收 指国家基于公共利益的需要，将农民集体所有的土地收归国有，并对被征收人给予合理补偿的行为。

土地征收面积 指经国务院和省级政府自然资源行政主管部门审查，报同级人民政府批准征收的土地面积。

国务院批准用地 指依法经自然资源部审查，报国务院批准的建设用地面积。

省级政府批准用地 指依法经省、自治区、直辖市人民政府自然资源主管部门审查，经同级人民政府批准的建设用地面积，省级人民政府授权设区的市、自治州人民政府批准的用地面积亦统计在内。

农用地转用 指批准用地面积中的农用地面积。

耕地 指批准用地面积中的耕地面积。

新增项目个数 指报告期内由国务院或有批准权的人民政府首次批准的海域使用项目数量，以用海批准时间为准。不包括由于海域使用权续期、转让、变更而重新审批的项目个数。

新增宗海数量 指报告期内由国务院或有批准权的人民政府首次批准的海域使用宗海数量，以用海批准时间为准。不包括由于海域使用权续期、转让、变更而重新批准的宗海数量。

新增用海面积 指报告期内由国务院或有批准权的人民政府首次批准的海域使用面积，以用海批准时间为准。不包括由于海域使用权续期、转让、变更而重新批准的宗海面积。

海域使用审批 指海域使用申请由政府批准后，由审批机关向海域使用申请者送达《海域使用权批准通知书》，并按规定为海域使用申请者办理用海手续的情况。

成交价 指报告期内海域使用权招标、拍卖、挂牌出让合同中的成交价，只统计海域使用金部分。

Explanatory Notes on Main Statistical Indicators

Area of Cultivated Land Requisitioned—the area of cultivated land occupied by non–agricultural construction.

Area of Supplementary Cultivated Land—the area of cultivated land reclaimed by the unit occupying the cultivated land approved for non–agricultural construction.

Area of Supplementary Paddy Field—the area of paddy field area reclaimed by the unit occupying the cultivated land approved for non–agricultural construction.

Area of Approved Construction-Use Land—the area of construction–use land approved according to law by governments at the provincial level and above (including governments of cities and autonomous prefectures authorized by provincial–level people' s government) .

Land Requisition—the act of nationalizing the land owned by farmer collectives based on the needs of public interests and paying reasonable land compensation to the land – requisitioned persons.

Area of Requisitioned Land—the area of requisitioned land examined by the State Council and natural resources administration departments of provincial–level governments and approved by the people' s governments at the same level.

Land Approved by the State Council—the area of construction–use land examined by the MNR and submitted to the State Council for approval according to law.

Land Approved by Provincial Government—the area of construction–use land examined by natural resources administration departments of the people' s governments of provinces, autonomous regions, and municipalities directly under the central government and approved by the people' s governments at the corresponding levels. It also includes the areas approved by people' s governments of cities and autonomous prefectures authorized by provincial–level governments.

Conversion of Agricultural Land—the area of agricultural land in the area of land approved.

Cultivated Land—the area of cultivated land in the area of land approved.

Number of New Project—the quantity of seas firstly approved by the State Council or the people' s government with the right of approval during the reporting period, which is subject to the time of approval. It does not include the quantity of seas re–approved due to renewal, transfer or change of the sea area use right.

Number of Newly Added Sea Area—the quantity of seas firstly approved by the State Council or the people's government with the right of approval during the reporting period, which is subject to the time of approval. It does not include the quantity of seas re–approved due to renewal, transfer or change of the sea area use right.

Newly Added Sea Area—the sea area first approved by the State Council or the people' s government with approval authority during the reporting period, based on the time of sea use approval, excluding sea area re approved due to renewal, transfer, or change of sea area use rights.

Approval of Sea Area Use—after the application for sea area use is approved by the government, the approval authority serves the "Notice of Approval for Sea Area Use Rights" to the sea area use applicant, and handles the sea use procedures for the sea area use applicant in accordance with regulations.

Transaction Price—the transaction price in the bidding, auction, and listing contracts for the use of sea areas during the reporting period, and only the portion of sea area use fees is included in the statistics.

四、地质海洋灾害及生态修复

Chapter 4　Geological, Marine Disasters and Ecological Restoration

地质灾害

Situation of

地　区	Region	发生地质灾害数量/处 Quantity of Geohazard/place	地质灾害类型/处 Type of Geohazard/place			
			崩塌 Avalanche	滑坡 Landslide	泥石流 Mudflow	地面塌陷 Ground Collapse
总　计	**Total**	**5659**	**1366**	**3919**	**202**	**153**
北　京	Beijing	12	12			
天　津	Tianjin					
河　北	Hebei	5	2			3
山　西	Shanxi	1		1		
内蒙古	Nei Mongol	2		2		
辽　宁	Liaoning	4	1		2	1
吉　林	Jilin	56	44	1	10	1
黑龙江	Heilongjiang					
上　海	Shanghai					
江　苏	Jiangsu					
浙　江	Zhejiang	120	26	86	8	
安　徽	Anhui	54	39	13	1	1
福　建	Fujian	202	123	76	2	1
江　西	Jiangxi	435	65	356	2	12
山　东	Shandong	1	1			
河　南	Henan	7	5	2		
湖　北	Hubei	22	7	15		
湖　南	Hunan	2884	247	2561	34	25
广　东	Guangdong	352	133	203	8	7
广　西	Guangxi	816	482	262	5	67
海　南	Hainan	5	3	2		
重　庆	Chongqing	128	37	61	4	26
四　川	Sichuan	148	35	54	58	1
贵　州	Guizhou	21	5	15	1	
云　南	Yunnan	95	13	66	13	3
西　藏	Xizang	31	8	10	13	
陕　西	Shaanxi	25	12	13		
甘　肃	Gansu	65	9	53	3	
青　海	Qinghai	143	51	62	25	4
宁　夏	Ningxia	3	1	2		
新　疆	Xinjiang	22	5	3	13	1

灾情（2022年）

Geohazards（2022）

地质灾害规模/处 Scale of Geohazard/place				造成伤亡人数/人 Casualties/person				造成直接经济损失/万元 Direct Economic Loss/10^4 yuan
特大型 Oversize	大型 Large	中型 Medium	小型 Small		死亡 Death	失踪 Missing	受伤 Injury	
13	**22**	**156**	**5468**	**140**	**90**	**16**	**34**	**150280.73**
		1	11					140.61
			5					11.60
			1					90.00
			2					4.00
			4					23.00
			56					170.40
	1	5	114	2	2			2302.70
			54					260.48
	2	7	193	16	13		3	3434.80
		2	433	13	10		3	1776.50
			1					0.20
		1	6					190.00
			22	2	2			417.80
1		45	2838	13	12	1		34163.67
2	8	25	317	11	7	1	3	16260.51
	1	9	806	25	12		13	5365.51
			5					64.10
1		3	124	8	3	3	2	4137.14
2	2	16	128	1			1	9262.23
2		11	8	3	1	2		6212.20
1	5	11	78	24	12	9	3	10941.33
		3	28	6	4		2	786.86
		3	22	4	4			950.20
1		11	53					9102.80
3	3	2	135	12	8		4	43541.19
			3					92.50
		1	21					578.40

地质灾害防治

Geohazards Prevention

地 区	Region	成功避让地质灾害/处 Geohazard Avoided Successfully/place
总 计	**Total**	**321**
北 京	Beijing	1
天 津	Tianjin	
河 北	Hebei	
山 西	Shanxi	1
内蒙古	Nei Mongol	
辽 宁	Liaoning	4
吉 林	Jilin	1
黑龙江	Heilongjiang	
上 海	Shanghai	
江 苏	Jiangsu	
浙 江	Zhejiang	11
安 徽	Anhui	1
福 建	Fujian	1
江 西	Jiangxi	25
山 东	Shandong	
河 南	Henan	
湖 北	Hubei	7
湖 南	Hunan	149
广 东	Guangdong	23
广 西	Guangxi	21
海 南	Hainan	
重 庆	Chongqing	8
四 川	Sichuan	17
贵 州	Guizhou	14
云 南	Yunnan	10
西 藏	Xizang	3
陕 西	Shaanxi	8
甘 肃	Gansu	13
青 海	Qinghai	1
宁 夏	Ningxia	
新 疆	Xinjiang	2

情况（2022年）
and Control （2022）

地质灾害预报预警 Prediction and Early-warning of Geohazard	
涉及可能伤亡人员/人 Involving Potential Casualties/person	避免直接经济损失/万元 Direct Economic Loss Avoided/10^4 yuan
7226	**59925.00**
8	30.00
50	485.00
3	5.00
1	4.00
184	56.00
6	15.00
	2.00
155	56.00
76	340.00
1631	15859.00
580	2587.00
676	2866.00
60	681.00
172	2232.00
1022	6690.00
560	2450.00
87	1010.00
71	635.00
1788	23472.00
92	450.00
4	

海洋灾害损失情况（2022年）
Marine Disasters Losses（2022）

地 区	Region	发生次数/次 Number of Marine Disaster/time	因灾死亡人口/人 Disaster-related Death Toll/person	因灾失踪人口/人 Disaster-related Missing People/person	受损海堤、护岸 Damaged Seawall and Revetment		直接经济损失/万元 Direct Economic Loss/10^4 yuan
					数量/处 Quantity/unit	长度/千米 Length/km	
合 计	**Total**	**12**	**4**	**5**	**76**	**53.21**	**241154.72**
辽 宁	Liaoning						
河 北	Hebei						
天 津	Tianjin						
山 东	Shandong	3			6	33.47	119973.06
江 苏	Jiangsu	3		3	1	1.12	10661.10
上 海	Shanghai	1					73.68
浙 江	Zhejiang	2			23	3.37	28063.79
福 建	Fujian	4	4	2			1417.22
广 东	Guangdong	2			6	2.12	76482.53
广 西	Guangxi	3			40	13.13	4483.34
海 南	Hainan						

注：跨省灾害过程分别计入各省（自治区、直辖市）数据，在全国总数中已合并。

Note: The provincial data of trans-provincial disaster processes are recorded separately and merged into the national total.

沿海地区海平面变化情况（2022年）

Changes in Sea Level in Coastal Areas（2022）

地 区	Region	海平面较上年变化/毫米 Change in Sea Level Compared to the Previous Year/mm
天 津	Tianjin	−6
河 北	Hebei	5
辽 宁	Liaoning	−7
上 海	Shanghai	−15
江 苏	Jiangsu	−3
浙 江	Zhejiang	−11
福 建	Fujian	21
山 东	Shandong	−4
广 东	Guangdong	51
广 西	Guangxi	28
海 南	Hainan	43

矿山生态修复
Restoration of

地区	Region	采矿损毁土地情况 Mining Damage to Land		矿山生态修复土地情况 Mine Ecological Restoration Land		
		现存采矿损毁土地面积/公顷 Existing Area of Land Damaged by Mining/ hm^2	新增采矿损毁土地面积/公顷 Area of Newly Added Land Damaged by Mining/hm^2	新增矿山生态修复土地面积/公顷 Newly Added Mine Ecological Restoration Land Area/hm^2	新增历史遗留矿山生态修复土地面积/公顷 Area of Newly Added Land for Ecological Restoration of Historical Mine/hm^2	合计 Total
总 计	**Total**	**872549.81**	**105370.21**	**123270.03**	**11794.06**	**4011975.30**
北 京	Beijing	710.40		556.61	144.90	5003.07
天 津	Tianjin	1509.96		33.50		984.70
河 北	Hebei	51877.03	395.49	6536.53	180.42	75270.90
山 西	Shanxi	92614.69	15456.61	14139.34	1924.09	380318.35
内蒙古	Nei Mongol	134106.79	20733.33	29626.55	261.86	823666.48
辽 宁	Liaoning	56060.62	1083.16	2463.47	996.20	125142.63
吉 林	Jilin	17210.16	633.98	437.21		11360.87
黑龙江	Heilongjiang	56871.31	2014.02	1617.11	112.09	43816.47
上 海	Shanghai	2.21		22.07	10.35	79.51
江 苏	Jiangsu	13007.94	2206.65	3422.52	936.15	110115.01
浙 江	Zhejiang	5842.16	1780.00	1498.49	712.07	173550.41
安 徽	Anhui	59269.07	1663.40	3323.60	461.92	148962.23
福 建	Fujian	15122.38	828.68	1024.85	137.29	46954.98
江 西	Jiangxi	17489.92	1023.68	2836.51	126.95	145241.42
山 东	Shandong	41025.52	3009.36	7785.93	744.77	206746.35
河 南	Henan	25393.84	2615.27	3212.97	183.22	145879.41
湖 北	Hubei	9044.33	1867.22	1472.09	68.88	106091.76
湖 南	Hunan	17038.60	1809.59	3724.10	1446.43	82297.04
广 东	Guangdong	24804.89	5188.97	1201.97	274.31	51492.06
广 西	Guangxi	35172.21	1556.00	1473.44		77019.93
海 南	Hainan	926.45	214.22	638.71	1.05	30037.97
重 庆	Chongqing	9276.12	467.58	1385.35	672.47	46522.95
四 川	Sichuan	13342.89	1589.25	1402.58	7.13	69361.67
贵 州	Guizhou	8551.07	1765.85	1224.43	191.56	60118.52
云 南	Yunnan	36665.60	3002.54	2657.79	620.93	101832.75
西 藏	Xizang	2908.27	195.97	598.53		33295.85
陕 西	Shaanxi	28608.51	21314.58	13171.31	138.66	705524.20
甘 肃	Gansu	17008.90	969.44	2171.25	231.13	79644.11
青 海	Qinghai	4434.78	649.46	1326.31	501.82	29368.81
宁 夏	Ningxia	13949.60	863.02	4077.18	386.68	31134.21
新 疆	Xinjiang	62703.59	10472.89	8207.73	320.73	65140.68

情况（2022年）

Mine Ecology（2022）

投入矿山生态修复资金情况 Fund Invested for Mine Ecological Restoration				矿山地质环境治理恢复基金使用情况/万元 Utilization of Mine Geological Environment Management and Restoration Fund/10⁴ Yuan	
本年资金投入额/万元 Amount of Capital Invested This Year/10⁴ yuan				本年矿山地质环境治理恢复基金提取额 Amount Withdrawn from Mine Geological Environment Management and Restoration Fund This Year	本年矿山地质环境地质治理恢复基金使用额 Amount Used from Mine Geological Environment Management and Restoration Fund This Year
中央财政资金 Central Financial Fund	地方财政资金 Local Financial Fund	矿山企业资金 Capital from Mining Enterprise	其他社会资金 Other Social Fund		
200403.01	**720351.18**	**2952150.41**	**139070.70**	**4423366.86**	**1567642.54**
	5003.07				
		984.70			
	20464.28	39689.28	15117.34	52212.82	8357.71
23910.23	30563.13	325840.25	4.74	1424343.47	218042.20
	41190.65	778279.28	4196.55	1134081.07	778279.28
29611.75	25722.18	69646.06	162.64	12200.24	9956.99
2602.47	2127.85	6630.55		13979.13	2893.50
4487.70	31384.34	7894.43	50.00	3681.74	2353.24
79.51					
7880.43	76830.49	18640.36	6763.73	15802.46	8558.47
	97093.99	47532.59	28923.83	24743.96	4439.60
[illegible]725.51	57114.40	86883.40	238.92	69244.00	55707.03
5014.00	14378.95	27482.03	80.00	23033.98	13159.50
5677.95	35069.74	84724.14	16769.59	59147.48	27984.48
3979.27	67353.52	118450.86	16962.70	137462.27	42237.55
3332.70	14387.52	104496.96	23662.23	84884.68	54603.02
22539.14	59747.78	17285.63	6419.21	18758.75	2552.12
11157.66	19354.04	47877.33	3908.01	20701.02	12418.68
7491.76	18877.14	24586.16	537.00	9080.36	5097.93
1312.43	717.90	71791.57	3198.03	3017.73	3509.28
3660.00	5024.73	20553.24	800.00	7692.33	2281.64
	29314.13	16457.88	750.94	25312.34	6638.76
22127.46	4477.91	42678.30	78.00	24007.26	7680.81
8384.79	6806.34	44408.77	518.62	33764.99	22799.34
4036.76	11967.60	78355.49	7472.90	24330.25	12132.47
8545.83	1986.96	22752.06	11.00	10437.89	10173.54
	23317.64	682206.56		1050156.60	201965.84
8051.70	6565.57	63155.84	1871.00	37576.12	32946.44
61[illegible]0.88	2962.67	20265.26		8369.94	8286.52
2553.08	6318.80	22262.33		7976.66	7464.07
	4227.86	60339.10	573.72	87367.32	5122.13

沿海地区海洋生态修复情况（2022年）
Restoration of Marine Ecology in Coastal Areas（2022）

地区	Region	修复滨海湿地面积/公顷 Area of Restored Coastal Wetland/hm^2	修复海岸线长度/千米 Length of Restored Coastline/km	修复海岛个数/个 Quantity of Restored Island/number	投资金额/万元 Investment/10^4yuan			
					合计 Total	中央财政资金 Central Financial Fund	地方财政资金 Local Financial Fund	社会资金 Social Fund
总 计	**Total**	**14958.15**	**224.33**	**15**	**836016.88**	**404600.00**	**361509.93**	**69906.95**
天 津	Tianjin	78.15	6.70		61667.90	25000.00	9500.00	27167.90
河 北	Hebei	658.87	5.30		28150.00	25000.00	3150.00	
辽 宁	Liaoning	2002.00	8.47		63084.00	50000.00	13084.00	
上 海	Shanghai	109.10	10.70		30351.40	25000.00	5351.40	
江 苏	Jiangsu	1192.52	13.96		78435.11	50000.00	27209.00	1226.11
浙 江	Zhejiang	780.22	32.37	10	92272.02	29600.00	45489.02	17183.00
福 建	Fujian	656.17	11.64		22533.45		22333.95	199.50
山 东	Shandong	7128.76	57.10	1	175481.17	50000.00	119781.17	5700.00
广 东	Guangdong	390.22	23.16	1	90988.10	25000.00	65270.86	717.24
广 西	Guangxi	865.82	27.94	3	83641.63	75000.00	2641.63	6000.00
海 南	Hainan	1096.32	26.99		109412.10	50000.00	47698.90	11713.20

主要统计指标解释

地质灾害 包括自然因素或人为活动引发的危害人民生命和财产安全的山体崩塌、滑坡、泥石流、地面塌陷、地面沉降等与地质作用有关的灾害。地质灾害数量的计量单位统一用“处”，对于难以区分确切数量的同一次降雨（或其他因素）引发的群发性地质灾害归为1处灾害。地裂缝、地面沉降、海水入侵数量只统计报告期内发现的或报告期之前发现且报告期内继续发展的。

崩塌 指陡坡上大块的岩土体在重力作用下突然脱离母体崩落的物理地质现象。

滑坡 指斜坡上不稳定的岩土体在重力作用下沿一定软弱面（或滑动带）整体向下滑动的物理地质现象。

泥石流 指山地突然暴发的饱含大量泥沙、石块的特殊洪流。

地面塌陷 指地表岩土体在自然或人为因素作用下向下陷落，并在地面形成塌陷坑（洞）的一种动力地质现象。

造成伤亡人数 指因发生各类地质灾害造成的人员受伤、死亡和失踪情况。

失踪 指根据证据推断人员已经死亡，但是没有找到或确认死者的尸体。

造成直接经济损失 指用货币衡量的直接财产损失。

地质灾害预报预警 指报告期内通过群测群防、专业监测、气象预警等对地质灾害发生的地点、时间及其灾害影响范围、强度进行预报预警。

成功避让地质灾害 指报告期内根据预报预警信息而成功避让的地质灾害数。

涉及可能伤亡人员 指如不搬迁避让可能造成的伤亡人员。

避免直接经济损失 指报告期内根据预报预警信息，采取防范措施，避免的能够用货币衡量的地质灾害直接财产损失。要按照实际情况确定，以地质灾害实际影响范围测定，如倒塌房屋内居住人员或灾害现场活动人员等。

新增采矿损毁土地面积 指报告期内因矿山开发造成损毁的土地面积。

矿山地质环境治理恢复基金（简称治理恢复基金） 指报告期内用于矿山地质环境治理恢复工程支出及其他相关支出的专项资金。包括矿山地质灾害治理、地形地貌景观破坏治理、矿区地下含水层破坏治理和矿区土地复垦等。

本年矿山地质环境治理恢复基金提取额 指报告期内本行政辖区矿山企业提取矿山地质环境治理恢复基金的数额。

本年矿山地质环境治理恢复基金使用额 指报告期内本行政辖区矿山企业使用矿山地质环境治理恢复基金的数额。

修复滨海湿地面积 指本年度完成的退养还湿、退养还滩以及红树林、盐沼植被、海草床等滨海湿地生态修复面积。

修复海岸线长度 指本年度完成的海滩修复、海岸侵蚀防护、海堤生态化建设等长度。

修复海岛个数 指本年度完成的海岛生态修复个数，包括无居民海岛和有居民海岛。

投资金额 指本年度总投资金额，包括中央财政资金、地方财政资金和社会资金。

中央财政资金 指本年度财政部下达的中央财政奖补资金金额。

地方财政资金 指本年度地方财政投入金额。

社会资金 指本年度社会资金投入金额。

Explanatory Notes on Main Statistical Indicators

Geohazard—sudden geohazards such as mountain collapse, landslide, mudflow, ground collapse, and land subsidence caused by natural factors or human activities that endanger the safety of lives and property. "Place" is used as the unit of measurement of the quantity of geohazard, and the group-occurring geohazards induced by the same rain (or other factors), whose accurate quantity is difficult to determine, are considered as one place of hazard. For the quantities of ground cracks, land subsidence, and seawater invasion, only those that are discovered during or before the reporting period and continue to develop during the reporting period are calculated.

Avalanche—the physical-geological phenomenon that a large mass of soil or rock on steep slopes is suddenly divorced from its parent mass and falls under the force of gravity.

Landslide—the physical-geological phenomenon of en-masse downward slide of unstable soil and rock material on slopes along particular surfaces of weakness (or slide zones) under the force of gravity.

Mudflow—the sudden rush of flood torrents containing large amounts of mud and rock debris that suddenly moves downslope in mountains.

Ground Collapse—a dynamic geological phenomenon of downward collapse of surface rock and soil and formation of collapse pits (caves) at the ground surface under the action of natural or human factors.

Casualties—injury, death, and missing caused by various kinds of geohazard.

Missing—the case of a missing person who is inferred according to evidence to be dead but whose corpse has not been found or identified.

Direct Economic Loss—direct losses of properties, expressed as currency.

Prediction and Early-warning of Geohazard—the prediction and early-warning of the site and time of occurrence of a geohazard and its scope of influence and intensity through monitoring and control by the masses, professional monitoring, and meteorological early-warning of the geohazard during the reporting period.

Geohazard Avoided Successfully—the number of geohazard avoided successfully according to the information of prediction and early-warning during the reporting period.

Involving Potential Casualties—the number of injury and death caused possibly if the people do not move away and avoid the geohazard.

Direct Economic Loss Avoided—the direct economic loss of a geohazard to property avoided by taking precautionary measures according to the information provided by prediction and early-warning during the reporting period. The loss can be measured by currency. The measurement must be made according to the actual condition and the actual influence scope of the geohazard, e.g. inhabitants in collapsed houses.

Area of Newly Added Land Damaged by Mining—the area of land damaged due to mine development during the reporting period.

Mine Geological Environment Management and Restoration Fund （referred to as Management and Restoration Fund）—the special fund used for mine geological environment restoration projects and other related expenditure during the reporting period. It includes mine geological disaster treatment, topographic and geomorphic landscape damage treatment, underground aquifer damage treatment and mining land reclamation, etc.

Amount Withdrawn from Mine Geological Environment Management and Restoration Fund—the amount of fund withdrawn by mining enterprises under their jurisdiction for the restoration and treatment of mining environment during the reporting period.

Amount Used from Mine Geological Environment Management and Restoration Fund—the amount of fund used by mining enterprises under their jurisdiction for the restoration and treatment of mining environment during the reporting period.

Area of Restored Coastal Wetland—the ecological restoration area of coastal wetlands such as mangroves, salt marsh vegetation, and seagrass beds completed this year.

Length of Restored Coastline—the length of beach restoration, coastal erosion protection, and ecological construction of seawalls completed this year.

Quantity of Restored Island—the number of island ecological restoration completed this year, including uninhabited islands and inhabited islands.

Investment—the total investment amount for this year, including Central financial funds, Local financial funds, and social funds.

Central Financial Fund—the amount of central financial award and subsidy funds issued by the Ministry of Finance this year.

Local Financial Fund—the amount of local financial investment this year.

Social Fund—the amount of social capital investment this year.

五、测绘地理信息

Chapter 5 Surveying and Mapping and Geographic Information

测绘资质单位数量

Number and Total Service Value of Surveying

地 区	Region	合计 Total	
		单位数量/个 Number of Agency/number	服务总值/万元 Total Service Value/10^4 yuan
总 计	**Total**	**18500**	**15453844.29**
北 京	Beijing	615	2361953.85
天 津	Tianjin	240	318120.37
河 北	Hebei	992	473029.34
山 西	Shanxi	580	260711.87
内蒙古	Nei Mongol	546	191715.87
辽 宁	Liaoning	498	316527.17
吉 林	Jilin	432	148844.03
黑龙江	Heilongjiang	307	189822.46
上 海	Shanghai	244	542109.69
江 苏	Jiangsu	1286	942557.29
浙 江	Zhejiang	809	1073291.79
安 徽	Anhui	655	410501.62
福 建	Fujian	570	494283.04
江 西	Jiangxi	690	291366.03
山 东	Shandong	1030	740103.52
河 南	Henan	878	441855.34
湖 北	Hubei	942	1005713.41
湖 南	Hunan	622	478791.15
广 东	Guangdong	1201	1508520.12
广 西	Guangxi	701	369178.62
海 南	Hainan	256	86953.69
重 庆	Chongqing	338	313389.85
四 川	Sichuan	1466	832391.38
贵 州	Guizhou	482	250623.56
云 南	Yunnan	680	368234.20
西 藏	Xizang	51	24573.79
陕 西	Shaanxi	519	593432.90
甘 肃	Gansu	252	140075.34
青 海	Qinghai	130	86145.50
宁 夏	Ningxia	142	51638.99
新 疆	Xinjiang	346	147388.51

和服务总值（2022年）

and Mapping Qualification Agency（2022）

按测绘资质等级分 Grouped by Surveying and Mapping Qualification Grade			
甲级 Grade A		乙级 Grade B	
单位数量/个 Number of Agency/number	服务总值/万元 Total Service Value/10^4 yuan	单位数量/个 Number of Agency/number	服务总值/万元 Total Service Value/10^4 yuan
1852	**9597455.64**	**16648**	**5856388.65**
184	2085114.24	431	276839.61
38	250072.64	202	68047.73
90	265155.46	902	207873.38
32	108298.91	548	152412.96
38	62894.65	508	128821.22
45	214466.30	453	102060.87
41	69535.05	391	79308.98
38	111443.32	269	78379.14
51	334845.16	193	207264.53
126	588124.76	1160	354432.53
78	630235.17	731	443056.62
60	158068.70	595	252432.92
62	265335.78	508	228947.26
53	155455.31	637	135910.72
82	422713.44	948	317390.08
106	217696.10	772	224159.24
121	653609.35	821	352104.06
70	294224.83	552	184566.32
150	1056642.86	1051	451877.26
34	174285.95	667	194892.67
12	26486.16	244	60467.53
20	167099.21	318	146290.64
96	421183.23	1370	411203.15
21	88985.14	461	161638.42
44	173615.32	636	194618.88
4	6155.47	47	18418.32
71	384635.96	448	208796.94
35	79813.28	217	60262.06
19	46800.03	111	39345.47
7	18791.47	135	32847.52
24	65667.39	322	81721.12

测绘资质单位

Employees of Surveying and

地区	Region	测绘从业人员年末人数/人 Employee of Surveying and Mapping Qualification Agency at the End of the Year/person					测绘从业人员年平均人数/人 Annual Average Employee of Surveying and Mapping/person
			按资质等级分 Grouped by Qualification Grade		测绘作业证持证人数 Person with Surveying and Mapping Operation Certificate	年内录用应届毕业生 Employment of Fresh Graduates During the Year	
			甲级 Grade A	乙级 Grade B			
总 计	**Total**	**435314**	**191449**	**243865**	**168989**	**16138**	**423010**
北 京	Beijing	35758	27474	8284	6556	1645	34923
天 津	Tianjin	6641	3506	3135	3677	242	6599
河 北	Hebei	21702	8695	13007	5793	636	21223
山 西	Shanxi	11543	4241	7302	4003	338	11273
内蒙古	Nei Mongol	8696	2643	6053	3513	212	8364
辽 宁	Liaoning	9584	3833	5751	4839	262	9448
吉 林	Jilin	7156	2729	4427	3296	138	6924
黑龙江	Heilongjiang	7162	3568	3594	3104	149	7120
上 海	Shanghai	8688	4526	4162	2067	262	8447
江 苏	Jiangsu	26960	11536	15424	11026	1160	26054
浙 江	Zhejiang	20539	7492	13047	9005	877	19618
安 徽	Anhui	13815	5050	8765	6591	676	13442
福 建	Fujian	11746	5093	6653	5248	379	11381
江 西	Jiangxi	11198	4485	6713	4964	409	10588
山 东	Shandong	22855	8323	14532	10434	708	22269
河 南	Henan	19542	7310	12232	8860	470	19546
湖 北	Hubei	27402	14272	13130	6360	1251	26695
湖 南	Hunan	13506	5815	7691	6418	321	13045
广 东	Guangdong	35086	19390	15696	11554	1566	35173
广 西	Guangxi	13810	4522	9288	5944	458	13393
海 南	Hainan	3719	724	2995	1688	109	3550
重 庆	Chongqing	9251	3094	6157	3111	255	8958
四 川	Sichuan	28177	9314	18863	14646	974	27198
贵 州	Guizhou	8899	2277	6622	4478	351	8512
云 南	Yunnan	14650	4145	10505	6935	635	13762
西 藏	Xizang	1004	210	794	382	66	852
陕 西	Shaanxi	17633	9465	8168	6236	1070	17017
甘 肃	Gansu	6536	3369	3167	2589	201	6177
青 海	Qinghai	3419	1737	1682	1419	75	3082
宁 夏	Ningxia	2242	532	1710	1131	70	2177
新 疆	Xinjiang	6395	2079	4316	3122	173	6200

从业人员数量（2022年）
Mapping Qualification Agency（2022）

专业技术人员年末人数/人 Number of Professional and Technical Personnel at the End of the Year/person							技能人才/人 Skilled Personnel/person
	测绘专业技术人员 Surveying and Mapping Professional and Technical Personnel					测绘相关专业技术人员 Surveying and Mapping Related Professional and Technical Personnel	
		高级 Senior	中级 Intermediate	初级 Junior	其他 Others		
362298	**233989**	**35543**	**88373**	**87668**	**22405**	**128309**	**36692**
24532	14599	2540	4997	4980	2082	9933	2020
5627	3931	1026	1532	1212	161	1696	524
17519	10848	1561	4361	4343	583	6571	2742
9678	6456	767	2560	2491	638	3222	1661
8002	5197	660	2242	1897	398	2805	649
8106	5469	1070	2630	1449	320	2637	703
6551	4487	820	1649	1715	303	2064	542
6414	4405	1067	1527	1305	506	2009	521
6823	4092	716	1424	1513	439	2731	1212
23094	14898	2197	5398	5708	1595	8196	2808
16963	11862	1584	4600	4247	1431	5101	1160
11919	7543	1024	2779	3032	708	4376	1340
9981	6372	897	2562	2398	515	3609	673
9992	6562	920	2399	2727	516	3430	945
19070	12711	1837	5117	4894	863	6359	1165
17022	12010	1282	4181	5491	1056	5012	1492
21995	13418	2217	5123	4775	1303	8577	2616
11994	7914	1209	3172	2849	684	4080	1299
26644	15441	2142	5417	6188	1694	11203	2539
12353	7667	1049	3412	2492	714	4686	838
3219	2170	213	808	948	201	1049	256
7685	4563	985	1535	1608	435	3122	968
24290	16616	2101	5877	7194	1444	7674	2664
7647	5063	806	2032	1682	543	2584	696
12974	8221	1351	3066	2743	1061	4753	1043
824	514	55	160	221	78	310	102
14865	9755	1473	3259	3818	1205	5110	1707
5736	3827	620	1461	1439	307	1909	732
2986	2007	294	810	660	243	979	448
1995	1238	160	500	527	51	757	187
5798	4133	900	1783	1122	328	1665	435

航空摄影

Aerial Photography

单位：平方千米

地区	Region	合计 Total	数码航空摄影 Digital Aerial Photography				机载LiDAR Airborne LiDAR		
				0.2米以内（含） Higher 0.2 m (Inclusive)	0.2～0.5米（含） 0.2～0.5 m (Inclusive)	0.5米以上 Below 0.5 m		多于1点/米^2 More than 1 point/m^2	1点及以内/米^2 1 or Less point/m^2
合计	**Total**	**5074033.04**	**3004652.71**	**1736164.58**	**294269.96**	**993115.17**	**549693.39**	**244641.72**	**305051.67**
北京	Beijing	226484.28	109857.45	108609.93	1155.52	92.00	104752.13	94782.49	9969.64
天津	Tianjin	49491.06	46623.55	46427.84	156.11	39.60	2404.49	2404.49	
河北	Hebei	754997.96	6183.43	2988.90	852.61	2341.92	12974.00	4474.00	8500.00
山西	Shanxi	41253.20	37934.07	34411.98	2789.97	732.12	475.80	340.80	135.00
内蒙古	Nei Mongol	16698.75	14828.06	14582.44	245.62		404.23	404.23	
辽宁	Liaoning	49537.19	4170.20	3348.40	744.80	77.00	44754.50		44754.50
吉林	Jilin	24373.14	23474.09	23384.10	87.00	2.99	365.60	360.00	5.60
黑龙江	Heilongjiang	38838.67	16407.00	5941.64	10465.36		21845.94	399.64	21446.30
上海	Shanghai	55342.81	18793.49	18789.27	3.80	0.42	35276.04	1515.54	33760.50
江苏	Jiangsu	125798.68	115587.08	113108.50	611.58	1867.00	2651.70	2603.86	47.84
浙江	Zhejiang	236978.05	221157.81	212250.53	1092.80	7814.48	2527.50	2505.00	22.50
安徽	Anhui	54669.25	20664.48	19488.68	1175.80		32326.84	32326.84	
福建	Fujian	9718.37	8607.09	8257.90	168.61	180.58	378.50	378.50	
江西	Jiangxi	22457.23	11503.56	8008.52	2752.54	742.50	79.77	62.00	17.77
山东	Shandong	785960.46	196562.62	192505.32	1157.30	2900.00	72363.74	860.02	71503.72
河南	Henan	31696.47	24338.94	21280.56	2132.72	925.66	1521.01	1446.01	75.00
湖北	Hubei	586042.78	541216.23	431611.33	109086.24	518.66	25126.99	11363.68	13763.31
湖南	Hunan	117750.92	113344.61	7415.54	105899.07	30.00	411.40	377.50	33.90
广东	Guangdong	855650.33	843870.86	123591.85	1118.02	719160.99	3230.62	1527.14	1703.48
广西	Guangxi	211696.13	113315.89	112482.53	767.29	66.07	580.53	492.63	87.90
海南	Hainan	2056.38	535.92	479.72	56.20		554.93	554.93	
重庆	Chongqing	4431.71	3582.85	1632.36	1935.49	15.00	69.20	69.20	
四川	Sichuan	118688.62	41309.82	31831.63	8599.25	878.94	18925.86	18837.36	88.50
贵州	Guizhou	34352.16	34268.16	20061.23	5121.29	9085.64			
云南	Yunnan	93077.77	13007.29	12360.70	576.69	69.90	77738.36	1470.45	76267.91
西藏	Xizang	165.86	98.76	86.36	12.40				
陕西	Shaanxi	387624.31	337346.50	99216.01	12006.49	226124.00	39835.31	39800.31	35.00
甘肃	Gansu	13178.74	10672.23	9938.24	594.35	139.64	129.16	70.86	58.30
青海	Qinghai	18605.70	17122.99	646.49	16434.50	42.00	953.02	953.02	
宁夏	Ningxia	24382.76	24196.25	23913.91	198.14	84.20			
新疆	Xinjiang	62604.04	17518.17	17491.17	5.20	21.80	44160.22	21385.22	22775.00
新疆生产建设兵团	Xinjiang Production and Construction Corps	532.26	532.26	200.00	67.20	265.06			
国家基础地理信息中心	National Geomatics Center of China	18897.00	16021.00	9821.00	6200.00		2876.00	2876.00	

注：统计范围为县级及县级以上自然资源主管部门、新疆生产建设兵团自然资源局、国家基础地理信息中心和具有航空摄影资质的地理信息局和海南测绘地理信息局组织填报。

Note: The statistical scope includes the natural resources management departments at or above county level, the Natural Resources Bureau qualifications. Among them,the data of Shaanxi Province, Heilongjiang Province, Sichuan Province, and Hainan Province are filled out by the Shaanxi Surveying, Mapping and Geoinformation, and Hainan Administration of Surveying Mapping and Geoinformation, which are dispatched by the Ministry of

获取面积（2022年）

Acquisition Area (2022)

Unit：km²

机载SAR Airborne SAR				倾斜摄影 Oblique Photogrammetry				其他 Others			
	0.2米以内（含）Higher 0.2 m (Inclusive)	0.2～0.5米（含）0.2～0.5 m (Inclusive)	0.5米以上 Below 0.5 m		0.2米以内（含）Higher 0.2 m (Inclusive)	0.2～0.5米（含）0.2～0.5 m (Inclusive)	0.5米以上 Below 0.5 m		0.2米以内（含）Higher 0.2 m (Inclusive)	0.2～0.5米（含）0.2～0.5 m (Inclusive)	0.5米以上 Below 0.5 m
685.53	**685.53**	**200.00**	**0.00**	**1348603.96**	**1329715.80**	**15170.53**	**3717.63**	**170197.45**	**101122.51**	**12367.83**	**56707.11**
				7312.70	7071.66	209.20	31.84	4562.00	2.00		4560.00
				449.02	298.19	121.83	29.00	14.00	14.00		
				735457.94	735382.49	75.45	0.00	382.59	8.20	374.39	
				2706.63	2629.93	52.30	24.40	136.70	130.30	6.40	
				1015.89	716.15	117.23	182.51	450.57	273.52	20.00	157.05
				321.43	319.64	1.79		291.06	291.06		
				533.45	385.05	148.40					
				583.85	566.45	1.00	16.40	1.88	1.88		
				933.28	933.28			340.00	340.00		
				7528.63	6100.96	384.88	1042.79	31.27	28.87	2.40	
				13206.43	12529.93	668.50	8.00	86.31	15.31	70.00	1.00
15.00	15.00			1143.11	1103.42	39.69		519.82	289.82	230.00	
24.03	24.03			446.70	346.13	99.47	1.10	262.05	262.05		
				787.65	377.36	356.29	54.00	10086.25	86.25	10000.00	
				517026.50	515863.96	979.04	183.50	7.60	7.60		
58.50	58.50			3973.58	3387.45	440.13	146.00	1804.44	25.44	1349.00	430.00
				18691.45	17878.56	33.00	779.89	1008.11	978.11	21.00	9.00
				3572.93	3257.45	258.84	56.64	421.98	389.98	32.00	
				7363.43	6711.50	478.70	173.23	1185.42	1181.25		4.17
				2792.31	2584.08	193.53	14.70	95007.40	95007.40		
				689.63	653.63	25.00	6.00	275.90	275.90		
				688.93	492.95	188.43	7.55	90.73	90.73		
200.00		200.00		6324.46	4705.01	1613.25	6.20	51928.48	809.03	3.31	51116.14
				84.00	84.00						
				1894.64	1400.36	490.08	4.20	437.48	6.56	1.17	429.75
				67.10		67.10					
				10189.49	1461.63	8071.86	656.00	253.01	194.85	58.16	
588.00	588.00			1393.35	1159.03	55.54	178.78	396.00	396.00		
				529.69	429.79		99.90				
				186.51	186.51						
				709.25	694.25		15.00	216.40	16.40	200.00	

测绘资质单位，其中陕西省、黑龙江省、四川省、海南省由自然资源部派出机构陕西测绘地理信息局、黑龙江测绘地理信息局、四川测绘

Xinjiang Production and Construction Corps, National Geomatics Centers of China, and surveying and mapping qualified units with aerial photography Bureau of Surveying, Mapping and Geoinformation, Heilongjiang Bureau of Surveying and Mapping Geographic Information, Sichuan Bureau of Natural Resources.

卫星影像
Satellite Image

单位：平方千米

地 区	Region	合计 Total	全色影像 Panchromatic Image					
				0.5米以内（含） Higher 0.5 m (Inclusive)	0.5～1米（含） 0.5～1 m (Inclusive)	1～3米（含） 1～3 m (Inclusive)	3～10米（含） 3～10 m (Inclusive)	10米以上 Below 10 m
合 计	**Total**	**1735741127.97**	**1004966701.08**	**589852.19**	**174836650.14**	**829530303.42**	**6089.33**	**3806.00**
北 京	Beijing	196800.00						
天 津	Tianjin	84000.00	42000.00	42000.00				
河 北	Hebei	928900.00	915400.00		915400.00			
山 西	Shanxi	492477.57						
内蒙古	Nei Mongol	2012031.90	3418.40		3.40		3415.00	
辽 宁	Liaoning	28395.00	5000.00	5000.00				
吉 林	Jilin	29058.00						
黑龙江	Heilongjiang	881533.43						
上 海	Shanghai	32000.00						
江 苏	Jiangsu	137189.18	25079.18	5787.26	3765.60	15526.32		
浙 江	Zhejiang	255590.00	5820.00		5820.00			
安 徽	Anhui	278978.78	1838.78		1838.78			
福 建	Fujian	608777.80	6459.00	3600.00	2859.00			
江 西	Jiangxi	149694.85	90105.85	315.89	79914.00	9875.96		
山 东	Shandong	577104.03	392181.53	341261.12	10549.19	40371.22		
河 南	Henan	669021.95						
湖 北	Hubei	62466.00	52555.00	9383.00	33421.00	9751.00		
湖 南	Hunan	1728477.20	11128.20		5559.00	1763.20		3806.00
广 东	Guangdong	390271.51	11430.27	2747.47	8682.80			
广 西	Guangxi	2697227.03	2390.28	835.95			1554.33	
海 南	Hainan	66480.00						
重 庆	Chongqing	197375.43	1578.00			1578.00		
四 川	Sichuan	54046.89	1250.00			130.00	1120.00	
贵 州	Guizhou	2846845.87	15400.87	10723.50	4677.37			
云 南	Yunnan	901475.30	894220.30	60198.00	788000.00	46022.30		
西 藏	Xizang	41400.00						
陕 西	Shaanxi	233146.40	3912.00		380.00	3532.00		
甘 肃	Gansu	131431.20	99033.42			99033.42		
青 海	Qinghai	60000.00						
宁 夏	Ningxia	219600.00						
新 疆	Xinjiang	551693.10	108000.00	108000.00				
新疆生产建设兵团	Xinjiang Production and Construction Corps	2122.00						
自然资源部国土卫星遥感应用中心	Land Satellite Remote Sensing Application Center, MNR	1718195517.55	1002278500.00		172975780.00	829302720.00		

注：统计范围为县级及县级以上自然资源主管部门、新疆生产建设兵团自然资源局、自然资源部国土卫星遥感应用中心，其中陕西理信息局组织填报。

Note: The statistics scope includes the natural resources management departments at or above county level, the Natural Resources Bureau of them, the data of Shaanxi Province, Heilongjiang Province, Sichuan Province, and Hainan Province are filled out by the Shaanxi Bureau of Surveying, Geoinformation, and Hainan Administration of Surveying Mapping and Geoinformation, which are dispatched by the Ministry of Natural Resources.

获取面积（2022年）

Acquisition Area（2022）

Unit：km²

	多光谱影像 Multispectral Image				
	0.5米以内（含） Higher 0.5 m (Inclusive)	0.5～1米（含） 0.5～1 m (Inclusive)	1～3米（含） 1～3 m (Inclusive)	3～10米（含） 3～10 m (Inclusive)	10米以上 Below 10 m
495866010.14	**1974259.40**	**15334735.75**	**2947050.81**	**1785176.26**	**473824787.92**
196800.00		196800.00			
42000.00			42000.00		
13500.00		13500.00			
490559.00	111000.00	4559.00	375000.00		
2008613.50		809262.00	3851.50	1195500.00	
23395.00		12980.00	10415.00		
29058.00		29058.00			
866144.47		96655.11	367376.44		402112.92
32000.00		32000.00			
112110.00	108650.00	1162.00	2298.00		
249770.00	105900.00	143870.00			
277140.00	247140.00	30000.00			
265318.80	137943.00	127375.80			
53989.00		50774.00			3215.00
184781.70	11860.00	13920.00	159001.70		
669021.95		669021.95			
8569.00			8569.00		
871354.00	231334.00	638588.00	1432.00		
197718.24	187837.40	800.00		9080.84	
2594836.65	468019.00	344403.58	1882414.07		
66480.00	34257.00	32223.00			
195518.00	85618.00	82400.00		27500.00	
36526.00	496.00	35030.00			
1543089.00		1543089.00			
7255.00	7255.00				
41400.00		41400.00			
229234.40	8550.00	126684.40	94000.00		
32397.78	5500.00	26897.78			
60000.00	60000.00				
219600.00	54900.00	164700.00			
108693.10	108000.00		693.10		
484039137.55		10066582.13		553095.42	473419460.00

省、黑龙江省、四川省、海南省由自然资源部派出机构陕西测绘地理信息局、黑龙江测绘地理信息局、四川测绘地理信息局和海南测绘地

Xinjiang Production and Construction Corps, and the Land Satellite Remote Sensing Application Center of the Ministry of Natural Resources. Among Mapping and Geoinformation, Heilongjiang Bureau of Surveying and Mapping Geographic Information, Sichuan Bureau of Surveying, Mapping and

卫星影像
Satellite Image

单位：平方千米

地 区	Region		高光谱影像 Hyperspectral Image（HSI）					
			0.5米以内（含） Higher 0.5 m (Inclusive)	0.5～1米（含） 0.5～1 m (Inclusive)	1～3米（含） 1～3 m (Inclusive)	3～10米（含） 3～10 m (Inclusive)	10米以上 Below 10 m	
合 计	**Total**	**232218680.00**				**340800.00**	**231877880.00**	**2621688.96**
北 京	Beijing							
天 津	Tianjin							
河 北	Hebei							
山 西	Shanxi							
内蒙古	Nei Mongol							
辽 宁	Liaoning							
吉 林	Jilin							
黑龙江	Heilongjiang							15388.96
上 海	Shanghai							
江 苏	Jiangsu							
浙 江	Zhejiang							
安 徽	Anhui							
福 建	Fujian							337000.00
江 西	Jiangxi							5600.00
山 东	Shandong							
河 南	Henan							
湖 北	Hubei							
湖 南	Hunan	340800.00				340800.00		479800.00
广 东	Guangdong							179600.00
广 西	Guangxi							
海 南	Hainan							
重 庆	Chongqing							
四 川	Sichuan							
贵 州	Guizhou							1284300.00
云 南	Yunnan							
西 藏	Xizang							
陕 西	Shaanxi							
甘 肃	Gansu							
青 海	Qinghai							
宁 夏	Ningxia							
新 疆	Xinjiang							320000.00
自然资源部国土卫星遥感应用中心	Land Satellite Remote Sensing Application Center, MNR	231877880.00					231877880.00	

获取面积（2022年） 续表

Acquisition Area (2022) Continued

Unit: km²

雷达影像 Radar Image						其他 Other Images				
0.5米以内（含）Higher 0.5 m (Inclusive)	0.5～1米（含）0.5～1 m (Inclusive)	1～3米（含）1～3 m (Inclusive)	3～10米（含）3～10 m (Inclusive)	10米以上 Below 10 m		0.5米以内（含）Higher 0.5 m (Inclusive)	0.5～1米（含）0.5～1 m (Inclusive)	1～3米（含）1～3 m (Inclusive)	3～10米（含）3～10 m (Inclusive)	10米以上 Below 10 m
		2039700.00	**457988.96**	**124000.00**	**68047.79**	**26180.13**	**22141.80**	**12000.00**	**4987.00**	**2738.86**
					1918.57	850.00				1068.57
			15388.96							
		96000.00	117000.00	124000.00						
			5600.00							
					140.80	90.00	50.80			
					1342.00				1342.00	
		479800.00			25395.00	19647.00	5748.00			
		179600.00			1523.00				1523.00	
					0.10	0.10				
					279.43	279.43				
					16270.89	1257.60	1343.00	12000.00		1670.29
		1284300.00			4056.00	4056.00				
			320000.00		17122.00		15000.00			2122.00

地形图

Provision of

单位：张

单 位	Department	合计 Total
总 计	**Total**	**386246**
北京市规划和自然资源委员会	Beijing Municipal Commission of Planning and Natural Resources	639
天津市规划和自然资源局	Tianjin Municipal Bureau of Planning and Natural Resources	
河北省自然资源厅（海洋局）	Department of Natural Resources of Hebei Province(Ocean Bureau)	6031
山西省自然资源厅	Department of Natural Resources of Shanxi Province	2989
内蒙古自治区自然资源厅	Department of Natural Resources of Nei Mongol Autonomous Region	
辽宁省自然资源厅	Department of Natural Resources of Liaoning Province	86
吉林省自然资源厅	Department of Natural Resources of Jilin Province	195
黑龙江测绘地理信息局	Heilongjiang Bureau of Surveying and Mapping Geographic Information	918
上海市规划和自然资源局	Shanghai Municipal Bureau of Planning and Natural Resources	160539
江苏省自然资源厅	Department of Natural Resources of Jiangsu Province	36
浙江省自然资源厅	Department of Natural Resources of Zhejiang Province	19
安徽省自然资源厅	Department of Natural Resources of Anhui Province	600
福建省自然资源厅	Department of Natural Resources of Fujian Province	
江西省自然资源厅	Department of Natural Resources of Jiangxi Province	176
山东省自然资源厅（山东省林业局）	Department of Natural Resources of Shandong Province(Forestry Bureau of Shandong Province)	64246
河南省自然资源厅	Department of Natural Resources of Henan Province	453
湖北省自然资源厅	Department of Natural Resources of Hubei Province	12
湖南省自然资源厅	Department of Natural Resources of Hunan Province	130791
广东省自然资源厅	Department of Natural Resources of Guangdong Province	944
广西壮族自治区自然资源厅	Department of Natural Resources of Guangxi Zhuang Autonomous Region	
海南测绘地理信息局	Hainan Administration of Surveying Mapping and Geoinformation	
重庆市规划和自然资源局	Chongqing Municipal Bureau of Planning and Natural Resources	202
四川测绘地理信息局	Sichuan Bureau of Surveying, Mapping and Geoinformation	
贵州省自然资源厅	Department of Natural Resources of Guizhou Province	
云南省自然资源厅	Department of Natural Resources of Yunnan Province	4237
西藏自治区自然资源厅	Department of Natural Resources of Xizang Autonomous Region	2779
陕西测绘地理信息局	Shaanxi Bureau of Surveying, Mapping and Geoinformation	14
甘肃省自然资源厅	Department of Natural Resources of Gansu Province	4929
青海省自然资源厅	Department of Natural Resources of Qinghai Province	26
宁夏回族自治区自然资源厅	Department of Natural Resources of Ningxia Hui Autonomous Region	527
新疆维吾尔自治区自然资源厅	Department of Natural Resources of Xinjiang Uygur Autonomous Region	1527
新疆生产建设兵团自然资源局	Natural Resources Bureau of Xinjiang Production and Construction Corps	108
国家基础地理信息中心	National Geomatics Center of China	3223

提供情况（2022年）

Topographic Maps（2022）

Unit：sheet

1：10000	1：50000	其他比例尺 Other Scales
93377	**9650**	**283219**
		639
5800	231	
2821	168	
86		
	195	
720	198	
		160539
36		
19		
	600	
99	77	
48532	1407	14307
339	110	4
	12	
23106	891	106794
786	135	2[illegible]
106	60	36
3953	282	2
832	1220	727
14		
4441	482	6
	26	
475	52	
1176	351	
36	72	
	3081	142

数字成果

Provision of

单 位	Department	合计 Total							
		图幅/幅 Number of Sheet/sheet				数据量/GB Data Volume/GB			
			1：10000	1：50000	其他 Other Scales		1：10000	1：50000	其他 Other Scales
合 计	**Total**	**4821733**	**1388002**	**285676**	**3148055**	**765453.49**	**129695.63**	**319743.21**	**316014.65**
北京市规划和自然资源委员会	Beijing Municipal Commission of Planning and Natural Resources	2998	242		2756	21.14	0.47		20.67
天津市规划和自然资源局	Tianjin Municipal Bureau of Planning and Natural Resources	22862	581		22281	51.49	1.85		49.64
河北省自然资源厅（海洋局）	Department of Natural Resources of Hebei Province(Ocean Bureau)	83983	83486	497		10222.38	10164.21	58.17	
山西省自然资源厅	Department of Natural Resources of Shanxi Province	2989	2821	168		91.10	87.49	3.61	
内蒙古自治区自然资源厅	Department of Natural Resources of Nei Mongol Autonomous Region	100706	88605	12082	19	2117.44	2076.52	40.16	0.76
辽宁省自然资源厅	Department of Natural Resources of Liaoning Province	38217	36714	1503		287.66	283.51	4.15	
吉林省自然资源厅	Department of Natural Resources of Jilin Province	14819	12694	2092	33	3949.61	192.68	3755.40	1.53
黑龙江测绘地理信息局	Heilongjiang Bureau of Surveying and Mapping Geographic Information	56710	10389	6205	40116	3523.09	375.31	114.54	3033.24
上海市规划和自然资源局	Shanghai Municipal Bureau of Planning and Natural Resources	66531			66531	5687.36			5687.36
江苏省自然资源厅	Department of Natural Resources of Jiangsu Province	268901	16374	774	251753	21368.32	6957.53	137.18	14273.61
浙江省自然资源厅	Department of Natural Resources of Zhejiang Province	521472	90975	4058	426439	53642.94	2358.93	17878.22	33405.78
安徽省自然资源厅	Department of Natural Resources of Anhui Province	184530	157070	788	26672	24529.59	21463.55	15.43	3050.62
福建省自然资源厅	Department of Natural Resources of Fujian Province	33231	32895	229	107	2380.07	2375.58	4.05	0.43
江西省自然资源厅	Department of Natural Resources of Jiangxi Province	4049	3957	74	18	49.22	46.06	2.04	1.12
山东省自然资源厅（山东省林业局）	Department of Natural Resources of Shandong Province(Forestry Bureau of Shandong Province)	63752	48532	913	14307	10047.06	8950.72	8.29	1088.05
河南省自然资源厅	Department of Natural Resources of Henan Province	20104	18449	479	1176	944.92	910.07	3.33	31.52
湖北省自然资源厅	Department of Natural Resources of Hubei Province	117768	337	1	117430	6191.05	2.14	0.06	6188.85
湖南省自然资源厅	Department of Natural Resources of Hunan Province	735773	199511	3121	533141	90388.39	38091.71	225.33	52071.36
广东省自然资源厅	Department of Natural Resources of Guangdong Province	567546	158176	773	408597	93809.23	17864.90	9.47	75934.86
广西壮族自治区自然资源厅	Department of Natural Resources of Guangxi Zhuang Autonomous Region	1264883	53795	869	1210219	104333.03	1214.00	25.75	103093.28
海南测绘地理信息局	Hainan Administration of Surveying Mapping and Geoinformation	16454	15905	492	57	511.06	495.25	13.64	2.18
重庆市规划和自然资源局	Chongqing Municipal Bureau of Planning and Natural Resources	6220	997	77	5146	12.37	2.86	0.27	9.24
四川测绘地理信息局	Sichuan Bureau of Surveying, Mapping and Geoinformation	12747	12274	473		318.46	310.89	7.57	
贵州省自然资源厅	Department of Natural Resources of Guizhou Province	20954	20645	305	4	847.88	839.12	8.70	0.07
云南省自然资源厅	Department of Natural Resources of Yunnan Province	86856	79425	683	6748	3055.11	2861.94	10.36	182.80
西藏自治区自然资源厅	Department of Natural Resources of Xizang Autonomous Region	2487	838	922	727	66.12	41.46	16.68	7.97
陕西测绘地理信息局	Shaanxi Bureau of Surveying, Mapping and Geoinformation	43683	42062	1609	12	584.22	535.55	48.25	0.42
甘肃省自然资源厅	Department of Natural Resources of Gansu Province	46149	45627	468	54	3276.08	3261.78	13.97	0.32
青海省自然资源厅	Department of Natural Resources of Qinghai Province	54590	48842	4945	803	6410.75	4093.27	85.69	2231.79
宁夏回族自治区自然资源厅	Department of Natural Resources of Ningxia Hui Autonomous Region	9334	2256	170	6908	5946.37	49.10	0.39	5896.88
新疆维吾尔自治区自然资源厅	Department of Natural Resources of Xinjiang Uygur Autonomous Region	109547	103528	6003	16	5737.04	3787.19	92.70	1857.15
新疆生产建设兵团自然资源局	Natural Resources Bureau of Xinjiang Production and Construction Corps								
国家基础地理信息中心	National Geomatics Center of China	240888		234903	5985	305052.96		297159.80	7893.16

提供情况（2022年）

Digital Achievement（2022）

数字线划地图 Digital Line Graphic(DLG)							
图幅/幅 Number of Sheet/sheet				数据量/GB Data Volume/GB			
	1：10000	1：50000	其他 Other Scales		1：10000	1：50000	其他 Other Scales
775827	**501483**	**37650**	**236694**	**12859.33**	**6746.44**	**367.18**	**5745.71**
2659	242		2417	2.27	0.47		1.80
6210	581		5629	10.65	1.85		8.80
10186	9980	206		919.87	867.51	52.36	
2882	2714	168		56.62	53.01	3.61	
18901	13153	5729	19	103.84	81.89	21.20	0.76
15556	14790	766		236.25	233.74	2.51	
13145	12596	516	33	172.94	166.43	4.98	1.53
6194	5274	920		64.68	40.02	24.67	
35341			35341	46.18			46.18
2699	2324	373	2	73.95	71.02	2.90	0.03
144062	70140	149	73773	5717.37	320.36	0.29	5396.72
31528	31117	392	19	230.12	228.14	1.08	0.90
10422	10193	229		199.40	195.35	4.05	
3832	3741	73	18	46.84	44.20	1.52	1.12
22556	21717	839		104.95	101.93	3.03	
12486	10989	479	1018	113.92	86.31	3.33	24.29
338	337	1		2.20	2.14	0.06	
130791	23106	891	106794	178.01	83.84	15.75	78.42
48808	48225	579	4	495.05	489.95	5.07	0.04
42463	41611	800	52	372.87	339.75	21.39	11.74
7910	7708	196	6	51.91	50.04	1.59	0.28
6207	984	77	5146	12.35	2.83	0.27	9.24
3596	3404	192		194.40	191.78	2.62	
3795	3519	273	4	199.49	197.82	1.60	0.07
55334	49602	671	5061	1389.16	1248.87	7.69	132.60
			727				7.97
22430	20872	1546	12	273.12	228.86	43.84	0.42
10307	9869	384	54	361.42	356.59	4.50	0.32
11636	7926	3697	13	224.18	159.50	62.11	2.56
2592	2256	170	166	53.01	49.10	0.39	3.53
72952	71731	1181		848.71	833.01	15.70	
15617		15231	386	58.82		42.40	16.42

数字高程模型 Digital Elevation Model(DEM)							
图幅/幅 Number of Sheet/sheet				数据量/GB Data Volume/GB			
	1：10000	1：50000	其他 Other Scales		1：10000	1：50000	其他 Other Scales
544968	**374116**	**51365**	**119487**	**9577.68**	**8143.98**	**1131.81**	**301.88**
16168			16168	12.10			12.10
24314	24023	291		199.88	194.07	5.81	
41020	34667	6353		126.37	107.40	18.97	
9809	9269	540		50.43	48.80	1.63	
861		861		377.93		377.93	
9329	4044	5285		175.86	85.98	89.88	
1316	1255	61		116.97	115.95	1.02	
96197	1290	341	94566	1193.96	913.08	9.82	271.07
17889	17493	396		733.43	719.08	14.35	
16806	16806			123.86	123.36		
160	160			1.49	1.49		
12423	12355	68		334.40	334.19	0.21	
4806	4806			304.42	304.42		
58211	58105	102	4	1487.93	1485.87	1.98	0.08
48824	48641	183		1385.03	1380.67	4.35	
20410	12184	54	8172	884.06	874.25	0.31	9.50
7156	6809	296	51	245.13	231.13	12.05	1.90
6829	6768	61		45.64	45.39	0.25	
13481	13481			67.42	67.42		
17371	17371			510.55	510.55		
28	28			10.64	10.64		
19422	19369	53		134.69	134.51	0.18	
27265	27215	50		319.17	318.93	0.24	
21403	20276	1127		65.63	61.42	4.22	
72			72	0.10			0.10
22551	17729	4822		162.48	85.47	77.01	
30875		30421	454	518.76		511.62	7.14

数字成果

Provision of Digital

单 位	Department	数字栅格地图 Digital Raster Graphic(DRG)							
		图幅/幅 Number of Sheet/sheet				数据量/GB Data Volume/GB			
			1：10000	1：50000	其他 Other Scales		1：10000	1：50000	其他 Other Scales
合 计	**Total**	**6908**	**6657**	**246**	**5**	**1027.01**	**1021.76**	**5.13**	**0.12**
北京市规划和自然资源委员会	Beijing Municipal Commission of Planning and Natural Resources								
天津市规划和自然资源局	Tianjin Municipal Bureau of Planning and Natural Resources								
河北省自然资源厅（海洋局）	Department of Natural Resources of Hebei Province(Ocean Bureau)	184	184			7.74	7.74		
山西省自然资源厅	Department of Natural Resources of Shanxi Province								
内蒙古自治区自然资源厅	Department of Natural Resources of Nei Mongol Autonomous Region								
辽宁省自然资源厅	Department of Natural Resources of Liaoning Province								
吉林省自然资源厅	Department of Natural Resources of Jilin Province								
黑龙江测绘地理信息局	Heilongjiang Bureau of Surveying and Mapping Geographic Information								
上海市规划和自然资源局	Shanghai Municipal Bureau of Planning and Natural Resources								
江苏省自然资源厅	Department of Natural Resources of Jiangsu Province								
浙江省自然资源厅	Department of Natural Resources of Zhejiang Province								
安徽省自然资源厅	Department of Natural Resources of Anhui Province								
福建省自然资源厅	Department of Natural Resources of Fujian Province								
江西省自然资源厅	Department of Natural Resources of Jiangxi Province	54	54			0.31	0.31		
山东省自然资源厅（山东省林业局）	Department of Natural Resources of Shandong Province(Forestry Bureau of Shandong Province)								
河南省自然资源厅	Department of Natural Resources of Henan Province								
湖北省自然资源厅	Department of Natural Resources of Hubei Province								
湖南省自然资源厅	Department of Natural Resources of Hunan Province	1723	1703	15	5	891.67	891.18	0.37	0.12
广东省自然资源厅	Department of Natural Resources of Guangdong Province	962	951	11		10.05	10.00	0.05	
广西壮族自治区自然资源厅	Department of Natural Resources of Guangxi Zhuang Autonomous Region								
海南测绘地理信息局	Hainan Administration of Surveying Mapping and Geoinformation	139	139			0.35	0.35		
重庆市规划和自然资源局	Chongqing Municipal Bureau of Planning and Natural Resources	13	13			0.03	0.03		
四川测绘地理信息局	Sichuan Bureau of Surveying, Mapping and Geoinformation	2260	2040	220		60.91	56.21	4.70	
贵州省自然资源厅	Department of Natural Resources of Guizhou Province	1573	1573			55.94	55.94		
云南省自然资源厅	Department of Natural Resources of Yunnan Province								
西藏自治区自然资源厅	Department of Natural Resources of Xizang Autonomous Region	50	50			1.10	1.10		
陕西测绘地理信息局	Shaanxi Bureau of Surveying, Mapping and Geoinformation								
甘肃省自然资源厅	Department of Natural Resources of Gansu Province								
青海省自然资源厅	Department of Natural Resources of Qinghai Province								
宁夏回族自治区自然资源厅	Department of Natural Resources of Ningxia Hui Autonomous Region								
新疆维吾尔自治区自然资源厅	Department of Natural Resources of Xinjiang Uygur Autonomous Region								
新疆生产建设兵团自然资源局	Natural Resources Bureau of Xinjiang Production and Construction Corps								
国家基础地理信息中心	National Geomatics Center of China								

提供情况（2022年） 续表
Achievement（2022） Continued

数字正射影像 Digital Orthophoto Map（DOM）								其他地理信息数据 Other Geographic Information Data							
图幅/幅 Number of Sheet/sheet				数据量/GB Data Volume/GB				图幅/幅 Number of Sheet/sheet				数据量/GB Data Volume/GB			
	1：10000	1：50000	其他 Other Scales		1：10000	1：50000	其他 Other Scales		1：10000	1：50000	其他 Other Scales		1：10000	1：50000	其他 Other Scales
2174456	**502825**	**196415**	**1475216**	**623780.78**	**113240.91**	**318239.10**	**192300.78**	**1319468**	**2815**		**1316653**	**118187.36**	**521.20**		**117666.16**
339			339	18.87			18.87								
484			484	28.74			28.74								
49299	49299			9094.89	9094.89										
107	107			34.48	34.48										
40618	40618			1884.53	1884.53			167	167			2.70	2.70		
12852	12655	197		0.98	0.97	0.01									
813	98	715		3398.75	26.25	3372.50									
41187	1071		40116	3282.55	249.31		3033.24								
31190			31190	5641.18			5641.18								
264886	12795	340	251751	21177.40	6770.55	133.26	14273.59								
281213	19545	3568	258100	46731.60	1125.50	17868.11	27737.99								
135113	108460		26653	23566.04	20516.33		3049.72								
5896	5896			2056.38	2056.38			107			107	0.43			0.43
3	2	1		0.57	0.06	0.51									
28773	14460	6	14307	9607.71	8514.61	5.05	1088.05								
6	6			0.84	0.84			2806	2648		158	525.73	518.50		7.23
								117430			117430	6188.85			6188.85
544260	116597	2113	425550	79397.54	35630.81	207.23	43559.50	788			788	8433.24			8433.24
442586	60359		382227	85190.92	15984.28		69206.64	26366			26366	6728.18			6728.18
31348		15	31333	10860.37		4.06	10856.31	1170662			1170662	92215.73			92215.73
1249	1249			213.67	213.67										
62	62			17.51	17.51										
2104	2072	32		525.03	517.93	7.10									
14151	12452	12	1687	1155.39	1102.52	2.67	50.20								
28	28			9.60	9.60										
1831	1821	10		176.41	172.17	4.23									
8577	8543	34		2595.49	2586.26	9.23									
20761	20640	121		3891.70	3872.35	19.35		790			790	2229.23			2229.2300
6670			6670	5893.26			5893.26								
14018	14018			2868.70	2868.70			16			16	1857.15			1857.15
194060		189251	4809	304469.27		296605.79	7863.48	336			336	6.11			6.11

测绘基准成果

Provision of Surveying and

单位	Department	合计 Total	GPS点
总计	Total	121988	27504
北京市规划和自然资源委员会	Beijing Municipal Commission of Planning and Natural Resources	3371	262
天津市规划和自然资源局	Tianjin Municipal Bureau of Planning and Natural Resources	1024	126
河北省自然资源厅（海洋局）	Department of Natural Resources of Hebei Province (Ocean Bureau)	693	330
山西省自然资源厅	Department of Natural Resources of Shanxi Province	625	161
内蒙古自治区自然资源厅	Department of Natural Resources of Nei Mongol Autonomous Region	15114	2474
辽宁省自然资源厅	Department of Natural Resources of Liaoning Province	6502	1312
吉林省自然资源厅	Department of Natural Resources of Jilin Province	1785	367
黑龙江测绘地理信息局	Heilongjiang Bureau of Surveying and Mapping Geographic Information	2521	261
上海市规划和自然资源局	Shanghai Municipal Bureau of Planning and Natural Resources	10061	495
江苏省自然资源厅	Department of Natural Resources of Jiangsu Province	4030	165
浙江省自然资源厅	Department of Natural Resources of Zhejiang Province	1674	745
安徽省自然资源厅	Department of Natural Resources of Anhui Province	1801	858
福建省自然资源厅	Department of Natural Resources of Fujian Province	1459	480
江西省自然资源厅	Department of Natural Resources of Jiangxi Province	591	333
山东省自然资源厅（山东省林业局）	Department of Natural Resources of Shandong Province(Forestry Bureau of Shandong Province)	3575	688
河南省自然资源厅	Department of Natural Resources of Henan Province		
湖北省自然资源厅	Department of Natural Resources of Hubei Province	351	287
湖南省自然资源厅	Department of Natural Resources of Hunan Province	2227	533
广东省自然资源厅	Department of Natural Resources of Guangdong Province	4600	1150
广西壮族自治区自然资源厅	Department of Natural Resources of Guangxi Zhuang Autonomous Region	3210	1212
海南测绘地理信息局	Hainan Administration of Surveying Mapping and Geoinformation	332	92
重庆市规划和自然资源局	Chongqing Municipal Bureau of Planning and Natural Resources	694	124
四川测绘地理信息局	Sichuan Bureau of Surveying, Mapping and Geoinformation	1665	436
贵州省自然资源厅	Department of Natural Resources of Guizhou Province	12629	7736
云南省自然资源厅	Department of Natural Resources of Yunnan Province	3606	1506
西藏自治区自然资源厅	Department of Natural Resources of Xizang Autonomous Region	387	47
陕西测绘地理信息局	Shaanxi Bureau of Surveying, Mapping and Geoinformation	12825	1217
甘肃省自然资源厅	Department of Natural Resources of Gansu Province	4057	219
青海省自然资源厅	Department of Natural Resources of Qinghai Province	628	59
宁夏回族自治区自然资源厅	Department of Natural Resources of Ningxia Hui Autonomous Region	123	29
新疆维吾尔自治区自然资源厅	Department of Natural Resources of Xinjiang Uygur Autonomous Region	4353	1000
新疆生产建设兵团自然资源局	Natural Resources Bureau of Xinjiang Production and Construction Corps		
国家基础地理信息中心	National Geomatics Center of China	15475	2800

提供情况（2022年）

Mapping Data Achievement（2022）

Global Position System Station 卫星定位连续运行基准站点 Satellite Positioning Continuous Operation Reference Station	三角点 Triangular Point	导线点 Traverse Point	水准点 Benchmark	高程异常点 Elevation Anomaly	其他 Others
655	**24902**	**2792**	**65959**	**773**	**58**
262		2792	317		
	110		788		
	37		326		
			464		
	6811		5829		
	154		5036		
	456		962		
	729		1531		
			9566		
	3300		565		
	8		921		
80	21		922		
	57		922		
	84		174		
			2887		
232			64		
			1683		11
			3450		
			1998		
16			240		
3	278		292		
			1229		
	1334		3559		
62	66		2034		
	6		334		
			11608		
	3140		698		
	245		324		
	29		65		
	2085		1268		
	5952		5903	773	47

航空摄影成果
Provision of Aerial

单　位	Department	底片 Negative Film	
		片 sheet	平方千米 km^2
总　计	**Total**		
北京市规划和自然资源委员会	Beijing Municipal Commission of Planning and Natural Resources		
天津市规划和自然资源局	Tianjin Municipal Bureau of Planning and Natural Resources		
河北省自然资源厅（海洋局）	Department of Natural Resources of Hebei Province (Ocean Bureau)		
山西省自然资源厅	Department of Natural Resources of Shanxi Province		
内蒙古自治区自然资源厅	Department of Natural Resources of Nei Mongol Autonomous Region		
辽宁省自然资源厅	Department of Natural Resources of Liaoning Province		
吉林省自然资源厅	Department of Natural Resources of Jilin Province		
黑龙江测绘地理信息局	Heilongjiang Bureau of Surveying and Mapping Geographic Information		
上海市规划和自然资源局	Shanghai Municipal Bureau of Planning and Natural Resources		
江苏省自然资源厅	Department of Natural Resources of Jiangsu Province		
浙江省自然资源厅	Department of Natural Resources of Zhejiang Province		
安徽省自然资源厅	Department of Natural Resources of Anhui Province		
福建省自然资源厅	Department of Natural Resources of Fujian Province		
江西省自然资源厅	Department of Natural Resources of Jiangxi Province		
山东省自然资源厅（山东省林业局）	Department of Natural Resources of Shandong Province(Forestry Bureau of Shandong Province)		
河南省自然资源厅	Department of Natural Resources of Henan Province		
湖北省自然资源厅	Department of Natural Resources of Hubei Province		
湖南省自然资源厅	Department of Natural Resources of Hunan Province		
广东省自然资源厅	Department of Natural Resources of Guangdong Province		
广西壮族自治区自然资源厅	Department of Natural Resources of Guangxi Zhuang Autonomous Region		
海南测绘地理信息局	Hainan Administration of Surveying Mapping and Geoinformation		
重庆市规划和自然资源局	Chongqing Municipal Bureau of Planning and Natural Resources		
四川测绘地理信息局	Sichuan Bureau of Surveying, Mapping and Geoinformation		
贵州省自然资源厅	Department of Natural Resources of Guizhou Province		
云南省自然资源厅	Department of Natural Resources of Yunnan Province		
西藏自治区自然资源厅	Department of Natural Resources of Xizang Autonomous Region		
陕西测绘地理信息局	Shaanxi Bureau of Surveying, Mapping and Geoinformation		
甘肃省自然资源厅	Department of Natural Resources of Gansu Province		
青海省自然资源厅	Department of Natural Resources of Qinghai Province		
宁夏回族自治区自然资源厅	Department of Natural Resources of Ningxia Hui Autonomous Region		
新疆维吾尔自治区自然资源厅	Department of Natural Resources of Xinjiang Uygur Autonomous Region		
新疆生产建设兵团自然资源局	Natural Resources Bureau of Xinjiang Production and Construction Corps		
国家基础地理信息中心	National Geomatics Center of China		

提供情况（2022年）

Photography Achievement（2022）

像片 Photograph		拷贝片 Copy Film		航摄数据 Aerial Photography Data	
片 sheet	平方千米 km²	片 sheet	平方千米 km²	GB	平方千米 km²
44903	**7210.00**	**1061**	**16506.00**	**282252.59**	**1107941.00**
				3174.57	25570.00
				29941.76	232271.00
				355.05	2012.00
				15416.18	21289.00
				105.56	667.00
				0.14	20.00
39	390.00			54974.46	560.00
44864	6820.00				
				13271.04	249570.00
				4411.40	69220.00
		1061	16506.00	2736.44	19706.00
				157865.99	487056.00

卫星影像

Provision of

单 位	Department	合计 Total	
		GB	平方千米 km^2
总 计	**Total**	**3516723.10**	**5036403062.00**
北京市规划和自然资源委员会	Beijing Municipal Commission of Planning and Natural Resources		
天津市规划和自然资源局	Tianjin Municipal Bureau of Planning and Natural Resources	8150.09	888112.00
河北省自然资源厅（海洋局）	Department of Natural Resources of Hebei Province (Ocean Bureau)	7.63	20800.00
山西省自然资源厅	Department of Natural Resources of Shanxi Province		
内蒙古自治区自然资源厅	Department of Natural Resources of Nei Mongol Autonomous Region		
辽宁省自然资源厅	Department of Natural Resources of Liaoning Province	47331.13	70383819.00
吉林省自然资源厅	Department of Natural Resources of Jilin Province		
黑龙江测绘地理信息局	Heilongjiang Bureau of Surveying and Mapping Geographic Information	127336.37	27102906.00
上海市规划和自然资源局	Shanghai Municipal Bureau of Planning and Natural Resources		
江苏省自然资源厅	Department of Natural Resources of Jiangsu Province	25.00	107200.00
浙江省自然资源厅	Department of Natural Resources of Zhejiang Province	24700.55	2012931.00
安徽省自然资源厅	Department of Natural Resources of Anhui Province	17834.02	2306646.00
福建省自然资源厅	Department of Natural Resources of Fujian Province	30760.62	4435161.00
江西省自然资源厅	Department of Natural Resources of Jiangxi Province	42167.80	20092101.00
山东省自然资源厅（山东省林业局）	Department of Natural Resources of Shandong Province(Forestry Bureau of Shandong Province)	4579.01	525718.00
河南省自然资源厅	Department of Natural Resources of Henan Province		
湖北省自然资源厅	Department of Natural Resources of Hubei Province		
湖南省自然资源厅	Department of Natural Resources of Hunan Province	1511.03	56233.00
广东省自然资源厅	Department of Natural Resources of Guangdong Province		
广西壮族自治区自然资源厅	Department of Natural Resources of Guangxi Zhuang Autonomous Region	158800.10	7598919.00
海南测绘地理信息局	Hainan Administration of Surveying Mapping and Geoinformation	51493.69	2364829.00
重庆市规划和自然资源局	Chongqing Municipal Bureau of Planning and Natural Resources	5200.00	412000.00
四川测绘地理信息局	Sichuan Bureau of Surveying, Mapping and Geoinformation		
贵州省自然资源厅	Department of Natural Resources of Guizhou Province	161055.60	16399199.00
云南省自然资源厅	Department of Natural Resources of Yunnan Province	838.00	444700.00
西藏自治区自然资源厅	Department of Natural Resources of Xizang Autonomous Region	4910.60	620000.00
陕西测绘地理信息局	Shaanxi Bureau of Surveying, Mapping and Geoinformation	820.34	21722.00
甘肃省自然资源厅	Department of Natural Resources of Gansu Province	85568.04	12259151.00
青海省自然资源厅	Department of Natural Resources of Qinghai Province	13237.54	2297339.00
宁夏回族自治区自然资源厅	Department of Natural Resources of Ningxia Hui Autonomous Region	291.80	141828.00
新疆维吾尔自治区自然资源厅	Department of Natural Resources of Xinjiang Uygur Autonomous Region	32418.79	5035345.00
新疆生产建设兵团自然资源局	Natural Resources Bureau of Xinjiang Production and Construction Corps		
自然资源部国土卫星遥感应用中心	Land Satellite Remote Sensing Application Center, MNR	2697685.33	4860876403.00

提供情况（2022年）

Satellite Images（2022）

1米(含)以内 Higher 1m (Inclusive)		1~2.5米(含) 1 ~ 2.5m (Inclusive)		2.5~10米(含) 2.5 ~ 10m (Inclusive)		10米以上 Below 10m	
GB	平方千米 km²	GB	平方千米 km²	GB	平方千米 km²	GB	平方千米 km²
1281748.56	**370138820.00**	**2107392.23**	**4276454207.00**	**17992.71**	**2559558.00**	**109589.60**	**387250477.00**
6361.37	202179.00	1788.71	685933.00				
		7.63	20800.00				
25021.49	14200019.00	22309.64	56183800.00				
49973.14	3628694.00	71720.41	7557692.00	47.27	12657.00	5595.55	15903863.00
				25.00	107200.00		
3166.33	580980.00	7869.51	1178286.00	8664.71	253665.00		
12267.30	1378745.00	5566.72	927901.00				
25962.55	2389381.00	4616.46	1600773.00	44.60	23000.00	137.02	422007.00
29894.88	2757327.00	12272.92	17334774.00				
		4579.01	525718.00				
1511.03	56233.00						
136944.30	3538223.00	19184.41	3820156.00			2671.40	240540.00
35219.11	1387174.00	15749.44	865278.00			525.15	112377.00
		5200.00	412000.00				
32849.92	3315080.00	119993.20	12255350.00	8212.48	828769.00		
571.00	1700.00	467.00	443000.00				
4910.60	620000.00						
577.16	16160.00	243.18	5562.00				
67850.99	5019832.00	17705.96	7188849.00			11.08	50470.00
6850.12	343007.00	6387.42	1954332.00				
291.80	141828.00						
29496.31	3283720.00	2922.48	1751625.00				
307229.16	327278538.00	1788808.12	4161742378.00	998.65	1334267.00	100649.41	370521220.00

地理国情数据

Provision of National

单位：GB

单　位	Department	合计 Total	地形地貌数据 Topographic Data
总　计	**Total**	**430896.16**	**46.01**
北京市规划和自然资源委员会	Beijing Municipal Commission of Planning and Natural Resources		
天津市规划和自然资源局	Tianjin Municipal Bureau of Planning and Natural Resources	0.31	
河北省自然资源厅（海洋局）	Department of Natural Resources of Hebei Province (Ocean Bureau)	67272.11	
山西省自然资源厅	Department of Natural Resources of Shanxi Province		
内蒙古自治区自然资源厅	Department of Natural Resources of Nei Mongol Autonomous Region	118998.57	
辽宁省自然资源厅	Department of Natural Resources of Liaoning Province	71347.81	
吉林省自然资源厅	Department of Natural Resources of Jilin Province	0.12	
黑龙江测绘地理信息局	Heilongjiang Bureau of Surveying and Mapping Geographic Information	71804.18	
上海市规划和自然资源局	Shanghai Municipal Bureau of Planning and Natural Resources		
江苏省自然资源厅	Department of Natural Resources of Jiangsu Province	7321.60	
浙江省自然资源厅	Department of Natural Resources of Zhejiang Province		
安徽省自然资源厅	Department of Natural Resources of Anhui Province	824.30	
福建省自然资源厅	Department of Natural Resources of Fujian Province	749.31	
江西省自然资源厅	Department of Natural Resources of Jiangxi Province		
山东省自然资源厅（山东省林业局）	Department of Natural Resources of Shandong Province (Forestry Bureau of Shandong Province)	6.65	
河南省自然资源厅	Department of Natural Resources of Henan Province		
湖北省自然资源厅	Department of Natural Resources of Hubei Province	11840.97	
湖南省自然资源厅	Department of Natural Resources of Hunan Province	108.77	45.89
广东省自然资源厅	Department of Natural Resources of Guangdong Province	20344.36	
广西壮族自治区自然资源厅	Department of Natural Resources of Guangxi Zhuang Autonomous Region	150.30	
海南测绘地理信息局	Hainan Administration of Surveying Mapping and Geoinformation	13.44	
重庆市规划和自然资源局	Chongqing Municipal Bureau of Planning and Natural Resources		
四川测绘地理信息局	Sichuan Bureau of Surveying, Mapping and Geoinformation		
贵州省自然资源厅	Department of Natural Resources of Guizhou Province	14.30	
云南省自然资源厅	Department of Natural Resources of Yunnan Province	21580.45	
西藏自治区自然资源厅	Department of Natural Resources of Xizang Autonomous Region	5.62	
陕西测绘地理信息局	Shaanxi Bureau of Surveying, Mapping and Geoinformation	9995.78	
甘肃省自然资源厅	Department of Natural Resources of Gansu Province	11237.68	0.12
青海省自然资源厅	Department of Natural Resources of Qinghai Province	4223.39	
宁夏回族自治区自然资源厅	Department of Natural Resources of Ningxia Hui Autonomous Region	11.15	
新疆维吾尔自治区自然资源厅	Department of Natural Resources of Xinjiang Uygur Autonomous Region	13045.00	
新疆生产建设兵团自然资源局	Natural Resources Bureau of Xinjiang Production and Construction Corps		
国家基础地理信息中心	National Geomatics Center of China		
自然资源部国土卫星遥感应用中心	Land Satellite Remote Sensing Application Center, MNR		

提供情况（2022年）

Geographic Conditions Data（2022）

Unit：GB

遥感影像数据 Remote Sensing Image Data	遥感影像解译样本数据 Remote Sensing Image Interpretation Sample Data	地表覆盖数据 Surface Coverage Data	地理国情要素数据 Geographic Element Data	专题数据 Thematic Data	地理国情统计分析数据 Statistical Analysis Data of Geographical Conditions
428636.88	**428636.88**	**491.01**	**705.15**	**791.10**	**9.94**
		0.16	0.15		
66996.12	66996.12	71.75	1.92	33.31	
118977.33	118977.33		21.24		
71212.89	71212.89	67.46	67.46		
		0.06	0.06		
71751.68	71751.68		52.50		
7321.60	7321.60				
726.00	726.00	98.10	0.21		
				749.31	
		6.65			
11676.54	11676.54	46.75	103.29	0.30	0.09
		39.88	23.00		
20215.68	20215.68		119.34		9.34
		105.39	13.69		0.52
0.40	0.40	2.36	8.12	2.56	
		2.86	11.44		
21291.82	21291.82	9.37	279.27		
				5.62	
9987.76	9987.76	3.46	2.19		
11215.18	11215.18	22.33	0.05		
4218.88	4218.88	3.29	1.22		
		11.14			
13045.00	13045.00				

主要统计指标解释

测绘资质单位数量 指报告期末持有经自然资源部或者省级自然资源主管部门颁发《测绘资质证书》的单位总数。

服务总值 指从事测绘及相关活动的单位报告期内完成各种测绘项目或提供各种测绘服务实现的总值（总产出），根据单位财务统计数据计算得出。

测绘从业人员年末人数 指年末测绘资质单位实有的测绘从业人员数。从业人员指在本单位工作，并取得工资或其他形式的劳动报酬的全部人员。对于专门从事测绘活动的单位，填报整个单位年末从业人员总数；对于除从事测绘活动外还从事其他活动（如规划、勘察、设计、施工等）的单位，填报具有相对独立建制的测绘生产机构的年末从业人员总数。

地形图 指地表起伏形态和地物位置、形状在水平面上的投影图。该指标统计纸质形式的地形图，包括模拟地形图和用地形图制图数据喷绘的纸图，按1：500、1：1000、1：2000、1：5000、1：1万、1：2.5万、1：5万、1：10万、1：25万、1：50万、1：100万和其他比例尺分别进行统计。

数字成果 包括数字线划地图（DLG）、数字高程模型（DEM）、数字栅格地图（DRG）、数字正射影像（DOM）和其他地理信息数据。

数字线划地图（DLG） 指以点、线、面形式或地图特定图形符号形式，表达地形要素的地理信息矢量数据集。点要素在矢量数据中表示为一组坐标及相应的属性值；线要素表示为一串坐标组及相应的属性值；面要素表示为首尾点重合的一串坐标组及相应的属性值。数字线划图是国家基础地理信息数字成果的主要组成部分之一。

数字高程模型（DEM） 指在一定范围内通过规则格网点描述地面高程信息的数据集。用于反映区域地貌形态的空间分布，数字高程模型是国家基础地理信息数字成果的主要组成部分。

数字正射影像（DOM） 指将地表航空航天影像经垂直投影而生成的影像数据集。参照地形图要求对正射影像数据按图幅范围进行裁剪，配以图廓整饰，即成为数字正射影像图，它具有相片的影像特征和地图的几何精度，是国家基础地理信息数字成果的主要组成部分。

Explanatory Notes on Main Statistical Indicators

Number of Surveying and Mapping Qualification Agency—the total number of units holding the Surveying and mapping qualification issued by the Ministry of Natural Resources or the provincial natural resources departments at the end of the reporting period.

Total Service Value—the total value (total output) of various mapping projects or various mapping services provided by units engaged in surveying and mapping and related activities during the reporting period, which is calculated based on their financial statistics.

Employee of Surveying and Mapping Qualification Agency at the End of the Year—the actual number of employees working in qualified surveying and mapping units at the end of the year. Employees refer to all personnel who work in their own units and receive wages or other forms of labor remuneration. Units specialized in surveying and mapping should fill in the total number of employees at the end of the year; Units engaged in other activities (such as planning, investigation, design, construction, etc.) besides surveying and mapping should fill in the total number of employees working in surveying and mapping institutions with relatively independent system at the end of the year.

Topographic Map—the projection map with surface relief, location and shape on the horizontal plane. This index is used to count paper-based topographic maps, including simulated topographic maps and paper maps painted with topographic mapping data. The statistics are carried out at 1 : 500, 1 : 1000, 1 : 2000, 1 : 5000, 1 : 10000, 1 : 25000, 1 : 50000, 1 : 100000, 1 : 250000, 1 : 500000, 1 : 1000000 and other scales.

Digital Achievement—includes Digital Line Graphic (DLG), Digital Elevation Model (DEM), Digital Raster Graphic (DRG), Digital Orthophoto Map (DOM) and other geographic data.

Digital Line Graphic (DLG)—the geographic information vector data set that expresses terrain features in the form of point, line, surface or specific graphic symbols of map. In vector data points are represented as a set of coordinates and corresponding attribute values; lines are represented as a set of coordinate groups and corresponding attribute values; surfaces are represented as a series of coordinate groups with coincident heads and tails and corresponding attribute values. DLG is one of the main components of digital achievements of national basic geographic information.

Digital Elevation Model (DEM)—the data set that describes the ground elevation information through regular grid points in a certain range. It is used to reflect the spatial distribution of regional geomorphology. DEM is one of the main components of digital achievements of national basic geographic information.

Digital Orthophoto Map (DOM)—the image data set generated by vertical projection of surface aerospace images. According to the requirements of topographic map, the orthophoto data are cropped according to the scope of map and decorated with the map outline, and that is a digital orthophoto map. It has the image feature of the photo and the geometric accuracy of the map, and is one of the main components of digital achievements of national basic geographic information.

六、自然资源依法行政

Chapter 6 Legal Administration of Natural Resources

土地违法案件查处情况
Investigation and Treatment of

案件类型	Case Category	合计 Total			自然资源部 MNR		
		件数/件 Number of Case/case	涉及土地面积/公顷 Land Area Involved/ hm^2	耕地 Cultivated Land	件数/件 Number of Case/case	涉及土地面积/公顷 Land Area Involved/ hm^2	耕地 Cultivated Land
上年未结案件	**Case Unsettled Last Year**	**114664**	**161905.81**	**59129.47**			
本年发现违法	**Illegal Case Discovered in the Current Year**	**291414**	**112545.89**	**32796.37**			
本年发生	Case Occurring This Year	113823	53194.63	14127.55			
历年隐漏	Case Concealed and Not Discovered over the Years	177591	59351.20	18668.84			
本年立案	**Case Filed This Year**	**50244**	**32712.38**	**9409.46**			
本年发生案件立案	Filing of This Year's Case	12430	8921.80	2477.89			
违法转让	Illegal Land Transfer	17	2.88	0.39			
违法占地	Illegal Land Occupation	12200	8758.89	2414.23			
违法批地	Illegal Land Approval	24	20.64	11.31			
破坏农用地	Destruction of Agricultural Land	80	58.75	41.56			
其他	Other	109	80.62	10.38			
历年隐漏案件立案	Filing of Case Concealed and Not Discovered over the Year	37814	23790.55	6931.62			
本年结案	**Case Settled This Year**	**38247**	**51177.43**	**19160.33**			
处理本年发生案件	This Year's Case Handled	3114	2168.86	578.64			
违法转让	Illegal Land Transfer	6	0.19	0.08			
违法占地	Illegal Land Occupation	3032	2114.39	562.59			
违法批地	Illegal Land Approval	22	20.51	11.22			
破坏农用地	Destruction of Agricultural Land	20	3.30	1.36			
其他	Other	34	30.48	3.39			
处理上年未结案件	Last Year's Unsettled Case Handled	21935	38632.92	15418.72			
处理隐漏案件	Handling of Concealed and Not Discovered Case	13198	10375.66	3162.98			
本年未结案件	**Case Unsettled This Year**	**126661**	**143440.77**	**49378.57**			

——按地区分列（2022年）

Illegal Land Cases by Region（2022）

北京 Beijing			天津 Tianjin			河北 Hebei		
件数/件 Number of Case/case	涉及土地面积/公顷 Land Area Involved/hm²	耕地 Cultivated Land	件数/件 Number of Case/case	涉及土地面积/公顷 Land Area Involved/hm²	耕地 Cultivated Land	件数/件 Number of Case/case	涉及土地面积/公顷 Land Area Involved/hm²	耕地 Cultivated Land
2542	**2915.75**	**799.02**	**789**	**421.55**	**165.99**	**9753**	**13180.96**	**7128.55**
3556	**2677.42**	**430.12**	**197**	**80.69**	**6.72**	**8718**	**3496.91**	**1256.45**
969	908.02	174.37	84	42.45		3278	1977.76	607.45
2587	1769.40	255.75	113	38.24	6.72	5440	1519.15	649.00
2194	**1168.89**	**262.54**	**37**	**15.60**	**3.93**	**4414**	**2705.55**	**864.56**
456	355.27	75.28	2	3.24		1399	1331.60	351.53
446	348.77	75.04	2	3.24		1343	1324.21	347.80
2	1.11	0.07				16	2.14	1.52
8	5.40	0.16				40	5.25	2.21
1738	813.61	187.27	35	12.35	3.93	3015	1373.94	513.03
1108	**507.88**	**159.08**	**40**	**30.23**	**14.35**	**828**	**876.32**	**367.62**
172	75.71	27.77	1	0.45		87	51.43	15.36
167	71.06	27.77	1	0.45		83	50.90	14.91
						1	0.10	0.10
5	4.65					3	0.43	0.35
130	116.92	40.47	39	29.79	14.35	373	515.54	234.74
806	315.25	90.84				368	309.26	117.52
3628	**3576.75**	**902.49**	**786**	**406.92**	**155.57**	**13339**	**15010.[illegible]9**	**7625.49**

土地违法案件查处情况

Investigation and Treatment of

案件类型	Case Category	山西 Shanxi		
		件数/件 Number of Case/case	涉及土地面积/公顷 Land Area Involved/hm²	耕地 Cultivated Land
上年未结案件	**Case Unsettled Last Year**	**5795**	**11840.25**	**3906.37**
本年发现违法	**Illegal Case Discovered in the Current Year**	**1980**	**3072.90**	**915.90**
本年发生	Case Occurring This Year	715	1196.59	447.12
历年隐漏	Case Concealed and Not Discovered over the Years	1265	1876.31	468.78
本年立案	**Case Filed This Year**	**1362**	**3286.18**	**936.46**
本年发生案件立案	Filing of This Year's Case	432	928.95	327.01
违法转让	Illegal Land Transfer			
违法占地	Illegal Land Occupation	431	928.93	327.01
违法批地	Illegal Land Approval			
破坏农用地	Destruction of Agricultural Land			
其他	Other	1	0.03	
历年隐漏案件立案	Filing of Case Concealed and Not Discovered over the Years	930	2357.23	609.45
本年结案	**Case Settled This Year**	**2976**	**6309.51**	**1704.01**
处理本年发生案件	This Year's Case Handled	55	257.30	105.58
违法转让	Illegal Land Transfer			
违法占地	Illegal Land Occupation	55	257.30	105.58
违法批地	Illegal Land Approval			
破坏农用地	Destruction of Agricultural Land			
其他	Other			
处理上年未结案件	Last Year's Unsettled Case Handled	2538	4679.32	1324.85
处理隐漏案件	Handling of Concealed and Not Discovered Case	383	1372.88	273.58
本年未结案件	**Case Unsettled This Year**	**4181**	**8816.93**	**3138.82**

——按地区分列（2022年） 续表1
Illegal Land Cases by Region (2022) Continued 1

内蒙古 Nei Mongol			辽宁 Liaoning			吉林 Jilin		
件数/件 Number of Case/case	涉及土地面积/公顷 Land Area Involved/hm²	耕地 Cultivated Land	件数/件 Number of Case/case	涉及土地面积/公顷 Land Area Involved/hm²	耕地 Cultivated Land	件数/件 Number of Case/case	涉及土地面积/公顷 Land Area Involved/hm²	耕地 Cultivated Land
1563	**18322.46**	**873.73**	**3985**	**1310.97**	**445.52**	**2328**	**7504.62**	**3901.31**
3754	**2987.57**	**269.39**	**5144**	**1650.56**	**680.03**	**3590**	**2432.95**	**1396.12**
1482	1289.78	113.90	380	123.81	57.11	489	843.15	515.20
2272	1697.79	155.49	4764	1526.75	622.92	3101	1589.80	880.92
673	**1024.25**	**39.80**	**919**	**273.36**	**97.78**	**431**	**558.44**	**344.90**
157	142.86	9.75	12	2.29	1.12	58	330.74	194.56
1	0.21							
154	141.99	9.54	12	2.29	1.12	48	283.84	162.17
						9	41.87	32.37
2	0.65	0.21				1	0.02	0.02
516	881.39	30.05	907	271.07	96.67	373	227.70	150.34
262	**1398.05**	**139.16**	**508**	**299.42**	**122.48**	**150**	**707.49**	**262.20**
33	67.82	7.54	2	0.50	0.45	10	61.35	29.71
33	67.82	7.54	2	0.50	0.45	10	61.35	29.71
110	916.20	129.44	353	232.20	82.37	91	601.06	202.03
119	414.04	2.19	153	66.72	39.66	49	45.08	30.46
1974	**17948.66**	**774.37**	**4396**	**1284.91**	**420.83**	**2609**	**7355.57**	**3984.50**

土地违法案件查处情况

Investigation and Treatment of

案件类型	Case Category	黑龙江 Heilongjiang		
		件数/件 Number of Case/case	涉及土地面积/公顷 Land Area Involved/hm²	耕地 Cultivated Land
上年未结案件	**Case Unsettled Last Year**	**786**	**1452.83**	**520.19**
本年发现违法	**Illegal Case Discovered in the Current Year**	**727**	**171.83**	**27.08**
本年发生	Case Occurring This Year	47	15.61	1.59
历年隐漏	Case Concealed and Not Discovered over the Years	680	156.23	25.49
本年立案	**Case Filed This Year**	**77**	**90.04**	**14.58**
本年发生案件立案	Filing of This Year's Case	4	7.87	0.27
违法转让	Illegal Land Transfer			
违法占地	Illegal Land Occupation	4	7.87	0.27
违法批地	Illegal Land Approval			
破坏农用地	Destruction of Agricultural Land			
其他	Other			
历年隐漏案件立案	Filing of Case Concealed and Not Discovered over the Years	73	82.17	14.31
本年结案	**Case Settled This Year**	**133**	**246.39**	**108.88**
处理本年发生案件	This Year's Case Handled	2	7.35	0.22
违法转让	Illegal Land Transfer			
违法占地	Illegal Land Occupation	2	7.35	0.22
违法批地	Illegal Land Approval			
破坏农用地	Destruction of Agricultural Land			
其他	Other			
处理上年未结案件	Last Year's Unsettled Case Handled	98	179.11	104.17
处理隐漏案件	Handling of Concealed and Not Discovered Case	33	59.92	4.49
本年未结案件	**Case Unsettled This Year**	**730**	**1296.48**	**425.89**

——按地区分列（2022年） 续表2

Illegal Land Cases by Region（2022） Continued 2

上海 Shanghai			江苏 Jiangsu			浙江 Zhejiang			安徽 Anhui		
件数/件 Number of Case/case	涉及土地面积/公顷 Land Area Involved/ hm²	耕地 Cultivated Land	件数/件 Number of Case/case	涉及土地面积/公顷 Land Area Involved/ hm²	耕地 Cultivated Land	件数/件 Number of Case/case	涉及土地面积/公顷 Land Area Involved/ hm²	耕地 Cultivated Land	件数/件 Number of Case/case	涉及土地面积/公顷 Land Area Involved/ hm²	耕地 Cultivated Land
25	**13.87**	**3.78**	**1504**	**975.15**	**399.22**	**5655**	**2394.83**	**870.99**	**2161**	**1392.97**	**710.24**
100	**57.96**	**13.20**	**961**	**183.98**	**80.12**	**2483**	**584.69**	**247.99**	**4037**	**1496.62**	**841.33**
36	19.83	4.14	75	21.90	7.34	398	111.30	39.01	939	599.30	275.03
64	38.13	9.06	886	162.08	72.78	2085	473.39	208.98	3098	897.32	566.31
21	**12.18**	**3.79**	**449**	**143.48**	**56.56**	**1398**	**352.90**	**108.15**	**583**	**324.70**	**115.51**
6	5.32	2.52	27	12.62	2.82	66	16.76	2.51	94	95.51	25.94
6	5.32	2.52	27	12.62	2.82	63	16.59	2.51	67	70.66	12.72
									22	20.40	11.22
									2	0.04	0.01
						3	0.17		3	4.40	1.98
15	6.86	1.26	422	130.86	53.74	1332	336.14	105.65	489	229.20	89.57
4	**1.92**	**0.02**	**642**	**382.69**	**131.19**	**1152**	**509.94**	**192.83**	**531**	**570.58**	**264.28**
			6	2.55	0.90	4	0.47	0.22	55	70.35	18.67
			6	2.55	0.90	4	0.47	0.22	32	46.32	5.69
									21	20.36	11.22
									2	4.18	1.76
1	0.79		449	311.93	97.13	959	441.91	166.40	257	364.62	191.68
3	1.13	0.02	187	68.21	33.17	189	67.56	26.22	219	135.11	53.93
42	**24.13**	**7.54**	**1311**	**735.94**	**324.58**	**5901**	**2237.79**	**786.31**	**2213**	**1147.09**	**561.47**

土地违法案件查处情况

Investigation and Treatment of

案件类型	Case Category	福建 Fujian		
		件数/件 Number of Case/case	涉及土地面积/公顷 Land Area Involved/hm²	耕地 Cultivated Land
上年未结案件	**Case Unsettled Last Year**	**4697**	**1642.82**	**381.47**
本年发现违法	**Illegal Case Discovered in the Current Year**	**4223**	**1043.20**	**256.71**
本年发生	Case Occurring This Year	1620	416.21	105.26
历年隐漏	Case Concealed and Not Discovered over the Years	2603	626.99	151.44
本年立案	**Case Filed This Year**	**408**	**182.78**	**38.26**
本年发生案件立案	Filing of This Year's Case	21	3.47	1.45
违法转让	Illegal Land Transfer			
违法占地	Illegal Land Occupation	20	3.42	1.41
违法批地	Illegal Land Approval			
破坏农用地	Destruction of Agricultural Land	1	0.05	0.05
其他	Other			
历年隐漏案件立案	Filing of Case Concealed and Not Discovered over the Years	387	179.31	36.81
本年结案	**Case Settled This Year**	**550**	**249.24**	**57.10**
处理本年发生案件	This Year's Case Handled	11	1.47	0.49
违法转让	Illegal Land Transfer			
违法占地	Illegal Land Occupation	11	1.47	0.49
违法批地	Illegal Land Approval			
破坏农用地	Destruction of Agricultural Land			
其他	Other			
处理上年未结案件	Last Year's Unsettled Case Handled	283	95.34	25.29
处理隐漏案件	Handling of Concealed and Not Discovered Case	256	152.44	31.31
本年未结案件	**Case Unsettled This Year**	**4555**	**1576.36**	**362.63**

——按地区分列（2022年） 续表3

Illegal Land Cases by Region（2022） Continued 3

江西 Jiangxi			山东 Shandong			河南 Henan			湖北 Hubei		
件数/件 Number of Case/case	涉及土地面积/公顷 Land Area Involved/ hm^2	耕地 Cultivated Land	件数/件 Number of Case/case	涉及土地面积/公顷 Land Area Involved/ hm^2	耕地 Cultivated Land	件数/件 Number of Case/case	涉及土地面积/公顷 Land Area Involved/ hm^2	耕地 Cultivated Land	件数/件 Number of Case/case	涉及土地面积/公顷 Land Area Involved/ hm^2	耕地 Cultivated Land
2508	**3660.05**	**1442.01**	**12992**	**14968.69**	**7616.04**	**9872**	**7728.78**	**3659.98**	**3748**	**5041.68**	**2173.35**
8933	**2875.02**	**592.50**	**34871**	**20972.34**	**6542.73**	**6600**	**1808.28**	**687.79**	**2842**	**1159.02**	**559.70**
4334	1544.90	355.69	15045	13494.16	3794.96	3121	757.52	208.67	350	309.69	156.24
4549	1330.11	236.81	19826	7478.18	2747.77	3479	1050.75	479.11	2492	849.33	403.46
1374	**665.32**	**215.11**	**7410**	**3737.69**	**985.97**	**1607**	**608.09**	**201.40**	**315**	**97.98**	**28.99**
356	220.37	64.47	2695	1570.18	376.83	707	161.50	53.52	23	7.05	2.99
						1	0.23	0.23			
351	216.72	63.63	2678	1564.47	373.56	703	161.07	53.19	22	6.89	2.99
			1	0.09	0.09						
[illegible]	0.69	0.69	9	1.67	0.87	2	0.16	0.10			
[illegible]	2.96	0.14	7	3.95	2.31	1	0.05		1	0.16	
1018	444.95	150.65	4715	2167.52	609.14	900	446.59	147.88	292	90.92	26.00
653	**724.62**	**282.02**	**9231**	**10109.38**	**5906.92**	**1394**	**881.94**	**287.55**	**138**	**114.72**	**55.87**
64	75.88	12.17	660	332.17	40.16	67	18.07	7.75	5	0.38	
64	75.88	12.17	653	330.83	39.48	67	18.07	7.75	4	0.22	
			7	1.34	0.68						
									1	0.16	
352	537.71	209.03	7319	9343.37	5672.37	1030	625.70	189.03	109	105.93	54.73
237	111.04	60.82	1252	433.84	194.39	297	238.16	90.76	24	8.41	1.13
3229	**3600.75**	**1375.10**	**11171**	**8597.01**	**2695.09**	**10085**	**7454.93**	**3573.83**	**3925**	**5024.94**	**2146.47**

土地违法案件查处情况

Investigation and Treatment of

案件类型	Case Category	湖南 Hunan		
		件数/件 Number of Case/case	涉及土地面积/公顷 Land Area Involved/hm²	耕地 Cultivated Land
上年未结案件	**Case Unsettled Last Year**	**3727**	**1895.44**	**545.30**
本年发现违法	**Illegal Case Discovered in the Current Year**	**2789**	**742.52**	**266.12**
本年发生	Case Occurring This Year	906	351.98	134.54
历年隐漏	Case Concealed and Not Discovered over the Years	1883	390.53	131.58
本年立案	**Case Filed This Year**	**792**	**269.92**	**70.24**
本年发生案件立案	Filing of This Year's Case	208	60.17	15.33
违法转让	Illegal Land Transfer	2	0.03	
违法占地	Illegal Land Occupation	199	56.20	13.30
违法批地	Illegal Land Approval			
破坏农用地	Destruction of Agricultural Land	2	1.94	1.81
其他	Other	5	1.99	0.22
历年隐漏案件立案	Filing of Case Concealed and Not Discovered over the Years	584	209.76	54.91
本年结案	**Case Settled This Year**	**531**	**434.08**	**83.50**
处理本年发生案件	This Year's Case Handled	51	14.16	3.24
违法转让	Illegal Land Transfer	2	0.03	
违法占地	Illegal Land Occupation	46	13.56	3.24
违法批地	Illegal Land Approval			
破坏农用地	Destruction of Agricultural Land			
其他	Other	3	0.57	
处理上年未结案件	Last Year's Unsettled Case Handled	308	352.40	65.15
处理隐漏案件	Handling of Concealed and Not Discovered Case	172	67.51	15.10
本年未结案件	**Case Unsettled This Year**	**3988**	**1731.29**	**532.04**

——按地区分列（2022年） 续表4
Illegal Land Cases by Region（2022） Continued 4

广东 Guangdong			广西 Guangxi			海南 Hainan			重庆 Chongqing		
件数/件 Number of Case/case	涉及土地面积/公顷 Land Area Involved/hm²	耕地 Cultivated Land	件数/件 Number of Case/case	涉及土地面积/公顷 Land Area Involved/hm²	耕地 Cultivated Land	件数/件 Number of Case/case	涉及土地面积/公顷 Land Area Involved/hm²	耕地 Cultivated Land	件数/件 Number of Case/case	涉及土地面积/公顷 Land Area Involved/hm²	耕地 Cultivated Land
10611	**4473.10**	**1034.45**	**7538**	**11616.55**	**4026.82**	**1223**	**1272.97**	**424.83**	**858**	**580.10**	**295.35**
88120	**25121.75**	**5397.96**	**34698**	**11780.86**	**3546.25**	**12932**	**4662.44**	**826.39**	**8424**	**2225.46**	**1010.21**
36356	11751.65	2282.05	15975	5869.57	1531.54	8303	3210.15	520.13	3073	923.62	361.21
51764	13370.09	3115.91	18723	5911.29	2014.71	4629	1452.29	306.26	5351	1301.84	649.00
8318	**3837.38**	**1083.30**	**5284**	**2610.13**	**711.72**	**323**	**219.40**	**59.17**	**947**	**489.72**	**207.77**
1422	603.15	107.40	1496	775.91	236.78	122	97.50	17.11	325	249.15	92.37
4	0.77										
1403	596.66	105.86	1481	766.12	234.30	122	97.50	17.11	318	248.06	91.92
1	0.15										
3	1.74	1.04	5	2.88	0.51				7	1.09	0.45
11	3.84	0.50	10	6.91	1.97						
6896	3234.23	975.90	3788	1834.22	474.94	201	121.90	42.06	622	240.56	115.41
6508	**3458.11**	**1043.33**	**4055**	**9120.87**	**3134.43**	**78**	**57.96**	**13.80**	**580**	**427.92**	**226.35**
700	319.73	47.80	481	256.84	96.68	10	3.61	3.13	24	95.53	50.64
690	316.31	47.30	474	253.72	95.53	10	3.61	3.13	24	95.53	50.64
1	0.15										
1	0.06		4	1.59	0.44						
8	3.22	0.50	3	1.52	0.71						
2184	1132.64	310.22	1489	7776.12	2739.02	37	36.82	3.26	315	237.44	122.86
3624	2005.74	685.30	2085	1087.92	298.74	31	17.54	7.42	241	94.95	52.86
12421	**4852.37**	**1074.42**	**8767**	**5105.81**	**1604.11**	**1468**	**1434.41**	**470.20**	**1225**	**641.90**	**276.77**

土地违法案件查处情况
Investigation and Treatment of

案件类型	Case Category	四川 Sichuan		
		件数/件 Number of Case/case	涉及土地面积/公顷 Land Area Involved/hm²	耕地 Cultivated Land
上年未结案件	**Case Unsettled Last Year**	**2253**	**10746.93**	**4238.66**
本年发现违法	**Illegal Case Discovered in the Current Year**	**9206**	**4554.77**	**1894.26**
本年发生	Case Occurring This Year	3280	2153.24	884.80
历年隐漏	Case Concealed and Not Discovered over the Years	5926	2401.52	1009.46
本年立案	**Case Filed This Year**	**892**	**1505.69**	**486.91**
本年发生案件立案	Filing of This Year's Case	172	321.40	65.20
违法转让	Illegal Land Transfer			
违法占地	Illegal Land Occupation	171	321.32	65.12
违法批地	Illegal Land Approval			
破坏农用地	Destruction of Agricultural Land	1	0.08	0.08
其他	Other			
历年隐漏案件立案	Filing of Case Concealed and Not Discovered over the Years	720	1184.29	421.72
本年结案	**Case Settled This Year**	**563**	**2686.57**	**1269.03**
处理本年发生案件	This Year's Case Handled	50	71.21	31.03
违法转让	Illegal Land Transfer			
违法占地	Illegal Land Occupation	50	71.21	31.03
违法批地	Illegal Land Approval			
破坏农用地	Destruction of Agricultural Land			
其他	Other			
处理上年未结案件	Last Year's Unsettled Case Handled	302	2052.17	989.32
处理隐漏案件	Handling of Concealed and Not Discovered Case	211	563.19	248.68
本年末结案件	**Case Unsettled This Year**	**2582**	**9566.05**	**3456.54**

——按地区分列（2022年） 续表5

Illegal Land Cases by Region（2022） Continued 5

贵州 Guizhou			云南 Yunnan			西藏 Xizang			陕西 Shaanxi		
件数/件 Number of Case/case	涉及土地面积/公顷 Land Area Involved/hm²	耕地 Cultivated Land	件数/件 Number of Case/case	涉及土地面积/公顷 Land Area Involved/hm²	耕地 Cultivated Land	件数/件 Number of Case/case	涉及土地面积/公顷 Land Area Involved/hm²	耕地 Cultivated Land	件数/件 Number of Case/case	涉及土地面积/公顷 Land Area Involved/hm²	耕地 Cultivated Land
5326	**8602.04**	**3963.34**	**5470**	**16655.71**	**6946.60**	**160**	**91.12**	**13.39**	**1850**	**2593.27**	**589.42**
9875	**2502.61**	**1125.51**	**19213**	**6194.10**	**2499.68**	**1184**	**522.21**	**68.38**	**3300**	**1110.89**	**313.88**
3418	1094.37	450.99	4760	1849.08	632.13	57	25.93	1.08	1461	526.38	143.65
6457	1408.23	674.52	14453	4345.02	1867.55	1127	496.28	67.30	1839	584.50	170.24
2678	**1051.67**	**503.76**	**2216**	**1552.78**	**617.53**	**45**	**10.35**	**1.37**	**753**	**623.62**	**154.81**
698	288.30	148.98	276	190.36	54.62	3	0.78		242	209.55	54.42
1	0.08	0.08									
695	287.90	148.77	267	187.41	52.89	2	0.77		239	209.30	54.27
			9	2.96	1.73				2	0.18	0.16
2	0.32	0.13				1			1		
1980	763.37	354.78	1940	1362.42	562.91	42	9.57	1.37	511	419.07	100.38
727	**1613.17**	**755.91**	**1251**	**3229.21**	**1252.26**	**3**	**0.90**		**795**	**1294.43**	**298.06**
197	68.32	33.64	18	52.29	10.25	2	0.32		45	40.46	9.12
196	68.25	33.57	18	52.29	10.25	1	0.31		44	40.40	9.08
									1	0.06	0.04
1	0.07	0.07				1					
348	1464.66	686.71	840	2828.46	1079.72	1	0.59		541	1038.77	231.29
182	80.19	35.57	393	348.45	162.29				209	215.20	57.65
7277	**8040.53**	**3711.19**	**6435**	**14979.28**	**6311.87**	**202**	**100.57**	**14.75**	**1808**	**1927.46**	**446.16**

土地违法案件查处情况

Investigation and Treatment of

案件类型	Case Category	甘肃 Gansu		
		件数/件 Number of Case/case	涉及土地面积/公顷 Land Area Involved/hm²	耕地 Cultivated Land
上年未结案件	**Case Unsettled Last Year**	**1873**	**3942.79**	**1431.27**
本年发现违法	**Illegal Case Discovered in the Current Year**	**2682**	**2049.08**	**590.14**
本年发生	Case Occurring This Year	720	412.47	103.38
历年隐漏	Case Concealed and Not Discovered over the Years	1962	1636.61	486.77
本年立案	**Case Filed This Year**	**1102**	**1849.60**	**867.28**
本年发生案件立案	Filing of This Year's Case	127	133.05	29.50
违法转让	Illegal Land Transfer			
违法占地	Illegal Land Occupation	125	132.46	28.97
违法批地	Illegal Land Approval			
破坏农用地	Destruction of Agricultural Land	1	0.05	
其他	Other	1	0.53	0.53
历年隐漏案件立案	Filing of Case Concealed and Not Discovered over the Years	975	1716.55	837.78
本年结案	**Case Settled This Year**	**416**	**1629.44**	**681.55**
处理本年发生案件	This Year's Case Handled	40	59.64	8.45
违法转让	Illegal Land Transfer			
违法占地	Illegal Land Occupation	39	59.59	8.45
违法批地	Illegal Land Approval			
破坏农用地	Destruction of Agricultural Land	1	0.05	
其他	Other			
处理上年未结案件	Last Year's Unsettled Case Handled	254	803.36	228.43
处理隐漏案件	Handling of Concealed and Not Discovered Case	122	766.43	444.67
本年未结案件	**Case Unsettled This Year**	**2559**	**4162.95**	**1617.00**

——按地区分列（2022年） 续表6
Illegal Land Cases by Region（2022） Continued 6

青海 Qinghai			宁夏 Ningxia			新疆 Xinjiang		
件数/件 Number of Case/case	涉及土地面积/公顷 Land Area Involved/hm²	耕地 Cultivated Land	件数/件 Number of Case/case	涉及土地面积/公顷 Land Area Involved/hm²	耕地 Cultivated Land	件数/件 Number of Case/case	涉及土地面积/公顷 Land Area Involved/hm²	耕地 Cultivated Land
1043	**1863.38**	**327.73**	**466**	**787.22**	**175.87**	**1563**	**2016.96**	**118.18**
2398	**1395.89**	**300.36**	**585**	**242.11**	**47.98**	**3292**	**2639.26**	**105.37**
904	674.67	183.02	114	26.71	2.59	1084	652.83	33.36
1494	721.22	117.34	471	215.41	45.39	2208	2036.42	72.02
1233	**1295.83**	**218.67**	**62**	**78.40**	**21.97**	**1927**	**2065.46**	**86.67**
509	545.99	156.40				315	250.89	7.21
						8	1.56	0.08
504	544.54	156.32				297	207.75	7.10
3	0.07	0.07				2	0.03	0.03
2	1.38					8	41.54	
724	749.83	62.28	62	78.40	21.97	1612	1814.57	79.46
277	**770.36**	**66.97**	**91**	**348.23**	**160.10**	**2072**	**2185.86**	**119.48**
64	42.45	11.91				198	120.55	5.76
						4	0.16	0.08
61	42.38	11.83				185	104.69	5.66
3	0.07	0.07				2	0.03	0.03
						7	15.68	
114	641.91	40.71	61	283.98	139.66	650	886.06	44.29
99	85.99	14.35	30	64.25	20.44	1224	1179.25	69.42
1999	**2388.85**	**479.43**	**437**	**517.39**	**37.73**	**1418**	**1896.56**	**85.38**

土地违法案件查处情况

Investigation and Treatment of Illegal Land

案件类型	Case Category	合计 Total		
		件数/件 Number of Case/case	涉及土地面积/公顷	
			Land Area Involved/hm²	耕地 Cultivated Land
上年未结案件	**Case Unsettled Last Year**	**114664**	**161905.81**	**59129.45**
本年发现违法	**Illegal Case Discovered in the Current Year**	**291414**	**112545.90**	**32796.36**
本年发生	Case Occurring This Year	113823	53194.67	14127.53
历年隐漏	Case Concealed and Not Discovered over the Years	177591	59351.23	18668.83
本年立案	**Case Filed This Year**	**50244**	**32712.37**	**9409.48**
本年发生案件立案	Filing of This Year's Case	12430	8921.80	2477.86
违法转让	Illegal Land Transfer	17	2.88	0.39
违法占地	Illegal Land Occupation	12200	8758.91	2414.23
违法批地	Illegal Land Approval	24	20.64	11.30
破坏农用地	Destruction of Agricultural Land	80	58.76	41.56
其他	Other	109	80.61	10.38
历年隐漏案件立案	Filing of Case Concealed and Not Discovered over the Years	37814	23790.57	6931.62
本年结案	**Case Settled This Year**	**38247**	**51177.42**	**19160.32**
处理本年发生案件	This Year's Case Handled	3114	2168.83	578.61
违法转让	Illegal Land Transfer	6	0.19	0.08
违法占地	Illegal Land Occupation	3032	2114.36	562.56
违法批地	Illegal Land Approval	22	20.51	11.22
破坏农用地	Destruction of Agricultural Land	20	3.31	1.36
其他	Other	34	30.46	3.39
处理上年未结案件	Last Year's Unsettled Case Handled	21935	38632.91	15418.72
处理隐漏案件	Handling of Concealed and Not Discovered Case	13198	10375.68	3162.99
本年未结案件	**Case Unsettled This Year**	**126661**	**143440.77**	**49378.61**

——按涉案级别分列（2022年）

Cases by Level of Involved Subject（2022）

省级 Provincial Level			市级 Municipal Level			县级 County Level		
件数/件 Number of Case/case	涉及土地面积/公顷 Land Area Involved/hm²	耕地 Cultivated Land	件数/件 Number of Case/case	涉及土地面积/公顷 Land Area Involved/hm²	耕地 Cultivated Land	件数/件 Number of Case/case	涉及土地面积/公顷 Land Area Involved/hm²	耕地 Cultivated Land
850	**4222.87**	**2314.35**	**1105**	**4643.77**	**1967.14**	**3596**	**11027.22**	**4948.59**
1045	**1435.19**	**626.97**	**1624**	**1727.82**	**432.61**	**6519**	**4981.95**	**1372.24**
579	784.71	346.35	923	861.79	207.38	2883	2159.11	506.98
466	650.48	280.62	701	866.03	225.23	3636	2822.84	865.25
222	**538.56**	**278.71**	**334**	**733.81**	**158.38**	**1677**	**1791.12**	**482.45**
94	225.95	94.50	117	205.75	44.39	440	523.53	137.74
1	0.17					1	0.01	
87	220.52	90.32	116	204.71	44.39	438	523.07	137.74
6	5.26	4.18						
			1	1.04				
						1	0.45	
128	312.61	184.21	217	528.06	113.99	1237	1267.59	344.72
209	**877.52**	**444.71**	**218**	**917.32**	**278.91**	**931**	**2805.69**	**965.22**
39	20.87	6.69	25	16.31	1.96	88	88.79	13.57
						1	0.01	
33	15.61	2.51	25	16.31	1.96	87	88.78	13.57
6	5.26	4.18						
119	721.87	349.63	143	737.15	259.09	508	2199.02	787.52
51	134.78	88.39	50	163.86	17.86	335	517.88	164.13
863	**3883.91**	**2148.35**	**1221**	**4460.26**	**1846.61**	**4342**	**10012.65**	**4465.83**

土地违法案件查处情况
Investigation and Treatment of Illegal Land

案件类型	Case Category	乡级 Township Level		
		件数/件 Number of Case/case	涉及土地面积/公顷 Land Area Involved/hm²	耕地 Cultivated Land
上年未结案件	**Case Unsettled Last Year**	**1817**	**1728.93**	**778.96**
本年发现违法	**Illegal Case Discovered in the Current Year**	**4600**	**2099.61**	**571.26**
本年发生	Case Occurring This Year	1998	1034.93	273.30
历年隐漏	Case Concealed and Not Discovered over the Years	2602	1064.68	297.96
本年立案	**Case Filed This Year**	**961**	**535.83**	**135.12**
本年发生案件立案	Filing of This Year's Case	244	149.72	40.91
违法转让	Illegal Land Transfer			
违法占地	Illegal Land Occupation	239	148.00	40.16
违法批地	Illegal Land Approval	3	1.41	0.68
破坏农用地	Destruction of Agricultural Land			
其他	Other	2	0.31	0.07
历年隐漏案件立案	Filing of Case Concealed and Not Discovered over the Years	717	386.11	94.21
本年结案	**Case Settled This Year**	**614**	**403.44**	**149.60**
处理本年发生案件	This Year's Case Handled	68	47.33	12.95
违法转让	Illegal Land Transfer			
违法占地	Illegal Land Occupation	63	45.61	12.20
违法批地	Illegal Land Approval	3	1.41	0.68
破坏农用地	Destruction of Agricultural Land			
其他	Other	2	0.31	0.07
处理上年未结案件	Last Year's Unsettled Case Handled	317	245.37	101.70
处理隐漏案件	Handling of Concealed and Not Discovered Case	229	110.74	34.95
本年未结案件	**Case Unsettled This Year**	**2164**	**1861.32**	**764.48**

——按涉案级别分列（2022年） 续表
Cases by Level of Involved Subject（2022） Continued

村（组）集体 Village and Collective Level			企事业单位 Enterprise and Institution			个人 Individual		
件数/件 Number of Case/case	涉及土地面积/公顷		件数/件 Number of Case/case	涉及土地面积/公顷		件数/件 Number of Case/case	涉及土地面积/公顷	
	Land Area Involved/hm²	耕地 Cultivated Land		Land Area Involved/hm²	耕地 Cultivated Land		Land Area Involved/hm²	耕地 Cultivated Land
13890	**4180.78**	**1482.28**	**41346**	**122542.89**	**43639.44**	**52060**	**13559.36**	**3998.69**
49590	**14547.76**	**4449.25**	**73294**	**59821.78**	**16133.91**	**154642**	**27931.79**	**9210.12**
21904	7264.35	2292.60	33028	30094.62	7410.39	52508	10995.16	3090.53
27786	7283.41	2156.65	40266	29727.16	8723.52	102134	16936.63	6119.59
7378	**2113.68**	**618.04**	**19306**	**22135.82**	**6464.87**	**20366**	**4863.55**	**1271.90**
1659	575.75	157.37	4990	5742.57	1679.96	4886	1493.53	322.99
1	0.09		4	0.95	0.08	10	1.66	0.31
1647	571.76	157.19	4915	5690.97	1663.72	4758	1399.88	280.71
3	0.41		12	13.56	6.44			
3	0.29	0.04	23	9.34	3.85	53	48.09	37.67
5	3.20	0.14	36	27.75	5.87	65	48.90	4.30
5719	1537.93	460.67	14316	16393.25	4784.91	15480	3365.02	948.91
5239	**1569.94**	**485.99**	**15829**	**40126.14**	**15754.22**	**15207**	**4477.37**	**1081.67**
399	119.20	31.74	1286	1472.68	434.77	1209	403.65	76.93
			1	0.03		4	0.15	0.08
395	118.52	31.74	1254	1439.98	425.47	1175	389.55	75.11
2	0.37		11	13.47	6.36			
1	0.25		2	0.56	0.56	17	2.50	0.80
1	0.06		13	18.64	2.38	13	11.45	0.94
2678	780.12	228.76	9206	31149.84	13053.48	8964	2799.54	638.54
2162	670.62	225.49	5337	7503.62	2265.97	5034	1274.18	366.20
16029	**4724.52**	**1614.33**	**44823**	**104552.57**	**34350.09**	**57219**	**13945.54**	**4188.92**

土地违法案件

Investigation and Treatment

地 区	Region	拆除构建物/米^2 Demolition of Building and Structure/m^2	没收构建物/米^2 Confiscation of Building and Structure/m^2
总 计	**Total**	**28153153**	**194948508**
自然资源部	MNR		
北 京	Beijing	72671	163627
天 津	Tianjin	36227	20551
河 北	Hebei	2031780	33548020
山 西	Shanxi	1338125	14158215
内蒙古	Nei Mongol	1171082	13570118
辽 宁	Liaoning	352758	1132304
吉 林	Jilin	92432	547160
黑龙江	Heilongjiang	85714	109670
上 海	Shanghai	949	
江 苏	Jiangsu	291928	3326519
浙 江	Zhejiang	559786	3527267
安 徽	Anhui	332986	2651991
福 建	Fujian	1987119	4881414
江 西	Jiangxi	189222	313957
山 东	Shandong	3298395	16401608
河 南	Henan	965117	6008880
湖 北	Hubei	476690	1465481
湖 南	Hunan	1111160	2558712
广 东	Guangdong	3903088	1936234
广 西	Guangxi	4096596	32011158
海 南	Hainan	1002873	1833483
重 庆	Chongqing	252901	2556376
四 川	Sichuan	574146	24786533
贵 州	Guizhou	519103	9890721
云 南	Yunnan	1118016	6770025
西 藏	Xizang	31591	36666
陕 西	Shaanxi	1031898	6508805
甘 肃	Gansu	179822	1138341
青 海	Qinghai	283318	70980
宁 夏	Ningxia	226700	2844659
新 疆	Xinjiang	538960	179033

查处结果（2022年）
Results of Illegal Land Cases（2022）

收回土地/公顷 Land Retrieval/hm²	耕地 Cultivated Land	罚没款/万元 Fine/10⁴ yuan
55467.89	**10629.74**	**1256482.07**
863.87	1.45	1252.44
1.04	0.19	573.47
4850.54	1146.63	37578.16
2382.40	175.66	98714.35
315.12	9.85	38728.13
118.32	43.51	4570.49
57.02	10.65	15196.46
673.69	0.90	3755.54
4.65	0.63	500.16
217.86	60.77	11325.11
1129.28	215.45	39418.86
1328.99	320.19	8102.17
4655.15	88.56	72359.54
434.37	181.99	35439.66
4710.73	812.93	396529.01
823.28	95.75	62970.74
1072.53	85.35	17168.63
2647.34	201.66	14077.83
706.30	220.83	23000.85
10823.59	3564.66	97407.59
706.07	29.81	18252.51
286.10	60.76	4472.64
11542.06	2396.83	141018.75
1668.77	332.69	25869.93
1407.47	205.55	23927.03
156.44	12.60	568.82
938.34	221.86	27663.56
181.87	28.98	14355.13
51.56	25.36	3182.34
303.47	57.03	9017.92
409.67	20.66	9484.13

矿产违法案件查处情况

Investigation and Treatment of

单位：件

案件类型	Case Category	合计 Total	自然资源部 MNR	北京 Beijing	天津 Tianjin	河北 Hebei	山西 Shanxi
上年未结案件	**Case Unsettled Last Year**	**4083**		**24**	**19**	**108**	**154**
本年立案	**Case Filed This Year**	**3093**			**3**	**42**	**139**
违法勘查	Illegal Exploration	71					1
无证勘查	Exploration without Any License	66					1
越界勘查	Cross-border Exploration	4					
违法转让探矿权	Illegal Transfer of Exploration Right						
勘查其他	Other Exploration	1					
违法开采	Illegal Mining	2994			3	42	138
无证开采	Mining without Any License	2357				39	92
越界开采	Cross-border Mining	578				3	44
违法转让采矿权	Illegal Transfer of Mining Right						
破坏性开采	Destructive Mining	5					
开采其他	Other Mining	54			3		2
违法批准	Illegal Approval	1					
违法发证	Unlawful Issuance of License	1					
勘查许可证	Exploration License	1					
采矿许可证	Mining License						
其他	Other	27					
本年结案	**Case Settled This Year**	**3154**			**2**	**61**	**208**
违法勘查	Illegal Exploration	74				1	2
无证勘查	Exploration without Any License	64				1	2
越界勘查	Cross-border Exploration	6					
违法转让探矿权	Illegal Transfer of Exploration Right						
勘查其他	Other Exploration	4					
违法开采	Illegal Mining	3068			2	60	206
无证开采	Mining without Any License	2408				59	117
越界开采	Cross-border Mining	591				1	83
违法转让采矿权	Illegal Transfer of Mining Right						
破坏性开采	Destructive Mining	12					3
开采其他	Other Mining	57			2		3
非法批准	Illegal Approval	1					
违法发证	Unlawful Issuance of License	1					
勘查许可证	Exploration License	1					
采矿许可证	Mining License						
其他	Other	11					
本年未结案件	**Case Unsettled This Year**	**4022**		**24**	**20**	**89**	**85**

——按地区分列（2022年）

Illegal Mineral Cases by Region（2022）

Unit：case

内蒙古 Nei Mongol	辽宁 Liaoning	吉林 Jilin	黑龙江 Heilongjiang	上海 Shanghai	江苏 Jiangsu	浙江 Zhejiang	安徽 Anhui	福建 Fujian	江西 Jiangxi	山东 Shandong	河南 Henan
60	**236**	**68**	**132**		**8**	**571**	**39**	**37**	**120**	**163**	**166**
35	**201**	**19**	**60**		**36**	**264**	**18**	**7**	**71**	**539**	**29**
4	1					1				2	
4	1					1				2	
31	198	19	60		36	263	18	7	67	535	29
27	147	14	32		35	252	10	3	44	524	26
4	45	5	25			6	6	4	23	5	3
	1					2					
	5		3		1	3	2			6	
	2								4	2	
35	**130**	**14**	**67**		**32**	**257**	**29**	**5**	**66**	**576**	**33**
3						1				2	
3						1				2	
32	130	14	66		32	256	29	5	66	572	33
28	94	13	43		32	244	20	1	44	564	26
4	31	1	20			4	9	4	22	4	7
	1					2					
	4		3			6				4	
			1							2	
60	**307**	**73**	**125**		**12**	**578**	**28**	**39**	**125**	**126**	**162**

矿产违法案件查处情况

Investigation and Treatment of Illegal

单位：件

案件类型	Case Category	湖北 Hubei	湖南 Hunan	广东 Guangdong	广西 Guangxi	海南 Hainan	重庆 Chongqing
上年未结案件	**Case Unsettled Last Year**	**138**	**248**	**113**	**483**	**59**	**45**
本年立案	**Case Filed This Year**	**54**	**120**	**62**	**269**	**90**	**36**
违法勘查	Illegal Exploration		1	1	1		
无证勘查	Exploration without Any License		1		1		
越界勘查	Cross-border Exploration			1			
违法转让探矿权	Illegal Transfer of Exploration Right						
勘查其他	Other Exploration						
违法开采	Illegal Mining	53	116	61	265	90	36
无证开采	Mining without Any License	41	78	42	215	88	27
越界开采	Cross-border Mining	11	35	19	45	2	9
违法转让采矿权	Illegal Transfer of Mining Right						
破坏性开采	Destructive Mining						
开采其他	Other Mining	1	3		5		
违法批准	Illegal Approval				1		
违法发证	Unlawful Issuance of License				1		
勘查许可证	Exploration License				1		
采矿许可证	Mining License						
其他	Other	1	3		2		
本年结案	**Case Settled This Year**	**43**	**118**	**70**	**297**	**90**	**51**
违法勘查	Illegal Exploration		1	7	1		
无证勘查	Exploration without Any License		1	4	1		
越界勘查	Cross-border Exploration			3			
违法转让探矿权	Illegal Transfer of Exploration Right						
勘查其他	Other Exploration						
违法开采	Illegal Mining	43	117	63	295	90	51
无证开采	Mining without Any License	36	56	45	224	89	40
越界开采	Cross-border Mining	6	59	18	63	1	11
违法转让采矿权	Illegal Transfer of Mining Right						
破坏性开采	Destructive Mining				2		
开采其他	Other Mining	1	2		6		
非法批准	Illegal Approval				1		
违法发证	Unlawful Issuance of License				1		
勘查许可证	Exploration License				1		
采矿许可证	Mining License						
其他	Other						
本年未结案件	**Case Unsettled This Year**	**149**	**250**	**105**	**455**	**59**	**30**

——按地区分列（2022年） 续表
Mineral Cases by Region (2022) Continued

Unit: case

四川 Sichuan	贵州 Guizhou	云南 Yunnan	西藏 Xizang	陕西 Shaanxi	甘肃 Gansu	青海 Qinghai	宁夏 Ningxia	新疆 Xinjiang
174	**183**	**306**	**18**	**55**	**58**	**27**	**63**	**208**
138	**178**	**142**		**30**	**25**	**20**	**19**	**447**
	1				2			56
					1			54
	1				1			1
								1
137	176	141		29	23	18	19	384
66	92	114		20	10	15	14	290
64	84	27		9	12	3	5	30
					1			1
7								13
1	1	1		1		2		7
78	**118**	**136**		**35**	**40**	**21**	**23**	**519**
	1	2			1			52
					1			48
	1							2
		2						2
73	117	134		35	39	20	23	460
45	77	102		23	17	13	15	341
28	40	29		8	19	7	8	104
				1	2			1
5		3		3	1			14
						1		7
234	**243**	**312**	**18**	**50**	**43**	**26**	**59**	**136**

矿产违法案件查处情况

Investigation and Treatment of Illegal

单位：件

案件类型	Case Category	合计 Total	国家机关 State Organ			
				省级 Provincial Level	市级 Municipal Level	县级 County Level
上年未结案件	**Case Unsettled Last Year**	**4083**	**53**	**2**	**5**	**46**
本年立案	**Case Filed This Year**	**3093**	**23**		**2**	**21**
违法勘查	Illegal Exploration	71				
无证勘查	Exploration without Any License	66				
越界勘查	Cross-border Exploration	4				
违法转让探矿权	Illegal Transfer of Exploration Right					
勘查其他	Other Exploration	1				
违法开采	Illegal Mining	2994	3		1	2
无证开采	Mining without Any License	2357	1			1
越界开采	Cross-border Mining	578	2		1	1
违法转让采矿权	Illegal Transfer of Mining Right					
破坏性开采	Destructive Mining	5				
开采其他	Other Mining	54				
违法批准	Illegal Approval	1	1			1
违法发证	Unlawful Issuance of License	1	1			1
勘查许可证	Exploration License	1	1			1
采矿许可证	Mining License					
其他	Other	27	19		1	18
本年结案	**Case Settled This Year**	**3154**	**10**		**2**	**8**
违法勘查	Illegal Exploration	74				
无证勘查	Exploration without Any License	64				
越界勘查	Cross-border Exploration	6				
违法转让探矿权	Illegal Transfer of Exploration Right					
勘查其他	Other Exploration	4				
违法开采	Illegal Mining	3068	3		1	2
无证开采	Mining without Any License	2408	1			1
越界开采	Cross-border Mining	591	2		1	1
违法转让采矿权	Illegal Transfer of Mining Right					
破坏性开采	Destructive Mining	12				
开采其他	Other Mining	57				
非法批准	Illegal Approval	1	1			1
违法发证	Unlawful Issuance of License	1	1			1
勘查许可证	Exploration License	1	1			1
采矿许可证	Mining License					
其他	Other	11	6		1	5
本年未结案件	**Case Unsettled This Year**	**4022**	**66**	**2**	**5**	**59**

——按涉案级别分列（2022年）
Mineral Cases by Level of Involved Subject（2022）

Unit：case

企事业单位 Enterprise and Institution	外商 Foreign-funded	集体 Collective	乡村 Township	个人 Individual
1410	**16**	**93**	**53**	**2527**
878	**11**	**47**	**29**	**2145**
11				60
8				58
3				1
				1
862	11	47	29	2082
370	6	38	25	1948
453	4	9	4	114
5				
34	1			20
5				3
962	**8**	**55**	**34**	**2127**
21		1		52
13		1		50
5				1
3				
938	8	54	34	2073
406	3	44	30	1957
481	5	10	4	98
12				
39				18
3				2
1326	**19**	**85**	**48**	**2545**

矿产违法案件
Investigation and Treatment

地 区	Region	吊销勘查许可证/个 Revoked Exploration License/case
总 计	**Total**	
自然资源部	MNR	
北 京	Beijing	
天 津	Tianjin	
河 北	Hebei	
山 西	Shanxi	
内蒙古	Nei Mongol	
辽 宁	Liaoning	
吉 林	Jilin	
黑龙江	Heilongjiang	
上 海	Shanghai	
江 苏	Jiangsu	
浙 江	Zhejiang	
安 徽	Anhui	
福 建	Fujian	
江 西	Jiangxi	
山 东	Shandong	
河 南	Henan	
湖 北	Hubei	
湖 南	Hunan	
广 东	Guangdong	
广 西	Guangxi	
海 南	Hainan	
重 庆	Chongqing	
四 川	Sichuan	
贵 州	Guizhou	
云 南	Yunnan	
西 藏	Xizang	
陕 西	Shaanxi	
甘 肃	Gansu	
青 海	Qinghai	
宁 夏	Ningxia	
新 疆	Xinjiang	

查处结果（2022年）

Results of Illegal Mineral Cases（2022）

吊销采矿许可证/个 Revoked Mining License/case	罚没款/万元 Fine/10^4 yuan
7	**40929.68**
	25.50
	201.41
	3215.67
	721.72
	1012.89
	51.91
	325.12
	77.94
	1441.86
	288.44
	61.83
	2271.90
	2727.90
	898.73
	809.49
2	820.58
1	669.55
	2338.36
	184.03
	336.76
1	459.23
	2069.86
	725.72
	64.79
	165.45
	378.48
	74.20
2	1711.87
1	16798.50

自然资源行政复议案件情况
Administrative Reconsideration Cases

单位：件

地 区	Region	上期结转 Case Transferred from Last Period	本期新收 Case Newly Received This Period			
			合计 Total	受理 Accepted	不予受理 Inadmissible	其他 Others
总 计	**Total**	**447**	**2036**	**1722**	**210**	**104**
自然资源部	MNR	159	735	535	129	71
北 京	Beijing	32	109	103	6	
天 津	Tianjin		184	184		
河 北	Hebei	40	218	189	15	14
山 西	Shanxi		2			2
内蒙古	Nei Mongol	1	16	16		
辽 宁	Liaoning	44	11	6	3	2
吉 林	Jilin	12	2		2	
黑龙江	Heilongjiang	1	5		5	
上 海	Shanghai	4	35	29		6
江 苏	Jiangsu	3	3	2	1	
浙 江	Zhejiang	17	327	302	25	
安 徽	Anhui	17	149	130	17	2
福 建	Fujian	7				
江 西	Jiangxi	1	18	18		
山 东	Shandong					
河 南	Henan	1				
湖 北	Hubei	21	64	53	4	7
湖 南	Hunan	4	34	34		
广 东	Guangdong	22				
广 西	Guangxi	1				
海 南	Hainan	8	7	7		
重 庆	Chongqing	13	52	52		
四 川	Sichuan	5	22	21	1	
贵 州	Guizhou					
云 南	Yunnan	10				
西 藏	Xizang		3	3		
陕 西	Shaanxi	10	6	6		
甘 肃	Gansu	12	6	6		
青 海	Qinghai		7	5	2	
宁 夏	Ningxia					
新 疆	Xinjiang	2	21	21		

——按地区分列（2022年）
of Natural Resources by Region（2022）

Unit：case

被申请人 The Respondent								
乡镇政府 Township Government	县级政府部门 County Government Department	县级政府 County Government	市（地）级政府部门 Municipal (Prefectural) Government Department	市（地）级政府 Municipal (Prefectural) Government	省级政府部门 Provincial Government Department	省级政府 Provincial Government	国务院部门 Department of the State Council	其他 Others
9	**442**	**35**	**659**	**10**	**512**	**15**	**323**	**31**
3	14	1	20	1	358	9	323	6
			109					
4	5		43		107	5		20
	132		83		2			1
			2					
	2		1		13			
	3		8					
			2					
			5					
	14		17		4			
			3					
1	118		208					
	71		76					2
	2	11		5				
	15		48		1			
1	19		14					
	7							
	6	14	2	3	26	1		
	9	8	4					1
			2	1				
	2	1	3					
	2		2		1			1
	6		1					
	15		6					

自然资源行政复议案件情况

Administrative Reconsideration Cases of

单位：件

地　区	Region	复议机关 Reconsideration Organ				
		市（地）级政府部门 Municipal (Prefectural) Government Department	省级政府部门 Provincial Government Department	自然资源部 Ministry of Natural Resources	信息公开 Information Disclosure	举报投诉 Report Complaint
总　计	**Total**	**531**	**738**	**767**	**553**	**461**
自然资源部	MNR			735	231	291
北　京	Beijing		109		9	86
天　津	Tianjin	5	166	13	54	
河　北	Hebei	133	85		92	25
山　西	Shanxi		2		1	
内蒙古	Nei Mongol	3	5	8	6	
辽　宁	Liaoning	10	1		3	2
吉　林	Jilin	2				
黑龙江	Heilongjiang		5			1
上　海	Shanghai	24	11		8	1
江　苏	Jiangsu		3			
浙　江	Zhejiang	132	195		50	14
安　徽	Anhui	75	74		41	37
福　建	Fujian					
江　西	Jiangxi	18			3	
山　东	Shandong					
河　南	Henan					
湖　北	Hubei	24	40		14	2
湖　南	Hunan	34			5	
广　东	Guangdong					
广　西	Guangxi					
海　南	Hainan	7			6	
重　庆	Chongqing	19	22	11	16	
四　川	Sichuan	19	3		7	2
贵　州	Guizhou					
云　南	Yunnan					
西　藏	Xizang	1	2			
陕　西	Shaanxi	5	1		4	
甘　肃	Gansu	5	1		1	
青　海	Qinghai	6	1			
宁　夏	Ningxia					
新　疆	Xinjiang	9	12		2	

——按地区分列（2022年） 续表1

Natural Resources by Region（2022） Continued 1

Unit：case

复议事项 Reconsideration Matter								
不动产登记 Real Estate Registration	行政处罚 Administrative Sanction	行政强制 Administrative Compulsion	行政征收 Administrative Expropriation	行政许可 Administrative Licensing	行政确认 Administrative Confirmation	行政确权 Administrative Confirmation of Right	行政不作为 Administrative Omission	其他 Others
148	**109**	**9**	**163**	**102**	**173**	**27**	**75**	**216**
15	1		112	32	1	2	14	36
8				5			1	
17	5		6	16				86
22	12	1	6	10	4		14	32
	1							
	3		1	2	1		3	
1	5							
			[illegible]				1	
2	2							
4		2	15	4				1
1	1							1
27	13		5	10	164	7	27	10
17	14		3	10		2	5	20
7	4		2	2				
14	18			5			4	7
7	1	4	7	2	3	1	3	1
1								
1	4		1	2		14		14
	5	2						6
2	1							
[illegible]							1	
[illegible]	1		3					
	4			1			2	
	14		1	1		1		2

自然资源行政复议案件情况

Administrative Reconsideration Cases of

单位：件

地区	Region	审理情况 Trial Situation					
		已审结 Concluded					
			驳回 Rejection	维持 Maintenance	责令履行 Ordering to Execution	变更 Change	确认违法 Confirmation of Illegality
总计	**Total**	**1960**	**422**	**937**	**135**	**4**	**51**
自然资源部	MNR	588	145	265	90	3	10
北京	Beijing	130	21	87			
天津	Tianjin	179	12	150	1		
河北	Hebei	220	55	45	19		21
山西	Shanxi						
内蒙古	Nei Mongol	16	4	7	2		
辽宁	Liaoning	35	7	18			
吉林	Jilin	12	11				
黑龙江	Heilongjiang	1					
上海	Shanghai	31	3	19			
江苏	Jiangsu	4	2	1			
浙江	Zhejiang	295	43	192	7		4
安徽	Anhui	145	43	36	6		6
福建	Fujian	4		2			
江西	Jiangxi	19	7	8	1		
山东	Shandong						
河南	Henan	1					
湖北	Hubei	74	25	21	4		4
湖南	Hunan	32	13	11			2
广东	Guangdong	8	1	2			3
广西	Guangxi						
海南	Hainan	15	8	5			
重庆	Chongqing	57	8	39	2		
四川	Sichuan	26	1	11	1		1
贵州	Guizhou						
云南	Yunnan	10					
西藏	Xizang	2					
陕西	Shaanxi	16	5	4		1	
甘肃	Gansu	12	5	4			
青海	Qinghai	5		1			
宁夏	Ningxia						
新疆	Xinjiang	23	3	9	2		

——按地区分列（2022年） 续表2

Natural Resources by Region（2022） Continued 2

Unit：case

				行政复议意见书 Administrative Reconsideration Opinion		行政赔偿 Administrative Compensation	
撤销 Revocation	撤回申请 Cancellation	其他 Others	未审结 Not Concluded	制发数 Issued Number	落实数 Real Number	件数 Number of Case	赔偿数额/元 Compensation/ yuan
241	**137**	**33**	**209**	**118**	**108**		
48	26	1	106	26	23		
8	14		5	11	11		
9	7		5	5	8		
71	7	2	9	3	5		
3			1		3		
4	5	1	15	3	3		
	1						
	1						
2	5	2	2	3	3		
1			1				
9	28	12	24				
43	10	1	2	1	1		
	1		3				
	3			2	2		
		1					
11	7	2		2	2		
2	3	1	6	13	13		
1		1	14				
			1				
	2			14	14		
3	2	3	8	4	4		
10	1	1		15	1		
	10						
		2	1				
2	2	2					
2		1	6	6	5		
2	2			2	2		
9				8	8		

自然资源行政复议案件情况

Administrative Reconsideration Cases of

单位：件

类 别	Category	上期结转 Transferred from Last Period	本期新收 Case Newly Received This Period				
			合计 Total	受理 Accepted	不予受理 Inadmissible	其他 Other	乡镇政府 Township Government
总 计	**Total**	**447**	**2036**	**1722**	**210**	**104**	**9**
规 划	Planning	79	313	291	14	8	
土 地	Land Resources	276	1478	1228	173	77	8
矿 产	Mineral Resources	31	72	59	8	5	
海 洋	Ocean Resources	1	1	1			
其 他	Other	60	172	143	15	14	1

类 别	Category	复议机关 Reconsideration Organ					
		市（地）级政府部门 Municipal (Prefectural) Government Department	省级政府部门 Provincial Government Department	自然资源部 Ministry of Natural Resources	信息公开 Information Disclosure	举报投诉 Report Complaint	不动产登记 Real Estate Registration
总 计	**Total**	**531**	**738**	**767**	**553**	**461**	**148**
规 划	Planning	37	249	27	51	51	2
土 地	Land Resources	425	422	631	466	362	105
矿 产	Mineral Resources	11	21	40	6	5	
海 洋	Ocean Resources			1		1	
其 他	Other	58	46	68	30	42	41

类 别	Category	审理情况 Trial Situation					
		已审结 Concluded					
			驳回 Rejection	维持 Maintenance	责令履行 Ordering to Execution	变更 Change	确认违法 Confirmation of Illegality
总 计	**Total**	**1960**	**422**	**937**	**135**	**4**	**51**
规 划	Planning	355	39	265	3		5
土 地	Land Resources	1365	328	579	123	4	39
矿 产	Mineral Resources	78	8	25	8		3
海 洋	Ocean Resources	2	1				
其 他	Other	160	46	68	1		4

——按行政管理类别分列（2022年）

Natural Resources by Administrative Category （2022）

Unit：case

被申请人 The Respondent							
县级政府部门 County Government Department	县级政府 County Government	市（地）级政府部门 Municipal (Prefectural) Government Department	市（地）级政府 Municipal (Prefectural) Government	省级政府部门 Provincial Government Department	省级政府 Provincial Government	国务院部门 Department of the State Council	其他 Other
442	**35**	**659**	**10**	**512**	**15**	**323**	**31**
41		229		21		7	15
353	24	359	7	407	15	295	10
14		16		41			1
						1	
34	11	55	3	43		20	5

复议事项 Reconsideration Matter							
行政处罚 Administrative Sanction	行政强制 Administrative Compulsion	行政征收 Administrative Expropriation	行政许可 Administrative Licensing	行政确认 Administrative Confirmation	行政确权 Administrative Confirmation of Right	行政不作为 Administrative Omission	其他 Other
109	**9**	**163**	**102**	**173**	**27**	**75**	**216**
11			48	134		2	14
77	9	163	16	32	11	67	170
16			35	1		2	7
5			3	6	16	4	25

				行政复议意见书 Administrative Reconsideration Opinion		行政赔偿 Administrative Compensation	
撤销 Revocation	撤回申请 Withdrawal of Claim	其他 Other	未审结 Not Concluded	制发数 Issued Number	落实数 Real Number	件数 Number of Case	赔偿数额/元 Compensation/yuan
241	**137**	**33**	**209**	**118**	**108**		
21	19	3	15	13	14		
185	85	22	139	94	85		
18	16		12	10	8		
1							
16	17	8	43	1	1		

自然资源行政诉讼案件

Administrative Litigation Cases

单位：件

地　区	Region	上期结转 Transferred from Last Period	本期发生 Occurred in This Period	对规范性文件附带审查 Additional Review of Normative Document
总　计	**Total**	**5885**	**26617**	**433**
自然资源部	MNR	30	360	
北　京	Beijing	39	615	3
天　津	Tianjin	92	375	
河　北	Hebei	169	725	239
山　西	Shanxi	34	410	1
内蒙古	Nei Mongol	93	638	1
辽　宁	Liaoning	169	946	3
吉　林	Jilin	36	213	
黑龙江	Heilongjiang	103	408	
上　海	Shanghai	189	226	
江　苏	Jiangsu	420	1479	11
浙　江	Zhejiang	364	1226	21
安　徽	Anhui	174	1075	1
福　建	Fujian	50	640	
江　西	Jiangxi	31	602	6
山　东	Shandong	474	1665	1
河　南	Henan	130	1121	4
湖　北	Hubei	285	979	2
湖　南	Hunan	163	1652	3
广　东	Guangdong	831	2982	6
广　西	Guangxi	260	1634	12
海　南	Hainan	293	805	47
重　庆	Chongqing	440	1410	
四　川	Sichuan	194	1570	61
贵　州	Guizhou	116	747	
云　南	Yunnan	131	748	
西　藏	Xizang	2	8	2
陕　西	Shaanxi	426	659	1
甘　肃	Gansu	78	339	
青　海	Qinghai	2	27	
宁　夏	Ningxia	15	116	
新　疆	Xinjiang	52	217	8

情况——按地区分列（2022年）
of Natural Resources by Region（2022）

Unit：case

应诉机关 Responding Organ			诉讼事项 Litigation Matter		
原行为机关单独应诉 The Original Agency Response Separately	复议机关单独应诉 The Administrative Organ for Reconsideration Response Separately	共同应诉 Joint Response	信息公开 Information Disclosure	举报投诉 Report Complaint	不动产登记 Real Estate Registration
22776	**301**	**3540**	**2446**	**910**	**8946**
87	82	191	109	163	5
518		97	64	109	269
290	3	82	55	15	117
581	18	126	120	36	178
362	1	47	45	5	90
538	2	98	28	3	394
856	17	73	60	22	359
195	1	17	19	6	58
401		7	41	1	251
180		46	58	25	88
1324	4	151	220	115	488
1083	14	129	124	61	443
941	3	131	84	48	280
559	5	76	29	7	175
487	1	114	29	18	188
1426	3	236	209	73	582
1047		74	78	34	495
911	12	56	79	11	220
1414	11	227	108	17	264
2555	13	414	223	42	1348
1466		168	52		790
700	42	63	11	1	346
1211	43	156	174	13	377
1228	14	328	211	71	278
635		112	44	4	309
639	1	108	38	7	179
3	1	4	1		6
590		69	91	1	173
273		66	10	1	84
16	3	8	3		8
91		25	6	1	32
169	7	41	23		61

自然资源行政诉讼案件情况
Administrative Litigation Cases of Natural

单位：件

地区	Region	诉讼事项 Litigation Matter				
		行政许可 Administrative Licensing	行政处罚 Administrative Sanction	行政强制 Administrative Compulsion	行政确认 Administrative Confirmation	行政确权 Administrative Confirmation of Right
总计	**Total**	**1762**	**1650**	**1022**	**1263**	**573**
自然资源部	MNR	27	1		1	7
北京	Beijing	52	12	1	26	
天津	Tianjin	18	14		1	1
河北	Hebei	43	40	44	32	8
山西	Shanxi	10	36	80	21	14
内蒙古	Nei Mongol	11	30	32	4	25
辽宁	Liaoning	119	97	3	19	15
吉林	Jilin	20	34	10	8	6
黑龙江	Heilongjiang	34	21	4	6	7
上海	Shanghai	18	1		3	1
江苏	Jiangsu	110	104	32	24	16
浙江	Zhejiang	115	41	26	23	39
安徽	Anhui	46	94	27	60	3
福建	Fujian	44	28	34	131	14
江西	Jiangxi	56	34	14	19	3
山东	Shandong	112	91	36	79	8
河南	Henan	49	115	35	20	41
湖北	Hubei	89	40	8	142	30
湖南	Hunan	104	97	98	124	53
广东	Guangdong	343	136	104	70	66
广西	Guangxi	101	130	88	102	36
海南	Hainan	24	8	12	172	82
重庆	Chongqing	40	70	112	12	27
四川	Sichuan	68	68	63	47	10
贵州	Guizhou	25	43	26	72	20
云南	Yunnan	27	139	40	16	12
西藏	Xizang		1			
陕西	Shaanxi	28	37	34	7	9
甘肃	Gansu	12	21	28	13	9
青海	Qinghai	4	3	2	4	
宁夏	Ningxia	3	4	6	1	7
新疆	Xinjiang	10	60	23	4	4

——按地区分列（2022年） 续表1

Resources by Region（2022） Continued 1

Unit：case

				应诉机关级别 Level of Responding Organ				
行政征收 Administrative Expropriation	行政赔偿 Administrative Compensation	行政不作为 Administrative Omission	其他 Others	县级行政主管部门 County Administrative Department	市（地）级行政主管部门 Municipal (Prefectural) Administrative Department	省级行政主管部门 Provincial Administrative Department	国家级行政主管部门 National Administrative Department	其他 Others
3361	**1067**	**1176**	**2441**	**15576**	**9428**	**1137**	**368**	**108**
32	1	6	8				360	
1	3	22	56		541	74		
50	6	88	10	101	57	195		22
35	21	37	131	444	237	30		14
21	21	47	20	292	109	9		
41	11	9	50	438	189	11		
90	54	16	92	438	454	46		8
19	14	10	9	111	92	10		
	5	20	8	201	198	9		
17	4	10	1	70	24	132		
110	111	79	70	708	727	44		
144	15	80	115	660	503	63		
293	10	37	93	729	311	35		
68	15	38	57	391	227	22		
94	53	36	58	478	109			15
164	48	173	90	1050	580	35		
60	77	29	87	680	419	19		3
227	42	15	76	605	348	26		
463	117	83	124	1147	485	17		3
164	68	86	332	1295	1614	54		19
53	73	51	158	1236	386	12		
37	23	11	78	427	350	28		
325	54	23	183	1112	140	139		19
498	56	56	144	1065	408	88	8	1
54	30	36	84	573	163	8		3
127	27	24	112	691	54	3		
					8			
50	63	43	123	245	395	19		
102	25	6	28	200	136	2		1
2			1	14	10	3		
17	15	3	21	76	40			
3	5	2	22	99	114	4		

自然资源行政诉讼案件情况

Administrative Litigation Cases of Natural

单位：件

地 区	Region	已审结 Concluded Case					
		判决 Sentence					
		合计 Total	驳回诉讼请求 Rejection of Claim	撤销 Revocation	变更 Change	责令履行 Ordering to Execution	确认违法或无效 Confirmation of Illegality or Invalidity
总 计	**Total**	**14511**	**10334**	**2040**	**137**	**922**	**1078**
自然资源部	MNR	88	86	2			
北 京	Beijing	226	184	34		2	6
天 津	Tianjin	48	44				4
河 北	Hebei	403	271	73		36	23
山 西	Shanxi	252	165	34	12	14	27
内蒙古	Nei Mongol	426	294	90		15	27
辽 宁	Liaoning	485	340	89	4	26	26
吉 林	Jilin	111	77	17		8	9
黑龙江	Heilongjiang	198	76	29	1	73	19
上 海	Shanghai	89	82	2		2	3
江 苏	Jiangsu	578	548	15	2	5	8
浙 江	Zhejiang	476	449	13	2	4	8
安 徽	Anhui	774	447	88	13	171	55
福 建	Fujian	338	274	38		11	15
江 西	Jiangxi	378	250	64		34	30
山 东	Shandong	871	679	99	7	25	61
河 南	Henan	636	432	115	5	33	51
湖 北	Hubei	608	516	39	1	22	30
湖 南	Hunan	884	583	150	18	53	80
广 东	Guangdong	1313	835	271	17	32	158
广 西	Guangxi	1154	704	299	22	57	72
海 南	Hainan	492	374	78	2	23	15
重 庆	Chongqing	956	746	81	7	72	50
四 川	Sichuan	934	716	97	2	64	55
贵 州	Guizhou	307	207	37	3	23	37
云 南	Yunnan	560	391	54	8	21	86
西 藏	Xizang	5			2	1	2
陕 西	Shaanxi	481	340	62		44	35
甘 肃	Gansu	224	102	25	5	19	73
青 海	Qinghai	21	7	7	2	4	1
宁 夏	Ningxia	53	33	16		4	
新 疆	Xinjiang	142	82	22	2	24	12

——按地区分列（2022年） 续表2

Resources by Region（2022） Continued 2

Unit：case

裁定 Rule				未审结案件 Not Concluded Case	二审案件 Second Instance Case	再审案件 Retrial Case
合计 Total	驳回起诉 Rejection of Prosecution	准予撤诉 Withdrawal Granted	终结诉讼 Termination of Litigation			
12557	**8749**	**3539**	**269**	**5434**	**10272**	**2358**
237	223	14		65	308	97
306	254	51	1	122	252	7
296	228	62	6	123	87	15
317	233	72	12	174	266	62
149	113	32	4	43	199	15
191	128	58	5	114	244	28
336	271	53	12	294	423	45
123	85	37	1	15	52	14
233	205	26	2	80	93	8
187	138	47	2	139	83	34
984	696	250	38	337	607	175
819	503	305	11	295	432	115
356	178	175	3	119	356	77
302	227	68	7	50	223	60
228	164	60	4	27	212	56
882	574	305	3	386	574	122
454	316	112	26	161	346	61
482	324	152	6	174	449	70
724	492	220	12	207	574	83
1577	1193	370	14	923	1494	109
420	322	83	15	320	603	162
389	340	44	5	217	487	121
568	371	194	3	326	412	195
655	417	230	8	175	658	333
428	219	203	6	128	150	69
197	124	60	13	122	260	82
3	3			2	5	
453	261	158	34	151	207	79
134	50	77	7	59	115	40
4	2		2	4	4	
72	55	13	4	6	31	4
51	40	8	3	76	66	20

自然资源行政诉讼案件情况
Administrative Litigation Cases of Natural

单位：件

类 别	Category	上期结转 Transferred from Last Period	本期发生 Occurred in This Period	对规范性文件附带审查 Additional Review of Normative Document
总 计	**Total**	**5885**	**26617**	**433**
规 划	Planning	671	2106	19
土 地	Land Resources	3959	20338	410
矿 产	Mineral Resources	103	442	2
海 洋	Ocean Resources	28	168	
其 他	Other	1124	3563	2

类 别	Category	诉讼事项 Litigation Matter						
		信息公开 Information Disclosure	举报投诉 Report Complaints	不动产登记 Real Estate Registration	行政许可 Administrative Licensing	行政处罚 Administrative Sanction	行政强制 Administrative Compulsion	行政确认 Administrative Confirmation
总 计	**Total**	**2446**	**910**	**8946**	**1762**	**1650**	**1022**	**1263**
规 划	Planning	299	137	130	853	122	109	55
土 地	Land Resources	1859	717	6612	672	1277	855	1057
矿 产	Mineral Resources	55	2	24	131	94	17	9
海 洋	Ocean Resources	2		56	14	3		1
其 他	Other	231	54	2124	92	154	41	141

类 别	Category	已审结案件 Concluded Case					
		判决 Sentence					
		合计 Total	驳回诉讼请求 Rejection of Claim	撤销 Revocation	变更 Change	责令履行 Ordering to Execution	确认违法或无效 Confirmation of Illegality or Invalidity
总 计	**Total**	**14511**	**10334**	**2040**	**137**	**922**	**1078**
规 划	Planning	1278	1052	118	9	27	72
土 地	Land Resources	10955	7705	1553	94	747	856
矿 产	Mineral Resources	287	219	24		31	13
海 洋	Ocean Resources	59	39	11		3	6
其 他	Other	1932	1319	334	34	114	131

——按行政管理类别分列（2022年）

Resources by Administrative Category（2022）

Unit：case

应诉机关 Responding Organ		
原行为机关单独应诉 The Original Agency Response Separately	复议机关单独应诉 The Administrative Organ for Reconsideration Response Separately	共同应诉 Joint Response
22776	**301**	**3540**
1725	12	369
17413	238	2687
343	3	96
155	1	12
3140	47	376

					应诉机关级别 Level of Responding Organ				
行政确权 Administrative Confirmation of Right	行政征收 Administrative Expropriation	行政赔偿 Administrative Compensation	行政不作为 Administrative Omission	其他 Others	县级行政主管部门 County Administrative Department	市（地）级行政主管部门 Municipal (Prefectural) Administrative Department	省级行政主管部门 Provincial Administrative Department	国家级行政主管部门 National Administrative Department	其他 Others
573	**3361**	**1067**	**1176**	**2441**	**15576**	**9428**	**1137**	**368**	**108**
6	23	51	119	202	884	1116	94	4	8
433	3255	835	942	1824	12219	6,902	809	333	75
6	23	29	17	35	280	74	67	18	3
2	3	59		28	86	76	6		
126	57	93	98	352	2107	1260	161	13	22

裁定 Rule				未审结案件 Not Concluded Case	二审案件 Second Instance Case	再审案件 Retrial Case
合计 Total	驳回起诉 Rejection of Prosecution	准予撤诉 Withdrawal Granted	终结诉讼 Termination of Litigation			
12557	**8749**	**3539**	**269**	**5434**	**10272**	**2358**
961	723	231	7	538	813	224
9551	6657	2660	234	3791	7919	1810
174	122	48	4	84	229	63
92	49	43		45	120	30
1779	1198	557	24	976	1191	231

自然资源公益诉讼案件
Public Interest Litigation Cases of

地 区	Region	上期结转数量/件 Transferred from Last Period/case	本期新收数量/件 Newly Received in This Period/case	行政机关/件 Administration/case								
										国有土地使用权出让 State-owned Land Use Right Transfer		
				部本级 MNR	省级 Provincial Level	市级 Municipal Level	县级 County Level	其他 Other		土地出让金追缴 Recovery of Land Transferring Fee	闲置土地处置 Disposal of Idle Land	其他 Others
总 计	**Total**	**109**	**386**			**108**	**264**	**14**	**64**	**34**	**16**	**14**
自然资源部	MNR											
北 京	Beijing											
天 津	Tianjin											
河 北	Hebei		1				1					
山 西	Shanxi		4				4		3	1		2
内蒙古	Nei Mongol	4	3			1	2					
辽 宁	Liaoning		1				1					
吉 林	Jilin	2	4				4					
黑龙江	Heilongjiang	1	14			4	10		9	8		1
上 海	Shanghai											
江 苏	Jiangsu	1	12			1	9	2	4		3	1
浙 江	Zhejiang	2	10				10					
安 徽	Anhui		4			3	1		1	1		
福 建	Fujian		3				3		3		3	
江 西	Jiangxi	11	20			2	18		3	1	2	
山 东	Shandong	1	5				5					
河 南	Henan	1	1				1					
湖 北	Hubei	2	39			4	35					
湖 南	Hunan	48	40			4	36		5	4	1	
广 东	Guangdong	5	10			6	4		1			1
广 西	Guangxi											
海 南	Hainan	8	25			10	15		5	2	3	
重 庆	Chongqing	13	43			1	42		3	3		
四 川	Sichuan	6	23			6	17		7	2	1	4
贵 州	Guizhou		9				9		1	1		
云 南	Yunnan		99			66	22	11	14	9	3	2
西 藏	Xizang											
陕 西	Shaanxi	1	11				10	1	3			3
甘 肃	Gansu	2	4				4		2	2		
青 海	Qinghai											
宁 夏	Ningxia	1										
新 疆	Xinjiang		1				1					

情况——按地区分列（2022年）

Natural Resources by Region (2022)

案件类型/件 Type of Case/case											
生态环境与资源保护 Ecological Environment and Natural Resources Protection							国有财产保护 Protection of State-owned Property				其他案件类型 Other Kind of Case
	耕地保护 Cultivated Land Protection	矿山地质环境恢复治理 Mine Geological Environment Restoration and Treatment	海岸线修复 Shoreline Restoration	违法案件查处 Investigation and Handling of Illegal Case	不动产登记 Real Estate Registration	其他 Others		海域使用金追缴 Recovery of Sea Area Use Right Fee	矿业权出让价款追缴 Recovery of Mining Right Granting Fee	其他 Others	
250	**85**	**46**	**1**	**85**	**8**	**25**	**38**		**35**	**3**	**34**
											1
1						1					
3	1	2									
											1
4		4									
5	2			3							
7	1		1	4	1		1			1	
9	2			5		2					1
2				2							1
15	8	1		4	2						2
5	4				1						
1				1							
37	11	5		20		1					2
33	5	2		24		2	2			2	
6	1			1		4					3
20	11	2			1	6					
34	10	7		12	2	3					6
15	12	1		1		1					1
7	2	1		3	1						1
36	12	17		2		5	35		35		14
7	2	2		3							1
2	1	1									
1		1									

自然资源公益诉讼案件

Public Interest Litigation Cases of Natural

地 区	Region	已结案/件 Settled/case								
			诉前按期完成整改 Completing Rectification on Schedule before Lawsuit	撤回检查建议 Withdrawal of Prosecutorial Recommendation	已被提起诉讼并审结					
						确认违法 Confirmation of Illegality	确认无效 Confirmation of Invalidity	撤销 Revocation	部分撤销 Partial Revocation	责令履行 Ordering to Execution
总 计	**Total**	**445**	**323**	**37**	**85**	**8**		**2**	**1**	**40**
自然资源部	MNR									
北 京	Beijing									
天 津	Tianjin									
河 北	Hebei	1	1							
山 西	Shanxi	4	1		3					1
内蒙古	Nei Mongol	7	2		5					5
辽 宁	Liaoning	1			1					
吉 林	Jilin	6			6					4
黑龙江	Heilongjiang	13	13							
上 海	Shanghai									
江 苏	Jiangsu	12	12							
浙 江	Zhejiang	10	7	2	1					
安 徽	Anhui	4	4							
福 建	Fujian	3	3							
江 西	Jiangxi	31	18		13	3				
山 东	Shandong	6	2	4						
河 南	Henan	2	1		1					1
湖 北	Hubei	41	24		17					15
湖 南	Hunan	79	68	5	6					
广 东	Guangdong	12	11		1			1		
广 西	Guangxi									
海 南	Hainan	26	24		2					2
重 庆	Chongqing	36	31		5	1				3
四 川	Sichuan	28	24	1	3					1
贵 州	Guizhou	9	6		3	2				1
云 南	Yunnan	98	65	24	9				1	5
西 藏	Xizang									
陕 西	Shaanxi	12	5	1	6	2				1
甘 肃	Gansu	4	1		3			1		1
青 海	Qinghai									
宁 夏	Ningxia									
新 疆	Xinjiang									

情况——按地区分列（2022年） 续表
Resources by Region（2022） Continued

Has Been Litigated and Concluded					未审结/件 Not Concluded/case			追责人数/人 Number of Person Claiming Responsibility/person			
变更 Change	驳回诉讼请求 Rejection of Claim	撤诉 Withdrawing a Lawsuit	其他 Others		未到整改期限 Not Reaching Rectification Deadline	未完成诉讼程序 Not Completing Proceedings		厅局级 Bureau Level	处级 Section Level	科级 Office Level	其他 Others
	16	**12**	**6**	**50**	**42**	**8**	**11**			**5**	**6**
	2										
		1									
		2									
				2	2						
				1	1						
		1		2	1	1					
	10										
	1		1								
	2	1	3	9	9		10			4	6
				3	2	1					
				7	2	5					
			1	20	20						
		2		1	1						
		3		1	1						
	1	1	1				1			1	
		1		2	2						
				1		1					
				1	1						

主要统计指标解释

土地违法案件　指违反土地管理法律法规，应当追究法律责任的案件。

涉及土地面积　指各级机关、村（组）集体、企事业单位和个人等发生违反土地管理法律、法规行为，所牵涉的土地面积。

上年未结案件　指上年未结案需要转到本年继续处理的案件。

本年发现违法　指报告期内发现的土地违法行为。

历年隐漏　指报告期以前发生而在报告期内发现的土地违法行为。

本年立案　指报告期内经批准由自然资源主管部门立案查处的土地违法案件。

本年发生案件立案　指报告期内发生的土地违法行为，经批准由自然资源主管部门立案查处的土地违法案件。

违法转让　指违反土地管理法律法规，将土地使用权有限期转移给他人的行为。

违法占地　指单位或个人未经批准擅自占用土地、采取欺骗手段骗取批准占用土地以及超过批准的数量多占土地的违法行为。

违法批地　指没有批准权的单位或个人批准用地，虽有批准权但超越了批准权限批准用地，违反土地利用总体规划批准用地和违反法律规定的程序批准用地的违法行为。

其他（本年发生案件立案）　指除买卖或非法转让、破坏耕地、未经批准占地、非法批地、低价出让土地以外的土地违法案件。

历年隐漏案件立案　指报告期内对历年隐漏的土地违法行为，经批准由自然资源主管部门立案查处的全部土地违法案件。

本年结案　指报告期内经过自然资源主管部门处理已结案的土地违法案件。

处理本年发生案件　指报告期内发生并经过自然资源主管部门处理，已结案的土地违法案件。

其他（处理本年发生案件）　指除买卖和非法转让、破坏耕地、非法占地、非法批地、低价出让土地以外本年已结案的土地违法案件。

处理上年未结案件　指报告期内对上年未结案件经过自然资源主管部门处理并已结案的土地违法案件。

处理隐漏案件　指报告期内对隐漏案件经过自然资源主管部门处理并已结案的土地违法案件。

本年未结案件　指当年不能结案需要转到下一年度继续处理的案件。

省级、市级、县级、乡级　指发生违反土地管理法律法规规定的各级党政军机关、人民团体。中央党政军机关、人民团体在外地的派出机构违反土地管理法律法规有关规定的案件，按机关级别归类到相应级别机关内。各级党政军机关、人民团体所属企事业单位违反土地管理法律法规的，应统计在企事业单位栏内。

拆除构建物　指对非法占地者所建的建筑物、构筑物依法拆除的面积。

没收构建物　指对非法占地者所建的建筑物、构筑物依法没收的面积。

收回土地 指报告期内自然资源主管部门依法收回并已结案的土地面积。

罚没款 指自然资源主管部门依法对报告期内已结案的案件进行经济处罚的实收金额。

无证勘查 指未依法取得勘查许可证而进行勘查的活动。

越界勘查 指探矿权人超越批准勘查的区块范围进行的勘查活动。

违法转让探矿权 指违反《探矿权采矿权转让管理办法》规定的探矿权转让行为。

勘查其他 指上述各项之外的其他违法勘查活动。

无证开采 指未依法取得采矿许可证的非法采矿活动。

越界开采 指采矿权人超越批准的矿区范围进行的采矿活动，包括越层开采。

违法转让采矿权 指违反《探矿权采矿权转让管理办法》规定的采矿权转让行为。

破坏性开采 指采矿权人违反地质矿产主管部门审查批准的矿产资源开发利用方案开采矿产资源的活动。

开采其他 指上述各项之外的违法采矿活动。

违法批准 指负责矿产资源监督管理工作的国家工作人员或其他有关国家工作人员违反矿产资源法律法规的规定，擅自批准勘查、开采矿产资源和颁发勘查许可证、采矿许可证的行为。

吊销勘查许可证 指依法由原颁发勘查许可证的主管机关吊销勘查许可证的件数。

吊销采矿许可证 指依法由原颁发采矿许可证的主管审批、发证机关吊销采矿许可证的案件数。

上期结转 指本报告期之前复议机关已受理但未审结的行政复议案件数。

本期新收 指本报告期内行政机关新收到的行政复议申请数。

受理 指本报告期内行政复议机关决定立案审理的行政复议案件数。

已审结 指在本报告期内上期结转和本期受理的案件中已正式审结的案件。

其他 包括：①部分维持、部分撤销的决定；②部分维持、部分变更的决定；③部分维持、部分责令履行的决定；④部分撤销、部分变更的决定；⑤部分撤销、部分责令履行的决定；⑥部分变更、部分责令履行的决定等。

上期结转 指人民法院已受理但尚未作出一审判决、裁定的诉讼案件数。

本期新收 指本报告期内收到的一审行政诉讼案件。

已审结 指报告期内收到一审裁判文书的案件，不以裁判文书是否生效为标准。

未审结 指在本报告期内尚未作出一审判决、裁定的诉讼案件数。

上期结转 指本报告期之前检察机关已转至自然资源主管部门但未审结的诉前检察建议案件和行政公益诉讼案件。

本期发生 指本报告期内行政机关新收到的诉前检察建议案件和行政公益诉讼案件。

Explanatory Notes on Main Statistical Indicators

Illegal Land Case—the case of violation of laws and regulations of land administration for which legal liabilities should be investigated.

Land Area Involved—the land area involved by the acts in violation of land administration laws and regulations committed by agencies at various levels, collectives of villages （groups）, enterprises and institutions, and individuals.

Case Unsettled Last Year—the case that is not settled last year and need to be transferred to the current year and continue to be handled.

Illegal Case Discovered in the Current Year—the act in violation of land administration laws and regulations discovered during the reporting period.

Case Concealed and Not Discovered over the Years—land violation occurred before the reporting period and discovered during the reporting period.

Case Filed This Year—the violation approved to be filed and investigated by the natural resources authority during the reporting period.

Filing of This Year' s Case—the land violation occurred during the reporting period, which is approved to be filed and investigated by the natural resources authority.

Illegal Land Transfer—the act through which the land use right is transferred to another person within a definite period of time, which is in violation of natural resources administration laws and regulations.

Illegal Land Occupation—the illegal act through which units or individuals occupy and use land without approval, obtain approval by deceitful means, and occupy and use land exceeding the approved amount.

Illegal Land Approval—the illegal act through which units or individuals without authority approve use of land occupation of land, or they approve occupation of land by overstepping their authority of approval or in violation of the national overall planning of land utilization and procedures for land approval prescribed by law although they have approval authority.

Other（Filing of This Year' s Case）—the cases in violation of natural resources administration laws and regulations except for those concerning land purchase and sale or illegal transfer, damage of cultivated land, occupation of land illegally, unlawful approval of land occupation, and assigning of land at a lower price.

Filing of Case Concealed and Not Discovered over the Years—the hidden and leaked land violation approved to be filed and investigated by the natural resources authority during the reporting period.

Case Settled This Year—the case of land violation that has been handled by the natural resources authority during the reporting period.

This Year's Case Handled—the case in violation of natural resources laws and regulations committed and handled and settled by the competent natural resources administration department during the reporting period.

Other（This Year's Case Handled）—the cases in violation of natural resources laws and regulations except for land purchase and sale or unlawful transfer of land, damage of cultivated land, occupation of land without approval, unlawful approval of land occupation, and assigning of land at a lower price.

Last Year's Unsettled Case Handled—the last year's unsettled case in violation of natural resources administration laws and regulations handled and settled by the competent natural resources administration department during the reporting period.

Handling of Concealed and Not Discovered Case—the hidden and leaked land violation handled and closed by the natural resources authority during the reporting period.

Case Unsettled This Year—the case that is not able to be settled in the current year and need to be transferred to the next year and continue to be handled.

Provincial Level, Municipal Level, County Level, Township level—party, government, and army administration agencies and mass organizations at various levels that commit acts in violation of laws and regulations of land administration. The cases concerning illegal acts of land committed by agencies sent to other parts of the country by the central party, government, and army administration agencies and mass organizations are classified according to the levels of these agencies as those at corresponding levels. Enterprises and institutions affiliated to agencies and mass organizations at various levels that violate land administration laws and regulations should be included in the column of enterprises and institutions.

Demolition of Building and Structure—the area of buildings and structures built by illegal land occupants and demolished according to law.

Confiscation of Building and Structure—the area of buildings and structures built by illegal land occupants and confiscated according to law.

Land Retrieval—the area of land retrieved and closed by natural resources authorities in accordance with the law during the reporting period.

Fine—the amount of money actually collected by natural resources authorities for economic punishment of the closed cases in the reporting period according to law.

Exploration without Any License—the exploration operation carried out without obtaining an exploration license according to law.

Cross-border Exploration—the exploration operation carried out by an exploration right holder beyond the approved limit of the exploration block.

Illegal Transfer of Exploration Right—the act through which the exploration right is transferred in violation of the *Regulations for Transferring Exploration Rights and Mining Rights*.

Other Exploration—other illegal exploration operations except the above-mentioned items.

Mining without Any License—the mining operation carried out without obtaining a mining license according to law.

Cross-border Mining—the mining operation carried out by a mining right holder beyond the approved limit of the mining area, including cross-bed mining operation.

Illegal Transfer of Mining Right—the act through which the mining right is transferred in violation of the *Regulations for Transferring Exploration Rights and Mining Rights*.

Destructive Mining—the wasteful mining operation by a mining right holder that departs from the rational mining sequence or appropriate mining methods and technologies and is destructive to mineral resources.

Other Mining—other illegal mining operations except the above-mentioned items.

Illegal Approval—the act through which the state functionary in charge of mineral resources supervision and management and other state functionary approve exploration and mining of mineral resources and issue exploration license and mining license without authorization in violation of laws and regulations concerning mineral resources.

Revoked Exploration License—the number of exploration licenses revoked by the original exploration license-issuing administration department according to law.

Revoked Mining License—the number of mining licenses revoked by the original mining license-issuing administration department in charge of examining and approving and issuing licenses according to law.

Case Transferred from Last Period—the number of administrative reconsideration cases that have been accepted but not yet concluded by the reconsideration authority before this reporting period.

Case Newly Received This Period—the number of administrative reconsideration applications newly received by administrative authorities during this reporting period.

Accepted—the number of administrative reconsideration cases decided by the administrative reconsideration authority to be filed and tried during this reporting period.

Concluded—cases that have been officially concluded during the previous reporting period and the current period of cases received.

Others—includes: ①decisions that are partially maintained or partially revoked; ②decisions on partial maintenance and partial changes; ③decisions to partially maintain or partially order performance; ④decisions on partial revocation or partial change; ⑤decisions on partial revocation and partial order for performance; ⑥partial changes, partial orders to fulfill decisions, etc.

Case Transferred from Last Period—the number of litigation cases that have been accepted by the people's court but have not yet made the first instance judgment or ruling.

Case Newly Received This Period—the first instance administrative litigation cases received during this reporting period.

Concluded—cases that have received first instance judgment documents during the reporting period, and are not based on whether the judgment documents are effective.

Not Concluded—the number of litigation cases that have not yet made first instance judgments or rulings during this reporting period.

Case Transferred from Last Period—cases of pre-trial prosecution recommendations and administrative public interest litigation that have been transferred by the procuratorial organs to the competent natural resources department but have not been concluded before this reporting period.

Occurred in This Period—the newly received cases of pre-litigation prosecution recommendations and administrative public interest litigation by administrative authorities during the reporting period.

七、自然资源科技人才

Chapter 7　Natural Resources Scientific and Technological Talented Personnel

自然资源科技人才情况
Natural Resources Scientific and Technological

单位：人

单 位	Department	国家级科技人才 National Talent Plan (Current Number)	其中：青年人才（40岁以下） Among:Young Talent (Under 40 Years Old)
总 计	**Total**	**5**	**2**
北京市规划和自然资源委员会	Beijing Municipal Commission of Planning and Natural Resources		
天津市规划和自然资源局	Tianjin Municipal Bureau of Planning and Natural Resources		
河北省自然资源厅（海洋局）	Department of Natural Resources of Hebei Province(Ocean Bureau)		
山西省自然资源厅	Department of Natural Resources of Shanxi Province		
内蒙古自治区自然资源厅	Department of Natural Resources of Nei Mongol Autonomous Region		
辽宁省自然资源厅	Department of Natural Resources of Liaoning Province		
吉林省自然资源厅	Department of Natural Resources of Jilin Province		
黑龙江省自然资源厅	Department of Natural Resources of Heilongjiang Province	1	1
上海市规划和自然资源局	Shanghai Municipal Bureau of Planning and Natural Resources		
江苏省自然资源厅	Department of Natural Resources of Jiangsu Province		
浙江省自然资源厅	Department of Natural Resources of Zhejiang Province		
安徽省自然资源厅	Department of Natural Resources of Anhui Province		
福建省自然资源厅	Department of Natural Resources of Fujian Province		
江西省自然资源厅	Department of Natural Resources of Jiangxi Province		
山东省自然资源厅（山东省林业局）	Department of Natural Resources of Shandong Province (Forestry Bureau of Shandong Province)		
河南省自然资源厅	Department of Natural Resources of Henan Province		
湖北省自然资源厅	Department of Natural Resources of Hubei Province		
湖南省自然资源厅	Department of Natural Resources of Hunan Province	1	
广东省自然资源厅	Department of Natural Resources of Guangdong Province		
广西壮族自治区自然资源厅	Department of Natural Resources of Guangxi Zhuang Autonomous Region		
海南省自然资源和规划厅	Department of Natural Resources and Planning of Hainan Province		
重庆市规划和自然资源局	Chongqing Municipal Bureau of Planning and Natural Resources	1	
四川省自然资源厅	Department of Natural Resources of Sichuan Province		
贵州省自然资源厅	Department of Natural Resources of Guizhou Province		
云南省自然资源厅	Department of Natural Resources of Yunnan Province		
西藏自治区自然资源厅	Department of Natural Resources of Xizang Autonomous Region		
陕西省自然资源厅	Department of Natural Resources of Shaanxi Province	1	1
甘肃省自然资源厅	Department of Natural Resources of Gansu Province		
青海省自然资源厅	Department of Natural Resources of Qinghai Province		
宁夏回族自治区自然资源厅	Department of Natural Resources of Ningxia Hui Autonomous Region		
新疆维吾尔自治区自然资源厅	Department of Natural Resources of Xinjiang Uygur Autonomous Region	1	
山东省海洋局	Oceanic Administration of Shandong Province		
上海市海洋局	Shanghai Municipal Oceanic Bureau		
福建省海洋与渔业局	Fujian Provincial Department of Ocean and Fisheries		
厦门市海洋发展局	Xiamen Municipal Marine Development Bureau		
青岛市海洋发展局	Qingdao Municipal Marine Development Bureau		

——按单位分列（2022年）

Talented Personnel by Department（2022）

Unit：person

高层次科技人才培养情况 High-level Scientific and Technological Talented Personnel				高层次科技人员流动情况 Flow of High-level Scientific and Technological Talented Personnel	
部级人才培养工程 Ministerial Level Talent Training Project		省级科技人才计划 Provincial Level Talent Training Plan			
	其中：青年人才（40岁以下） Among:Young Talent (Under 40 Years Old)		其中：青年人才（40岁以下） Among:Young Talent (Under 40 Years Old)	新增 Newly Increased	减少 Reduced
46	**15**	**232**	**105**	**59**	**18**
		16	7	3	3
		7			
		3	2	1	
3		2		5	
				1	
6	1	5	1	1	
2	1	32	9	13	2
2	2			2	
		2	2	2	1
3		7	2	1	
3	2			3	1
1		18	7	1	1
1	1	2			
1	1	50	34	3	
5	1	3			1
10	5	13	6	5	3
4		9	4	1	
		1			
		12	11	6	
3		26	8	8	1
		13	9	2	1
		1		1	1
1		5	2		2
1	1	1			
		4	1		1

自然资源科技人才情况——按部属

Natural Resources Scientific and Technological Talented

单位：人

单 位	Agency	国家级科技人才 National Talent Plan (Current Number)	其中：青年人才（40岁以下） Among:Young Talent (Under 40 Years Old)
总 计	**Total**	**37**	**6**
中国地质调查局	**China Geological Survey**	**4**	**4**
中国地质科学院	Chinese Academy of Geological Sciences		
中国地质调查局自然资源综合调查指挥中心	Natural Resources Comprehensive Investigation Command Center, CGS		
中国地质调查局发展研究中心（全国地质资料馆、自然资源部矿产勘查技术指导中心）	Development Research Center, CGS (National Geological Data Center, Mineral Exploration Technology Guidance Center of MNR)		
中国地质调查局天津地质调查中心（华北地质科技创新中心）	Tianjin Geological Survey Center, CGS (Northern China Geological Science and Technology Innovation Center)		
中国地质调查局沈阳地质调查中心（东北地质科技创新中心）	Shenyang Geological Survey Center, CGS (Northeastern China Geological Science and Technology Innovation Center)		
中国地质调查局南京地质调查中心（华东地质科技创新中心）	Nanjing Geological Survey Center, CGS (Eastern China Geological Science and Technology Innovation Center)		
中国地质调查局武汉地质调查中心（中南地质科技创新中心）	Wuhan Geological Survey Center, CGS (Central-South China Geological Science and Technology Innovation Center)		
中国地质调查局成都地质调查中心（西南地质科技创新中心）	Chengdu Geological Survey Center, CGS (Southwestern China Geological Science and Technology Innovation Center)		
中国地质调查局西安地质调查中心（西北地质科技创新中心）	Xi'an Geological Survey Center, CGS (Northwestern China Geological Science and Technology Innovation Center)		
广州海洋地质调查局	Guangzhou Marine Geological Survey, CGS	1	1
青岛海洋地质研究所	Qingdao Institute of Marine Geology, CGS		
中国自然资源航空物探遥感中心	China Aero Geophysical Survey & Remote Sensing Center for Natural Resources		
中国地质科学院地球物理地球化学勘查研究所	Institute of Geophysical and Geochemical Exploration, CAGS		
中国地质调查局油气资源调查中心	Oil and Gas Resources Survey Center, CGS		
中国地质科学院地质研究所	Institute of Geology, CAGS	2	2
中国地质科学院矿产资源研究所	Institute of Mineral Resources, CAGS	1	1
中国地质科学院地质力学研究所	Institute of Geomechanics, CAGS		
中国地质环境监测院（自然资源部地质灾害应急技术指导中心）	China Geological Environment Monitoring Institute (Center for Geological Disaster Emergency Technical Guidance of MNR)		
中国地质调查局水文地质环境地质调查中心	Hydrogeological and Environmental Geological Survey Center, CGS		

事业单位和派出机构分列（2022年）
Personnel by Institution and Agency Affiliated to MNR（2022）

Unit：person

高层次科技人才培养情况High-level Scientific and Technological Talented Personnel				高层次科技人员流动情况 Flow of High-level Scientific and Technological Talented Personnel	
部级人才培养工程 Ministerial Level Talent Training Project		省级科技人才计划 Provincial Level Talent Training Plan			
	其中：青年人才（40岁以下） Among:Young Talent (Under 40 Years Old)		其中：青年人才（40岁以下） Among:Young Talent (Under 40 Years Old)	新增 Newly Increased	减少 Reduced
46	**9**	**140**	**44**	**63**	**5**
		15	**4**	**4**	**3**
		4	1	2	
		1	1		
		1	1	1	
		4	1		
					1
				1	

自然资源科技人才情况——按部属

Natural Resources Scientific and Technological Talented Personnel

单位：人

单 位	Agency	国家级科技人才 National Talent Plan (Current Number)	其中：青年人才（40岁以下） Among:Young Talent (Under 40 Years Old)
中国地质科学院水文地质环境地质研究所	Institute of Hydrogeology and Environmental Geology, CAGS		
中国地质科学院岩溶地质研究所	Institute of Karst Geology, CAGS		
自然资源实物地质资料中心	Cores and Samples Center of Natural Resources		
中国地质图书馆（中国地质调查局地学文献中心）	National Geological Library of China (Geoscience Documentation Center, CGS)		
中国矿业报社	China Mining News		
国家地质实验测试中心	National Research Center for Geoanalysis		
中国地质科学院勘探技术研究所	Institute of Exploration Techniques, CAGS		
北京探矿工程研究所	Beijing Institute of Exploration Engineering, CAGS		
中国地质科学院探矿工艺研究所	Institute of Exploration Technology, CAGS		
中国地质科学院郑州矿产综合利用研究所	Zhengzhou Institute of Multipurpose Utilization of Mineral Resources, CAGS		
中国地质科学院矿产综合利用研究所	Institute of Multipurpose Utilization of Mineral Resources, CAGS		
部其他直属单位	**Agency Affiliated to MNR**	**32**	**2**
中国国土勘测规划院	China Land Surveying and Planning Institute		
中国自然资源经济研究院	Chinese Academy of Natural Resources Economics		
自然资源部不动产登记中心（自然资源部法律事务中心）	Real Estate Registration Center, MNR(Law Center, MNR)		
自然资源部油气资源战略研究中心	Strategic Research Center of Oil and Gas Resources, MNR		
自然资源部国土整治中心（自然资源部土地科技创新中心）	China Land Consolidation and Rehabilitation(Land Science and Technology Innovation Center, MNR)		
中国地质博物馆	Geological Museum of China		
自然资源部信息中心	Information Center, MNR		
自然资源部咨询研究中心	Consulting and Research Center, MNR		
自然资源部第一海洋研究所	First Institute of Oceanography, MNR	1	
自然资源部第二海洋研究所	Second Institute of Oceanography, MNR	25	1
自然资源部第三海洋研究所	Third Institute of Oceanography, MNR		
国家海洋技术中心	National Ocean Technology Center		
自然资源部天津海水淡化与综合利用研究所	Institute of Seawater Desalination and Multipurpose Utilization, MNR (Tianjin)	1	
自然资源部海洋发展战略研究所	China Institute for Marine Affairs, MNR		
国家海洋标准计量中心	National Center of Ocean Standards and Metrology		

事业单位和派出机构分列（2022年） 续表1
by Institution and Agency Affiliated to MNR（2022） Continued 1

Unit：person

高层次科技人才培养情况 High-level Scientific and Technological Talented Personnel				高层次科技人员流动情况 Flow of High-level Scientific and Technological Talented Personnel	
部级人才培养工程 Ministerial Level Talent Training Project		省级科技人才计划 Provincial Level Talent Training Plan			
	其中：青年人才（40岁以下） Among:Young Talent (Under 40 Years Old)		其中：青年人才（40岁以下） Among:Young Talent (Under 40 Years Old)	新增 Newly Increased	减少 Reduced
					2
40	**8**	**124**	**39**	**58**	**1**
2					
		5	2	5	
27	3	60	7	2	1
		50	26	50	
5		4	2		

自然资源科技人才情况——按部属

Natural Resources Scientific and Technological Talented Personnel

单位：人

单　位	Agency	国家级科技人才 National Talent Plan (Current Number)	其中：青年人才(40岁以下) Among:Young Talent (Under 40 Years Old)
国家海洋环境预报中心（自然资源部海啸预警中心）	National Marine Environmental Forecasting Center (Tsunami Warning Center, MNR)	4	
国家海洋信息中心	National Oceanic Information Center		
自然资源部海岛研究中心	Island Research Center, MNR		
自然资源部海洋减灾中心	National Marine Hazard Mitigation Center, MNR		
自然资源部海洋咨询中心	Oceanic Consulting Center, MNR		
中国极地研究中心（中国极地研究所）	Polar Research Institute of China (China Polar Research Institute)		
中国大洋矿产资源研究开发协会办公室（中国大洋事务管理局）	Office of China Ocean Mineral Resources R&D Association (China Oceanic Affairs Administration)		
国家卫星海洋应用中心	National Satellite Ocean Application Service		
国家深海基地管理中心	National Deep Sea Center		
自然资源部第四海洋研究所（中国-东盟国家海洋科技联合研发中心）	Fourth Institute of Oceanography, MNR(China-ASEAN Joint Research and Development Center of Marine Science and Technology)		
自然资源部测绘发展研究中心	Surveying and Mapping Development Research Center of MNR		
自然资源部重庆测绘院	Chongqing Institute of Surveying and Mapping, MNR		
中国测绘科学研究院	Chinese Academy of Surveying and Mapping	1	1
国家基础地理信息中心	National Geomatics Center of China		
自然资源部国土卫星遥感应用中心	Land Satellite Remote Sensing Application Center, MNR		
国家测绘产品质量检验测试中心	National Quality Inspection ant Testing Center for Surveying and Mapping Products		
国家珠宝玉石首饰检验集团有限公司	National Gems & Jewelry Testing Co., Ltd.		
派出机构及所属单位	Dispatched Office and Affiliated Unit	1	
陕西测绘地理信息局	Shaanxi Bureau of Surveying, Mapping and Geoinformation		
黑龙江测绘地理信息局	Heilongjiang Bureau of Surveying and Mapping Geographic Information		
四川测绘地理信息局	Sichuan Bureau of Surveying, Mapping and Geoinformation		
海南测绘地理信息局	Hainan Administration of Surveying Mapping and Geoinformation		
自然资源部北海局	North China Sea Bureau, MNR		
自然资源部东海局	East China Sea Bureau, MNR	1	
自然资源部南海局	South China Sea Bureau, MNR		

事业单位和派出机构分列（2022年） 续表2

by Institution and Agency Affiliated to MNR（2022） Continued 2

Unit：person

高层次科技人才培养情况High-level Scientific and Technological Talented Personnel				高层次科技人员流动情况 Flow of High-level Scientific and Technological Talented Personnel	
部级人才培养工程 Ministerial Level Talent Training Project	其中：青年人才（40岁以下） Among:Young Talent (Under 40 Years Old)	省级科技人才计划 Provincial Level Talent Training Plan	其中：青年人才（40岁以下） Among:Young Talent (Under 40 Years Old)	新增 Newly Increased	减少 Reduced
1	1				
		2	1		
		1		1	
		1	1		
		1			
4	3				
1	1				
6	1	1	1	1	1
2					
					1
4	1				
				1	
		1	1		

自然资源科技研发情况

Natural Resources Scientific and Technological

单 位	Department	科技研发与投入 Scientific and Technological Reseach and Development and Its Input					
		科研项目/项 Number of Scientific Project/project			科研项目年度经费总数/万元 Total of Scientific Research Project Fund This Year/10⁴yuan		
			国家级 State Level	省级 Provincial Level		国家级 State Level	省级 Provincial Level
总 计	**Total**	**968**	**96**	**872**	**76242.99**	**7781.55**	**68461.44**
北京市规划和自然资源委员会	Beijing Municipal Commission of Planning and Natural Resources						
天津市规划和自然资源局	Tianjin Municipal Bureau of Planning and Natural Resources	2	1	1	46.75	16.75	30.00
河北省自然资源厅（海洋局）	Department of Natural Resources of Hebei Province(Ocean Bureau)	10	1	9	2495.33	67.50	2427.83
山西省自然资源厅	Department of Natural Resources of Shanxi Province	2		2	30.00		30.00
内蒙古自治区自然资源厅	Department of Natural Resources of Nei Mongol Autonomous Region	20		20	8956.96		8956.96
辽宁省自然资源厅	Department of Natural Resources of Liaoning Province						
吉林省自然资源厅	Department of Natural Resources of Jilin Province				38.00		38.00
黑龙江省自然资源厅	Department of Natural Resources of Heilongjiang Province	14	1	13	409.98	15.00	394.98
上海市规划和自然资源局	Shanghai Municipal Bureau of Planning and Natural Resources	26	6	20	422.30	100.00	322.30
江苏省自然资源厅	Department of Natural Resources of Jiangsu Province	64		64	5744.62		5744.62
浙江省自然资源厅	Department of Natural Resources of Zhejiang Province	13		13	133.35		133.35
安徽省自然资源厅	Department of Natural Resources of Anhui Province	17	1	16	812.00	12.00	800.00
福建省自然资源厅	Department of Natural Resources of Fujian Province	23	1	22	615.70	61.00	554.70
江西省自然资源厅	Department of Natural Resources of Jiangxi Province	15		15	1078.00		1078.00
山东省自然资源厅（山东省林业局）	Department of Natural Resources of Shandong Province (Forestry Bureau of Shandong Province)	61	8	53	3982.75	428.21	3554.54
河南省自然资源厅	Department of Natural Resources of Henan Province	67	1	66	3418.77	50.00	3368.77
湖北省自然资源厅	Department of Natural Resources of Hubei Province	14		14	382.00		382.00

——按单位分列（2022年）

Research and Development by Department（2022）

科技基础条件平台建设/个 Construction of Science and Technology Infrastructure Platform/number															
重点实验室 Key Laboratory				工程技术创新中心 Engineering Technology Innovation Center				野外科学观测研究站 Field Scientific Observation and Research Station				科普基地 Science Popularization Base			
	国家级 State Level	部级 Ministerial Level	省级 Provincial Level		国家级 State Level	部级 Ministerial Level	省级 Provincial Level		国家级 State Level	部级 Ministerial Level	省级 Provincial Level		国家级 State Level	部级 Ministerial Level	省级 Provincial Level
66	**1**	**40**	**25**	**116**	**3**	**32**	**81**	**38**	**1**	**33**	**4**	**165**	**30**	**65**	**70**
				1		1		2		2		5	1		4
1		1		3			3	1		1		3			3
1		1		2		1	1	1		1		7	2	4	1
1			1					1		1		3	2		1
1		1		1		1		4		4		6		6	
4		4		2		2		2		2		6		5	
2			2	2		1	1					4	2	1	[illegible]
2		2		1		1									
3		3		12		2	10	3		3		10	4	6	
2		2		3	1	1	1	2		1	1	8	1		7
1		1										2	1		1
2		1	1	1		1		2		2		5		4	1
1		1		3		1	2					4	1	3	
4		3	1	6		3	3	6		6		8		8	
11		2	9	33		4	29	2		2		21	2	3	16
				1		1									

自然资源科技研发情况

Natural Resources Scientific and Technological

单位	Department	科技研发与投入 Scientific and Technological Reseach and Development and Its Input					
		科研项目/项 Number of Scientific Project/project			科研项目年度经费总数/万元 Total of Scientific Research Project Fund This Year/10^4yuan		
			国家级 State Level	省级 Provincial Level		国家级 State Level	省级 Provincial Level
湖南省自然资源厅	Department of Natural Resources of Hunan Province	40		40	1205.53		1205.53
广东省自然资源厅	Department of Natural Resources of Guangdong Province	78	23	55	6399.77	1594.52	4805.25
广西壮族自治区自然资源厅	Department of Natural Resources of Guangxi Zhuang Autonomous Region	28	1	27	1455.98		1455.98
海南省自然资源和规划厅	Department of Natural Resources and Planning of Hainan Province						
重庆市规划和自然资源局	Chongqing Municipal Bureau of Planning and Natural Resources	116	4	112	4847.39	591.40	4255.99
四川省自然资源厅	Department of Natural Resources of Sichuan Province	12		12	194.00		194.00
贵州省自然资源厅	Department of Natural Resources of Guizhou Province	27	4	23	12804.12	39.22	12764.90
云南省自然资源厅	Department of Natural Resources of Yunnan Province	7	3	4	91.40	29.55	61.85
西藏自治区自然资源厅	Department of Natural Resources of Xizang Autonomous Region						
陕西省自然资源厅	Department of Natural Resources of Shaanxi Province	112	39	73	12343.40	4486.40	7857.00
甘肃省自然资源厅	Department of Natural Resources of Gansu Province	64		64	2031.00		2031.00
青海省自然资源厅	Department of Natural Resources of Qinghai Province	40		40	3633.60		3633.60
宁夏回族自治区自然资源厅	Department of Natural Resources of Ningxia Hui Autonomous Region	22		22	318.70		318.70
新疆维吾尔自治区自然资源厅	Department of Natural Resources of Xinjiang Uygur Autonomous Region	16	2	14	1297.60	290.00	1007.60
上海市海洋局	Shanghai Municipal Oceanic Bureau	2		2	120.00		120.00
福建省海洋与渔业局	Fujian Provincial Department of Ocean and Fisheries	56		56	934.00		934.00
厦门市海洋发展局	Xiamen Municipal Marine Development Bureau						
青岛市海洋发展局	Qingdao Municipal Marine Development Bureau						

——按单位分列（2022年） 续表

Research and Development by Department（2022） Continued

科技基础条件平台建设/个 Construction of Science and Technology Infrastructure Platform/number															
重点实验室 Key Laboratory				工程技术创新中心 Engineering Technology Innovation Center				野外科学观测研究站 Field Scientific Observation and Research Station				科普基地 Science Popularization Base			
	国家级 State Level	部级 Ministerial Level	省级 Provincial Level		国家级 State Level	部级 Ministerial Level	省级 Provincial Level		国家级 State Level	部级 Ministerial Level	省级 Provincial Level		国家级 State Level	部级 Ministerial Level	省级 Provincial Level
4		2	2	5		1	4	1		1		5	1	2	2
4	1	2	1	7		1	6	1		1		20	2	2	16
1		1		3		2	1					4		1	3
												2	2		
7		5	2	9	1	2	6	3		1	2	4	1	1	2
1		1		1		1		1		1		8	3	5	
												4			4
4		2	2	1			1	2		2		7	1	6	
												2			2
4		4		4		2	2	2		1	1	3	1	2	
2		1	1	8			8					1			[illegible]
2		0	2	2		1	1					5	2		3
								1	1			1	1		
				3		2	1	1		1		5		5	
1			1	2	1		1					2			2

自然资源科技研发情况——按部属

Natural Resources Scientific and Technological Research

单位	Agency	科技研发与投入 Scientific and Technological Reseach and Development and Its Input					
		科研项目/项 Number of Scientific Project/project			科研项目年度经费总数/万元 Total of Scientific Research Project Fund This Year/10^4yuan		
			国家级 State Level	省级 Provincial Level		国家级 State Level	省级 Provincial Level
总计	**Total**	**1481**	**903**	**578**	**53222.18**	**40418.38**	**12803.80**
中国地质调查局	**China Geological Survey**	**692**	**411**	**281**	**693.00**	**663.00**	**30.00**
中国地质科学院	Chinese Academy of Geological Sciences	54	51	3	469.00		469.00
中国地质调查局自然资源综合调查指挥中心	Natural Resources Comprehensive Investigation Command Center, CGS	4		4	180.00	180.00	
中国地质调查局发展研究中心（全国地质资料馆、自然资源部矿产勘查技术指导中心）	Development Research Center, CGS (National Geological Data Center and Mineral Exploration Technology Guidance Center of MNR)	6	6		2822.20	2812.20	10.00
中国地质调查局天津地质调查中心（华北地质科技创新中心）	Tianjin Geological Survey Center, CGS (Northern China Geological Science and Technology Innovation Center)	13	12	1	250.89	250.89	
中国地质调查局沈阳地质调查中心（东北地质科技创新中心）	Shenyang Geological Survey Center, CGS (Northeastern China Geological Science and Technology Innovation Center)	8	8		1215.95	1084.45	131.50
中国地质调查局南京地质调查中心（华东地质科技创新中心）	Nanjing Geological Survey Center, CGS (Eastern China Geological Science and Technology Innovation Center)	14	3	11	389.00	353.00	36.00
中国地质调查局武汉地质调查中心（中南地质科技创新中心）	Wuhan Geological Survey Center, CGS (Central-South China Geological Science and Technology Innovation Center)	17	10	7	1979.00	1961.00	18.00
中国地质调查局成都地质调查中心（西南地质科技创新中心）	Chengdu Geological Survey Center, CGS (Southwestern China Geological Science and Technology Innovation Center)	36	34	2	3618.00	3096.00	522.00
中国地质调查局西安地质调查中心（西北地质科技创新中心）	Xi'an Geological Survey Center, CGS (Northwestern China Geological Science and Technology Innovation Center)	53	14	39	10613.00	3653.00	6960.00
广州海洋地质调查局	Guangzhou Marine Geological Survey, CGS	26	16	10	567.50	436.50	131.00
青岛海洋地质研究所	Qingdao Institute of Marine Geology, CGS	53	33	20	1210.00	1210.00	
中国自然资源航空物探遥感中心	China Aero Geophysical Survey & Remote Sensing Center for Natural Resources	9	9		1418.94	380.44	1038.50
中国地质科学院地球物理地球化学勘查研究所	Institute of Geophysical and Geochemical Exploration, CAGS	46	13	33	9.60	9.60	
中国地质调查局油气资源调查中心	Oil and Gas Resources Survey Center, CGS	3	3		9488.00	9488.00	
中国地质科学院地质研究所	Institute of Geology, CAGS	5	5		3390.00	3290.00	100.00
中国地质科学院矿产资源研究所	Institute of Mineral Resources, CAGS	65	63	2	1469.00	1469.00	
中国地质科学院地质力学研究所	Institute of Geomechanics, CAGS	52	52		1042.70	1042.70	
中国地质环境监测院（自然资源部地质灾害应急技术指导中心）	China Geological Environment Monitoring Institute (Center for Geological Disaster Emergency Technical Guidance of MNR)	6	6		728.00	728.00	
中国地质调查局水文地质环境地质调查中心	Hydrogeological and Environmental Geological Survey Center, CGS	4	4		7153.00	4941.00	2212.00

事业单位和派出机构分列（2022年）
and Development by Institution and Agency Affiliated to MNR（2022）

	科技基础条件平台建设/个 Construction of Science and Technology Infrastructure Platform/number															
	重点实验室 Key Laboratory				工程技术创新中心 Engineering Technology Innovation Center				野外科学观测研究站 Field Scientific Observation and Research Station				科普基地 Science Popularization Base			
		国家级 State Level	部级 Ministerial Level	省级 Provincial Level		国家级 State Level	部级 Ministerial Level	省级 Provincial Level		国家级 State Level	部级 Ministerial Level	省级 Provincial Level		国家级 State Level	部级 Ministerial Level	省级 Provincial Level
	65	**1**	**50**	**14**	**52**	**5**	**35**	**12**	**35**	**9**	**23**	**3**	**38**	**9**	**19**	**10**
	31		**25**	**6**	**27**	**3**	**17**	**7**	**20**	**4**	**16**		**19**	**5**	**12**	**2**
	1		1		1		1									
	1		1		1		1									
					1		1									
	1			1												
	2		1	1					1		1					
	1		1		1		1									
	1			1					1		1		2		1	1
	1		1						1		1		1	1		
	2		2		2		1	1	4		4		1		1	
	2		1	1	3	1	1	1					1		1	
	1		1		2		1	1	1		1		3	1	1	1
	1		1		2		2									
	2		2		1	1										
	3		3						1	1			2		2	
	2		2						1		1		2		2	
	2		2		1		1		2		2		1	1		
	1		1		1		1		3	1	2		2		2	
					2		1	1	1		1					

自然资源科技研发情况——按部属

Natural Resources Scientific and Technological Research and

单 位	Agency	科技研发与投入 Scientific and Technological Reseach and Development and Its Input					
		科研项目/项 Number of Scientific Project/project			科研项目年度经费总数/万元 Total of Scientific Research Project Fund This Year/10^4yuan		
			国家级 State Level	省级 Provincial Level		国家级 State Level	省级 Provincial Level
中国地质科学院水文地质环境地质研究所	Institute of Hydrogeology and Environmental Geology, CAGS	110	21	89	1210.99	640.69	570.30
中国地质科学院岩溶地质研究所	Institute of Karst Geology, CAGS	68	23	45	262.00	262.00	
自然资源实物地质资料中心	Cores and Samples Center of Natural Resources	2	2				
中国地质图书馆（中国地质调查局地学文献中心）	National Geological Library of China (Geoscience Documentation Center, CGS)				12.00		12.00
中国矿业报社	China Mining News	1		1	1187.90	1187.90	
国家地质实验测试中心	National Research Center for Geoanalysis	12	12		10.00	10.00	
中国地质科学院勘探技术研究所	Institute of Exploration Techniques, CAGS	1	1				
北京探矿工程研究所	Beijing Institute of Exploration Engineering, CAGS				163.44	163.44	
中国地质科学院探矿工艺研究所	Institute of Exploration Technology, CAGS	2	2		392.98	292.98	100.00
中国地质科学院郑州矿产综合利用研究所	Zhengzhou Institute of Multipurpose Utilization of Mineral Resources, CAGS	8	3	5	1276.09	812.59	463.50
中国地质科学院矿产综合利用研究所	Institute of Multipurpose Utilization of Mineral Resources, CAGS	14	5	9	47284.85	35658.11	11626.74
部其他直属单位	**Agency Affiliated to MNR**	**744**	**476**	**268**	**588.00**	**588.00**	
中国国土勘测规划院	China Land Surveying and Planning Institute	5	5		587.44	30.00	557.44
中国自然资源经济研究院	Chinese Academy of Natural Resources Economics	15	1	14			
自然资源部不动产登记中心（自然资源部法律事务中心）	Real Estate Registration Center, MNR(Law Center, MNR)						
自然资源部油气资源战略研究中心	Strategic Research Center of Oil and Gas Resources, MNR				53222.18	40418.38	12803.80
自然资源部国土整治中心（自然资源部土地科技创新中心）	China Land Consolidation and Rehabilitation (Land Science and Technology Innovation Center, MNR)	4	4		143.00	143.00	
中国地质博物馆	Geological Museum of China	2	2		26.08	26.08	
自然资源部信息中心	Information Center, MNR	3	2	1	212.00	177.00	35.00
自然资源部咨询研究中心	Consulting and Research Center, MNR						
自然资源部第一海洋研究所	First Institute of Oceanography, MNR	179	146	33	10722.37	9805.37	917.00
自然资源部第二海洋研究所	Second Institute of Oceanography, MNR	135	101	34	12282.71	11573.71	709.00
自然资源部第三海洋研究所	Third Institute of Oceanography, MNR	157	89	68	3230.89	2886.89	344.00
国家海洋技术中心	National Ocean Technology Center	5	3	2	648.00	633.00	15.00
自然资源部天津海水淡化与综合利用研究所	Institute of Seawater Desalination and Multipurpose Utilization, MNR (Tianjin)	14	3	11	4323.11	4.70	4318.41
自然资源部海洋发展战略研究所	China Institute for Marine Affairs, MNR	1		1	304.00		304.00
国家海洋标准计量中心	National Center of Ocean Standards and Metrology	4	3	1	252.00	250.00	2.00

事业单位和派出机构分列（2022年） 续表1

Development by Institution and Agency Affiliated to MNR（2022） Continued 1

科技基础条件平台建设/个 Construction of Science and Technology Infrastructure Platform/number															
重点实验室 Key Laboratory				工程技术创新中心 Engineering Technology Innovation Center				野外科学观测研究站 Field Scientific Observation and Research Station				科普基地 Science Popularization Base			
	国家级 State Level	部级 Ministerial Level	省级 Provincial Level		国家级 State Level	部级 Ministerial Level	省级 Provincial Level		国家级 State Level	部级 Ministerial Level	省级 Provincial Level		国家级 State Level	部级 Ministerial Level	省级 Provincial Level
3		1	2	1		1		1	1			1	1		
2		2		1			1	1	1			1		1	
								1		1		1	1		
												1		1	
1		1													
				1		1									
				1		1									
1		1		3	1	1	1	1		1					
				2		1	1								
30	**1**	**22**	**7**	**19**	**2**	**15**	**2**	**11**	**4**	**5**	**2**	**14**	**4**	**6**	**4**
1		1		1		1									
1		1													
1		1													
1		1		1		1									
												3		3	
				1		1									
6		4	2	1		1		1		1		1	1		
5	1	3	1	1		1		2		2		1			1
5		3	2	1		1		4		2	2				
1		1													
				2	1		1					1			1
				1		1									

自然资源科技研发情况——按部属

Natural Resources Scientific and Technological Research and

单位	Agency	科技研发与投入 Scientific and Technological Reseach and Development and Its Input					
		科研项目/项 Number of Scientific Project/project			科研项目年度经费总数/万元 Total of Scientific Research Project Fund This Year/10^4yuan		
			国家级 State Level	省级 Provincial Level		国家级 State Level	省级 Provincial Level
国家海洋环境预报中心（自然资源部海啸预警中心）	National Marine Environmental Forecasting Center (Tsunami Warning Center, MNR)	17	17		336.87	336.87	
国家海洋信息中心	National Oceanic Information Center	9	9		1170.00	1170.00	
自然资源部海岛研究中心	Island Research Center, MNR	4		4	29.00		29.00
自然资源部海洋减灾中心	National Marine Hazard Mitigation Center, MNR	2	2		32.35	32.35	
自然资源部海洋咨询中心	Oceanic Consulting Center, MNR						
中国极地研究中心（中国极地研究所）	Polar Research Institute of China (China Polar Research Institute)	50	26	24	1290.00	889.40	400.60
中国大洋矿产资源研究开发协会办公室（中国大洋事务管理局）	Office of China Ocean Mineral Resources R&D Association (China Oceanic Affairs Administration)						
国家卫星海洋应用中心	National Satellite Ocean Application Service	9	9		2903.00	2903.00	
国家深海基地管理中心	National Deep Sea Center	15	12	3	1500.00	1400.00	100.00
自然资源部第四海洋研究所（中国-东盟国家海洋科技联合研发中心）	Fourth Institute of Oceanography, MNR (China-ASEAN Joint Research and Development Center of Marine Science and Technology)	37	4	33	279.08	23.58	255.50
自然资源部测绘发展研究中心	Surveying and Mapping Development Research Center of Ministry of Natural Resources	11		11	570.00	30.00	540.00
自然资源部重庆测绘院	Chongqing Institute of Surveying and Mapping, MNR	2		2	30.33		30.33
中国测绘科学研究院	Chinese Academy of Surveying and Mapping	45	25	20	5243.86	2415.40	2828.46
国家基础地理信息中心	National Geomatics Center of China	7	2	5	455.12	266.12	189.00
自然资源部国土卫星遥感应用中心	Land Satellite Remote Sensing Application Center , MNR	10	10		73.64	73.64	
国家测绘产品质量检验测试中心	National Quality Inspection ant Testing Center for Surveying and Mapping Products	1		1	52.00		52.00
国家珠宝玉石首饰检验集团有限公司	National Gems & Jewelry Testing Co., Ltd.	1	1				
派出机构及所属单位	**Dispatched Office and Affiliated Unit**	**45**	**16**	**29**	**3102.83**	**1899.00**	**1203.83**
陕西测绘地理信息局	Shaanxi Bureau of Surveying, Mapping and Geoinformation	3	2	1	85.70	65.70	20.00
黑龙江测绘地理信息局	Heilongjiang Bureau of Surveying and Mapping Geographic Information						
四川测绘地理信息局	Sichuan Bureau of Surveying, Mapping and Geoinformation	9		9	126.93		126.93
海南测绘地理信息局	Hainan Administration of Surveying Mapping and Geoinformation	1		1	68.00		68.00
自然资源部北海局	North China Sea Bureau, MNR	15	6	9	1472.40	1324.00	148.40
自然资源部东海局	East China Sea Bureau, MNR	4	3	1	66.50	53.30	13.20
自然资源部南海局	South China Sea Bureau, MNR	13	5	8	1283.30	456.00	827.30

事业单位和派出机构分列（2022年） 续表2

Development by Institution and Agency Affiliated to MNR（2022） Continued 2

科技基础条件平台建设/个 Construction of Science and Technology Infrastructure Platform/number															
重点实验室 Key Laboratory				工程技术创新中心 Engineering Technology Innovation Center				野外科学观测研究站 Field Scientific Observation and Research Station				科普基地 Science Popularization Base			
	国家级 State Level	部级 Ministerial Level	省级 Provincial Level		国家级 State Level	部级 Ministerial Level	省级 Provincial Level		国家级 State Level	部级 Ministerial Level	省级 Provincial Level		国家级 State Level	部级 Ministerial Level	省级 Provincial Level
1		1													
1		1		1		1						3		3	
1			1									1			1
1		1		1		1		3	3			1	1		
				1		1									
				1			1					1	1		
2		1	1									1			1
1		1		1	1			1	1			1	1		
1		1		2		2									
1		1		1		1									
				1		1									
				1		1									
4		**3**	**1**	**6**		**3**	**3**	**4**	**1**	**2**	**1**	**5**		**1**	**4**
												1			1
				1			1								
				4		2	2								
2		1	1									2			2
1		1						2		2		2		1	1
1		1		1		1		2	1		1				

自然资源科技成果情况

Natural Resources Scientific and

单 位	Department	科技成果登记数/项 Number of Scientific and Technological Achievement Registered/project	部科技成果管理机构登记 Registration in the Ministry Administration of Scientific and Technological Achievement	应用技术成果 Application of Technical Achievement	在地方政府科技成果管理机构登记 Registration in the Local Government Administration of Scientic and Technological Achievement	应用技术成果 Application of Technical Achievement	发表科技论文/篇 Publication of Scientific and Technological Paper/paper	国内 Domestic	被SCI、EI收录 Indexed in SCI, EI	国际 International	被SCI、EI、ISTP收录 Indexed in SCI, EI, and ISTP	出版科技著作/部 Publication of Scientific and Technological Works/monograph
总 计	**Total**	**511**	**268**	**179**	**243**	**168**	**7438**	**6659**	**375**	**779**	**746**	**147**
北京市规划和自然资源委员会	Beijing Municipal Commission of Planning and Natural Resources											
天津市规划和自然资源局	Tianjin Municipal Bureau of Planning and Natural Resources	2	2	2			226	226	7			2
河北省自然资源厅（海洋局）	Department of Natural Resources of Hebei Province (Ocean Bureau)	3	3	3			53	49	1	4	4	2
山西省自然资源厅	Department of Natural Resources of Shanxi Province	1	1				21	21				1
内蒙古自治区自然资源厅	Department of Natural Resources of Nei Mongol Autonomous Region	11			11	4	13	10	2	3	3	4
辽宁省自然资源厅	Department of Natural Resources of Liaoning Province											
吉林省自然资源厅	Department of Natural Resources of Jilin Province											
黑龙江省自然资源厅	Department of Natural Resources of Heilongjiang Province	17	10	4	7	2	27	25	2	2	2	3
上海市规划和自然资源局	Shanghai Municipal Bureau of Planning and Natural Resources	2	2				113	108		5	5	
江苏省自然资源厅	Department of Natural Resources of Jiangsu Province	14	5	5	9	6	185	174	7	11	10	4
浙江省自然资源厅	Department of Natural Resources of Zhejiang Province	34	32	32	2	2	71	66	20	5	5	7

——按单位分列（2022年）

Technological Achievement by Department（2022）

专利/件 Patent/piece						软件著作权/项 Software Copyright/ project	科技奖项/项 Scientific and Technological Prize/project		科学技术普及 Scientific and Technological Popularization	
本年专利申请受理数 Patent Application Accepted This Year	发明专利 Invention Patent	本年专利授权数 Number of Patent Granted This Year	发明专利 Invention Patent	国外授权 Abroad Authorization	拥有有效发明专利总数 Total Number of Valid Invention Patent		国家级 State Level	省部级 Provincial and Ministerial Level	科普作品/部 Popular Science Works/kind	主题科普活动/项 Thematic Science Popularization Activity/time
2369	**1066**	**2069**	**671**	**37**	**2041**	**1391**		**238**	**200**	**1842**
									1	3
115	9	112	12		34	31				17
5	1	5	2		3	7		4	22	34
2	1					1			1	48
2		1	1		6	6			4	37
										2
										6
33	10	32	6		26	5		3	4	11
5	4	4	1		12	20				4
119	43	131	36		213	98			1	51
142	61	116	31		113	132		2	17	116

自然资源科技成果情况

Natural Resources Scientific and

单 位	Department	科技成果登记数/项 Number of Scientific and Technological Achievement Registered/project					发表科技论文/篇 Publication of Scientific and Technological Paper/paper					出版科技著作/部 Publication of Scientific and Technological Works/ monograph
			部科技成果管理机构登记 Registration in the Ministry Administration of Scientific and Technological Achievement	应用技术成果 Application of Technical Achievement	在地方政府科技成果管理机构登记 Registration in the Local Government Administration of Scientic and Technological Achievement	应用技术成果 Application of Technical Achievement		国内 Domestic	被SCI、EI收录 Indexed in SCI, EI	国际 International	被SCI、EI、ISTP收录 Indexed in SCI, EI, and ISTP	
安徽省自然资源厅	Department of Natural Resources of Anhui Province						198	198	3			
福建省自然资源厅	Department of Natural Resources of Fujian Province	2	2	2			164	161	35	3	3	
江西省自然资源厅	Department of Natural Resources of Jiangxi Province	12	10		2		81	71	4	10	8	8
山东省自然资源厅（山东省林业局）	Department of Natural Resources of Shandong Province (Forestry Bureau of Shandong Province)	55	27	19	28	15	585	510	21	75	66	28
河南省自然资源厅	Department of Natural Resources of Henan Province	24	21	16	3	2	351	345	7	6	6	9
湖北省自然资源厅	Department of Natural Resources of Hubei Province	4	3	2	1	1	35	30	3	5	5	
湖南省自然资源厅	Department of Natural Resources of Hunan Province	11	10	10	1	0	80	77	12	3	3	3
广东省自然资源厅	Department of Natural Resources of Guangdong Province	18	13	11	5	5	738	625	25	113	99	11
广西壮族自治区自然资源厅	Department of Natural Resources of Guangxi Zhuang Autonomous Region	69	11	10	58	38	73	67		6	6	7
海南省自然资源和规划厅	Department of Natural Resources and Planning of Hainan Province											
重庆市规划和自然资源局	Chongqing Municipal Bureau of Planning and Natural Resources	111	68	40	43	36	379	347	14	32	29	4
四川省自然资源厅	Department of Natural Resources of Sichuan Province	2			2		101	100	4	1	1	1

——按单位分列（2022年） 续表1

Technological Achievement by Department（2022） Continued 1

专利/件 Patent/piece						软件著作权/项 Software Copyright/project	科技奖项/项 Scientific and Technological Prize/project		科学技术普及 Scientific and Technological Popularization	
本年专利申请受理数 Patent Application Accepted This Year	发明专利 Invention Patent	本年专利授权数 Number of Patent Granted This Year	发明专利 Invention Patent	国外授权 Abroad Authorization	拥有有效发明专利总数 Total Number of Valid Invention Patent		国家级 State Level	省部级 Provincial and Ministerial Level	科普作品/部 Popular Science Works/kind	主题科普活动/项 Thematic Science Popularization Activity/time
7	3	5	1		6	60		7	4	207
16	10	11	5	1	18	21		4	4	31
27	17	17	12	1	40	12			2	4
581	385	573	264	14	413	196		2	41	81
47	27	53	17		47	46		4	5	17
4	4	5	3		2	25		10	3	2
31	14	13	3		17	86			2	388
221	142	156	80		174	229		144	15	285
48	17	21	9		19	67			5	17
						1				1
185	98	203	58	1	193	109		20	2	51
						5			4	17

自然资源科技成果情况

Natural Resources Scientific and

单位	Department	科技成果登记数/项 Number of Scientific and Technological Achievement Registered/project	部科技成果管理机构登记 Registration in the Ministry Administration of Scientific and Technological Achievement	应用技术成果 Application of Technical Achievement	在地方政府科技成果管理机构登记 Registration in the Local Government Administration of Scientic and Technological Achievement	应用技术成果 Application of Technical Achievement	发表科技论文/篇 Publication of Scientific and Technological Paper/paper	国内 Domestic	被SCI、EI收录 Indexed in SCI, EI	国际 International	被SCI、EI、ISTP收录 Indexed in SCI, EI, and ISTP	出版科技著作/部 Publication of Scientific and Technological Works/monograph
贵州省自然资源厅	Department of Natural Resources of Guizhou Province	21	8	6	13	13	334	310	7	24	24	5
云南省自然资源厅	Department of Natural Resources of Yunnan Province	2	1	1	1	1	182	176	20	6	6	6
西藏自治区自然资源厅	Department of Natural Resources of Xizang Autonomous Region											
陕西省自然资源厅	Department of Natural Resources of Shaanxi Province	21	1	1	20	17	2673	2254	164	419	415	9
甘肃省自然资源厅	Department of Natural Resources of Gansu Province	36	28	10	8	6	323	321	6	2	2	15
青海省自然资源厅	Department of Natural Resources of Qinghai Province	24	8	3	16	13	161	132	9	29	29	15
宁夏回族自治区自然资源厅	Department of Natural Resources of Ningxia Hui Autonomous Region	2			2	1	36	32	1	4	4	2
新疆维吾尔自治区自然资源厅	Department of Natural Resources of Xinjiang Uygur Autonomous Region	2			2	1	158	157	1	1	1	1
山东省海洋局	Oceanic Administration of Shandong Province											
上海市海洋局	Shanghai Municipal Oceanic Bureau	11	2	2	9	5	8	8				
福建省海洋与渔业局	Fujian Provincial Department of Ocean and Fisheries						66	56		10	10	
厦门市海洋发展局	Xiamen Municipal Marine Development Bureau						3	3				
青岛市海洋发展局	Qingdao Municipal Marine Development Bureau											

——按单位分列（2022年） 续表2

Technological Achievement by Department（2022） Continued 2

专利/件 Patent/piece						软件著作权/项 Software Copyright/project	科技奖项/项 Scientific and Technological Prize/project		科学技术普及 Scientific and Technological Popularization	
本年专利申请受理数 Patent Application Accepted This Year	发明专利 Invention Patent	本年专利授权数 Number of Patent Granted This Year	发明专利 Invention Patent	国外授权 Abroad Authorization	拥有有效发明专利总数 Total Number of Valid Invention Patent		国家级 State Level	省部级 Provincial and Ministerial Level	科普作品/部 Popular Science Works/kind	主题科普活动/项 Thematic Science Popularization Activity/time
58	24	79	14	0	83	14		2	26	200
104	27	79	9	0	28	45		2	6	13
									2	1
318	80	269	48	2	385	48		11	8	58
55	20	52	12	0	18	14		17	11	42
156	39	66	21	18	63	61		2		24
12	5	9	4		3	23			4	11
36	2	12	2		22	22		3	4	40
					2	5			2	7
38	18	45	20		101	2		1		2
										14
										0

自然资源科技成果情况——按部属
Natural Resources Scientific and Technological

单 位	Department	科技成果登记数/项 Number of Scientific and Technological Achievement Registered/project	部科技成果管理机构登记 Registration in the Ministry Administration of Scientific and Technological Achievement	应用技术成果 Application of Technical Achievement	在地方政府科技成果管理机构登记 Registration in the Local Government Administration of Scientific and Technological Achievement	应用技术成果 Application of Technical Achievement	发表科技论文/篇 Publication of Scientific and Technological Paper/paper	国内 Domestic	被SCI、EI收录 Indexed in SCI, EI	国际 International	被SCI、EI、ISTP收录 Indexed in SCI, EI,and ISTP	出版科技著作/部 Publication of Scientific and Technolog-ical Works/ monograph
总 计	**Total**	**366**	**165**	**97**	**201**	**168**	**4803**	**2938**	**558**	**1865**	**1824**	**209**
中国地质调查局	**China Geological Survey**	**193**	**68**	**35**	**125**	**105**	**2624**	**1737**	**432**	**887**	**881**	**124**
中国地质科学院	Chinese Academy of Geological Sciences	2	2	2			112	47	14	65	65	2
中国地质调查局自然资源综合调查指挥中心	Natural Resources Comprehensive Investigation Command Center, CGS	3			3	3	239	211	18	28	28	6
中国地质调查局发展研究中心（全国地质资料馆、自然资源部矿产勘查技术指导中心）	Development Research Center, CGS (National Geological Data Center and Mineral Exploration Technology Guidance Center of the Ministry of Natural Resources)	2	2				43	32	3	11	6	12
中国地质调查局天津地质调查中心（华北地质科技创新中心）	Tianjin Geological Survey Center, CGS (Northern China Geological Science and Technology Innovation Center)						102	77	11	25	25	1
中国地质调查局沈阳地质调查中心（东北地质科技创新中心）	Shenyang Geological Survey Center, CGS (Northeastern China Geological Science and Technology Innovation Center)	8	8				34	16	16	18	18	5
中国地质调查局南京地质调查中心（华东地质科技创新中心）	Nanjing Geological Survey Center, CGS (Eastern China Geological Science and Technology Innovation Center)	5	5	5			97	71	3	26	26	2
中国地质调查局武汉地质调查中心（中南地质科技创新中心）	Wuhan Geological Survey Center, CGS (Central-South China Geological Science and Technology Innovation Center)	14			14		157	112	15	45	45	17

事业单位和派出机构分列（2022年）

Achievement by Institution and Agency Affiliated to MNR（2022）

专利/件 Patent/piece						软件著作权/项 Software Copyright/project	科技奖项/项 Scientific and Technological Prize/project		科学技术普及 Scientific and Technological Popularization	
本年专利申请受理数 Patent Application Accepted This Year		本年专利授权数 Number of Patent Granted This Year			拥有有效发明专利总数 Total Number of Valid Invention Patent		国家级 State Level	省部级 Provincial and Ministerial Level	科普作品/部 Popular Science Works/kind	主题科普活动/项 Thematic Science Popularization Activity/time
	发明专利 Invention Patent		发明专利 Invention Patent	国外授权 Abroad Authorization						
1558	**1045**	**1381**	**833**	**36**	**3900**	**770**		**58**	**545**	**564**
952	**544**	**739**	**322**	**19**	**1798**	**317**		**23**	**529**	**423**
29	26	12	7	5	22	4			15	5
172	22	94	2		2	54			52	137
4	4	2	2		15	19		6		4
2		2	1		12	1		1	13	6
6	1	1			3	5			1	14
11	6	5			9	3		1	5	15
10	4	10	4	2	61	11		1	2	5

自然资源科技成果情况——按部属
Natural Resources Scientific and Technological Achievement

单 位	Department	科技成果登记数/项 Number of Scientific and Technological Achievement Registered/project	部科技成果管理机构登记 Registration in the Ministry Administration of Scientific and Technological Achievement	应用技术成果 Application of Technical Achievement	在地方政府科技成果管理机构登记 Registration in the Local Government Administration of Scientific and Technological Achievement	应用技术成果 Application of Technical Achievement	发表科技论文/篇 Publication of Scientific and Technological Paper/paper	国内 Domestic	被SCI、EI收录 Indexed in SCI, EI	国际 International	被SCI、EI、ISTP收录 Indexed in SCI, EI,and ISTP	出版科技著作/部 Publication of Scientific and Technolog-ical Works/ monograph
中国地质调查局成都地质调查中心（西南地质科技创新中心）	Chengdu Geological Survey Center, CGS (Southwestern China Geological Science and Technology Innovation Center)						126	80	74	46	46	2
中国地质调查局西安地质调查中心（西北地质科技创新中心）	Xi'an Geological Survey Center, CGS (Northwestern China Geological Science and Technology Innovation Center)	15	5		10	4	111	94	7	17	17	9
广州海洋地质调查局	Guangzhou Marine Geological Survey, CGS						125	66	32	59	59	5
青岛海洋地质研究所	Qingdao Institute of Marine Geology, CGS	1	1				76	43	7	33	32	8
中国自然资源航空物探遥感中心	China Aero Geophysical Survey & Remote Sensing Center for Natural Resources						83	55	19	28	28	7
中国地质科学院地球物理地球化学勘查研究所	Institute of Geophysical and Geochemical Exploration, CAGS	12	12	4			115	68	20	47	47	4
中国地质调查局油气资源调查中心	Oil and Gas Resources Survey Center, CGS						46	35	14	11	11	3
中国地质科学院地质研究所	Institute of Geology, CAGS	4	4				189	78	30	111	111	10
中国地质科学院矿产资源研究所	Institute of Mineral Resources, CAGS	2	2				181	104	34	77	77	8
中国地质科学院地质力学研究所	Institute of Geomechanics, CAGS	31			31	31	195	111	31	84	84	2
中国地质环境监测院（自然资源部地质灾害应急技术指导中心）	China Geological Environment Monitoring Institute (Center for Geological Disaster Emergency Technical Guidance of the Ministry of Natural Resources)	4	4	4			54	38	3	16	16	3

事业单位和派出机构分列（2022年） 续表1

by Institution and Agency Affiliated to MNR（2022） Continued 1

专利/件 Patent/piece							科技奖项/项 Scientific and Technological Prize/project		科学技术普及 Scientific and Technological Popularization	
本年专利申请受理数 Patent Application Accepted This Year		本年专利授权数 Number of Patent Granted This Year			拥有有效发明专利总数 Total Number of Valid Invention Patent	软件著作权/项 Software Copyright/project	国家级 State Level	省部级 Provincial and Ministerial Level	科普作品/部 Popular Science Works/kind	主题科普活动/项 Thematic Science Popularization Activity/time
	发明专利 Invention Patent		发明专利 Invention Patent	国外授权 Abroad Authorization						
10	1	10	1		54	3		1	2	18
14	6	8	5		73	3			9	1[illegible]
147	109	91	55	2	141	10		4	3	14
56	43	67	43	6	143	19			1	20
32	32	7	7		50	60			1	3
47	23	40	10		115	17		2	13	6
18	17	16	12		80	3			14	11
6	1	6	1		21				14	14
23	16	19	12		95	4			8	2
24	24	24	13	1	28	28			10	21
31	20	22	14	0	44	18			11	7

自然资源科技成果情况——按部属

Natural Resources Scientific and Technological Achievement

单　位	Department	科技成果登记数/项 Number of Scientific and Technological Achievement Registered/project	部科技成果管理机构登记 Registration in the Ministry Administration of Scientific and Technological Achievement	应用技术成果 Application of Technical Achievement	在地方政府科技成果管理机构登记 Registration in the Local Government Administration of Scientific and Technological Achievement	应用技术成果 Application of Technical Achievement	发表科技论文/篇 Publication of Scientific and Technological Paper/paper	国内 Domestic	被SCI、EI收录 Indexed in SCI, EI	国际 International	被SCI、EI、ISTP收录 Indexed in SCI, EI,and ISTP	出版科技著作/部 Publication of Scientific and Technological Works/ monograph
中国地质调查局水文地质环境地质调查中心	Hydrogeological and Environmental Geological Survey Center, CGS	9	9	9			73	73	22			1
中国地质科学院水文地质环境地质研究所	Institute of Hydrogeology and Environmental Geology, CAGS	1			1	1	152	74	26	78	78	4
中国地质科学院岩溶地质研究所	Institute of Karst Geology, CAGS	17	1		16	16	86	59	10	27	27	5
自然资源实物地质资料中心	Cores and Samples Center of Natural Resources						13	7	1	6	6	1
中国地质图书馆（中国地质调查局地学文献中心）	National Geological Library of China (Geoscience Documentation Center, CGS)						25	22		3	3	
中国矿业报社	China Mining News						6	6	1			3
国家地质实验测试中心	National Research Center for Geoanalysis	7	7	5			32	26	6	6	6	1
中国地质科学院勘探技术研究所	Institute of Exploration Techniques, CAGS	6	6	6			26	26	3			
北京探矿工程研究所	Beijing Institute of Exploration Engineering, CAGS						37	37	10			1
中国地质科学院探矿工艺研究所	Institute of Exploration Technology, CAGS						25	19	2	6	6	
中国地质科学院郑州矿产综合利用研究所	Zhengzhou Institute of Multipurpose Utilization of Mineral Resources, CAGS	50			50	50	39	26		13	13	2
中国地质科学院矿产综合利用研究所	Institute of Multipurpose Utilization of Mineral Resources, CAGS						25	24		1	1	

事业单位和派出机构分列（2022年） 续表2
by Institution and Agency Affiliated to MNR（2022） Continued 2

专利/件 Patent/piece						软件著作权/项 Software Copyright/project	科技奖项/项 Scientific and Technological Prize/project		科学技术普及 Scientific and Technological Popularization	
本年专利申请受理数 Patent Application Accepted This Year		本年专利授权数 Number of Patent Granted This Year			拥有有效发明专利总数 Total Number of Valid Invention Patent		国家级 State Level	省部级 Provincial and Ministerial Level	科普作品/部 Popular Science Works/kind	主题科普活动/项 Thematic Science Popularization Activity/time
	发明专利 Invention Patent		发明专利 Invention Patent	国外授权 Abroad Authorization						
28	13	33	10		144	13				10
60	30	53	25		262	10		1	26	2
30	10	29	10		25	5		2	11	7
12	2	12	2		5	4			7	13
									8	19
1	1	1	1		1	1			257	38
15	7	32	13		44	8				1
76	58	58	31	3	57	6				2
10	5	27	10		43	5			10	4
10	7	15	7		47				24	7
50	38	24	6		91	3		4	4	5
18	18	19	18		111				3	2

自然资源科技成果情况——按部属
Natural Resources Scientific and Technological Achievement

单位	Department	科技成果登记数/项 Number of Scientific and Technological Achievement Registered/project	部科技成果管理机构登记 Registration in the Ministry Administration of Scientific and Technological Achievement	应用技术成果 Application of Technical Achievement	在地方政府科技成果管理机构登记 Registration in the Local Government Administration of Scientific and Technological Achievement	应用技术成果 Application of Technical Achievement	发表科技论文/篇 Publication of Scientific and Technological Paper/paper	国内 Domestic	被SCI、EI收录 Indexed in SCI, EI	国际 International	被SCI、EI、ISTP收录 Indexed in SCI, EI,and ISTP	出版科技著作/部 Publication of Scientific and Technolog-ical Works/ monograph
部其他直属单位	**Agency Affiliated to MNR**	**96**	**82**	**50**	**14**	**9**	**1734**	**805**	**116**	**929**	**895**	**82**
中国国土勘测规划院	China Land Surveying and Planning Institute						44	41	18	3		7
中国自然资源经济研究院	Chinese Academy of Natural Resources Economics	10	10				111	91	1	20	5	7
中国自然资源部不动产登记中心（自然资源部法律事务中心）	Real Estate Registration Center, MNR (Law Center, MNR)						13	13				1
自然资源部油气资源战略研究中心	Strategic Research Center of Oil and Gas Resources, MNR						37	31	4	6	5	
自然资源部国土整治中心（自然资源部土地科技创新中心）	China Land Consolidation and Rehabilitation (Land Science and Technology Innovation Center, MNR)	7	7				7	5	2	2	2	
中国地质博物馆	Geological Museum of China	1	1				10	7	2	3	2	
自然资源部信息中心	Information Center, MNR	7	7	7			51	49		2	1	
自然资源部咨询研究中心	Consulting and Research Center, MNR	2	2				27	27				2
自然资源部第一海洋研究所	First Institute of Oceanography, MNR	2			2	1	343	101	7	242	242	15
自然资源部第二海洋研究所	Second Institute of Oceanography, MNR	1			1		169	17	4	152	152	20
自然资源部第三海洋研究所	Third Institute of Oceanography, MNR	14	11		3		327	82	6	245	245	7
国家海洋技术中心	National Ocean Technology Center	3	2	2	1	1	109	86	11	23	19	1
自然资源部天津海水淡化与综合利用研究所	Institute of Seawater Desalination and Multipurpose Utilization, MNR (Tianjin)	2			2	2	49	25		24	24	
自然资源部海洋发展战略研究所	China Institute for Marine Affairs, MNR						16	16				2

事业单位和派出机构分列（2022年） 续表3

by Institution and Agency Affiliated to MNR（2022） Continued 3

专利/件 Patent/piece						软件著作权/项 Software Copyright/ project	科技奖项/项 Scientific and Technological Prize/project		科学技术普及 Scientific and Technological Popularization	
本年专利申请受理数 Patent Application Accepted This Year		本年专利授权数 Number of Patent Granted This Year			拥有有效发明专利总数 Total Number of Valid Invention Patent		国家级 State Level	省部级 Provincial and Ministerial Level	科普作品/部 Popular Science Works/kind	主题科普活动/项 Thematic Science Popularization Activity/time
	发明专利 Invention Patent		发明专利 Invention Patent	国外授权 Abroad Authorization						
498	**443**	**547**	**462**	**17**	**1946**	**333**		**28**	**12**	**75**
						8		2		
1	1				1	2				
2	1				2	2		1		6
		3			5	2			11	23
						46		3		1
						1				
121	91	168	146	14	521	94				4
85	85	75	74	1	258	9		2		4
57	47	61	38		311	11		1		6
22	18	35	25		133	18		5		3
22	20	37	28		186	1				

自然资源科技成果情况——按部属

Natural Resources Scientific and Technological Achievement

单位	Department	科技成果登记数/项 Number of Scientific and Technological Achievement Registered/project					发表科技论文/篇 Publication of Scientific and Technological Paper/paper					出版科技著作/部 Publication of Scientific and Technolog-ical Works/ monograph
			部科技成果管理机构登记 Registration in the Ministry Administration of Scientific and Technological Achievement	应用技术成果 Application of Technical Achievement	在地方政府科技成果管理机构登记 Registration in the Local Government Administration of Scientific and Technological Achievement	应用技术成果 Application of Technical Achievement		国内 Domestic	被SCI、EI收录 Indexed in SCI, EI	国际 International	被SCI、EI、ISTP收录 Indexed in SCI, EI,and ISTP	
国家海洋标准计量中心	National Center of Ocean Standards and Metrology						10	10				
国家海洋环境预报中心（自然资源部海啸预警中心）	National Marine Environmental Forecasting Center (Tsunami Warning Center, MNR)	1	1	1			47	24	11	23	23	2
国家海洋信息中心	National Oceanic Information Center	3			3	3	26	21	4	5		4
自然资源部海岛研究中心	Island Research Center, MNR						9	4		5	4	
自然资源部海洋减灾中心	National Marine Hazard Mitigation Center, MNR						9	6	4	3		
自然资源部海洋咨询中心	Oceanic Consulting Center, MNR											
中国极地研究中心（中国极地研究所）	Polar Research Institute of China (China Polar Research Institute)						40	13	1	27	27	
中国大洋矿产资源研究开发协会办公室（中国大洋事务管理局）	Office of China Ocean Mineral Resources R&D Association (China Oceanic Affairs Administration)											
国家卫星海洋应用中心	National Satellite Ocean Application Service	1	1	1			25	15	2	10	10	2
国家深海基地管理中心	National Deep Sea Center	3	3	3			20	13	5	7	7	2
自然资源部第四海洋研究所（中国-东盟国家海洋科技联合研发中心）	Fourth Institute of Oceanography, MNR (China-ASEAN Joint Research and Development Center of Marine Science and Technology)						19	4	3	15	15	
自然资源部测绘发展研究中心	Surveying and Mapping Development Research Center of Ministry of Natural Resources	2			2	2	21	17		4	4	

事业单位和派出机构分列（2022年） 续表4

by Institution and Agency Affiliated to MNR（2022） Continued 4

专利/件 Patent/piece						软件著作权/项 Software Copyright/ project	科技奖项/项 Scientific and Technological Prize/project		科学技术普及 Scientific and Technological Popularization	
本年专利申请受理数 Patent Application Accepted This Year		本年专利授权数 Number of Patent Granted This Year			拥有有效发明专利总数 Total Number of Valid Invention Patent		国家级 State Level	省部级 Provincial and Ministerial Level	科普作品/部 Popular Science Works/kind	主题科普活动/项 Thematic Science Popularization Activity/time
	发明专利 Invention Patent		发明专利 Invention Patent	国外授权 Abroad Authorization						
3	3	4	3		5	4				
9	9	12	12		42	2				7
7	4	7	4		27			3		3
1	1	1	1		1					3
					4					
9	6	9	6		12	1		1		1
20	20	28	28		51	46				
25	25	10	10		40	5		1		
3	3	5	1		1					1
								2		

自然资源科技成果情况——按部属

Natural Resources Scientific and Technological Achievement

单 位	Department	科技成果登记数/项 Number of Scientific and Technological Achievement Registered/project	部科技成果管理机构登记 Registration in the Ministry Administration of Scientific and Technological Achievement	应用技术成果 Application of Technical Achievement	在地方政府科技成果管理机构登记 Registration in the Local Government Administration of Scientific and Technological Achievement	应用技术成果 Application of Technical Achievement	发表科技论文/篇 Publication of Scientific and Technological Paper/paper	国内 Domestic	被SCI、EI收录 Indexed in SCI, EI	国际 International	被SCI、EI、ISTP收录 Indexed in SCI, EI,and ISTP	出版科技著作/部 Publication of Scientific and Technolog-ical Works/ monograph
自然资源部重庆测绘院	Chongqing Institute of Surveying and Mapping, MNR	5	5	5			4	4				
中国测绘科学研究院	Chinese Academy of Surveying and Mapping	29	29	29			65	32	16	33	33	4
国家基础地理信息中心	National Geomatics Center of China	2	2	2			54	25	4	29	29	3
自然资源部国土卫星遥感应用中心	Land Satellite Remote Sensing Application Center , MNR	1	1				35	14	10	21	21	2
国家测绘产品质量检验测试中心	National Quality Inspection ant Testing Center for Surveying and Mapping Products						26	11	1	15	15	
国家珠宝玉石首饰检验集团有限公司	National Gems & Jewelry Testing Co., Ltd.						11	1		10	10	1
派出机构及所属单位	**Dispatched Office and Affiliated Unit**	**77**	**15**	**12**	**62**	**54**	**445**	**396**	**10**	**49**	**48**	**3**
陕西测绘地理信息局	Shaanxi Bureau of Surveying, Mapping and Geoinformation	13	4	3	9	9	107	104	3	3	3	
黑龙江测绘地理信息局	Heilongjiang Bureau of Surveying and Mapping Geographic Information	8	7	7	1	1	118	117		1	1	
四川测绘地理信息局	Sichuan Bureau of Surveying, Mapping and Geoinformation	4	3	2	1	1	30	28		2	1	
海南测绘地理信息局	Hainan Administration of Surveying Mapping and Geoinformation						6	5		1	1	
自然资源部北海局	North China Sea Bureau, MNR	38	1		37	37	81	73	3	8	8	1
自然资源部东海局	East China Sea Bureau, MNR	6			6	6	30	24	3	6	6	1
自然资源部南海局	South China Sea Bureau, MNR	8			8		73	45	1	28	28	1

事业单位和派出机构分列（2022年） 续表5
by Institution and Agency Affiliated to MNR（2022） Continued 5

专利/件 Patent/piece						软件著作权/项 Software Copyright/project	科技奖项/项 Scientific and Technological Prize/project		科学技术普及 Scientific and Technological Popularization	
本年专利申请受理数 Patent Application Accepted This Year		本年专利授权数 Number of Patent Granted This Year			拥有有效发明专利总数 Total Number of Valid Invention Patent		国家级 State Level	省部级 Provincial and Ministerial Level	科普作品/部 Popular Science Works/kind	主题科普活动/项 Thematic Science Popularization Activity/time
	发明专利 Invention Patent		发明专利 Invention Patent	国外授权 Abroad Authorization						
						10				1
69	69	51	51	2	223	27		7		3
11	10	9	9		53	15				
28	28	20	20		60	25				1
						1			1	
3	2	12	6		10	3				8
108	**58**	**95**	**49**		**156**	**120**		**7**	**4**	**66**
31	2	24			3	61				
3	2	6	4		6	10				
15	13	15	13		31	21				8
1	1				1	7				
23	21	23	21		67	8		6	3	24
11	4	5	0		11	6			1	11
24	15	22	11		37	7		1		22

全国省、市、县级自然资源

Number of Provincial, Municipal and County Level

单位：个

地 区	Region	合计 Total
总 计	**Total**	**3287**
北 京	Beijing	17
天 津	Tianjin	19
河 北	Hebei	196
山 西	Shanxi	137
内蒙古	Nei Mongol	120
辽 宁	Liaoning	111
吉 林	Jilin	59
黑龙江	Heilongjiang	133
上 海	Shanghai	17
江 苏	Jiangsu	128
浙 江	Zhejiang	103
安 徽	Anhui	126
福 建	Fujian	96
江 西	Jiangxi	102
山 东	Shandong	169
河 南	Henan	168
湖 北	Hubei	127
湖 南	Hunan	150
广 东	Guangdong	148
广 西	Guangxi	120
海 南	Hainan	15
重 庆	Chongqing	41
四 川	Sichuan	214
贵 州	Guizhou	108
云 南	Yunnan	148
西 藏	Xizang	82
陕 西	Shaanxi	133
甘 肃	Gansu	103
青 海	Qinghai	51
宁 夏	Ningxia	27
新 疆	Xinjiang	119

管理机构数（2022年）

Natural Resources Management Institution Nationwide（2022）

Unit：number

省级 Provincial Level	市（地）级 Municipal （Prefecture） Level	县（区）级 County （District） Level
32	**358**	**2897**
1		16
1		18
1	12	183
1	11	125
1	14	105
1	14	96
1	10	48
1	13	119
1		16
1	13	114
1	11	91
1	16	109
1	10	85
1	11	90
1	16	152
1	18	149
1	17	109
1	14	135
1	21	126
1	14	105
1	2	12
1		40
1	21	192
1	9	98
1	16	131
1	7	74
1	11	121
1	15	87
1	8	42
1	5	21
2	29	88

主要统计指标解释

高层次科技人才　科技人员指本单位在编人员中从事各类科技活动的人员。高层次科技人员指入选国家级、部级、省级科技人才计划或培养工程的人员数。在高层次科技人员流动中，新增就是报告期内部外单位流入本单位或本单位新入选，减少就是报告期内本单位人员流向部外单位。

国家级科技人才　界定详见《中共自然资源部党组关于深化科技体制改革提升科技创新效能的实施意见》（自然资党发〔2018〕31号）。

部级人才培养工程　指入列自然资源部高层次创新型科技人才培养工程或其他部委有关科技人才培养计划的人员，如交通运输部遴选的交通运输行业科技创新人才。

省级科技人才计划　指入选省教育厅、科技厅、自然资源厅等组织的有关科技人才培养计划，如山东省教育厅遴选的泰山学者。

科研项目　指报告期内在研的各类科研项目数，包括报告期内新立项目、已立项正在研究的项目、报告期内结题项目。按照国务院印发的《关于深化中央财政科技计划（专项、基金等）管理改革方案的通知》（国发〔2014〕64号）要求，国家级科研项目指国家自然科学基金、国家科技重大专项、国家重点研发计划、技术创新引导专项（基金）、基地和人才专项五类科技计划项目。省级科技项目指由省科技厅、自然资源厅等批复立项的省级财政经费支持的科技项目。项目数只统计牵头单位承担的在研项目，作为协作单位、外协单位承担的科研项目的课题、专题和任务不在统计之列。科研项目经费指上述科研项目的年度总经费。

重点实验室　指报告期内现有的各类型国家级、省部级实验室。其中：国家级是由科技部批准；部级是由自然资源部或其他部委批准；省级是由省科技厅、自然资源厅等批准。为避免重复统计，只统计以本机构作为依托单位的重点实验室。

工程技术创新中心　指报告期内现有的各类型国家级、省部级工程技术创新中心。其中：国家级是由科技部、国家发展改革委批准的国家工程技术研究中心、国家工程实验室；部级是由自然资源部或其他部委批准；省级是由省科技厅、自然资源厅等批准。为避免重复统计，只统计以本机构作为依托单位的工程技术创新中心。

野外科学观测研究站　指报告期内现有的各类型国家级、省部级野外科学观测研究站。其中：国家级是由科技部批准；部级是由自然资源部或其他部委批准；省级是由省科技厅、自然资源厅等批准。为避免重复统计，只统计以本机构作为依托单位的野外科学观测研究站。

科普基地　指报告期内现有的各类型国家级、省部级科普基地。其中：国家级是由科技部批准；部级是由自然资源部或其他部委批准；省级是由省科技厅、自然资源厅等批准。

科技论文　在国际或在全国性核心期刊上以第一作者身份发表的论文。被SCI、EI、ISTP收录主要指由美国出版的科学引文索引（SCI）、工程索引（EI）和科学技术会议索引（ISTP）三种检索系统中收录的科技人员发表的期刊论文和会议论文。

科技著作　指经过正式出版部门编印出版的科技专著、大专院校教科书、科普著作。为避免重复统计，只统计以本机构科技人员为第一作者的论文和著作。同一书名为一部，与书的发行量无关。

本年专利申请受理数 指报告期内本单位向国内外知识产权行政部门提出专利申请并被受理的件数。为避免重复统计，只统计以本机构科技人员为第一作者的专利。

本年专利授权数 指当年由国内外知识产权行政部门授予本单位的专利件数。为避免重复统计，只统计以本机构科技人员为第一作者的专利。

拥有有效发明专利总数 指报告期内本单位作为专利权利人拥有的、经国内外知识产权行政部门授予且在有效期内的发明专利总数。

软件著作权 指软件的开发者或者其他权利人依据有关著作权法律的规定，对于软件作品所享有的各项专有权利。

科技奖项 指报告期内获得的国家级、省部级科技奖励的数目。国家级包括国家自然科学奖、国家技术发明奖、国家科技进步奖；省级指省、自治区、直辖市人民政府设立的省级科学技术奖；部级指国务院有关部门根据国防、国家安全的特殊情况设立的部级科学技术奖，工信部、公安部、国家安全部可以设立部级科学技术奖。国土资源科学技术奖、测绘科学技术奖、海洋科学技术奖等社会力量设奖不属于部级科技奖范畴。

科普作品 指报告期内出版的图书、期刊、音像制品等科普作品。只统计第一作者为本单位科技人员。

主题科普活动 指报告期内本单位作为活动第一承担单位开展的自然资源领域科普活动。

Explanatory Notes on Main Statistical Indicators

High-level Scientific and Technological Talented Personnel—scientific and technological personnel refers to persons who conduct various kinds of scientific and technological activities in the fixed staff and workers in the current units. High–level scientific and technological talented personnel refer to the number of personnel selected for national, ministerial, or provincial–level scientific and technological talent programs or training projects. In the flow of high–level technology personnel, the increase refers to the flow of personnel from external units within the reporting period to this unit or the selection of new personnel within this unit, while the decrease refers to the flow of personnel from this unit to external units within the reporting period.

National Talent Plan—see *the Implementation Opinions of the Party Leadership Group of the Ministry of Natural Resources of the Communist Party of China on Deepening the Reform of the Scientific and Technological System and Improving the Efficiency of Scientific and Technological Innovation* (Natural Resources Party Document 〔2018〕 No.31).

Ministerial Level Talent Training Project—personnel who have been included in the high–level innovative technology talent training project of the Ministry of Natural Resources or other relevant technology talent training plans of the Ministry, such as technology innovation talents selected by the Ministry of Transport in the transportation industry.

Provincial Level Talent Training Plan—the relevant scientific and technological talent training programs selected by the provincial department of education, the department of science and technology, the department of natural resources, and other organizations, such as the Taishan scholars selected by the Shandong Provincial Department of Education.

Number of Scientific Project—the number of various scientific research projects studied during the reporting period, including newly established projects, projects that have been approved and are currently being studied, and projects completed during the reporting period. According to *the Notice of the State Council on Deepening the Management Reform Plan of Central Financial Science and Technology Plans (Special Projects, Funds, etc.)* (State Council Document 〔2014〕No.64), national scientific research projects refer to five categories of science and technology plan projects: National Natural Science Foundation, National Major Science and Technology Projects, National Key R&D Plans, Technical Innovation Guidance Special Projects (Funds), and Base and Talent Special Projects. Provincial science and technology projects refer to science and technology projects supported by provincial financial funds approved by the provincial department of science and technology, the department of natural resources, and other departments. The number of projects is only counted for the ongoing research projects undertaken by the leading unit, and the research topics, topics and tasks undertaken as collaborative or outsourced units are not included in the statistics. Research project funding refers to the total annual funding for the aforementioned research projects.

Key Laboratory—the existing national and provincial level laboratories of various types during the reporting period. Among them, the national level is approved by the Ministry of Science and Technology, the ministerial level is approved by the Ministry of Natural Resources or other ministries, and the provincial level is approved by the provincial department of science and technology, the department of natural resources, etc. To avoid duplicate statistics, only key laboratories with our institution as the supporting unit will be counted.

Engineering Technology Innovation Center—various types of national and provincial engineering and technology innovation centers that exist during the reporting period. Among them, the national level is approved by the Ministry of Science and Technology and the National Development and Reform Commission as the National Engineering Technology Research Center and National Engineering Laboratory, the ministerial level is approved by the Ministry of Natural Resources or other ministries, and the provincial level is approved by the provincial department of science and technology, the department of natural resources, etc. To avoid duplicate statistics, only the engineering technology innovation centers based on our institution will be counted.

Field Scientific Observation and Research Station—various types of national and provincial level field scientific observation and research stations that exist during the reporting period. Among them, the national level is approved by the Ministry of Science and Technology, the ministerial level is approved by the Ministry of Natural Resources or other ministries, and the provincial level is approved by the provincial department of science and technology, the department of natural resources, etc. To avoid duplicate statistics, only field scientific observation and research stations based on our institution will be counted.

Science Popularization Base—various types of national and provincial science popularization bases that exist during the reporting period. Among them, the national level is approved by the Ministry of Science and Technology, the ministerial level is approved by the Ministry of Natural Resources or other ministries, and the provincial level is approved by the provincial department of science and technology, the department of natural resources, etc.

Scientific and Technological Paper—papers published as the first author in international or national core journals. Being indexed by SCI, EI, and ISTP mainly refers to journal and conference papers published by scientific and technological personnel in the three retrieval systems published in the United States: Science Citation Index (SCI), Engineering Index (EI), and Index to Scientific &Technical Proceedings (ISTP).

Scientific and Technological Works—scientific and technological monographs, text-books of universities and colleges, and popular science books compiled, printed, and published by formal publishing establishments. In order to evade repetition in statistical survey, only the papers and works whose first authors are scientific and technological persons of the current organization are included in the statistics. The books with the same title are considered to be one entry, which is unrelated to the quantity of distribution of the books.

Patent Application Accepted This Year—the number of patent applications submitted and accepted by the unit to domestic and foreign intellectual property administrative departments during the reporting period. To avoid duplicate statistics, only patents with the institution's technology personnel as the first author will be counted.

Number of Patent Granted This Year—the number of patents granted to the unit by domestic and foreign intellectual property administrative departments in that year. To avoid duplicate statistics, only patents with the institution's technology personnel as the first author will be counted.

Total Number of Valid Invention Patent—the total number of invention patents owned by the unit as the patent owner, granted by domestic and foreign intellectual property administrative departments, and within the validity period during the reporting period.

Software Copyright—the exclusive rights enjoyed by software developers or other rights holders in accordance with relevant copyright laws and regulations regarding software works.

Scientific and Technological Prize—the number of national and provincial level scientific and technological awards received during the reporting period. The national level includes the State Natural Science Award, the State Technological Innovation Award and the National Science and Technology Progress Award. The provincial science and technology awards refer to the provincial-level science and technology awards established by the people's governments of provinces, autonomous regions, and municipalities directly under the central government. The ministerial level science and technology awards refer to the ministerial level science and technology awards established by relevant departments of the State Council based on special circumstances of national defense and national security. The Ministry of Industry and Information Technology, the Ministry of Public Security, and the Ministry of State Security may establish ministerial level science and technology awards. The awards set up by social forces such as the Land and Resources Science and Technology Award, Surveying and Mapping Science and Technology Award, and Marine Science and Technology Award do not belong to the category of the ministerial level science and technology award.

Popular Science Works—popular science works such as books，periodicals and audio-video products. Only the first author of the works belongs to the unit is calculated in the statistics.

Thematic Science Popularization Activity—the science popularization activity in the natural resources area carried out by the unit as the first unit undertaking the activity during the reporting period.

我和我的祖國

中国民主建国会上海市委员会◎编

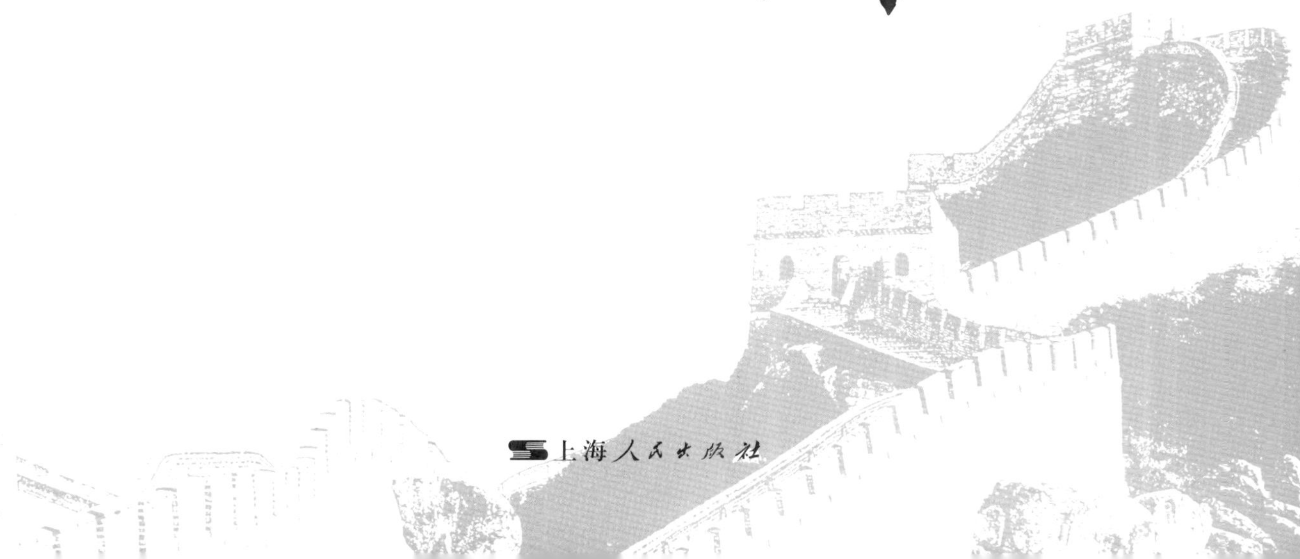

上海人民出版社

图书在版编目(CIP)数据

我和我的祖国/中国民主建国会上海市委员会编
.—上海:上海人民出版社,2019
ISBN 978-7-208-16006-4

Ⅰ.①我… Ⅱ.①中… Ⅲ.①中国民主建国会-人物
-生平事迹 Ⅳ.①D665.4

中国版本图书馆 CIP 数据核字(2019)第 169526 号

责任编辑 曹怡波 王笑潇
封面设计 零创意文化

我和我的祖国
中国民主建国会上海市委员会 编

出　　版 上海人民出版社
(200001 上海福建中路 193 号)
发　　行 上海人民出版社发行中心
印　　刷 常熟市新骅印刷有限公司
开　　本 787×1092 1/16
印　　张 35
插　　页 5
字　　数 636,000
版　　次 2019 年 9 月第 1 版
印　　次 2019 年 9 月第 1 次印刷
ISBN 978-7-208-16006-4/D·3466
定　　价 248.00 元

主　编

周汉民

副主编

汪胜洋

统　稿

仲晔骅　徐泽春　陈阳乐

序

成功不必在我，功成必定有我

今年是新中国成立70周年，也是人民政协成立70周年、中国共产党领导的多党合作和政治协商制度确立70周年。民建上海市委发起了“我和我的祖国”主题征文，庆祝中华人民共和国七秩华诞。

在这欢庆时刻，我不禁想起中华民族曾经的苦难和辉煌，想起新中国成立70年来艰辛而辉煌的历史征程，想起民建和民建人投身革命、建设和改革开放事业，在中国共产党的领导下，为建立新中国、建设新中国，为国家富强、民族振兴、人民幸福作出的独特贡献。

70年来，民建始终把自身的前途命运与祖国的前途命运紧密联系在一起，高举爱国主义和社会主义旗帜，坚持国家利益高于一切，经受住了各种困难和考验，认真履行参政议政、民主监督，参加中国共产党领导的政治协商三大职能，不断推动中国特色社会主义现代化建设事业持续健康发展。

中国民主建国会创始人黄炎培同志在《重做人三章》中写道：“民得再生国再造，我愿卖力卖到老。”他把个人命运同国家民族的命运自觉结合，对祖国满怀至诚而深厚的感情，历尽艰辛，忠贞若一，永远是民建人的行程师表。

不独黄任老。多少民建先贤正是因为胸怀爱国之情、报国之志才聚集到一起，于1945年成立了民主建国会，以民族大义为己任，因而热爱祖国、服膺人民一直是民建人的价值追求。

1932年1月28日，日本帝国主义的军队进犯上海，胡厥文、黄炎培等前辈发动全市工商界支援抗战。1937年，抗日战争全面爆发，“抗战胡子”胡厥文同志和爱国工商界发起、组织苏浙沪宁百余家民营工厂内迁，成为抗战时期后方民族工业的中坚力量，为军需民用的生产供应发挥了重要作用。

民建三烈士黄竞武、姜化民、郑太朴同志为了人民解放军顺利解放上海、接管上海，坚持革命斗争，牺牲在上海解放的前夜。为抗美援朝、保家卫国，民建会员踊跃捐献飞机数百架。胡厥文、胡子昂、吴蕴初等同志亲送子女上前线，中国味精之父吴蕴初同志说过：“我爱我的女儿，但更爱我的祖国。”

建国初期，百废待兴，民建积极为恢复国民经济献计出力，章乃器同志建议发行人民胜利折实公债的建议被采纳。在民建会员的带动下，上海工商界共认购了2670多万分，占上海公债总数的89%，为国家克服财政经济困难发挥了巨大作用。社会主义改造时期，为贯彻国家过渡时期总路线，荣毅仁、胡厥文、王光英、万国权、陈铭珊、乐松生、刘靖基等前辈率先将自己经营的企业实行公私合营，团结带动民建会员配合国家完成对资本主义工商业的社会主义改造，为确立社会主义所有制发挥了重要作用。

“我和我的祖国，一刻也不能分割。”“我亲爱的祖国，我永远紧依着你的心窝。”这是千千万万个民建人爱国情怀的真实写照，这是千千万万个民建人的赤子情怀。聚是一团火，散作满天星。民建先贤舍小我、为大我，挥洒爱国之情，践行报国之志，与亿万热爱祖国的中华儿女一起，为河汉增辉。

今年3月22日，习近平总书记在回答意大利众议长菲科提问时用“我将无我，不负人民”深情表达了“为人民谋幸福、为民族谋复兴”而奉献自己的崇高情怀。70年来，中国共产党秉持“为人民谋幸福、为民族谋复兴”的初心，牢记为人民服务的宗旨，“以人民为中心”治国理政。历经70年岁月，民建同样不忘合作初心，传承优良传统，坚持中国共产党的领导，坚持走中国特色社会主义道路，密切联系经济界，积极履行职能，形成了自身的特色和优势。

中国共产党第十一届三中全会以后，社会主义现代化建设事业进入新时期。民建上海市委第五届、第六届主委刘靖基同志以“老牛明知夕阳短，不用扬鞭自奋蹄”两句话来激励自己，带头创办了上海市工商界爱国建设公司。1988年，靖公已86岁，仍然在坚持工作，有同志担心他的身体，靖公笑答：“人生七十古来稀，而今八十不稀奇，九十老翁干劲足，争为四化作贡献。”

1993年，民建中央第五届、第六届主席孙起孟同志建议将“中国共产党领导的多党合作和政治协商制度将长期存在和发展”写入宪法并被采纳，为奠定多党合作的宪法依据作出了民建的突出贡献。进入新时期，中国共产党领导的多党合作和政治协商制度逐步制度化、规范化、程序化，为民建加强自身建设、发挥作用提供了良好的条件和广阔的空间。

浦东开发开放、上海设立自贸区、长江经济带发展战略、长三角高质量一体化发展……上海勇当全国改革开放排头兵、创新发展先行者，使上海民建大有用武之地。改革开放之初，我们积极开展经济咨询、智力支边，创办公司、学校，为国家经济发展力尽绵薄。最近十余年，我们举办联络工作沙龙，构建民建智库体系，打造品牌论坛，围绕浦东开发开放、崇明世界级生态岛建设、长三角高质量一体化高质量发展、上海世博会、国有企业改革、民营中小企业健康发展、上海自贸区建设、上海“五个中心”建设等重大问题不断创新工作机制，深入开展调研，坚持不懈建言献策。我们还成立了上海民建扶帮公益基金会，为国家精准扶贫、精准脱贫攻坚战和服务上海本地民政公益事业、服务会员，全力以赴。

“我的祖国和我，像海和浪花一朵。浪是海的赤子，海是那浪的依托。每当大海在微笑，我就是笑的旋涡。我分担着海的忧愁，分享海的欢乐。”这是千千万万民建赤子的担当。平凡的民建会员，在平凡的工作岗位上，兢兢业业，铸就了民建“爱国、民主、建设、团结、创新、奉献”的基本价值理念，为推进中国特色社会主义事业作出了不平凡的贡献。今天之中国，已经稳居世界第二大经济体，贸易总量多年在世界贸易中居第一，连续14年成为外汇储备最高的国家……成就巨大，前程锦绣。

“我亲爱的祖国，你是大海，永不干涸，永远给我，碧浪清波，心中的歌。”

回顾70年来走过的道路，展望30年建成富强民主文明和谐美丽的社会主义现代化强国的美好前景，民建人的心头涌起中华民族伟大复兴的庄严使命感和巨大责任感。

进入新时代，世界面临百年未有之大变局。当代中国正经历着我国历史上最为广泛而深刻的社会变革，也正进行着人类历史上最为宏大而独特的实践创新。凝聚人心、汇聚力量，比任何时候都重要。众人拾柴火焰高。在习近平新时代中国特色社会主义思想的指引下，我们既要充分发挥民建密切联系经济界的特色和优势，引领广大会员深刻认识民建在新时代改革开放中新的历史担当，团结广大会员积极投身新时代改革开放的伟大事业，坚持好、发展好、完善好我国新型政党制度；也要立足上海，重点关注自贸区新片区创新、科创板注册制探索和长三角更高质量一体化发展这三项新的重大任务，同时为稳就业、稳金融、稳外贸、稳投资、稳外资、稳预期发挥好上海民建的作用，为实现“两个一百年”奋斗目标、实现中华民族伟大复兴的中国梦而不懈努力！

功成不必在我，成功必定有我。与诸位民建同志共勉。是为序。

2019年7月25日

目录

下篇 奋进与礼赞

上篇

缅怀与纪念

热爱祖国　与时俱进

——纪念黄炎培先生诞辰 110 周年

胡厥文

黄炎培先生，字任之，我们尊称他“任老”。清朝末叶，任老办浦东中学，我哥哥在这所中学上学。80 年前，我 12 岁那年，到浦东中学去看我哥哥，从那时起认识了任老。壮岁以还，兴办民族工业，推行职业教育，反对日本帝国主义侵华，动员、组织江、浙工厂西迁，争取和平民主，参加社会主义革命和社会主义建设，我追随任老，“爱则兄事，敬则师事”，甘苦与共垂 50 年。

1949 年上海解放不久，任老写了《上海解放》一诗，连同诗集《苞桑》赠给陈毅市长。诗里有这样两句：“我用泪写成一部诗史，写的是书生爱国，艰难悲苦的人生；你却用血写成一部史诗，写的是人民革命，雄奇灿烂的前程。”“书生爱国”，反映了任老的个人历史，也反映了近代中国广大知识分子一代又一代的行程。

1903 年，年轻的任老到南汇县演说，指斥时弊，被清政府逮捕入狱。经营救保释，亡命日本。1905 年加入同盟会，投身资产阶级民主革命运动。1915 年，以江苏教育会的名义，通电反对袁世凯称帝。1917 年创立中华职业教育社时说：“我们的社团叫做中华职业教育社，这个名称说明了全部意义”，“这些事业为的是国家”。1919 年“五四”运动中，以江苏省教育会负责人身份，召集上海各校校长集会声援；出席各界联席会议，张贴“不办卖国贼不开门”的标语，参加罢市斗争。1931 年“九一八”事变发生，代表抗日救国研讨会，向蒋介石陈述对时局的主张；开展抵制日货运动；创办《救国通讯》。1932 年与马相伯等人以中国国难救济会名义，通电要求召开国民会议，产生救国政府，团结抗日。“一・二八”事变时，参加组织上海市地方协会，创立“一・二八残废院”，收容伤残的抗日军人；为新生的孙儿取名“十九”，以纪念十九路军抗战。“留取精忠好模范，嘉名十九锡初生。”(《追悼一・二八淞沪抗日阵亡将士》）又与沈钧儒、史量才、荣宗敬、刘鸿生等组织国难会，发表宣言，反对政府的不抵抗政策。1933 年，发动组织东北热河后援会。1936 年在四川各地演讲，激励青年人团结生产，立报国之志，学报国之能，绥远抗战军兴，受上海地方团体委托，携带大宗物资飞往前线劳军。1937 年 5 月，到苏州高等法院看守所，慰问因救国被捕的“七君子”。8 月 13 日，日本侵略军进攻上海，任老被上海市抗敌后援会推选为主席团主席，为供应军需战区救济募捐、慰问做了大量工作；同我们一起动员、组织江、浙工厂西迁，以保存民族工业，支援抗战。1938 年奔波于武汉、桂林、香港，宣传抗日。同年，被聘为国民参政会参政员，结识周恩来、董必武、吴玉章、邓颖超等中共负责同志。1939 年，与中国共产党代表一起，在国民参政会一届四次会议上，提出要求国民党早日结束党治，实施宪政的提案。1940 年，发起组织国讯同志会。1941 年，与张澜等人发起成立中国民主政团同盟。1944 年，在国民参政会三届三次会议上，支持中国共产党提出的成立联合政府的主张。1945 年元旦，联合章乃器、吴蕴初等人发表《为转捩当前局势献言》。7 月，与褚辅成、冷遹等人访问延安，同毛泽东、周恩来、王若飞等会谈。返回重庆，抵制国民党的书报检查制度，自己出版《延安归来》，报道解放区的真相。抗日战争胜利以后，在中国共产党的统一战线政策指引下，于 1945 年 12 月同我们一起筹备成立了民主建国会，公开宣告要在中国成立一个和平、独立的民主政府，反对国民党的内战政策和独裁统治。1946 年，坚持政协会议立场，拒绝出席国民党包办的非法的分裂的国民代表大会。1947 年，在风雨如晦的日子里，发表《国吊》一文，发出“这时候只有国吊，哪有国庆”的愤慨；同时，在奔腾的时代涛声中，又发出“很远很远里唱出了千声万声的鸡，天快亮了”的欢呼。

从上述的经历中我们可以清楚地看到，任老的一生，一路上都踏下深深的一步一步的爱国的足印。“民得再生国再造，我愿卖力卖到老。”（《重做人三章》）他把个人命运同国家民族的命运自觉结合，对祖国怀有至诚而深厚的感情，历尽艰辛，忠贞若一。祖国的爱国英雄谱上，群星灿烂，任老与千万颗不落的星辰一起，同为河汉生辉。

“过去，中国知识分子生活在受外国侵略和封建统治的旧中国，所以往往产生救国革新的要求。”（《周恩来统一战线文选》，第358页）任老青年时代，受儒学“仁民爱物”和西学“天演论”的影响，目睹甲午战争失败，痛心于河山历劫，“国家观念，遂占领吾方寸的主要部位”（《抗战以来》，第114页，国讯书店1942年版）。他怀着强国兴邦的愿望，不懈追求。可是，从1840年到1949年的中国历史是：帝国主义要把中国变成殖民地，国内封建主义和官僚资本主义又占有统治地位，任老从痛苦的经历和观察中，从矢志不移的忠于祖国的行进中，从中国共产党领导的人民革命运动中，从同共产党人的接触中，经过严肃的反思和比较，才看到国家独立、民族解放的希望所在，才认识到中国共产党领导中国人民经过新民主主义革命进入社会主义，是历史的选择，才找到“跟共产党走，走社会主义道路”这条光明之路。这条路，是任老和我们这些从国家民族危急存亡之中奋斗过来的人，经过千辛万苦才找到的一条路。现在，中国人民站起来了，社会主义制度的新苗，已经植根于神州大地，我们民主党派的工作，正在中国共产党的领导下向为“四化”建设的重点转移。社会主义现代化建设是一项范围异常广泛、内容异常丰富的系统工程。在广阔的报效祖国的大路上，要学习和发扬任老的热爱祖国的精神，巩固接受共产党的领导，走社会主义道路的信念，为促进社会主义物质文明建设和社会主义精神文明建设的发展，献出我们的光和热。

任老是中国近现代职业教育的奠基人，中华职业教育社的缔造者。1942年留别江问渔诗有句云，“鞠躬从未识艰难，呕尽心肝一社团”。他一生同职业教育难解难分，在挫折中奋起，在重载下坚持，几十年如一日。经过任老和老一辈拓荒者的长期教育活动，形成了职业陶冶、职业训练、职业补习、职业指导、农村改进和职业教育理论研究的职业教育体系。广植桃李，泽被后世，芳馨远播，业绩长留。他的教育思想和教育理论，教育科学界正在开始研讨，他的与时俱进、致力改革的精神和行状，更是一笔珍贵的遗产。

任老兴学堂，办教育，没有走前人学堂办教育的老路，而是冲破传统的封建意识和习惯势力，一开始就提倡有利于国计民生的实业教育；很快又发现实业教育“非教以农工商之业，乃教以读农工商之书”，于是发表《学校采取实用主义之商榷》，提倡注重实际、讲求实效的实用主义教育，指出“教育者，教之育之使备人生处世不可少之件而已”。1914 年前后，他在国内和国外作了大量的社会考察和教育调查，参加实际的教育活动，积累丰富的感性知识，吸收西方的资产阶级教育学说，内寻病源，外读方书，在“人才正苦来源少，学子还嗟出路难”的历史背景下，在实用主义教育的基础上，形成沟通教育与职业、增进生产力的职业教育思想，于 1917 年成立中华职业教育社。提出职业教育的目的是“为个人谋生之预备；为个人服务社会之预备；为国家及世界增进生产能力之预备”。要使“无业者有业，有业者乐业”。表达了创业的思想，揭示出职业教育促进社会生产力发展的功能，“要替国家做一番增加生产的准备功夫”；可是，第一次世界大战结束以后的中国国情是：列强入侵，军阀混战，经济破产，民生困苦。于是他走出“就职业教育论职业教育”的圈子，提出“大职业教育主义”。“加入政治运动，以增实力，并与职业社会做实际联络，以期合作”。1926 年起，在城市举办职业补习教育，在农村试办农村改进区；1927 年设立我国第一个职业指导机构——上海职业指导所，从此，活动面由学校推向社会，从城市推向农村。

1931 年“九一八”事变发生，中国社会中最严峻的现实是国家民族的命运不绝如缕。日本帝国主义侵略者的铁蹄踏破了职业教育救国的设计，“民生痛苦到这般地步，国难逼迫到这般地步，吾们还读死书么？还不觉悟么？”“要明白摆在前面的大问题，就是国家民族生死存亡的问题”。(《国难中之职业教育》) 从而将“为个人服务社会之预备”解释为“为民族谋独立与繁荣”，认识到“职业教育固然重要，但非根本问题，根本问题不能解决，职业教育亦无办法”。1937 年抗日战争全面爆发以后，发生了从“教育而外，匪我思存”到“担负起解除国难，复兴民族的责任”的转变，进一步认识到教育与职业分离，不是失业失学的根本原因，职业教育不可能“从根本上解决中国社会最困难最重要的生计问题”，也不可能在半殖民地半封建的社会环境中发展，“只有在民族解放、民权平等、民生幸福的社会里，才能实现他的造福人群的理想；反过来讲，又有赖于职业教育的努力，吾们民族解放、民权平等、民生幸福的社会里，才能加速的实现。”(《从困勉中得来》) 原来的“爱国之根本在职业教育”的信念逐渐动摇，在继续推行职业教育的同时，积极投身到抗日爱国民主运动的洪流之中。

衷心感激任老为我们留下这些“由此前进”或“此路不通”的标志，留下在改造客观世界的同时改造主观世界的榜样。新中国成立前夕，任老在“当前呈现出一个新的世界”时，根据“新社会的经济成分，主要是属于以工农为基础的人民大众的国家经济，即使是私人工商业，也是有利于国计民生的经济。因此，为这样经济服务的职业教育，便消失了过去的弱点，而成为建设国家的重要条件”，看到了“职业教育，是今后增加生产、繁荣经济的国策实施时所必要采取的措施”，预想“新社会的职业教育，不仅在量的发展上将是空前的，就是在质的进化上，亦将史无前例”。党的十一届三中全会以来，坚持四项基本原则，坚持改革、开放、搞活的方针，集中力量发展生产力。在城市经济体制改革和农村商品生产发展的基础上，适应中国国情需要的职业教育正在应运而生。现在全国各级各类职业技术学校已有14000余所，在校学生接近500万人，还有各种业务培训，每年承担200万人的培训任务。中国民主建国会、中华职业教育社都在为推进职业教育改革出力，都在为培养军地两用人才服务。鹰击长空，鱼游大海，工作的条件前所未有，探索的天地前所未有。我们要学习和发扬任老在批判旧思想、旧事物过程中接受新思想、新事物的精神，学习和发扬任老的与时俱进、致力改革的精神，为建立具有中国特色的社会主义的职业教育发挥应起的作用。

1949年9月，黄炎培作为民主建国会代表在中国人民政治协商会议第一届全体会议上发言

在纪念黄任老诞辰110周年的时候，我不能不想到黄任老诞生的年代。任老诞生于鸦片战争后的38年，太平天国革命失败后的14年。那时候，“诸强邻虎视于外，清廷鱼烂于内”。1876年，中国同英国签订了《烟台条约》，扩大了英帝国侵华的特权；1885年，中国同法国签订了《天津条约》，法国侵略势力伸入了云南和广西。我也不能不想到我出生的那个年代。1895年，中国同日本签订了《马关条约》，1901年，中国同11个帝国主义国家签订了《辛丑条约》。侵略者接踵而来，中国一步一步沦入半殖民地半封建社会的深渊。不愿做奴隶的人们，为国家独立、民族解放和人民民主前赴后继，斗争了100多年，直到1949年才在中国共产党的领导

上世纪50年代中期，在全国工商联召开的座谈会上，杨俊生先生（左一）与黄炎培先生（左三）、胡厥文先生（左二）在一起

之下，取得了斗争的胜利，彻底湔雪了历史上的耻辱，从根本上改变了被统治、被压迫、被掠夺的地位，建成了工人阶级领导的以工农联盟为基础的人民民主专政的国家政权。在国家大、人口多、底子薄的条件下，经过全国人民38年的努力，建立起独立的比较完整的社会主义的国民经济体系，基本上保证了10亿人口吃饭穿衣的需要。现在，我们正处在承先启后、继往开来的社会主义制度的初级阶段，最伟大、最进步的变革，正发生在我们置身的现实生活之中。回顾110年以前的屈辱积弱的过去，展望110年以后的发达富强的将来，既激起我心头的“振兴中华”的庄严使命感，也引起我对建成社会主义现代化中国的前景无限向往。经过几代人的奋斗，一个现代化的高度民主的高度文明的社会主义中国大厦，必将矗立于世界的东方。我今年92岁了，“重忆千山万水程”，我愿同全国人民一起，同中国民主建国会、中华职业教育社的成员一起，在中国共产党的领导下，学习任老的“热爱祖国，与时俱进”的精神，尽心竭力，为爱国主义旗帜增添新的光彩，并以此纪念黄炎培先生诞辰110周年。

（原载《人民日报》1987年8月27日）

矢志为公　律己从严

——深切怀念胡厥文同志

孙起孟

1989 年 4 月 16 日深夜，电话里传来胡厥文同志逝世的噩耗，我立即赶赴北京医院，站在厥老的卧榻前，凝望他安详如睡的模样，我竟不能相信，这位为国家民族的命运前途奋斗了近一个世纪、为振兴民族经济拼搏了 70 年、领导中国民主建国会同中国共产党和全国人民风雨同舟战斗 40 余年的爱国老人，会与我们长辞！一时间，他毕生惟勤惟敏，不怠不妄，为国为民的风范和业绩，都涌上心头。

爱国工商界的杰出代表

厥老出生于上个世纪末，那时的中国外受帝国主义列强的侵略和掠夺，内受封建主义的腐朽统治和盘剥，国家风雨飘摇，人民濒于绝境。许多志士仁人，在这种苦难中，多方寻求富国强民之路。厥老和不少同时代的人，认识到贫穷落后就要挨打这个基本事实，选择了“实业救国”的道路。难能可贵的是，厥老没有把自己禁锢在“实业救国”的理想里，而始终把自己的命运同国家民族的前途联系在一起，审时度势，顺应时代潮流，不断前进，脚踏实地实践自己爱国、救国、建国的抱负。因而，他成为我国民族工商界的先进分子和带头人。

26 岁那年，厥老创办新民机器厂，开始实业家的生涯。他办企业始终把个人的发展同富国利民联系在一起，他的口号是外国能造的，新民厂也能造。他热心于吸收先进技术，研制仿造新产品。他的产品以质量上乘，价格低廉而受到用户的欢迎。不上几年，他的企业从 1 个发展到 5 个，名噪一时。厥老没有满足于个人的成功，为了带动机器业同业的共同发展，他积极主张建立同业组织，以加强联系，互助合作，1927 年，上海机器业同业工会成立，大家一致推举他做主任委员。后来连选连任达 10 年之久。他在《机器同业公会竞赛会题句》一诗中，这样抒发了自己的理想与抱负：“国家盛歇基于工，惟勤惟敏我所崇。竞技有心在强族，夺标无意自私雄。精求益进称何限，炉锤锻出太平风。”

1931 年“九一八”事变后，民族矛盾日益尖锐。厥老感到，国难当头，焉能安业？于是，他团结同业，积极投入救亡工作。淞沪抗战中，他动员、组织起几十家企业拆迁机器到沪南建立临时工场，赶制手榴弹、炮弹、地雷、水雷，支援前线守军。几十天里，他日夜奔忙，无暇理发剃须，竟至须髯盈颊，大家尊称他“胡子”。他索性蓄须以记国难，并且表示，要待抗战胜利了才剃。1937 年，全面抗战开始后，他服从抗战需要，不顾个人牺牲，积极参与发起、组织苏浙沪宁百余家民营工厂内迁的壮举。并带头把自己的所有企业迁往内地。内迁途上，千难万险，厥老的长城砖瓦厂和新民箱厂在迁移中损失殆尽。但他置私人利害于不顾，心里装的是国家民族的需要，全力扑在怎样把包括机械、造船、纺织、炼钢、化工等行业 146 家工厂，1.48 万吨物资和 2500 多名技术人员和工人迁到后方上，在他和不少爱国企业家的共同努力下，这些人力、物力资源，成为抗战时期后方民族工业的中坚力量，在军需民用的生产供应方面，发挥了重要作用，毫无疑问，这是中国爱国工商界的光荣，也是我国抗战史上的光辉一页。

抗战后期以至胜利结束后，我国人民又处在人民民主力量同专制独裁势力进行决战的严峻关头，厥老看重的是国家的前途而不是个人的得失安危，毅然投身民主运动洪流，他和黄炎培等人发起组织中国民主建国会，团结爱国工商业家和有联系的知识分子，配合中国共产党，为建立和平、民主、统一、富强的新中国而斗争。

新中国成立以后，厥老怀着极其兴奋的心情投入新中国的建设。他热情地组织工商界同仁学习党和政府的方针、政策，写文章、作报告，宣传《共同纲领》，鼓励同业爱国守法，积极发展生产。他积极为国家建设出谋划策，在全国政协一届二

1952 年，胡厥文（左四）担任中国人民第二届赴朝慰问团副总团长兼第四分团团长率团赴朝鲜慰问中国人民志愿军

次会议上，他提出有关工业标准化的提案，受到政府的重视。以后几十年的实践证明，实行标准化对于我国的工业化和现代化是具有重要影响的。1952 年，他作为祖国人民赴朝慰问团总团副团长，亲赴朝鲜前线，看望英勇战斗的志愿军，所见所闻，使他受到极大的震动。回国后，他曾对人说，在炮火纷飞中，我才体会到国际主义和爱国主义的真谛，深感人民力量的强大。深感工人阶级的大公无私，深感没有共产党的领导，我们国家就不可能摆脱帝国主义的压迫，获得真正的独立。他回国后不久，中国共产党提出了过渡时期总路线，此时的厥老，面对社会主义改造，已毫不惧怕，而是热忱欢迎了。他坚信，党所指引的社会主义道路，是康庄大道。他配合政府，率先在自己的企业实行公私合营，并且在工商界同仁中，作了大量的宣传、教育工作，介绍自己对于社会主义改造的体会、认识，帮助大家主动参加这桩利国利民的事业。厥老在工商界中向来威信很高，他的言行在工商界中起了很大的示范作用。

回顾厥老一生，可以清楚地看到，他所走过的道路，代表了中国民族资产阶级爱国主义思想的必然发展趋势，这就是从实业救国向着社会主义救国升华。这是厥老的生活道路留给我们的一点极为重要的启迪。

执行中国共产党路线的模范

厥老在他的后半生，同中国共产党长期合作，结下了患难与共的战友关系。他热爱中国共产党，在他担任民建领导职务以后，更加认真地执行中国共产党的路线、方针、政策，为民建和国家的进步与发展，作出了卓越的贡献。

说到厥老认识中国共产党，却是完全出于偶然。1932 年，厥老和一批实业界、教育界人士应当时的陕西省主席杨虎城将军的邀请到西北考察，谋划西北的开发。考察团一路有杨将军的部队保护。老百姓见到军队习惯性地东躲西藏。一次，考察团找到几个老乡，厥老便拿出所带食品，与他们边吃边聊，交谈之间，老乡坚称厥老一行人是红军，不然不会对老百姓这样好。厥老大为吃惊。始知被国民党宣传为“共产共妻”“杀人魔头”的共产党，原来这样受百姓拥戴。几年后，他遇到老友范长江，范作为大公报记者，刚刚从延安采访归来。他也向厥老介绍共产党的清正廉洁、解放区人民的安居乐业和高昂的抗日情绪。厥老不禁心向往之。这时，他的长城砖瓦厂工务主任郑汉涛表示想去解放区，他十分支持，临走赠诗一首，表达了他对共产党的敬佩心情：

世事乱如麻，西北生彩霞。
东南有郑子，内实而外华。
心焉向往之，不惮险且赊。
壮哉誓茹苦，为国以忘家。
志哉勿自堕，种瓜以得瓜。

1945 年，他在重庆，有机会见到周恩来、董必武、王若飞、邓颖超等中共领导人，听他们分析中国和世界的形势，讲解共产党的建国方针和政策，同他们结下友情。他特别钦佩毛泽东同志不顾个人安危赴重庆与蒋介石谈判的胆略和对人民对国家高度负责的精神。有一次，他当面向毛主席直问，抗战已结束，现在要和平建国，共产党为什么还要保持自己的军队？毛主席对他讲了没有人民的军队，就不能保障人民的权利的道理。他说，毛主席这段话大大地使他开了心窍，留下了特别深刻的印象，共产党人的坦荡胸怀、平易谦和和实事求是的精神，使他进一步相信，共产党是一心为人民的，忠于国家的；共产党所坚持的和平民主的建国主张，正好表达了他的内心意愿。

这以后，在长达几十年同中共的接触与合作中，无数事实使他愈来愈坚定了跟着共产党走的信念。

1979年11月，胡厥文（左一）来沪视察，听取时任民建上海市委主委刘靖基关于落实民族资产阶级政策的意见

关于接受共产党的领导，据厥老自述，他在认识上也经历了一个发展过程。几年前，厥老对我说了很长一番话。他说，我这个人，秉性倔强，谁都不要想靠权势压我，我不吃这一套，所以我接受共产党的领导，不是平白无故的，可以说是我自己总结几十年亲身经历得出的结论。我生于甲午，半辈子吃尽了内乱外侮的苦头，吃尽了国家四分五裂、一盘散沙的苦头。惨痛的经验告诉我，只要有内乱，外侮就迟早要来。经过千辛万苦，依靠共产党的正确领导，才建立统一的、独立的、叫人扬眉吐气的社会主义新中国。

在坚持共产党的领导的同时，厥老也积极建言献策。比如，1981年12月，中共中央召开全国统战工作会议，厥老和全国工商联主席胡子昂等负责同志商量，认为这次会议意义重大，不能因为是中共党内会议就不提意见。经过讨论，两位“胡老”联名致函胡耀邦总书记。信中主要提出4个问题和3点建议。一是提出“加强统战理论、政策的再教育，确定肃清‘左’的流毒和影响，发挥和提高统战工作效益”的要求。二是指出“尊重和听取各方面代表人士的意见，必须做到经常化、制度化，否则往往流于一曝十寒或形式主义”。三是认为“党中央和国务院对于落实政策的决心和毅力，是有目共睹的；然而，广大群众对于政策贯彻落实的担心，也并非没有事实根据”。由此厥老等提出“落实政策工作的民主化问题”，认为“充分发挥和运用民主党派、人民团体的力量（把人民代表、政协委员的力量组织起来，自然更大）配合党政领导部门和人民共同努力，比请单靠领导同志的辛辛苦苦地批示，可能收效较宏”。四是要求解决民主党派、工商联在工作条件方面不难办到而又比较迫切的问题，并为此扼要地提出3点建议。厥老写的信，引起了中共中央的高度重视。胡耀邦总书记在全国统战工作会议结束时的讲话中一上来就对厥老等同志的信给予很高的评价，说到会议“引出了胡厥文、胡子昂两老的一篇好意见”，他在讲话时曾不止一次地肯定两位“胡老”提出的4个问题和3点具体建议。

严以律己　与时俱进

厥老在民建会内是德高望重的前辈，但他对自己的思想的改进和提高从不放松，而且一贯注重道德情操的修养，严格地要求自己，与时俱进，以磊落光明的一生，为我们留下了许多值得学习和纪念的好品德。

厥老是一位是非爱憎分明的人。他由衷地钦佩和爱戴为中国人民解放事业无私奉献的领袖和战士。他的诗集中，有对先贤的哀悼、有对志愿军战士的讴歌、有对劳动人民的颂赞，却看不到对当道奸佞的任何阿谀之作。周恩来同志逝世后，厥老为失去一生第一知己而痛哭，他吟诗3首以寄托哀思，诗中有“庸才我不死，俊杰尔先亡。恨不以身代，凄然为国伤”之句。他派人将诗送到治丧办公室，工作人员读毕为之泪落。周恩来、毛泽东先后逝世后，厥老重又蓄须，以示继承他们实现四个现代化遗愿的决心，对于仗势弄权、祸国殃民的“四人帮”，他十分鄙视。在“四人帮”气焰猖獗的时候，他就私下斥张春桥为《沙家浜》里的“刁德一”。在他身边工作的同志，既为他捏一把汗，又钦佩他的疾恶如仇。

同厥老共过事的人，都为他廉洁俭朴、从不以私利而犯公益所感动。厥老1965年调到北京主持民建中央领导工作，以后又担任了国家领导人。很长时间里身边没有子女。组织上考虑他年事已高，再三劝他调一个子女来北京，他才勉强同意。他考虑许久，提出调只有一个孩子的胡世荃夫妇来。他认为人口多的子女，会给组织上增添安排工作的困难，自己这里生活条件比较好，多一个孙辈在身边，会不会使孩子们多受一些“养尊处优”的不良影响，值得注意。厥老家里陈设简单陈旧，有关部门的同志多次提出要给他换换，他都说：“蛮好，蛮好。不要浪费了。”厥老对子女要求极为严格。他说：“我只供养子女大学毕业，毕业以后就一切靠自己。”他从来没有为子女说过什么人情，他认为溺爱子女，无异于毁掉子女。有人讲，如果我们的干部都像厥老一样廉洁奉公，“四化”大业就不犯愁了。

厥老知人善任。他多次强调领导者的任务不外用人于行政。处事固然重要，用人是否得当更是领导者的首要职责。切不可只管事而不管人。如果用人上弄权安插私人，那就根本不配当领导者。他在民建担任领导职务的时间很长，但从未任用过一个私人，他还常对大家说，用人之道，要坚持德、才兼顾的标准，而且首先看德。他又说，所谓德，主要的是公私要分明。公心不强，甚至私心盛于公心的人，即使有才，也重用不得。针对民建会内外领导班子老化的严重情况，厥老很强调干部队伍的年轻化。他不止一次说过，在新老交替的问题上，老同志要出以公心采取主动，诚心让贤。这样才宜于使年轻人上来。他说到做到，以身作则。五届全国人大三次会议上，聂荣臻等一批党内老同志辞去了副委员长职务。厥老认为，自己已86岁，听觉也不好了，与其在位而影响工作，不如辞去以让贤路。他给全国人大常委会写信请辞。考虑对各方面的影响，人大没有接受。他的这一愿望在1988年的第七届人大会议上实现了。厥老还于1987年主动辞去了民建中央主席的职务，并积极推荐新人，在会内外产生了很好的政治影响。

厥老是个乐天派。这不仅同他的性格豁达有关，更因为他具有不信天、不白命的人生观。厥老一生几经坎坷，但从不气馁。他认为谋事在人，跌倒了，爬起来再走就是了。在"文化大革命"期间，很多人悲观沮丧。那时，厥老也受到冲击，然而他却很有信心。他说，国民党当年杀了那么多共产党人，共产党也没有垮。现在，共产党也垮不了，国家总会前进的。厥老对祖国的前途是充满信心的。他在许多场合都讲过，我要活到106岁，亲眼看到2001年祖国的新面貌！遗憾的是，他最后这个愿望没有能够实现。但是，厥老的精神不死，并将与我们同在，鼓舞我们向着21世纪迈进。

（原载《人民日报》1989年5月4日）

棉纺巨头荣毅仁

罗苏文

1949年5月27日是上海解放日，上海近代城市化的百年进程从这一天转入一个新天地。不出十年，在沪的工业企业也经受了转变身份的洗礼。其间，荣毅仁恰似一位迎着时代大潮而上的冲浪者，起落得当、一往无前。他于1950年春，在上海接任近代华商最大棉纺织家族企业——申新棉纺织公司总经理，数年后，他又当选上海市政府副市长，这段不寻常经历中自然少不了些耐人寻味的往事。

与新市长面对面

1949年初，国内形势大局已定，荣家企业决策层对企业的去留必须迅速做出决断。荣德生于2月曾派人秘密去苏北解放区，实地考察中共对保护民族工商业政策的实施情况，因此他拒绝工厂南迁，表示留在家乡。4月他搬进在沪的新宅。当时荣毅仁已兼管申新纱厂的业务。荣毅仁回忆："我也不愿做白华（指反对革命政权而逃亡国外的华人——作者注），又受到父亲的影响，也就在犹豫中决定留下来了。”此外，二哥尔仁曾对四弟毅仁说：“我们两人总要留一个”。后来荣毅仁对二哥说：我留吧。事后他把家眷也从香港接回上海。最终，与荣德生一起留下来的，有四子荣毅仁和七子荣鸿仁，显然荣毅仁的担子更重。

1949年上海解放初期经济环境极为严峻，因解放战争尚在内地推进，交通不畅，物价混乱，币制动荡，帝国主义的封锁禁运以及国民党飞机的滥施轰炸，投机活动难以抑制，大部分企业陷于半停顿状态，其中“二白一黑”（指大米、棉花和煤炭）直接影响沪四百余万市民的日常生活，而拥有全市近60%纺锭的华资私营棉纺织业深陷困境。此时，申新在沪的六家纱厂该如何摆脱困境？荣毅仁果断作出大胆而明智的选择：找人民政府。

为了能恢复生产，荣毅仁曾多次走访华东纺管局、贸易部、人民银行等机构反映企业困难，还主动提出了不少解决困难的办法，如供应原料、收购、订货、加工、包销、贷款等等。“凡是我提出的办法，只要对生产有利，能够维持生产，度过困难时期的，政府总是迅速地同意照办，从没有受到过留难。这是我过去从来没有碰到过的事情，使我感到很快慰。”没想到，一扇神秘的大门就此在他眼前徐徐开启，很快他就有机会与市政府领导人面对面地接触。

1949年6月2日，市政府在外滩中国银行大楼召集工商界代表人士座谈。据与会者周而复回忆，“陈毅同志说：中国共产党和人民解放军要打倒的只是帝国主义、国民党反动派和官僚资本，民族资产阶级的工商业要受到保护。中国的私人资本主义工业，占了现代性工业的第二位，是一个不可忽视的力量……”会场上的气氛顿时活跃起来，到会的产业界人士接二连三地抢着发言，座谈会持续近3个小时。大家依依不舍地向陈毅市长握手告别，陈毅市长满面笑容，亲切地说：你们今后有什么问题，我们随时可以约谈。

荣毅仁也应邀参加了这次座谈会。在会前，他经人介绍，曾与陈市长握手寒暄，对陈毅市长留下不寻常的第一印象，他“身穿一套褪了色的布军装，别着中国人民解放军胸徽。乍一看，与我在马路上见到的众多普通解放军战士几无差别”。当然，更让荣毅仁感兴趣的是陈毅市长坦诚的讲话。晚年荣毅仁回想这段往事，若干细节仍历历在目：“陈市长说话带有浓重的四川口音，铿锵有力，给人以信心和希望。他性格豪爽而幽默，态度随和而诚恳……这次会议使我开始了解了共产党的政策，也开始认识了共产党人。”那天，荣毅仁还结识了副市长潘汉年，感到对方平易近人、和蔼可亲。

没想到几天后，潘汉年就约荣毅仁见面。那次见面不是在办公室里进行的严肃谈话，而是一次朋友间的私人聚会，地点在盛康年岳母家中。大家吃着点心，喝着咖啡，随便地聊了起来，从企业生产、市场行情和经济状况，谈到个人的家庭、经历和爱好，不知不觉中，荣毅仁"开始有了对共产党人的新的认识……以后，我同潘汉年同志的交往日渐加深，经常互相串门，聊天谈心"。

其间，令荣毅仁难忘的还有两件事。

1949年底农历岁末，因为要发双薪，有一个工厂发不出，工人有意见，跑到荣毅仁家里来讨要，荣毅仁因此无法回家。结果潘汉年知道后，亲自安排荣在上海大厦住下，然后请市委书记刘晓同志出面，要上海市总工会负责人向工人们做解释工作。经过一天一夜，问题终于得到解决。

另一件事是在推销1950年人民胜利折实公债的时候，荣毅仁代表荣氏各企业认购了12万分公债（分折实公债约合旧人民币12000元），拥护共产党和人民政府。其实1950年国家发行的人民胜利折实公债，原本分配给上海推销额3000万分，占华东4500万分的2/3，占全国1亿分的1/3。到3月31日，全市认购3068万余分。截至4月13日，共交款2267万余分，其中工商界交款1914万余分。曾任市政府办公厅副主任的梅达君后来在《在解放初期的日子里》一文中回忆道：陈毅市长为此曾邀请几百位工商界人士到中国银行楼上开会，动员认购，"荣毅仁先生当场认购了很多。哪里晓得到交钱的时候，却交不出来。问他为什么当时要认购那么多，他讲了心里话：'我荣毅仁不认购多一些，别人还会认购多少呢？'潘汉年同志就要我们进行调查。我们一了解，荣毅仁所说的确是实情。潘汉年同志就如实向陈毅同志反映，陈毅同志又立即向毛主席报告。不久，陈云同志来到上海调查了解情况。潘汉年同志也如实向陈云同志反映了情况。通过调查，陈云同志充分了解了上海工商界的实际情况，回京以后，就削减了上海的认购公债任务。"

短短半年，与市人民政府领导们交往，使荣毅仁对市长们做事实在、待人坦诚的工作作风有了切身感受，他感到惊喜、温暖、亲切。往后，荣毅仁与新市长们的接触、共事机会渐多，彼此间的了解、信任、体谅也渐渐习以为常。

随着市政府相关机构、制度的建立，荣毅仁也参与了市政府的多项社会活动。1949年8月3日上海市第一届一次各界代表会议举行，代表的名单由市军管会和市人民政府商定，荣毅仁是工商界的代表之一。在市一届三次各界代表会议（1950年4月—12月）上荣毅仁成为主席团成员之一，并当选工商组第一召集人。在市二届一次协商委员会（1950年10月—1951年4月）中，他担任地价评议委员会的主任委员；在市三届一次协商委员会（1953年2月—1955年5月）中，他担任财政经济委员会主任。作为工商界代表之一，直接参与市政领导机构立法、管理活动已渐成为荣毅仁的工作之一。1950年5月，上海申新纺织厂总管理处成立，统一管理在沪的申新一、二、五、六、七、九厂（后无锡申新三厂、广州第二纺织厂加入），荣德生任管理委员会主席，荣毅仁任总经理。此刻的荣毅仁也是市政协新代表，他的会务活动地跨沪、京，他的视野、思考、舞台日益拓宽。

北京之行的触动

1950年初春，上海私营企业为维持继续生产，急需迅速恢复融资渠道。在4月下旬市一届三次各界人民代表会议上，在沪工商界人士就融资问题，向市政府提出种种建议。荣毅仁也在发言中联系实际，表现出与人民政府协商合作的诚意与明智。

5月，荣毅仁以特邀代表身份赴北京，代表上海工商界参加中央税务会议并第一个发言。当时的财政部部长薄一波，听不懂荣的口音，几次要他讲得慢一点，以便把意见记下来。荣毅仁一面感到有点难为情，一面又深深地为领导干部这种谦虚和认真的作风所感动。

会后荣毅仁还列席全国第一届政协第二次会议。会前，毛主席宴请参加会议的部分民主人士，潘汉年提议并带着荣毅仁出席。这是荣毅仁第一次见到毛主席。6月10日那天，当代表们走进颐年堂时，毛主席已站在门前热情迎候。当潘汉年把荣毅仁介绍给毛主席时，毛主席握住了荣毅仁的手说："荣先生来了，欢迎你！"还问他："老先生（指荣德生）好吗？"此时，荣毅仁初进中南海的拘束感顿然消释，"仿佛站在我面前跟我说话的不是一位大国大党的领袖，而是一位相识已久的师长"。

北京之行给荣毅仁很大的触动，他开始意识到自己不仅需要关心荣家企业的利益，也应该关心国家的利益。1957年，他回想这段经历时认为："那时（我）提意见的出发点大半还是为了私营工商业的利益，没有考虑到国家的利益。这两次会议给我的教育是极为深刻的，它使我在思想上缩短了同共产党和人民政府的距离。会后我觉得，以后光讲做生意是不行了，还要多懂些道理。我回到上海，就和朋友们一起，选择了'七一'党的生日那一天，成立了学习组织，学习国家的政策和一些马列主义理论，想学懂一些政策和理论，才能好好地跟共产党走。"

1950年冬季，抗美援朝运动开始。截至12月14日，上海工商界已签订爱国公约的占全市同业公会总数的2/3。荣毅仁代表申新职工提出捐献10架战斗机的计划，工人与资方签订爱国增产捐献合同，后共捐献12架。12月16日清晨风雪交加，天气奇冷。上海工商界组织了15万工商业者的队伍，举行声势浩大的示威游行。荣毅仁作为主席团成员之一，宣读了上海工商界《致全国工商界电》，还高举上海工商联的大旗，引领工商界的游行队伍。他的左侧是胡厥文，右侧是刘鸿生。经上海市第二届第一次各界人民代表会议选举，由政务院提请中央人民政府任命，上海市人民政府市长、委员（30人）名单产生，荣毅仁成为市政府委员之一。

20世纪50年代初期，荣毅仁在上海有幸结识了市长新朋友，这也是市长们之幸、上海之幸。他在晚年回忆与潘汉年的交往时认为："大家一方面是工作关系，一方面建立了个人之间的朋友关系，成为知己。时隔多年，我常想，潘汉年同志同我的经历和背景有很大差别，为什么很快成为知己，最重要的一点，应是我们相聚在建设新中国的伟大事业中，双方都很坦诚，心是相通的。"

运动的考验

全国范围的"三反"、"五反"运动于1951年底拉开序幕，持续到1952年。

"五反"运动刚开始时，涉及了荣毅仁掌管的部分企业，这让他内心焦虑矛盾，一面检查自己，一面又要安定各个企业负责人的情绪。据薄一波回忆："在对上海72家较大的工商户定案处理的时候，遇到了一个问题：如果都定为违法户，就谈不到继续同他们合作，党对民族资产阶级的又团结又斗争的政策也有很大程度上落空的危险。我和陈毅同志商量后认为，可视他们的政治表现，适当从宽处理。""荣毅仁先生当时是上海最大的民族工商户，在'五反'中也发现了一些问题，应该划到哪一类？我和陈毅同志反复商量过。陈毅同志说，还是定为基本守法户好。我同意他的意见，并报告了周总理，周总理又转报毛主席。毛主席说，何必那么小气！再大方一点，划成完全守法户。这个'标兵'一树，在上海以至全国各大城市产生了很大影响。"

汤蒂因、荣毅仁、胡厥文、王志莘（从左至右）

20世纪50年代前期，荣毅仁尽管以工商界代表身份，不时在上海、北京参加重要的会议，他的第一身份仍是私营大企业的老板。当时工商业公私合营的进程以搞运动的方式层层推进，势不可挡。上海先是组织约20万私营工商业者学习爱国守法，1953年又通过对总路线的学习，使私营工商业者初步看到国家前途和个人命运的趋势，认识到走国家资本主义的道路是接受社会主义改造的必要步骤。

截至1954年8月前，上海有2000余户私营工厂申请公私合营。在申新系统，广州二厂厂长在征得荣毅仁同意后，于1953年12月首先向广州市委递交公私合营申请书（1954年6月正式批准）。1954年3月18日申新总管理处授权总经理荣毅仁办理无锡申新三厂的合营手续。荣毅仁当天向无锡市人民政府提出合营的申请。1954年4月申新86户股东开会决定由总经理荣毅仁申请办理公私合营手续。当时，在沪申新系统的公私合营手续虽未办理，但荣毅仁的选择早已明确——走社会主义道路，是“人心所向”。

1955—1956年城乡加快社会主义改造的高潮急速推进。1955年10月27日、29日毛泽东主席两次约见工商界的代表人物谈话，勉励民族资产阶级要认清社会发展规律，掌握自己的命运，走社会主义的道路。

荣毅仁聆听了毛主席的谈话，在发言中他讲了荣家的发家史和父辈在旧社会办实业的坎坷经历，认为只有跟着共产党走，才有光明前途。这番话表露出荣毅仁的坚定选择。

11月16—24日，根据毛主席的提议，中共中央召开了对资本主义工商业改造问题的工作会议，讨论《中共中央关于资本主义工商业改造问题的决议（草案）》。据薄一波回忆，在16日的会议上，周恩来总理在讲话中谈到荣毅仁时说：“他是全国第一号的资本家，他在这个地方讲，他那个阶级应该消灭，可是，另外碰到的一个人又跟他说：你祖宗三代辛辛苦苦地搞了这点工厂，在你手里送出去实在可惜呀！他也眼泪直流，这是很自然的，合乎情理。”

1956年1月初，就在公私合营的大潮袭来的前夜，毛主席亲临上海视察荣毅仁的企业。荣毅仁回忆：“1955年10月在北京的一次会议上，我又见到毛主席，我向他表示，希望他能抽点时间到上海去。他说，去倒是去过，只是没有公布。1956年1月初的一天，我正在上海公司里上班，突然接到陈丕显同志的电话，要我速回家中。我匆匆赶回，陈丕显同志已在那里等我。他说：‘毛主席来上海了，要来视察申新九厂，我们马上去厂里’。我们到申新不久，毛主席坐着汽车来了。他一下车就对我说：‘我来了！’当时我真不知道说什么好，想不到在北京对他讲的那句话，他竟记在心上了。”毛泽东在车间观看女工操作、了解产品情况，这也是毛泽东一生中视察过的唯一一家私营企业。

1956年1月15日，北京天安门广场举行集会，传出首都郊区实行农业合作化、市区实现全行业公私合营的两大喜讯。1月20日，在上海市公私合营大会上，上海市工商联副主席荣毅仁和盛丕华一起，代表全市私营工商业者向曹荻秋副市长

1956 年 1 月 20 日，盛丕华（左三）、胡厥文（左二）、荣毅仁（左一）带领工商界代表参加上海市资本主义工商业公私合营大会

提交了上海市资本主义工商业公私合营申请书。会后，上海各界十余万人在人民广场集会，庆祝社会主义改造顺利完成，全市有 50 万人冒雨游行。此时荣毅仁的内心经历了一次空前的历史性跨越，义无反顾。继北京之后，全国大城市和 50 多个中等城市，于 1 月底全部实现全行业的公私合营。公私合营后，申新总管理处由荣毅仁任总经理，他说："要把我国建成一个伟大、繁荣、幸福的社会主义国家，这就是我现在的'志'。"

向劳动者过渡

1955 年 12 月 17 日—24 日，上海市第一届人民代表大会第三次会议在中苏友好大厦（今上海展览中心）进行。

当时，荣毅仁是民建全国会务推进委员会委员，上海市工商联筹备委员会副主任委员。他在会上坦陈心声："我虽然是个资本家，但我深深认识到剥削的可耻，决心接受改造，最后放弃剥削。我确实感到是和大家共同生活在一个和睦的大家庭中间，我可以理直气壮地称呼大家为同志，这并不仅仅是一个尊称，而确实表达了我诚恳接受改造、走社会主义道路的志愿。我所经营的企业虽然已是合营了，但还需要不断地进行改革改造，以至最后变为全民所有。在这中间我所得的利润，一定以投资企业、购买公债等方式支援国家建设。我个人并愿意在群众的监督之下，成为一个自食其力的劳动公民，做一个真正的同志。”

在公私合营企业内部，公方与私方的关系既是合作者，又是改造者与被改造者。荣毅仁根据自己的亲身经历，想到一个问题：经过社会主义改造，阶级关系有了调整，工人阶级和资产阶级的矛盾可否成为非对抗性矛盾？可否用相应的方法来解决呢？他反复思考后，在1956年6月召开的一届全国人民代表大会三次会议上，提出上述想法和问题，希望马列主义理论工作者、哲学社会科学工作者给以理论上的指导。在全国人大的一次小型会议上，他还向毛泽东请教这一问题。毛泽东风趣地说，你倒蛮会动脑子、提问题的。这一问题提出后，引起不少争论，有的报刊还开辟专栏进行讨论。

1956年12月10日全国工商联在北京召开会员代表大会。会前，毛泽东在12月5日、7日、8日花了三个晚上，分别找部分代表谈话，也谈到关于资本家及其代理人的工作安排问题。毛泽东说：“工商业者不是国家的负担，而是一笔财富，过去和现在都起了积极作用。中国资产阶级在经济上是现代化的，不是手工业的……这一点工人不大了解，应该向工人说清楚。”“对资本家要解决的两个问题，一个是物质问题，一个是思想问题。物质问题就是有职有权的问题，有工资可拿，拿到工资能生活。思想问题要资本家改造自己，发挥他们的作用，不但使用老经验，而且使得他们能够发展新经验。譬如荣毅仁年纪轻轻的，这种人来日方长，还可以学新的经验。”毛泽东的这一谈话，使荣毅仁的工作岗位很快出现了戏剧性的变化。

荣副市长

1956年12月28日—1957年1月9日，上海市二届人民代表大会第一次会议召开。

会议期间，陈毅同志从容走上台为荣毅仁“助选”，他说：“毛主席给了我一个特殊的任务，要我和上海的同志们商量一下，请投荣毅仁一票，把他选上副市长。”他诙谐地说：“实不相瞒，他已是我的要好朋友之一，我要以老共产党员的身份为这位‘红色资本家’竞选，因为他确实既爱国又有本领，堪当重任；而且凭他的特殊身份，在国内外资产阶级中还能发挥我陈毅起不到的作用哩。”他还举了一个实例，有位法国大资本家访问中国时，指名要和荣毅仁单独用英语会谈，事后这位客人对陈毅说，谈得很开心。原来荣毅仁告诉这位客人，荣家人生活仍然很优裕，又不担心敲诈绑票，工作的、读书的都感到有奔头，所以更想为国家民族多做点事，也给荣家多留下一点好名声。钞票再多，对荣家来说也不过加上几个圈圈，实在没啥意思了，倒宁愿把定息拿出来每年替国家新开一爿纱厂。陈老总讲到这里问大家："你们说把荣毅仁选上副市长该不该？"一席开心话使会场顿时出现欢声笑语。随后，经过票选，荣毅仁当选上海市副市长。

荣毅仁当时接受《解放日报》记者采访，引用了陈云讲过的一句话说："从一个资本家转变到国家的公务员，是一个很好的、唯一的道路。""人民政府的工作人员是人民的勤务员，他们辛苦勤劳地为国家人民服务，不计个人利害得失，这种忘我的精神，我一定要经常用它来要求自己，衡量自己。""我相信我能够做到守职尽责，努力做一个人民的勤务员，不辜负人民对我的信任。"

当选上海市副市长后，荣毅仁分管轻纺工业，与常务副市长曹荻秋同志经常接触。

1958 年"大跃进"的高潮期，上海市委、市政府组织的万人检查团，下基层进行全面大检查。总团长是常务副市长曹荻秋，荣毅仁是副团长之一，并兼任嘉定分团团长。在三个月里，荣毅仁几乎跑遍了嘉定县，察看生产情况。他在参观徐行乡大石皮大队的棉花丰产田时，对写着"亩产皮棉 1200 斤"的一块纸牌有疑问，曾询问随行的张乡长："1200 斤收得到吗？"张乡长告诉他，按一株能有 200 多铃子，约可收籽棉 2 斤推算，一亩 3000 多株，约可得籽棉 6000 斤，100 斤籽棉合 30—40 斤皮棉，因此可得 1200 斤皮棉。荣毅仁听后只说了一句："嗯，这样算倒也对。"回到徐行后，他对张乡长说："搞试验田，高产是会有的，大面积推广恐怕会有困难。"他向乡里提出个人看法：小面积试验要积极，大面积推广要慎重。事隔 30 多年，张乡长还清楚记得荣毅仁的这番话，认为"看来他当时的头脑还是冷静的"。

在嘉定县徐行公社检查工作时期，还发生了另一件让荣毅仁难忘的事。

1958 年搞"大跃进"，在上海掀起了一阵大炼钢铁的狂热，不少人把一些住宅的大铁门卸下，把客厅壁炉的火砖和铁框拆下，拿去炼钢。荣毅仁觉得，这样做并不能炼出真正的钢，反而把本来有用的东西，化成了一堆废料，就向荻秋同志反映了这件事。曹荻秋听后当场没有表态。但是，隔了两天，卸铁门拆壁炉的事停下来了。

1986 年，荣毅仁在《忆曹荻秋同志》一文中写道：这件事发生在整风反右之后，"左"的气氛笼罩着中国大地之际，足以说明荻秋同志的胆识和品质是何等难能可贵。

荣毅仁在上海市政府的从政实践不足三年，他的办公室在市府大楼（今外滩浦东发展银行）4楼最好的房间，是一个套间，东南朝向，临窗可以眺望外滩浦江西侧街景。1959年10月荣毅仁被调任纺织工业部副部长，但他在第四届（1962年7月—1964年9月）、第五届（1964年9月—1967年2月）上海市人大会议均连任副市长。“从那以后，我每次回上海，只要市人委开会，就必定通知我参加。”

1959年初秋，荣毅仁离开上海，举家移居北京。时年43岁的他回首往事曾赋诗：“一事无成两鬓斑，似水流年不复还，龙驹乘风追日月，挥戈卌年未为晚。”1959年国庆之夜，荣毅仁应邀携带家人登上天安门城楼观赏烟火。毛泽东把荣毅仁叫到身边，询问他调到北京任纺织部副部长后的工作和家庭安置情况。并对他说：“北京不出知识，真正的知识在下面。”“顺应时代发展，把握自己命运”，这是毛泽东在20世纪50年代送给荣毅仁的一句话。20世纪50年代的上海，见证了荣毅仁从棉纺织经营走向城市行政管理领导岗位的转身，也留下共产党人勤勉、务实的印迹。

（原载《档案春秋》2013年第7期）

盛丕华为新中国献策

王国民

盛丕华先生（1882—1961），曾任上海市副市长、市政协副主席、民建中央副主任委员兼民建上海市委主任委员。他新中国成立前加入中国民主建国会，是一位德高望重的老前辈。新中国成立前夕，他应中共中央邀请，赴北平参与新政协筹备工作。在北平期间，盛丕华参加了许多重大的政治活动；参与国家有关方针、政策的制订，并为上海的解放提供了不少建设性的意见与建议。

接受邀请　北上北平

1949年初，盛丕华接到中共中央邀请，赴北平参与新政协筹备工作。他把自己的企业和工作作了安排后，于2月15日，在中共地下党员的组织和帮助下，与儿子盛康年（也是中共邀请对象）一起乘车到达吴淞码头，登上早已准备好开往香港的一艘外商轮船，同船共行的还有黄炎培、俞寰澄、包达三、张絅伯等一批民主人士。这次计划完全是中共地下党精心组织安排的，船是包租的，海关地下党员王兆勋、张华增分别担任该轮“买办”、“帮办”。

19日，船抵香港，受到中共党组织的热烈欢迎。那天恰逢民建港九分会成立，一路风尘仆仆的盛丕华、黄炎培等参加了成立大会，并在会上讲话。盛丕华回顾了筹建民建上海分会的经历，叙述了1947年10月，国民党宣布民盟等为“非法组织”后，民建转入地下活动，采取聚餐会等方式聚集民建会员及工商界人士，沟通信息，研讨政局时势，商讨会务发展，邀请社会上进步人士作专题报告，分析时事形势，介绍中共政策和解放区情况等。他还讲述了民建会用“民立公司”的名义，发表对国民党政府制造内战、迫害民众的抗议文章，谴责蒋介石专制独裁，使得生灵涂炭的罪行。在香港期间，他和黄炎培等和中共代表潘汉年、许涤新接触，促膝谈心，深受启发和教育。

3月23日，在中共有关人士的陪同照顾下，盛丕华由香港乘船到达天津，受到中共天津市委书记兼市长黄敬的隆重接待。

25日，盛丕华乘专车到达北平，董必武、李维汉等中共领导到站台迎接，安排住在“六国饭店”(后改名北京饭店)。当天下午，他参加了毛泽东、朱德、周恩来、刘少奇等中共领导人检阅人民解放军的仪式，晚上又被邀请参加中共中央庆祝和平解放北京的盛大宴会。

为稳定工商业献策

在北平期间，盛丕华下榻的六国饭店112号房间，经常来客不断，最频紧的要数中共中央统战部部长李维汉、秘书长齐燕铭。由于盛丕华是位事业有成的工商业家，他创办过房地产公司、饭店，从事过金融、棉纱、煤炭等行业的交易，担任过上海证券物品交易所常务理事、银行经理、董事及上海总商会会董等职，阅历丰富。大家谈论的中心议题有都市房地产问题、交易所问题、金融财政、上海的劳资关系等，他驾轻就熟，畅谈自己的看法和想法，指出利弊得失。李维汉建议盛丕华先就都市房地产问题拟订一些条例和办法，他愉快地接受下来，他认为这是中共对自己的极大信任，也是自己责无旁贷的。从3月31日至4月4日，他夜以继日地伏案工作，翻阅了大量资料，拟写成《都市房地产处理办法草案》，详细制定了产权、使用权转移，捐税及接收对象，敌伪房产处理办法等。

4月5日，秘书长齐燕铭又来访，着重与盛丕华谈了交易所情况，临走又建议盛丕华写一本关于交易所的书，鉴于当时材料缺乏，时间又紧，盛丕华说：“写一点或可交卷，要一本恐怕材料没有，参考资料也缺乏。”于是又连夜赶写，4月7日便写好了《关于交易所问题》一文。

上海是民族资本家最集中的城市，稳定上海工商业者的思想，使他们留在上海并迎接上海解放，有着非常重要的意义。4 月 15 日，毛泽东主席在他办公的北平香山双清别墅专门宴请从上海赴平的民建领导成员及工商业家，他们是黄炎培、盛丕华、章乃器、施复亮、包达三、张絅伯、孙起孟、吴羹梅、胡子婴等 13 人。盛丕华与中共有关负责人饶漱石、刘晓、刘少文同车赴宴。共进晚餐的还有朱德、刘少奇等中共领导人。席间，吴羹梅、章乃器谈了工商界的一些情况，盛丕华提供了有关上海经济方面的情况，并提出最好能组织一个熟悉上海工商业情况的人士组成的顾问团，随南下部队一起进入上海，这样就能有利于上海经济接管工作的顺利进行。毛主席听了非常赞成，并嘱勉民建为解放上海提供更多的建议和意见。不久，中共中央确定潘汉年为上海市副市长，率顾问团随军南下，而盛康年等则作为顾问一同赴沪。

4 月，国共在北平的和谈进入最后阶段，作为中共方面的首席代表周恩来在百忙中拨冗举行报告会，专门邀请在平民主人士参加。会上，周恩来详细地通报了中共与国民党和谈情况、当前战争的形势、和谈协定的内容以及中共的态度。使盛丕华等人都清楚地了解了现状与中共的观点。没过几天，周恩来又设宴与民主人士共进午餐。席间，周恩来把《国共和谈协定草案》分发给大家，请大家阅读，并商讨斟酌。盛丕华认真拜读，心情激动："中共把这样机密的文件给我们看，把我们当自己人，这样的政党真正是代表全国人民利益的，确实能得到老百姓的拥护。"这一期间，盛丕华多次与中共其他领导人刘少奇、朱德、叶剑英、陈云等有过接触和谈话。

5 月 20 日，上海附近的几个城市已解放，上海重见光明指日可待。盛丕华又在积极考虑新生的上海恢复生产、发展经济的事了。他借来了《天津市劳资关系处理办法》，结合上海的实际情况，起草了《上海劳资关系暂行处理条例》，并与胡子婴、黄玠然等工商界人士讨论、修改，经过大家广泛讨论的意见，他又仔细推敲，逐字逐句斟酌，最后正式定稿。

5 月 23 日，盛丕华又拟写了《工业意见及货币问题》一文，这些由盛丕华提供的材料、意见及办法，为中共制订各项政策起到了积极作用。

在一次专题讨论会上，大家谈到了上海解放后中小型工业生产决不能停下。盛丕华等表示对此有信心，并表示要尽自己的力量做好同行的工作。在研究上海进出口贸易问题时，盛丕华认为：我们的棉纱、棉织品外销南洋，在一两年内绝无问题，棉花进口也不成问题，并愿意和沙千里等为棉花进口牵线搭桥。在议论到上海煤炭运输较困难时，盛丕华又说，他与香港工商界较熟，可以联系香港方面人士，解决运输轮船的问题。

为解放军献策进上海不住民房

4 月 21 日开始，人民解放军全面向江南挺进，以摧枯拉朽之势解放了一座又一座城市，新生的上海已为期不远了。中共中央为使上海这座国际性的大城市完好无损地回到人民手中，接连举行了多次讨论会、座谈会，请盛丕华等熟悉上海情况的民主人士一起探讨将会出现的各种情况和问题，恳切希望大家出谋划策。与会人士各抒己见，发言热烈，盛丕华更是知无不言、言无不尽。例如：借鉴人民解放军解放天津时在住宿问题上的经验和教训，大家一致认为，城市住宅不像农村那么宽敞，与当地人民合住实在不便。盛丕华主张最好是先与当地开明人士协商什么地方有空屋可以借住，然后就与该业主商借比较恰当。最后大家提议：可以与各同乡会或公所等团体商量办理。中共听取了此建议，急告即将进入上海的人民解放军前线部队。5 月 27 日，人民解放军解放上海时，不住民房，而在马路上露宿，纪律严明，给上海人民留下了深刻的印象。

在北平的短短三个月中，盛丕华耳闻目睹，共产党领袖平易近人、真诚坦率；社会管理有条不紊；人民安居乐业，秩序井然；处处是一片生机勃勃、万象更新的景象。他的敬意油然而生，他说："中共精神充实，不讲外表的话。"他的心中充满了对新中国的信心和希望。

6 月 25 日，盛丕华等一行回到上海，当天中共中央发出《关于决定聘请黄炎培等 14 人为上海市人民政府顾问给华东局电》，盛丕华也是其中一位。

全心全意为新中国服务

9 月 21 日，中国人民政治协商会议第一届全体会议举行开幕式，盛丕华作为工商界的代表再次赴北平出席了会议，在会上当选为全国政协第一届委员（1953 年 2 月 7 日，在全国政协一届四次会议上增补为常委）。10 月 1 日，他和其他代表一起登上天安门城楼参加了开国大典。那天，他在日记中写道："数千年未有的……余能躬逢其盛，是我一生最为愉快的一日，印象极深，不会忘怀！"

1949 年 12 月，由周恩来总理提议，经中央人民政府委员会第四次会议通过，盛丕华被任命为上海市副市长，这是新中国成立后，上海市第一位民主党派、工商界人士副市长。盛丕华担任上海市副市长后，就把所经营的工商企业全部结束并辞去所任职务，全心全意作为公职人员为国家服务。1953 年 1 月，他又被中央人民政府任命为华东行政委员会副主席。

1949 年 5 月 27 日上海解放后，当时盛丕华已 67 岁高龄，他被推举为民建上海地方组织第一召集人（后称主任委员）。之后，他又历任第一、二届民建上海市

中央人民政府任命通知書 府字第3323號

茲經中央人民政府委員會第十次會議通過任命盛丕華為上海市人民政府副市長

特此通知

主席

一九五零年十一月二十六日

中華人民共和國中央人民政府之印

任命通知书

委主任委员。

8月，盛丕华负责筹建上海市工商业联合会，担任主任委员。12月初，中央人民政府公布发行人民胜利折实公债的决定，他发表了拥护公债的讲话，要求把踊跃认购，尽力推销，作为民建、工商联会员的一项光荣任务。

1950年1月13日，上海市工商联筹备会成立人民胜利折实公债上海市推销委员会工商界分会，盛丕华任主任委员，在他的带领下，上海工商界共认购2670多万分（1分折实公债约合旧人民币12000元），占分配给上海公债总数的89%（中央人民政府分配给上海的任务是3000万分）。

1950年11月，他还以中国人民保卫世界和平代表团的代表身份出席了在波兰华沙召开的第二届保卫世界和平大会。回来后他深有体会地说："中国真正站立起来了。"

1951年2月，上海市工商业联合会正式成立，盛丕华任执委会主任委员。7月1日，他在市工商联庆祝中国共产党成立30周年大会上宣布：为响应中国人民抗美援朝总会的号召，上海工商界决定捐献空军30个中队即270架战斗机（当时1架战斗机折合旧人民币15亿元），经统计实际上上海工商界共捐献了404架战斗机。1953年11月，中华全国工商业联合会成立，盛丕华当选为副主任委员。之后，

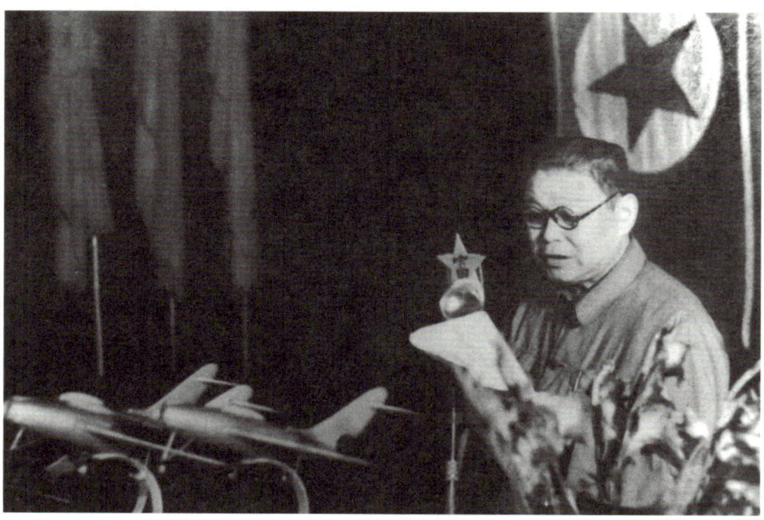

1950年10月，抗美援朝开始，盛丕华在大会上号召广大民建会员踊跃捐献飞机大炮，支援抗美援朝运动。在整个抗美援朝运动中，上海民建会员以个人及企业名义共捐献人民币268，400，157，245元，可购置战斗机179架

他又当选第二、三届全国工商联副主任委员。

1953年10月，中国共产党和中央人民政府提出了我国在过渡时期的总路线总任务。在实现对资本主义工商业的社会主义改造中，盛丕华夜以继日地工作，及时传达党的方针政策，带领和组织民建、工商联成员学习、讨论，要求全体成员在社会主义改造中起带头模范骨干作用。

1956年1月20日，在上海市私营工商业公私合营大会上，上海市副市长曹荻秋（前排左）代表人民委员会接受民建上海市分会主任委员、市工商联主任委员盛丕华（前排右）递交的全市私营工商业公私合营申请书

1956年1月20日，盛丕华代表全市工商业者向中共上海市委及人民政府递交了全市各行各业公私合营申请书，曹荻秋副市长当场审核了申请书，并代表陈毅市长签字盖章，批准了全市85个工业行业35163户和120个商业行业71111户的公私合营（已经合营的企业未计算在内），谱写了中国革命史上光辉的一页。作为市民建和市工商联主任委员的盛丕华满怀激情，当天挥毫写下了一首诗，题为《一月廿日纪盛》："二千代表递申请，十万企业尽合营。街街巷巷飘红旗，家家户户贴双喜。"随后，他又率领上海工商界代表团赴京向党和国家领导人报喜，受到毛泽东主席的亲切接见。

盛丕华身兼数职，他既是上海市副市长，又是市民建、市工商联主任委员，还是第一、二届全国人大代表，第一、二、三届上海市人大代表。工作头绪多，任务重，且年岁已高，但他仍以工作为重，一天三四场会，为挤时间，有时还约在他家里吃饭时讨论工作。在中国共产党的领导下，他处处以身作则，真正做到了生命不息，工作不止。

1961年2月8日，盛丕华因患胃癌，不幸在上海逝世，享年79岁。

（原载《团结报》2003年12月9日）

爱国实业家刘靖基

文　舟

民主建国会成立之初是由爱国民族工商业者和与工商界有着联系的知识分子发起，主要由经济界人士组成的。20 世纪 50 年代初，上海工商界中的进步人士参加民建组织，上海安达纱厂总管理处总经理刘靖基先生便是其中之一。

一方水土养一方人　苏南常州育俊才

刘靖基，1902 年 9 月 15 日出生于江苏常州，原籍江苏靖江。辛亥革命胜利之后，少年刘靖基参加了学校的“童团”，拿了小旗帜上街游行，庆祝辛亥革命的胜利。14 岁时，刘靖基考取位于苏州的江苏省立第二工业专科学校，为他日后从事纺织工业打下了基础。离开学校以后，刘靖基先后就职著名实业家刘柏森所办的纺织企业，宝长兴商行、苏纶纱厂、宝丰纱厂、宝成纱厂。1924 年，刘靖基尝试着自己投资企业，开设上海裕靖工厂，自任经理。一年以后，应严裕棠邀请，他担任洽记苏纶纱厂的营业主任。

1930 年 2 月，刘靖基与刘国钧集合 50 万元资本收购常州大纶久记纺织公司，改称常州大成纺织染公司，刘国钧任经理，刘靖基任协理，在上海负责营业所。开工后，生产、销售比较顺利，到该年底盘结，盈利达 50 多万元。2 年以后，大成纱厂添置丝光车、烘燥车、轧光机等印染设备，逐步向专业化印染厂过渡。

我们现在市场上见到灯芯绒不以为然，但是在 20 世纪 30 年代初，灯芯绒这种面料只有少数几个国家能够生产，最早把这种工艺引进到我国的是刘国钧、刘靖基。1934 年他们从日本引进生产灯芯绒的旧机械设备，经过改装调试，成功生产出国产灯芯绒。到了抗战前夕，大成纺织公司已发展为 4 个厂，其中常州 3 个厂，汉口 1 个厂。资本增加到 400 万元，纱锭由 1 万枚增加到 5 万枚，日产纱布达 5000 余匹。经济学家马寅初当时参观常州大成纱厂后，颇有感慨地说："像大成这样 8 年增长 8 倍的速度，在民族工业中实是一个罕见的奇迹。"20 世纪 30 年代大成纱厂在我国民族工业的影响和地位可见一斑。

抗战全面爆发以后，1937 年的 11 月，日军入侵常州，大成纱厂一厂、二厂、三厂遭到日机轰炸，尤其是大成纱厂二厂被炸为废墟，损失非常惨重。为了保全企业，1938 年大成纺织公司董事会决定，将部分机器转运到上海，借英国洋行的招牌，在租界创办安达纺织公司。

抗战胜利后，刘靖基任安达纺织公司总经理。1946 年刘靖基在任全国第六区棉纺同业公会常务理事期间，为民营纱厂税收和棉花联合采购等问题大胆向当局提出建议，受到同业的拥戴，成为棉纺织行业的代表人物。同年下半年，他被选为上海市参议员。1947 年，刘靖基投资南京江南水泥厂，任常务董事。同年，当选为上海市商会理事、常务理事。也就是在这一年，全国纺织业联合会换届，刘靖基凭借在棉纺业的实绩和威望，当选为全国纺织业联合会常务理事，同时又出任苏浙皖六区棉纺同业公会副主任委员。

尽管，当时刘靖基担任了许多社会职务，但是他的根基在企业，他的生命在企业，他的社会活动时刻是为企业服务的。到临近上海解放时，他所投资企业的员工已达万人。说起企业的创业史，奋斗史，刘靖基曾经感慨万千："那时候，我是在夹缝中求生存，虽然专心经营业务，有时也发展，但很不稳定。"他举例，日军占领时期，因拒绝与侵略者合作，结果是常州企业共损失 600 万元。抗战胜利后，国民党政府实行棉花统购统销，硬是要压垮民族工业。在"三座大山"的压迫下实业救国的梦是不可能实现的。

从香港回到上海　金蝉脱壳迎接解放

解放战争节节胜利，国民党政府见大势已去，成立所谓的物质疏散委员会，邀刘靖基参加并要他交纳"保安捐"，被刘靖基一一回绝。

1949 年春，中国人民解放军百万雄师渡过长江，以雷霆万钧之势压境江南，国民党军队一触即溃，如摧枯拉朽一般，上海迎来解放。刘靖基与棉纺同业其他人一样去香港考察，看看是否有设厂的可能。在香港，刘靖基接触了著名的民主人士黄炎培等人，了解到中共保护民族工商业的政策，心里安定下来，于是搭乘泛美航空公司的班机飞返上海。刘靖基一回到上海，即被国民党驻沪警备司令部所注意。

临近上海解放，刘靖基忽然收到上海警备司令汤恩伯的通知，要他全家限期迁离大陆并送来机票。此时，刘靖基不愿意跟国民党去台湾，留在大陆的决心已定，为了预防不测，他按通知要求，只身到机场，佯装离沪，待飞机起飞，他悄然折回，躲进医院，金蝉脱壳，迎接上海解放，这一选择成为刘靖基走向新的人生道路的重要一步。刘靖基在 90 寿辰时曾意味深长地说："我年轻时理想实业救国，但是旧社会这条路走不通，我从香港飞回上海迎接解放，是我平生最大的选择。"

调回资金恢复生产

1949 年 5 月 27 日上海解放。解放军部队进城给刘靖基留下深刻的印象，他从来没有见过哪个部队纪律那么严明，进城不进老百姓屋，而是坐在马路上，还说"不拿群众一针一线"。他感觉到共产党的部队确实不一样，于是，对共产党产生信任感。不久，他收到一封请柬，他惊喜交集，是上海首任市长陈毅邀请他出席中共上海市委、市人民政府召集金融工商产业界的茶会。6 月 2 日，当刘靖基在外滩中国银行四楼会场上发现陈毅将军就是刚才在门口迎接客人的那个穿着褪色布军装，文质彬彬，与客人握手的那人时，他非常感动。

会上，中共上海市委书记饶漱石、市长陈毅分别讲话。陈毅讲道："党保护民族工商业，实行公私兼顾、劳资两利……，国民党官僚资本干的坏事太多，把他们的财产没收归公，而你们民族资本家不同，是受帝国主义和国民党反动派压榨的，只要你们爱国，同共产党合作，我们是欢迎的，你们是受到保护的。"陈毅说："希望各方要有信心，不要观望，要大胆去开工生产，共产党决不使你们失望，我们讲话绝对有把握的。"刘靖基心中的石头放下了，他很激动，在会上即席发言，他表示愿意与共产党合作，留在国内发展事业。也可以这么讲，从那一刻起，开始了他后半生的"跟党走，走社会主义道路"。同年 8 月 26 日，上海市工商业联合会筹备会成立，刘靖基当选为上海市工商业联合会筹备会的常务委员。

1950 年 2 月 6 日，上海遭到美蒋飞机的轰炸，史称"二六轰炸"。各行各业许多工厂被迫停产，正当企业发生困难的时候，没有任何人提醒，一种很自觉地爱国思绪涌出，刘靖基默默地从国外调回 20 万美元来恢复生产，在上海工商界中起了积极的带头作用，引起很大的反响，受到社会各方的赞誉。

在社会主义改造中起了“跑头马”作用

1953年初，国家公布过渡时期总路线。10月，全国工商联会员代表大会在北京举行。毛泽东在会前召集工商界著名人士座谈，上海有荣毅仁、刘靖基、郭棣活等出席。毛泽东在会上形象比喻当时工商界对社会主义改造的新形势的心情，犹如十五只吊桶打水七上八下，接着毛泽东鼓励刘靖基说：“刘先生，你回去要带带头啊！”刘靖基深受鼓励，就在这次代表大会上，他代表安达、大丰两个企业愿意早日争取公私合营。1954年4月，刘靖基的安达和大丰两个企业经上海市工业生产委员会批准为公私合营企业。这为全国棉纺行业的社会主义改造起了“跑头马”作用，在上海乃至全国产生了很大影响。

后来刘靖基讲述促使他这一行动的因素时说：“首先是爱国的民族自尊感，我希望祖国强大，只要能使祖国强大的事，我就要走在前面，工厂国营了，工人是主人翁，生产率将比私营厂提高，这就好。”刘靖基的企业公私合营后，他仍担任安达纺织厂的总经理，有职有权，这些厂由于工人积极性提高了，生产纳入国家计划，产量提高40%，对当时的赎买政策有较强的说服力。刘靖基当时有一句话：“我们不能只算经济账，我们与国家不是买卖关系，我是把个人的命运与国家和人民的命运连在一起了。”

1956年全行业公私合营后，刘靖基担任上海市棉纺织工业公司经理，1957年被任命为上海市人民委员会委员，1959年11月增选上海市工商业联合会副主任委员，1961年当选为上海市工商业联合会主任委员，并担任民建上海市委副主任委员，上海市人大代表，上海市政协副主席。同年，刘靖基兼任中国贸易促进会上海分会主席，发挥他懂经济和能管理的才能和经验，参与政府经济咨询、决策和管理的实际工作，为社会主义建设辛勤耕耘。

“黑云压城城欲摧”，“文化大革命”的来临，是刘靖基人生轨迹中最艰难坎坷的一段旅程。他被撤销职务，并被下令到上海国棉二十四厂（安达二厂），后转国棉二十八厂（安达一厂）车间做清洁工作。可以想象，刘靖基在自己艰苦创业、亲手办起来的企业头戴高帽，拿着拖把，打扫卫生的时候，他是怎样的一种滋味，是怎样的一种委屈，经历了怎样的一种心灵创伤？但是此时此刻，他依然对党和社会主义充满信心，毫无怨言。

老牛明知夕阳短　不用扬鞭自奋蹄

党的十一届三中全会后，刘靖基年近80。他借用前人的诗句“老牛明知夕阳短，不用扬鞭自奋蹄”勉励自己，决心继续为祖国建设出力。他的工作重心移到民建工商联工作上来，对外联络、经济咨询、调查研究，工作一项接着一项，有时一天有几场会议，刘靖基不顾年迈，一一坚持下来。民建工商联的同志心中不安、关心他的身体，可刘靖基却作诗抒发自己的心声："人生七十古来稀，而今八十不稀奇，九十老翁干劲足，争为四化作贡献。"他率团赴香港考察，开了改革开放以来，多渠道引进外资、引进设备、引进管理，投入国家经济建设的先河。他建议创办上海工商界爱国建设公司，把中央落实工商界政策发还的定息，多余的钱款集资经营企业，安置回城知识青年。他建议创办得上海工商学院，成为改革开放以后全国第一家民办高校。

创建上海工商界爱国建设公司

创办上海工商界爱国建设公司是刘靖基睿智的充分体现。1979 年初，中央落实原工商业者的政策，发还定息、补发工资、认回"文革"中被抄家的物资。工商界怀着感恩图报的心情，表示要为祖国"四化"建设贡献力量。当时，刘靖基建议将上海工商界落实政策发还的定息，多余的钱款集资组建公司。同年 6 月在全国政协五届二次会议期间，以刘靖基为代表的 9 名全国政协委员联名向大会提交《筹建上海市工商界爱国建设公司的建议》。这个建议得到中共中央、全国政协和有关部门的重视和支持。同年 9 月，上海工商界 800 多位认购人，集资 5000 多万元人民币，创办了上海市工商界爱国建设公司，刘靖基出任董事长和总经理。

1980 年初，刘靖基（前排右二）赴上海市爱国建设公司房地产工地调研

爱建公司为改革开放初期的上海经济发展和安排回城知青起了积极的作用。经过多年经营探索，爱建公司逐步壮大成为集房地产、金融信托、实业投资、对外经贸为主的股份有限公司并于 1992 年成功上市。这其中还有个故事：爱建公司起初定集资款为 5000 万元人民币，结果认购踊跃，实际认购款为 5750 万元人民币，其中港澳和海外工商界人士认款数占总额的 23.50%。后来股票上市，股价一下子翻了几番，当初没能认购的，都追悔莫及。

在爱建公司成立的那一年，也就是 1979 年，刘靖基担任了上海市人大常委会副主任。10 月，当选为全国工商联副主任委员。同月，上海成立投资信托公司，刘靖基被任命为董事长。该年他又担任中国国际投资信托公司的董事。1980 年 1 月，刘靖基当选民建上海市委的主任委员。

如君子品格　捐稀世珍品

刘靖基同时还是一位著名的书画鉴赏家和收藏家。因对外宣传的需要，20 世纪五六十年代起他经常在家里接待外宾和海外的亲友，让来宾参观欣赏，使来宾从侧面了解党和政府保护私人合法收藏的政策。他收藏珍品有：宋朝张即之、吴琚字卷，元朝赵孟頫《达摩过海图卷》，倪瓒《六君子图轴》，明朝唐寅书画轴和清朝王翚《重江叠嶂图卷》。其中，《六君子图轴》他最为欣赏，每逢有来宾，他总是介绍这幅画。《六君子图轴》近看是平坡上六棵树，粗看分不出是什么树，但从树叶细品，可以分辨出松、柏、樟、楠、槐、榆六棵树，疏密掩映，参差有致，姿态挺拔。画面的远景是低矮的土坡，中间是一片湖水，上方一段空白，代表天空，勾画了太湖一带的典型景色。1980 年 6 月，刘靖基将它与其他 40 件书画珍品一起捐献给国家。

刘靖基还担任上海市人大代表，上海市政协第二、三、四、五、八届副主席，上海市人大常委会第七至第九届副主任，全国工商联第四届副主任委员、第五届副主席、第六、七届名誉副主席，民建中央常委、顾问，全国人大第一至六届代表、第四、六届常务委员会委员，全国政协第二至四届委员、第五届常务委员会委员，第六至八届副主席。

1991 年，刘靖基已是 89 岁高龄的老人，该年 12 月，他作为名誉董事长应邀赴港出席上海投资信托公司海外董事会议。会议期间他因中风住院，经中共中央统战部和中共上海市委统战部领导的关心，护送回上海治疗。之后，在华东医院治疗 5 年有余，1997 年 2 月 15 日，在上海病逝，享年 95 岁。

1990 年 10 月，刘靖基会见来沪访问的美国国际合作委员会主席陈香梅女士

陈铭珊一生最重要的选择

口 述：陈定国 整 理：何 倞 李 迅

先父陈铭珊，浙江萧山人，1916 年生。17 岁时只身到上海进南洋药房当学徒，后任襄理、副经理。在此期间，父亲先在中华职业学校学习，后进入“英国雷士德工学院上海分院”的夜校部化工专业半工半读。

“七七事变”以后，父亲在上海接到我叔叔的来信，知悉家乡浙江萧山被日军飞机轰炸，房屋被毁。奶奶、两个叔叔和两个姑姑靠躲在方桌下保住了性命，却已无家可归。父亲心中焦急万分，连忙将他们接到上海安顿住下。奶奶讲日军出动了十几架飞机进行了地毯式的连续轰炸，在她从瓦砾堆中爬出来时，两手的指甲都扒掉了大半，鲜血淋淋，惨不忍睹。日军的暴行使父亲从心里深处产生了抗日救国的激情，国仇家恨使他积极地投入抗日救亡运动，还在街头发表过演说。

1941 年太平洋战争爆发后，日军在外滩附近的外白渡钢架桥设岗，凡要过桥者，必须向日本岗哨脱帽鞠躬。父亲到“雷士德工学院上海分院”的夜校部上课，必须途经外白渡钢架桥。但父亲不堪忍受这一羞辱，为保持民族气节，他毅然决定中断学习，为此只是在该校肄业。

这时候因家境困难，父亲将他大妹陈谨亚介绍到上海第三红十字医院去当护士。1938 年初，父亲突然接到医院通知，说他大妹不知去向。奶奶异常着急，父亲也是心急如焚。几天后，他接到谨亚姑妈从温州来的信，说她与一批同事要去抗日，她决定去苏北。抗战期间，谨亚姑妈曾托人来沪找到父亲，要求采购一些新四军救治伤员急需的消炎、止痛、杀菌药品，以及一些医药器材，父亲都积极地给予了帮助。这样，父亲也自然而然地成为了地下工作者的外围掩护人员。

1939 年，父亲任万国药房副经理。由于他的诚信、勤勉和卓越的管理水平，在 1942 年受信谊药厂总经理鲍国昌先生邀请，年仅 26 岁的他就任当时全国最大的信谊药厂副经理，成为当时上海滩工商界的知名人士了。

1948 年的冬天，中国人民解放军在淮海战役中节节胜利，震动了上海的工商界，有的局促不安，有的纷纷离沪，父亲和信谊药厂也举棋不定。当时，总经理鲍国昌已前往香港，父亲代理负责全厂工作。父亲晚年回忆说，当时他看到国民党政府倒行逆施，弄得经济全面崩溃，民不聊生，厂里生产几乎停顿，常常与同业好友——人和药厂的经理黄素封交谈，倾吐自己的苦闷。有次黄问他："你看局势如何？"父亲说："很紧张，不知怎么办好。"黄说："介绍个朋友给你谈谈，好吗？"黄素封是知识分子，喜欢谈政治，对国民党反动派统治不满，所以父亲估计他介绍的人，很可能是个共产党员，或者是与共产党有关系的进步人士，于是一口应允，并约定星期日在人和药厂见面。

这时父亲难免心中忐忑不安。那天是厂休，除了看门人外，没有其他职工。下午四时左右，父亲前往人和药厂，在楼上经理室等了片刻，黄素封便陪着一位上了点年纪的人进来。父亲见那人个子不高，但老练豁达，两眼炯炯有神。黄介绍说，这是吴先生。寒暄后，吴先生没有多说话，讲今天还有事，改日再谈，就走了。父亲回忆说，大概过了一个星期，我主动约黄素封和吴先生到家里吃晚饭。这位吴先生谈话很谨慎，只是问问我们厂里的情况。后来父亲和他又见过几次面。

那时父亲不仅向解放军提供药品，而且我们家淮海中路上海新村 19 号也已成为"党的地下工作者的庇护所"。20 世纪 30 年代上海的标准里弄房子是北向入口，南向楼层有阳台，地面层有花园和通里弄的花园前门。母亲说："经常有陌生人来取物品，前门进来像个瘪三（上海俚语，乞丐），进屋穿上你们爸爸的西装从后门出去。"我也记得小时候，常有身穿长衫的高个儿带我一人去兆丰公园（现中山公园），然后他和别人说话，我在远处一个人玩，好一阵子才带我回家。

记得有一天早晨七时半左右，吴先生突然打电话到我们家，全家人刚起床。吴先生要父亲亲自开车送他一下，父亲二话没说就出门了。他开车到吴先生指定的常熟路、淮海路后面一条很僻静的小路上。吴先生上车后，父亲就照他指点的方向开去，停在南京东路、江西路附近，吴先生即下车走了。父亲记得，这样的护送前后有三次左右，父亲说，他并不问吴先生去哪里，但他知道吴先生一定是做秘密工作的。

此后，吴先生常常来我们家，父亲也时常和他在里屋交谈。有一次，厂里工人闹工潮很厉害，父亲请教吴先生，想把权力交给工会。当时父亲不知道厂里的这个工会是受国民党与反动帮会控制的黄色工会，吴先生断然反对这样做，要父亲把厂保护好，重要的设备隐藏起来，有什么情况就通过黄素封转告他。父亲都一一照办了。记得父亲曾转述吴先生的话："像信谊药厂这样的企业是没有问题的，将来生意还可以做，还可能做得大些，陈先生个人更没有问题。"父亲将信将疑，但是看到当时混乱境况，觉得无论怎样总不会再坏了，想想吴先生的话也有道理。

上海解放前夕，父亲与吴先生的接触多起来，吴先生也特别忙碌，常要父亲调头寸，他都按时送到吴指定的地点，隔几天由吴的夫人来我家送还。吴先生还要父亲出过一封任命他为信谊药厂董事会秘书的任命书，并要求将他的户口报在我们家里。还有一次，吴先生突然到我们家来，换了一套衣服就走了。看到吴先生为革命奔波，父亲心里既兴奋又紧张，但表面上仍然很镇静。父亲当时什么也没告诉我们子女，只是关照我们不要参加学校的任何政治活动，唯恐出了事情牵连吴先生。

面对何去何从的抉择，在这一关系到整个家族命运的紧要关头，父亲不是没有犹豫过。但是中国共产党统战政策的感召和他一贯秉持的实业报国的理想，促使他作出了毕生中最重要的抉择——留在上海，迎接解放，与全国人民一起迎接新的人生历程。而父亲陈铭珊能作出这样至关重要的决定，与国家社会动荡的大环境，他特殊的家庭背景，以及与他本人的品质分不开的。

1949 年 5 月 26 日，上海解放的那一夜，父亲在家里的电话机旁等候黄素封和吴先生的消息。随着解放军进入市区，占领淮海路警察局和市政府的消息传来，他心上的石头落下了，真有说不出的高兴。新中国成立后，吴先生很忙，他邀请父亲到他家去详谈，这时父亲才知道他叫吴克坚，后来担任过华东局统战部部长。通过新中国成立前父亲和吴克坚同志的接触，在父亲的印象中，共产党并不可怕，对民族工商业者是讲团结的，根本不像国民党宣传的那样，就共产党员的道德修养而言，也是令人尊敬的。

新中国成立后，党和政府给了父亲很好的政治和生活待遇，历任政府、民主党派和社会各重要职务。每次父亲从北京开会回来总说，已调到北京工作的吴克坚同志一定会派车到上海人大代表团员住处接我父亲去他家里做客，畅谈国家的大好新形势。这令父亲唏嘘不已，常常对我们感慨说："我只不过做了点滴小事，党却一直记得我！"

1952年，父亲举家搬迁至岳阳路。那时父亲经常在家里接待外宾。由于父亲的英语很好，与外宾交谈不用翻译，我们子女在楼上常听到下头传来的阵阵鼓掌声。母亲事后就会笑着对我们说："你们的爸爸又在替共产党'吹'（上海俚语，宣传）了！"

由于父亲陈铭珊在上海的高知名度，以及被当时的市委书记陈丕显称为"红色资本家"，他在"文化大革命"中遭受到异常激烈的冲击，然而不论在抄家、批斗、监督劳动时，或休息在家，父亲从未流露过对党和政府的埋怨和不满，他同时还教导我们子女不要有对立情绪，要深信党的统战政策一定会落实，充分表现了中国民主党派代表人物的赤胆胸怀。

先父陈铭珊一生是光明磊落、勤恳敬业、光辉奉献的一生，他的一生也为抗日战争，为中国人民的解放事业，为民主党派与中国共产党的合作共事作出了重要贡献，为民族为社会付出了毕生的努力。在家庭事务中，他身教重于言教，和先母一起常要求我们诚实做人，努力学习，勤恳工作。在他俩的精心教育培养下，我们家产生了解放军正师级高干、中科院研究员、宝钢"享受国家特殊津贴"专家、市政协委员和教授级高级工程师等21个高级人才。不论身在国内国外，没有一个做过有愧于国家和社会的事。

今天追忆先辈的光辉业绩，是非常有教育意义的。正是这些前辈为革命事业无私地献出的点点滴滴，才融汇成那汹涌澎湃的革命浪潮，才有我们和谐幸福的今天，也激励我们后辈一代一代地为国家为社会多作有益的贡献。

（原载《中国统一战线》2014年第2期）

积极为党工作的“红色小开”盛康年

胡实声

盛康年同志在上海解放初曾先后担任上海市政协副秘书长、市工商联常委、市第二商业局副局长等职，因病于 1965 年 10 月逝世。

盛康年曾为我们党和革命事业做了不少工作，有过一定的贡献。但是，他的事迹却鲜为人知。我从小和他一起长大，虽然他离开我们已有许多年了，但他的音容笑貌和生平事迹，却经常萦绕在我的脑海里。这里仅就个人所知，写下简略的回忆，作为对盛康年的怀念。

从事进步文化活动

盛康年 1914 年生于一个资产阶级家庭。他的父亲是新中国成立初担任上海市副市长的盛丕华。盛康年是长子，小时候，家里为他请了家庭教师，他却是高兴读就读、不高兴就不读。以后进中学，读大学，也调换了好几个学校。这是因为他讨厌死读书，反对读死书，其实，他自习非常勤奋。他读书很多，涉猎很广，博学多

郭棣活、吴蕴初、盛丕华、盛康年（从左至右）

识，思想异常敏捷。他从自己父亲的事业里看到，在中国这样一个半殖民地半封建的国家里，民族资产阶级绝不会有什么出路和前途，更不能挽救中国的命运。他经常带着这个问题进行探索，终于从马列主义书籍里找到了真理，由此，他敬佩中国共产党的革命主张和革命行动，对共产党充满了期望和信赖。

1933 年盛康年就开始和中共地下党员有了接触。记得这年暑假，我从北平回沪，他神秘地拉着我到“中社”（盛丕华为团结工商界人士而组织的一个团体，会址在威海卫路静安别墅）咖啡室的外间，为他望风。原来他悄悄地约了一位地下党员在里边促膝谈心，听取党对于国内外政治形势的看法和估计。后来他曾告诉我，那位党员就是解放后武汉市第一任书记吴德峰同志。从这次谈话后，盛康年就从事进步文化活动，广泛地和左翼文化人、艺术家交往。他还接任主编《新社会》半月刊（“中社”会刊），把一份只谈风花雪月的刊物，改变为宣传抗日、批评时政的进步刊物，扩大发行到外省。我在北平曾为该刊到东安市场的书铺联系推销。《新社会》半月刊连续出了好多期，在中层阶级和知识分子中有一定的影响。这就触犯了国民党当局，遭到查封。

1934 年 4 月 10 日，中共中央发出《为日本帝国主义占领华北并吞中国告全国民众书》，提出建立统一战线的“七条纲领”。不久，由宋庆龄、何香凝、马相伯等签名发起组织中国民族武装自卫委员会，盛康年也是发起人之一。他化名盛仲悟，到学生中发展“武卫会”组织。在智仁勇女中，他通过发展“武卫会”会员，组织进步学生读书会，介绍同学们阅读茅盾、巴金等作家的进步小说，逐步引导同学讨论各种社会问题和国内外时事，帮助进步同学出版《微明》刊物。他还亲自写社论（如《中国农村为什么破产？》《驳攘外必先安内》等），为读书会同学通俗地讲解《资本主义解剖》，帮助改写易卜生的《娜拉》等话剧。经过他这一系列的活动，在这个学校里播下了革命火种。

1935 年夏，盛康年深入到工人中间，在南市一个女工夜校教课。他热情地指导女工学生写稿，揭露资本家对工人的剥削，控诉女工们受压迫的痛苦生活，给女工们生动地介绍俄国十月社会主义革命胜利的故事，启发女工们的阶级觉悟。还帮助女工创作上海方言话剧，宣传抗日。所有这些，使女工们对他的印象很深，直到今天，有些曾在这个女工夜校读过书的干部，提起当年的盛先生，都对他怀念不已。

从 1935 年“一二·九”运动到 1937 年“八一三”淞沪抗战，上海的抗日救亡运动风起云涌，盛康年全身心投入学生界、文化界、职业界的抗日救亡活动。上海沦陷后，他又去武汉，曾任武汉某报（报名记不起来了）的主笔，撰写社论，主张坚持抗战，反对投降，争取民主，反对独裁。武汉沦陷前夕，他患了肺病，只得返回上海。

当时，上海已成“孤岛”，盛康年到他父亲任董事长的开美科药厂当副经理，经理是曾组织进步团体“新人社”的谢曜，两人一见如故。他们表面上是办药厂，做生意，暗中仍继续开展进步活动。当时文化界组织“复社”，计划出版《鲁迅全集》，但是经费异常困难。盛康年平素对鲁迅先生非常崇敬，称鲁迅先生是党外布尔什维克的楷模。他即刻以预购精装《鲁迅全集》为名，慷慨资助数百元。当中共地下党员殷之钺受党的委派，从延安来上海秘密工作，因初到上海，无处落脚而找到盛康年时，盛康年不顾自己的安危，不仅安排他在开美科药厂任高级职员，还为他置办西装等衣物，使他在公开职业的掩护下，顺利完成党交给的重要任务。

在工商界开展民主进步活动

抗战胜利后，国民党企图独吞胜利果实，阴谋发动内战。盛康年非常愤慨，以开美科药厂副经理身份在工商界开展民主进步活动。首先，他协助父亲团结工商界人士，组成工商协会。1945 年底，积极参加中国民主建国会总部迁上海的筹备工作。当时盛康年才 31 岁，只是一个普通药厂的副经理，但由于他思想敏锐，又具有鼓动宣传和组织能力，受到工商界人士的钦佩，被推选为民主建国会中央委员和上海市委常委兼秘书长。他推动父亲盛丕华联系黄炎培、胡厥文、俞寰澄、包达

三、谢曜等工商界民主人士组织聚餐会。聚餐会每两星期一次，每次有二十余人参加，轮流在红棉酒家、开美科药厂、上元公司等处举行。席间，大家相互交流政治经济信息，研讨民主和平问题。他主要与地下党的负责人章汉夫、李正文、方祖荫等接触。这个聚餐会是康年利用特殊环境、特殊条件，开展民主进步活动的一种灵活方式，对促进工商界民主运动，起过积极作用，一直坚持到上海解放前夕。

1946 年 6 月，国民党撕毁《双十协定》，发动内战。盛康年积极响应中国共产党的号召，发起组织有五十二个团体参加的上海人民团体联合会，开展反内战、反独裁的斗争。盛康年是该会成立大会主席团成员之一，并被推为该会理事。6 月 23 日，盛康年极力推动盛丕华参加和平请愿代表团去南京请愿，并悄悄和我商议，要我以丕老私人秘书的名义同去，以便协助丕老。代表团到达南京下关车站，即遭到国民党特务殴打。发生震惊中外的“下关惨案”。盛康年闻讯，即刻与母亲金曰英一起赶到南京，为丕老出主意，提建议，进行各项斗争活动。当时，我向盛康年详细复述周恩来同志在梅园新村招待代表团时所作的和国民党谈判经过以及共产党对工商业政策的谈话内容。盛康年心情激动地说：“共产党领导人有这样为国为民、光明磊落的政治气魄，又有对党外人士那种肝胆相照的赤诚之心，真是救国救民的中流砥柱。无怪我父亲的思想这样受震动。看来这将是他老人家一生的转折点啊。”盛康年的这一分析很准确，果然，从此以后丕老就成为积极靠拢党的工商界代表人物，成为先进的民主人士。

盛康年有个很好的习惯，他总是抓住一切机会，随时随地做宣传工作。有一次，他在去杭州的火车上认识了在联合国善后救济总署工作的美国陆军少校阿诺德梅。回沪后，盛康年特意请他茶叙，向他揭露国民党的腐败无能，介绍解放区的安居乐业和共产党的方针政策，并坦率地指出美国政府不应帮助国民党打内战，指明社会主义是中国唯一的出路，美国政府只有改变态度，才对中美关系有利。那个美国人说他也相信社会主义，但反对共产主义。盛康年又向他宣传讲解社会主义与共产主义的异同关系等理论。他们两人每次会晤，盛康年总是邀我作陪、当翻译。我常为盛康年主动进行国民外交的热情所感动，为他那摆事实、讲道理的辩才所折服。盛康年并不是共产党员，对方又是美军少校，但盛康年却有胆识，以一个普通中国公民的姿态，宣传党的政策，说服对方的偏见，做到立场坚定，态度友好。他的这种精神，在今天对外开放的形势下，是值得我们好好学习的。

1949 年新中国成立前夕，中共中央对各党各派的民主人士发出去邀请，盛丕华立即主动响应。丕老的决定使盛康年非常兴奋，但是上海正处在黎明前的黑暗时期，怎样才能摆脱国民党特务的监视，离开上海去解放区呢？盛康年冒着风险，独

盛康年（左）与许涤新（右）

自飞往香港，为丕老等秘密去打前站，和潘汉年、章汉夫、许涤新等党的负责同志取得了联系。经过几次去香港研究部署，在地下党的周密安排下，盛康年陪同丕老等民主人士去香港，乘海轮经天津，终于如期抵达北平。盛康年和丕老一同受到毛主席的接见和便宴招待，并一同参加了中国人民政治协商会议第一届全体会议。

团结工商界人士走社会主义道路

盛康年是随解放军南下进入上海的。他等不得休息，就换上西装，协助党和政府进行统一战线工作。首先，他通过谢曜团结了上海纺织业、面粉业的荣毅仁，烟草业的经叔平等工商界上层人士在党和人民政府的周围。他一方面向工商界人士介绍党和政府的方针政策，另一方面向党和政府如实反映工商界人士的意见和要求，并提出他个人的见解和建议。盛康年本身是工商业者，又是民建常委，加上过去在聚餐会工作中的影响，工商界人士对他没有什么顾虑，有什么疑问愿意找他谈心，还亲切地给盛康年起了一个“红色小开”的雅号。党的领导同志也很尊重盛康年的意见。当时潘汉年任上海市副市长兼市委统战部副部长，对盛康年的工作是肯定的，认为他在党、政府和工商界之间起了很好的桥梁作用。

盛康年在全国政协会议上

1949 年 12 月上海市各界人民代表会议协商委员会成立，盛康年任副秘书长。从此，他在团结工商界人士共同走社会主义道路方面，起了更积极的作用。因为这时盛康年再也不用躲在咖啡室里才能听到党的意见，也不必再用半公开半秘密的工作方式去执行党的指示，可以完全、直接地听取党的意见，直接参与政府工作的研究和讨论，使他的才能得以充分发挥。他理解政策快，了解下情多，传达方针政策很有说服力。例如市税务局制定新税制、发布新税法时，他向工商界人士进行宣传解释，做得很出色。

1955年发生了“潘杨冤案”，盛康年不明原委，又无法了解内情，心中很是苦闷。反右派斗争扩大化时，他受到了错误批判，停止了一段时间工作。后他调任市商业二局副局长，即放下包袱，又积极地投入工作，对发展上海市饮食服务行业提出了很好的改革意见。1965年，他因患癌症不幸一病不起，逝世时才51岁。

盛康年虽然没有参加共产党，但他一生始终拥护党，响应党的号召，积极为党工作。特别是在新中国成立前，共产党在上海最困难的地下工作时期，他对党的信念也从不动摇。盛康年的性格是奔放的，感情是真挚的，作风是正派的。他敢于坚持真理，从不隐讳自己的观点，对上从不阿谀奉承，对下从不盛气凌人，从不向党向人民伸手索取什么报酬。当然他也有缺点，但是瑕不掩瑜，他为党为人民所作的贡献，我们永远不会忘记。盛康年如地下有灵，看到今天党领导全国人民意气风发地为实现四个现代化而奋斗，一定会感到欣慰。

（原载《上海文史资料选辑·统战工作史料专辑（7）》）

江南大侠浦东王王艮仲

顾　真

艮老的夫人是我爷爷的妹妹，所以他是我的姑爷爷。从小到大，无论是到艮老北京的寓所，还是如今他每年来上海，拜访他时我总喜欢听他用那口浦东乡音忆旧。

与黄炎培先生结下深厚情谊

记得 1987 年初夏的一天，我到王艮仲老人当时北京南礼士路的寓所拜访时，他正在准备黄炎培先生（任老）诞辰 110 周年的纪念文章。那天，他与我谈起自己与黄炎培的交往。“任老大我 25 岁，我至今还清楚地记得，任老当时创立中华职业教育社，自任理事长，推广职业教育，以达到‘敬业乐群，谋个性之发展’的目的”。

黄炎培先生在《八十年来自述》中曾写道：“1949 年 2 月 14 日我与爱人姚维钧乘汽车出弄，扬言赴永安公司购物，特务一路尾随我们，为安全起见我们自公司前门入，边门出，坐上王艮仲预留的汽车直抵吴淞口，然后由中央同志陪同搭乘特殊轮船去香港。为了遮掩特务耳目，家中还大宴宾客三天，到了第三天报载黄某离开上海了。”艮老也曾向我们说起这段往事——

1948 年 5 月 1 日，中国共产党向全国发出“五一”号召，召开政协会议。得到广大爱国民主人士的积极拥护和响应。这一年，王艮仲前往香港，经孙起孟同志介绍，与共产党派驻香港的负责人潘汉年同志相见，表示要求正式接受党的领导。潘汉年同志欣然接受，并嘱咐他在上海所办杂志宜措辞缓和，以争取最后一个被停刊。

1949 年初，国民党特务对民主革命先驱黄炎培先生进行严密监视，军统特务还在其住所弄口设置一个监视哨，黄炎培先生的汽车一出去，就有汽车尾随跟踪。

按照事先计划，在黄炎培先生离沪之前几天，王艮仲向外界放风：将于某日（黄离沪以后的一个日期）邀请黄炎培前往自己开设在南汇的农场参观，使军统误认为黄暂时不会离开上海，放松了戒备。于是，他又设计，安排黄炎培在离沪之日，带着太太坐汽车前往永安公司购物，并让黄炎培的汽车停在公司东面的横马路上，自己则在永安公司西边的横马路上停车等待。一等黄炎培带着家属从永安公司出来，马上用自己的车护送到与共产党方面约定的地点。最终，黄炎培先生及其家属坐船安全前往香港，转而顺利到达北平。

1949 年 4 月 18 日，王艮仲先生也离开上海，取道香港北上。当天晚上，特务闯进王艮仲先生住所搜捕，扑了一个空。

被汪道涵先生誉为“江南大侠”

“江南大侠”是曾任上海市市长的汪道涵先生对艮老的称呼。

1919 年，16 岁的王艮仲在上海浦东中学求学时，适逢“五四”运动兴起，军阀混战、外强入侵、民不聊生之际，让他逐步坚定了爱国、救国之志。1924 年在苏州东吴大学求学时，作为学生会主席的他，因支持“五卅”运动，并邀请共产党人恽代英等到学校讲演，被学校劝退，后经黄炎培先生帮助转学到南京东南大学就读。

1938 年秋，正是全国爱国人士响应共产党“抗日民族统一战线”号召，实现国共合作之时。王艮仲先生在上海公开宣布：坚决参加抗日民族统一战线，坚持和共产党合作。

其时，他通过朋友，找到当时共产党员林钧，合作建立了淞沪青年抗日工作团，组织了一支游击队，加以培训后，由林钧带领，前往浦东袭击日军。此后，队伍又夜渡东海，转战浙西，屡建奇功。同时，他又利用国民党的各方力量，减少阻力，尽力支持帮助南汇地区新四军游击队，弥补队伍供给、枪械不足等困难，并从中协调关系，互通信息。

1941年，太平洋战争爆发，时任江苏省农民银行上海分行负责人的王艮仲，为了不使银行被日伪分子控制，采取分行先期停业，将资金调转后方，职工遣资疏散。

解放战争期间，凭着和国民党上层人士的关系以及自己国民党立法委员的身份，王艮仲先生更是周旋于国民党特务和各部门之间，掩护进步人士和共产党员逃离魔爪，成功脱险，同时尽其所能资助过不少抗战中牺牲的烈士的子女，还帮助和引导有志青年求学或走上革命之路。

1948年秋，正在北平办事的王艮仲先生，受老同学、北大教授费青委托，历经周旋，把正在被国民党特务监视的北大教授、共产党员吴晗，安全带到了上海。同年，《中国建设》编辑姚溱被捕。他又多方查问，利用国民党内部派系斗争激烈的弱点，从军统特务手中，把姚溱安全营救了出来。为防有变，他又派人把《中国建设》的主编高祖文以及李正文两人，安全护送到香港。

在黎明前的黑暗日子里，王艮仲先生这位有着拳拳爱国之心的“江南大侠”，正是用他的古道热肠和过人智慧，为革命的胜利默默发挥着特殊的作用。

“浦东王”感抒实业救国理想

1903年出生在南汇大团的王艮仲先生曾是当地知名实业家。1944年，抗日战争胜利为期不远之际，时任国民党江苏省政府委员兼江南行署政务处处长的王艮仲，日夜思虑着如何尽快重建饱经战火创伤的家园，为此他毅然辞去一切职位，转而经商，筹集资金，广结人才，为战后建设作准备。怀着对浦东这块土地深厚的情感，他曾先后出资修筑了浦东“第一条公路”，组建了“第一个公交公司”，引进了“第一个电信公司”，辟建了“第一个农场”……为此，他深得故乡人民的爱戴和称颂，也赢得了“浦东王”的美誉。

1945年，日本投降，王艮仲先生从重庆回到上海，即设立中国建设服务社，着手开创事业，在浦东作建设新农村的实验；在上海市内兴办经济事业和教育文化事业。他首先着手筹建了浦东地方建设股份有限公司。经过多方奔走和筹措，公司于1946年5月在南汇县周浦镇成立，由他出任总经理。同年7月，由南汇夏履之等人筹建经营十年之久的浦东长途汽车公司成功归并于浦东地方建设公司，其以往与南汇县、上海市政府签订的专营合约，也由浦东地方建设公司接手。在王艮仲先生的努力下，周浦至南汇、南汇至奉城的公交线路也于8月实现了通车营业。1950年7月，王艮仲先生把公司改名为浦建长途汽车股份有限公司（简称浦建公司），1954年9月浦建公司与上川公司和上南公司三家合并为合营的上海市浦东公共交通公司，也就是现在浦东巴士公司的前身。1946年10月，他又着手成立上南長道工程处，增资法币7亿元，由他垫款兴筑周浦至塘桥的公路和桥梁，也就是今天沪南公路的原形。次年春天，塘桥至周浦全线通车，并顺利延伸至东昌路码头。此举不仅沟通了浦东和浦西，更大大方便了浦东人的日常出行。

2007年6月，艮老来上海参加中华职业教育社建社90周年活动，我与哥哥去拜访他，谈话间他清晰地说起："南汇到上海的全长40.7公里，1947年3月全线通车，自东昌路，经周浦、新场至惠南镇东门，全线路基宽分别为14.15米和20米，路面宽为10.5米和14米，分别为双向三车道。全路段还造了永久桥梁22座。"言谈间，艮老流露出对家乡的深情。

1945年，在筹建浦东地方建设股份有限公司的同时，王艮仲先生也深深挂念着战后南汇老家父老乡亲的处境。当时的他内心只有一个念头，就是尽快把当地的农民组织起来，创办一个农场，重建新家园，建设新农村，在家乡、在浦东做个榜样。

为此，他在南汇东海滩头向当地的地主租了1000多亩地，组织了100多户农民前往农场耕作。在和农民签订合约时，他表示："每年下来，收成好了，你们自己向地主缴租；歉收了，由我替大家去缴租。"与此同时，他又自己出钱聘请农业专家出任农场场长和技术保障员，指导农民的日常生产和耕种。此外，他还出资从国外引进优良的种子，购进了一批拖拉机和卡车等农用机械设备，用于农场日常的生产和使用。其间，他又以勤工俭学的方式，资助近二十名考上清华、北大、燕京等大学，但又无财力去读书的有志青年，让他们寒暑假到农场帮助农民学文化，学习如何使用新农具，种植新品种，开学后发给他们学费、路费、生活费，让他们完成学业。

在帮助农民耕种生产的同时，王艮仲在农场内开办了农民识字班，建立了图书馆和阅览室。在休息和农闲时，组织农民学习文化知识。此外，他还在农场内开设了医卫室和运动娱乐室，让农民也享受到应有的卫生保障和体育活动。他定期还会用自己的吉普车发电，为农场和周边的农民放映电影。

"我们那时放的是无声电影科教片，如今南汇真的是大变样了！南汇肯定有大大的发展，也必然有大大的发展。"不久前，又一次重返家乡的艮老先生兴致盎然地参观了临港新城、鲜花港等地。一路上，他对家乡巨变感慨万千，言语间满含着对家乡的挚爱和期盼。

“丢去一切旧摊子重新做起”

艮老不止一次地对我们说过：“我的上半生在旧社会过去，下半生从 1949 年 5 月受周恩来同志教导开始，丢去一切旧摊子重新做起。”

1949 年 5 月中旬，王艮仲先生到达北平。一到北平，他随即前往北京饭店拜访黄炎培先生。其时，适逢周恩来在场。在黄炎培先生的介绍下，周恩来与王艮仲先生亲切握手。周总理惊讶地说了一句：“早就听说你了，没想到你这么年轻。”

在随后的攀谈中，周恩来对他嘘寒问暖，关心有加。当得知他还没有参加民主党派时，周恩来语重心长地说：“共产党在抗日战争和解放战争中，与各民主党派风雨同舟，互相支持。通过民主党派，共产党可以听到自己听不到的话，团结到自己团结不到的人。你还是参加一个民主党派吧。”

周恩来一番真诚坦率、意义深远的教导，让他再次领悟了共产党领导的多党长期合作的道理。一旁的黄炎培先生马上说：“你就加入民建吧。”王艮仲先生欣然加入了民建。

和周恩来的这次相逢，可以说，是艮老人生中的一次重大转折。6 月，上海刚解放不久，他又南下上海，把自己亲手创办，投入不少资金和心血的公司、农场等实业，着手收拾了一番，或交公或结束，全身心投入新中国的建设事业。

1950 年 7 月，王艮仲先生再次奔赴北京，就任政务院参事，并兼民建会工作。在以后的岁月里，他又历任中华人民共和国国务院参事、中国民主建国会第二届至第四届常委、中央咨议委员会副主任、中华职业教育社副理事长等职，是第二届至第五届全国政协委员、第六届至第八届全国政协常委。他为民建和中华职业教育事业的蓬勃发展倾注了大量心血。

（原载《联合时报》2008 年 7 月 11 日总第 1325 期）

实业大王刘鸿生

杨志刚

刘鸿生原籍浙江定海，1888年出生（现定海聚奎弄故居，被列为“舟山市文物保护单位”）。父亲刘贤喜在上海招商局轮船上任总账房，收入丰厚，全家生活温饱有余。不幸父亲早逝，家道中落，靠母亲省吃俭用，供他求学，从上海圣约翰中学升至圣约翰大学。1906年他在大学两年级时，由于品学兼优，该校美国籍校长卜舫济博士决定保送他去美国留学，学成回来充任牧师兼英文教师，月薪150元，并供花园洋房一幢。但他不愿当牧师，且家里也反对，故婉拒了卜校长的安排。校长认为他违背了上帝的意旨，斥他为“上帝的叛徒”，将他开除出校。

十二年以后，刘鸿生已经在事业上飞黄腾达。1918年他的豪华住宅落成，在乔迁新居的欢庆会上，他对前来道贺的卜舫济校长表示，愿捐款为母校建造社交楼一幢，以加强校友联系。三年后，该楼落成大会，卜校长宣布：“为表彰刘鸿生在校时品学兼优，成绩优异，为感谢刘捐赠母校社交大厦，特以我本人和校董会的名义，授予刘鸿生名誉博士学位，并聘请他担任校董会主席。”从“上帝的叛徒”一变而成“名誉博士”和“校董会主席”，使刘鸿生感慨万千。

十二年的历程充满了艰辛。离开圣约翰大学，刘鸿生先后在上海工部局老闸捕房担任外籍人员的华语教师，后又考入上海会审公廨担任翻译，再转至意大利籍穆安素的律师事务所担任秘书。后又经上海宁波同乡会的首任会长周仰山的介绍，进英商开平矿务局上海办事处当销售员。

刘鸿生当时推销的煤炭质量较差，市场销路不好。他由此认为，开平煤系不分等级的统货，使用不便且不能体现优质优价原则，遂向公司建议将煤分等级，按质论价，以取信用户也提高公司信誉。公司经理柯尔德对这一建议备加赞赏，改进了销售方法，销售量激增。接着刘鸿生又根据用户的需求，制定了按时、按质、按量的调运计划，帮助客户节约了煤炭仓储费用，因而赢得了用户的普遍欢迎。

由于经营管理的改善，开平煤的销售迅速拓展，又经刘鸿生的实地推广，原来许多烧木柴的窑灶也改用煤炭做燃料，销售量更是与日俱增。随着业务的发展，公司决定将上海、苏州、无锡、南通等地划给刘鸿生独家经销，并设开平矿务公司上海售品处，掌管上海及长江下游的销售业务。刘鸿生被委任为上海售品处的买办。接着公司在经营上又采取了一系列措施。在上海建造了专用码头——开平码头，开设煤炭堆栈，加速运输，保证供应；采取薄利多销、跌价竞销的策略，将一些小型煤矿挤出市场；在上海开设元泰煤号，在南京、南通、江阴、芜湖等地开设生泰恒煤号；在南京等长江口岸建造开平公司专用码头和堆栈，以运输与仓储的优势，控制了这些地区的煤炭市场。

1912 年，英商开平矿务公司兼并了滦州矿务局，将两矿改组成为开滦矿务公司，续聘刘鸿生担任开滦矿务公司售品处的买办，从此经销量骤增。1914 年第一次世界大战爆发，开滦公司的英国籍职员大都应召回国，煤矿业务都交由刘鸿生打理。当时国内工业由于洋货进口减少而空前发展，用煤量增加，开滦公司最多一年销售量达 250 万吨。刘鸿生的年收益在 20 万元以上。到第一次世界大战结束时，年龄不满 30 岁的刘鸿生，积累财富已达 300 万元之巨，得到了“煤炭大王”的美誉。

由于第一次世界大战的原因，帝国主义无暇东顾，中国民族工业获得了发展机缘，刘鸿生经调查研究，审时度势选择开办了投资小、设备简、周转快的火柴厂。当时中国火柴市场主要被“洋火”占领，但也存在一些问题，如瑞典“凤凰”牌，远洋运输的成本很高；而日本的“猴子”牌系在中国制造，虽质量不错，但产量有限。在建厂过程中，刘鸿生夜以继日认真钻研生产技术，亲自赴日本磷村株式会社的火柴厂实地考察，引进先进设备，高薪聘请日本技术人员传授技术，1920 年初，苏州鸿生火柴厂终于建成投产。初创期间，由于市场竞争激烈，操作工人又不熟练，火柴质量不高，以致经营亏损。经过两年的改进，产品质量逐步提高，可与瑞典“凤凰”、日本“猴子”牌火柴媲美，而价格又略低于进口火柴。这样，鸿生火柴厂的产品销量激增，逐步占领了上海与江浙等地市场。这样，刘鸿生又在1924年，收购了其岳父叶世恭在苏州的燮昌火柴厂，成立了鸿生火柴公司，还在上海设立了办事处。

1925年上海“五卅”惨案发生后，全国掀起了抵制日货运动，日本“猴子”牌火柴被迫退出中国市场，国内各地中、小火柴厂乘机崛起，犹如雨后春笋。这些厂大都生产技术含量低、价格便宜的黄磷火柴，因此火柴市场销售呈混战状态，瑞典火柴厂趁机收购了日商燧昌火柴厂，开始在中国生产“凤凰”牌火柴，增加了竞争能力，意图垄断中国火柴市场，打算兼并大中华火柴公司，并提出收购苏州鸿生火柴厂的资产及商标。

针对这一情况，刘鸿生于1928年发起成立了江苏省火柴同业联合会，联合同业维护民族工业，抵制外国火柴，促进国货生产，得到全国52家火柴厂的赞同。1929年11月在上海召开全国火柴同业联合会，刘鸿生被公推为常务委员会主席。他率代表团向南京政府进行大规模请愿，提出“挽救国货火柴方策”，要求政府保障民族工业，保护国产火柴、免除苛捐杂税，限制外国火柴进口等，但均未被当局采纳。随着国内火柴厂相互竞争的加剧及进口火柴的增多，我国火柴业的形势日益严峻，刘鸿生以其出色的组织才能和经营能力，着手进行统一中国火柴生产和市场的规划。他提出同业合并，减少竞争，协力图存，以发挥集团经营在资金、技术、管理、销售等方面的优势，受到同业拥护。他先采取将长江下游一带的火柴厂进行合并，以控制生产，提高质量，扩大销售。1930年7月，鸿生、燮昌、中华三家大型火柴厂宣告正式合并，改名为大中华火柴有限公司，由刘鸿生担任总经理。一年后，公司又先后兼并了九江裕生、汉口燮昌、芜湖大昌、扬州耀华、杭州光华等中型厂，公司资本扩充到365万元，年产火柴15万箱，占华中地区销售总量的一半，并在沿海地区设立销售处，除了东北三省，销售遍及全国各地。至此，大中华火柴公司已成为全国规模最大的火柴企业。

第一次世界大战后，上海这个国际都市掀起了建筑热潮，建筑材料需求俱增。刘鸿生向上海工商界领袖朱葆三求教建立水泥厂的可行性，并在考察了国内及日本水泥工业后，于1920年与建筑业巨头陶桂林等人共同集资120万元，亲赴德国考察水泥生产技术与管理方法，订购生产设备，在上海龙华创建了上海水泥厂。在湖州、佘山建立了生产原料基地，聘请德国专家马礼泰担任工程师。该厂于1923年投产，生产“象”牌水泥，与当时天津启新洋灰厂生产的“马”牌水泥，日本小野田生产的“龙”牌水泥三足鼎立。当时上海亚洲第一高楼的国际饭店和外滩的中国银行大厦都是用的“象”牌水泥，使“象”牌声名大振。“五卅”惨案后，国内抵制日货，“龙”牌退出市场，“象”牌遍销上海和江南地区，使上海水泥厂得到空前发展。以后，江苏龙潭创立中国水泥公司，生产“泰山”牌水泥，加入竞争。为了加强同业合作，经多方联系，上海水泥厂、启新洋灰厂、中国水泥公司实行联营，联营后的水泥产量，占全国总产量的85%，其中“象”牌水泥始终鳌头独占。

火柴厂和水泥厂的创建与发展，进一步激发了刘鸿生振兴实业的宏大抱负，他相继创办了码头、仓储、毛纺织、搪瓷、煤矿以及银行、保险、房地产等企业。

上海自开埠辟租界后，港口吞吐量骤增，黄浦江两岸码头仓库林立，但绝大多数为外商所有。刘鸿生自1909年进开平矿务公司后，为开拓上海煤炭市场，为公司购置了开平码头。1918年刘鸿生自己购进了浦东董家渡沿江100亩地，建成泰兴码头，后改为中华北栈码头。1921年又在北首续购200亩，建成中华南栈码头。1926年再在周家渡岸边购置土地250亩，建成中华周家渡码头。至1927年合并成立了中华码头公司，把周家渡、北栈两处划为煤炭专用码头，南栈供杂货装卸，并建有钢筋水泥三层仓库1座，其他仓库11座，总面积达4万平方米。中华码头公司一跃成为当时中国民族资本在黄浦江畔拥有码头最多的企业。

1927年秋，刘鸿生赴欧美各国考察。在英国，他参观了世界毛纺织业鼻祖黎士毛纺织厂，并在黎士深入考察了毛纺织技术和工厂管理。回国后，于1929年在浦东周家渡创建了章华毛纺织厂，聘请英国黎士毛纺织学院毕业的张训苹任总工程师，还亲自到故乡浙江定海招收一批女青年进厂为“养成工”。建厂初期，由于技术设备较差，生产呢绒质量未能与英国、日本进口的舶来品竞争，因而，头三年亏损8万元。刘鸿生广揽国内一流专家到厂攻关研究，终于解决了技术难题，产品质量显著提高，企业开始扭亏为盈。此后，又通过宋子文的关系，承揽了军服呢料及邮电部门制服用料，市场销售亦不断扩大，逐步发展成为我国最大的毛纺织厂。

在创办章华毛纺织厂的同时，刘鸿生又兴办了华丰搪瓷厂。当时上海已有铸丰、益丰等搪瓷厂10家，市场竞争十分激烈，而华丰厂全部采用从日本引进的技术设备及珐琅原料，产品质量后来居上。建厂第一年销售额即达90万元，产品还远销南洋一带。

在这段时间里，刘鸿生实地了解了上海居民使用手工制作煤球的情况，创办了国内第一家用机器制作煤球的工厂，定名为中华煤球厂，厂址设在浦东，并在上海四川路设立样品陈列室，展出机制煤球和改装后的煤球炉，采取购买机制煤球赠送煤球炉的推销方法，受到广大用户的青睐。后来又组织煤球联合会，统一质量规格和销售价格。不几年，机制煤球就逐步替代了手工煤球。

一次偶然的机会，刘鸿生听到挚友地质专家丁文江谈起徐州贾汪煤矿破产，于是他与债权人谢蘅窗等联系，出资80万元购进了全部矿权，于1932年成立了华东煤矿公司。刘鸿生利用多年经营煤炭的渠道与经验，积极改善经营管理，使产量与销售激增，不久就使得该矿成为华东地区的主要产煤基地。

刘鸿生既拥有火柴、水泥、毛纺织、搪瓷、煤球和煤矿等众多企业，资金调度与周转更趋频繁。为适应经营需要，他于1931年4月创立中国企业银行，总部设于今上海四川中路33号，并聘请上海商业储蓄银行创办人陈光甫为顾问。从此，刘在金融界也开始崭露头角。

1930年，刘鸿生在今四川中路33号，建造的八层楼的企业大楼正式落成。这是我国民族资本家营建的第一幢办公大楼，矗立在四川中路和延安东路转角处，是刘氏企业的总部。底层是中国企业银行；二、三层是开滦售品处和刘鸿生办公室；四层是上海水泥公司、中华码头公司、华东煤矿公司；五层是大中华火柴公司；六层是章华毛纺织公司；七层是刘鸿生记账房间、保险公司与中小企业；八层是刘公馆。

20世纪30年代初，世界性经济危机波及中国，日本帝国主义为转嫁危机出兵侵略中国东三省。风云突变，中国的民族经济陷入困境。行政院长宋子文拟聘刘鸿生担任招商局总办（总经理），同时应允解决他企业的困难，他权衡利害得失，同意受聘。任职三年中，通过一系列整治，招商局面貌大为改观，管理趋向正规，效益上升，但他自己的企业却处在停滞状态。1935年上海各业萧条，金融业银根奇紧，社会上谣传"刘鸿生要倒"，银行、钱庄纷纷登门索债。在这危难之际，刘鸿生积极张罗调度，并卖掉1918年所建豪华住宅，同时凭借他的声望与地位勉力周旋，终于化险为夷。

1937年，"七七"事变发生后，刘鸿生表示："如果日军侵犯，战争掀起，要我毁家纾难，也在所不惜。"不久，"八一三"事变发生，刘鸿生即参加上海市各界团体联合会组织的上海市各界抗敌后援会，以中国红十字会会长的身份，兼任上海市伤兵救护会会长，并担任上海市抗战物资供应委员会总干事，全力以赴支持抗战，无遑顾及自己所有企业。他的大部分企业，如章华纺织厂、上海水泥厂、中华煤球厂以及大中华火柴公司所属荧光火柴厂、周浦火柴厂和中华码头公司的三座码头及仓库等，均先后沦入敌占区。他原想托庇洋商保护，本人则仍留在租界观望，根据战局发展再定行止。不料时局急剧恶化，租界内敌伪势力横行不法，绑架暗杀层出不穷。日商三井、三菱又威胁利诱，逼他进行合作。曾任日本磷村组合首席代表的植田贤次郎则以日本军部名义和老熟人的身份，要刘鸿生出任伪上海商会会长，遭严词拒绝。环境日益险恶，刘鸿生化装后秘密搭乘“俄罗斯皇后号”邮船，黯然离开苦心经营20余年的上海，出走香港。到香港后，他兴办实业的雄心依旧，不久便在香港坪州购置土地，聘请上海的技术人员，兴建香港大中国火柴厂，自任总经理。

1939年他经越南海防飞重庆。抵渝第二天，蒋介石便设宴款待，表示刘鸿生在沿海沦陷区总值1000万元的资产，待抗战胜利后，全部由政府负责归还。刘鸿生分析时局，重整旗鼓，规划在内地发展实业俾以救国。他先后兴办华业火柴厂和中国毛纺织厂，以后又在兰州创建了西北毛纺织厂和西北洗毛厂，并在重庆成立中国火柴原料公司，在贵州设立氯酸钾厂，在昆明和海口建立磷厂。所有这些企业尽管经济效益很好，如火柴厂及毛纺织厂产品几乎垄断了大部分后方市场，企业利润逐年上升，但受制于官僚资本的控制，刘鸿生的股份到抗战胜利，也被侵吞至只占20%左右了。

1945年，抗日战争胜利，刘鸿生在重庆受命担任行政院善后救济总署执行长兼上海分署长，返回阔别七年的上海。他通过政治关系，收回并接管自己在上海和华东地区的企业。由于当时洋货倾销，时局动乱，通货膨胀，物价飞涨，整个民族工业都陷于困境。1948年遭金圆券的浩劫，他的章华毛纺织厂、大中华水泥厂、中华码头公司和华东煤矿被迫缴黄金8000两、美钞230万元，经济上受到沉重打击。当时，刘鸿生的六儿子刘公诚（念悌）在延安时的战友，经常来刘家宣传中国共产党对民族资产阶级的政策，动员刘鸿生留在上海维持所有权，经过深思熟虑，刘也决定留沪。但就在上海解放前夕，上海社会局长陈保泰，带领武装人员劫持刘鸿生乘飞机到广州参加紧急会议，到广州后刘鸿生设法避开监视，秘密转到香港。

上海解放后，刘鸿生的二儿子刘念义专程来到香港，向他介绍上海社会秩序良好和企业恢复生产的情况，希望他回上海主持企业经营。当时香港情况复杂，大批上海资本家云集观望，刘鸿生亦犹豫不定。不久，政务院总理周恩来派员来到香港，向他介绍党对民族资本家的政策，并邀请他回来共商国是，这样刘鸿生便踏上归途。到天津后，又接周总理电邀进京，周总理十分欢迎他，详细阐述了党的政策，并明确宣布所有刘氏企业将受到人民政府保护。刘鸿生抵沪后，受到了陈毅市长和上海各界人士的欢迎。

刘鸿生回上海，看到所有工厂都恢复了生产，十分高兴。在他的经营下，经两三年的努力，大部分工厂的生产都得到迅速发展。如上海水泥厂“象”牌水泥，

1953 年月产量达到 1.8 万吨，创历史最高纪录；章华毛纺织厂“鹦鹉”牌呢绒大批外销，国产毛料首次进入国际市场。

煤炭大王刘鸿生像

刘鸿生曾先后担任华东军政委员会委员、华东财政经济委员会委员、中国人民救济总会上海分会副主任委员等职，并当选为全国人民代表大会代表、上海市人民代表大会代表、全国政协委员、上海市政协常务委员及上海市人民委员会委员、中国民主建国会中央委员会常委兼上海市委副主任委员、中华全国工商业联合会常委、副主任委员以及定海（舟山）旅沪同乡会会长。1953 年刘鸿生参加了在北京举行的中华全国工商业联合会第一次代表大会，并当选为执行委员会常委。他在会上表示：要争取将自己所有企业第一批申请公私合营。1956 年，国务院发布《公私合营工业企业暂行条例》后，刘鸿生将资产总值 2000 万元的企业，全部实现公私合营，这位中国近代史上的实业巨子走上了社会主义道路。他说：“我是一个从帝国主义、官僚资本主义统治的双重压迫下挣扎过来的人。我的创业史，是一部经过迂回曲折尝遍辛酸苦辣的历史。我的全部理想，只是为了发展民族工业。我总希望把我的企业一个变成两个、三个。可是在旧社会经常碰得头破血流，经常有关门停业的危险。现在共产党来了，一个独立的、自由的、工业化的、富强的国家就要在我们面前出现，这正是爱国的民族资本家所向往的道路……我感到的只有骄傲和幸福。”

1956 年 10 月 1 日，刘鸿生因心脏病医治无效在上海逝世，享年 69 岁。

（原载《浦江纵横》2017 年第 6 期）

哈佛大学经济学博士丁忱

文 舟

20 世纪 80 年代中期，上海民建工商联两会开办了一所民办大学。这所民办大学叫上海工商学院，或许有人知道，这是改革开放之后，我国第一所具有国家承认大专学历的民办大学；或许有人还不知道，这所学校的首任院长是民建会员，他叫丁忱。丁忱是谁，让我们穿越时空，来认识一下这位民国时期获得哈佛大学经济学博士的人物。

钱钟书校友　无锡辅仁中学毕业

太湖之滨、惠山脚下、钟灵毓秀、人杰地灵。1919 年 2 月，丁忱出生在江苏无锡这个风景秀美的地方。丁忱是学名，字宝恂。丁忱启蒙很早，10 岁就已经小学毕业，1929 年考入无锡县立初级中学，1932 年毕业。

无锡有一所名校，叫辅仁中学，是无锡望族唐氏家族中一位叫做唐纪云提议创办的。1918 年秋，唐纪云与圣约翰大学无锡同学会集资四千元创办私立辅仁中学。学校最早租赁书院弄刘抚院的一处房子，学生增多后于城东苏家弄将军桥购地自建校舍50间。丁忱初中毕业时这所学校已经办了10多年，因为这所学校是双语教学，在当地小有名气，丁忱父母想送他进这所学校读书。或许有人问，唐纪云是谁？在民建工商联工作稍久的人都知道唐君远，那个唐纪云就是唐君远的伯父。

辅仁中学的双语特色非同一般，曾培养出许多杰出人才，著名作家、文学研究家钱钟书就是这所学校的校友。钱钟书长丁忱9岁，1929年钱钟书从辅仁中学毕业考入清华大学外文系时，丁忱才10岁，刚刚考入县立初中，1932年丁忱不负众望考入辅仁中学，各科成绩也是特别优秀。

1935年7月，丁忱从辅仁中学毕业，考入的是上海交通大学，在交通大学读了4年，1939年7月毕业。毕业后，他工作的第一站是浙赣铁路车务段。这或许是他的专业。他在浙赣铁路车务段工作2年，1941年被派往美国圣太菲铁路公司。圣太菲铁路公司是北美洲最大的铁路运营公司之一，在那里丁忱看到了很多，也学到了很多，他觉得自己年轻，如能继续深造将有益于发展，于是在美国的第二年，他申请就读宾夕法尼亚大学，专攻经济学。丁忱所从事的研究是工业化资金积累，一年以后他转入哈佛大学经济系，继续从事工业化资金积累的研究，哈佛大学的学习氛围众所周知，他在图书馆常常看书直到深夜，无数个日日夜夜，终结硕果，1945年，26岁的丁忱完成了他的博士论文《工业化、资本结构和内部积累：战后中国工业化考察》，获得博士学位。

资源委员会研究员受聘荣氏申新集团

民国时期，国内获得哈佛大学经济学博士的人物屈指可数，丁忱研究的是战后中国工业化问题，非常符合当时国内形势。回国后，他很快被国民政府资源委员会经济研究所聘为研究员。资源委员会的前身，是于1932年11月成立于南京的参谋本部“国防设计委员会”，1935年4月易名资源委员会，隶属军事委员会。资源委员会及其前身曾一度由蒋介石兼任委员长，翁文灏、钱昌照分任正、副主任秘书长，负责实际运作。1938年3月改隶经济部，由部长翁文灏兼主任委员，钱昌照任副主任委员。1946年3月直属行政院，后由孙越崎任主任委员。主要任务为负责资源的调查研究和动员开发，后来逐渐发展成为重工业的主管部门。其产业活动主要集中在与军事工业相关的钢铁、动力、机电、化学等基本工业领域。丁忱在资源委员会研究所做了2年的研究，主要是翻译一些资料，配合完成一些研究项目。

但是，研究与“实战”不同，他需要把理论上升为实践，恰好抗战胜利后，申新纱厂扩大规模，广罗人才。申新纱厂是无锡荣家的产业，丁忱是无锡人，自然进入了“申新”的视线，1947年8月正式受聘于申新纱厂，担任申新二厂和申新五厂的秘书和总计核，成为当时我国最大的民族工业集团荣氏家族的智囊。

丁忱进入“申新”不久，正值国民政府成立全国花纱布管理委员会，实施对花、纱、布的全面管制，不许棉商、厂商自由采购国棉、自由调节国棉存量，纱厂存棉日趋枯竭。所以各种文牍异常地多，都需要丁忱协调和处理。

在申新纱厂，丁忱结识了荣毅仁，荣毅仁长丁忱3岁，年龄相仿，虽是雇佣关系，但说话投机，成为了朋友。后来上海市工商业联合会筹备会成立，荣毅仁是副主任委员，丁忱是副处长，增加了行政上下级关系这一节，这是后话。

早期上海市工商联秘书长

上海解放后，1949年8月26日上海市工商业联合会筹备会成立，成立初期工商联工作人员一部分是旧商会的留用人员。军管会工商处负责筹组工商联的许涤新认为工商联需要吸收有文化、懂经济的年轻干部，于是向社会招收一批干部。丁忱那时在申新纱厂已经工作了2年，许涤新是研究经济的专家，对这个晚辈很赏识，经许涤新推荐，同年9月丁忱参加工商联工作，他担任辅导处副处长。辅导处主要是负责本市工业和商业的业务辅导，以及调解劳资纠纷，丁忱在辅导处接触工商界上层人士比较多，掌握第一手资料，为首长提供咨询。

上海市工商业联合会经过一年半时间的筹备，于1951年2月正式成立，同年3月丁忱提升为辅导处处长。当年辅导处是早期工商联主要处室之一，下设市场科、公私关系科、产销科、劳资关系科和税务科5个科，有几十名干部。辅导处这种设置运作了一段时间，丁忱觉得业务处室应该适应上海产业发展的需要，当时上海的纺织业、重工业、轻工业、商业布局分明，辅导处及时调整下设科室，增设一个科，为6个科，改为纺织业、重工业、轻工业、商业、劳资关系和税务6个科，丁忱协调各方，将工商联工作定位在既适应上海产业发展的需要，又完成上级布置的任务。这是大思路，统筹考虑全局的手笔。

在辅导处处长的岗位仅1年半，1952年8月在上海市工商联第八次执监委联席会议上，丁忱当选为副秘书长。1959年11月，上海市工商联副主委兼秘书长胡子婴调往北京担任国家商业部副部长，经执委会议通过，丁忱当选上海市工商联秘书长。

经盛丕华胡子婴介绍加入民建

早年工商联工作与民建会工作密切联系，会员对象趋同，工作任务趋同，平时民建工商联两会干部联系比较多。市工商联主任委员盛丕华、秘书长胡子婴也是民建上海地方组织的主要领导人，所以发展民建会员时考虑将工商联干部中优秀者吸收到民建组织中来。丁忱是重点争取的对象。1953 年 1 月经盛丕华和胡子婴介绍，丁忱被吸收入会。2 个月后，1953 年 3 月民建上海市分会成立，丁忱为分会委员。公私合营后，1956 年 5 月民建上海市第一届委员会产生，丁忱是常委，从第一届至第六届连任 6 届常委。1984 年 4 月，民建上海市第七届委员会时，丁忱为顾问。同时，他还是民建市委宣传教育委员会副主任。“整风反右”后，民建工商联合址办公，丁忱又担任两会学习委员会副主任、联合办公室副主任。“文革”后，民建、工商联两会恢复工作，丁忱担任两会咨询委员会副主任，前前后后，他担任民建市委职务 30 余年。

上海工商学院首任院长

改革开放之初，民建成员焕发青春，发挥海外联系广泛的优势，向海外朋友介绍祖国经济建设的各种需求，洽谈项目、引进资金、引进设备、引进人才，丁忱在美国留学多年，有许多国外朋友，他利用多种途径介绍同学朋友来华投资洽谈项目，并协助民建工商联两会主任委员刘靖基接待外宾，落实处理一些具体事务。在筹组上海市工商界爱国建设公司时，丁忱参与其中的酝酿和讨论，上海市工商界爱国建设公司正式成立时，丁忱是董事、副监事长。当时监事长是唐君远。

1980 年 10 月 3 日，丁忱（中）在静安宾馆接待美国香港商会代表团成员

那时，远在北京的荣毅仁创办的中国国际投资信托公司正在拓展海外业务，丁忱应招赴京，起先在北京工作，后派往美国，负责中信公司海外公司的一部分工作。

20世纪80年代初，被“文革”期间耽误学习机会的青年人渴望得到再学习的机会，社会上有补习文化的需求，上海市民建、工商联两会创办了上海工商专业进修学校和上海工商职工中等专业学校，深受各方的欢迎，引得各方的赞誉。当时负责这项工作的民建上海市委副主委汤蒂因提出，在这2所学校的基础上再办一所有大专学历的学院，重点培养外向型经贸管理人才。这个创议得到在沪的全国人大代表、政协委员的一致赞同，1984年，成立了上海工商学院筹备小组。接着，在市委统战部召开的各民主党派、工商联“双月座谈会”上，刘靖基正式提出了创办上海工商学院的建议，中共上海市委统战部部长张承宗提出边筹备、边建设的方针，以不同于公办大学的模式与机制来办学，设立校董会为学院的最高决策机构，实行院长负责制，全员聘任制。得到这一指示，汤蒂因与民建另一位副主委董幼娴利用去北京开会期间，向民建中央主席胡厥文作了汇报，请他担任校董会名誉主席，并题写“上海工商学院”校名；请著名经济学家、中国社科院副院长许涤新担任名誉院长；请丁忱出任院长。丁忱与汤大姐、董大姐都是多年的同事，毫不推辞，接受了聘任。1985年2月首届校董会成立，丁忱正式担任上海工商学院院长，一直到1992年。

丁忱在民建、工商联两会机关干部中的影响很深，听过他作报告的老同志回忆，他的报告能深入浅出地讲解中央文件精神，不是那种空洞乏味的宣讲。可惜笔者没有赶上那个时代。2015年的某一天，听说丁忱先生在美国芝加哥家中去世，经向有关部门了解，他确切去世时间是2011年1月31日，享年91岁。

（原载《上海民建会讯》2014年第1期）

王兼士的事业三部曲

文　舟

民建会人才荟萃，现在是这样，过去也是这样。20 世纪 50 年代初期，上海民建有一位企业家人士，他叫王兼士，担任闸北水电公司的经理，他的工作攸关市民的生活用水用电。

前奏：家学渊源，书香门第

王兼士，原名王廉，1905 年 8 月 25 日出生在江苏无锡一个世代显贵的读书人家。祖父王谷生系浙江湖州知府，浙江总兵，显赫一时。父亲王甄如，生有六子三女，王兼士为四子。王氏祖遗嘉乐堂，位于无锡东城门小河上小娄巷，宅大院深，大门六扇，朝南临河，三级台阶。大门前有照墙，东西开阔五十余尺，有前后门厅、小厅、大厅、楠木厅、主楼、仓厅、后花园、舍屋等九进。王氏屋前有棵银杏树，据称是清代兵部尚书彭玉麟所栽。彭玉麟曾有“多谢筵开重阳阁，我爱君家五老峰”的诗句，描写的就是嘉乐堂后的“五老峰”。“五老峰”系太湖巨石，属宋高宗赐予老师谈信阁老的遗物，为锡城极品。20世纪50年代后期，此石移至锡惠公园映山湖秀璋门。王氏家有古训："孝悌为田，廉耻为本，读书乃第一义"。王兼士自幼勤奋，学习刻苦，成绩优异。1926年，王兼士毕业于北京交通大学铁路管理系，毕业后曾服役，在十九路军担任上尉副官。退役后，曾在财政部关务署任科员。

1932年，王兼士赴德国国有铁路公司实习。在德国，他考入慕尼黑大学，攻读经济学博士学位。经过3年刻苦努力，王兼士修完各科学业并完成《论中国的铁路和公路》的博士论文。据悉，他曾系统地翻译凯恩斯著述，是国内最早引进凯恩斯理论的经济学者之一。

第一乐章：浙江兴业银行六年

1935年，年届三十的王兼士获得博士学位。为了学有所用，王兼士在中央大学、金陵大学分别任课，教授经济学，前后一年多时间。此时，浙江兴业银行需要金融和经济方面的研究人员。获悉后，王兼士应聘进入了总行设在上海的浙江兴业银行，担任研究部主任。浙江兴业银行成立于1907年，是我国最早的商办银行之一，也是上世纪初铁路风潮，拒款保路运动的产物，初为浙江铁路公司附设银行，称浙江铁路银行。王兼士的选择与所学铁路管理专业不无联系。浙兴银行创办初期，主要为浙路公司服务，兼营一般存放业务。浙兴银行的发展主要是在第一次世界大战后，当时欧洲列强无暇东顾，国内民族工业有了发展的机遇。金融向来有为社会经济发展"输血造血"的功能，浙兴银行抓住了这一历史发展期，从1915年实有资金50万元至1931年资本总额400万元，16年增加8倍。存款更是成倍增长，1926年最高时存款额达3312万元。当时，浙兴银行与浙江实业银行、上海商业储蓄银行被誉为"南三行"。王兼士进入浙兴银行时，正值国民政府推行法币政策。浙兴银行是最早取得钞票发行权的银行之一，法币政策出台后，规定以中央、中国、交通三行发行的钞票为法币，其他银行不准再发行钞票，因此，浙兴银行研究对策更显得迫在眉睫。王兼士研究发现，当时几乎所有银行都不愿意多以现金作准备金，认为这样会减少资金运用，因此一般发行钞票都以现金四成、债券六成作抵，唯独浙兴以现金六成以上作准备金，其余不到四成以债券作抵，这样浙兴资力将削弱。他还建议为了避免法币政策给浙兴银行带来的损失，筹设中国投资公司，实行资金多元化运营。在董事会和诸位经理的共同努力下，浙兴银行平稳度过这一迷茫的时期。由于浙兴银行发展需要，王兼士转任浙兴南京分行代理经理。抗战爆发后，王兼士转赴香港，担任浙兴银行驻港专员，后再调任上海总行，任副经理。

在浙兴银行时期，王兼士曾接到陈寅恪先生《唐代政治史略稿》手稿，计143页。他多方联系谋求出版，但因抗战，未果，但是他将书稿保存着，直至1980年，上海古籍出版社出版《陈寅恪文集》，王兼士获悉，写信给陶菊隐先生，请陶菊隐先生转达出版社。出版社即派员拜访王兼士先生，王兼士将事情原委告诉来访者，并将手稿慎重地交给出版社同志。这份手稿封面上写着："请交上海浙江兴业银行王兼士先生收存，弟寅恪敬托。"时隔30多年，此时王兼士已七十有五，他觉得能亲自将陈寅恪手稿交付出版，总算没有辜负陈先生的嘱托，了却了一件心事。

第二乐章：闸北水电公司二十年

离开浙兴银行后，王兼士曾任重庆战时生产局中兴木业公司经理，1945年后他参加接收华中水电公司北部分公司工作。华中水电公司北部分公司抗战前称闸北水电公司。闸北水电公司创办于1924年8月，由官督商办的闸北水电公司、江苏省立上海闸北水电厂演变而来，担负整个闸北及附近地区的水电供应。20世纪30年代，发电装机容量达3.45万千瓦，是当时中国最大的民族电力企业。

1937年"八一三"事变，日军侵占上海。公司营业区域的水、电两厂处于炮火攻击之下，员工不得不绕道浦东，撤到租界避难。公司总办事处也从阿瑞里（即四川北路1856弄）撤至宁波路兴仁里（近河南路），后又迁至静安寺路（今南京西路）沧州饭店（现锦仓文华大酒店的位置）。同年11月10日，上海沦陷，公司无法维持，决定解散职工，仅留4人处理业务。12月，公司总经理陆伯鸿遇刺身亡，1938年初，公司水、电两厂被日军占领。同年6月30日，伪实业部代表华中敌占区和上海各水电公司以现物出资，日方以现金4300万日元入股，成立了"华中水电公司"，而商办闸北水电公司被改名为"华中水电公司北部分公司"。

抗战胜利后，1945年9月，闸北水电公司被接管。1946年6月，闸北水电公司董事会任命王兼士为经理。王兼士担任经理后，积极制订修复计划，力图用最短的时间，将营业恢复到战前水平。1947年，闸北水电公司专门成立一个投资和收买小电气公司的机构——远东电气股份有限公司，派王兼士领导远东公司。王兼士以远东公司的名义，收购了公司营业区域外围的翔华、大耀、生明、黄渡、华兴永、真如等几家小电气公司的全部或者大部分股份，以扩大控制营业权来对抗外资控制的上海电气联合公司，取得成功。

上海解放前夕，中共地下组织吴克坚同志通过关系找到王兼士，希望王兼士协助地下党护厂和保护技术资料。王兼士不辱使命，保护了一批重要的档案资料。解放以后，闸北水电公司董事会无形解散。水电供应攸关人民群众的生活生产，王兼

王兼士（前排左一）参加抗美援朝大游行

士作为公司主要负责人积极恢复生产，向所辖区域供电供水。

1951 年 7 月，王兼士经盛丕华和荣毅仁介绍加入民建会，并参加民建组织的各种学习，带头提出公私合营。1952 年 12 月，上海市人民政府批准闸北水电公司公私合营。1953 年元旦，公司正式改名为公私合营闸北水电公司，成为全市第一批公私合营企业。王兼士被任命为公司副经理，分管财务、材料和总务三方面工作。同年 3 月在民建上海市分会代表会议上，他当选为委员，同时兼任宣传教育委员会副主任。1956 年 5 月，民建上海市第一届委员会成立时他当选为市委委员。之后的 1958 年 12 月第二届，1961 年 5 月第三届，1965 年 3 月第四届，他均担任市委委员，特别是 1961 年，当民建市委成立学习委员会时，他担任了学习委员会副主任，成为早期民建会的骨干力量。

第三乐章：中信公司十五年

改革开放的春风吹拂着祖国大地，工商业者如沐阳光，焕发青春。1979 年 1 月，邓小平同志会见了荣毅仁、胡厥文、胡子昂，周叔弢、古耕虞 5 位工商界人士。在这次历史性会议上，邓小平同志提出对外开放的思路："门路要多一点，可以利用外国的资金和技术，海外同胞、华侨、华裔也可以回来办工厂。吸收外资可以采取补偿贸易的方法，也可以搞合营，先选择资金周转快的行业做起。"这次会议后，荣毅仁诚请王兼士赴京，筹建中国国际信托投资公司。王兼士与荣毅仁都是无锡人，王兼士学有专长，荣毅仁非常了解，且他俩 50 年代在上海工商界朝夕相

20世纪80年代，王兼士（中站者）在北京参加中国国际信托投资公司工作时与荣毅仁（前排坐者左三）等合影

处，互相信赖。为了祖国繁荣昌盛，协助荣毅仁创办中信公司，同年5月离开妻儿，放弃优裕安定的生活，独身在北京生活。

中信公司开创初期，荣毅仁是董事长，王兼士为常务董事。虽条件艰苦，百业待举，但他不辞劳苦，满腔热忱，积极参与公司的领导工作。他建议发展业务“关键是找个有潜力的项目，才好去发行债券”。就在这时，纺织部官员因为仪征化纤项目找到了荣毅仁。仪征化纤项目是国家22项重点工程之一，由于资金不足，影响工程。于是，中信公司“成为第一个吃螃蟹的人”。1982年初，中信公司在东京发行100亿元债券，解决了项目的燃眉之急。此项目成功之后，融资、发行债券从此一发不可收，短时期内在海外发行了10多次债券，并将触角伸进国际市场，收购香港嘉华银行95%的股份和国泰航空公司部分股份，参加投资香港第2条海底隧道，购买加拿大的纸浆厂、美国的森林，建设澳大利亚波特兰炼铝厂。中信公司还在国内组建了第一家咨询公司——中国国际经济咨询公司。中国国际经济咨询公司被世界银行和联合国开发署确认为正式咨询机构，承担了许多像深圳大亚湾核电站和中美合作经营山西平朔煤矿这样的大型咨询项目。中信公司也是国内最早涉足房地产的公司之一。中信公司建造的北京总部大楼，高达29层，造价2500万美元。落成后，物业以当时纽约价格出租给跨国公司，这栋大楼顶层的合资餐厅被称之为“世界之窗”。

1988年4月，王兼士任中信公司监事会副首席监事，渐渐地退居二线。但他80多岁高龄，还是北京、上海两地兼顾。直至1993年，他不再远行，在上海寓所和老伴儿孙共享天伦之乐，颐养天年。1995年10月7日，王兼士走完了他人生旅途的最后一程，因病在华东医院逝世，享年90岁。

（原载《上海民建会讯》2010年第6期）

心香一瓣罗伯昭

文　舟

“心香一瓣”是罗伯昭先生儿女们为纪念父亲而编辑的文集的题名。心香一瓣有晚辈缅怀长辈之意，更有罗伯昭先生爱国爱民爱家之情。罗伯昭先生是怎样一位企业家？他与民建会有何渊源？且听分解。

一个四川人的桐油情缘

罗伯昭，字文炯，号沐园，四川重庆人。1899年8月19日（农历七月十四）出生在重庆。父亲罗应文开办绸布庄，因经营不善倒闭而投身重庆聚兴诚钱庄当账房先生。罗伯昭兄妹5人，他排行第一，有一个弟弟，三个妹妹。罗伯昭自幼聪明，读书很用功，14岁时到上海读书，先入民立中学，后考入上海圣约翰大学商科。1921年毕业后，返回重庆。此值父亲朋友杨希仲先生谋划开拓国际贸易，创设聚兴诚贸易部，罗伯昭便进入该部任职。四川万县一带盛产桐油。当地桐油质优价廉，罗伯昭常在山区奔走，收购桐油和山货，白天翻山越岭，晚上投宿又脏又臭的鸡毛小店，很是辛苦。数年后，他由于业务熟悉，又聪明能干，受上司重用，担任襄理、经理等职，月薪拿到一百多银元。

1929年，聚兴诚总经理杨希仲去世，贸易部内部发生矛盾，罗伯昭辞去职务，自组信昌号，代生利洋行收购山货、桐油等。罗从中收取佣金。生利洋行的美商范格，原籍德国，移民美国后，开始到中国做桐油生意。桐油在工业上用途很广，运到美国销售，获利甚丰。范格赏识罗的才干，1930年与之合作经营。范格投入大部分资金，负责国外销售。罗伯昭出资2000银元，负责国内采购，业务迅速发展。为了使桐油达到出口标准和方便油船停靠，罗伯昭选址在重庆长江南岸龙门浩建造桐油加工厂。数年间，罗伯昭赚了不少钱，成为富商。1934年生利洋行由重庆迁至汉口。据罗伯昭女儿罗炯记忆，那时她家住汉口四维小路一座二层楼的小洋房，印象中父亲“穿的是西装，皮鞋很亮，坐私家黄包车去行里上班”。可见当时罗伯昭已经是一个成功的企业家了。

1938年夏，时局紧张，罗伯昭全家逃难回重庆。为躲避日寇飞机轰炸，又从城里搬到郊区歌乐山上。生利洋行被迫停业。当时，范格夫妇在上海，劝说罗移居上海。1940年春，罗伯昭辗转抵沪。范格夫妇已为他代买下一幢花园洋房，即安福路7号。

到上海后，罗伯昭没有从事任何商业活动。固然有战争因素，不能从事桐油出口，更主要的还是他具有强烈的爱国心和民族气节，不愿在日伪统治下去发国难财，有人曾动员他出去经商办企业，都被断然拒绝，他宁可变卖房产来维持家庭生活，过苦日子。罗伯昭曾对儿女们说：“那时没有任何收入，吃掉了一栋楼。”他讲的“吃掉一栋楼”，指的是变卖房产所花的钱。但罗伯昭一点也不后悔。

抗战胜利后，生利洋行恢复业务，罗伯昭仍和范格合作，做桐油出口还兼做药材。范格在美国代罗买了小汽车和冰箱，运来上海。家中雇有厨师、司机及两名女佣，颇有气派。

南张北方巴蜀罗

罗伯昭生意场上的成功莫如他在古钱币收藏和研究上的影响。引起他收藏钱币兴趣的是一枚小平钱。清末，市面上流通的多数是内方外圆的小平钱，一般小孩得到小钱后，不是即去买零食，就是扔在一边，绝不会多看几眼。幼年的罗伯昭却不然，父母给的零花钱，总要仔细端详，反复观看，寻找它的特点，认为好的，妥为收藏。有一次，不经意之间，他得到一枚背有八卦图的小平钱，觉得很稀奇，爱不释手，可不慎遗失，使他好几天恍恍惚惚，直到失而复得，才笑逐颜开，恢复常态。从那时起，他便开始收集钱币。

一般小孩按照字帖练毛笔字，罗伯昭也不例外。但他更多的是对着钱币上的字体练，他发现诸多制钱中，虽大小不司，厚薄不一，轻重有别，书法各异，但都有一个繁体“寶”字，且“寶”字的写法多种多样。出于好奇，他将品相好，字体美，“寶”字有特殊写法的钱保存起来，临摹一篇全是繁体“寶”字的大楷，竟无一完全相同者，国文老师阅后问：“你喜欢古币？”他连连点头。老师说：“我国钱文化历史悠久，学问高深，我是古币爱好者，深知集币需有一定条件，你长大后可把集币作为自己的爱好，但目前莫费过多时间和精力，以免耽误学业。”老师的话，他一直铭刻在心，在中学和大学时代，他把全部精力集中于学习，节假日在图书馆中度过，终成学业，获得学士学位。

进聚兴诚贸易部以后，他恢复收集钱币。由于采办桐油和山货，他经常行走于山区。一次，他发现某茶馆门前摆着一串制钱，便拿起仔细观看，发现内中有值得收集的古币，周围好奇的人见他驻足观钱，便围上前，看看人，又看看钱。有人说：钱是喝茶老者的，此钱放门前，一直无人问津。老者没想到今天有人问价，便不慌不忙地讲：“货卖行家，看来你是个行家，也是个爱家，只要你喜欢，给多少钱都没关系。”面对慷慨大方、颇有修养的老者，罗伯昭二话没说拿出8块银元，问：“这些钱够不够？”老者接过钱平心静气地说道：“只要你觉得值就够了！”然后坐到原处，继续喝茶。用大洋买小平钱，周围看热闹的人们大为不解，觉得钱都应按面值论价才合理，拿白花花银元，买只值几角的小平钱，岂非一桩怪事，这件事

罗伯昭在家中鉴赏古钱币

竟成为当地轰动一时的新闻，广为流传。

之后，每次到各地办事，罗伯昭总是会去了解当地古玩市场和访问泉界知名人士，当得到珍稀古币，他甚至比吃山珍海鲜，美味佳肴更有滋味。他集币不仅求品种、数量，更重珍品，更重古币知识的提高，每当收集到前所未有的品种，都要翻阅古籍考证，查找新来者的有关材料，若从书上弄不清楚，会找泉友虚心求教，直至审查清楚为止。罗伯昭的书房里有二十四史和很多线装书，有时满足不了研究的需要，还去书摊淘书，只要有空就坐下来研究古钱币，这使他对我国各个朝代政治、经济、文化了如指掌。

重庆的古玩店老板没有不认识罗伯昭的，精明的老板收到珍稀古币，悄悄放下，专等罗伯昭去时拿出来亮宝，能赚更多钱。“新币十一铢”是用5000大洋买的。在成都，他购买杨介仁的全部藏泉和樊楚村全部泥范、铁梁五铢。有时用几根金条买回一枚珍稀的小平钱，特别是买到众泉友皆无的孤品，他感到很自豪，很值得。有人为罗伯昭统计过，他购买钱币花的钱在2000万以上。他认为金钱可再挣，古币难再生，可遇不可求，看好买到手，以免失良机，后悔无尽头。20世纪30年代末，罗伯昭已成为长江中上游地区赫赫有名的泉界大家，与南方上海的张叔训、北方天津的方药雨并驾齐驱，被誉为“巴蜀罗”。这也是“南张北方巴蜀罗”的来由。

支持学生运动遭捕，加入民建进步

不同于其他钱币藏家，罗伯昭还是一位钱币研究的组织者。1940年初，他同丁福保、张絅伯、蒋伯埙在上海发起组织“中国泉币学社”。该社是解放前历时最长，影响最大，名人最多、办得最好的民间钱币组织。该社社长是丁福保。罗伯昭则是副社长，他把安福路7号的寓所作为学社活动场所。自1940年8月31日至1946年3月16日，该社有案可查的例会多达178次。每次例会，既不是随心所欲的漫谈，也不是毫无准备的杂谈，而是先确定每周例会研究题目，分头作好准备，围绕议题，各抒已见。每次例会都有记录备查，会上展示的作品，均认真制作拓本妥善保存，诸如此类的具体工作，全由罗伯昭办理。抗战胜利后，物价飞涨，中国泉币学社编的杂志《泉币》经费出现亏空，他拿出40万元弥补，才使该刊善始善终。

在学社，有位民主人士对罗伯昭影响较大，他就是民建会发起人之一张絅伯先生。在罗伯昭女儿罗炯回忆文章里，记载了这样一件事：“1948年春，父亲突然被特务抓去，全家一片慌乱，我和五姐（罗明润）就坐在楼梯上哭，不知怎么办，后来才知是从被捕的交通大学学生身上搜出父亲开的支票。特务抓父亲的目的主要是敲诈钱财，所以经亲友奔走，花了20两黄金，特务才答应放人，但还要找个铺保。我和五

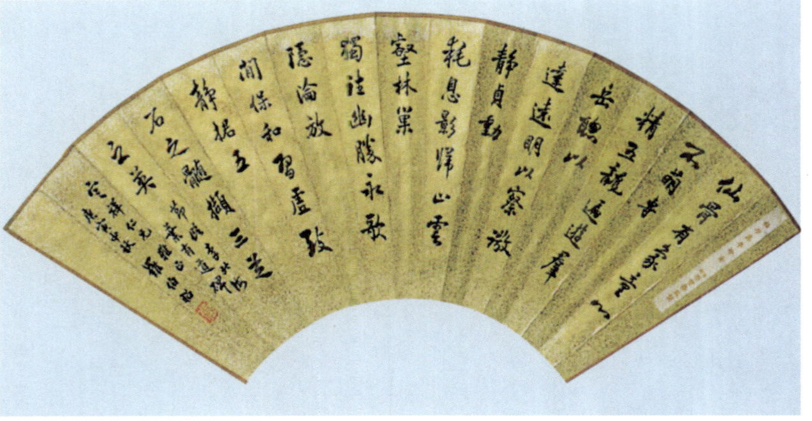

罗伯昭手书扇面

姐自告奋勇去找安福路上的一家书店老板，请他当保人。我们从小到大一直在这家书店买文具，借阅小说，书店老板很熟悉我们，慨然允诺。父亲释放出来后还有个小特务时不时地顶住父亲继续敲诈。父亲生性耿直，本来对政治不感兴趣，经过这件事，便时常骂国民党腐败。”事后，才知道罗伯昭资助交大学生是由张絅伯牵线的。

1948 年冬，国民党军事上节节败退，鹿死谁手，已成定局。罗伯昭的好友多数都随大潮离开上海。是走还是留？罗伯昭举棋不定，在张絅伯的宣传下使他决心留下。此后，罗伯昭结束了生利洋行，独资开设德丰华行。

上海解放，罗伯昭鼓励、支持女儿参加随军南下工作队，获陈毅市长亲笔书赠“拥军模范”的证书。在抗美援朝运动中，他带头捐献飞机大炮款。1953 年 1 月，经席文光、叶椿年介绍加入民建组织。同年 10 月 19 日，他作为上海工商界代表参加第三届赴朝慰问团，慰问时间长达 3 个月。在前线，他写信申请公私合营。公私合营以后，罗伯昭担任上海市国际贸易业同业公会监察委员会主任委员、上海市国际贸易联合公司副董事长、上海市工艺品进出口公司经理。

1956 年 1 月罗伯昭当选为民建黄浦区委第一届副主任，当时主任是叶宝珊。同年 5 月，他当选民建上海市委第一届委员。1958 年叶宝珊调任市工商联副主委，罗伯昭任民建黄浦区委第二届主任，之后的 1961 年第三届、1965 年第四届，他均任民建黄浦区委主任。他还是黄浦区副区长、政协副主席，民建市委第二至四届委员，上海市人民代表。晚年他将自己所有泉藏捐献国家，心香一瓣，实现了报国的愿望。1976 年 2 月 3 日，这位享誉收藏界的民建企业界人物因病在沪与世长辞，享年 77 岁。

（原载《上海民建会讯》2011 年第 1 期）

投身照相制版工业的康际武

文 舟

寿祥里：办了一家综艺照相制版社

康际武，字嵩岳，1913 年 7 月 20 日（农历六月十七日）出生在上海，原籍浙江奉化。康际武兄妹 5 人，他排行第四。康际武 7 岁那年父亲因病去世，母亲拖着几个未成年的孩子艰难地生活着。为了供孩子上学，她帮佣，同时承揽几户人家的生活。即便这样，家中仍经济拮据。康际武两个姐姐懂事，为母亲分挑家庭担子，她们放弃学业，以“摇袜子”挣钱补贴家用，帮助弟弟继续学业。康际武的小学生涯是在林荫路西区小学完成的。以前小学分初小和高小，1927 年，14 岁的康际武高小毕业，考入南洋中学读书，仅仅读了一年多，沉重家庭担子使得母亲无法支撑，1928 年 12 月康际武不得不辍学。第二年初，康际武经大伯介绍只身来到九省通衢的汉口，在中央药房当学徒。学徒起早摸黑，繁重的体力劳动把这个未成年的孩子累垮了，半年以后，康际武因病返回上海。

旧时，寻工作和现在一样，不是一件容易的事，特别是穷孩子、苦孩子，对于来之不易的机会特别的珍惜。康际武也是这样，辞去汉口这份工作是不得已而为之。回到上海，身体尚未完全康复，经他二姐夫吕国英介绍，到别发洋行制版部当学徒。别发洋行又称别发印书馆，1870 年由英商在上海开设，主要出版西文书籍，也经营进口图书、文具、纸张、印刷器材等。

然而，康际武在别发洋行学的是照相制版。照相制版的原理是把所需的文字和图像按要求缩放到底片上，再将底片贴合在涂有感光胶的金属板上进行曝光，经过显影便可在金属板上形成所需要的文字或图像。康际武吃苦耐劳，悟性强，很快掌握了照相制版技术。

康际武有个哥哥叫康际文，是英商《字林西报》馆学徒出身，在洋行任职。兄弟俩很投缘，常常切磋，寻找机遇自己创业。康际武学徒未及满师，兄弟俩就合计自己开设制版社，康际文集资，吕国英借与制版设备。他俩见场地要求不高，便利用自己住家——寿祥里 37 号办起了制版工场。当年寿祥里位于糜鹿路、中华路西南角。糜鹿路是 1912 年填方浜而筑的路，此处属法租界，因为当时法租界公董局有一个董事叫 Rue Miller，于是起了个谐音“糜鹿”来命名这条路。糜鹿路 1943 年改为木渎路，1946 年改为方浜西路。现在寿祥里已不复存在，2003 年寿祥里居民动迁，2006 年在原寿祥里的地块上竖起一座高楼，这是一座商务楼，叫黄浦中心。谁也没想到，80 多年前，康氏兄弟集资，自己动手，雇来 2 个小工开设的综艺照相制版社，日后成为了上海滩最叫得响的照相制版厂。

福源里：“综艺康记”的注册地

现在，出版物普遍借助于电脑照相排版，文字图片一气呵成。而当时以铸字、植字为主，配以彩色图片必得使用照相制版。照相制版最初由传教士流传至香港，后由香港传到日本，再由日本传到国内。这项技术由法国人涅普斯在 1822 年首先进行了实验，1839 年苏格兰的庞顿阐明了现代照相制版方法。1850 年法国的吉洛发明了铜锌版的照相制版法。康际武的“综艺”使用的即是这种铜锌版的制版法。铜锌版的制版法有 50 多道工序，大部分靠手工，仅有 10% 靠机械。康际武是熟练掌握者，康际武的二姐夫吕国英更是高手。“综艺”业务是康际武一手打理，其兄康际文仍在洋行上班。“综艺”的客户主要是广告画画家，也有戏院、商场、药房等为制作广告的生意，营业还能维持。

早在别发洋行时，康际武就参加社会童子军，任中队长。“综艺”开张一年，恰逢“一·二八”淞沪抗战爆发。康际武与许多热血青年一样志愿参加社会服务，他在十九路军六十师干部教导队的任务是传达信息。《淞沪停战协定》签署，他才离开教导队，继续经营“综艺”制版业务。

“综艺”的发展是在“八一三”事变之前，当时上海的经济处于迅速发展阶段，其他行业不说，光是照相制版行业全市有40多家。康际武的“综艺”赶上这波难得的发展机会，站稳了脚跟。

但是，日军侵占上海后，处于城内和法租界交界之处的寿祥里难免受到影响和干扰。为了保存生产设备和维持营业。康氏兄弟在吕国英的协助下，将企业营业处登记在静安寺路70弄6号。静安寺路即现在南京西路，南京西路70弄当初叫福源里。福源里南为南京西路，北通凤阳路，西面是国际饭店，东面尽是饭店、戏院、舞厅、商场，商场有福记商场、新世界明记商场。现在这一地块仍然以商场为主，著名的新世界商厦就在此处。福源里6号原有中国照相制版公司，这个公司是吕国英及其兄吕天九经营，凭这层关系，康氏兄弟才能将企业登记在此处。资料显示，康氏兄弟登记企业的全称是综艺康记照相制版社，时间是1942年10月17日，资金是中储券50万元，康际文、康际武各出资25万元，企业性质是无限公司。他们取得了合法的经营资格。

《字林西报》馆大楼：“综艺”成为有限公司

抗战时期的上海租界，曾一度表面繁华，使得各个照相制版企业业务日增，为保持业务势头，“综艺”大量购买进口原料，康际武向其大姐夫、南京东路品珍珠宝店经理谢某借来资金，向德商订购一批锌版，适值市面上照相制版原料缺货，许多企业有生意没法承接，这就形成“综艺”独家业务，使得“综艺”获利甚厚。

太平洋战争爆发，日军进入租界，与“综艺”有业务往来的《字林西报》馆被日军报道部接收。《字林西报》馆的实际掌控人马立师当然不服，不幸被日本宪兵抓进监狱。马立师与康氏兄弟相熟，马立师囚禁期间，康氏兄弟经常去探望，传递信息，帮助他办理一些狱外的事务，也给予他经济上的资助。

1945年8月抗日战争胜利以后。占用《字林西报》馆的日军报道部被逐，马立师同意将前日方经营的报道部制版工场租给“综艺”，房租以制版费2千方时的代价交换之。《字林西报》馆大楼有8层，如果连地下室、夹层和顶上的两个亭子，可算是11层，1924年竣工时，曾是外滩最高的大楼。整个大楼《字林西报》馆仅用一楼、五楼、六楼3个层面，其余出租，如友邦保险等公司。“综艺”使用的工场在2楼。

在《字林西报》馆大楼的岁月里，康际武迎来事业的巅峰。“综艺”成为《字林西报》定点的照相制版企业，在承接到这一大宗业务后，康际武全力以赴，迅速扩大规模，添置设备，招募工人至20余人，保质保量按时完成报馆的一次又一次业务，企业得到了快速发展。1946年9月“综艺”的资本额已达1000万元。注册地变更为外滩《字林西报》馆大楼2楼，即中山东一路17号2楼。公司性质变更为有限责任公司。

康际武善于经营、长袖善舞，利用在“综艺”的盈余，由康际文出面创设永业行（解放后改称永业畜产进出口公司），康际文任总经理，康际武任副经理。永业行的外方合作人是曾任德国驻沪领事馆商务参赞斐尔特。斐尔特负责对外联系，并以个人名义向国外定购一批钢精纸，约200箱，手续办妥后，正值当局颁布禁止进口，该批钢精纸由外国启运来沪时，恰逢市面上钢精纸售价猛涨，康氏兄弟大约分得100根大条的巨款，他俩分别购买两处花园洋房，一处在霞飞路（今淮海中路）的上方花园，另一处在福履理路（今建国西路）的懿园。康际武还添置了2辆汽车，一辆美制的福特，用于生活，另一辆卡车，用于生产。

爱国捐献、加入民建、捐赠古币

1946年，鉴于康际武在行业中的影响，他被推为上海市照相制版工业同业公会常务理事。《工业会法》颁布以后，制造业划归工业会，他又成为上海市工业会理事。上海解放前夕，康际武也曾赴香港等地考察，最终，他选择了留在上海，迎接解放。他相信新生的人民政府，被人民政府邀请参加一个又一个会议，参加一场又一场活动，在1949年5月上海解放以后的报纸上，可以见到作为工商界代表的康际武的身影。

康际武在各项爱国捐献运动中表现甚为突出。人民胜利折实公债“综艺”认购1200分、“永业”认购2800分，劳军“综艺”捐20万元（旧币，下同）、“永业”捐30万元，捐寒衣65万元，抗美援朝“综艺”捐1832万元，“永业”捐2000万元，国家建设公债“综艺”认购4300万元，康际武个人再认购4000万元。

1951年12月，康际武经吴振珊、陈俊明介绍，加入民建会。并担任第15基层小组副组长，组长为荣漱仁。1956年5月康际武当选民建上海市委员会第一届委员，后连任至第五届，第六届任顾问。他是工商界最早的人民代表之一，又是新中国成立后改组的上海市铸字制版工业同业公会主任委员。

康际武的综艺照相制版厂1953年与吉士照相制版厂合并，并筹组北京分厂，1954年惠中、惟勤两厂并入“综艺”，规模扩至60人（上海35人、北京25人），同年7月北京厂批准开业。康际武负责上海厂，上海厂产量在7万方吋左右，资产总额达 20 亿元（旧币）。公私合营后，康际武被任命为私方经理兼厂长、上海市第一轻工业局第一印刷公司副经理、上海市出版局物资供应站副主任等职。

康际武生前最引以为自豪的，也是最大的壮举是将自己收藏 16 年的珍稀古币银元 650 枚捐献给中央文物馆，得到时任文化部长沈雁冰（茅盾）签署的奖状。中央文物馆特邀他进京研究、鉴定古币，赠给他许多参考书。康际武非常高兴，当即表示再收集各种纸币捐献给国家。1953 年他动员好友、同是民建会员的进出口商罗伯昭捐献铜币。1956 年，他将集齐的 2000 多张纸币再次捐给中央文物馆。

1956 年 5 月 26 日，康际武（二排左四）当选为民建上海市委委员时与盛丕华、胡厥文等人的合影

“文革”中，康际武被殴致重伤，在家人的精诚呵护下，顽强地生存下来。党的十一届三中全会以后，落实了对原工商业者的政策，春风吹拂着懿园，康际武感受到党温暖的阳光。1991 年 5 月 17 日，康际武走完人生最后一程，享年 77 岁。

（原载《上海民建会讯》2013 年第 4 期）

土木工程师吴光汉的本色

文　舟

民建会人才荟萃，有经济学家、会计师、律师、建筑师，还有各行各业的专家，而早期民建会更多的是有一技之长、善于经营的工商业者。本文叙述一位具有土木工程师本色的工商业者，他叫吴光汉。

受父亲影响学土木工程

辛亥革命那年，1911 年 10 月，吴光汉出生于浙江杭州。吴家是一个开明的、新式的家庭，祖父、父亲、母亲都在新式的学校里读过书，添了男孩，又是长子，很是高兴，为这位新生的儿子起了名，叫光汉，“光”是光复的意思，“汉”既有推翻满清政府恢复“汉”的意思，又有希望这个男孩长大后，成为一个有出息的男汉子的意思。在这个新式家庭里，祖父叫吴廷爵，是浙江法政学堂毕业生，爱好音乐，曾担任过中学音乐教师。父亲叫吴大昌，杭州府中学毕业，获取“庚子赔款”奖学金赴美留学。母亲孙伯虞，是杭州女子师范学校毕业生，曾任小学教师。

父亲吴大昌出国前在北京清华大学预备班学习2年，随后赴美。在美国密歇根大学攻读土木工程学，苦读4年毕业，获得学位后，在美国铁路公司当了3年工程师。在吴光汉9岁那年，父亲回国。回国后，吴大昌没有在杭州工作，而是来到十里洋场的上海。上海当时有一个浚浦局，最初叫修治黄浦河道局。浚浦局名为疏浚治理黄浦河道，但黄浦入港处航标灯塔的设置、船舶进出上海港的管理、码头的建筑以及修缮、卫生检疫等等，都是浚浦局的活。因此吴大昌这个留洋的土木工程师来到上海，大有用武之地。吴家举家从杭州到上海，10岁的小光汉随父母来到上海，他进入育才公学就读。每晚，父亲教他英语，背诵词句，还教他用仪器绘图，练习写字、绘图。所有这些在吴光汉幼小的心灵中留下了深刻印象。在上海，吴光汉与父母共度的2年多，是他人生中最快乐的时候。

月有阴晴圆缺，人有旦夕祸福。1922年春，吴光汉祖父因病去世。祖父去世后8个月，不幸的事接踵而来，他父亲患急性肺炎，虽经治疗，但也没能挽回生命。或许有人问，急性肺炎怎么会不治身亡？可是，在那个年代医疗水平落后，母亲只能眼睁睁看着父亲无奈地离开人世，扔下一家子。祖父、父亲先后逝世，给这个原本美好幸福的家庭带来不幸。母亲觉得像是天塌下一样，而对于年仅11岁的吴光汉来说，打击实在是太大了，他一下子变得懂事了，觉得长大了。父亲去世后，为了节省开支，母亲带着弟妹回杭州老家，吴光汉在澄衷中学住读，留在上海。

1923年秋，吴光汉不幸患了白喉，他只得辍学回杭休养治疗。母亲心疼这棵吴家的苗子，悉心照料，经过治疗和休养，吴光汉恢复健康。康复后，吴光汉学习更加努力，没有辜负母亲期望，1925年他考进浙江大学，受父亲的影响，他也选择土木工程，决心像父亲一样做一个出色的土木工程师。

算笔账，不出国，也能成才

吴光汉有个富裕的亲戚，看到自己族里有这样一个出类拔萃的儿孙，很是喜欢，主动提出，如果吴光汉今后要出国留学，他可以在经济上帮助。这对于渴望学习先进科学技术、又因家庭经济状况不能留学的吴光汉来说，是一种激励。到了大学3年级，同学中有人提前办理出国留学事宜，吴光汉也产生了出国深造的念头，想到父亲是获取庚款奖学金赴美留学的，因此，他也有了向这位亲戚借钱出国深造的想法。

那年是1928年，如果去美国留学，攻读一个硕士学位，需要耗学费、船费、生活费大约2500美元，折合当时的货币约5000银元。吴光汉算了一笔账，如果自己从美国学成归来，可能赚到的月工资约100银元，如果把工资的一半50元留作自己的生活费，只有50元可以还债。那5000银元的利息每月最少得50元，就是说，付了利息还不了本，不付息只还本也要10年。这样就借了一笔永远还不清的债。

吴光汉向这位亲戚提起这件事情，这位亲戚非常诚恳地对他说："借钱不成问题，但考虑你的家庭条件，你应该去赚钱，而不应该再去花钱了。"

亲戚的真诚，使吴光汉茅塞顿开，从此，他打消了出国的念头，决心立足国内发展。后来事实证明，他在国内发展的机会，并不比出国留学回来的同学差。他由衷地感叹："看来我当时的决定是正确的，如果我借了一笔永远还不清的债，如何供养母亲和弟妹，又怎么能安心留学、做工作呢？我感到决定一件事不能太冲动，要仔细地权衡利弊才是。"

自己厂房自己建

从1925年到1931年，整整6年，吴光汉在浙江大学求学，1931年他从土木工程系毕业。同年8月，他刚好20岁，被上海浚浦局建筑部录用，担任助理工程师。工作的头几年，他设计了张华浜码头、炮台湾码头、虬江码头、煤气公司码头、高桥石油公司码头、溶剂厂码头等10多个项目。后来又设计沿江填地和拦江筑堤坝多处，还设计灯塔、船坞、船台以及局里的自用房屋等。他在浚浦局里是年轻设计师，有能力、精力充沛。当时一般设计程序是先由工程师设计画草图，再由绘图员画成底图，最后由描图员描成正式图纸。这一套程序，他可以一个人从头包到底，设计得既快又好，深得上司和同事的赞许。他设计的图纸经济实用、表达清楚、便于施工、很少错误，所以颇受施工人员欢迎。他较为得意之作是吴淞口灯塔，为了减少水下作业，他的设计采用空罐式钢筋混凝土结构，先在船坞里做好，然后浮上江面，用小轮船拖到目的地，往里灌水使其下沉，平衡地放在江底，在露出水面的顶部安装预先设计制成的钢板灯塔，整个设计简洁明了。还有一件得意之作，是在张华浜修理厂江边设计一个船台，以往设计方案大部分工程必须在水下施工，工人很辛苦。他设计采取较简便快速的施工办法，在岸上做好准备，只需在水下拼搭即可。他画了一张总装配图和各构件及接点的详图，各构件注明长度、截面尺寸以及螺孔的大小和位置，注明接点上所用螺栓的长度和大小。构件和螺栓在岸上准备齐全，由潜水员到水里去装配，如同小孩子搭积木那样，只须用螺栓穿过构件上孔洞，拧紧螺帽就成，施工方便，工人倍加赞许。

1934年，吴光汉由当时的实业部批准登记为土木工程师，有了营业执照，他可以承接设计业务。他的设计实用，服务周到，因而求者甚众。在工作了4年后，他积聚了一些资金，与浙江大学校友朱紫光合伙，在1935年创办华元染料化工厂。华元厂生产硫化元染料，元色即黑色。他自任经理，自办企业，更不用说，厂房一定自己设计。当时投资一爿染料化工厂，大的需要投资100万元，最小也要5万元，但吴光汉自己会设计，省掉一笔钱，他投资3万元，照样办起一家像样的染化厂。

吴光汉设计华元染料化工厂厂房，许多同行也请他设计，如维大、天工、天中、六合、德星、华亨染化厂，全部由他一手规划设计，不必请外国人设计，既实用又省钱，设计质量也合乎使用要求。

外岗农场厂房帮助建

吴光汉做染化厂“老板”发现了一个人才，这个人是朱紫光。吴光汉在技术上全部信赖他、依靠他。朱紫光是吴光汉浙江大学的校友，比吴光汉高一级，化学系毕业。1932年偶然的一次，吴光汉与未婚妻去西湖宝石山上游玩，恰巧遇到朱紫光与他在浙江大学昆虫局研究育蚕技术的同事五六个人，只见朱紫光一个人穿着长衫拿着网兜满山飞跑，捉蝴蝶做标本，其他同学拍手取笑他。吴光汉却反认为朱紫光敬业、认真、踏实。1935年秋的某天，朱紫光来找他，说能做硫化元染料，质量不比进口货差，成本比进口低许多，还拿着招股说明书。吴光汉应允，这是他做染化厂“老板”的缘由。

当然，办厂不是一件容易的事，他坚持一条，用人不疑，疑人不用。他以身作则，身先士卒，学管理、做销售，一样一样学。这使得华元厂渡过一个又一个难关，迎来了上海解放。

上海解放后，他响应党“发展生产、繁荣经济、公私兼顾、劳资两利”的号召，1950年，吴光汉资助朱紫光研究室专事染料中间体的研究，1951年筹资开设华亨化工厂和丽华染料厂生产染料中间体和硫化蓝染料。在抗美援朝捐献飞机大炮运动中，他捐献飞机一架，认购公债25614分。

1952年11月，他由朱紫光、林哲介绍加入民主建国会。他的职务重心在工商联，担任市工商联常委，但是他在民建会的名气很响。市民建会的干部与领导大都认得他，因为他热情、没有架子，一见面就熟。公私合营后，成立上海市染料工业公司，他任副经理，分管基建工作，并设计了染料、涂料所实验大楼，染化一厂的锅炉房等10多项工程。

令人感动的是，1958年后民建工商联干部陆续下放农场，吴光汉自告奋勇，请缨去外冈农场。他捐给外冈农场10万元，并在外冈工作了一年多，设计建筑了不少厂房和宿舍。当时正值三年自然灾害，物质条件很有限，建筑材料稀缺，他设

20 世纪 50 年代，吴光汉（右二）参加上海市民建、工商联组织的学习会

计改用毛竹为材料。下放干部回忆，当时确实到福建山区去砍过毛竹。

尾声：《忆趣录》和《经营随笔》

党的十一届三中全会后，1979 年 6 月，吴光汉应荣毅仁之邀赴京参加筹建中国国际信托投资公司，任房地产部总经理，负责筹建 31 层国际大厦，国际大厦建成 3 年后收回成本。1984 年他负责筹建 56 层京城大厦，于 1992 年 7 月全部建成。

20 世纪 90 年代中期，吴光汉第二次退休回到上海，他时常来香港路的爱建公司和《现代工商》杂志社，那时笔者也在那幢楼里上班，经常见到吴老先生。他写了 3 本书，一本叫《忆趣录》，记述自己家庭和个人的一些往事，另两本叫《经营随笔》和《经营随笔》（续编），总结自己几十年的经营心得。他在《忆趣录》卷头语中说："我今年 85 岁，以前话不多，近 10 年话逐渐多起来了，而且年纪越大话越多"，感叹"人老话多，性也"，正因为有了吴老的这些"话"，才有了如今的历史记录。2001 年 11 月 6 日，吴光汉在上海逝世，享年 90 岁。

（原载《上海民建会讯》2014 年第 2 期）

民族企业家强锡麟的三个心愿

文 舟

强锡麟是上海市工商联第一届至第五届常务委员，市政协第六届、第七届委员，中华全国工商业联合会第四届执委。谁能想到，最初在纺织厂当练习生的强锡麟能够凭着聪明才智，自主创业20年，成为上海实业界的名人。他创办的华丰纺织印染厂、华丰棉纺织厂等均是当时沪上的知名企业。

一位小职员的奋斗创业梦

1903年3月22日，强锡麟出生在江南无锡。父亲名仲泉，是当地一酱园的职员。强锡麟出生那天恰好是春分日，父亲见这个孩子天庭饱满，非常高兴，遂起名“锡麟”，锡，取自无锡的锡山；麟，麒麟也，象征祥瑞。

1910年，时年7岁的强锡麟进私塾读书。在私塾读了4年，父亲又送他进入私立中学学习。1920年，强锡麟经亲友介绍，进入无锡俞伯敏所开的药房学生意。半年不到，恰逢无锡丽新布厂招聘员工，强锡麟应聘并被录用。丽新布厂是无锡著名实业家唐骧庭先生和程敬堂先生合办的企业。由于强锡麟好学勤勉，深得厂主赏识。

1927 年，24 岁的强锡麟将自己历年所有积蓄用来开设华丰厂布发行所，发行所开设在五福弄。1928 年，强锡麟租铁木机自织布匹，称华丰染织厂。

20 世纪 30 年代的上海，纺织业是新兴产业，社会需求量大，市场销路广。创业初始的强锡麟每天在皮包内带上布匹样本，向湖南、湖北、安徽、泉州、四川、江西等棉布号驻沪申庄兜售产品。每谈成一笔交易即向小型手工织布厂采购，随后向客户交货收款。周转很快，购销之间一转手便获利。1930 年至 1932 年，强锡麟扩充发染布匹，也就是说买进白坯布委托染厂代染。

1933 年，强锡麟在斜土路新桥路（今蒙自路）口，租 3 亩地设厂，安装铁机 48 台，铁木机 50 多台，同时发染布匹的业务也扩展起来。这一年，他才觉得自己真正办起了厂。强锡麟在《自传》中说道："将华丰染织厂改组为华丰染织厂股份两合公司，我做无限责任股东兼经理。到 1935 年，因为在几年中业务很好，所以就在这一年的下半年，在大木桥路租定基地，又筹设了光明染织厂。"1936 年 6 月 1 日，光明染织厂开始出产品。半年以后，强锡麟筹划扩充，再添租厂基，定购机器，建筑新厂房。

抗战时迂回曲折发展

可是好景不长，"八一三"淞沪抗战爆发，日寇进犯上海，"华丰"和"光明"两厂都地处南市战区。为应付时局，强锡麟将光明染织厂能染一千匹蓝布的机器拆卸装箱，拟运往汉口。当时装机器的轮船等候拖运出去，结果等了 3 个星期，仍无法驶出吴淞口，只能将机器卸上河岸，在南通路（今淡水路）租地堆置。出于运费和人工费考虑，强锡麟想就地建临时厂，但是建筑照会打不出，他再租襄阳南路基地，建筑图样打好后，送当局审核，仍然不批，还是不能设厂，后来总算寻到东京路（1945 年改为归化路，今为昌化路）厂房，就把光明染织厂的机器安装到位。到 1937 年 11 月开始出产品，这时候上海各染厂大部分停顿，因此"华丰"业务一枝独秀。为了避免敌伪骚扰，强锡麟在光明染织厂名下加"协记"二字。后来曾商请德孚洋行介绍一名德国人做名誉经理，聘任一年，改光明协记染织厂为德华染织厂。此时，第二次世界大战正酣，该德国人应征入伍而回国，强锡麟立即解除与德国人的雇佣关系，取消德华厂名，仍改为光明协记染织厂。

强锡麟还办过一家富中染织整理厂和一家名为"大宇化工厂"的染料厂，这是一般史料记载中缺少的。珍珠港事件引发太平洋战争，日寇铁蹄践踏租界，强锡麟的企业未能幸免。日方通过某日本纱厂要求与“华丰”合作，意在吞并，企图以日本厂的坯布经染色后贴上华丰商标，冒充国货运销西北和西南的大后方。强锡麟断然拒绝，并且关厂停工。强锡麟《自传》中有这样一段记录：

> 我的色布大部分采用德国德孚洋行经销的染料，当时我的心是很内疚的。我是立志提倡国货的人，而我的产品都是德国染料染成的，我就决心创办染料厂，想以国产染料取代德国染料，巩固我厂产品“学生蓝布”和“美亭蓝布”的声誉不衰。我就创建“大宇化工厂”。先从制造漂粉和液体烧碱做起，逐步达到自己制造染料并在恒丰路桥附近购地20余亩，为染料厂扩展用地。不幸的是太平洋战争爆发，日军侵占上海市区，当时日本商人派人和我联系，要求用我注册的商标贴在日本产品上销售。我是“宁为玉碎、不为瓦全”，决定关厂停工，职工回乡，我自己则进入上海大夏大学经济系求学，攻读工商管理专业。

这样一段记录，表达了一位民族工商业者强烈的爱国主义情怀。“我是提倡国货的人”，这是强锡麟后来践行“三个愿望”的雏形和思想渊源，也是信誉第一，信誉胜似生命，说一不二的具体展现。

恢复生产创制纺机

抗战胜利后，强锡麟于1946年召回全部职工，原“富中染织厂”也恢复生产。继续生产美亭蓝布和学生蓝布，迅速行销全国，享有一定的声誉。次年的产量达到50万匹布左右。为了继续扩大生产，于是就筹办建“华丰纺织厂”，并在军工路购地200余亩，其中120亩为生产区，其余地均为生活区，形成大规模的新型工厂。

接着他向英商信昌洋行订购3万纺纱锭子。当时的洋行都规定价格是开口的（open price），条件均非常苛刻，尽管预先付款订货，外商却可以任意涨价，可以附加其他各种费用，可以任意拖延交货日期不受约束，而华商利益实无保障可言。结果英商涨价只付给5000锭，其余2.5万锭就不了了之。

那时他还向美商慎昌洋行订购最新型的自动络纬机和络筒机，以及控制槽浆温床的关键零件，后来美方认为全自动纺纱机是高精尖产品，不愿卖给中方，于是借口“中国技术低，难以维修”，拒绝履约。最终以20世纪30年代的老产品交货完事。

这给强锡麟以很深的教训，就决心创办自动纺织机的制造厂。在斜土路原华丰织布厂址筹建“力生铁工厂”，喻意要自力更生装备自己的雄心壮志。计划从自动织机入手，积累经验后扩大生产其他类型的纺织机械。

他听取技术员的两种不同意见：一种认为先试制，逐步批量生产，以稳为主；另一种认为不必试制，即大批生产，省时省钱。他决定宁可慢些，但要稳些。经过攻关，试制成功，并批量生产1200余台全自动纺织机。其中1000余台安装在军工路华丰纺织厂，其余的出售。同时生产3万锭纺纱机。当时的国内，能规模生产国产全自动纺织机械是绝无仅有的创举。

果断处置躲过浩劫

强锡麟二十年的实业生涯铸就了他的远见、胆识和应变能力，有时能逢凶化吉。

国民党政府发动内战之后，经济状况恶化。美国政府为挽救国民党政府而制定“美国援华法案”，将大量棉花等物资输入中国，但却归国民党政府所属棉纺织厂使用。其余纱厂只能向农民购高价棉，造成纺织品成本高昂而亏本。强锡麟所办的大宇化工厂的漂粉，因美国廉价漂粉精涌入市场，无法竞争而关厂歇业。

1948年国民党政府发行金圆券，搜刮黄金和美钞，并且实行限价。不久物价飞涨，华丰厂的库存棉布被收购一空，换来的仅是大量金圆券，却无法买进生产急需棉纱等原料。强锡麟眼见金圆券天天贬值，为免遭灭顶之灾，当机立断把全部存款购入钢筋、水泥、建筑材料，在大造厂房的同时大量购置机器设备。

俟金圆券崩溃之日，他早已将金圆券变为无法搬走的大车间和拥有大量纱锭和布机的大工厂。由于他的机敏，才保存了多年积聚的财产。

上海解放前夕，47岁的强锡麟担任华丰印染纺织有限公司总经理，这个公司拥有华丰纺织厂、力生铁厂、富中染织整理厂，共有2000多名职工，形成从制造机械、纺纱、织布到染整的企业集团。

但是他已感心劳力拙，疲惫不堪。三个企业原料被控制，成品被收光，经济周转不灵，仅留下空厂房、机器、工人，奄奄一息。他反对国民党政府，但又对共产党不够了解。既想离开上海，又舍不得离开一手创办的三个厂。有人问他解放军来了，你要跑吗？他回答说要跑的，而从铁工厂跑到纺织厂，又从纺织厂跑到印染厂，他无法离开与其朝夕相处，相依为命的工厂，每当他心情烦闷的时候，只要到厂，就心旷神怡。

加入民建率先合营

上海刚解放，强锡麟看到人民解放军军容整肃，纪律严明，露宿街头；共产党人廉洁奉公，品德高尚，十分钦佩，打消了早先的担忧，转变了看法。

1949 年 6 月，经民建会领导人胡厥文的引介，强锡麟加入中国民主建国会，并积极参加民建会的各项学习和活动，响应民建号召，在工商界中发挥民建会员骨干模范的带头作用。1950 年的“二六”轰炸后，上海工业困难，他立即在国内外订货的所有资金集中起来，用于纺织厂的扩大再生产，推动本市纺织工业发展。在抗美援朝中，他带头捐献飞机大炮，折合 22.6 亿元旧人民币（15 亿元旧人民币为一架战斗机）。

强锡麟由衷钦佩共产党搞政治、搞军事的能力，但怀疑共产党能否搞好经济，而当他看到各行各业在共产党的领导下，呈现兴旺局面，经过“三反”运动恢复了金融和工业生产秩序，所有的疑虑都打消了。1954 年，他带着申请公私合营，成为上海较早公私合营的企业，而且出现合营企业的优越性，使他消除了“只有我才能办好企业”的想法。从心里承认共产党搞经济也是有办法的。

一生的三个心愿

强锡麟的一生中有三大心愿。第一个心愿是：他要将所有积蓄捐给国家。这个心愿的起因可追溯到 1955 年，那年 12 月，在上海市人代会上，他发言说：“我一面算细账，一面回忆自己剥削工人的事实，感到十分内疚。”他还说：“这是我开始认识到马克思主义剩余价值，把资本家剥削工人最本质的秘密揭露出来了。”他自我剖析说：“过去以为自己办企业辛辛苦苦、克勤克俭，其实是剥削工人创造的剩余价值。”他表示要把过去剥削所得完整地还给人民，逐步把自己改造成为爱劳动、具有劳动技能的社会主义公民。强锡麟的发言，现在看来是不可思议，但是代表了那个年代大多数民族工商业者的心声。

强锡麟（左四）参加上海市政协参观团考察团视察西北纺织厂

1954 年，合营时华丰纺织印染厂、华丰棉纺织厂以及力生自动纺织机械制造厂核定全部资金为人民币 850 万元。1958 年 5 月，纶华染织厂并入华丰纺织印染厂，1966 年 10 月，改称上海第十七漂染厂，厂址位于海防路 590 号。位于斜土路 359 号的力生自动纺织机械制造厂后来成为上海采矿机械厂。公私合营后，强锡麟担任公私合营华丰纺织印染公司总经理。1956 年下半年，安排工商界人士担任专业公司副经理，强锡麟被上海市人民政府任命为第一印染公司经理。

1959 年，强锡麟夫妇主动放弃定息。1965 年，他病重期间写下"死亡预嘱"，除留给夫人 5 万元之外，家里其余财物全部交给国家。夫人高志竞于 1973 年 4 月先他而去，他将夫人的 5 万元上交国家。粉碎"四人帮"后，他领到了查抄归还的财产，折合 40 多万元。当他得知上海第十七漂染厂职工住房困难，立即决定将款捐给厂里，为职工建造 89 套新公房，计 6000 多平方米。1985 年，当他得知他和妻子放弃的定息 96.8 万余元还没有上缴国库，他再次办理上交手续。强锡麟上交国库和捐赠企业合计 160 余万元。

强锡麟还有一个心愿，就是他要编写一部管理学书籍。为此，他在 1947 年还设立了"管理学编著基金"，准备以历年管理企业所用图表及实际工作心得，编辑一部关于管理学的书。他搜集购置书籍和各种杂志，大部分都是偏重在管理学方面。从 1961 年到 1963 年，他花了整整 3 年时间写出了 10 多万字的有关华丰纺织印染厂企业管理的书稿。这部著作是他一生经营管理企业的实践记录，极具让各企业研究借鉴的价值，可惜在"文革"因抄家而散失。他每念及此，殊为痛惜。

1978 年，已经 75 岁高龄的强锡麟克服白内障、右眼失明、高血压、心脏病等疾病的折磨，又花了 3 年时间，用自己的工资请人帮助整理了 25 万字的《普及管理科学》一书。1989 年，该书由同济大学出版社出版。上海市纺织工业局局长梅寿椿专门为这部书作了序，称赞他"为国家'四化'建设和纺织工业发展留下了宝贵的精神财富"。

强锡麟所著《普及管理科学》

强锡麟晚年最大的心愿便是加入中国共产党。上海解放后，他是上海工商界和民建界别的一位代表人士，在几十年的风风雨雨中，他将自己的毕生精力都献给了上海的纺织工业。

1955年12月，身为上海市人民代表的强锡麟在市人代会上发言，向党和人民作出了他的承诺，表达了他的三个心愿。他曾多次与胡厥文等工商界领袖谈到“这一年对我来讲是难忘的一年，我要坚定不移地贯彻始终”。1990年年初，他向党再次表达了自己加入中国共产党的愿望。1990年6月，87岁的强锡麟，终于被光荣批准成为中国共产党党员。

强锡麟的三个愿望一一得以实现，1996年8月3日，强锡麟无憾地走完了他人生旅途，享年93岁。

（原载《联合时报》2017年12月8日，收入本书时，根据马炳荣先生有关记述加以补充）

黄竞武传略

谷　鸣

黄竞武，又名敬武，字敬和，1903 年 6 月 10 日出生于江苏省川沙县（今上海市浦东新区）。父炎培，清光绪举人，是著名的教育家和政治活动家，中国民主建国会主要创始人。新中国成立后，曾任中央政务院副总理、全国政协副主席、全国人大副委员长等职务。黄竞武从小受到父亲民主思想的影响和熏陶，他“幼承庭训，耿直有父风，读书能识大义”。1916 年在本地小学毕业后，考入北京清华学校中等科，后又直升高等科。1924 年清华大学毕业后，考取公费留学，赴美国哈佛大学攻读经济学，1929 年获经济学硕士学位归国，在上海盐务稽核所任会计。在任职期间，恰逢他的美国老师葛利佛被聘请来中国指导和帮助建立盐务会计制度，黄竞武随同老师考察了全国盐务，协助老师对全国的盐务会计制度进行改革，为完善盐务会计制度并使其走上正规化作出了成绩。1931 年起，黄竞武分别在扬州、蚌埠、青口、沅陵等地负责地方盐务稽核，大胆改革当地盐务旧规陋习、整肃机关，取得了成效。在蚌埠盐务所时，有一奸商以为黄竞武年轻可以利用，用金钱贿赂，希望与其合污舞弊，被黄竞武断然拒绝，但反被诬陷受到处分，贬往偏僻地区青口任职。青口交通闭塞，社会治安混乱，经常有强盗出没。他接近群众，依靠百姓，创立了青口至板浦的班车制度，改善了交通，社会风气也大为改观，深得乡民的拥护和爱戴。黄竞武在长期的工作实践中，看到了国民党政府的腐朽无能及中国经济的落后。他曾在给胞弟大能的信中说："我们常常感觉应如何为国出正当的力量，也许我们努力不够，而大半仍为政府不能利用人才，或养而不用，或用而不重用，使怀才者无所发展。我常感因政治之组织不良，效率低微，实缺乏立国之条件……中国这种腐化的政治继续下去，内战是不可避免的，但内战老百姓又如何忍受得起呢？"忧国忧民的心情跃然纸上，深刻地反映了他要求变革的思想。

全国抗战开始，国民政府内迁，黄竞武来到四川，担任中央银行稽核，积极参与抗日救亡运动。1941 年 3 月中国民主政团同盟（1944 年改称中国民主同盟）成立，不久他加入民盟，担任民盟中央组织委员会委员、国外关系委员会委员，他为发展民盟组织，联络海内外爱国人士，不辞辛劳，积极工作。他多次担任中共周恩来与美国人士会谈时的翻译。1945 年 12 月，中国民主建国会成立，不久黄竞武又加入了民建。由于抗战已胜利，后方的许多单位纷纷复员，黄竞武随中央银行来到上海，仍在中央银行任稽核专员。他以民建、民盟的双重身份，积极参加反对国民党独裁统治的斗争。既接受民盟中央的托付，和沈志远等筹组民盟上海市支部，民盟上海市支部建立后，他为市委委员，同时又接受民建总会的领导，参与筹备民建上海分会工作，参加民建组织的各项政治、会务等活动。

1947 年 6 月底，中国人民解放军由战略防御转入战略进攻。在前线，国民党军队连吃败仗；在后方，反蒋反美的民主运动不断高涨，因此，国民党打击迫害民主党派也日益猖狂。先有国民党《中央日报》发表所谓观察家谈话，诬蔑"民主同盟、民主建国会、民主促进会、三民主义同志联合会，其组织已为中共实际控制，其行动均系循中共党意志而行"。10 月 27 日，国民党公然宣布民主同盟为"非法团体"，各民主党派不得不由公开活动转入地下斗争。1948 年初冬，东北全境解放，人民解放军向华北进军，淮海战役打响，国民党更变本加厉地迫害逮捕民主人士，爱国志士被捕事件屡屡发生。在此险恶环境下，在上海的民建总会于 11 月 15 日举行留沪常务理监事联席会议，指定了 15 人组成的民建上海临时干事会，承担民建总会和上海分会所赋予的职权，领导和组织会员开展地下活动。黄竞武在临危之际受命为常务干事并主持组织。他工作的中央银行 404 办公室和临时租借的建国中路 153 号为秘密联络点，同时还在他的老家川沙以一家米店作掩护设点，以备紧急情况下能及时转移。

1949 年 2 月黄炎培应中共邀请，秘密离沪赴香港，临行前，黄竞武对他父亲说："中央银行令行员签名愿去粤与否，去者有重赏，愿辞职者，亦有优厚的给予，父亲！我都不这样想。"明确表示了他坚决留在上海做好革命工作的决心。

黄竞武利用中央银行稽核的身份及有利条件，团结争取金融界、工商界人士，参与金融界、新闻界揭露国民党政府偷运黄金、美钞去台湾的内幕。他说："假使国库的财宝被盗一空，将来我们接管的上海成为一个空壳子有什么用？"他积极收集"四行两局"（中央银行、中国银行、交通银行、中国农民银行、中央信托局、邮政储金汇业局）有关组织人事和业务资料等情报，为人民解放军接管上海金融作出了成绩。黄竞武经过同事吴藻溪的介绍，联系上中共上海局策反工作委员会委员李正文，并成了中共上海局策反工作委员会的党外工作人员。他积极为策反而到处活动，他的一位同学是国民党中央税警团团长，他对李正文说：税警团归国民党财政部管，经费充足，武器装备精良，一个团能顶一个军用，我完全可以劝说他起义。黄竞武冒着风险，几次去南京，这位团长表示愿意在适当时机率团起义。

1949年4月，中国人民解放军逼近上海，解放指日可待。24日，黄炎培在北平通过电台对上海人民广播，呼吁上海人民配合人民解放军，迎接解放。作为黄炎培的儿子——黄竞武的处境更为困难，许多同志劝他赶快离沪，但他仍以革命工作为重，坚持留在上海，为人民解放军解放上海加紧工作。他说："决不能因个人安危而使工作陷于停顿。越是紧要关头，越要坚守岗位。"相反当知悉爱国人士尚丁、陈仁炳已被特务写在黑名单上的时候，他立即放下手中的工作，迅速通知，使他俩及时躲避。黄竞武是把对同志的生命和安全看得重于一切，而丝毫不考虑自己的安危。

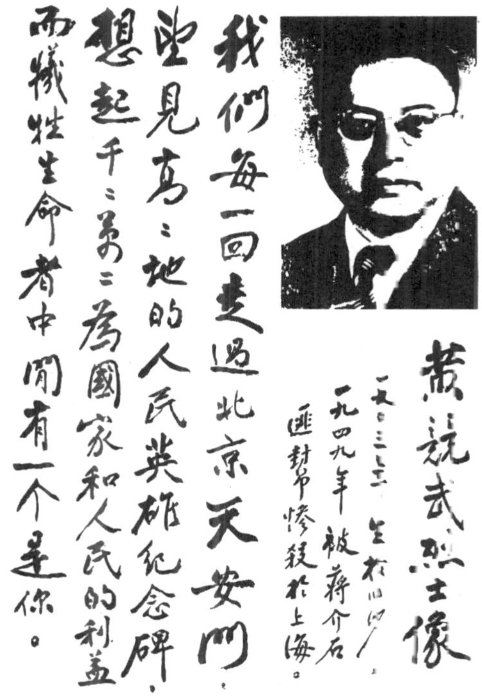

黄炎培题字

5月12日，黄竞武刚走进中央银行404办公室，就被早已埋伏在四周的国民党保密局的特务绑架，蒙上眼睛，押上警备车而去，从此不知下落。上海一解放，民建会发动大家到处寻找，最后在南市南车站路190号原国防部保密局旧址，掘得烈士遗骸，尸体口目洞穿，手足残断，指甲俱脱，惨不忍睹。后来获悉，黄竞武在遭特务审讯时，受尽酷刑，他坚贞不屈，于5

黄竞武烈士碑文

月17日深夜从监狱押出，被活埋而遇害，时年47岁。

噩耗传来，中共中央副主席周恩来亲赴北平黄炎培家表示慰问。上海解放后，黄竞武所在的银行为其举行追悼会，由吴藻溪介绍了黄竞武在解放前的革命工作情况，军代表卢钝根代表人民解放军致辞，他说：“我们接收伪中央银行，发现一切都准备得很好，以为伪中央银行比其他各伪行都进步些。刚才听了报告，才知道这里面也包含着先烈的血痕！”不久黄竞武的灵柩运到川沙，民建会为其举行隆重肃穆的安葬仪式，民建会员及竞武的家属、亲友参加了葬礼。上海市市长陈毅致电悼念，上海市人民政府追认他为烈士。黄竞武的遗骸落葬在川沙县乐乡公墓。1954年，民建上海市分会决议：“烈士壮烈牺牲，有功革命，不可以无传。”由副主任委员胡厥文撰写碑文，刻在墓碑上，以示永志纪念。1961年，又将其遗骸迁往川沙烈士墓，民建上海市委主任委员盛丕华题写墓碑：“黄竞武烈士之墓”。

（原载《丹心照汗青》）

姜化民传略

谷　鸣

姜化民，原名汉卿、汉青，字云衢。1903年1月27日出生于江苏省沭阳县。1919年反帝反封建的“五四”运动爆发，姜化民正在南京钟英中学求学，这一期间，他认真阅读社会上的各种报刊、书籍，接受了进步思想。在新思潮的熏陶下，他立志救国救民，积极宣传科学、民主、自由、平等思想，参加各种革命活动。1926年毕业于上海大夏大学中国文学系，获文学士学位。

1927年北伐军进入沭阳，建立了国民党县党部，姜化民任县党部干事，参与了查封大地主、大恶霸的土地财产，开展破除封建迷信、捣毁庙宇、砸烂神像等斗争。1928年1月6日，进步青年与当地土豪劣绅、国民党右翼展开“夺帅印”的斗争，姜化民也参与其谋。这次斗争最后演成巷战，许多进步青年被捕或被杀，化民虽幸免于难，但他仍以国民党员身份团结革命青年，检举揭发本县罪恶累累的土豪劣绅，把他们绳之以法，狠狠地打击了封建势力的嚣张气焰。以后由于国民党政权宽纵豪绅，统治日趋反动腐朽，化民在痛恨之余，报名参加江苏省政府在镇江举办的区长训练所学习，打算从最低层政治机构中发动革命力量，以改造社会，为百姓谋利益。结业后，被任命为沭阳县第二区区长。任职期间，他立志摧毁地方恶势力，经常深入农村，访问贫苦农民，宣传革命道理，打击恶霸地主，深得人民拥护，大家称他“二圣人”、“姜二板”，受到百姓的尊敬，在当地威信极高，因而也遭到了反动政权的嫉妒和仇视。1929 年底，反动政权以“共产党”和“改组派”（指国民党内反蒋派）的罪名，把姜化民等部分进步青年关进苏州市监狱。百姓闻讯纷纷赶来救援，以致反动政权忙将姜化民移送省政府，后又转移给江苏省高等法院。1930 年春，姜化民等才被释放回原籍沭阳。姜化民随即从事民众补习教育，在沭阳县东关城门外的一座破火神庙里办补习班，为小学考初中或初中考高中的学生补课。经过他辅导的学生，大多数都能考取，升学率极高。姜化民一边为学生补习，一边还向他们宣传革命道理，自己则认真地学习和研究《资本论》等马克思主义经典著作。他为沭阳县培养了许多人才。

1937 年抗日战争全面爆发，姜化民把主要精力转移到宣传抗日上来，每天早出晚归，商议和策划组织民众，筹集枪支、粮食，武装抗日等事情。1937 年 12 月，姜化民和进步青年 7 人决定赴延安找共产党，北上抗日。在八路军西安办事处的介绍下，进安吴堡青训班学习两星期，结业后分配去向，由于他患肺结核，已进入晚期，必须安心休养，于是没去延安，而是去了武汉，在其族长家中养病。待病情稍有好转，姜化民先后去过河南郑州、四川合江等地，担任郑州县政府秘书、合江县第六中山中学教员等职。其间，他积极宣传抗日救国的道理，并就当时战局发表《论和战》一文，严厉驳斥投降派的反动谬论。

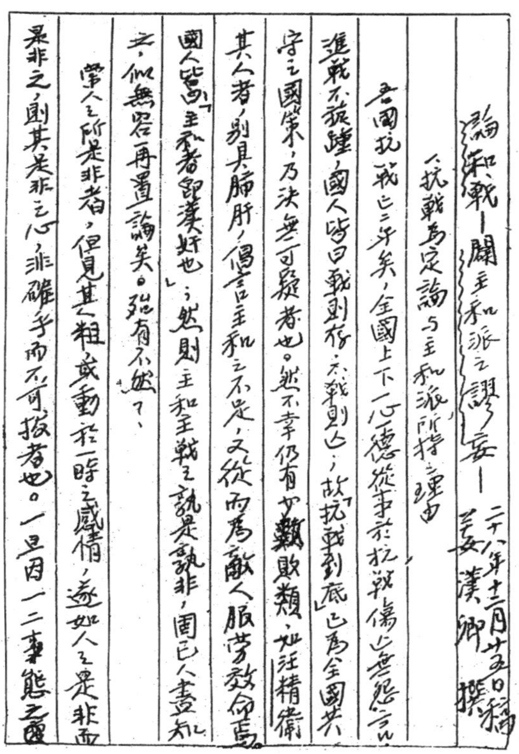
論和戰——闢主和派之謬妄—— 姜漢卿撰 二十八年十二月廿五日稿
一、抗戰為定論與主和派所持之理由
吾國抗戰已二年矣，全國上下一心一德，從事於抗戰，傷亡無慮[illegible]
進戰不殆，[illegible]國人皆曰戰則存，不戰則亡，故「抗戰到底」已為全國共
守之國策，乃決無可疑者也。然不幸仍有少數敗類，如汪精衛
其人者，別具肺肝，倡言主和之不足，又從而為敵人服勞效命焉。
國人皆曰「主和者即漢奸也」；然則主和主戰之孰是孰非，固已人盡知
矣，似無容再置論矣。殆有不然？
常人之所是非者，但見其之粗，或動於一時之感情，遂如人之是非而
是非之，則其是非之心，非確乎而不可拔者也。一旦因一二事態之發

姜化民《论和战》一文手迹

1943 年，姜化民到重庆，在国民党经济部中央工业试验所下属纺织实验工厂工作。先任文书，后任文书主任。在厂期间，他悉心研究纺织工业，当年就发表了约万字的《中国纺织工业十年建设具体计划刍议》一文，对中国纺织工业的建设和发展提出了具体的设想和建

议，有独到见解，刊登于当时的经济研究刊物《经济汇报》第9卷第5、6两期。1944年，他又写了《纺织工业战后五年计划》《纺织染历年试验工作概况》等文。另一方面，他积极参加工人活动，组织补习班，帮助工人识字、补习文化，并因陋就简委托木工制作两只木沙盘，在木沙盘上写字，随写随抹，不用纸笔，深受工人的欢迎。同年4月，中共地下党员胡方到该厂，两人一见如故，化民、胡方及该厂副厂长夏循元经常在一起谈论时事政治、经济、军事等。

1945年，抗日战争胜利后，夏循元、姜化民、胡方先后转员到上海。夏循元在中国纺织建设公司第十七棉纺织厂担任副厂长，姜化民则在此厂任厂长室秘书、办事员等职。1946年中国民主建国会总会从重庆迁到上海，经胡方介绍，化民、夏循元等10余人加入了民建。11月民建上海分会成立，胡方被推选为分会常务理事，姜化民则为分会理事。1947年7月，中共上海纺织系统党的秘密外围组织“中国纺织事业协进会”（简称“小纺协”）成立，姜化民积极参加“小纺协”组织的各项活动。

同年，中共华东局统战部杨帆派出曾在沭阳县担任过区长的徐海峰到上海，与姜化民接上关系，他俩共同对同乡方元明——国民党江苏省党部组织委员进行策反，通过方元明把国民党江苏省党部的近20箱重要档案材料和一批珍贵国画从镇江（国民党江苏省党部所在地）转移到上海。上海解放前夕，姜化民、徐海峰及方元明一起被捕英勇牺牲，这批档案就由地下党员刘须敏运送到无锡，交给中共苏南行署公安局。

1949年4月，人民解放军百万雄师过长江，4月23日南京解放。5月，人民解放军逼近上海，胜利在望。为配合解放，姜化民、徐海峰买了很多白布做成袖章，并刻了图章。不料叛徒告密，5月13日下午2时，徐等6人突然被特务逮捕。傍晚，徐海峰的家属给姜家报信。姜化民下班回家得悉此消息后，异常冷静，处理好有关文件、材料，第二天一早，拿了一些银元、钞票外出，准备离开上海，但过了一个多小时，他又返回家中。家属感到惊异，他说：“我暂时不能走，厂里有些人不知道，如果我先走了，其他同志没有通知到，容易出事，这不是我一个人的生命问题，而要牵连到许多人。”他关照家属分头向有关同志传递消息，还烧毁了文件，把一只电台扔到工房的垃圾堆里。上午8时，国民党特务头子毛森派了大批特务，开来一辆警车包围了姜化民的住处，翻箱倒柜，大肆搜索，扔在垃圾堆里的电台被找到，姜化民被抓走。由于其他同志及时得到通知，有的迅速转移，有的暂离上海，一个也没有被敌人抓到。

姜化民被逮捕后，关在伪警察局，面对特务的一次次审问，他泰然自若，敌人用皮鞭抽打、上电刑、坐老虎凳，他始终坚贞不屈，严词怒斥：“要杀就杀，没有什么别的话可说！”没有暴露地下党、民建和“小纺协”的组织。在此期间，一七厂副厂长夏循元积极设法营救，终于无效。

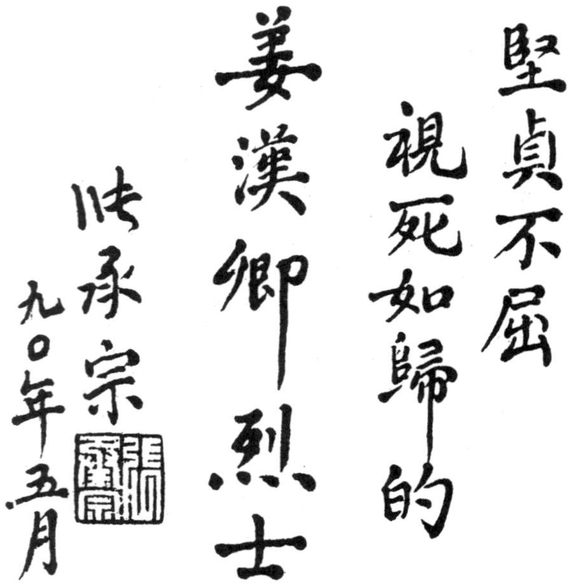

中共上海市委统战部原部长张承宗题字

1949年5月20日，姜化民等14位革命志士被枪杀于闸北宋公园（今闸北公园），在赴刑场途中，姜化民等高呼："中国共产党万岁！""毛主席万岁！"姜化民英勇就义，时年47岁。姜化民牺牲后，十七厂派人和家属去认尸，只见他身穿单线衫，全身多处枪眼，头部和上身已血肉模糊，下肢折断，两条腿方向各异，真是惨不忍睹。

上海解放后，经市人民政府查明：姜化民系中国共产党党员，抗战胜利后，他来上海是接受中共华中局交付的任务，从事地下革命活动的。6月18日，上海解放后3个星期，民建、十七厂、"小纺协"等组织联合在上海第十七棉纺织厂食堂举行姜化民烈士追悼会，各界人士及职工代表260多人参加，民建致悼词，并向其家属表示深切慰问；生前友好暨战友胡方、夏循元、金棣等都发了言；厂里的工人代表也发了言。大家一致表示：要化悲痛为力量，学习烈士的革命精神，加紧生产，提高警惕，肃清国民党特务的残余势力。翌日，《解放日报》刊登了这次追悼会的情况，号召大家继承烈士遗志，以实际行动向优秀共产党员姜化民学习。

上海市人民政府追认姜化民为烈士，陈毅市长亲自签发了第4号烈士证。烈士遗体安葬在江湾公墓烈士区，墓碑背面镌刻碑文："姜汉卿（化民）烈士，江苏沭阳人，系中共党员。生于1903年1月27日，在抗日战争前，曾参与进步活动。抗战开始，于1937年7月北上抗日，先后在三原、郑州、西安等地教育青年，艰苦奋斗，积劳成疾。抗战胜利后来沪接受中共华中局的交付任务，从事地下活动。积极发动和组织工人参加反内战、反饥饿斗争，并将个人积蓄充作革命经费，与敌人展开激烈斗争。表现了对人民事业的无比忠诚。当人民解放军进军上海时，烈士不幸被捕，经过酷刑逼供，烈士坚贞不屈，严词抗拒，匪徒一无所获，于上海解放前五天被敌残害于闸北宋公园。"现墓地已迁往上海龙华烈士陵园。

（原载《丹心照汗青》）

郑太朴传略

谷　鸣

郑太朴，名松堂，字贤宗，号太朴。原籍浙江省平湖县，1901年10月出生于上海。祖上世代经商，父亲郑子渊，曾赴日本习画。在太朴出世时，家道已衰落，靠父亲在私塾教书及作画维持生计，母亲陈氏，知书达礼，善良贤惠。

郑太朴幼年就天资超卓，聪颖过人，3岁时由母亲教其看图识字，以后在父亲的谆谆教诲下，熟读《幼学琼林》《四书五经》《资治通鉴》等书。10岁开始自学英语，15岁时已能一般性阅读及翻译外文。与此同时，还自修了中学几何、三角、代数等课程，博览了历史、文学、哲学等大量人文社会科学著作。

1917年俄国十月革命后，马克思主义开始传入中国，时年郑太朴16岁。他最喜欢阅读的是《新青年》《觉悟》等当时先进的刊物，李大钊、陈独秀等一些早期共产主义知识分子发表的文章，如《庶民的胜利》《俄罗斯社会革命之先锋列宁》等深深地吸引着他。对他以后的思想及政治生涯起了很大的作用。17岁，他进上海公共租界工部局车务处任英文翻译。

1919年"五四"运动爆发，全国掀起了反对帝国主义和反对封建主义的高潮。郑太朴积极参加了这次伟大的运动，他觉得一个中国人学了外语，为帝国主义服务是可耻的，于是毅然辞去了在工部局翻译的职务。同年秋天，应商务印书馆经理张元济的邀请，进该馆编译所工作。随着新文化运动的深入开展，社会上介绍各种各样学说和主义的文章如雨后春笋，名目各异的书报杂志层出不穷，他孜孜不倦地阅读各种流派的文章，不断地受到新思潮的影响和冲击，满腔热情地投入到"百家争鸣"的洪流中。他接连在多种刊物上发表自己的观点和看法，探讨改造中国、谈论人生价值等问题，如《改造中国底入手方法》《青年投身工场与求学问题》《文凭与毕业》等文章。郑太朴在工作之余，还刻苦自学，在数学领域有独到见解，外语、史学方面也成绩惊人，深受蔡元培赏识。1922年秋，被提名由商务印书馆出资保送赴德国留学，时年仅21岁。他到德国后在哥廷根大学钻研数学，并不断翻译外国的数学著作，如《数学全书》《几何及代数之基本》《数论尺规作图及周率》等。这时他已加入中国共产党，关心国家命运，参加了中国共产党旅德支部的各种政治活动。1924年，他在柏林与朱德、邓演达相识，拥护孙中山先生提出的"联俄、联共、扶助农工"三大政策，与反对和破坏国共合作的国民党右派及国家主义派进行了针锋相对的斗争。

1926年秋天，郑太朴回国参加北伐战争，在国民革命军总司令部政治部工作，同时任武昌中山大学校务委员会常委。1927年，蒋介石发动"四一二"政变，接着汪精卫举行"分共会议"，也叛变了革命。郑太朴当时脱离了中国共产党。11月，邓演达、宋庆龄等在莫斯科以中国国民党临时行动委员会名义，发表了《对中国及世界革命民众宣言》(即莫斯科宣言)，指出国民党的上层领导已完全背叛了革命，号召在孙中山的精神指导下，去团结工人、农民、手工业者、小商人及青年学生，反帝反封建，推翻新军阀的统治。他积极响应，并与谭平山、章伯钧、季方、朱蕴山、张申府等数十人在国内筹建中华革命党，任组织部部长。1930年，邓演达回国，召开了有10个省区代表参加的第一次全国干部会议，出席会议的有郑太朴、章伯钧、季方等30余人，通过了把中华革命党改名为中国国民党临时行动委员会(中国农工民主党的前身)和《中国国民党临时行动委员会政治主张》，再次明确提出了反帝反封建，推翻蒋介石的反动统治，建立农工平民政权。邓演达被推选为总干事，郑太朴任组织委员会主席委员。1931年8月，正当邓演达、郑太朴等组织力量准备起义时，由于叛徒告密，邓、郑等在上海被捕，押送南京监狱，邓演达被杀害，郑太朴也被判处死刑待决。后因蒋介石下野，经宋庆龄、冯玉祥等大力营救释放出狱。出狱后不久，由同济大学工学院聘请，担任数理教授。1933年1月，由宋庆龄、蔡元培发起组织的中国民权保障同盟上海分会成立，他成为第一批会员。1934年商务印书馆聘郑太朴为该馆编译，这一年他迁居杭州，专心读书著作。浙江省立医学专科学校闻讯慕名聘他任数理和德语教授。在这段时间中，又翻译了大量的自然科学和社会科学著作，并出版了由他著译的数理方面书籍20余种。被称为“经典物理学的经典”的牛顿名著《自然哲学的数学原理》，由郑太朴于1931年完成全译本，为中国现代科学发展作出了贡献。

1937年7月7日，抗日战争全面爆发，郑太朴对蒋介石的所作所为早有洞察，他说：“蒋介石居心叵测，抗战无诚意，表面虽和共产党合作，实际却要利用强敌的凶焰，摧毁共军的主力。”12月，郑太朴赴云南，途经新四军驻地时，应叶挺军长邀请小住几日，与叶挺共商抗日救国大计，坚决支持共产党领导的军队真心抗日的行动。到内地后，他先后在云南澄江中山大学、昆明同济大学（后迁四川），重庆交通大学任教。在同济大学任教期间，被推为教务长、代理校长，他热忱关心爱护青年学生，常与学生一起郊游、谈心，在传播自然科学的同时宣传抗日救国思想，深受学生的爱戴和尊敬。1944年，中国民主政团同盟改为“中国民主同盟”，郑太朴是该盟盟员。

1945年8月，抗日战争以日本无条件投降而胜利结束。郑太朴欢欣鼓舞，喜悦之情溢于言表。12月，民主建国会成立，由黄炎培介绍，他加入了民建会。交大复员，郑太朴随校来沪。1946年4月，民建会迁沪，增补郑太朴为常务理事，他成为民建会重要领导人之一。针对蒋介石抢夺抗战的胜利果实，蓄意发动内战，把中国引向黑暗，郑太朴全力投身于反对内战、争取和平民主的运动中去，参加上海各大学教授联谊会（即大教联），是其中的核心人物。他经常以签名方式在报纸上发表宣言或举行演讲来支持和声援工人、学生为主力的“反饥饿、反内战”运动；谴责美军驻华及干涉我国内政、要求美国撤出军队和停止片面援助；反对国民党政府同美国签订丧权辱国的“中美友好通商条约”；抗议美军暴行，声援学生爱国正义斗争；积极筹备“二九”惨案后援会；与工商界联系，宣传共产党的工商政策，做好团结工商业者的工作。

1946年11月，国民党决定单方面召开非法的国民代表大会，遭到民建会等10多个党派和团体的反对。1947年1月3日，民建会在上海召开常务理事会，黄炎培主持会议，郑太朴也参加了。会上讨论了当时的时局，并对伪国大通过的宪法表明态度：坚决不同意没有依照政协决议规定程序而召开的国民代表大会通过的宪法。同年7月，国民党政府在各国立大学解聘进步教授，郑太朴自然也在被解聘之列了。8月，由马寅初推荐，中华工商专科学校聘他任教，并兼分部主任。

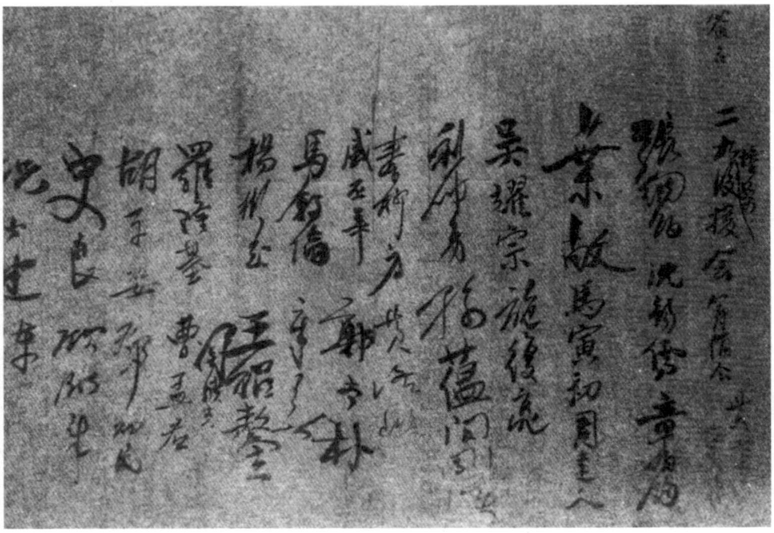

郑太朴在“二九”惨案后援会筹备会议上的签名

1948年5月1日，中共中央发布了“五一”号召，共23条，号召“全国劳动人民团结起来，联合全国知识分子、自由资产阶级、各民主党派、社会贤达及其他爱国分子，巩固与扩大反对帝国主义、反对封建主义、反对官僚资本主义的统一战线，为着打倒蒋介石建立新中国而共同奋斗”，“各民主党派、各人民团体及社会贤达，迅速召开政治协商会议，讨论并实现召集人民代表大会成立民主联合政府”。23日，郑太朴出席了民建会秘密举行的常务理监事联席会议，经过讨论，一致通过响应中共“五一号召”，指定章乃器、孙起孟为驻港代表，同中共和其他民主党派驻港负责人保持联系，向中共表示拥护“五一”号召的立场，选择了跟着中国共产党走的道路。经过革命斗争的实践，他已深深认识到只有中国共产党才能救中国。他说：“法西斯的覆灭和无产阶级革命的成功，这是历史的规律，这是无所逃于天地之间的。”同年6月5日，上海学生举行反美扶日示威大游行，他坚定地与中华工商专科学校学生站在一起，遭到国民党武装军警围困达10小时之久。他常常想方设法营救被捕学生，冒着杀头的危险，把一些进步青年学生隐藏起来，为他们搞“身份证”，用自己的薪水资助学生做路费，送往延安等解放区。他常说：“我的字典里面并没有‘死’这一个字。”可见郑太朴早已把个人生死置之度外了。

1948年10月，郑太朴与药物学博士王雪莹结为夫妻，时年47岁。

1949年1月，淮海战役结束，国民党军队已趋土崩瓦解，蒋介石的独裁统治摇摇欲坠，国民党更加疯狂，加紧逮捕杀害革命爱国志士，企图作垂死挣扎。太朴仍坚持在上海参与策反工作。商务印书馆已聘他为编审部长（总编辑）。中国共产党也邀请他赴解放区参加筹备召开新政协。当时他已受到特务监视，商务印书馆以派郑太朴去南方视察馆务为名，决定由经理谢仁冰陪同，先去香港然后转解放区。18 日两人乘渣华轮去香港，由于长年累月紧张工作，隔晚又终夜未眠，郑太朴觉得头部沉重，自认为患了重感冒。下午 1 时开船后，他就昏昏欲睡。19 日晨起床后仍觉头部沉重，晚上上楼梯时不慎摔了一跤，鼻端略有血迹，神志已不似以前清晰，经船医某外国人检查，说并不严重。至 20 日头痛更觉剧烈，又请船医诊断，仍谓无碍，安睡会好的。下午 3 时船靠码头，急送香港医院，诊断为脑溢血，至晚上 11 时去世。在香港的中共及各民主党派人士、商务印书馆同仁闻讯，纷纷前往吊唁，痛哭流涕，沉痛哀悼郑太朴的不幸逝世。4 月，灵柩运回上海。

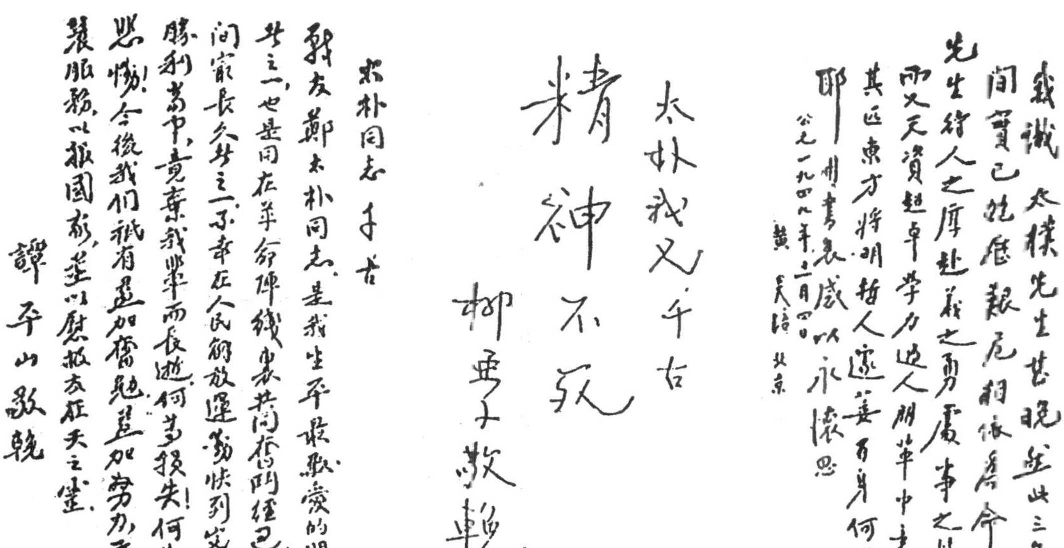

黄炎培、柳亚子、谭平山挽词

1950 年 1 月 22 日，在上海陕西北路 186 号民建会礼堂举行了庄严隆重的追悼会，中共上海市委、市人民政府、市委统战部、市团委、高教联、民建会、农工民主党、民盟等单位、团体及学校的负责人、亲友、学生共 300 余人参加。追悼会由马寅初主持，各党派、团体、学校都致了悼词，当天《文汇报》刊载了黄炎培、柳亚子、谭平山、李平心等的悼词或悼文。大家对郑太朴这位民主革命的英勇无畏战士、政治活动家，同时又是著名的教育家、数学家表示无限的敬佩和尊重，对于他的逝世表示沉痛的哀悼。他的事迹永远被人传诵，他的精神永垂不朽！

2 月，由上海市人民政府陈毅市长亲自签署，市民政局颁发了第 96 号烈属证书，授予家属王雪莹。证书上写着：“郑太朴同志在革命斗争中光荣牺牲，其光荣事迹当永为人民所钦敬。” 4 月，郑太朴安葬于杭州松木场弥陀寺后的弥陀山上。何香凝亲笔书写了“郑太朴同志之墓” 7 个大字作为墓碑。现墓已迁往杭州市南山革命烈士陵园。

（原载《丹心照汗青》）

回忆民建上海“临干会”的活动

莫艺昌

1946年4月民建总会由重庆迁到上海后，我当时以上海银钱业联谊会理事身份由张勉之同志介绍，参加了民建会。当时蒋介石在美帝支持下，撕毁停战协定和旧政治协商会“五项决议”，发动内战。民建会在这种形势下，一面积极投入反内战、反饥饿、要和平的斗争；同时联合上海各人民团体筹组赴南京请愿团，结果遭到国民党的破坏、殴打，造成有名的“下关事件”；另外，大量揭露美帝援华的阴谋，联合各党派团体举办“美军退出中国”和“反美扶日”一系列活动。国民党大举进攻解放区，一面召开伪国大，制定伪宪法，又遭到民建会和上海各人民团体（包括我主办的金融业和平民主促进会）一致起来反对和谴责，当时全国民主运动蓬勃兴起，以上千万工人、学生为主掀起一场浩大的反饥饿、反内战、反迫害群众运动。当时我在中国银行工作，亦曾参加过2次罢工斗争，结果遭到国民党反动派的镇压，有些人被捕。1947年国民党军队节节败退，我人民解放军由战略防御转入进攻，反动统治在上海疯狂镇压民主运动，白色恐怖更加猖獗，民建会也被迫转入地下。民建会理事会授权黄炎培、胡厥文、盛丕华3位同志全权处理会务，并指定莫艺昌、黄竞武、周庚等15位同志组成临时干事会，我和黄、

建国中路153号是民建上海临时干事会的秘密联络点之一

周 3 人为常务干事，密切配合地下党从事地下斗争。当时我们的活动方式，如秘密举行各种座谈会、报告会、聚餐会等，分别以职教社、中国银行、青年会、红棉酒家等地作为活动场所，有时还邀请和我们有联系的工商界上层人士参加。由中共地下党的同志介绍党的方针政策和战争形势，特别是广泛宣传革命胜利后党所执行的“发展生产、繁荣经济、公私兼顾、劳资两利”的政策，对工商界起了安定情绪的作用。一面做好迎接我军解放上海的准备，通过各种渠道组织推行护厂、护店、护校等各种保护财产等活动，防止敌人破坏，收到一定的效果。在黑暗即将过去，光明即将来临的时刻，国民党特务疯狂捕杀共产党人和进步人士，在昆明杀害李公朴、闻一多之后，使我万万想不到的是和我们一起战斗的亲密战友黄竞武同志和上海分会理事姜化民同志先后被捕，惨遭杀害。消息传来，我们大家都非常悲痛，对敌人更加仇恨，誓要为烈士报仇，踏着他们的血迹前进。当时我的工作单位中国银行，反动当局早已布置特务，那时民建同志经常在中国银行二楼会议室开会，幸亏当时地下党多方掩护，使我幸免于难。那时我只有一个念头，就是希望早日消灭国民党反动派，解放战争早日胜利，新中国早日诞生。

1949 年 5 月上海解放，经过各党派协商，我被民建组织推选参加新政治协商会议。到了北京，我受到周恩来的亲切接见和宴会，感到无比的光荣，大会期间毛泽东主席还和我握手交谈。大会闭幕后，在 10 月 1 日，我又荣幸地登上天安门城楼参加开国大典，看到第一面五星红旗高高升起，听到毛泽东主席宣告新中国诞生，中国人民从此站起来了，我激动得热泪盈眶，久久不能平静。

1992 年 5 月 20 日于北京

（原载《上海文史资料选辑·上海民建专辑》）

民建会员在迎接上海解放过程中的英勇斗争

剑　玄

今年是新中国成立70周年，70年前的5月27日，是上海解放的日子。解放前的上海，作为远东第一大城市和国内的经济文化中心，既是各种反动势力盘根错节进行专制统治的大本营，也是各民主党派开展民主革命运动的主战场。在解放上海的过程中，民建与中共地下组织齐心协力，并肩战斗，紧密配合人民解放军开展敌后革命斗争，为赢得上海的胜利解放和生产的迅速恢复发展作出了历史贡献。

钱锡声：我印刷了《中国人民解放军布告》

在1949年上海解放前夕，父亲病故后，留下一家印刷厂，我便成为小业主。当时，小舅子舒忻早年参加了新四军，是上海张承宗同志领导下的地下党。他于1946年到上海来工作后，总是住在我家。因此，我同其他地下党成员关系也较密切。1949年4月，地下党组织让我印刷2万份《中国人民解放军布告》，支付200元印刷费，并嘱咐事前要妥善作好一切准备，严格保密，必须保证在上海解放当天完成。我一看布告的内容和落款是毛泽东和朱德，我就知道，这不是业务，是任务！

众所周知，解放前夕的上海，国民党反动派更加疯狂地进行残酷血腥镇压，制造“白色恐怖”，妄图作垂死挣扎。面对这项任务，我深感责任重大、使命光荣。因为《布告》所用纸张的面积较大、数量不少，不是一般的小印刷机所能印制，也不是个人操作能力所及；而且为了保密工作，在准备和印制过程中又绝对不能同其他人商议协作，所以这项任务可谓是需要拎着头颅去干，稍有不慎闪失，不仅是个人遭到不测，也会影响到组织的安危。当时，我相信只有中国共产党才能救中国，是一名坚定的拥戴者，因此甘冒生命危险，毅然接受了这一重任。

在只知道上海解放在即，却不知道具体日期的情况下，在自己厂里并没有照相制版设备的条件下，在当时还有“灯火管制”的环境里，我只能在夜阑人静时，关闭门窗，独自通宵达旦地在斗室中埋头苦干，终于将印刷母版制成并妥善保藏，期待着上海解放的到来。

那是在 1949 年 5 月 24 日的夜晚，上海远郊密集的枪炮声刺破夜空传入市内。5 月 25 日凌晨，我悄悄走出家门，在附近的街面人行道上，看到一排排依枪而睡的解放军，我马上明白是时候了，立刻跑回厂里，拉起两位工友，开动印刷机印刷。5 月 27 日，在和上海人民共同迎接人生中的第一次解放时，望着满大街都是由我负责印刷的《中国人民解放军布告》，我的心里充满了光荣感和自豪感。

但这件事我一直隐而不提很多年，也从未提出过任何回报要求。因为我想，我只是做了一件自己应该做的事，当时党组织信任我委以重任，我受人之托，忠诚于事，言必守信，行必有果，如此而已。即便在“文革”中，由于出身问题，我被打成“黑六类”，遭受批斗；全家 9 口人被扫地出门，从原来居住 100 多平方 8 间房间，被赶到只有 10 平方的小窝里，子女也受到牵连。在这遭受严重迫害的时期，我仍坚信黑夜阻挡不住光明的到来。

直到 1985 年 5 月 27 日《新民晚报》副刊上刊登了《第一张布告》的纪念上海解放的文章时，此事才得以公开。

孟征祥、汪筱云、程法善：在川沙打出第一幅欢迎解放军标语

1947 年秋，上海民建临时干事会（简称临干会）派孟征祥到川沙，组建秘密联络点，发展新会员。孟征祥到川沙后，得到了川沙县友仁中学校长沈敬之先生的大力协助，寻觅到组建秘密联络点的“协茂米号”。之后，以“协茂米号”为掩护，

1949 年 6 月，川沙解放后召开庆祝大会

通过宣传，先后发展了10位新会员，并配合川沙地区解放开展活动。汪筱云与程法善两人就在其中。汪筱云与程法善加入民建后，在孟征祥领导下，开展爱国民主活动。

1949年5月14日，为迎接川沙解放，孟征祥、汪筱云、程法善经研究书写了"欢迎中国人民解放军入城"的大标语，标语下署有"中国民主建国会"。第二天一早，贴出大标语迎接川沙解放。这张标语也是民建在川沙地区的第一次公开亮相。

新中国成立后，汪筱云与程法善作为川沙地区民建的骨干，与工商界人士一起积极参加认购爱国公债、支援抗美援朝等活动。

何萼梅：为民建递送《欢迎人民解放军宣言》

在迎接上海解放那一刻，有位民建成员冒着流弹横飞的危险，将事先准备的《欢迎人民解放军宣言》稿送至报馆。这位会员是谁？她叫何萼梅。

何萼梅

1946年4月12日，民建总会由重庆迁往上海。5月22日召开的总会常务理监事联席会议决定，总会全体常务理事都为民建上海分会筹委会委员。11月10日民主建国会上海分会成立，何萼梅选为理事。民主建国会上海分会运行了一年，1947年10月组成民主建国会上海临时干事会，何萼梅是15位干事之一。

何萼梅担任临时干事会干事期间，主要负责宣传和学习方面的工作。特别是在上海解放前夕，她根据民建领导的指示，冒着流弹横飞的危险，把准备好的《欢迎人民解放军宣言》送至《商报》馆，要求《商报》馆在1949年5月27日上海全境解放的那一天发表，表示民建组织的政治敏感和政治态度，意义非同寻常。

上海解放后，1949年5月29日，民建总会在沪常务理监事和临时干事会举行会议，为适应上海解放的形势需要，商定将"上海临时干事会"扩大为"上海临时工作委员会"，何萼梅任上海临时工作委员会常务委员，具体分工宣传组、出版委员会、学习委员会。

众多民建会员为上海解放作出贡献

在解放上海的过程中，许多民建会员利用各自的地位和社会关系做了大量实际工作。姚惠泉、陆勋把上海碉堡的分布图及时送到解放军部队，为进军上海创造了条件。胡方、夏循元组织人员保管工厂账册、图纸，保护机器设备等物资。

5 月 27 日，上海解放。张勉之、范尧峰、张雪澄、胡厥文、俞寰澄、冷遹、杨卫玉、徐永祚、陈巳生、盛康年、章元善、朱德禽、莫艺昌、王洪昌等人联合发表了题为《我们要立即复工复业，尽我们应尽的责任——上海市工商界人士宣言》，以“发展生产、繁荣经济、公私兼顾、劳资两利”为原则，在新中国的经济建设中发挥作用。6 月 25 日，中共中央发出《关于决定聘请黄炎培等十四人为上海市政府顾问给华东局电》，其中黄炎培、施复亮、盛丕华、包达三、张伯、王却尘、吴羹梅、俞寰澄、胡子婴 9 人为民建会员。他们在 1 个多月时间里，与中共中央华东局和上海市委领导一起，集中商讨了粮食、劳资、就业、公用事业等问题，为协助做好上海接管工作贡献了力量。

向解放军献上第一份厚礼

王昌范

2017年是中国人民解放军建军90周年。回顾上海刚解放时，社会各界人士曾酝酿一次慰劳人民解放军的捐献义卖活动。这次活动前后两个月，动员社会的方方面面，募集的资金和慰劳品数量巨大。工商界作为参与者之一，在这场捐献义卖活动中，成绩卓著，为全市慰劳人民解放军的活动起到重要作用。

工商界酝酿筹备成立劳军分会

1949年6月2日，上海市人民政府在外滩中国银行四楼举行工商界座谈会，陈毅市长阐明中共"发展生产、繁荣经济、公私兼顾、劳资两利"的政策。在这次座谈会之后，人民政府有关部门与工商界的座谈会接踵而至。6月8日起连续3天，针织内衣业、造纸业、植物油业、制茶业分别因存货滞销、原料供给困难等问题召开座谈会；6月9日，上海市军管会财政经济接管委员会贸易处举行国外贸易管理问题座谈会；6月10日，棉纺业举行座谈会，讨论原棉供应成品推销等问题。政府与工商界沟通有了一个良好的开端。

黄炎培（中）、陈叔通（右）和项叔翔在一起

6月25日，在北平参加新政协筹委会的代表和全国妇联代表一行70人抵沪。抵沪的民主建国会、产业界代表中有黄炎培、陈叔通、盛丕华、包达三、张絅伯、吴羹梅等人。7月6日，上海举行"纪念七七，庆祝解放"军民联合大游行，黄炎培、盛丕华等受邀参加。在检阅台上，步伐整齐、威武雄壮的人民解放军的

列队，给他们留下了深刻的印象。次日，他们又参加了在大光明大戏院举行的“上海市各界纪念七七庆祝大会”。在庆祝大会上，工人代表临时动议：在“八一”建军节到来之际，举行慰劳人民解放军的活动。此时，会场一致举手，鼓掌通过。接着，由工会筹委会、学联筹委会、民青联筹委会、教联筹委会、民主妇联筹委会 5 个人民团体作为发起人，请军管会财经委员会许涤新同志和工商界推派代表参加筹备。

临时动议后的一个星期，社会各界积极筹备组织。7 月 13 日上午 10 时，在中国银行 2 楼，召开慰劳人民解放军的筹备会议，盛丕华等工商界代表参加会议。讨论中各方代表觉得要动员全市各界参加，面广量大，建议增加筹备人员。会议商定了慰劳金额在 50 亿元（旧币，下同）至 100 亿元之间，并决定在 3 天后召开劳军总会成立会。7 月 14 日，工商界由盛丕华牵头召集筹备委员，讨论筹募方式及数字，初步确定工商界以同业公会为单位，定指标募集，最低筹集 30 亿元。

7 月 16 日上午，在国际饭店 14 楼举行了上海市各界劳军总会成立会，约 50 人出席会议。会议商定组织名称为上海市各界劳军总会。推定总会负责人选，分设 7 个分会。陈叔通被推选为主任委员，许涤新、盛丕华为副主任委员。总会下设 7 个分会：职工界劳军分会、师生员工界劳军分会、工商界劳军分会、青年界劳军分会、妇女界劳军分会、文艺界劳军分会、自由职业界劳军分会。总会成立会的当天下午，工商界召开了筹备会议，妇联、学联、教联也分别召开了筹备会议。

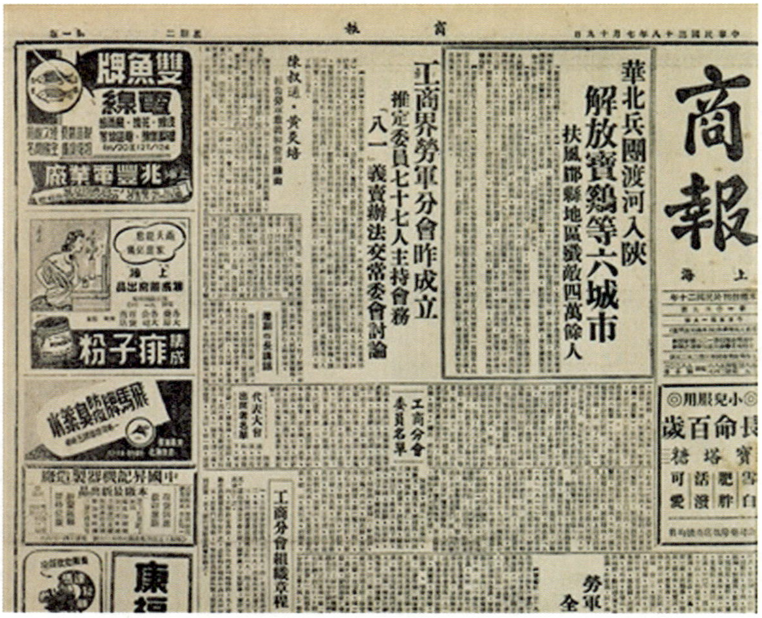
商報

華北兵團渡河入陝 解放寶鷄等六城市

扶風郿縣地區殲敵四萬餘人

工商界勞軍分會昨成立

推定委員七十七人主持會務

「八一」義賣辦法交常委會討論

工商分會委員名單

工商分會組織章程

1949 年 7 月 19 日上海《商报》所载工商界劳军分会委员名单

7月18日，在大东酒楼举行工商界劳军分会成立会，陈叔通、黄炎培、潘汉年等200余人出席会议。会议推选出77名委员，当场通过义卖原则，并且商讨劳军拟采取捐献和义卖相结合的办法。会上，陈叔通代表总会讲了一番意味深长的话，他说："今天我们工商界开展劳军运动，完全是出于自觉和自动，也是对人民解放军的一种认识。人民解放军将到上海而未到上海时，汤恩伯等在上海对工商界的压榨，工商界诚有朝不保夕之虞，而且还准备破坏上海，所以人民解放军不得不尽速解放上海，以免造成人民的损失。同时人民解放军对上海不轻放一枪一炮，宁可以血肉之躯相拼，这尤其是我们工商界所不能忘怀的。"

潘汉年副市长也作了讲话，他说："工商界劳军分会成立，本人感到非常愉快。人民解放军是我们全体人民的武装力量，人民解放军拼着性命英勇杀敌，解放全中国，那是他们的义务和天职。"他传达了陈毅市长的意思，将此次慰劳金大部分用在疏散难民上，希望工商界一致努力，将50万或100万难民送回家乡。在场的工商界人士听了陈叔通、潘汉年的讲话，深受感动，纷纷表示要尽全力做好这项工作。

各行各业踊跃捐献和义卖

隔了两天，7月20日，应上海市锯木业同业公会邀请，盛丕华去该公会演讲"工业发展与新民主主义"。演讲后，他匆匆赶到红棉酒家，午餐简单地吃了一碗面，便与陈叔通、黄炎培、胡厥文商讨义卖办法，推定工商界劳军分会21名常委名单。商讨之后，又与王性尧、高事恒、吴振珊共同讨论义卖的具体事项，决定次日召开工商界劳军分会常委会议。

工商界劳军分会第一次常委会议是晚上召开的，地点就在红棉酒家。会议通过了《上海市工商界劳军义卖办法》。《义卖办法》第二天就见诸报端，共有6条内容，大意是工商界表示对于人民解放军的认识，特举行全市性劳军义卖，从8月1日起连续3天，各业全部以平价销售的营业额提成。提成标准自行确定，提款按规定送交银行，义卖时各商店应在橱窗及柜台标明"劳军义卖"的字样。在公布义卖办法的同时，也公布了办事处地址。办事处设在中正东路（今延安东路）870号红棉酒家，电话是89980。同时也公布了15个缴款地址。

工商界劳军分会常委会决议后，各业劳军有序展开。新药业决定将营业额的10%提成作为劳军款项，百货业决定提成10%，理发业决定提成10%，南北货业决定提成10%，衬衫工业决定门市营业提成10%、批发营业提成5%，电影制片业报告将出租影片所得款项全部捐献。各业提成捐献比例分别向分会报告，先报告了

85个行业提成数，后又报告了27个行业提成数。棉布业还专门成立劳军支会，要求会员的门市部普遍举行义卖提成，以充实劳军捐款，并规定所有售价不但不加价，有能力的话可以减价以便吸引更多的顾客。

米业捐献的曲折经过

天有不测风云。7月25日凌晨，狂风大作，突降暴雨。第二天上海报纸出现醒目大字："大上海成了水乡，马路沟渠，一片汪洋，工商百业，无形停顿。"盛丕华在当天日记中写道："黎明狂风暴雨，直逼南窗。即起，商（量）防务办法，嘱大家起床。于是以拖把、痰盂、铅桶等为工具，与暴风雨作数小时的搏斗。到9时余，风势雨势稍缓……10时，与康儿（盛康年，盛丕华的儿子）乘车同往劳军总会。同乡会门口水漫阶沿，不能上去，只得回到红棉，但是风雨还是很大，红棉门还没开……"盛丕华说的同乡会是指西藏路原大上海电影院南面的宁波同乡会大楼。这个房屋现在已经拆除，另建新楼。

7月26日，天气稍转，米号业同业公会召开劳军募集会议。常务理事瞿振华陪同盛丕华来到浦东同乡会的6楼会场。会场里工商界劳军分会副主任委员蒉延芳也已经到来。蒉延芳来是有任务的。几天前，瞿振华曾向蒉延芳汇报，估计米号业可捐米8000石，杂粮业、油业、面粉业可捐1万担，但心存疑虑，怕有人"作梗"。

会议由瞿振华主持，开场白后，报告议程，请盛丕华讲话。盛丕华发表了慰劳人民解放军的意义和人民政府替人民做事的精神的讲话。解释劳军分捐献和义卖两种，请各位积极输将，踊跃捐献。接着，蒉延芳发言。他说，解放军解放上海，宁可自己牺牲，也要减少人民的损失。如果他们不顾一切进攻，那么损失则不可计数。大家现在凭良心，应该尽力表示。

然而，会场起立发言者甚多，有表示尽力的，有表示力不从心的，也有提出分1000元、2000元、3000元等次来敷衍搪塞的。因为当时的货币几千元买不着什么东西，物资紧张。瞿振华认为分等次捐几千元钱，太难看，便起立发言表示反对。他透露毛森在沪时高压米业等4个行业拿出4000担粮食的情形。虽然当时缴了一些，尚有1000多担未缴，另外还有1000担存放着。所以大家想一想办法，不可以如此出几千元来敷衍。瞿振华言毕，突然有人大肆咆哮道：国民党压迫，现在共产党也有压迫。场内形势一度很紧张。紧要关头，盛丕华不慌不忙站起来，镇定地说："这不是压迫，现在是在商讨。"此时，蒉延芳再起立，痛切发言。会场各人议论纷纷，这个会没有结果，遂散会了。盛丕华关照瞿振华，这个会议还要加工（指补课的意思），在开会时要注意，有无反动分子参加，不可不防阴谋。

米业、油类业、面粉业、杂粮业的情况仅仅是整个劳军活动的一个侧面。说明解放之初，上海形势的复杂。同时也造成了工商界劳军募捐的难度。米业、油类业、面粉业、杂粮业虽然遇到一点困难，但从后来的募捐数来看也基本完成了预定的任务。

捐献59.8亿元——工商界一份体面的见面礼

正当各行业同业公会积极输将，踊跃捐献的时候，海外华侨以及在香港的华人也纷纷捐款，捐款还包括在沪的外资企业英美烟草公司等。

7月31日，工商界劳军分会在南京西路456号康乐酒家举行"庆祝八一建军节晚会"，组织精彩的文艺节目招待人民解放军。上海军政首长非常重视。第三野战军司令员陈毅、政委饶漱石，上海市副市长潘汉年，上海警备区政委郭化若，市政府副秘书长沙千里，军管会工商处处长许涤新和11名战斗英雄以及各业代表380多人等，几乎全体出席。会上，工商界劳军分会向第三野战军全体指战员献旗。

劳军义卖如期展开，8月1日起连续3天，上海各商店进行义卖。商店门口标识着"劳军义卖"的字样。棉布业最为突出，成绩也最出色，捐款达2.1亿元。纸商业其次，达1.6亿元。工业同业公会数棉纺业为最多，捐7.8亿元。

在捐款、捐献、义卖的过程中，工商界推荐代表蒉延芳在上海人民广播电台向全市人民广播。他讲道："……人民解放军所受的苦，所作的牺牲，是每一个人能明白看到的，本人希望我工商业同仁，要拿出良心来，多多捐款，来表示我们的一些意思才是。"

经过一个多月的捐献及义卖，工商界劳军分会收入达59.8亿元，占上海市劳军总会收入87亿元的68.73%，超出工商界劳军分会预定目标30亿元近一倍。工商界在上海解放初期第一次就向党和政府、向人民解放军献上了一份体面的见面礼。

（原载《联合时报》2017年8月4日）

在新中国成立初期国家经济建设中发挥了重要作用的上海民建工商业者

剑　玄

习近平总书记在民营企业座谈会上，着眼民营经济健康发展，对广大民营企业家健康成长提出希望、寄予厚望："新一代民营企业家要继承和发扬老一辈人艰苦奋斗、敢闯敢干、聚焦实业、做精主业的精神，努力把企业做强做优。"

新中国成立初期，上海民建涌现出一大批优秀的民族资本家，他们都曾目睹过旧中国的贫穷落后、内忧外患，并决心走一条"实业救国"的道路。他们以坚定的政治追求和崇高的爱国情怀，怀着爱国报国之志、强国富民之心，为多党合作事业的发展和祖国繁荣富强贡献了智慧和力量。民建先贤们的政治信念、优良传统和高尚风范是我们宝贵的精神财富，纵使时光飞逝，仍然穿越时空，光耀天下。

经叔平（1918—2009），曾任民建上海市委常委

"当代中国商业精神教父"经叔平

经叔平是中国近现代工商业者的优秀代表，曾因对中国民营经济复苏做出了不懈推动而被誉为"当代中国商业的精神教父"。

经叔平所在的家族企业华明烟草公司销售范围遍及华东华中大部分地区。烟草业是重税区，为了使同业免受国民党政府的苛捐杂税，他对民国时期烟草业的税务问题悉心研究，在各种场合表达同业的利益，成为行业的代表性人物。经叔平也参加了上海刚解放时陈毅市长召开的工商界座谈会，并在会上代表烟草业"痛责了国民党税收的不合理，希望人民政府能予以废止”。

从这以后，凡涉及工商业税务问题的讨论，上海总少不了经叔平。在解放初的历次上海各界人民代表大会上，每每有经叔平宣传政府税收政策和提出税务问题的建议。较典型的是 1952 年 9 月，在上海市第二届四次各界人民代表大会上，他说：“三年来，工商界深深体会到新中国税收制度的优越性，最显著特点是收税人与纳税人共同办税，不论在税务法令的制定，税法的执行，都贯彻了共同办税的精神，这对完成三年来的国家税收任务上是有它一定贡献的。因此，继续贯彻共同办税的精神，充分发挥协商是会更有利于我们胜利地完成国家的税收任务。”经叔平代表上海工商界在这样的大会上表明观点，本身就说明他对于国家税务政策熟悉程度和理解能力，也表明他在税务专业领域的权威性。

1951 年 5 月 12 日，上海市卷烟工业同业公会正式成立时，经叔平当选为主任委员。经叔平主持下的卷烟工业同业公会成绩斐然，在公会成立的当天，即 1951 年 9 月 1 日，为响应“六一号召”，在上海工商联举行的第一次捐献飞机大炮集体缴款大会上，卷烟业捐款 20.7 亿元（旧人民币，下同），列全市 270 多家同业公会第 9，经叔平代表卷烟业与棉纺业的郭棣活等工商界人士上台捐款，老照片留下了历史的一瞬间。捐献飞机大炮活动至 1952 年 1 月结束时，卷烟业合计捐款达 138 亿元，按当时 15 亿元一架战斗机折算，捐献战斗机 9 架余。

经叔平在工商界中表现的睿智和在政治上的远见卓识，使全国工商联主任委员陈叔通先生大为赞赏，请他到北京来工作。陈叔通先生知道经叔平在上海南阳路有一栋小洋楼，便半开玩笑地对他说：“我这里没有什么好条件，最好的四间房子给你了。”过惯大上海优雅生活的经叔平二话没说，举家北迁。后来对于这段经历他回忆说：“那时党指向哪里，我们就奔向哪里，没有什么折扣好打的。”

经叔平先生还堪称中国对外开放和开展国际经济合作的最早实践者之一。1979 年，他参与筹备被誉为“中国对外开放的窗口”的中国国际信托投资公司。作为荣毅仁先生的主要助手，他先后担任中信董事、副总经理和中国国际经济咨询公司副董事长兼总经理，在促进国家对外开放、走向世界的进程中，起到了重要的作用。

爱国敬业的民族工商业者郭棣活

新中国成立后，郭棣活决定将解放前永安纺织公司在国外订购的一批纺织机械和原材料运回祖国，支援祖国建设。这批物资计有瑞士制造的 7 千瓦汽轮发电机组一套，1 万锭纺织机器全套设备和 6000 多包美国棉花，价值 250 万美元。当时有人劝阻他，把这批物资留在香港，以作他用。但郭棣活据理力争，认为这批物资是

郭棣活（1904—1986），
曾任民建上海市委常委

以上海永安纺织公司的名义，按补充、发展企业的计划订购的，一定要运回上海，用于各家永安纺织厂。于是，郭棣活请中国旅行社办妥转运手续，请国内铁道部门协助，改装运输车厢，特许超度载运，并对经过的隧道进行测量，落实一切安全措施。香港方面，当时任永安纺织公司总经理的郭顺深明大义，也为郭棣活不屈不挠的精神所感动，积极协助把这批物资运回了祖国。当这庞然大物运进了永安纺织厂时，郭棣活徐徐地舒了一口气："这下子我放心了！"

1950 年 6 月，郭棣活应邀参加全国政协一届二次会议。6 月 10 日晚，毛主席在中南海勤政殿设宴，由周总理、陈毅市长作陪，款待了黄炎培、荣毅仁、郭棣活等人。他给在美国的伯父郭乐的信中说道："……此次在京获见政府各首长，印象甚好，对人诚恳谦和，对事认真实干，以为人民为国家服务为主旨，不贪污，不自利，乐于接受批评，倾听工商界之意见，尤其对于上海工商界发表之意见更为欢迎。窃以为我国几百看来由于政治不良，环境恶劣，积弱萎靡之下，理宜大加改革，力求振作，方有自力更生之望，相信人民政府之施政对于我国可能在短时期大有进步，前途乐观……"

1953 年 2 月，全国政协举行一届四次会议。会议期间，毛主席约见了荣毅仁和郭棣活两位纺织巨子。毛主席打趣说："你们二位是否先在内地生个'儿子'？"从此，荣、郭两人就把这件事放在心上了。荣、郭决定把申新、永安两个企业内部积累的资金拿出来，和国营经济合作，在安徽省兴建一家拥有 5 万纱锭和 1700 台布机的纺织厂。预计投资 3300 亿元（旧人民币）。荣毅仁主持的申新纺织公司投资 30%；郭棣活主持的永安纺织公司投资 20%；国家投资 25%；其余部分另想办法筹集。1955 年盛夏，郭棣活等人不顾特大洪水的阻碍，从上海到合肥筹建新厂。郭棣活身材高大，坐在汽车的后排，头部已触到汽车的顶盖。山路崎岖，稍有颠簸，他的头就重重地碰到车顶上。然而，安徽棉纺厂的美好前景吸引着他，一路上，他谈笑风生，兴致盎然。1956 年 2 月，安徽棉纺厂建设工程开工，6 月建成投入生产。1986 年，安徽棉纺厂一名党委副书记特地来到广州，邀请郭棣活的亲属赴合肥参加该厂 30 年厂庆活动。她对郭棣活夫人说："郭棣活先生为我们建了这么好的工厂，全体干部和工人永远不会忘记他！"

郭棣活一生热心资助教育事业。早在 20 世纪 30 年代，他就为故乡竹秀园小学捐赠了1000银元。几十年来，他和他的亲属一直十分关心这所学校，多次向学校赠款和赠送教学器械，使学校不断扩展，培养出不少人才。1985年初，有关方面再次发给他“文革”期间被查抄的损失折款15000元，他全部捐献给广东省儿童福利会、广东省育才第二幼儿园等单位。郭棣活十分关心中山华侨中学的建设。早在20世纪60年代，郭棣活就为这所中学捐赠了一座礼堂，后来，学校要用郭棣活的名字来命名几间教室，他说不要用我的名字，要用就用“永安郭”吧。

“铅笔大王”吴羹梅

自从1935年中国第一家铅笔厂——中国标准铅笔厂在上海诞生，中华铅笔便开始了它的艰难起步，而它的创始人，就是被后世称为“铅笔大王”的吴羹梅。

吴羹梅（1906—1990），曾任民建常务理事

民建会组建期间，吴羹梅被推选为常务理事。民建总部迁沪后，他又投身于进步活动。1947年底民建被迫转入地下，受章乃器之托，他同孙晓村、黄玠然、何萼梅等以董事身份代管中国工业研究所，利用经营范围的合法性，编制《上海工厂名录》《上海工业概况》《上海燃料动力供应情况》，为解放后人民政府接管工作提供了重要依据。他和胡子婴、孙晓村就处理公私、劳资关系问题拟具了建议，请人先送往当时中共中央的所在地西柏坡，以表达对新中国建设事业的关切。

1948年底，吴羹梅接到了共产党邀请其参与新政协筹备活动函，欣喜异常。随后于1949年元旦，携家眷绕道香港北上，3月初抵达解放了的北平。4月，中国人民解放军攻克南京，宣告了国民党政权的垮台。为解放和接管我国的最大都市上海，毛泽东、周恩来多次嘱勉民建理、监事为解放上海效力。吴羹梅随黄炎培、章乃器、施复亮、胡子婴等，就接管上海的问题先后7次在北京六国饭店开会，进行专题研究，提出了很多有益的建议。

6月下旬，吴羹梅随黄炎培一行返回上海，为上海恢复工业生产，慰劳人民解放军献计出力。随后，即与有关方面协商建厂事宜，并派出10余名技术员工带着整套制笔设备前往哈尔滨建厂。这是第一家上海私营企业与国营企业合营在外地建厂，在当时的上海引起很大的轰动。

1949年9月，吴羹梅参加了中国人民政治协商会议第一次代表大会，10月1

日，参加了开国大典。一个来自上海的中小工商业者，受到共产党如此厚遇，令吴羹梅感慨万千。新中国成立不久，他便被委任为中央财经委员会委员和私营企业管理局副局长。

在1954年之前，中国从来就没有品质过硬的国产绘图铅笔，专业人员大量使用的，还是价格昂贵的美国“维纳斯”牌铅笔。经过吴与同仁们数百次的试验，1954年3月，中铅终于制造出“中华”牌绘图铅笔，其质量与舶来品不相上下，这成为中国铅笔工业史上划时代的一笔，外国绘图铅笔就此在中国市场上绝迹。直至现在，中华牌铅笔还是中国人首选的绘图、考试填涂工具。中华牌101绘图铅笔的发明，甚至被称之为中国铅笔制造业的里程碑。中国的民族铅笔工业走上了飞速发展的新生之路。

“金笔女王”汤蒂因

汤蒂因（1916—1988），曾任民建上海市委副主任委员

1916年，汤蒂因出生在上海一个贫寒的市民之家。19岁那年，汤蒂因创办“现代物品社”，职工从6人增加到14人。之后“八一三”淞沪抗战打响。1938年6月，汤蒂因带了两个店员，乘船离开上海，经香港再经越南来到了昆明。

汤蒂因发现，当时有点文化和身份的人，都流行在胸前别支金笔。汤蒂因决定自己生产一种别具特色的金笔，取名为“绿宝”。1946年底，汤蒂因开办了绿宝金笔厂，并让从不做广告的越剧皇后袁雪芬在电台为绿宝做广告。绿宝跃升为国内名牌，汤蒂因也被人誉为“金笔大王”。

1949年国民党败走，汤蒂因也没有犹豫，她说，我是上海人，哪里也不去。10月1日国庆前夕，34岁的她自费来到北京，心情激动地感受“换了人间”新中国的朝气和美好前景。新中国成立后，汤蒂因带头接受社会主义改造，国家向绿宝金笔厂供应生产所需的黄金和白银，又在她生产资金周转失灵的情况下，提供了贷款扶持。“绿宝”不断发展壮大，产品销路大开，几度出现供不应求的局面，营业额和利润都达到了建厂以来的最高峰。

1953年，绿宝金笔厂同天鹅金笔厂、博文金笔厂合并，成为“上海绿宝金笔股份有限公司”，同时在北京成立了绿宝金笔厂分厂。1955年，绿宝金笔总厂又与公私合营的华孚金笔厂合并，汤蒂因被任命为这家大厂的私方经理。华孚金笔厂逐渐发展为誉满中外的英雄金笔厂，它生产的产品，从那时起就覆盖了全国。1955年，在汤蒂因的倡议和推动下，上海制笔工业全行业被批准为公私合营。同年，毛主席在上海接见了她，并称誉她是“金笔汤”。

科研创新的女实业家鄄云鹤

鄄云鹤是搞科研的女科学家、女实业家，在重庆创建了西南化学工业制造厂。从1938年到1988年，整整50年，鄄云鹤以毕生精力投入到我国麻纺织工业的事业，为开发利用麻纤维，推动我国麻纺织工业发展，作出了极大的贡献。

鄄云鹤（1899—1988），曾任民建上海市分会委员、民建上海市委委员

新中国成立前夕，她当时正在香港躲避国民党的迫害，她毅然放弃了丈夫已经为她办好的去美国的护照和船票，从香港赴北京参加新政协会议，她作为全国工商界界别出席会议，是全国工商界界别16位委员中唯一的女性。

1949年9月，在参加新政协会议期间，鄄云鹤撰写了《关于推广苎麻事业的意见》，详述苎麻的历史、产区、种植、用途并论述推广种植苎麻对新中国经济发展的关系，建议建立苎麻炼麻纤维厂。1950年，鄄云鹤根据纺织工业部的意见，到上海进行棉麻混纺试验研究，她把抗日战争时期积累的经验，采用小型棉纺机纺制混纺纱，在上海进行试验，取得良好效果。1958年1月22日，她写了《苎麻棉花混纺试验初步总结》，为后来开展苎麻混纺品种生产起了推动作用。这段时间在上海工作的鄄云鹤，成为1953年民建上海市分会的委员，1956年又成为民建上海市委第一届委员，与上海结下了不解之缘。

1958年筹建中国科学院广州应用化学研究所，鄄云鹤应叶剑英同志的邀请到广东工作。在该所继续开展麻纤维的研究工作，培养了一批人才，使该所成为开展中国麻类纤维研究最早的科研单位之一。1964年，鄄云鹤获得苎麻纤维化学变性研究的成功，第一次使苎麻纤维能够与各种纤维在现有的机器上纺纱织布，进入高档商品行列。1971年7月1日叶剑英和邓小平分别接见了鄄云鹤，给她很大鼓舞。1978年鄄云鹤被选为第五届全国政协常委会委员，并出席中国科学大会。1979年鄄云鹤加入中国共产党。同年，鄄云鹤由广州调至上海工作，继续开展苎麻变性工艺和生产的研究，该项苎麻磺化变性新工艺于1981年5月获得国家科技发明三等奖。

诚信经营孙照明

孙照明（1911—1990），曾任民建上海市委委员

孙照明的协大祥绸布店不做广告，但是它用“足尺加一”来做宣传，“真不二价”是挂在协大祥店堂的金字招牌。正因为诚信经营，协大祥的营业额居当时上海零售棉布业之首。

在上海解放前夕，孙照明曾与协大祥总管理处其他同仁一起利用企业掩护过2位知名的爱国民主人士。上海解放以后，孙照明积极参加社会活动，响应党和政府的号召，在劳军捐献，抗美援朝捐献，认购人民胜利折实公债，国家经济建设公债，他和协大祥在棉布同业中，总是走在前列，例如抗美援朝，人民政府号召捐献飞机大炮，孙照明带头捐献，协大祥一家单位就捐献一架战斗机，折合旧人民币15亿元，占棉布业全行业捐献的10%。再如，国家发行经济建设公债，孙照明带头认购，协大祥认购数也达到棉布行业认购总数的19%。

1951年，他担任了上海市棉布商业同业会主任委员。同年，他由毛啸岑、吴振珊介绍加入民主建国会。毛啸岑是中国通商银行总经理，吴振珊是同行，振源棉布号总经理。他与同是川沙人的政务院副总理黄炎培相识，与时任最高人民法院秘书长的闵刚侯相熟。1953年，国家公布了过渡时期总路线，明确对私营企业进行社会主义改造，孙照明在协大祥清除陈规，改变经营作风，改善经营管理，在同业中起了积极的作用。

上海民建会员在抗美援朝运动中

谷　鸣

抗美援朝战争是中华人民共和国政府应朝鲜民主主义人民共和国的请求，为粉碎以美国为首的“联合国军”对朝鲜民主主义人民共和国的侵犯，保卫中国安全，派出志愿军于1950年6月至1953年7月赴朝进行的战争。

新中国成立后，美国继续在军事上援助蒋介石，同时扶持朝鲜、越南等国的反动势力，建立针对中国的包围圈。1950年6月25日，朝鲜内战爆发。美国即采取武装干涉政策。6月27日，美国总统杜鲁门声明，宣布出兵朝鲜，并命令美国海军第七舰队侵入台湾海峡。同日，联合国安理会在美、英等国的操纵下通过决议，联合国会员国要派兵随从美国军队入朝。6月28日，毛泽东发表讲话，号召“全国和全世界的人民团结起来，进行充分的准备，打败美帝国主义的任何挑衅”。同日，周恩来代表中国政府发表声明，强烈谴责美国侵略朝鲜、台湾及干涉亚洲事务的罪行。号召“全世界一切爱好和平和自由的人类，尤其是东方各被压迫民族和人民，一致奋起，制止美国帝国主义在东方的新侵略”。

在这期间，上海民建会员与全国人民一样，积极投身到抗美援朝的运动中去。开展了一系列活动，以实际行动保家卫国。

加强爱国主义和国际主义教育

开展宣传活动

1950年11月4日，各民主党派发表联合宣言：誓以全力拥护全国人民的正义要求，拥护全国人民在志愿基础上为抗美援朝保家卫国的神圣任务而奋斗。7日，民建上海“临工会”在上海各报发表“坚决反对美帝侵略朝鲜”一文，表达了民建会要用实际行动来拥护全国人民的正义要求，拥护全国人民在志愿基础上为抗美援朝保家卫国的神圣任务而奋斗。7日，民建上海“临工会”在上海各报发表“坚决反对美帝侵略朝鲜”一文，表达了民建会要用实际行动来拥护抗美援朝的决心。民建上海“临工会”还举办朝鲜问题座谈会、控诉美帝侵略座谈会、时事形势学习、抗美援朝保家卫国代表会议精神传达会等，讨论如何展开抗美援朝工作。通过宣传学习，逐步扫除了部分会员中存在的恐美思想。认识到美国不仅是中国和朝鲜人民的敌人，而且是全世界人民的共同敌人，更坚定了抗美援朝、中朝必胜的信念。

12 月 16 日、朔风怒号，大雪纷飞。在党和人民政府的号召下，民建上海“临工会”和上海工商联（筹）的组织动员下，清晨，民建会员、各行各业的工商业者及家属聚集在各条马路上，进行了声势浩大的抗美援朝示威游行。参加者中有年逾花甲、古稀的老企业家，有德高望重的经济专家，有平时以汽车代步的大老板，有设摊叫卖的小商业者，有从郊县远道赶来的，也有抱病前来参加的。无论男女老少，人人精神抖擞，慷慨激昂地迈步前进，声讨声、锣鼓声震耳欲聋，沿途市民们给予热烈的鼓掌。

民建上海“临工会”第二召集人胡厥文，会员中工商界著名人士包达三、刘鸿生、荣毅仁、吴蕴初、蒉延芳、盛康年、经叔平、魏如、胡子婴、王性尧等都参加了游行，荣毅仁还手执大旗，走在队伍最前面。这次示威大游行人数逾 15 万，表达了全体民建会员和上海工商界反侵略行动的团结力量和对美帝侵略行为的同仇敌忾。通过这次大游行，广大会员和工商业者纷纷表示：要把口号变为实际行动，把爱国热情化为反帝力量，努力完成生产任务，保证物资供应，支援前线，打败美国侵略者。

踊跃捐献慰劳金、慰劳品

广大会员响应中国人民保卫世界和平反对美国侵略委员会华东总分会及上海分会和民建总会号召，踊跃参加捐献慰劳金，慰劳品，写慰问信，参加赴朝慰问团，动员支持子女参加军事干校和国防建设等活动。

刘鸿生一次就捐赠羊毛内衣 1000 件；姚惠泉代表中国药物建设公司赠送仙鹤草素止血针 1 万支；还有许多会员如朱鸿仪、陈清琤、唐志尧、刘公诚、王性尧等都争先恐后地慷慨解囊，捐献代金及各种物品。1950 年 12 月 5 日上海市各界人民抗美援朝保家卫国运动代表会议开幕，当大会宣布平壤解放的捷报时，民建会员自动发起捐献慰劳中国志愿军运动。在 10 日召开的一次会员大会上，当场募得 450 余万元（旧人民币，下同）。

动员和支持子女参加军事干校

1950 年 12 月 1 日，中央人民政府革命军事委员会、政务院发出“全国青年学生、工人参加各种军事干部学校的联合决定”，广大会员积极响应和支持，动员子女报名参加军事干校。据统计，胡厥文、吴蕴初、杨椒其、王毓翔、李文杰、沈子槎、何萼梅等57位会员送子女或亲属参加了军事干校，或上前线保卫国防。吴蕴初写信鼓励并支持爱女报名参加军事干校，他说："我爱我的女儿，但我更爱我的祖国"，一时传为美谈。杨椒其有5个子女先后参加了国防建设，受到大家的称颂。

开展"写慰问信活动"

1951年1月7日，民建上海"临工会"各处联席会议依照中国人民保卫世界和平，反对美国侵略委员会上海分会关于继续展开慰劳信运动的号召，决定发起向抗美援朝志愿军"写慰问信活动"。在1月12日至20日短短的9天中，民建上海"临工会"共收到200多封慰问信，这一封封热情洋溢、情真意切的信，如同展翅飞翔的和平鸽，飞向前方战场，给战士们带去温暖和鼓励，转达民建会员对英勇杀敌将士们的问候和敬佩。

陈巳生首先提出"捐献飞机大炮"的倡议

1951年3月，民建上海"临工会"第三召集人陈巳生担任中国人民第一届赴朝慰问团华东暨上海慰问分团团长，他在朝鲜目睹了中朝战士在战场上英勇杀敌的情景，异常感动。在前沿阵地，他即席以上海工商界代表资格和民建会员的身份，向上海和全国各界人士发出捐献飞机大炮的倡议。由陈巳生首先提出的这个倡议，得到全国人民的响应和支持，后来成为中国人民抗美援朝总会发布的"六一号召"的一项重要内容。

1953年，民建上海临时工作委员会第三召集人陈巳生（二排右二）任中国人民第一届赴朝慰问团华东暨上海分团（第三分团）团长赴朝慰问

响应中国人民抗美援朝总会的三大号召

成立工作委员会

1951年6月1日，中国人民抗美援朝总会发出“关于推行爱国公约，捐献飞机大炮和优待烈军属的号召”。4日，民建总会为切实贯彻这个号召发函各分会。28日，民建上海“临工会”举行常委会议，响应“六一号召”，决定“把号召中提出的三项爱国工作，当作现阶段本会组织和每个会员的中心政治任务，加以切实推行，以争取抗美战争早日的胜利”，并通过成立工作委员会，推动“六一”三大号召的工作。在工作委员会领导下，会员们普遍订立了爱国公约和捐献计划，定期慰问军烈属。32个民建基层小组还修订小组爱国公约和业务公约，决定把捐献飞机大炮运动与增产节约运动相结合。

民建上海“临工会”还有12位会员担任华东抗美援朝总分会委员，其中陈巳生任该总分会第二副主席。

组织宣讲队，巡回演讲

为开展“六一号召”宣传工作，民建上海“临工会”还专门成立了工商界响应“六一号召”宣传演讲队，演讲队讲师44人全部由民建会员组成。他们深入各区工商界，累计演讲150次。会员李文杰一人在3个月中，就演讲了21次，听众达1万人以上。演讲队的宣传教育，对工商界踊跃捐款，如期超额完成飞机大炮的捐献任务起了很大的作用。

参加赴朝慰问团，到前线慰问战士

从1951年至1953年中国人民派遣了3批赴朝慰问团。民建上海“临工会”的主要负责人亲自带头参加赴朝慰问，有的还担任了慰问团的领导职务。

在1951年3月中国人民第一届赴朝慰问团中，有会员陈巳生、高事恒、王懋德、陈俊明4人参加，其中陈巳生担任中国人民第一届赴朝慰问团华东暨上海慰问会团（第3分团）团长。

在1952年11月中国人民第二届赴朝慰问团中，有会员胡厥文、刘念义、吴中一、汤蒂因4人参加，其中胡厥文担任中国人民第二届赴朝慰问团副总团长兼第4分团团长。

在1953年9月中国人民第三届赴朝慰问团中，有会员蔡叔厚、刘念义、吴逸生、魏如、罗伯昭、韩志明、孙瑞璜、荣漱仁8人参加。刘念义先后两次赴朝。

捐献飞机大炮

自1951年“六一号召”发布后，民建上海“临工会”发动和组织会员做好捐献飞机大炮的工作。在整个抗美援朝运动中，会员以个人名义捐献人民币1213056851元，以企业名义捐献人民币267187100394元，共计268400157245元，可购置战斗机约179架（当时1架战斗机折合人民币15亿元）。对抗美援朝保家卫国作出了贡献，也体现和发扬了民建会员和工商业者的爱国主义和国际主义精神。

（原载《上海文史资料选辑·上海民建专辑》）

民建会员走在资本主义工商业的社会主义改造前沿

剑　玄

1956年1月20日，盛丕华（左三）、胡厥文（左二）、荣毅仁（左一）带领工商界代表参加上海市资本主义工商业公私合营大会

新中国成立后，民建上海地方组织在中共上海市委的领导下，先后参加抗美援朝、土地改革、镇压反革命、“三反”、“五反”、整风和反右派斗争、以及社会主义教育运动等政治运动，推动会员积极参加了国家对资本主义工商业的社会主义改造，为巩固人民民主专政、恢复和发展经济发挥了重要作用。其中，1956年初，上海民建会员带头参与了资本主义工商业的社会主义改造，在上海民建的历史上留下了浓墨重彩的一笔。

上海是中国工商业最集中的城市，对资本主义工商业的社会主义改造，是举世瞩目的。在1956年初所有制的巨大变革中，民建上海市分会领导和工商业者会员及其家属，不分日夜，全力以赴，以身作则，带动上海市私营工商业者进入全行业申请公私合营的高潮。

树典型，广大工商业者会员有了学习榜样

1953年10月，中共中央提出国家过渡时期总路线后，国家开始对私营企业有

领导、有计划、有重点地进行改造。

民建上海市分会配合党和政府，组织工商业者会员及广大工商业者学习政府有关对资改造的政策规定，号召工商业者会员在这场运动中起骨干、带头和桥梁作用。

民建上海市分会还把广大工商业者的思想动态写成报告、简报送有关部门，以利于政府根据实际情况制定各个阶段的政策。并抓住典型思想，以会员的身传言教来带动大家一起前进。1953年10月，国家过渡时期总路线刚公布，工商业者中的个别大资本家思想顾虑很大，他们表面拥护公私合营，暗里分红分息，抽逃资金，持消极对抗态度。市分会担任领导工作的上海最大的纺织企业家、民建成员荣毅仁、郭棣活、刘靖基等以实际行动作出榜样。在10月北京召开的全国工商联代表大会上，荣毅仁表示，他的所有企业随时准备实行公私合营；刘靖基代表安达、大丰等企业，表示要求早日公私合营，争取"跑头马"。回沪后，他们接连召开董监事会议、股东大会，研究如何实现公私合营，并得到全权申请办理公私合营的委托。在医药工业中，信谊药厂是上海最大的私营制药厂，也是全国制药工业大型企业之一，董事长兼总经理陈铭珊，当时是市分会组织委员会副主任、市民青联副主席、市医药工业同业公会副主任委员。1953年12月1日，他召开董事会议，通过了向政府申请合营的决议。1954年7月1日，信谊药厂获得政府批准，列为全市第一批公私合营单位。随后他以自己的切身体会，向工商界宣传企业公私合营的优越性，并作为上海工商界青年积极分子代表团团长，赴北京参加全国工商界青年积极分子代表大会，受到中共和国家领导人毛泽东、刘少奇、周恩来、朱德、陈云、邓小平、陈毅的接见。在制笔行业中，民建成员汤蒂因的绿宝金笔厂于1954年10月正式公私合营，随后她又主动动员同行业大户，把10万元股金划出来支援困难户，不久共有661户的上海制笔业全行业就实现了公私合营。汤蒂因被任命为上海市制笔工业公司经理，还受到毛泽东的接见，毛泽东称她为"金笔汤"。在民建会员的带动下，广大工商业者有了榜样，申请合营的越来越多。

抓学习，坚定会员走社会主义道路的决心

1954年9月，政务院公布了《公私合营工业企业暂行条例》。民建上海市分会于21日举行座谈会，到会工商业者会员一致对此条例表示热烈拥护，认为此条例是根据国家过渡时期总任务的要求和几年来公私合营企业的经验而制订的，对进一步推动资本主义工商业的社会主义改造，将起重大的推动作用。接着又在10月14日，邀请上海市人民政府工业生产委员会委员李广仁作启发报告。从18日开始到11月初，市分会41个基层小组普遍进行了学习讨论。

1955年10月29日，中共中央主席毛泽东在北京邀集中华全国工商业联合会执行委员、民建中央委员和其他民主党派、人民团体负责人座谈，毛泽东对社会主义和共产主义的前途，逐步和平改造资本主义工商业的方针，对资本主义生产资料的赎买政策，培养工商界进步核心分子，统一战线的作用等问题作了重要指示。他指出："工商业者要认识社会发展规律，看清祖国和个人前途，掌握自己的命运。"民建上海市分会及时组织全体会员学习毛泽东的重要指示，分批召集大型工业、中小工业、商业和各区工商界积极分子、资方代理人、技术人员及平时很少参加社会活动的工商业者进行学习、座谈。通过学习讨论，大家认识到：资本主义工商业实行公私合营不但是大势所趋，而且是人心所向，作为工商界骨干的民建会员更有其光荣责任。在工作中，应以身作则，把自己的命运和国家的命运联在一起，更好地带动广大工商业者共同前进，进一步消除了对资本主义工商业和平改造的怀疑，明确了前途，增强了走社会主义道路的信心和决心。

12月17日，民建上海市分会又组织全体会员收听市长陈毅在上海市第一届人民代表大会第三次会议上的政治报告。会后，广大工商业者会员都积极行动起来。百达棉织厂经理季慕卿和厂长季震元当即召开家庭会议，毅然拿出他们兄弟7人珍藏多年的父亲遗留下来的财产——495两黄金投资企业。接着季氏兄弟俩及另外4位工商业者会员华洪涛、桂正荣、马叔白、康际文，又分别写信给市长陈毅，表达他们要以实际行动来迎接全行业公私合营，不辜负毛泽东和党中央的殷切期望，争取早日做一个自食其力的社会主义公民的决心。市分会抓住季氏兄弟的典型事例，请他们在各小组学习会、座谈会、报告会上现身说法，号召全体工商业者向季氏兄弟学习，并把他们的先进事迹在报刊、杂志、电台等传播媒介上广为宣传，在市分会会刊《上海民讯》《上海工商》和《解放日报》《新闻日报》上发表，新华社还向全国各地发了通讯。工商业者听了季慕卿等的报告后说："他们几位同志的报告很亲切，说到我们心里去了，他们过去的思想，就是自己的思想，听了之后很有帮助。"《新闻日报》记者报道的一篇通讯上说："自从季慕卿开家庭会议的新闻传播到全市以来，'向季家看齐'的队伍越来越大了。"

齐行动，投入全行业公私合营高潮

1956年1月10日，北京市只用10天时间全部实现私营企业全行业公私合营。喜讯传到上海，引起了强烈的反响。同月15日，上海工商界在天蟾舞台集会，作出决议，争取奋战6天，完成全市资本主义企业的全行业公私合营的申请。16日，民建上海市分会举行全体会员大会，市分会主任委员盛丕华在大会上说："上海的资本主义工商业社会主义改造的工作已经进入高潮，几天之内，上海的私营工商业将掀起翻天覆地的变化，全部成为公私合营企业，这是工商界的大喜事。我会会员是工商界的骨干分子，应该争取功上加功，积极投身到这个划时代的运动中去。”他要求全体会员：“积极行动起来，站到运动的最前列，迎接合营高潮的到来。”会后，会员们纷纷以增加企业投资，缴清欠税，归还宕账，认购公债，推动亲属和企业其他资方把私蓄、垫款投资企业的实际行动，向全行业公私合营献礼。据统计，投资企业的有黄金 959 两、美钞 3408 元、港币 239000 元、银元 200 枚、垫款 828740 元、企业利息 503630 元、公债 55537 元、私人积蓄和银行存款 24800 元，还清宕账 20000 多元。投资企业的实物有房屋 105 幢、土地 50 多亩、花园 1 座和机器设备等。金海圻把 10 多年来始终保密的自动化机器的技术公开；方永富出售在香港的全部房屋财产，把港币汇回大陆增加投资；其他会员还购买了价值 2 万元人民币和 284 两黄金的 1956 年公债。

民建上海市分会各级领导和骨干除以身作则外，还大力宣传和帮助其他工商业者，共同走合营之路。制笔工业同业公会委员黎明金笔厂徐良杰为了行业的合营工作和地区工作，适逢其母因病去世，他只在其母临终和大殓时离开工作岗位 2 次，前后仅 4 小时。静安区工商联主任委员胡世俊在迎接合营高潮的几天中，作了 7 次宣传教育报告，听讲者有 15000 多人次，还下基层访问、了解情况，每天晚上要忙到深夜 3 点以后才回家。老闸区工商联主任委员叶宝珊仅在 1 月 16 日 1 天中就向 4000 多人作了 3 场传达报告。新成区工商联主任委员杜子云带病工作到深夜。家用化学工业同业公会主任委员李名岳带了铺盖，睡在公会里办公。工商青年荣鸿仁、陶敏之等组织工商青年突击队。工商业者家属会员王征萱等积极向所联系的工商业者家属做好宣传工作，组织工商业者家属报喜队。有的还参加行业合营工作组和市政协组织的工作队，协助做好合营工作。

1956 年 1 月 20 日，是上海市私营工商业全部实行公私合营的日子。在中苏友好大厦（今上海展览中心）举行了隆重集会，全市各行各业代表 2500 多人参加了这次盛会。民建上海市分会主任委员、市工商联主任委员盛丕华双手捧着红木镶边缎面精装的上海市资本主义工商业公私合营申请书；会员、工商界著名人士刘靖基、刘念义、经叔平、陈铭珊、王兼士、刘公诚、吴振珊、韩志明 8 人抬着 4 只扎彩的红漆条箱，里面放着用红布包裹的各行各业要求全行业公私合营申请书，走在最前面；市分会副主任委员、市工商联监察委员会主任委员胡厥文，市分会副主任委员、市工商联副主任委员荣毅仁和全体代表迈着整齐的步伐随后进入会场。盛丕华代表全市工商业者向市人民委员会（简称“市人委”）递交申请书，上海市副市长曹荻秋当场代表市长陈毅审核批准全市 85 个工业行业 35163 户和 120 个商业行业 71111 户公私合营(已经公私合营的企业未计算在内)，实现了广大工商业者“一次申请，一次批准”的强烈愿望。接着盛丕华、胡厥文先后致词，感谢中国共产党和毛主席的英明领导和深切关怀。然后，工商界报喜队高举五色彩旗，打着腰鼓，舞着龙灯，踏着高跷，手拿鲜花由大厅两侧经过主席台，向大会报喜。曹荻秋代表上海市人委，向全体工商业者致热烈的祝贺，并勉励工商业者要好好地进行自我改造，与全国人民一起进入社会主义社会。其他民主党派和人民团体派代表向大会祝贺。会员、工商界代表荣毅仁、刘念义、汤蒂因等也在会上发了言，台上台下排成一列长队，争抢话筒，每个人都激动万分，都想说上几句来表达一下自己的心情。最后各行各业代表向主席台呈递保证书，会场气氛达到高潮，会议在高唱《东方红》的歌声中结束。接着工商界代表分乘 45 辆彩车，分别向中共上海市委、市人委、市政协、市总工会、中国人民解放军驻沪部队等单位报喜。当天晚上还举行了盛大联欢庆祝会，工商业者及其家属亲自登台表演节目。

会后，盛丕华挥毫写下一首诗，题为《一月廿日纪盛》：“二千代表递申请，十万企业尽合营，街街巷巷飘红旗，家家户户贴双喜。”

下篇

奋进与礼赞

洞明世事提建议　情牵民生献良策

周汉民

2019年是新中国成立70周年，也是人民政协成立70周年。回望来路，人民政协与共和国共同成长，诠释着中国特色社会主义民主的发展历程，政协广纳贤言，为党和国家的中心工作凝聚人心、凝聚智慧、凝聚力量，充分印证了中国特色社会主义民主道路的正确。作为连任四届的政协委员，心中装满了沉甸甸的责任，17年来，我始终坚持认真履职、积极建言，这是政协赋予我的职责，是义不容辞的责任，当忠实履行，坚持不懈；不仅过去这样做，今后还要继续坚持并做得更好。

大处着眼　提高底气

登高而望，所见必远。从我本人的履职而言，首先就是坚持着眼大局、着眼大多数人、着眼未来，与国家政治、经济发展，一路同频共振、同向发力，切实做到“懂政协、会协商、善议政”。

着眼大局，就是注意集中民主党派优势资源，深入调研论证，围绕重点难点问题建言献策。政协履职留给我太多难以忘怀的记忆，然而最难忘的莫过于为中国（上海）自由贸易试验区建设建言献策。于我而言，有关自贸试验区的研究，既是自身的专业领域，又是工作的缘分延续，更是当时国家发展的热点、焦点、重点、难点。2000 年我出任浦东新区首届政府副区长，分管工作之一就是中国第一家保税区外高桥保税区。当时我就萌生一个想法：外高桥保税区应该逐步建成具有国际可比性、市场化程度高、法制规范严谨的开放区。因此，保税区、自贸试验区的研究多年来都一直萦绕在怀，并在进行过相当长时间的国际比较研究的基础上，于 2012 年以书面发言形式在全国政协建议设立自由贸易港城，2013 年在上海市政协专门提案，然后还为自贸试验区第一份负面清单建言，可以说我亲历了中国（上海）自由贸易试验区从无到有的历史进程。之后，我持续不断进行调研，每年都有相关提案或建言，从不同角度建言献策，做到发有感悟的声音，坚持正确的观点，一而再，再而三的努力，为自贸试验区重大改革鼓与呼。2014 年，我就自贸试验区建设，北上天津滨海，南下深圳前海进行调研，深刻地体会到，中国自贸试验区的设立应该各展所长，各司其职，再结合之前考察具有百年历史的德国汉堡自贸区所感受到的三大特色即便利环境、税收优惠和立法，我向全国政协提出建议，上海自贸试验区实践和经验应当上升至全国性立法来加以固化，应尽快制定“中国自由贸易区促进法”，从而体现中共十八届四中全会“全面推进依法治国”方略，争取国际经济贸易规则制定的影响力。目前我国自贸试验区已达 12 个，自贸试验区形成“雁阵”，展翅高翔。对此，我深感鼓舞，我认为所有这一切的努力都是值得的。

令我特别高兴的是，17 年来，我的有些提案不仅得到落实，而且还载入了政府工作报告中。2013 年我建议应当提高国有企业上缴国家财政的利润比例，就在第 2 年，李克强总理所作的政府工作报告当中明确提出要提高国有企业利润上缴的比例。我始终相信，功成不必在我，但成功必须有我的一份努力。

着眼多数人，就是要关注党派和界别特色、体现专业特长，最大可能地形成凝聚党派同仁共识的工作氛围。民建是联系经济界的参政党，作为民建中央副主席、上海市政协副主席、民建上海市委主委，我始终不渝为改善中小微企业发展环境竭尽全力。中小微企业的生存发展问题，不仅是经济问题，更是社会问题。为中小微企业呼吁，并非简单为企业主呼吁，而是为企业全体从业者呼吁；不是为少数人呼吁，而是为多数人呼吁。为推动中小微企业健康发展，经我提议，民建上海市委领导集体讨论决定，自 2008 年起每年举办“上海中小企业发展论坛”，在各方共同努力下，这个论坛已经成为一个具有较大社会影响力的品牌活动。从 2013 年起，论坛推出“上海中小微企业生存发展指数”，对全市16个区的中小微企业生存发展现状进行跟踪调查，形成持续性、系列性指数，以量化和直观的形式，对中小微企业的整体生存发展状况进行客观评价，取得良好社会反响。在此基础上，自2016年开始，根据企业转型升级的需求，论坛新增了“上海中小企业创新能力调查报告”，围绕创新资源、创新投入、创新产出、创新环境等方面，对企业所处的环境和面临的问题进行评估和研判。目前这两个调查报告，已成为政府部门了解企业状况的重要数据和有益参考，我也时常会基于这些报告撰写政协提案，为中小微企业发展不断建言献策。当今世界面临着百年未有之大变局，国内外形势发生深刻复杂变化。不可否认，民营经济在当前形势下确实承担了较大的压力，不少民营企业面临着转型升级的考验。如何探索、发现新的动力源和发展新引擎，是当务之急，也是我一直思考的问题。

长三角一体化是继“一带一路”倡议、京津冀协同发展、长江经济带发展、粤港澳大湾区建设之后，由习近平总书记亲自谋划、部署和推动的又一个国家战略。在深入倾听一线民营企业家的声音，对地区行业发展状况深入调查摸底后，我在2019年全国政协会议上提交了《引导民企融入国家战略 积极助推长三角一体化》提案，建议出台引导措施，充分调动民营企业积极性，把积极融入国家战略作为企业转型升级的“关键一招”。

着眼未来，要立足当下，好的建议，既要经得起实践的检验，也要经得起时间的检验。对一些重要议题，需要跨年度持续调研，形成有利、有序、有效的建言，要久久为功、持之以恒。比如，从2003年到2011年，作为中国驻国家展览局代表、并先后担任上海世博局副局长和世博执委会副主任，我连续9年以上海世博会为主题，从不同侧面、不同角度提交相关提案和书面发言。在世博盛会闭幕之际，我于2011年向全国政协提交《关于总结上海世博会成果，推动联合国正式将10月31日确定为“世界城市日”的建议》的书面发言。这不是一件简单的事，需要国家动用很多外交资源。为此，我进行了许多专题研究，了解世界日的设立究竟需要哪些条件，并陆续提出相关建议。经过不断努力，依靠国家的努力和国家的力量，这一设想终于成真。2013年12月6日，第68届联合国大会第二委员会193个成员国一致通过，决定将每年的10月31日设为“世界城市日”，这是联合国成立以来首个以城市为主题的国际日，也是第一个由中国政府倡议并成功设立的国际日。2014年，我再次向全国政协提交《瞩目“世界城市日”，深化国际大交流》的书面发言，努力推动“世界城市日”理念深入人心和得到国际社会广泛认同。

又如，立法需要形成共识，做任何事情都必须于法有据。2014年3月1日发生了昆明严重暴力恐怖事件，我3月2日到北京之后立刻向全国政协提出一份新的提案，建议尽快推动中国反恐怖立法进程，因为恐怖主义是人类共同的敌人，我们应当一方面认真地参照联合国相关反对恐怖主义的公约，另一方面认真学习其他国家在制定反恐怖法方面的相关经验。建议得到重视，人大开始相关立法的进程。2015年，全国人大常委会表决通过《中华人民共和国反恐怖主义法》。

再如，在大数据时代下，个人信息泄露和不当使用等问题日趋严重，我最近连续2年在全国政协上呼吁通过立法加以规范，得到媒体和社会各界的广泛关注和支持。目前，全国人大常委会已将制定个人信息保护法列入本届立法计划。

敢作诤友　彰显大气

参政议政、民主监督、政治协商，事关国家大政和民生福祉，我始终如临深渊、如履薄冰；建言献策，务求言之有据、言之有理。对大局、未来的把握，来自对大势的洞明；建议的独到、可操作，来自对民情的练达。无论是提案，还是大会发言，无论是参加全体会议、常委会议，还是双周协商座谈会，所思所想，所感所念，一定是国家重点、热点、难点和焦点问题，努力交出一份合格的委员作业。

2013年3月，周汉民在全国政协十二届一次会议上作题为《把收费权力关进制度笼子》的大会发言

回溯过去，有许多难以忘怀的经历：2013年，我在全国政协十二届一次会议上作题为《把收费权力关进制度笼子》的大会发言，为整治乱收费提出“限量、限责、限权、限用、限时”等多项建议，引发强烈共鸣，7分钟发言赢得9次热烈掌声，成为当年最受关注的发言之一。把一份发言由书面变为口头，并且与2000多名委员一同分享，这并不是一件容易的事。事实上，从被通知到上台发言，只有短短24个小时的时间。我反复修改、练习，做到态度真诚、绝不超时、不能念错。发言承载的是政协委员的责任和使命，我经常听到来自企业界，尤其是中小微企业的呼声，大家反映最突出的就是行政乱收费问题，我绝不能辜负他们。发言不是一种结束，掌声更不

是我的目的，我盼望的是乱收费现象得到根本改观。令人欣慰的是，近年来，国务院办公厅每年通报乱收费典型案例，并出台重拳治理涉企乱收费相关文件。

“苟利国家生死以，岂因祸福避趋之”，这是我的人生信条，也是对自己履职的要求。2014 年，我以《财政水龙头，还得加把“锁”》为题向全国政协十二届二次会议提交书面发言，建议不但要公开权力清单，而且要公开权力运行，管好财政“水龙头”。2018 年，我代表民建中央在全国政协十三届一次会议第二次全体会议上作题为《大力推进创业投资促进科技型中小企业发展》的大会发言，建议做大全社会的创业投资基金总规模，拓宽创业投资的退出渠道。2019 年，提交《世界贸易组织改革，中国必须勇于作为》《自贸区新片区应该新在哪里》两篇书面发言。就当下这两件大事直抒胸臆。

全国政协双周协商会讨论的议题都涉及国家发展大政方针和基本民生工程，真正做到了切口小、意义大，我曾多次参加，并围绕自贸试验区政策、“一带一路”倡议等关键问题积极谏言，所提建议得到了有关国家领导人的肯定。例如，上海自贸试验区负面清单是新中国的首份负面清单，引发了全球瞩目，由此中国成为世界上第 77 个实施负面清单管理的国家。2014 年，我在全国政协第二十四次双周协商座谈会作了《体制、机制、法制创新是自贸区生命力所在》的发言，建议在全国新设立自贸试验区之后，负面清单在总体上应当统一，要在国家层面上进行协调。2015 年 4 月 20 日，国务院发布中国四大自贸试验区负面清单。听到这一重大消息，我极为宽慰。自贸试验区“雁阵起航”，绝不能迷失方向，而方向就是党中央、国务院以自贸试验区引领全国深层次改革开放的战略部署和顶层设计。此外，我还分别围绕政府职能转变、推进司法公开、深化行政体制改革等议题在全国政协常委会、专题协商会上分别发言，坚持小切口，大视野，聚焦问题，集中发力，有的放矢，避免泛泛而谈。

勤练内功　增加生气

立言立德立行，都要最大限度地利国利民，这正是政协委员的价值所在，也是义不容辞的责任。我从 2003 年担任全国政协委员起，就一直以砥砺前行、时不我待的紧迫感和责任感鞭策自己不断前行，不辱使命，不负重托。透过政协这扇窗口，既畅所欲言、各抒己见，又理性有度、合法依章，做到目标要高远，仰望星空；建言要扎实，脚踏实地。

回顾多年来的履职实践，感触良多。我深知，没有调研，就没有发言基础；没有调研，就无法把握事物发展的本质规律。委员履职尽责，不是花瓶，更不是摆

周汉民在广东考察

设，必须把调研和建言二者密切结合起来，才能收到“抓铁有痕，踏石留印”的效果。因此，应当大兴调查研究之风，以“读万卷书，行万里路”的古训，引导委员深入实际，调查研究，实实在在扎到基层和一线，才能见微知著，从中得到规律性的看法、想法和建议，这对于推动国家的经济社会发展都是有所裨益的。以2018年“推进境外经贸合作区建设”双周协商座谈会调研为例，我先后前往杭州、温州、广州、深圳调研，召开一系列座谈会，并深入企业实地考察。尽管骄阳似火、行程紧张，但收获很大。通过实地考察，充分领悟到“一带一路”建设是中华民族伟大复兴的必要外部条件和重要支撑。在调研中，我了解到由于中美贸易摩擦陡然升级，让许多企业难以在国内继续拓展，由此我紧急上文给民建中央，并通过民建中央转呈刘鹤副总理，建议对外移企业、外移产业应有序引导，将其纳入“一带一路”建设总体推进工作中。既然产业要外移，则完全可以使其充实到“一带一路”相关国家已建成的百余个经济开发区内。这一报告得到刘鹤副总理的肯定并立即予以批示。

自担任政协委员以来，我始终以“位卑未敢忘忧国”的精神激励自己。我最深的认识之一就是绝不能故步自封，绝不能浅尝辄止。要提升自身履职能力，核心就是学习。汪洋主席在全国政协十三届二次会议闭幕大会讲话中要求我们要崇尚学习、加强学习；崇尚创新、勇于创新；崇尚团结、增进团结。这是对我们殷切的期望，我们要学习习近平新时代中国特色社会主义思想，学习习近平总书记关于加强和改进人民政协工作的重要思想，学习人民政协70年光辉实践，强化思想政治引领，增强政治敏锐性和鉴别力，巩固共同思想政治基础，凝聚强大正能量，从而更加明确方向、踏实作为，以理论学习、思想武装的大举措来提高履职水平和履职质量，把为“十三五”时期发展献计出力作为履行职能的主线，建真言、谋良策、出实招，为全面建成小康社会、加快推进社会主义现代化作出新的更大贡献，做到更扎实、更精准、更有力，在建言有理有据、对策可行可用方面，百尺竿头，更进一步。

人民政协走过了70年的光辉历程，新时代的人民政协要有新时代的面貌，新时代的政协委员也要有新时代的形象。正如汪洋主席所指出，政协没有名誉委员，只有责任委员。履职永无止境，我当继续坚守心系国事、情牵民生，担负新的使命，体现新的作为，整理行装再出发。

人物简介

周汉民：全国政协常委，民建中央副主席，上海市政协副主席，民建上海市委主委，上海市社会主义学院院长，上海中华职教社主任，上海公共外交协会会长。

感谢民建赋予我发展新天地

汪胜洋

2019年是新中国成立70周年，人民政协成立70周年，多党合作制度确立70周年。2019年也是我加入中国民主建国会的第10个年头。民建是中国特色社会主义参政党，是中国多党合作制度的见证者、参与者、维护者与捍卫者，加入民建这个大家庭以来，我的人生轨迹发生了重大变化，感觉生命更精彩了、自己更有价值了。我感觉到了自己的成长，因为民建给了我发展新天地。

“把党派工作作为事业来做，没有做不好的理由”

“认定的事业，就一定要做好。”我2009年4月加入民建组织，2011年担任民建上海普陀区委主委。应当说，自己在这个岗位上还是相当忐忑的，主要还是政治理论方面知识极度匮乏，对民主党派的活动方式、工作方式甚至历史和话语体系都了解得很不够。但是我相信勤能补拙，只要自己立志“把党派工作作为事业来做，就没有做不好的理由”。就在这一时期，在我最需要“政治补课”的时候，民建市委安排我去中央社会主义学院学习一个月，那一个月的学习让我“思想入门”了，把我最需要了解的政治理论知识给补上了“一大块”。社院毕业后，我才真正感觉到自己是民主党派的一员了。在民建普陀区委担任主委，是我人生第一次担任一个组织的一把手。对我来说，这是一次展现自己才华、实现自己抱负的难得机会，为此，我十分感谢民建市委、中共普陀区委统战部给予我的机会，中央社会主义学院对我的教育，立志要充分发挥自己的长处，把工作做好，体现自己的价值。

“向老同志学习，本身就是一种传承。”充分发挥老同志作用，虚心向老同志学习、请教，着力传承优良传统，这是一个组织自我传承的重要法宝。由于我加入民建的时间比较短，对民建的很多工作不是很熟悉，我就充分尊重“老办法”，不轻易改变“老办法”，只要老办法有成效，我用老办法做事，用老办法解决问题。如果大家认为“老办法”效果不佳或者暴露出明显弊端时，我也会让大家一起想办法来改进和完善。我在普陀区委担任主委时，特别重视发挥老同志的作用，不仅重大决策之前要听取老同志的意见和建议，而且有的重大活动有条件的，就请老同志一起参加，有的更是让老同志来负责、主持。老同志作用的发挥也让新的班子的压力减轻了不少。这样工作很顺利，交接很稳定。工作中的传承就这样默默进行着、实现着。“家有一老，赛过一宝。”

“发挥集体合力，人多力量才大。”充分发挥班子的集体作用，尊重每个人、用好每个人、发挥好每个人，发挥班子合力。班子集体的合力发挥出来了，每个人的工作压力自然就小了。普陀区委班子成员都有自己的本职工作，民建领导岗位都是业余时间的兼职工作。为此，我就把所有工作进行分工，工作全部交给其他副主委和主委助理分管，我做好托底工作。区委工作压力最大的工作是政协年底大会发言和平时的组织发展工作，对于这两项工作我就多关心一点。尤其是年底政协大会发言工作，从发言的主题、发言的人选我都亲自定，稿件我都亲自看、亲自修改，每次民建在政协的大会发言都排在第一第二，都得到大家的交口称赞，获得很大成功。

“全身心投入是出好成绩的基础。”在民建普陀区委工作，每次主委办公会，区委常委会、新会员座谈会我都出席，从不缺席。为了提高大家的出席率，我们基本上都是利用双休日开会。在支部改选的那段时间，更是每个星期六都要召开区委会议，时间长了，大家也都熟悉了，周六加班成为了民建普陀区委的工作常态了。如果不是每周都开会，依靠打电话联系，工作也能推动，也可以“完成任务”，但是工作质量一定会大打折扣。同志们对于周末加班没有怨言，而且越是加班工作，班子就越是团结，大家的工作热情就越高。仿佛这就是他们希望的、期盼已久的工作模式。那段时间，我们把很大精力都放在支部工作上，我们认为“只有支部强，才有区委强”，支部是民建组织的基础，对支部工作再怎么重视也不为过。当时我们发现，支部的人员结构很重要。我就征求每个支部的意见，最后形成这样一个支部的结构，就是保持支部基本人员不变，维护支部原有的特色，在此基础上，通过增量做文章，就是把这几年新入会的会员增加到支部来实现优化支部人员结构，形成老中青相结合的支部，让每个支部都有若干名热心的企业家、若干名热心的年轻人，尽快让年轻人进入支部领导班子，发挥作用，提高支部活动的活跃度、参与度。为此，区委班子同志付出了巨大的努力，也获得了不错的收获。大家投入那么多，就是为了事业，因为大家都知道，在这个世界上，“没有谁能够随随便便成功”，因为成功难，所以成功才显得弥足珍贵，才显得那么有价值、那么刻骨铭心。

“没有创新就没有发展，不敢创新就是没有担当”

“党派工作需要创新，没有创新就没有发展。”为了扩大组织的影响力，我在民建普陀区委担任主委期间，创建了上海铭健企业家社会服务中心。我当时考虑到组织活动需要经费支持，就带头创立了企业家社会服务中心作为民办非企业单位，在资金上支持区委的工作。每年的老年节，服务中心出资请民建老会员聚餐；每年上半年我们组织新会员开展为期三天的培训班；每年年底举办文化论坛；连续发起民建区委之间的交流活动，从一开始两区联动，后来逐步发展三区联动、四区联动、一直到六区联动，一次联动交流近百人，会员热情十分高涨，活动的效果特别好，而且影响也越来越大。通过企业家社会服务中心的财力支持，区委的工作就有了底气，工作内容形式逐渐丰富了起来。民建的活动多了，影响就大了，吸引优秀人才的底气就足了，很多优秀人才逐步被吸收到民建来，为民建普陀区委以后的发展奠定了好的基础。

“创新是一个持续的过程。”民建普陀区委工作最值得骄傲的就是传承和发扬支部评价制度。支部评价制度是民建普陀区委上两届区委推出的办法，旨在通过评价来推动支部的工作，将区委工作的压力向支部传递，调动支部工作的主动性、积极性。尽管这一办法实施多年，但是一直不温不火。我一接触到这个方法时就看重了这一办法，认为这是一个可以倚重的好办法。我就请已经退居二线的上一届副主委出山，请她重点推动此事，一是修改完善办法，二是年度表彰先进完全按照评价排名，每一年修改完善办法，坚持几年后，支部工作大有起色，出现了支部之间“比学赶帮超”的现象，工作成效十分显著。同时加强操作的简便性改造，从纸质版改为网络版，再从网络版改为移动版。我请了两家企业协助，一直到我离开民建普陀区委，移动版还没有完善好，有点可惜了。

“创新需要激情和担当。”支部评价制度实际上就是一个量化考核办法，把支部工作全部量化评分，最后根据总分排名决定支部的奖励等次。我调到民建上海市委工作后在分管的参政议政和宣传工作领域继续沿用了量化考核排名的方法，对市委相关领域的工作有了很大的促进。由于采用了量化考核排名的方法，年度考核更精准了，排名完全看总分排序，评价更全面了；各级组织对照评价办法，工作抓手更明确了，原来看似没有边际不成体系的工作，现在变得条理清晰了，比如宣传工作，就主要有“四有四特”八个方面内容组成，一目了然。当然，这种创新一种做法不是所有人都赞同的，推动创新就一定要有担当，不怕别人找茬，有问题就改，创新就越来越完善；也不怕非议，只要工作成效显现了，不同声音自然就少了。

“讲求实效是衡量工作的尺度”

“多党合作制度给了我施展才华的机会。”2015 年 5 月正式到民建上海市委工作，我感到了新的压力和新的空间，这正是我所想要的环境，因为“压力可以转化为动力，空间便于释放出业绩”，人总要找到一处适合自己发光发热的地方，这样的人生才精彩，可以说我发自内心的感谢民建上海市委赋予我这样的机会，感恩这个时代，感恩新中国成立以来创立并逐步完善的多党合作制度，是新中国、是多党合作制度，给了我再一次施展才华的机遇。

“发动更多会员，出更多的成果。”在民建上海市委工作已经整整满 4 个年头了，前 2 年主要分管办公室和调研部，后 2 年分管宣传部和调研部。宣传思想工作是党派工作的灵魂，参政议政是民主党派的第一要务，办公室工作是机关工作的保障。要做好这些工作都需要全身心投入，既要传承优良传统，也要在工作方法上不断开拓创新。不论什么工作，我认为调动广大会员尤其是代表性人士的积极性是首要任务，因为党派是一个政治组织，需要凝聚自己所代表的那一部分人，只有首先影响到你自己的会员，才有可能影响党派所代表的那些人，所以我把动员会员、为会员服务作为工作的出发点和落脚点。在发动会员的过程中，寻找优秀人

才，为他们搭建平台，帮助他们提高知名度、影响力，从而不断扩大民建整体的知名度和影响力。2017 年我推动民建上海市委历史传统记录工程，让年轻会员采访老会员，集结成《踏石留印》一书，向民建中央全国代表大会献礼。2018 年为庆祝改革开放 40 年，我们年初就向会员征稿，号召大家写自己的亲身经历来庆祝改革开放，收到近 200 篇征文，其中 101 篇选入年底出版的《我与改革开放 40 年》一书，多篇稿件获奖，多篇稿件在北京中央统战部微信公众号刊载。2016 年起，我每年召开 21 场参政议政沙龙，发动约 200 名会员，征集近 100 篇社情民意，涌现出一批参政议政能手。2016 年，我带队赴民建江苏省委学习年度课题制度，2017 年就引入民建上海市委，坚持 3 年，课题成果出现了跨越式进步，以这些课题为基础转化的年度政协提案质量大幅度提高，有一批参政议政骨干涌现。从 2018 年开始，我们创立市委一号课题制度，每年确定一个重大课题，发动会员共同参与。为最大限度发动会员，我们利用微信公众号平台发布“招贤榜”，号召有能力、有积极性的会员报名参加课题组，2018 年我们以《探索上海自由贸易港建设》为主题，在 2 周时间收到 140 名会员和非会员的积极响应，2 个月的时间形成 1 个总报告、7 个分报告、8 个专题报告，收到市领导 23 个批示，得到民建中央主席高度肯定。2019 年我们以《长三角一体化高质量发展》为主题，在 2 周时间收到 257 位会员和非会员报名。事实证明：党派工作发动越广，人才就涌现越多，收获也就越多。

2019 年 7 月 8 日，民建市委举行第七十七期参政议政沙龙（长宁区委专场）

"构建智库体系提高履职能力。"积极打造民建上海市委智库是民建上海市委老领导的愿望。经过深入研究，我认为智库不仅仅是一个研究院，它应当是包括研究院和机关以及各级组织的在功能上相互补充形成合力的体系，包括：生产平台，由民建上海市委各级组织、民建上海市委上海经济社会发展研究院、民建上海市委大数据应用研究中心组成，主要负责调研、研究并形成课题报告；交流平台，主要由三个论坛、调研建言刊物、参政议政沙龙、参政议政骨干培训班等组成，主要提供以内部学习交流为主的平台，起到相互启发、相互学习、相互提高的作用；宣传平台，由内参《建言专报》、市委调研部、市委宣传部以及参政议政特邀信息员组成，主要负责参政议政成果的展示和宣传，让参政议政成果发挥影响决策的作用。这样三大平台形成了完整的智库体系，为民建上海市委在参政议政方面发挥更大的作用建立了比较好的基础。

"围绕重大历史节点，提高工作实效。"宣传思想工作要起到实效，就要抓住当时人们关心的热点，结合热点事件宣传，就会起到事半功倍的效果。2018年是黄炎培诞辰140周年，我们抓住这个机会铸造黄炎培铜像，这年还是中共中央发布"五一口号"70周年，民建响应"五一口号"70周年，我们就在70年前民建响应"五一口号"的同一天5月23日举行把民建总会在沪旧址命名为民建中央爱国主义教育基地的仪式，请民建中央主席亲自揭牌。这些活动，不仅丰富了民建市委的宣传内容，而且提高了民建宣传思想工作的影响力，加深了会员对民建历史的记忆，加深了对多党合作制度的理解。

党派工作和原来我在研究院的工作有很大的差异，让我感受到了挑战。人生有挑战才有意义，我这个人越是面临挑战就越是精神集中，越是精力旺盛，越是感觉有使不完的力气。我认为党派工作特别适合我，党派工作让我充满激情，想到这里，我不禁由衷地感谢中国特色社会主义政治制度，感谢民建，感谢支持我、帮助我的领导以及和我一起工作的同事们、上海民建的会员们。

人物简介

汪胜洋：民建中央委员，民建上海市委专职副主委，民建中央理论研究委员会副主任。

我为祖国燃青春

方　雷

1949 年 10 月 1 日，北京天安门广场万众瞩目。“中华人民共和国中央人民政府今天成立了！”毛泽东主席在开国大典上铿锵有力的声音宣告了一个新时代的诞生。当天不知有多少中国人泪流满面、呼唤雀跃，难以入眠。值此新中国成立 70 周年之际，作为生在新中国、长在红旗下的新一代，我也不禁心潮澎湃、思绪万千。

与祖国共欢唱

“东方红，太阳升，中国出了个毛泽东，他为人民谋幸福，他是人民大救星。”一首《东方红》唱响大江南北，感染了包括我在内的一批又一批中华青年。

我出生于 1976 年，从小就受父亲的影响，喜欢音乐，特别是喜欢红歌。从小学、初中、高中到大学，以及工作以后，我通过参加合唱团、自学等方式接触和了解到大量的红歌。特别是 20 世纪 90 年代，红歌流行全中国，我也一首又一首、一遍又一遍地听着卡带和 CD，唱着歌。一首首红歌不仅反映了时代的变迁，也伴随着我的成长。对党、对祖国的热爱也在一遍又一遍的聆听和歌唱中潜移默化、扎根心底、难以忘怀。

“毛主席的战士最听党的话。哪里需要到哪里去，哪里艰苦哪安家。”每当听到这首熟悉的旋律，我的脑海中就浮现出来自天南地北的指战员们接到了命令后，怀着“祖国要我守边卡，石头缝里把帐扎”的信念奔赴边疆，骑上骆驼、背上一口锅，在杳无人烟的山头上和山林里上盖起哨卡、建起边防站的情景。每当唱起这首歌，我都为战士们忠诚可靠、无私奉献、乐观向上的精神所深深打动。

“1979 年那是一个春天，有一位老人在中国的南海边画了一个圈。1992 年又是一个春天，有一位老人在中国的南海边写下诗篇。”每当听到这首熟悉的旋律，我就想到要是没有邓小平作出把党和国家工作重心转移到经济建设上来、实行改革开放的历史性决策，成功开创了中国特色社会主义，哪有我们今天的幸福生活。每当唱起这首歌，我就会想到“小平同志”、“一位老人”、“中国人民的儿子”，亲切、尊敬和感激之情油然而生。

1997 年，在即将跨入新世纪的年代，一曲旋律动人正气的歌曲《走进新时代》在全中国流传开来。“总想对你表白，我的心情是多么豪迈，总想对你倾诉，我对生活是多么热爱”，“我们唱着东方红当家做主站起来，我们讲着春天的故事改革开放富起来，继往开来的领路人带领我们走进新时代，高举旗帜开创未来”。这首歌让我想到党的十三届四中全会以后，面对国际国内形势的严峻考验，中国共产党人捍卫了中国特色社会主义，成功把中国特色社会主义推向了 21 世纪。唱起这首歌，我对党的爱戴和崇敬之情又有了升华。

“万水千山不忘来时路，鲜血浇灌出花开的国度。生死相依只为了那一句承诺，报答你是我唯一的倾诉。”2016 年，作词人朱海与作曲家舒楠用了 60 天创作出这首 121 字的歌曲《不忘初心》。每当听到这首熟悉的旋律，我都想起在庆祝中国共产党成立 95 周年大会上，习近平总书记首提“初心”，并在党的十九大上明确提出“中国共产党人的初心和使命，就是为中国人民谋幸福，为中华民族谋复兴。”党的十八大以来，以习近平同志为核心的党中央，推动党和国家事业发生历史性变革、取得历史性成就，中国特色社会主义进入了新时代。“不忘初心，继续前进；万水千山，最美中国道路。”每当唱起这首歌，我更加坚信，在习近平总书记的领导下，中华民族伟大复兴的中国梦必能实现，中华民族必将迎来从站起来、富起来到强起来的伟大飞跃！

与祖国共成长

我出生在改革开放的好年代。大学毕业后，我到上海市延安高中任教。2001 年共青团长宁区委换届，我当选团区委常委，先后在少年部、青工部、宣传部、权益部、地区部、办公室等工作，一干就是5年多。共青团作为党的助手和后备军，承担了组织青年、引导青年、服务青年、维护青（少）年权益的职责。作为团干部，我时刻要求自己要坚定信念、树立理想，扎根基层、深入青年，把青年紧紧团结在党的周围，做青年人的知心人。

印象最深刻的是筹备每年纪念“五四”大会。“五四”运动孕育了以爱国、进步、民主、科学为主要内容的伟大“五四”精神。虽然每年的纪念大会主题会有一些调整，但是核心是不变的，那就是引导青年“永远跟党走”。筹备大会是团区委当年工作的重中之重。从主题确定到文稿撰写，从活动组织到内容策划，从领导邀请到材料印刷，从先进表彰到表演节目等等，每一个环节、每一个细节都力求精益求精、不断创新。绞尽脑汁、激情无限、连续奋战、披星戴月是那时的状态，目标只有一个：让爱国主义的伟大旗帜始终在广大青年心中高高飘扬！当活动成功举办，当青年们给予肯定反馈，当理想信念再一次坚定，一切的付出都是值得的，一切的努力都是灿烂的。

2010年我担任了长宁区监察局副局长、纠风办副主任，成为一名光荣的纪检监察干部，一干六年多。记得刚到区监察局、纠风办时，我了解到区政风行风监督员（调查员）在平时对各部门的监督中发现了不少问题和典型案例，对部门改进工作作风、提升工作水平发挥了积极作用。但是，也存在问题解决不到位、反馈不及时、群众不知晓等情况。面对新形势、新情况、新问题，我积极思考、认真调研，大胆提出要依托网络技术，建设纠风网的设想，得到了领导和同志们的肯定和鼓励。“建”的问题解决了，“对内还是对外”的问题又成为讨论的焦点。有的同志建议，步伐要稳健一些，纠风网还是建成一个内部网络。我则力主作为外网，向群众开放、向各部门开放，群众可以通过纠风网对部门进行投诉或提出建议，部门对问题的答复在网上进行公开和接受查询，通过开放来倒逼各部门切实解决群众反映的实际问题。我的建议最终被采纳，第一个区级纠风网在全市纠风系统率先建成。区纠风网建成后发挥了应有的作用，群众反映的问题得到了及时有效地解决，部门政风行风建设水平有了长足提升，用现在时髦话来说是，长宁区的营商环境得到了积极优化。

2010年我加入了中国民主建国会，并于2016年当选民建长宁区委主委，从一名普通的会员成长为一名民主党派基层组织领导。我既感到无限光荣，更感到责任重大。2017年以来，我带领民建界别政协委员和民建会员，在区政协的舞台上积极建言资政，发挥民建密切联系经济界的特色优势，展现民建的风采，10篇组织提案成为区委书记、区长、政协主席重点协商督办提案。尤其值得一提的是连续3年，长宁区民建都在区政协全会上进行了大会口头发言（2017年聚焦“加快编制长宁国际精品城区指标体系”、2018年聚焦“以马拉松经济助推长宁国际精品城区建设”、2019年聚焦“推进长宁科技企业登陆科创板”），取得了良好反响。

2017年1月10日，方雷在长宁区政协十四届一次会议大会闭幕式上代表民建界别作了《关于加快编制长宁国际精品城区指标体系的建设》大会发言

特别是在组织撰写《推进长宁科技企业登陆科创板》集体提案的过程中，我意识到习近平总书记在首届中国国际进口博览会上提出将在上交所设立科创板并试点注册制，这既为上海未来发展提供了改革红利，也为长宁区域内企业创新发展提供了有利条件。我组织企业界会员认真开展调研，针对长宁区应提前做好区域内科创企业注册上市的战略布局和实施计划，提出了“五个一”的建议，即建立一个“科创板种子企业数据库”、出台一系列支持企业登陆科创板措施办法、设立一个科创企业“金融法律服务工作站”、创建一个“科创人才蓄水池”、成立一个长宁区“科创产业联盟”。这篇组织提案不仅在政协大会上作口头发言，还作为区委书记重点协商办理提案，得到了区领导、区政协、区有关部门的充分肯定，让我们深受鼓舞。

“忆往昔峥嵘岁月稠”，新中国成立70年来，一批又一批中华儿女为建设社会主义现代化强国，实现中华民族伟大复兴不懈奋斗。我还是一名年轻的新中国建设者，为祖国燃我青春，是我的誓言！

人物简介

方雷：上海市长宁区文化和旅游局局长，民建上海市委常委，民建上海市长宁区委主委。

山川竞秀　岁月芳华

金冬云

个人之于时代，正如尘土之于高山、滴水之于大海一样，只有在国家发展的历史进程中，才能找到个人成长的参照。

我有幸，在祖国的大发展中学习、成长！

我于“文革”期间出生在上海郊区——松江。那个时候，物质的匮乏、生活的清苦几乎是我儿时记忆的全部。现在想来，同其他家庭一样，父母对于生活的坚忍和期许是我们成长的重要动力，江南自然田园的温婉是我们童年的重要慰藉。

十载忙碌杏坛春

1988年，我以全校第一的成绩，在老师和同学诧异的目光中，考进了松江师范，并率先在读书的同时，享受起每个月36元的补贴。后来我才知道，松江师范自1985年复校，一直到1998年停止招师范生，十几年的时间给松江及奉贤、金山、闵行等地区培养了大量的中小学教师。正是这一批教师，极大改善了原来以乡村代课教师为主的上海基础教育教师结构。他们也逐渐成长为上海地区基础教育的骨干力量。在他们的个人发展过程中，也有一大批走出了教师队伍，在各区县、街镇的领导岗位上建功立业。

1991年，中专毕业的我回到老家天马教书。因为中学师资短缺，我被借到中学任教。当时我只比初三学生大3岁，曾经的老师、校长徐群坚持称我们为“新鲜血液”，相较于如今唯有211高校学生才可录职新教师，研究生一抓一大堆的现状而言，想来汗颜！我在母校天马中学工作了8年，给我留下最深的印象就是忙碌：3年新教师、3年大队辅导员、2年副教导，不断地在创建全国雏鹰大队、不断地参加上海市活动类课程示范学校评选。再加上我个人学历进修、娶妻生女。忙，是那个时候的最深刻的记忆。

1993年起，我每周2天骑车去参加上海市青年干部管理学院在青浦党校的大专办学点学习。1996年大专毕业之后，我又坚持参加华东师范大学的自学考试，白天工作，晚上自习，每年2次考试前的几个月，我几乎天天啃书到后半夜……2001年，我把汉语言文学专本科的所有课程攻了下来，才舒了一口气。在那个年代，一边进修一边工作几乎是所有青年教师共同的生活状态。每个青年教师都有一种努力学习，跟上时代步伐的紧迫感。

1999年，因为工作需要，我被调入松江区教师进修学院任德育研究员兼区少先队教研员、骨干班主任培训班的班主任等职。那时候，学习型组织的理论刚开始被大家认识，我们在佘山举办了上海市首次学习型家庭研讨会。此后，各种各样的学习型组织的概念被广泛介绍，各种各样学习型组织的报告论坛举办，展示出上海这座城市的敏感、开放和包容。

千里奔波马蹄疾

2001年，我被借至松江区委宣传部工作。松江也正处在大刀阔斧推进新城建设的那几年，高起点规划、高标准建设、高水平管理这座新城是那个时代的主旋律。记得我经常陪中央和市级媒体采访报道，也见证了松江大学城、台积电、达丰电脑、出口加工区、泰晤士小镇等重大项目的落地落成。同时也参与了第三届上海之根文化旅游节等重要节庆活动的筹备工作。

2003年，我在圆满完成“非典”指挥部相关工作后，被调至区政协办公室工作，有幸接触到了社会各界的代表性人士。每个委员都是一本精彩的书，从他们身上，我读到了这个时代的奋进勃发、日新月异。根据工作要求，我创办了《政协大舞台》《松江政协》期刊、政协网站以及各种各样的参政内刊，反映委员建言，展

2004 年 9 月 28 日，民建松江区支部成立大会

示委员风采、传递委员心声。在政协工作期间，我曾参与 2007 年世界特奥会足球赛的筹办工作，负责松江体育场所有决赛阶段的组织工作。

2002 年，正当我主动提出加入中国共产党的时候，松江区委统战部建议把我留在党外发展，这是我重要的人生转折。2004 年 1 月 28 日中午，天空忽然飘起了小雪。时任民建上海市委组织部长的梁栋崑和副部长顾怡雯找到了我，邀请我参加民建，并希望我担负起筹建松江民建组织的重任。我知道，从那一天起，就开启了我与民建组织的恋恋情怀。在民建上海市委主委黄关从、松江区委统战部部长张汝皋等领导的直接关怀下，2004 年 9 月 28 日松江民建支部成立。之后，在各级组织和领导的关心下，松江民建支部获得较快发展。2006 年升格为区委，邀请东华大学旭日工商管理学院副院长顾晓敏教授担任主委。2011 年、2016 年两次换届，由我接任主任委员。会员数也由最初的 17 名增长到 243 名。其间，民建中央主席成思危、陈昌智、郝明金，副主席张榕明、马培华、辜胜阻、周汉民等领导多次到松江听取汇报、指导工作，给我和广大松江会员极大的鼓舞。民建工作也从最初的工作摸索期进入到由“思想建会、参政立会、活动热会、服务名会、人才兴会”组成的制度完善期。

2018 年以来，松江民建会员在市和区的人大、政协均有兼职，各项工作得到民建中央和上海市及松江区相关部门表彰和肯定。对我本人而言，更多的是感恩民建组织的关怀与培养，更多的是受到民建优良传统和民建先贤精神的感召，更多的是得到民建会员的无私帮助和热情支持。最重要的是体悟到，中国共产党领导的多党合作和政治协商制度的坚持和完善，在新时代不断焕发生机与活力。这也更增强了我们对中国特色社会主义的理论自信、制度自信、道路自信和文化自信。

2008 年 11 月 8 日，我调至松江区信访办工作，担任信访办副主任。特殊岗位给了我常人很少有的锻炼机会。我亲眼目睹、亲身感受到“两个一百万”（下岗工人一百万、动拆迁一百万）群众的呼声。改革发展下，稳定是我们国家最需要统筹兼顾的内容之一，发展依靠人民，发展更为了人民，因此群众利益无小事是我对自己工作的基本定位。一方面，我磨炼自己，党外干部也是党的干部。作为一名党的干部，作为从农村走出来的机关工作人员，更要走近上访人员，把群众的呼声作为工作的追求；另一方面，积极与相关部门沟通，尽力促进推动政策的公开公平公正。在信访办工作期间，我也有幸参与 2010 年上海世博会松江世博办的相关工作，深度见证这座城市的国际视野、兼容并蓄。

2013 年 6 月 26 日，我登上了西去昆明的班机，成为了光荣的上海市第九批援滇干部之一。年逾不惑的我，独自被安排到对口联系的云南省文山州，协助开展丘北、马关两县的扶贫开发工作。对我而言，这又是一次非常难得的锻炼学习的机会。工作的 3 年里，我真真切切地感受到了国家东西协作、推动脱贫攻坚的伟大壮举，真真切切地感受到沪滇两地真情携手、真抓实干，也真真切切地感受到了壮乡苗岭群众的淳朴善良、勤劳好客。“坚决打赢脱贫攻坚战，绝不让一个民族掉队，绝不让一个贫困地区落伍”，得到了边陲人民的热烈拥护。每当我站在中越边境的扶贫村寨，一种国家的责任感、荣誉感油然而生。

2016 年 10 月，我回到松江，走上旅游局的工作岗位，在区委“一个目标三大举措”的战略部署中，依托依靠全区各部门，合力推进国家全域旅游示范区创建。在区委区政府的坚强领导下，广富林文化遗址、世茂洲际酒店（深坑酒店）相继开业。旅游，作为人民美好生活实现的重要方式之一，兼有事业和产业的双重特点，文旅融合，全域发展是旅游工作发展的重点。工作中，我更清晰地看到，国家旅游业的发生、发展、壮大，改革开放波澜壮阔的历史进程一次次令我感到震撼。

翰墨因缘一生痴

我有幸生活在祖帖故里，人文松江；有幸与陆机、董其昌同乡；有幸沾染墨池，爱上金石书画。

1988—1991 年的 3 年师范学习期间，我有幸担任书法课代表，得到王尚德、曹云岐、蔡仲瑜等先生的书法启蒙。工作以后，不舍的情怀，坚持数年，又得到了刘玉良等很多书画名家的教诲和帮助，以至于翰墨因缘，伴我至今，此生无悔。

书画事业，作品为重，人才为先。1998 年，我联系了 12 名青年教师办联展，2000 年、2003 年、2006 年，展览持续办，沙龙月月搞。想不到，当年的 12 名青年几乎个个成为了书法家，其中一半成为了中国书法家协会的会员，成为上海书坛重要的力量，被中书协亲切地称为“松江现象”。

松江的书法氛围日渐浓厚，也推动了书法事业的发展——平复帖杯等全国性的书法大展、会议在松江举办。2012 年，民建松江区委成立同心书画院。这一年，松江区也获评中国书法城。之后，重大书画活动不断，程十发艺术馆开馆。2018 年，松江书法进京展成功举办，丹青宝筏董其昌书画展在上海博物馆举办，董其昌书画艺术馆建成，掀起文化热潮，成为市民们热议的文化焦点，展示出“对美好生活的向往”是民心所向、民生所重。

无论在教师岗位、还是在机关工作，无论是在补学历的进修时刻，还是在信访办工作的深夜时分，生活中还是放不下对金石书画的热爱。上天不负痴心人，我的作品也多次入选重要展览，我也成为上海书法家协会和中国书法家协会的一员。在云南工作的三年中，我带着笔墨印章，行走边疆。在壮乡苗岭的山川秀美中，我竟然找到了五代董源、巨然，北宋李成、郭熙的画影……而我与云南书画家的交流交往也成了一段珍贵的人生记忆。昆明一位书法家曾动情地说：云南地处边陲，文化也需要扶贫。一瞬间，那种在祖国大家庭的关怀下，与时代共发展的愿望溢于言表，令人感动。我也在同好的鼓励下，刻下了文山方言一百印，连同对文山的良好祝愿永远地留在了文山州博物馆。

惟其海之浩瀚，成就水滴之不涸；惟其山之广袤，成就尘土之不零。在新中国 70 华诞即将来临的时刻，记录个人的点滴过往，就是记录这个时代，感恩这片国土，致敬这个国度。

我爱你，中国！

人物简介

金冬云：上海市松江区文化和旅游局局长，民建上海市委常委，民建上海市松江区委主委。

在祖国的怀抱中成长

汤芷萍

出生在 20 世纪 60 年代初的我，开始有印象的事件是小时候自己不愿意在幼儿园睡觉，一个人自己走回家了。爸爸妈妈知道后没有批评我，后来就不再上幼儿园了。自己每天自由地在弄堂里看做衣服的邻居裁剪衣服，到附近的集体小工厂看人家做铁钉子，家门口对面有个牙防所，看里面穿白大褂的医生给病人看牙齿，现在回想起来当时好像没人会来阻止的。还有就是一个人沿着黄浦江，闻着黄浦江特有的味道，走到叔叔家里去走走看看，到爸爸妈妈单位里去走走看看，看不同职业的大人做事情。过年就买火车站票到乡下去看奶奶和外婆，到农村简陋的教室旦和大孩子一起上课。我也看到过戴着高帽子游街的，妈妈告诉我不要出去，就在家里睡觉，游街的走了，我就可以起来吃冷饮。为了吃到冷饮，我把门板拆下来躺在上面，闭眼睛假装睡觉。一个夏天的晚上，家里放在窗口凉着的一锅粥被人拿走了，等到大家捉到偷粥贼的时候，那锅粥已经被他吃完了。街坊邻居说要打他，我爸爸说算了算了，他太饿，打又能怎么样。当时爸爸在医院工作，有时会带个鸡蛋给我吃，爸爸让我全部吃完，但小时候我只喜欢吃蛋白，就将蛋黄扔在街边路上。有一天爸爸跟我说，不知哪个小孩可能不爱吃蛋黄，把蛋黄都扔在街上了，应该给大人吃就好了。我心里知道那是我扔的，以后就再也不这样做了。后来慢慢大了，我和邻居小朋友在一起做翻跟斗、劈一字开、弯腰、倒立，比赛谁能够坚持更长的时间。后来跳“忠字舞”摆队形时，我的任务总是劈一字开等着大家做各种各样的造型。那时候我想，无论有多难，我都要坚持到节目结束。大概是这一点点小小的坚持培养了我的毅力，成为我性格中重要的组成部分。上学前，爸爸妈妈上班，基本没有人管我。上学后，因为考试成绩一直很好，每次考双百，爸爸总是奖励我 2 分钱。我就兴高采烈地去买一颗糖，一根盐津枣，或一个小面包。有时爸爸给我 5 分钱，我可以买一包纸包的青橄榄。在上海读一年级时，我第一批加入了“红小兵”。

1972 年，响应毛主席将“医疗卫生重点工作放到农村去”的号召，我们全家随医院从上海内迁到云南。刚到那里，由于上海和云南城市建设差距太大，很多医生护士哭了。我们小孩子适应性很强，认为就只是换了一个新环境而已。爸爸妈妈工作单位和我家只隔一堵墙。放学后，我就到爸爸妈妈单位里去玩，看大人工作还是感觉很有新鲜感。我和同学们每周都要到学校农场劳动，积肥种地。每次积肥开始时，我都会觉得很臭，但时间长了就不觉得臭了。那时我想，怪不得学校要安排我们劳动，原来劳动真是可以改造人的。我学习成绩很好，但做起农活比其他同学慢，劳动技能不是很好。有些同学学习成绩不好，可是劳动技能很强，挖地、种菜、插水稻秧都比我快。当时我暗暗地想，人与人并没有谁的能力更强的问题，只是大家分工不同而已。当年只有 30 多公斤又瘦又小的我，扛着大人用的锄头要走 10 里山路去农场劳动，现在想来，爸爸妈妈肯定是很舍不得的。看到我很累，他们会为我悄悄准备那时很难能够买到的牛奶、麦乳精和西红柿拌糖，他们还向老师写请假条让我不要去了，可我还是坚持要去。我觉得自己走山路的速度已经和大多数本地同学差不多了，要坚持。记得有一次，在去劳动农场的路上，正好遇到教我们政治的班主任老师，我问他：“马克思说，我们革命的目标就是要满足人民日益对美好生活的需求，为什么我们现在穿新衣服前要打个补丁，吃好东西也要悄悄的？”到现在我还记得他当时的回答：“因为马克思和毛主席都说我们的目标是为了全人类的解放和幸福，现在，全世界的人民都还很苦，因此，我们不能自己好就可以了，一定要全世界的劳苦大众大家共同好。”我们这代人就是在这样的家庭、社会和学校的教育环境中慢慢长大的。

1978年，改革开放改变了我准备到农村去插队落户的计划，我顺利地考上了云南大学。在大学里，“国家兴亡，匹夫有责”的理念一直是我们学习的动力。大学毕业后，一方面受大庆油田王进喜精神的感召，同时也有山东比云南离我出生的上海更近的情结影响，主动要求到了当时生活和环境条件比较艰苦的山东胜利油田。在胜利油田研究院，工作和事业的追求让我充满活力。我为胜利油田在防砂领域的各项工作翻译了各种研究资料，为实验室编的工作小程序获得胜利油田科技成果奖，在实验室各种试剂研究中发挥了化学理论对实践工作的指导作用，成功解决了携砂液体的鱼眼问题。注热蒸汽井井底pH值实验室的研究工作论文在世界石油最高SPE论坛上发表，并获得山东省科技论文成果一等奖。1992年，油田领导给了我更多的机会，让我担任了一个新组建公司的开发部部长职务，家里装上了电话，上班和出去办理公务可以有小车了，工作方便了很多。在后来的5年时间里，在组织和领导默默的支持和培养下，在自己不知辛苦，日夜兼程的工作和学习中，我分管的工作领域成效明显，一个从油田主业分离出来，刚刚起步的公司渐渐转化成一个集团公司。公司被评为胜利油田唯一的科技管理先进奖，我个人被评为胜利油田三八红旗手。在专业上，我从一个化学工程师成功转型为高级经济师。在领导岗位上，我历经公司开发部门部长、分公司经理、集团公司副总经济师。

1999年，在油田主要领导的鼓励和支持下，通过实验室研究和项目负责人岗位、国有大型企业的规划管理负责人、分公司开发管理负责人岗位、中外合作项目的中层负责人岗位等工作实践的历练，通过考试，我从300多个报名考试候选人中，顺利应聘到上海市奉贤县经济委员会副主任岗位，以“为官一任，造福一方”的理念，走上了公务员政府行政领导岗位，开始了人生的又一次新征程。在奉贤县（区）经委副主任岗位的3年里，我所分管的技术改造和创新工作在全市经委系统名列前茅，被评为上海市技术改造先进个人，相关工作方法在全市进行交流汇报，并被评为奉贤区巾帼十佳，选为区政协委员并担任政协农业和经济委员会主任。

奉贤区党委政府领导，组织部、统战部和民建市委给予了我各方面的培养。2002年我加入了民建，2003年我当选市人大代表并进入市委统战部中青年干部培训班学习，2004年我当选为民建奉贤区委主委，2006年被中共上海市委组织部选派到美国参加为期半年的干部培训班。在中共奉贤区委区政府领导的关心支持下，自2007年以来，在区科协副主席本职工作岗位上，我所分管的工作内容在全市系统内始终名列前茅，分管工作在市科协系统内做交流发言，分别被评为5年一次的

2016年6月，汤芷萍参加中国科协第九次全国代表大会

上海市科普资源建设先进个人和5年一次的上海市科协系统先进工作者标兵。我当选为第九届全国科协代表和第十届上海市科协常委，被评为2018年奉贤区优秀公务员。

作为一个民主党派成员，在兼职人大副主任、市人大代表的岗位上，我兢兢业业，无惧白昼，无惧风雨，从理论深入研究，在实践上务实调查，连续15年，与人大主要领导一起共同策划撰写了每年的奉贤上海代表团调研报告。我曾撰写了150多篇人大建议案，为促进上海城乡一体化建设、上海新城的产城融合发展、上海远郊的公共交通设施建设、上海在城乡一体化中财政制度的改革优化、上海远郊农民社会保障制度的改革等发挥了重要的促进作用，被上海市人大列入第十四届优秀履职代表名录。在民建区委主委的岗位上，我恪尽职守，真诚待人，把牢会的政治方向，实现民建中央和市委的工作任务，认真履行参政议政职责，团结关心广大会员，为形成风清气正的团队不懈努力。

回顾自己的成长经历，在祖国的怀抱中长大，在祖国的目光中成熟，我深深感受到祖国的命运对个人道路的影响，也深刻感受到自身价值观和行为准则与不同社会历史发展阶段、工作环境的融合和碰撞。

新中国70岁了，一刻不停地在奋进。我也须臾不敢懈怠，但与领导、同事和会员对我的要求还有距离。新中国70年，继续壮丽前行。我也仍然奋发昂扬，无愧于党和组织的培养和要求，无愧于同事和大家的信任，认真履行职责，为祖国的发展和振兴贡献自己微薄的力量。

人物简介

汤芷萍：上海市奉贤区科协副主席，民建上海市委委员，民建上海市奉贤区委主委。

花开中国梦　共哺崇明情

施志琴

伴随着共和国70年的峥嵘岁月，长江口上的崇明岛也经历了翻天覆地的变化。

在这座岛上，我出生了，我成长了；这座岛养育了我，接纳了我；从呱呱坠地到知命之年，我与她缔结着浓烈的母女亲情，她陪伴着我从学生、医生到民建会员的成长之路，我见证并参与了她从生态岛、现代化生态岛到世界级生态岛的发展历程。

2016年，当习近平总书记“绿水青山就是金山银山”的科学论断响彻祖国大江南北时，这座岛也迎来了崭新的发展机遇，《崇明世界级生态岛发展“十三五”规划》正式公布。我为此欢欣鼓舞，当细细研读规划时，建设“海上花岛”的内容引起了我注意，开启了我近3年来以花为媒、以花载情的参政履职之路。

第一年，助力传承发展，崇明水仙花开西方

看到“海上花岛”建设规划，跳入我脑中的就是每年春节期间幽兰吐芳的崇明

水仙。崇明水仙作为我国两大水仙品系之一，在崇明已有400余年的种植历史，是上海唯一具有地理标志产品的花卉品种，陪伴着一代又一代崇明人。但是令我感到疑惑的是，为什么一谈水仙，崇明水仙的知名度远远不如漳州水仙呢？带着问题，2017年我调研了区职能部门，走访了向化、港沿、庙镇等乡镇的水仙花种植专业合作社。

调研中，我发现崇明水仙花产业发展存在三个方面困境。一是技术单一，竞争力不足。崇明水仙花育种栽培技术主要靠家族传承，研发技术欠缺，产品竞争力不足。二是种植分散，规模化不足。崇明水仙花都是农户自行种植，没有形成联动，更没有大企业、集团投入进行规模化、产业化发展。三是平台不多，政策扶持不足。相对于农业其他产业，水仙花产业推广宣传销售平台不多，且缺少相关的配套扶持政策。为此，我们通过崇明区政协大会平台积极呼吁，通过与区委书记面对面交流的机会积极促成，提出针对性的建议。功夫不负有心人，在各方有力推动下，近几年政府部门共投资了100多万，推动专业合作社和上海园林科学研究所、上海工程技术管理学校等专业机构的合作，在崇明水仙生产应用技术等领域实现了技术突破，同时在各农商推介会平台，积极宣传推广，进一步推动了崇明水仙走出崇明，走进全国市场，在水仙花市场上拥有了定价权和话语权。

第二年，助力乡村振兴，崇明花卉喜迎盛事

2017年10月，党的十九大召开，习近平总书记在报告中提出“实施乡村振兴战略”；2018年1月，国务院公布了中央一号文件《中共中央国务院关于实施乡村振兴战略的意见》。通过对中共中央十九大会议精神的深入学习，结合自身在崇明水仙花调研中的感受，我深刻捕捉到崇明花卉产业发展正迎来难得的历史机遇期。2018年3月22日，民建中央副主席、上海市政协副主席、民建上海市委主委周汉民来崇明调研，他在考察花卉苗木基地时的讲话更加激励我做好崇明花卉调研这篇大文章的信心。

2018年，利用各种机会和时间，我调研了崇明西红花、红掌花、薰衣草等花卉品种的种植、销售情况；调研了区级职能部门、乡镇政府部门对花卉产业的扶持情况；同时赴扬州等地取经，考察外地花卉产业发展情况。通过一系列深入调研，我认为：崇明花卉产业虽然得到了较快发展，但受地域、经营理念的影响，产业整体发展水平不高，仍然存在着一些瓶颈问题：例如缺乏宏观指导产业及对产业链发展的政策支撑，兴花惠农政策还没有落到实处；例如花卉产业产销一体化中以小规模、分散经营为主，缺乏龙头企业的带动效应；例如花卉产业尚未列入区重点扶持

2018 年 3 月 22 日，施志琴（左二）陪同民建中央副主席、上海市政协副主席、民建上海市委主委周汉民调研都市农林实训花卉苗木基地

产业范围，尚未融入长三角一体化联动发展中，等等。

结合调研情况，我撰写了《关于打造西红花品牌的建议》《关于推动崇明花卉产业发展的建议》等，为崇明花卉产业发展出谋献策。同时通过民建市委、区政协、中共区委统战部搭建的各类平台积极发声，相关建议意见在崇明区政协专题议政会上进行了交流，同时被中共上海市委办公厅、中共上海市委统战部录用。后喜闻第十届花博会花落崇明，崇明花卉产业迎来了历史上从未有过的盛事，市、区两级政府部门十分重视花卉产业的发展，我的部分建议意见落到了实处，崇明将花卉产业列入了政府扶持范围，建立花卉产业园，助推崇明花卉产业转型升级；崇明与全球知名花卉企业以色列丹泽格集团、荷兰阿玛达公司签署战略合作意向书，共同打造崇明美丽“海上花岛”。

第三年，花开中国梦，花村花宅惠及群众

“发展为了人民，发展依靠人民，发展成果由人民共享”，花开中国梦，崇明花卉产业发展也是为了进一步提高群众的幸福感、获得感。但是在调研中，我发现和群众日常生活环境息息相关的花村花宅建设项目推进缓慢或者停滞不前，我觉得这将严重影响群众对“海上花岛”建设的感受度，将阻碍“花开中国梦”的美好愿景

的实现。因此在花卉产业调研还没结束时，我又马不停蹄开始了“关于推动崇明花村花宅项目建设”的调研。建议：一是融合使用已有项目资金，推进项目建设；二是依托花卉产业化，带动项目建设；三是借助花博会举办平台，助力项目建设；四是打造花卉旅游村，保障项目运行；五是提高群众认同感，共建美丽家园。

为了让这项惠及民生的项目真正运作起来，我拿着我的调研成果，再次走访区职能部门，寻找建议化成实践的可能性，同时通过区政协平台，以重点督办集体提案的形式，在区政协主席会议层面进行跟踪督办。多方协调努力下，我获悉区职能部门开始投入3000万，在3个村试点花村花宅推进工作，目前已进入设计阶段，相信在不久的将来，全区花村花宅的美景会成为世界级生态岛最靓丽的底色。

生于斯、长于斯，作为崇明的女儿，我将继续做好“花”的文章，为“海上花岛”建设、为乡村振兴战略在崇明实施、为崇明人民共圆中国梦而努力奋斗。

人物简介

施志琴：上海市崇明区科委主任，民建上海市委委员，民建上海市崇明区委三委。

话说这些年我上下班的交通工具

陈红霞

都说出生在20世纪60年代末到70年代的人是最幸运的，经历了从计划经济到市场经济的转变，在人生中最有闯劲的青春年华时期赶上国家改革开放的浪潮。自己作为出生在幸运年代中的一员，经历着社会的持续发展和变化，感受着祖国的日渐繁荣。而今天，我就从这些年自己上下班交通工具的变化说起。

刚入公司，住在公司的宿舍，宿舍离厂区有两站路。最初，每天从宿舍走到中山路上坐45路公交车去上班。那时，中山路还没有高架，也没有绿化。走在路上，每遇车辆经过，扬起一阵灰沙，只能边走边捂上嘴巴和鼻子。45路的公交车，虽说已经是最后两站了，因为车上的人基本上都是踩着这个时间点赶着上班的江南厂的人，所以还是人挤人。于是在售票员“上车请买票，月票请出示”的叫喊声中，把车票钱一个挨一个地接力式递送到售票员手里。挤车对于一个新上海人来说，实在有点困难。

实在不善于也不喜欢挤公交，于是请家里人想办法把家里的自行车捎到了上海。那是一辆24寸的凤凰牌自行车，紫红色的，是爸妈给我的20岁生日礼物。自行车到上海后，首先要到附近派出所盖钢印，领车牌证。有了自行车，出行就方便许多。到公司上班，就改走龙华东路。那是一条很热闹的小路，但没有太多的灰沙。印象很深的是靠近公司门口的路边还有卖各色早点的小摊，除了大饼油条、鸡蛋饼，还有豆腐脑和糍饭糕等，很丰富。而离公司门口稍远处的路边有不止一家的废品收购站。不管是卖早点还是收废品，生意都很好，因此人流也较多，我的自行车车技也是在那段时间突飞猛进的。

当时江南造船厂厂区东西向距离还是蛮远的，从现在的西藏南路到卢浦大桥。以前上班从办公室到西边码头走过去需要约10分钟。有了自行车也解决了走着去码头的问题。但是，当时骑车去码头还是有点心疼这辆车的。从办公室到码头，一路上必须经过吊车轨道和露天冲砂场。经过轨道时，每次都是小心翼翼地骑过去，一来怕摔，二来怕车轮子被戳破；而每次经过冲砂场，为快速穿过那一片黑乎乎的沙尘带，就得使劲踩着踏板，箭一般地往前冲。船厂的老员工和当时住在船厂附近的居民都很熟悉厂区里发出来的连续不断的“呜——呜——”声，这声音就是对钢板进行冲砂预处理时发出来的，伴随着这“呜呜”声的便是漫天飞扬的黑乎乎的铁砂尘。无论是小心翼翼还是箭一般地冲过去，都免不了多次被路面上的尖锐物戳口轮胎，好在实习所在的车间里有热心和业余手艺好的师傅帮我修补。

由于结婚后的住房也离公司不远，因此，婚后依然是骑着这辆自行车上下班。那时，上海有许多马路菜场，当年的南市区瞿溪路菜场就是其中之一。瞿溪路菜场不大，最繁华的是从南市区工人俱乐部到南车站路这一段。而我为了走捷径，每天，在这段混杂着各种鱼腥味、咸菜味、水果味的菜场马路上，穿行在熙熙攘攘的人群中，施展自己早已练就的车技。现在回想起当年马路菜场那热闹的情景，记忆犹新。不过，这个马路菜场由于扰民和环境问题在几年后被拆除，现在的瞿溪路既整洁又安静。

这辆自行车陪伴我上下班有整整13年。无论刮风下雨，无论我加班到多晚，这辆自行车始终是我最忠实可靠、最便捷的交通工具。直到2004年，我从原先的设计部调到开发研究部，到现场的配建工作少了，每天的上下班交通工具换成了一辆捷安特的电动自行车。车座后安装了一个铁丝做成的儿童座，是每天上下班时顺路接送孩子上学放学用的。那时，中山南路内环高架早已建成，机动车没有现在那么多，因此高架下左右两侧是非机动车专用道，比起以往人车混杂的马路要畅通许多。每年春末到秋初这段时间，在那道上骑着电动车还真的可以用一个“爽”字来形容的。

2005年，家里有了第一辆小轿车。由于我上班地点在中山南路上，和孩子上学顺道，当时先生作为家里唯一一个有驾照的人，兼职作起我们的专用司机。下班，就没有这种待遇了，只能坐公交回家。那时，公交已经不像20世纪90年代初那么挤，而且中山南路上到南浦大桥和经南浦大桥开往浦东方向的车辆都途经家附近车站，特别是由于浦东这十几年突飞猛进的发展，到浦东的车辆很多，所以坐公交的感觉已经和十几年前有很大不同，很方便。天气好又恰逢兴致好的时候，也会步行穿小区走小巷，沿路欣赏小区内的花花草草，顺路还可以在西邻街的室内菜场买点菜回家。

2008年，随着举办上海世博会的日子的临近，江南在建厂143周年之际，正式搬迁至崇明长兴岛江南造船基地。出于多种原因，开发部在长江隧桥通车之前，仍驻留在市区。但因为工作需要，我还是会经常到长兴岛的新厂区执行任务。那时，从市区到长兴岛只有从吴淞码头坐渡船这样一种交通方式。为了节省在码头买票等船的时间，公司分别在吴淞码头和长兴岛码头设了办公点，专人负责买票。每次去长兴岛时，提前算好到码头所需时间，先电话通知对方买好预算时间的船票，然后开车或坐地铁前往吴淞码头，取票坐船。到了长兴岛码头，最方便和节约时间的方法就是直接在码头叫上一辆黑车到公司门口（当时也确实没有找到有从码头到公司的公共交通）。返程亦是如此。正常情况可以当天来回，一旦天公不作美，起雾或起大风，轮渡停航，那就只能在岛上找旅馆住下了（当时公司还没有临时宿舍）。可以想象在这种交通方式下，办事效率有多低。

2009年10月，长江隧桥正式通车，上海单一的从水上进出崇明的交通方式的年代终于结束了。而我的办公地点也在2010年年初搬迁到长兴岛公司新址，于是开启了每天班车上岛、班车下岛的上下班交通方式。从家门口出发，经内环、龙东大道，上外环，穿过长江隧道，沿着岛上新改建的潘园公路，到公司。50千米左右的路程，道路通畅时只需要50分钟，这是以前难以想象的。早上因为出发得早，（每到冬季，因为班车出发时天还只是蒙蒙亮，在班车上经常会听到此起彼伏的呼噜奏鸣曲）到公司基本上一路畅通，而下班时通常会有些小堵。因为工作需要，经常会坐晚上的加班车回市区。这时路上车辆明显少了，基本上也是一路畅通无阻。

公司新厂区面积比原址大了许多，厂内的交通基本上以自行车和少量面包车为主。新厂区没有露天的冲砂场，钢板预处理都是在室内操作完成，没有了老厂那无休止的“呜呜”声，更没有那黑压压的飞扬的铁砂尘。骑行在厂区宽敞整洁的马路上，除了路边堆放整齐的一个个船体组立或分段、不远处的一座座龙门吊以及码头边上停靠的一艘艘新船，还真的难以想象这是一个造船厂。现在随着信息化的普遍应用，公司开设了厂区内的通勤车，只要在手机上关注企业公众号，就随时可以在手机上预约，非常方便和高效。

上面所叙说的是这些年发生在自己身上的上下班交通工具的演变史，从自行车、电动车，再到家庭小轿车，从受附近脏乱嘈杂的马路菜场干扰的居住环境到一个个整洁清净、绿树成荫的居住小区，所有这些只是这些年人民物质生活和居住环境得到明显改善的一个小小的缩影。黄浦江上一座座造型各异的大桥贯通了浦东和浦西，让“宁愿浦西一张床，不愿浦东一间房”的意识成为历史；那一环环高架、一条条地铁线贯穿上海的东西南北，加快了城市的节奏和效率；长江隧桥的通车拉近了市区和崇明的距离，更为上海的制造业提供了转型发展的地域空间。这些城市交通的迅速发展，又只是上海城市现代化发展中的一个部分。从中我感受到的是这些年民族工业的创新发展、现代化城市的崛起和祖国的繁荣昌盛！

我为自己作为众多坚守奋战在民族工业岗位上的一员、作为上海这个现代化大都市中的一分子、作为一名出生于20世纪70年代的中国人而感到幸运和自豪！

人物简介

陈红霞：江南造船（集团）有限责任公司开发研究部副部长，民建上海市委委员，民建江南委员会主委。

我所经历的上海迪士尼乐园谈判和建设过程

姜 韧

上海迪士尼项目从谈判到建设到开园，始终备受各方瞩目。因为这是迄今为止，中美之间最大的现代服务业合作项目，是迪士尼在海外最大的投资之一，是第一个在发展中国家建设的迪士尼乐园。最重要的是，上海迪士尼项目是中国对外开放具有标志性的一个项目，上海市政府和迪士尼公司双方之间漫长的谈判过程也恰好与中国经济腾飞同步。

我作为一名民建人，有幸参与了上海迪士尼项目谈判引进过程，并且在中美双方谈判过程中担任十分重要的中方资本结构组组长，负责涉及上海迪士尼项目总计50多项合作合同中超过半数近27项合同的谈判；以及建设期上海申迪集团总监，负责整个上海迪士尼项目建设期资金筹措事宜，全过程参与了上海迪士尼项目的谈判和建设，作为新中国建设过程中的一颗小钉子，亲身经历了这一难忘的项目引进和建设过程。

上海迪士尼项目引进是一个漫长的过程，中美双方各有妥协和周折，但最终是双赢的结果。

1990 年，时任上海市市长的朱镕基在加州洛杉矶阿纳海姆参观迪士尼乐园时，向当时的迪士尼总裁威尔斯提出，希望迪士尼全球版图上可以出现“上海”的名字。

国际主题乐园的建立和当地 GDP 发展水准息息相关。1983 年，迪士尼初次试水海外市场时，首选的东京当时人均 GDP 是 9700 美元 / 年。1994 年，迪士尼选址巴黎时，法国人均 GDP 接近 3 万美元 / 年。而 1990 年的中国大陆经济刚刚起飞，即使是作为经济最发达地区的上海，人均 GDP 也仅有 1900 美元 / 年。

因此，1990 年仅是揭开上海迪士尼项目谈判漫长经历的序幕。

1997 年，中国香港刚刚经历了东南亚金融危机，急需一个新的经济增长点，而香港回归中国也使得发展旅游业正逢其时。1998 年，香港立法会全票通过一份兴建主题乐园振兴香港旅游业的议案。

此时，迪士尼也正构思在亚洲兴建全球的第五个乐园，消息一经披露，立刻吸引了包括新加坡、珠海、香港和上海在内诸多亚洲城市的关注。经过多重谈判，最终迪士尼乐园先行被引入中国香港。

由于看到了中国的广大市场，虽然迪士尼公司将中国首家迪士尼乐园放在了中国香港，但同步更加快了进入大陆市场的步伐。1999 年至 2005 年，上海迪士尼项目谈判仍不断在延续中。

直至 2008 年，上海市政府和迪士尼公司启动正式谈判，经过双方不断磋商，最终在 2009 年 11 月 4 日，上海市人民政府新闻办公室宣布：上海迪士尼项目申请报告已获国家有关部门核准。至此，上海迪士尼项目这场长达 19 年的马拉松式的牵手谈判，终于宣告成功。

2009 年，上海地区人均 GDP 达到了 1.1 万美元 / 年，和 1997 年相比较，翻了近 6 倍。可以这么说，整个上海迪士尼项目谈判的漫长过程，恰是中国经济腾飞的增长过程。

为何要介绍政府与美方之间关于上海迪士尼项目谈判的漫长过程？是因为上海迪士尼项目谈判前后历时近 20 年，中间凝聚了无数人的心血和智慧，我有幸参与其中，就像一颗建设的小钉子。基于项目谈判期的保密因素，虽然我不能将当年谈判细节和盘托出，但是我感觉到当年中美双方谈判团队的磋商沟通过程，恰好反映出我们国家经济腾飞并且不断融入经济全球化的蓬勃发展过程。

首先，迪士尼公司非常重视中国市场，中国老百姓也喜欢迪士尼的文化产品，但根据 20 世纪 90 年代早期的市场调研数据显示，当时绝大多数中国人的消费能

2010 年 10 月，姜韧与美方谈判小组负责人合照

力还没有达到业界公认的国际乐园消费水平。而迪士尼乐园的建设和运营成本较高，因此乐园需要和市场的成熟度相匹配。因此，上海迪士尼项目的成功引进，离不开中国经济腾飞的大背景。

资本结构组负责项目财务模型和股本债务结构的谈判和确认。在谈判过程中，令我印象深刻的是，美方十分重视中国市场需求的数据采集，在此基础上再测算出基础财务模型，我带领中方资本结构团队和美方资本结构团队共同努力，经过无数个日日夜夜的反复测算推演，最终得出双方一致认可的财务模型数据，作为项目资本结构的基础。最终，上海迪士尼乐园开园后各项经营财务数据证明，当时我们中美双方团队对于中国市场需求的调研数据是严谨准确的。

其次，谈判过程中，需要中美双方团队都需要时间相互了解。对于中方而言，需要了解迪士尼的企业文化，包括它的商业模式、各个业务板块之间的关系，特别是乐园和影视产品之间的关系。迪士尼公司的品牌内涵、决策方式、对知识产权的应用等。对于迪士尼方而言，需要了解中国市场的潜力，在中国开展各项业务的法律法规，税务和融资的流程，政府的角色和审批机制等。因此，上海迪士尼项目的成功引进，就是在坚持原则的前提下，不断优化上海营商环境的过程。

在谈判过程中，令我印象深刻的是，上海迪士尼项目无论是建设期还是运营期，资本结构组所涉及的 27 个合作合同大量与政策法规相关，其中既有中央政策层面的，诸如外汇管理、税收等；又有地方政府层面的，诸如产业扶持等。我在与美方谈判过程中，既充分合作又坚持原则，通过大量细致认真的工作，最终当谈判结束签约时，中美双方团队都高度认可对方的工作态度和诚意。

最后，上海迪士尼项目引入过程中，双方谈判团队还总结出一条经验，那就是“原汁原味迪士尼，别具一格中国风”，那就是迪士尼元素和中国元素的有机结合。

上海迪士尼乐园的游客绝大多数来自中国大陆。因此，我们在谈判过程中，建议迪士尼需要多了解中国国情，把迪士尼的娱乐产品和中国文化相融合。因此，双方谈判团队互相学习，一起把迪士尼乐园 60 多年积累的运营经验与中国人的消费习惯和实际情况相结合，这将是解决问题的关键。同时，上海迪士尼乐园要保证安全的运营、满意的游客体验与周到的服务。

从项目引进一开始，“原汁原味迪士尼，别具一格中国风”就被设定为项目的设计理念，实质是把迪士尼的娱乐产品与中国元素有机结合，让中国文化丰富迪士尼的创作。例如，我们现在看到入口广场上的路灯、花坛是上海市的市花白玉兰的造型。从空中俯瞰上海迪士尼乐园广场，就是一朵巨大的玉兰花，而迪士尼乐园的米奇喷泉就在其中心。园林景观和十二生肖也是中国文化的经典代表。因此，上海迪士尼乐园新增加了“奇想花园”，这是迪士尼首个以花园为设计主题的园区，由7个独立的小花园组成，花园内包括独具特色的“十二朋友园”，由12位迪士尼动画明星栩栩如生地表现十二生肖的属相特征。

迪士尼乐园全景图

作为上海迪士尼乐园的标志性建筑，上海迪士尼城堡也被注入了中国元素。城堡尖顶的顶端是金色的牡丹花，还有祥云、白玉兰、莲花等图案以及象征着迪士尼各位公主的迪士尼皇冠。除了建筑，中国元素也被融入乐园的运营和服务中，全方位营造让中国游客愉悦的乐园氛围，让他们在其中体会和谐和快乐。

除了担任资本结构组组长一职，我同时还是核心组成员之一。在谈判过程中，令我印象深刻的是，为了加勒比海盗和极速光轮这两项支柱型景点的设计研发谈判，中美双方团队经过无数次沟通和头脑风暴，最终现在呈现在游客面前的加勒比海盗和极速光轮景点，与全球其他迪士尼乐园中类似支柱型景点有着极大的升级提高。每当在上海迪士尼乐园内，看到游客们游玩时的欣喜目光，我都不禁回忆起当年谈判过程中中美双方团队的辛勤和智慧。

在上海迪士尼项目建设期，我又在银根紧缩周期，负责组建了涉资百亿元级的项目银团，既确保了项目建设资金的筹措，又准确预测项目现金流，确保了银团资金的运转顺畅。因此，2016 年 6 月 16 日，上海迪士尼乐园正式开园，立刻获得了巨大的成功。

作为一名民建会员，我有幸参加了上海迪士尼项目这一迄今为止国内最大的现代服务业项目的引进过程，并在项目谈判引进过程中，见证了中国经济腾飞和人民群众收入大幅度提高的过程，发挥了一个民建人“功成不必在我”，但“功成必定有我”的历史担当，光荣地在新中国建设过程中做了一颗小钉子，亲身见证了祖国经济的腾飞。

人物简介

姜韧：上海城烁品牌管理有限公司董事长，民建上海市委委员，民建上海市浦东新区区委副主委。

家国情怀　做不一样的法律顾问

金　缨

2019 年是中华人民共和国成立 70 周年，也是《中华人民共和国行政诉讼法》颁布 30 周年。

治大国若烹小鲜。新中国走过 70 年历程，治国理政，必须善于集中各方面智慧、凝聚最广泛力量。改革开放逐步深入，政府依法决策、提高治理能力显得越来越重要。随着行政诉讼受案范围不断拓宽，如何面对层出不穷的案件？如何合规完成证据的举证来证明行政行为合法性？如何将行政诉讼法中对行政机关提出的证据合法性要求融入日常行政执法过程中？律师如何对政府的行政行为进行“顾”和“问”？是否能将企业法律顾问的业务模式直接嫁接到政府法律顾问呢？律师如何才能做好政府法律顾问工作？作为一名执业律师，长期作为政府法律顾问奋战在行政诉讼第一线的被告代理人，我与行政诉讼制度一起见证并参与了新中国经济与社会的转型，推动政府职能与治理模式不断发展。

展现尊重司法、亲和待人、执法规范的政府机关公众形象

我作为长期从事征收行政案件的代理人深切感到，相对人是把法庭当作自身在征收过程中遭遇不公平待遇发表不满意的地方，这里面有宣泄，有投诉，也有误解。因此，作为代理人，我在法庭上尽量将征收的意义，尤其是旧城区改建在老城厢的迫切、旧城区居民如何经过第一轮征询需达到 90% 的同意率、第二轮征询需达到 85% 以上的签约率，征收决定才可以执行的基本原则向行政相对人，向旁听席上关注征收的旁听人解读，同时也根据相对人家庭的具体情况详细解释征收方案。这种不厌其烦，不仅是对相对人的尊重，同时也让旁听席上的居民得到一次普法宣传的机会。有些居民第二次第三次来旁听的时候会对每次的开庭进行评价，庭后还会跟我讨论，这种平和的氛围营造为后续的矛盾实质性解决奠定了良好的协商基础。

行政诉讼的法庭不是展现行政任性、行政骄横的场所，律师作为行政机关的代理人，不仅要有理有节依法依规表达对争议本身的法律意见，更要将依法行政、执法为民的法治理念通过自己的言行一起传递给行政相对人，传递给旁听人。

独立的价值判断和担当

律师作为政府法律顾问，应当具有法律底线意识并具有独立的价值判断。政府法律顾问的价值体现在发现错误、解决错误，以及避免错误的再次发生；通过政府法律顾问对依法行政的制度与内涵的理解，结合政府行政执法过程中的具体情况，

2018 年 10 月，金缨接受上海市第二中级人民法院行政争议多元调处中心调处委员聘书

协助政府从制度层面进一步规范执法活动。如何既满足依法行政的基本要求，又保障政府对行政效率的需要，同时使执法过程人性化、可操作化，这是每个政府法律顾问的永恒的课题和不懈的追求。

政府依照法定职权为人民群众提供公共服务，进行公共管理，承担公共责任。政府依法依规执行公权力就是对人民群众权益最好的保障，而行政诉讼是人民群众通过司法途径来检验公权力行使的合法性和合规性的重要手段，同时，也是人民群众解决自身实质性诉求，通过多元化调处机制达到公共管理秩序和谐的平台。

既要做好坚强后盾，更要做好探路先锋

随着依法行政理念的不断完善，政府法律顾问已经参与到政府行政管理的方方面面。政府法律顾问不能将自己的定位局限于事后介入的“救火队员”，更要做一个优秀的“探路者”。政府在开展新形势下地区治理的过程中将碰到层出不穷的“新问题”，在现有法律法规都没有涉及或者不足以涵盖的情况下，如何帮助政府在合法合规的框架下作出决策，创新社会治理模式更是对政府法律顾问业务能力的一大考验。

根据《物业管理条例》和《上海市住宅物业管理规定》，对业主大会、业委会的组建和日常运作，街道办事处有责任与权力进行指导与监督；但从实际工作看，在业委会组建中，街道尚能发挥主导与指导作用，而在业委会日常运作中，街道往往缺乏监督业委会的有效措施。大部分街道对业委会常常处于事后被动指导，发生矛盾问题被迫指导的局面。问题的关键在于，街道无法及时全面掌握业委会工作情况，有的业委会拒绝甚至排斥街道的指导与监督。而更多的业委会主任不知道如何召开业主大会，有的业委会认为“守住维修资金不用就是好当家”，而对物业公司则处于无人监管、业主诉求无人响应的状态，等等。这些情况都说明法律的实施出现了瓶颈。

2017年，我带领律师团队通过梳理相关法律法规与实际运作相结合，在黄浦区半淞园路街道推出上海首个业委会法治评估体系，为业委会工作提出了一套规范要求，清晰明了地告诉业委会应该做什么与怎么做。这套评估指标体系包括业委会换届改选与变更规范、业主大会规范、专项维修资金与公共收益使用管理规范、物业选聘及监督规范等六大基本项，为法律法规以及规范性文件规定的内容。主要聚焦在业委会运作中矛盾、问题的高发点与业主关注的热点，进行规范性要求。如针对目前较难解决的新老业委会不正常交接，业主反映较多的维修资金和公共收益的使用管理不透明等问题，都有相应的评估标准。

2018 年 10 月，金缨（左一）在“中国法治政府奖”颁奖典礼上

我们律师团队配合半淞园路街道办事处，通过科学设定评估体系标准，指导监督业委会依法依规运行，重点解决业委会“不作为”“乱作为”“难作为”等问题，努力推进业委会规范化运作，构建业委会法治评估体系，能够进一步发展优化社会治理结构，预防和化解社会矛盾，推动公众参与社会治理，提高业委会科学民主化的运作水平，促进基层民主法治建设。2018 年 10 月，我们律师团队参与调研的半淞园路街道“业委会法治评估体系的研究与实践”项目荣获第五届“中国法治政府奖”，这是该奖项设立以来首个街镇级政府获奖。

有政府法制部门领导提出：政府眼中优秀的法律顾问不仅要能告诉政府某件事是否可行，更要能为政府指出相应的操作路径和可替代的解决方案。这就要求政府法律顾问在碰到新问题时既不做“花瓶”，处处附和，也不做“拦路虎”，事事反对，要充分了解当地群众对政府依法状况的感受以及希望解决的实际问题，开拓创新，做政府真正信得过、用得上的顾问。

既是一项法律服务，更是一种情怀

在有些人眼里政府法律顾问可能有着光环，但并不是每个律师都适合担任政府法律顾问。政府法律顾问工作内容多、涉及面广、压力大，虽然说情怀不能当饭吃，但是从事政府法制工作，没点情怀还真不行。无论为哪级政府机关服务，无论从事哪块行政管理领域，每个政府法律顾问不变的就是一份家国情怀。

律师的职责之一在于维护当事人的合法权益。律师作为政府法律顾问时，所维护的不仅仅是某个机关法人的权益，更是这个政府背后无数平常百姓所享有的社会公益。律师在为企业提供法律服务时，你所代理的企业也许与你的日常生活永远不会产生交集，可在为政府提供法律服务的过程中，你参与审核的每一份规范性文件、每一项决策都可能直接与包括你在内的无数群众的生活产生千丝万缕的联系。正是在工作中兢兢业业的坚持，才能守护每个百姓的利益不受侵犯，守护依法治国的梦想，守护同生活在这片土地的人的美好未来。

《行政诉讼法》实施30年来，在监督行政机关依法行政、依法治国和保障公民、法人和其他组织的合法权益两个核心问题上取得了有目共睹的成绩，我也有幸参与、见证着政府法律顾问制度从无到有、从有到精、从精到全的发展过程。而做好政府法律顾问，肩头的责任不亚于担任人大代表、政协委员。政府法律顾问从某种程度而言更接近行政，帮助行政合法合规。

我作为民建人，也作为市人大代表，在政府法律顾问这个身份上更多了一份责任和担当，我期待在下一个30年继续为国家的法治进步贡献自己的力量。

人物简介

金缨：上海金源方程律师事务所主任、合伙人，民建上海市委委员，民建上海市黄浦区委副主委，民建上海市委妇女委员会主任。

复兴之路　见证辉煌

蒋　婵

时光荏苒，岁月如梭。漫步在浦江岸边的蜿蜒大道，迎着温润的微风，望着华美的画卷。现代高楼与万国建筑相映成辉，仿佛在细数历史的脉络，在吟唱今日的赞歌。新中国成立 70 年，带来的是亿万人民欢声笑语，带来的是华夏大地一片繁荣。值此华诞，作为一名平凡而幸运的见证者，用文字串起些许记忆的片段，以表达对祖国母亲深切的感恩与敬意。

见证一场成功精彩难忘的盛会。中国 2010 年上海世博会，以“城市，让生活更美好”为主题，创下 12 项世界纪录。作为一名世博人，看到规划从白纸到蓝图，建设从棚户到园区，运行从试验到常态，客流从攀升到冲刺，服务从粗放到精细，经验从探索到积累的艰难过程。开幕式的烟花绽放，闭幕式的华彩乐章，也让我见证了中国推动世界融合的巨大贡献。筹办工作七年多，我参与了前期土地储备、规划设计、多渠道融资、国际招展、市政基础设施建设、场馆和世博村建设、参展者服务、订房中心管理，直至最后的撤展服务。在 18000 户居民和 272 家企业的移居搬迁里，我看到了千家万户摆脱老旧的欣喜；在2000多份重大合同的谈判签约里，我看到了四面八方精诚合作的共识；在数百个建设项目热火朝天里，我看到了令人惊叹的中国速度；在190个国家、56个国际组织和80个城市参展者的综合协调里，我看到了各国友人对中华文化越来越深的理解和对中国精神越来越多的赞叹；在40多个政府部门，260多家酒店和300多个服务供应商组成的一门式服务窗口里，我看到了中国对世界的创新承诺。这场在人们心中永不落幕的盛会，统筹了各地资源，汇聚了各方智慧，形成了坚强合力，是中国共产党领导下各党派各团体携手奋进的真实写照，是中国特色社会主义制度优越性的集中体现，更是改革开放伟大成就的精彩展示。而后，时任上海世博会执委会副主任周汉民关于将世博会闭幕日10月31日作为“世界城市日”的提议最终被联合国表决通过，我们再次激动地为中国人有了第一个自己创造的世界日而欢呼鼓掌！

见证一段创新变革的前进历程。我于2011年4月进入上海市交通管理部门工作，先后牵头负责全委系统行政效能建设，重点工作的安排和督办，政府信息公开，“两会”办理，电子政务和国际交流等。八年以来，经历了重点工作目标管理制度的全市推行，分解任务、落实部门、定期通报、年终考核，用责任明晰的企业化运作模式大幅提高了行政效能；经历了政府信息的日益开放，扩大公开范围、畅通申请渠道、规定限期答复，用不断细化的法律条款保障透明政府的建设；经历了“两会”建议提案办理的创新要求，用代表委员的满意率、建议提案的解决采纳率、采纳建议的落实率等硬指标，切实扩大行政决策的社会参与度；经历了政府网站从信息发布到便民服务的功能转变，智能地图运用、主题场景服务、政民网上互动，用科技信息手段拉近政府与民众的距离；经历了上海率先提出的“一网通办”自我革新，减环节、减时间、减材料、减跑动，用大刀阔斧的流程优化和公共数据整合共享来达到所有政务服务“进一网、能通办”。所有这些点点滴滴，都来自从中央到地方行政机关以人民为中心为人民谋幸福的发展思想，来自带领人民创造美好生活的奋斗目标，来自在新时代创造中华民族新奇迹的伟大梦想。

见证一次世界首创的国家级展会。2018年11月5日至10日，首届中国国际进口博览会在国家会展中心举行，习近平总书记出席并发表主旨演讲。进博会作为世界上第一个以进口为主题的大型国家级展会，是国际贸易发展史上的一大创举，充分体现了开放发展的新理念，旨在推进贸易自由化和经济全球化。首届进博会，共有82个国家、3个国际组织，以及来自130多个国家的3000多家企业参展，累计意向成交达578.3亿美元。

由于是世界首创，进博会组织方面临前所未有的压力和考验。但整个筹办举办

首届进博会交通指挥中心监控图

过程中，在党中央的坚强领导下，全市上下齐心协力，奋勇争先，通过短短数月的全力准备圆满完成了重大战略任务。我们市交通委，是在进博会筹办过程中承担任务最重的部门之一。设施保障要在短期内建设或改造展会周边所有的路桥停车场设施和标识标牌；运输保障要协调轨道交通、地面公交、出租汽车、道路客运和停车管理，首次推出定制巴士服务，首次试点在S26高速公路以及周边道路上设置大巴专用道，在国家会展中心引入中运量公交，设置出租汽车蓄车场，优化轨道交通运行模式；信息服务要研发推出“进博会交通”APP，具备全市范围地图和导航功能；安全保障要完善各类交通应急预案，组织专项演练，强化安检措施。而我的任务，是负责其中重点工作的督办推进，以及各方面的综合协调。从世博会到进博会，再次亲历国家级重大活动，不同的背景，不同的模式，感受到的是同样强大的组织领导，是同样为国争光的拼搏精神。傍晚时分，坐在交通指挥中心的监控屏幕前，看到各种车灯整齐地排列，载着收获颇丰满脸笑意的人群，我由衷地为自己是一名新中国的交通人而感到骄傲。

见证一片欣欣向荣的发展领域。在上海交通管理部门8年岁月，无论在工作中从事交通事业，还是生活中作为市民出行，看到上海交通在改革开放的浪潮中持续发展向前，结出让人惊叹的累累硕果。首先是思想理念的不断升华。在“海纳百川、追求卓越、开明睿智、大气谦和”的城市精神感召下，在建设全球城市的战略目标下，在对标国际最高标准最高水平的要求下，我们既要满足公共需求，又要兼顾个性选择，既要注重硬件完善，又要强调精细服务，既要追求高效便捷，又要牢守安全底线，致力于建设“枢纽型、功能性、网络化”的综合交通体系，为城市能级和核心竞争力的提升提供服务保障。其次基础设施的大力建设。航空方面，虹桥、浦东两大机场已建成4座航站楼，形成“一市两场”基本格局。截至2018年，共有107家航空公司开通至上海两场的航班，航线网络遍布全球289个城市及地区，2018年旅客吞吐量达到1.18亿人次，位居全球第四；浦东机场航空货邮吞吐量达到377万吨，连续11年保持世界第三。航运方面，洋山深水港区一期至四期工程和外高桥港区一期至六期工程全面建成，上海港实现了从“河港”向“海港”的跨越。全球最大规模、自动化程度最高的集装箱码头——洋山四期自动化集装箱码头已于2017年年底投入试运行。上海港国际班轮航线遍及全球各主要航区，成为国内集装箱航线最多、航班最密、覆盖面最广的港口。2018年集装箱吞吐量4201万标准箱，连续九年保持世界第一。建成国际客运中心和吴淞口2个邮轮码头，2018年旅客吞吐量275.3万人次，全球第四，亚洲第一。轨道交通方面，运营线路17条，车站415座，运营里程705公里，为全球之首。路网方面，公路和城市道路总里程达1.85万公里，相继建成了10座跨江大桥和14条隧道。地面公交方面，运营线路1500余条，总长度达到2.4万公里。再次是创新运用的与时俱进。随着“蓝天保卫战”的打响，新能源车、充电桩、LNG加气站等环保型交通工具和设施正在大规模推广。而人工智能时代背景下，依托互联网的出行体验，运用大数据和云计算的路径选择，以及高科技无人驾驶的开放测试，也在不断刷新着人们对未来生活的美好向往。在所负责的国际交流工作中，我发现越来越多的国家或城市政府部门希望来华考察交流，希望分享中国的发展和管理经验，希望与我国有关部门与机构深度合作。也有越来越多的国际组织落户中国，越来越多的国际前沿研究活动在中国举办。这充分说明经过改革开放的一路征程，我们的成就让世人刮目相看，我们的影响力已经举足轻重，我们可以凭借自身的实力站上国际舞台，发出响亮的中国声音！

见证了一项团结融合的制度安排。我于2006年加入中国民主建国会，在从事基层组织建设工作的13个年头里，通过一次次理论学习，一场场组织活动，一个个提案成果，深切体会到中国共产党领导的多党合作和政治协商制度，顺应了我国的历史传统和现实国情，形成了新型政党关系，实现了集中领导和发扬民主，是凝聚共识、凝聚智慧和凝聚力量的伟大政治创造。会员发展工作中，我与各行各业的经济界代表交流，他们对民建组织的向往显示了政党制度的吸引力。政治学习工作

2018 年 1 月，蒋婵（右二）参加民建经济工委年会

中，周汉民主委亲自教授第一堂培训课，坚持将习近平新时代中国特色社会主义思想作为会员思想建设的核心内容，显示了政党制度的号召力。参政议政工作中，从社情民意到调研提案，用现实的案例和浓厚的氛围鼓励会员们积极建言献策，为政府行政管理提供重要参考，显示了政党制度的影响力。社会服务工作中，组织搭建平台，会员互帮互助，实现会员自身发展与组织发展的融合，显示了政党制度的生命力。在民建组织的引领下，会员们无论从事何种职业，无论拥有何种资历，都在用自己的方式，热情地积极地为中国特色社会主义建设贡献着智慧和力量，而这正是我国政党制度符合人心所向推动社会发展的生动证明。

70 年不长，祖国的每一片土地都朝气蓬勃；70 年不短，前进的每一个脚印都饱含艰辛。感谢祖国描绘的伟大愿景，感谢祖国给予的安定幸福。我相信，伴随着砥砺奋进的响亮口号，伴随着同心协力的众志成城，我们民族复兴的中国梦终将会实现！

人物简介

蒋婵：上海市交通委办公室调研员，民建上海市委委员，民建上海市经济工委副主委，民建上海市中青年委员会执行主任。

壮志凌云

——亲历民航强国之崛起

郑　灵

我出生在20世纪80年代。我们这代人，尤其像我这样的纯理工科男生，从小就向往蓝天，树下凌云壮志，要飞上蓝天，要做飞行员，要为祖国航空航天事业贡献青春。

个人的命运永远和国家、和时代联系在一起。中华民族的伟大复兴，就是祖国和时代赋予我这一代青年最好的契机。紧紧抓住机会，就能以此为支点，实现报效祖国的赤诚心愿。

祖国的崛起和强大为有志青年提供了大量成功的机会

我的家庭非常普通，父母亲是双职工。20世纪80年代，母亲所在的纺织行业因为改革转型出现了行业退化。她下岗后再就业，成为了一名幼儿教师。90年代中期，父亲所在的上海电子仪表行业也遭受了一些影响，他成为了“四零五零”下岗工人，后续也经历了社会再就业。下岗大潮，给我的家庭造成了很大的困难，但父母亲并没有怨天尤人，更没有因此消沉。受到家庭氛围的感染，我也下定决心，一定要好好学习，用知识改变命运。伟大的时代、伟大的祖国，不会辜负每一个人的远大的理想。

高考顺利，我被同济大学建筑与城市规划学院录取，主修城市规划专业。虽然大学学费不低，但学校为我提供了助学贷款，这是国家对年轻学子的关怀，这让我能够在大学里专心读书，全力拼搏，燃烧自己所有的热情。1999—2004 年五年本科期间，我系统地学习了建筑学和城市规划设计知识，我也参与了不少实践规划项目：2000 年参与浙江杭州萧山区控制性详细规划设计；2001 年参与上海老城厢整体绿化改造项目设计；2002 年参与浙江遂昌县城镇体系规划设计；2003 年参与上海市临港新城城市设计规划项目设计。

毕业那年，我已经提前进入同济大学建筑与城市设计研究院实习，同时也被杨浦区城市规划管理局录取。大学期间学到的本领让我可以实现经济上独立，我还早早地还清了所有的助学贷款。

祖国的民航事业快速发展让更多专业青年人才在热爱的领域施展才华

1957 年，周恩来总理对民航提出“保证安全第一、改善服务工作、争取飞行正常”的要求，精准概括了中国民航工作的主要目标，成为全体民航人始终遵循的准则。

由于中国民航大发展，民航机长数量缺口较大，许多国内航空公司开始接受“大改驾”飞行学员。毕业那年，我的职业道路来了个 180 度转弯。上海航空公司计划从同济大学本科毕业生中挑选身体条件符合要求的理工科男生，送出国培训获得国际上通行认可的飞行驾照后，回国参加民用航空运输飞行工作。这就是我小时候的梦想啊，我毅然报名参加，并最终通过了所有的面试、考核和体检，顺利成为了一名民航飞行学员。

“高收入”绝对是民航飞行员的第一标签。在国外，虽然许多人渴望获得这个高收入的工作机会，但国外飞行员的养成花费是一笔巨大的支出且必须由本人支付，这较高的职业门槛让绝大部分国外青年对飞行员这一职业望洋兴叹。而在中国，民航飞行学员“大改驾”所产生的培训费用完全由航空公司承担，这给了我和其他同样拥有蓝天梦想的年轻人一个宝贵的机会。

中国特色社会主义制度的优越性在此刻尽显。能够有幸加入中国民航飞行员队伍，我心怀感恩，感谢国家给我机会，我愿意为之奋斗和奉献自己的全部。

祖国的民航强国战略快速发展让中国在国际航空舞台上无比自信

航空业是发源于西方的现代工业，在中国国内运行的商用航空器主要来自美国的波音和欧洲的空中客车两大飞机制造巨头。

我就职于上海航空公司。2008 年，在国资委指导下，东上航两大上海基地航空公司合并，这为后期中国东方航空公司这一央企航空公司转型为国际超级承运人打下了坚实的基础。

伴随着企业的成长，我作为一名普通的飞行员，也在不断成长、成熟。公司给予我非常多的机会，发挥自己英语和飞行技术特长，我在 2009—2011 年有幸多次参加波音 B737 飞机交付工作。

2011 年，我成为一名波音 B737 客机的责任机长；2014 年，我又成为一名飞行教员，可以实施针对飞行学员的训练和带飞。2014 年，我也参与了基层飞行队伍的管理工作，在基层的岗位上不断践行自己最初的理想：安全飞行，奉献蓝天。

国家和企业对年轻人的培养是全方位的，中国东方航空公司并没有给自己的员工任何职场上的限制。相反，各种培训机会非常多，每一个年轻人都可以找到真实的自我，挥洒自己的光和热。飞翔在蓝天下，我又有了新的志向。

2016 年，我有幸从一名普通的飞行运行执行者和基层队伍管理者转型成为东航机关基层干部，于是，我有更多的机会接触中国民用航空最前沿的审定项目。近距离了解中国航空业的发展现状，有机会通过实际比较获知中国民航和国外领先技术水平的差距水平。

2018 年，我前往美国通用电气公司，学习 GE 发动机研发，学习世界 500 强企业的管理经验。学习国外先进技术和经验永远不晚，中国的北斗卫星正在迎头赶上美国 GPS 老大哥的步伐，中国商飞和中国商发一定可以为中国航空航天事业写上浓墨重彩的一笔。中国民航在不久的将来一定会实现更大的发展，

2015 年，郑灵在美国转场训练，抓住巡航的一分一秒学习航空理论知识

2016 年，郑灵（前排右一）荣获上海航空公司十佳青年称号

中国的航空安全记录一定会持续刷新全世界的记录。

记得，我曾和美国通用电气工程师有过一次探讨，话题是关于中美经济地位之争。话语交锋中可以看出，山姆大叔已经不那么淡定和大度了。相反，中方的航空专家和我们航空公司工作人员，都显得谦虚、宽容又不失民族自豪感，这种自信从何而来？这种无与伦比的自信是来自祖国的强大和中华儿女与生俱来的民族精神。

作为一个中国人，我骄傲。生在改革开放的年代，我幸运。成为一个民航人，我幸福。我看到我的父亲母亲坚韧耐劳，我看到我的伙伴激情迸发，我们正全力冲刺，拥抱中华民族伟大复兴的时代，我们胸怀志凌云，我们用青春谱写凌云壮志，让祖国航天事业的明天更辉煌，让祖国的明天更强大。

人物简介

郑灵：中国东方航空公司运行管理部标准分部高级副经理，民建上海市委委员，民建东航委员会副主委，民建上海市委“一带一路”委员会执行主任。

薪火相传　未来可期

丁祖昱

2019 年是中华人民共和国成立 70 周年，人民政协成立 70 周年，也是中国共产党领导的多党合作和政治协商制度确立 70 周年，是决胜全面建成小康社会第一个百年目标的关键之年。在此具有重要历史意义的节点，我作为民建一员心中也感慨万千。

“理必求真，事必求是，言必守信，行必踏实”。当年，民建创始人黄炎培先生写下的这十六字箴言，彰显的正是民建人孜孜以求的理想信念。岁月葱茏，在中国共产党领导的多党合作事业中，在黄炎培、胡厥文、章乃器、施复亮、孙起孟等老一辈民建领袖的带领下，民建秉持初心，弘扬民主、团结、创新、奉献精神，始终坚持与中国共产党同心同向，开拓进取，顺应了时代要求，体现了继承、发展和创新，是民建的传家之宝、精神财富和力量源泉。回顾自己的成长，不乏民建精神以及先辈身上的力量给我的勉励和指引。

究竟是什么力量能让那些家境富裕，有实业的先辈们愿意放弃自己个人利益，积极投身到为人民利益、为富强祖国而奋斗的热情中去的呢？

带着疑问，我查阅民建先辈们的事迹，在了解先辈们的生平的过程中我深刻体会到：正是他们心中对同胞、对祖国一体同心的深厚情感和责任，正是他们强国爱国的远大理想给了他们超越个人私利、冲破固有藩篱的力量，让他们以服务于更广大人民群众的利益、促进社会整体发展作为自己的责任。

作为新一代中青年企业家，我更应该学习民建前辈忧国忧民，以人民群众利益为重，以国家利益为重的精神，在建设自己公司的同时也要关心国家大事，关心大众疾苦，保有纯良的社会责任心和公德心。

进入地产行业 20 多年，从实习生到成为一个大型集团的执行总裁，我披荆斩棘，勇攀高峰，我始终坚守对社会有责任、对公司有担当、对员工有情义的信念，这不仅是我对民建先辈的致敬，也是对我个人初心的坚持。

1997 年，我有幸来到上房置换实习，从参与展会开始。当时我干的是接待客人一类的杂活。展会后，公司收了上万本房产证需要留档复印。这些房产证摞在一起，好像一座小山那么高。我用了一周时间才把这叠小山证件复印完，印坏了两台复印机。但是从那次以后，我就真正开始投身地产行业，跟着老板在这个行业里一干就是 20 多年。

一路走来，我和公司共同成长。公司后来改名“易居”并成为这个行业内无人不晓的名字，而我也有幸见证并参与了中国房地产大数据的成长茁壮。过程中，怎会没有心酸、没有动摇？面对各种各样的职业诱惑，外面的世界似乎很美好，但我深深知道有着源源不断创新氛围的易居本身就一定会是一个更美的世界。民建的先辈们哪个不是在更为艰苦黑暗的环境中，本着对民族对国家的爱和责任，本着对光明对美好的追求，一步步走向成功和卓越的？所以看起来我为易居奉献了整个青春，也正继续奉献着黄金中年，但是我在获得巨大成就感的同时，内心也经历了长足的蜕变和成长，让我更加坚定，坚持。随着中国共产党持续强调“以民为本”“不忘初心”“可持续发展”等理念，我更加确定了自己的追求和付出不仅仅是对我个人有益的，也是作为一个民建人用实际行动履行对党、对社会、对人民的责任。

可能外人更多地是看到我的光环，比如“地产数据第一人”、“地产圈跑神”。可能外人更多看到的是中国第一个房地产数据库 CRIC 系统的出现，看到的是克而瑞成为中国第一家专业房地产数据公司，看到的是我们把房地产“小数据”发展成了中国最早的房地产大数据。可能外人会以为我这一路走来是凭借地产行业天时地利人和的东风。

其实不然。2006 年，我开始独当一面去打造克而瑞数据库，那是一段苦行僧之旅，需要精耕细作，需要耐得住寂寞。那几年是房子最好卖的时候，别人在赚钱，做数据库却在砸钱，眼看着一笔笔钱投下去，我也曾有过怀疑，怀疑坚持做专业做数据库的必要性。是内在巨大的使命感和先辈坚忍不拔的精神给了我坚持的勇气，等待厚积薄发。2008 年全球金融风暴后，市场骤冷，亟需调整，地产行业似乎是一夜之间意识到了专业的重要性。

近几年来，习近平总书记在出席重大活动和各地考察调研期间，就创新提出各种观点："抓创新就是抓发展，谋创新就是谋未来。不创新就要落后，创新慢了也要落后。""企业持续发展之基、市场制胜之道在于创新。"我们也把创新放在公司重要的位置上，支持创新，参与创新，从业务内容到管理方法，都敢于创新，有失败也有成功，但我们始终相信创新的过程是对我们企业自身的历练和提高。

不放弃，勇于挑战，才能超越自我。做数据是这样，做人也是这样。在公司的近 20 年时间里，伴随着参与易居的发展创新，我也从青年步入了中年，人到中年之际很想自己有些突破，我选择了跑马拉松。我用了 13 个月的时间从初次尝试马拉松到跑进国家二级运动员的标准。

2018 年 12 月，丁祖昱（前排中间）在跑步

在达到国家二级运动员标准后，我的心态也发生了转变，不再把超越自己最好成绩当做目标，我想影响更多人健康、快乐地去跑步。于是我组织了易居跑团，成立了易居运动汇，和全体同事一起健康身心，拼搏人生。我还组织了房地产业内跑团，希望能影响更多的人群。

理想信念的传承，须有恒心、有毅力。我作为民建一员，所学所知，所见所闻，都在祖国经济建设的前锋，对黄炎培先生所提出的“理必求真，事必求是，言必守信，行必踏实”感悟渐深，明白了只有践行才能焕发出这理念的真正力量。我想我一路对实业的坚持努力，对社会责任的担当，也算是对像黄炎培先生这样伟大的民建人的一种传承和致敬。

时代在变，社会经济等领域发生的事件也不相同，但我们仍然要学习先辈的富国利民的精神，为现代文明作出贡献。对照民建先辈的经商品德和为政品德，我们这些在经济一线奋斗的新一代民建人必须向先辈学习，树立企业家良心，坚决抵制私利的诱惑，合理合法地进行商业经营行为，不能以小利而损害大众利益，在经营公司的同时，更应该继承和发扬民建传统，关心国家大事，承担社会责任，坚决拥护中国共产党，从我做起，坚持创新发展，坚决杜绝一切危害人民群众利益的经营手段，尽自己最大的能力为建设良好的社会风气努力。

我深深地认识到，个人力量的有限和无限，我就如一滴水，只有融入千万民建会员，融入人民群众中，我的有限才能得以扩展。而人民的事业是最广阔、最有生命力的，如果我们始终坚持遵从人民群众的根本利益，就能得到社会的赞誉，人民的肯定，就会有无限光明的前途。遵从人民群众根本利益的优良传统，是民建事业勇往直前的力量源泉，也是我们每个民建人生存和发展的立身之本。

人物简介

丁祖昱：易居（中国）企业集团CEO，民建上海市委委员，民建创新创业委员会执行主任，民建上海市静安区委会员。

我经历了《富春山居图》首次合璧展

李红梅

2019 年是中华人民共和国成立 70 周年，举国欢庆。耳边时常响起“我和我的祖国一刻也不能分割……”的旋律。歌中唱尽了赤子对祖国母亲的眷恋。每每此时，我就会想起那幅旷世名画《富春山居图》。

与画结缘

这是怎样一幅画啊！600 多年的辗转流传，没有任何一幅画有如此这般的旷世奇迹。密密的题跋和印章记载了曾经的有缘人留下的印迹。为什么有这么大的魅力，竟引得爱画之人如此痴迷，甚至情愿以此画殉葬。当画从火中被抢出来时，损毁严重，中间烧出几个连珠洞，断为一大一小两段，起首一段已烧去，幸存部分也是火痕斑斑。从此，《富春山居图》一分为二。前段画幅虽小，但比较完整，被后人命名为“剩山图”；后段画幅较长，但损坏严重，修补较多，被称为“无用师卷”。虽历火殉断为两截，却也更增添了一丝神秘。重新装裱后的“剩山图”，辗转于民间，长期湮没无闻，直至被浙江博物馆收藏。“无用师卷”当年辗转进入宫廷后，在乾清宫里静静地存放了近200年。1933年，故宫重要文物南迁，包括《富春山居图》在内的万余箱珍贵文物，先运抵上海，再运至南京，1949年，又辗转迁台。从此，“剩山图”与“无用师卷”隔海相望。

2011年，两段画曾经在台北短暂相聚过3个月，而我就是这次合璧展的亲历者和见证者。

圆合之路

记得那是2005年，受凤凰卫视刘长乐主席指派，我负责与浙江省文化厅接洽，希望通过凤凰卫视牵线，促成《富春山居图》的两段画合璧展出。我拜访到了最关键的人物，时任浙江省文化厅厅长杨建新，凤凰卫视关于两段画合展的提议得到了杨厅长积极的回应。一周之后刘主席和王纪言台长在北京钓鱼台国宾馆与杨厅长更详细地谈了如何实现合展的细节，杨厅长提出两点：一是非常愿意促成合展，二是希望对方承诺也到大陆来展出，实现文化的双向交流。当时刘主席表示愿意动用台北的人脉从中斡旋，与台北“故宫博物院”洽谈。当时浙江博物馆还没有建立与台北“故宫博物院”的直接联系，凤凰卫视成为了两岸间的信使。凤凰卫视先给浙博致函表达了愿牵线与台北“故宫博物院”谈合展一事。很快，凤凰卫视收到了浙博热情洋溢的回函，委托凤凰卫视代为接洽，并对凤凰卫视愿玉成合展一事表达了感激之情。

然而圆合的路并非一帆风顺，中间一度变得非常渺茫。主要困难是，“无用师卷”来大陆，有很大障碍，对方甚至于连提都不愿提来大陆展览的话。后来我们才得知，台北“故宫博物院”有30多件文物属于不得离台的最高级别珍品，《富春山居图》就是其中之一。刘主席并没放弃这个梦想，仍殚精竭虑推动两岸文化交流，不断地各处奔走力促合璧，曾邀请了祖籍浙江的文化名人余秋雨先生一起到杭州及富春山居图的创作地浙江富阳共同考察。这期间，刘主席同时策划了李敖神州文化之旅，先参观北京故宫博物院，后到浙江博物馆共同参观“剩山图”，从台湾文化名人的角度多渠道向岛内文化人展现大陆的文化精品。凤凰卫视通过卫星平台向海内外进行了广泛宣传报道。我负责了整个行程安排并陪同。我第一次在浙江博物馆贵宾室参观了“剩山图”真迹。

时间一晃，到了2008年，台北“故宫博物院”换了新的院长周功鑫女士。周院长学问精深，挚爱中华文化。她不遗余力地为台湾民众提供丰富的文化精品而努力。在台湾文化名人陈文茜小姐的引见下，刘主席与周院长见面，策划了北京故宫博物院赴台举办清雍正大展。两岸文物交流开始逐步升温。可以说，所有这些都是在为《富春山居图》能最终实现合璧展出作铺垫。凤凰卫视也利用几档文化栏目专门制作播出了《富春山居图》的专题片。很多观众都是通过凤凰卫视第一次了解了这幅画，期盼合璧展出成为两岸越来越多的文化人的共同心愿。

最重要的转机出现在2009年全国两会。3月14日温家宝总理在回答台湾记者提问时说："我讲一个故事，你可以告诉台湾同胞。在元朝有一位画家叫黄公望，他画了一幅著名的《富春山居图》，79岁完成，完成之后不久就去世了。几百年来，这幅画辗转流失，但现在我知道，一半放在浙江博物馆，一半放在台北'故宫博物院'，我希望两幅画什么时候能合成一幅画。画是如此，人何以堪。"温总理的讲话使得《富春山居图》迅速升温，也为实现合璧展出打开了通路。浙江省文化厅厅长杨建新迅速回应，表示浙江方面已经做好了准备，期盼海峡两岸中国人都能一睹《富春山居图》合璧的真容。此后《富春山居图》大热，各路媒体纷至沓来，采访两岸文化人。合璧成为了不仅是文化人，而是两岸同胞共同的心愿。

2010年7月29日，台北"故宫博物院"和凤凰卫视签下赞助约，正式宣告一分为二的富春山居图将于2011年6月1日首次在台北合璧展出。

山水合璧

2011年6月1日，"山水合璧——黄公望与《富春山居图》特展"在台北"故宫博物院"隆重开幕，此次展览共展出台北"故宫博物院"珍藏书画70件，以及来自大陆的浙江省博物馆、北京故宫博物院、中国国家博物馆、上海博物馆、南京博物院、云南省博物馆，和台北私人收藏的共13件黄公望书画作品。其中分离了361年的两幅画卷并列陈列，浙江博物馆藏的《富春山居图》"剩山图"在右，台北"故宫博物院"藏《富春山居图》"无用师卷"在左，两幅画卷虽然独立装裱，但前后呼应山水相连。据统计，短短3个月时间，前往参观的观众达到50万人次，刷新了台北"故宫博物院"观展的纪录。

李红梅（左）与杨建新在开幕酒会上合影

特展当天，我站在台北"故宫博物院"展室中，两幅画静静地躺在那里，我也静静地驻足良久，泪流满面。记得刚到台北第一天，我在信义诚品书店买了一本蒋勋先生的书《孤独六问》，里面谈到了孤独：孤独不是寂寞，孤独实际上是一种圆满。我相信画是有生命的，或许“剩山图”和“无用师卷”在分离的361年是孤独的，但它们绝不寂寞，历朝历代有那么多的爱画痴人深爱着它们，它们历经沧桑虽然身上刻满了伤痕，但它们的美丽各自孤独地绽放，似乎一直在等待着重聚的这一天。

作为参与推动《富春山居图》两岸合璧展的亲历者，我复杂的心情难以言表，而美丽的相聚却又是那么短暂。3个月后，“剩山图”回到浙江，两段画又被海峡分隔。但我始终相信，它们终将会有再见的一天。

人物简介

李红梅：凤凰卫视中国大陆市场网络管理中心上海代表处首席代表，民建上海市委委员，民建上海市委对外联络委员会执行主任，民建上海市静安区委会员。

勇于直言　为祖国讲真话出实招

陈　琪

大学毕业就开始在中国水产科学研究院东海水产研究所从事科研及其产业化工作的我，有校训“勤朴忠实”、执着、自信、创新的陪伴，在事业上也曾算是小有成就，参与过国家攻关项目，研发农业部首批绿色食品，实现出口创汇，还将废弃物综合利用并独立发明了首席化工专家认为不可能的改变行业产品高能耗的制造工艺，研发国家重点新产品，获得农业部科技进步二等奖（第一完成人）称号等。1999 年 12 月农业部授予我突出贡献中青年专家称号。

2002 年党的诞生日那天我加入了中国民主建国会，由于组织信任、统一战线和多党合作的大背景，我被推上了人民政协的舞台，有前辈的榜样，我很快完成了人生角色转换，肩负着使命着手来行使我的建言献策的职责。提案是政协委员建言献策最重要的方式，提案来自政协委员敏锐的眼光和思考的深度。在担任上海市政协第十届、十一届、十二届委员期间，我提交了涉及各个领域的个人提案 60 余件，其中有 4 件获市政协优秀提案奖，提交了社情民意 50 件，还参与了 78 件上海市地

陈琪获民建全国参政议政先进个人

方性法规征询意见工作。我珍惜机会，认真履职，勇于直言，出实招，在人民政协的舞台上留下了身影和声音。2015 年 9 月，有 13 位上海民建会员荣获民建全国参政议政先进个人称号，我是其中唯一的女性。回眸履职经历，历历在目，有些已烙印于脑海中。

守住舌尖上的安全

民以食为天，食以安为先。2003 年，国家还没有食品安全法，食品安全标准滞后，食品监管模式采用“九龙治水”，食品安全已触及道德的底线。我的专业与食品接近，围绕食品安全建言是必须的。在年初的市政协全会上，我提交了首份提案《关于增加食用农产品中有害物质快速测定法科研投入的建议》，该提案列入市农委重点攻关项目。从此，我跟随灵感，提交了一系列有关食品安全的提案和社情民意，大部分建议被及时采纳。比如：针对本市的食品以外埠输入为主，地产的不足四成的情况，我认为食品安全法规、标准、制度尚未健全完善，现有的食品安全监管人员满足不了日常监管全覆盖的监管要求。食品安全是一项系统工程，全社会既是其利益共同体，也是责任共同体。要想真正守住“舌尖上的安全”，唯有创新社会治理的思维和模式，形成共治局面。2017 年初我提交了《关于构建食品安全社会共治体系的建议》的提案，从 14 个方面提出了建议，以期完善本市食品安全“综合协调 + 专业管理 + 基层综合执法”的监管体系：健全完善食品安全法规标准体系；加强食品安全法律法规、标准的全覆盖宣传贯彻；建立食品安全信息共享的平台；加快建设全覆盖信息化食品追溯体系；组建食品安全社会共治的队伍；制定农药、兽药等的生产、流通、销售在线监管制度；建立食品安全舆情监控体系；建立移动终端实时咨询、投诉、举报平台；加强政府职能部门的服务意识；加强地产农产品品牌整合；加强食品安全监管的科技投入；加强国家粮油储备的监管；推行行业自治；构建食品安全全球治理体系。该提案被纳入 2017 年市政协重点协商办理“切实加强食品安全监督”提案专题，为提高食品安全监管效率，全面提升本市食品安全工作水平，为特大型现代化国际大都市建设保驾护航提供了路径。

用好界别话语权

2003—2007 年，在担任上海市政协第十届科技界别委员期间，新校服的褪色、有异味的现象引起了我的关注，针对“人体的第二皮肤”存在的安全隐患，2004 年初我提交了《关于婴幼儿服装、校服、床上用品必须使用绿色环保面辅料的建议》的提案，同年国家发布了强制性国家标准 GB18401《国家纺织品基本安全技术规范》，该提案获市政协优秀提案奖。

2006 年上海市工商局和市科委为我在本市首次出具了科技人员用于股权登记的有关文件，但我发现科技“十八条”政策中某些条款与相关法律法规不一致，操作性不强，如按 1979 年国家发布的《中外合资经营企业法》规定中方自然人不能持股等，于是，2007 年，我提交了《关于尽快发布科技“十八条”政策可操作的实施细则的建议》的提案，该提案获市政协优秀提案奖。

2010 年 11 月，陈琪作为市政协特邀监督员赴湖南省学习考察

2008—2012 年，在担任上海市政协第十一届农业界别委员期间，2009 年初在市政协全会的某展会上，我发现已获本市地理标志产品使用权的崇明老白酒其产品标签上竟没有地标产品的标识。针对本市地理标志产品缺乏品牌经营的现状，我提交了《关于加强地理标志产品品牌建设的若干建议》的提案，该提案获市政协优秀提案奖。2010 年通胀来势汹汹，物价一路上涨，而物价关乎民生，而民生涉及社会和谐与稳定。食用农产品价格的上扬，最终是由消费者来承担的，而农民却没有增收。为此，我提交了《关于降低农产品价格，提高农民收入的若干建议》的提案，从农业组织形式、农产品期货市场监管、农业现代化建设、农产品商业模式、农产品交易信息、增加对农民的培训投入等提出的 12 条建议均被采纳并实施。

2013 年 6 月至 2017 年，作为增补为上海市政协第十二届医卫界别委员的我认为在医改深水区出实招是界别委员的必修课。早在 2004 年，我就开始收集、分析医院里的那些事，如“以药养医”的情况，医患矛盾等问题。医改不从体制这一源头开刀，医院企业化运作，能坚守“希波克拉底誓言”的将寥寥无几。医改就是要在政府、医院、医生和患者之间找到平衡点。我以药品价格虚高为切入点，为医改号脉开处方，2012 年初我提交了《关于建立以药品出厂价与医保支付基金对接的若干建议》的提案，提出的取消药品加成、统筹医保基金与医院的补贴、增加对医院的投入、药品出厂价与医保支付基金对接、回归医务人员的价值、保障经典药供给等建议均被政府采纳，为医改厘清了思路，提供了路径。之后，我在跟踪该提案的落实过程中发现除了药品加成取消了，其他建议因没有同步落实，医患矛盾依然存在。在每年上海市政协全会的专题议政会上，我基本上都是即兴发言的，而在 2014 年专题议政会上，我认真准备作了《医患矛盾不能让医生用生命来买单》的发言。同时，我以医务人员“九不准”为切入点，再次提交了《关于再提药品生产企业出厂价与医保支付费用对接的建议》的提案，从该提案办理沟通过程中，我得知政府有关职能部门确实是逐条在围绕建议制定方案，如用药品带量采购直接与药企完成对接等。事实证明这些建议不增加公共财政支出就能从源头上解决医患矛盾，可解决医生吃饭、病人吃药的问题，操作性强。

认真完成交办任务

2011 年市政协派我参加首次全国食用油库存检查，当时社会上地沟油盛行，上海作为国家粮油储备地，我认为除了库存数，其质量安全也是同等重要的。我在大豆原油仓库、加工车间与工人交流时得知大豆原油沉淀物多、颜色深。我要求查看台账，发现部分批次的商检进口质检报告显示产品不符合合同要求。上海是为国家代为保管的，验收流程不能缺，我建议加强验收管理，应严格按合同要求验收，不符合合同要求的应拒收并及时通报国家粮食局，从源头为国家食用油储存把好质量关。

2012年起市级财政专项资金纳入了民主监督的范围。市政协派我参加重点项目《食品及化妆品生产抽检经费》的评审，我对项目内容中的每一个数据及其相关性、合理性进行仔细地审核，该项目评审了2次才通过。我的知识结构得到了市财政局的认可，2013年上海市财政局为我颁发了上海市市级财政专项资金评审专家聘书，现为上海市政府采购评审专家资格证书。从此我与政府采购项目结缘，拓展了履职领域。为用好财政收入的每一分钱，提高财政资金的使用效率，我认为政府采购的支出必须科学化、精细化、标准化，2017年初我提交了《关于建立政府采购支出标准体系的建议》的提案，为政府采购标准体系的健全起了一定的推动作用。

跟着感觉走出届别

2013年6月26日，我被增补为上海市政协第十二届委员。当时市政协正在为推进"营改增"出谋划策。如何取消对出租车行业的油价补贴而又不影响司机的收入是我曾思考过的问题。现以"营改增"为契机，出租车司机用油纳入增值税抵扣，可取代对出租车行业油价补贴，推进行业改革。2014年初我提交了《关于深化出租车行业"营改增"的建议》的提案，虽然提案可操作，但因税制方面的决策权不在地方，归口于国家，故该提案办理结果为留作参考。

2015年，陈琪参加990市民政务通节目

为提高出租车司机的收入，2014年11月19日在本市出租汽车行业运价结构调整相关工作专题通报会上，我分析了国际形势，认为原油已进入下降通道，油价的下降变相提高了司机的收入，能够从源头提高

行业的吸引力，保障出租车司机的权益。2015 年 3 月 12 日，在本市出租汽车调价方案及燃油附加费机制情况专题通报会上，我再次分析了美国、俄罗斯、欧佩克等基本面、原油的成本，结合技术面，预测 WTI 原油会下探到 30 美元 / 桶（实际 2016 年 2 月跌到 26 美元 / 桶），提出了要考虑国际油价调整因素，结合油价运价和市场供求关系，合理调整出租车运价。

当今世界正面临百年未有之大变局，群策群力、合作共赢是各方的正确选择。新时代、新担当、新作为，每个人都从我做起，不回避问题，讲真话，出实招，有机会为祖国出力就应尽力。中华民族的伟大复兴之路上，有你有我有他，我坚信祖国的明天会更美好！人类命运共同体的明天也将更美好！

人物简介

陈琪：中国水产科学研究院东海水产研究所研究员，民建上海市委委员，民建上海市综合工委会员。

我为祖国献上我的祝福

丁　伟

“同志们，打呀！弹药有的是！”这是我的外公在1952年顶着美军的轰炸，带着弹药冲上阵地时的呐喊。那一年，他们保卫了朝鲜的水丰发电站。那一年，他们是保和平，卫祖国的英雄儿女。那一年，他们唱着“风吹稻花香两岸”。

外公总爱讲述那段硝烟滚滚的故事，也让我第一次对“祖国”有了清晰的概念——祖国是你生长的地方，是一片温暖的土地。外公离开我们7年了，但他从未远去，他唱着《我的祖国》，时刻提醒我们要心胸宽广，要为国奉献。是他第一个告诉我，中国是我的祖国，一个人和自己的祖国一刻也不能分割。

中国共产党开辟了新天地，让山河改变了模样，让祖国变得青春有力量。1949年的中国一穷二白，是毛泽东等老一辈党和国家领导人带领全国人民走出了贫困，走上了建设社会主义现代化国家的康庄大道。那代人坚定“跟党走”，自力更生，艰苦奋斗，始终抱着建设社会主义强国的信念，他们火红的青春为祖国而燃烧。

中国共产党在正视了历史问题后，让祖国再次改变了模样，可谓是“东方风

2017 年 5 月，丁伟参加巴菲特股东大会五公里跑

来满眼春”。1978 年的中国在邓小平的领导下掀开了新篇章，向全世界发出了“贫穷不是社会主义”的声音。高考的恢复让多少年轻人彻夜未眠，重拾才智报国的信心。那个年代，一份《人民日报》是多少人的坚守，让无数人解放了思想，实事求是，团结一致向前看。从那个冬天开始，中华大地上的炎黄子孙拼了命地去创造未来，因为他们知道：实践是检验真理的唯一标准。

中国共产党披荆斩棘，在国内外环境对中国发展不利的情况下杀出一条“血路”，始终为了最广大人民群众的利益不懈奋斗，中国在加入了 WTO 后长年维持着经济快速增长，那时的世界开始对中国刮目相看。一批民营企业家抓住了这大好时机，创立了至今能够与欧美国家一争高下的现代服务业与高端制造业企业。

我是“80 后”，上海是生我养我的地方。沐浴在春风里，我总是无法想象父母口中的艰难岁月，直到读了法国人潘鸣啸所著的《失落的一代》，才逐渐心生了对时代的感慨。那一代人的生活是多么的不易，我们能有如今的生活是多么的来之不易。我庆幸自己出生在改革开放新时期，这是和平的年代、建设的年代、奋进的年代。

2009 年，我加入了中国民主建国会。10 年来，民建上海市委领导及企业家会员身上的爱国热忱感染了我——干事业就要干对国家、对人民有贡献的。10年来，我始终以民建人“爱国、民主、建设、团结、创新、奉献”的共同价值理念来严格要求自己；10年来，作为民建东航委员会的班子成员，我内心常念黄任老“责在人先，利居众后”的谆谆教诲，作为开展各项工作的宗旨。我有幸多次前往社会主义学院科学系统地学习中国特色社会主义相关理论，更加坚定了实现中华民族伟大复兴、创造人民美好生活的自信。正所谓“不畏浮云遮望眼”，有了理论上的坚定成熟，什么力量也无法使我们动摇。

中国的GDP从1978年的3678.70亿元人民币到2018年的90.03万亿元人民币，40年240多倍的增长，创造了这颗星球上的奇迹。

有了强大的祖国做后盾，个人所走的每一步才会更加坚实。2005年，我顺利通过了上航的面试，获得前往中国民航大学学习“飞行签派”课程的机会。飞行签派员是一个航空公司不可或缺的人员，主要工作是搜集飞行信息、制定并申请飞行计划，与机长共同放行每个航班。一年后，我通过考试获得了中国民航局颁布的飞行签派执照，正式成为了一名飞行签派员。

2009年，在中共中央、国务院的正确领导下，东上航重组成功，东航的发展迎来了“黄金十年”。10年来，东航每年对国家利税贡献超过100亿元，10年累计盈利513.2亿元。遥想10年前东航运行控制中心的设备、环境和现在无法比拟，如今的运控中心硬件世界一流，签派放行更为精细，航班调配更为流畅。我们理应站在“黄金十年”的基础上去为下一个绚烂夺目的10年奋斗。是祖国的繁荣富强给了我梦想成真的机会，是中国民航事业的迅速发展给了我成长进步的机会。如今，我已是一名飞行签派值班主任，走上一线管理岗位意味着更大的责任。我坚信未来的运行控制人员一定是以全球视野思考航班运行，并以互联网手段保障航班安全的学习型人才。每位运控人唯充满热情，在复杂的航班运行环境中寻找风险并提出有效建言，方能加速新时代民航强国的建设。

身处新时代，我深感政府给予年轻人的满满机会，也深感时代赋予的厚重责任，“日月不肯迟，四时相催迫”，我们这代人必须坚信中国特色社会主义制度，一棒接着一棒跑下去。

奋斗本身就是一种幸福，有奉献的人生才有意义。波音737MAX系列飞机决定停飞的那个夜晚，我正在值班。民航当时有11架波音737MAX系列飞机，如果全部停飞，会直接影响到第二天的航班的飞行任务。我的同事们彻夜“奋战”，我亲眼看到每一位民航人在平凡岗位上释放出的强大能量。那一刻，安全与高效并存，整个东航运行控制中心充满着感动。那一刻，我无比憧憬C919、CR929等国

2019 年 5 月，丁伟在上航共青团纪念“五四”百年主题团日上讲话

产大飞机在全世界天空翱翔的样子。

“凡事就怕认真二字。”此刻外公常讲的那句话在我耳畔回荡。没错，只要每个人认真对待每一项工作，祖国高质量发展的“弹药”将取之不尽，用之不竭。

我和我的祖国，一刻也不能分割；我分担着祖国的忧愁，分享着祖国的欢乐。我的外公保家卫国走上抗美援朝的战场，我为中国民航事业发展坚守在自己平凡的岗位上。这就是我为祖国生日献上最完美的祝福！

人物简介

丁伟：上海航空有限公司运行控制部飞行签派值班主任，民建东航委员会会员。

发挥爱建特色　增辉民建形象

万雯娟

“我和我的祖国，一刻也不能分割，无论我走到哪里，都流出一首赞歌……”每当这熟悉的旋律响起，我都会情不自禁地轻轻吟唱，因为那是我心中最美的赞歌。

回首一路走来的历程，平凡的我一步一个脚印，感受着曲折与艰难、幸福与喜悦的过程，在祖国的怀抱里，在党的光芒中，我收获了我的不平凡。

1979 年，当改革开放的春风吹暖神州大地时，在邓小平同志“人要用起来，钱要用起来”的感召下，在上海市委、市政府的大力支持下，时任民建上海主委的刘靖基先生领头凝聚了一大批最有影响的工商界人士共襄大业，集资 5700 余万元创办了改革开放后中国首家民营企业——上海市工商界爱国建设公司。爱建公司在历史的大潮中应运而生，那是老工商业者报效祖国的炽热情感，是历经磨难后的上下求索。而我，也结缘民建，结缘爱建。在岁月的洗练和沉淀中，爱国建设的精神以及爱建人的光荣与梦想已经深深烙在我心底。

忆及当年，是爱建老领导王仁中先生引导我参加了民建，又是王仁中与周浩奎两位领导向民建市委领导推荐，把民建爱建工委主任及民建市委妇委会主任的担子压到我的肩上。同时，我还担任了上海市人大代表。五年人大代表期满，组织上又安排我担任了上海市政协委员，直至2012年。在此期间，我有更多机会向爱建前辈领导学习，在民建组织的关怀下，在爱建房产总经理、民建爱建工委主任、民建市委妇委会主任的岗位上，我始终不忘初心，牢记使命，肩负起工作的重担与责任，这是我一生中最难忘的美好时光。

1992年邓小平同志南方谈话发表后，上海的改革开放进入了崭新的阶段。20世纪90年代初，朱镕基同志任上海市市长时，市政府当时年可动用财力仅40亿元不到，政府资金十分困难。因此引进外资、对外开放成为上海极其重要的中心工作。爱建公司的老领导王仁中、周浩奎等利用自己在海外的社会关系及影响，先后把中国香港环球集团主席叶仲午（爱建引进的上海第一家外商投资企业“上海环球玩具有限公司”的投资者，上海慈善基金会香港方面捐款的创始人，上海市第一批港澳政协常委）、新加坡万邦集团主席曹文锦、中国香港菱电集团主席胡法光、中国台湾元福集团董事长黄玉麟、美国宜士公司董事长方海龙、德国凯瑞公司（中国）总裁陈凌云等沪浙籍企业家介绍给我，我把这个独特的有利条件与爱建的业务发展结合起来，为促进沪港台经济合作服务。

加快建设爱建外销商品房，把“爱建城”打造成外商云集的大平台

爱建公司是上海市政府批准建设外销商品房的两家企业之一（另一家为市属国有“中华企业”），当时外商到上海投资创业，一是没有地方办公，二是没有地方居住，与爱建合作的外商只好在静安宾馆、上海宾馆等酒店内租客房办公。工作生活十分不方便。爱建房产抓住时机，加紧开工建设零陵路爱建城内“爱和大厦”、“爱乐大厦”、“爱谦大厦”、“爱博大厦”四幢商住楼，其中“爱和”、“爱乐”两幢26层商住外销房于1995年竣工交付使用，很快便被中国香港、中国台湾、新加坡的企业、客商租买一空，解决众多外商的办公注册及生活问题。“爱和”、“爱乐”，以及已建成的28层“爱邦大厦”、30层“海洋石油大厦”，这四幢大楼当时汇集了200多家外商企业，其中中国香港与中国台湾的客商最多，爱建城内8幢大楼成为当时沪上著名的“香港城”“台湾城”。他们的公司落户在爱建城，家也安在爱建城，生产基地则放在闵行、松江、昆山、常熟、南通、宁波北仑港等开发区，投资行业包括纺织、电器、电子、建材、制造业、食品加工、教育、航运、交通等众多领域，为上海及长三角当年的改革开放作出了贡献。当时爱建元福商务有限公司董

事长、中国台湾著名企业家黄玉麟，教育家王强华先生组织了十多家台商将二厂密集投资落户南通、常熟。时任常熟市委书记杨升华专程到上海，向爱建元福公司赠送了“精诚合作　大展鸿图”的红木牌匾以感谢爱建对常熟发展的宝贵支持。沪港台经济交流也促进了人文交流，我们以实际行动充分发挥了爱建招商引资、扩大开放的平台作用，我们与很多的港澳台的企业家交朋友，搞经济合作，统战工作搞得有声有色，成果丰硕。

率先将市中心老厂房改建为外商高级商务楼，为徐汇区招商引资搭建平台

上海市中心襄阳南路、复兴路口的上海照相机四厂，原有两幢厂房共6000多平方米，当时因工厂产业结构问题，濒临倒闭，政府部门希望将好地段用起来，将工厂改建成高档商务楼，既可解决工厂生产长期扰民的尖锐矛盾，又可为招商引资、扩大开放作贡献。

经上海市、徐汇区政府邀请，香港环球集团与爱建房产成为在市中心将老厂房改建成高级商务楼的“吃螃蟹第一人”。我们发挥爱建房产在规划、设计、施工、配套等方面的综合优势，与港方设计大师何弢先生（香港特区“紫荆花”区徽设计者）密切配合，在政府有关部门的大力支持下，通过加固基础，增加了建筑面积2000平方米，爱建房产项目团队吃住在工地，精心设计，精心施工，仅用一年时间，原有厂房旧貌换新颜，一座8000平方米的高级商务楼提前竣工。这是上海市中心第一个把旧厂房改成设施齐全的商务楼项目，由于地段优越，办公条件舒适（层高4米，安装了日本进口中央空调），从而吸引了美国可口可乐、德国西门子、法国阿尔斯通、日本索尼、印度尼西亚金光等著名世界500强企业入驻，当时成为徐汇区筑巢引鸟，招商引资的一大亮点。市区领导称赞香港环球与爱建为招商引资创造了新的模式与载体，为徐汇区当时对外开放作出了很大贡献。现今的上海，将老厂房改建成各类创意科技园区的项目已星罗棋布，当时我们率先将市中心老厂房变身高档商务楼，却是践行了“解放思想，敢于创新”的改革开放新理念。

经过数年努力，爱建房产与香港环球集团合资成立了苏州爱建环球房地产公司，开发建设苏州干将路、宫巷项目；爱建房产与新加坡万邦集团合资建立的爱建万邦房产投资有限公司开发建设的爱邦大厦，是当时楼宇经济的典范，楼内新加坡、香港客商云集，万邦集团在上海、大连、青岛等地对港口、物流、造船，保税区投资达数百亿元。爱建房产与香港菱电集团合资成立了上海最早的中外合资菱建物业管理有限公司，专门从事外销房的物业管理，引进先进管理理念。时任上海市委书记胡立教、市长汪道涵均出席了菱建公司的成立典礼；爱建房产与台湾元福集

团合资成立的爱建元福商务有限公司，成了台商之家，数十家台湾企业、教育、咨询公司落户爱建城。爱建成了港台投资客信得过的合作平台、咨询平台、投资平台。通过爱建城与环球商厦的两个载体，为众多的港资台商、新加坡外商在上海及长三角地区投资，创办各类企业提供便利。我与团队充分发挥爱建的特色与优势，有力促进沪港台经济的合作与发展，让爱建老一代民建人的精神得以传承与发扬。

爱建 20 年的工作历程，是我一生中最宝贵、最难忘的岁月。我与同志们一起同甘共苦，艰辛开拓，奋力拼搏，同享胜利。在民建的组织里，担任市政协委员、市人大代表时辛勤耕耘，参政议政，关注民生，健康成长。各级领导的亲切关怀、真诚支持，我永记心怀；公司党委与民建组织的悉心培育以及同事们的无私帮助，我感恩不尽；上海市政协、市人大给予我为民献计献策、践行履职为民新理念的机会，我感到无上光荣。

与祖国一起，一路风雨一路行。这是信念，是希望，也是我拼搏进取的依托。黄沙百战穿金甲，不破楼兰终不还！我相信，每个华夏儿女的心愿都和我一样。

人物简介

万雯娟：上海爱建股份有限公司爱建资产管理有限公司原总经理，上海浦建科技有限公司总经理，原民建爱建工委主任，民建上海市委老年委员会副主任。

宝剑锋从磨砺出　梅花香自苦寒来

——从"小我"做起将中华民族精神发扬光大

王卫红

我出生于20世纪60年代后期、"文革"初期的上海青浦农村，那是中华人民共和国建立以来遭受最严重挫折、创伤的一个时期。之后，在我的成长路上直至今天年过半百，我见证了巨星陨落后的举国悲戚和粉碎"四人帮"后的万众欢腾，见证了祖国从拨乱反正中走向改革开放，见证了深圳、厦门等经济特区建立和上海浦东开发开放，见证了香港、澳门的回归，见证了中国加入WTO和申奥成功，见证了精彩难忘的2008年北京奥运会和2010年上海世博会，见证了"神六""蛟龙"等航天潜海国防领域的重大突破与成功，2018年又见证了在家门口举办的首届中国国际进口博览会……在历史的长河中，在浩渺的宇宙里，我只是一颗流星划过天际的一瞬存在；但我是何其幸运，能处在这样一个伟大的时代和国家，见证了这么多伟大、精彩的时刻与变革，见证了共和国慢慢崛起、中华民族走向伟大复兴艰辛又精彩的一段历程。

所有吃过的苦都是宝贵财富

父母生了我们兄妹三人，我们仨名字的最后一个字组合起来就是“东方红”，那是时代的烙印，也是父辈们对一代伟人的敬仰、爱戴和对祖国未来希冀、憧憬的最直接、最朴素的表达。

父亲崇敬英雄、崇尚体育，为人急公好义。他时常说，所有吃过的苦都是宝贵财富；只有有了强健的体魄，才能干好活、多干活。

小时候，他常常给我们兄妹讲岳飞、杨家将精忠报国的故事；稍大一点，就跟我们讲陈云、陈毅、陈赓等革命先辈在战争中斗智斗勇的故事。他最信奉的一句话是“心底无私天地宽”。有记忆起，就能看到他每天清晨在自家房梁上练吊环，是那种“十字形”、横竖垂直和 90 度角随意切换的那种，接近专业体操运动员的动作。10 多岁后，家里条件稍好一点，除了将吊环移到了新房房梁（至今还在），他还为自己添置了一副全套的举重设备，并时常让我站在旁边观摩，还让我充当工作人员为他加重量。那时正是我国举重运动员在国际体坛崭露头角的时候，他曾为此一度动心思要将我培养成举重运动员，无奈我从小体弱多病，得过百日咳、肺炎，还怕自己压矮了长不高，死活不肯，他才作罢。父亲的信仰和他练就的体魄，让他成为附近方圆闻名的“大力士”和“义士”：一担 200 多斤的秧苗他可以挑着轻松在泥泞的田埂上行走，2 大包水泥可以随手扛起；村里哪家有男劳力生病了，地里田间的活儿他时常会去帮衬着；本村和邻村哪家造房子、打灶头，总少不了请父亲去相帮；农历三九严寒的日子里，他可以下到结冰的河里帮着修理生产队里的轮船。

1980 年夏，我初中考上了县重点中学——青浦中学，我的班主任朱承煦老师的理念竟然与父亲一样！初中 3 年，我们寄宿生每天 5 点半起床，洗漱完即集合早锻炼——跑步，每天三四千米，风雨无阻。老师说，有了强健的体魄才能学好本领报效祖国。1981 年女排首次夺得世界冠军后，老师更是再三强调，让我们一定要发扬女排吃苦耐劳、勇敢顽强的拼搏精神，坚持完成每天的锻炼任务。在老师“魔鬼”式的教导、训练中，我小时候的病根终于祛除了，并且高中时有次在县中学生运动会中跑了 3000 米的第 6 名。

在父辈的影响、教导下，我养成了吃苦耐劳、乐观向上的性格，练就了坚强的意志力和韧性，这些都是我工作、生活中一路走过来、挺过来的精神支撑与支柱。

再穷也不能耽误孩子的学习

父亲出生于 1945 年，家中子女多，根本无力供他读书，但他爱动脑筋、爱看书、爱钻研，是个生活中的“多面手”。

父亲是泥瓦匠出生的爷爷众多徒弟中的一个，因为手艺好被爷爷看中入赘到王家。随着更多的实践，他成了远近手艺一流的好手，不但为附近的农村人家设计造房，后来还成为公社建筑工程队农桥队副队长，参与设计建造了油墩港上的几座桥梁。他还喜欢钻研机械的东西。20 世纪 70 年代初，大队购买了第一部手扶拖拉机，那时村里没一个懂机械的，是他自告奋勇去拖拉机厂里开回了队里，并首次实施了生产队里拖拉机耕田操作，且在后来培养了几名年轻拖拉机手。20 世纪 80 年代后，生产队里买了轮船，又是他去开回队里的，并且基本从驾驶到修理“一条龙”服务。我国第一批幸福牌 250C 型摩托车出来后，他又心心念念地去买了回来，并且经常没事在家把摩托车全部拆开，把零件一个个捣鼓保养好又组装起来。父亲精通象棋，曾代表乡里参加县农民运动会的象棋邀请赛。他身上有一种不怒而威的气场，他曾在市区工地施工时为保护被流氓暴打的邻村兄弟被打断鼻梁，也曾在邻村相帮造房时因脚手架坍塌救人而左臂撕裂。最神奇的是，我高中的暑假数学趣味题，他可以用他自己的方法验算到与我一样的答案……

父亲深知文化的重要性，所以非常重视我们的学习，时常挂在嘴边的就是“少壮不努力，老大徒伤悲”“书中自有黄金屋”“惟有读书高”，不要“书到用时方恨少”等，他还有在工作手册上记心得的习惯，时常在其中提及我们的学习问题。他没有重男轻女的思想，反而因为我学习成绩好而更宠爱我些。但他的宠爱方式很特殊，就是把我当男孩子训练、培养，经常拖着我和他一起参加一些男孩子才干的重体力活，说是培养我的毅力、体力和担当。哥哥因为顽皮、不爱学习，免不了吃了很多他的“生活”（上海俚语，挨打），所以哥哥看到父亲如“老鼠见了猫”会怕，直到哥哥 19 岁参军成为了一名武警战士情况才稍有改观。

父亲对孩子学习的重视在我脑海里最深的一件事，是当我告知他我的闺蜜考上了高中但她父亲不想让她继续读书的事，父亲当时就对我说：“那怎么行？那不是要毁了孩子的前途吗？晚上我去找她阿爸，再穷也不能耽误孩子学习！”当晚他真的去了，并且做通了闺蜜父亲的思想工作。闺蜜就此得以就读高中，并且后来考上了南京铁道学院，现在是市铁路系统机关的一名干部，也是她家唯一一个“书包翻身”的孩子。

父亲的这些观念、观点始终影响着我。我时常对孩子说的是：人趁着年轻一定要珍惜学习的机会，学会一两样赖以生活、生存的本领。有天赋的可以飞得更高，没天赋就脚踏实地干好活，坚决不能做国家、社会的“寄生虫”。

保持清醒头脑做好该做的事

都说“位卑未敢忘忧国”，这句话也体现在父亲身上。20 世纪 80 年代后期，在我们还在读书、家里经济还很拮据的情况下，父亲却订阅了两份报纸，一直默默关心、关注着国家的发展。

1986 年高中毕业时，我因为想减轻家里负担、又因神往复旦大学已久而报考了复旦大学中文系师资班。虽说我们是当年复旦大学最低级别的学生有些自卑，但进教室的第一天，85 岁高龄的名誉校长苏步青教授在校长谢希德等陪同下亲自到教室勉励我们：学好语文很重要，语文学得好不好，与中华民族科学文化水平的提高和社会主义建设的进展有很大关系。你们以后是语文老师，所以你们很重要……这些话不但是给我们打气鞭策，而且给了我们这批学生很大的自信和学习动力，同时也带动了中文系主任陈允吉等一批教授、教师对我们的关心和关注。

2002 年夏，王卫红重游复旦大学曦园

1988 年夏季开始，在复旦大学求学期间，社会上思想状况复杂。父亲很警觉，在一个周末我回家的时候很严肃地要与我谈话。他问了学校里的情况，问了我的情况。我如实告知并安慰他说，自己的思想没有动摇，并在空余时间与几位初中同学结伴到天潼路去看望了已经调离教师岗位的初中班主任朱老师。父亲听完后很欣慰，说：“做得对！在大是大非面前一定要保持清醒的头脑，做好自己该做的事，不能给国家添乱！”又叮嘱道：“把学习搞上去才是硬道理！”那年临毕业，我以获得二等奖学金的成绩满足了他的心愿。

这段经历锻炼了我对纷繁复杂的国际国内形势的认识判断能力，对我之后走上工作岗位、直至加入民建组织后，不断加强政治理论学习，提升自己洞察事物、分析问题的能力，加强对中国共产党的政治认同，切实维护党中央的权威，有很大的帮助。

“一岗”“二岗”的坚守与言行若一

1990 年 6 月，我从教师岗位上调到县（区）史志办，至今已经整整 29 年，自己时常自嘲、戏谑说这是“流水的领导铁打的兵”。其间，也有机会可以调任其他岗位，终因这项事业需要有“板凳一坐十年冷”、忍得了寂寞、不随波逐流的人坚守而作罢，觉着自己应该沉下心来为历史文化传承多干些实在的工作。自己为人热情、耿直，注重实事求是、信守承诺，信奉“言必行，行必果”，基本做到答应领导、朋友以及民建同志的事一定会做到、做好。

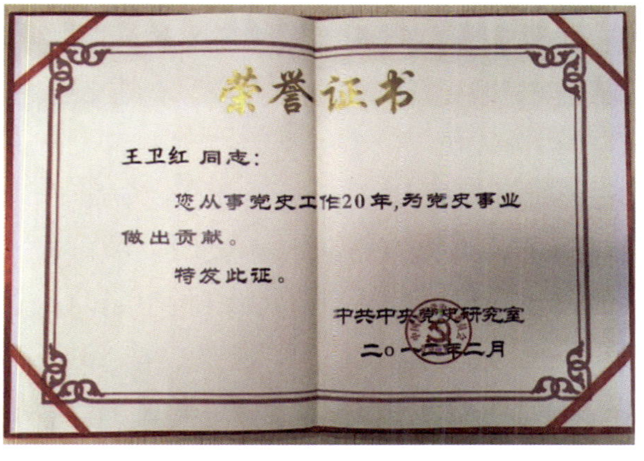

王卫红获得过的国家级荣誉

刚到史志办时，正是 1990 版《青浦县志》出版发行（5 月）的时候，那时办公室基本都是老同志，自己从小苦过累过，所以将所有打包邮寄志书的活都揽了下来。老同志也很信任、看重我，觉得我是科班出生，但凡要刊发出去的文字都要让我再看一遍。之后，在办主任的策划下，我参与或者担任重要撰稿出了一系列地情资料性质的县志衍生产品。那时还得手写，一年有时要写 10 多万字，然后铅字打印出来送印刷厂印刷成书。

1992 年 5 月起，我们开始编纂《青浦年鉴（1990—1992）》，《青浦年鉴（1993—1998）》则干脆由我任副主编。2006 版起，我干的实际上是执行主编的工作。《青浦年鉴》2008版、2012版、2016版先后3次在由中国出版工作者协会主办的全国年鉴编纂出版质量评比活动中获得地州县区类综合奖一等奖。其间，我参与了《青浦县志（1985—2000）》《上海通志》《上海市志（1978—2010）》等志书的编写工作，担任过《青浦人》《解放乡志》《江南名镇朱家角》《话说上海·青浦卷》等书籍的副主编、执行主编，还一个人从组稿、编辑、校对到跑印刷厂坚持10多年编纂本单位的地情刊物《青浦史志》(2005—2016年，季刊)，还参与了区委宣传部编纂的《青浦·千年文明的回响》、市委党史研究室编纂的《上海改革开放二十年·青浦卷》《新世纪　新步伐（2002—2007）》《新跨越　新发展（2007—2012）》等书籍撰稿，先后评审过《上海东浩国际服务贸易（集团）有限公司志》《上海市志·区县简况（1978—2010）》《上海市志·公安司法分志·监狱卷（1978—2010）》《崇明县志（1985—2004）》《嘉定区志（1993—2010）》《闵行区志（1992—2011）》等志书。同时，我沉下心来，围绕志书编纂过程中的一些问题和现象进行思考并撰写论文在市级刊物上发表。

2005年3月，在陈云同志诞辰100周年纪念活动中，我以《从陈云四次青浦调查看其“三农”思想》学术论文参加“陈云生平与建设社会主义思想”学术研讨会，并作交流发言。之后的很长一段时间，我是陈云纪念馆之友，有呼必应、有工作任务必定完成，被馆里同志戏称是“编外人员”。

2008年，改革开放30周年之际，青浦区举行系列纪念活动，我参加了青浦籍名人档案史料征集工作，先后采访的青浦籍名人有著名宪法学家、法学理论家许崇德，出版家王仿子，著名计算机软件专家陆纪兴，雷达专家陆纪康昆仲，国际石油勘探开发有限公司总经理周佰修，宝钢冶金建设公司首席专家教授级高工席德顺，海军南海舰队原副政委俞林森，等等，我撰写的传记文章录入《当代青浦籍名人录》，我还跟许老、王老等成为忘年交，时有书信往来，我会间隔寄一些家乡的地情资料、照片给他们，以解他们的思乡之苦；他们则告知我看到家乡消息时的高兴，勉励我继续做好史志工作。这些人物身上，无不闪耀着智慧和品格的光芒。他们的经历，无不是坚忍不拔、矢志不渝地执著于一项社会主义祖国的建设事业并达到高峰甚至是顶峰的成就，他们的事迹和贡献必定会彪炳青史。

我在民建“二岗”工作的坚守，我曾在《我与青浦民建共成长——参与〈青浦民建〉编纂工作20年记》一文中说过。其实有时也会气馁，常常左脑的我和右脑的我在掐架，左脑说“你这么大岁数了也做了不少事了，眼睛都坏了，可以停下来了”，右脑说“陈云同志说了，脑子越用越灵，你就再坚持一段吧”。脑海里也会时常浮现许多民建人的身影：我记得2008年我参加民建市委第三十三期中青年骨干培训班时，周汉民主委讲民建前辈黄炎培、胡厥文坚守民族气节的故事，记得他永远不知疲倦地走在履职路上的身影，记得彭镇秋副主委在为我们上课时幽默、诙谐、生动的表情，以及他说过的“党派成员只有通过在建言献策时有点子、在民主监督时有胆子，才能做到在协商大事时有位子、在重大活动中挑担子”的话语。我记得2006年成思危主席病后不久，就来到民建青浦区委调研座谈，还有为青浦民建发展不知疲惫、永远“在岗”的老领导孙季奇、叶肇恺……他们，真正做到了胡厥文先生所说的“抱忠诚之心，尽所有之力”。

在中华人民共和国70华诞来临之际，谨以此文缅怀、告慰那些血液里流淌着中华民族顽强奋斗、不屈不挠、矢志不渝精神的先辈和父辈们。“宝剑锋从磨砺出，梅花香自苦寒来”，是他们的上下求索、孜孜不辍、奋勇开拓，才让今天的中国挺直了脊梁，才有了今天祖国的“亮剑”！作为我辈，断然应当勇敢地肩负起将这种精神传承下去的使命，在这百年未有之大变局中，不忘初心，坚定信念，为推动历史发展和民族进步、为实现中华民族伟大复兴而竭尽全力。

人物简介

王卫红：上海市青浦区史志办志书年鉴科科长，《青浦年鉴》副主编，民建上海市青浦区委会员。

我的十三次搬家经历

王平华

2019 年，我已 66 岁；记忆中，我这一辈子总是在搬家。

1953 年农历八月初四，我出生在上海的广慈医院。从我有记忆起就知道，长寿路 358 号—360 号是我家，362 号—364 号是叔叔家。我们住在 360 号二楼的前楼和后楼，亭子间是厨房间和堆放杂物的地方，358 号是房客刘家住的，楼上阁楼是“小白玉”一家住的，楼上的晒台是公用的，楼下的 358 号—364 号是新大昌布店。

父母亲告诉我，这房子是上海解放前夕，我祖父用 30 根金条买下来的，买回后才发现大房东早已把房子租给了二房东。二房东是以 5 年前的房租合约价格，付给大房东金圆券，而二房东向房客收取 5 年前房租价格的黄金。因为二房东是大自鸣钟一带的流氓，大房东只能自认倒霉。他没有利益可得，就把房子卖了。祖父买了房子，等于跌入了一个陷坑，到上海解放时，我们家居然没有进去住过一个晚上。

左边的老虎天窗是王平华的家

上海解放后，通过司法途径，父亲打赢了官司，这才算住进了自己的房子。1957 年，有人说父亲乱说乱动，导致他被抓去劳动改造，母亲一人带着我们姐妹俩和一个小脚外婆生活，靠帮人家带孩子和帮新大昌布店缝衣裤来维持生活。亭子间借给旦弄里做糊纸盒子的工场间，每月能增加几元钱贴补生活。后来政治形势越来越紧张，生活也越来越困难，里弄居委相中了我家的房子。1959 年底，我们搬出了老屋，那年我才 6 岁。

母亲带着我和姐姐，住到了古镇罗店金家宅的外婆家。1958 年农村成立了人民公社，农村吃食堂，“放开肚皮吃饱饭，鼓足干劲搞生产”“大炼钢铁，赶超英美”这样的口号叫得震天响。外婆家的房子被生产队当作食堂了，宅上金阿小当兵走了，家里没人住，生产队安排我们到金阿小家落脚。

1959 年，王平华（左一）和母亲、姐姐合影

初到农村时，我对这里的一切都好奇。宅上的孩子对我这个从城里来的“上海小瘪三”也有点好奇。他们带我去看生产队猪棚里的猪，看牛，看羊，带我走小木桥、小石桥，到田埂边去拔毛针（一种野草孕育的嫩穗，拔穗放在嘴里嚼嚼，有点甜味）。

母亲带了一台“蝴蝶牌”缝纫机到农村。她手巧，被安排到缝纫组工作。那时农村的民风还蛮淳朴，虽然外婆家在宅上也是地主成分，但大家没有太强的“阶级斗争”

的意识，还是维持着原来的亲属关系。我们过了一段平静的日子。

后来食堂解散了，我们住回到了外婆家里。1964年“四清”工作队进入农村，掀起了清“四不清”行动，前期为“清工分、清账目、清仓库、清财物”，后期为“清思想、清政治、清组织、清经济”。这时，父亲劳动改造期满，上海市区的房子已经被房地局收用了，父亲无家可归，只得来投靠岳母家。可是，那个年代，哪里肯收留一个刑满释放的劳改犯。无奈，母亲只能又带着我们回到距离罗店镇十里路的祖籍王家楼。那时我12岁，读四年级。

到了王家楼才发现，原来祖上的房子有一半，在土地改革时分给两家贫农了，我家算是上中农成分，所以名上还保留着3间半平房，其中有2间被生产队占用作为仓库。我们回老宅，生产队也不欢迎，母亲好说歹说才算让我们入户，但还是要拿出一间房让生产队当化肥仓库。

那个计划经济的年代，户籍很重要，粮食、布、糖、香烟、火柴等主要生活用品都要根据户口凭票供应。父亲是“四类分子”定粮每月只有28斤，但必须要接受监督劳动，干强劳力的活。因为他是“四类分子”，没有自留田。当时我家吃饭粮食本来就十分紧张，父亲回来后，吃饭更是个大问题。生产队按每家的定粮，分配“一熟”口粮，我家总是等不到下一季粮食成熟，只能到浏河等地方买点山芋、南瓜等副食品来充饥。可山芋这东西，根本不耐饥，半饥半饱便成了一种常态，有时半夜里饿醒了，只能干瞪着眼直到天亮。

1966年“文化大革命”开始，我的读书生涯就此结束，小学毕业的我，14岁就参加了生产队劳动。好在我吃得起苦，经过几年的劳动，家里总算积蓄了几百元钱，开始筹划翻建我家3间半破烂的旧平房。买不起砖头，我就到上海的工厂去弄煤渣、矿渣，自己做砖头。缺瓦片，就用平时省下来的柴草到窑厂去换瓦片。缺横梁，就用短钢筋接，再用水泥浇铸水泥梁。经过一段时间的准备，1972年，我请了几个同伴，完成了我家3间半平房的落地翻建工程，当搬进铺上水泥地的新房时，心里有一种成就感，喜欢不尽。

谁知，“农业学大寨运动”再起高潮。王家楼也不例外，我住了10个月的新房，被规划中的北新塘“规划”掉了，落得一个被拆除的下场，我家无奈搬迁到北新塘北面的农民新村。因为是“四类分子”家属，我家原来的3间半平房，只能翻建一幢半楼房，折腾了半年才算完工。这次搬进新居时，我全然没有了上次的那种喜悦感。

好在时代总是进步的。“四人帮”粉碎了，国家许多政策都发生了变化。特别是1981年7月，国务院发布《关于城镇非农业个体经济若干政策性规定》，1983

年4月发布了《〈关于城镇非农业个体经济若干政策性规定〉的补充规定》，通过学习解读，我毫不犹豫地辞去了静安区住宅公司竹建队的工作，租借了罗店镇罗溪七队的猪棚，开办了宝山县第一家竹器加工场，营业执照为001号。也就是说，我成为宝山县第一个取得营业执照的个体户。

为了能全身心投入自己的事业，我把家搬到了工场间。尽管环境很差，老鼠、蛇和苍蝇蚊子不计其数，我却全然不顾。

这一年，我正好30岁。应了三十而立的这句话，有了国家的好政策，我有了自己的产业，有了第6次搬家。

经过一年多的辛勤经营，我的工场效益不错。我上交的税额，占了罗店个体经济当年税收总额的三分之一，因此，我被评为“全国新长征突击手”。财政等有关部门非常重视我企业的发展，无息贷款2万元人民币给我发展企业。我得以在罗溪七队的土地上建造了4幢3层楼，作办公室和住宿用，同时也造了500多平方米的厂房。

新大楼落成后，我从原来的猪棚工场间搬到了明亮的新大楼里，晚上睡在床上，望着头上雪白的天花板，兴奋得一夜没有睡着。

刚落成的竹器工场

1986年以后，个体经济发展遇到了一些新问题，所得税大幅提高，我也不得不顺应潮流而动，从30多人的生产性企业转向小型的贸易型企业。在县领导的支持下，我组织了7家个体户，建造了宝山县第一家个体经营商场“大华商场”，每家2间门面，楼下经营，楼上住宿，这是我的第8次搬家。

大华商场外貌

20世纪90年代初，邓小平发表南方谈话，推动恢复和坚定了发展私营经济的政策。于是，我又萌生了发展事业的决心。1996年，我在罗南远景村购买了8.5亩土地使用权，投资了近千万元人民币，建造了华方大酒店，把家也搬到了酒店，这是我的第9次搬家。

华方大酒店

之后，由于各种原因，我把华方大酒店转让后，改做其他行业。1999年，经朋友推荐，我在万荣路的永和路口购买了一套6楼复7楼的复式房子，住了4年，因没有电梯，2004年又置换到了中山公园附近的路易·凯旋宫。路易·凯旋宫是5

路易·凯旋宫

幢高层建筑的小区。走进大堂，中央空调恒温，四季如春；走进居室，中央净水、中央热水24小时供应；站在阳台上，眺望前方，各式房屋建筑重重叠叠尽收眼底。小时候去南京路24层高的国际饭店就认为是很奢华的地方了，现在住进了30楼的高层公寓房子，这是我以前做梦也不敢想的，这是我的第11次搬家。

由于转行后情况较好，2009年，我们在莘砖公路的临江松江科技城购买了近600平方米的办公用房，把公司的经营业务全部转入了该地域。优雅的环境，社会化的生活服务，坚定了我再做几年生意的决心。

生活条件好了，手头宽裕了，期望值也随之提高了。2012年，我在上海近邻的汾湖购买了一套400多平方米的别墅，作为休息度假用房。这房子三面环河，河道直通淀山湖，湖水清澈，空气清爽。在河里放上几块地笼网，周末来度假，起一次网，那鱼、虾、蟹、螺蛳就是我一周的荤菜了。住别墅，需要经常整理花园，这样的劳动是周末必须做的体力活。当我用割草机把整个花园的草坪割完时，闻着幽雅清香的青草味，坐在花园的荡千秋椅子上，看着平整的花园草坪上割草机割草留下的一条条痕迹，那种喜悦感油然而生。

屈指算来，我这一辈子已经有了13次搬场、建房、买房的经历，这个经历不仅记录了我和我家生活的一次次变化，同时也是我们这个社会不断发展的缩影。每每回顾这些变迁，我的心里就会生出许多感慨。我个人的命运、我小家庭的悲欢和国家的命运紧密相连。国家动荡，我也不安。国家强盛，我的小家也过得殷实富足。我深深感到，没有国，哪有家。没有国家的强大，哪有小家的安康。2019年是新中国成立70周年，我衷心祝愿伟大的中华人民共和国繁荣富强。

人物简介

王平华：上海华方实业有限公司董事长，民建上海市宝山区委会员。

传承祖国传统文化　开创非遗漆艺文创新路径

王师军

2019 年是新中国成立 70 周年，我作为闵行区的一名民建会员、上海漆艺博物馆的馆长，我深深感到，自己的成长，从学习工作、事业的发展，到今天成为上海漆器非遗项目的传承人，开辟漆器文创项目新的传承路径，都和共和国的成长发展紧密相连，都和改革开放密切相关。

生在红旗下，长在新中国，我从小到大一路非常顺利，无论工作还是学习都取得了不少成绩。我还担任过纪王镇的团委书记、闵行区人大代表、闵行区人大常务委员会常委，为党的事业和地区的经济社会发展，也作出过自己的贡献。20 世纪 90 年代，响应党和国家的号召，我辞去公职，搏击商海。在获得一定资金积累后，基于一直喜爱传统文化收藏，我把目光转向了海派漆器邻域。

我是土生土长的闵行人，我见证了上海的腾飞。上海建设卓越的全球城市和具有世界影响力的科创中心，不仅要有卓越的经济表现，还要有过硬的城市文化品牌，这不仅考验执政者的能力和智慧，更考验城市的文化传承与转化能力。

海派文化独具上海特色和韵味，是我们这座城市的一大基因。海派文化是植根于中华传统文化基础之上，吸纳吴越文化和其他地域文化，融合近代西方文化，而形成的具有包容性、开放性、多元性、商业性等独特个性的文化流派。历史上，上海在五湖四海、南来北往、五方杂处、承接传统、贯通中外的交汇中，形成了养分富足的多元文化生态。

海派漆器根植于吴越文化，是传统漆文化与世界艺术的有机结合，是经过了观念的突破和语言的转换，逐步实现了形态造型上的独立，最终确立了自身的语言系统。海派漆艺的博大精深和丰富多彩，海派漆艺大师的执著情怀，深深打动了我。我对漆器艺术一见倾心，再难割舍。更有国家对非物质文化遗产传承保护的鼎力支持，使我决意要投身恢复海派漆艺之路。

虽然海派漆艺术裹挟着风霜坎坷而来，复兴海派漆艺必定是漫长而艰难的过程，但我仍渴望让海派漆器重新焕发艺术魅力，让海派文化得以发扬与传承，这便是我创办海派漆器馆的一片初心。

前几年，我在同济大学参加漆艺研修班，两度赴清华大学参加漆艺研修班，三次东渡扶桑研究学习日本漆艺，通过中外漆器艺术交流展示活动，把海派漆艺融入漆艺艺术世界，期望让更多的人走近漆艺，了解海派漆艺的独具匠心。

我创办了上海第一家民营漆艺博物馆，通过引进漆艺大师，创办大师工作室，学习借鉴国内外的漆艺技术，努力研究如何把海派漆器项目的传统漆器髹饰工艺转换为现代髹饰语言，研发漆艺新作品，表现现代生活、传达现代观念的漆器艺术，实现从实用髹饰走向公共空间艺术，题材也从传统向现代转变。

我传承的上海漆器制作技艺，2012 年 12 月被列入闵行区第五批非物质文化遗产项目，2013 年 5 月被列入上海市第四批非物质文化遗产项目。

上海漆艺博物馆前身为上海海派漆器艺术馆，位于闵行区纪翟路 1688 号，是闵行区非遗保护基地、青少年科普实践基地，还是同济大学、华东师范大学、上海理工大学、上海工艺美术职业学院等高校学生校外实训基地。整个博物馆 5 层，面积 2500 多平方米，收藏各个类别的漆器艺术品 1000 多件，其中既有传统漆器艺术经典作品，也有当代漆艺新品优品，包括 1500 平方米展示大厅以及漆艺讲堂、手工传习所、漆器大师工作室，由清华大学美术学院教授、中国现代漆画奠基人、开创者乔十光任名誉馆长，清华大学美术学院副教授周剑石任学术馆长，汇聚沪上当代著名漆器大师，拥有一支从事漆器艺术研究阐发、教育普及、保护传承、创新发展、传播交流的专业团队，承担抢救保护传统海派漆器，挖掘漆器历史文化底蕴，创新海派漆器制作技艺，让民众感受漆器艺术博大精深厚重历史，传承漆器艺术当代魅力的公益性文博场所。

现今我研发的漆艺作品，其材质与工艺都独树一帜，具备更大的包容量和更丰富的表现力，同时其集典雅、静穆、神秘、庄重、华丽于一体的美，带给观赏者和消费者一种视觉盛宴、一种独特的非遗之美。

王师军作品：雕填大漆画地屏《明法海寺壁画》

经过近10年时间的风雨兼程，我的上海海派漆器艺术馆取得一些成绩，在2014年第十五届中国工艺美术大师作品博览会暨国际艺术精品博览会上荣获3个金奖、1个银奖；同年在国际艺术精品博览会上荣获1个银奖；在2015年第十六届中国工艺美术大师作品博览会暨国际艺术精品博览会上荣获2个金奖、1个银奖、1个铜奖；在2016年世界手工艺产业博览会暨非物质文化遗产保护成果展“国匠杯”评选中获得1个金奖、2个银奖、1个铜奖。2016年有6件大师作品，被评为“第四批上海市工艺美术精品”；2017年在全国手工艺产业博览会暨非物质文化遗产传统技艺展上又荣获1个金奖、2个入围奖；2018年6月在2018“白玉兰杯”上海设计创新产品大赛荣获“最佳工艺创新奖”；2018年10月第十九届中国工艺美术大师作品暨手工艺术精品博览会上分别荣获“2018百花杯”中国工艺美术精品奖1个银奖、1个铜奖、1个优秀奖。2018年12月在“老凤祥杯”第十三届上海旅游纪念品设计大赛上荣获优秀纪念商品奖三等奖，我也因为传承创新漆器艺术作出积极贡献，被上海收藏协会评为“上海文博事业领军人物”。

我的漆艺博物馆，从原漆器镶嵌、刻漆、雕填、螺钿四个专题陈列室，发展到现在聚集大师工作室、漆器科普馆、漆艺文创馆、青少年社会实践基地、上海市民终生学习体验基地、新媒体展览厅等多功能展厅于一体，吸引越来越多的中小学生和市民朋友走进来，接受中国传统非遗项目的知识，领略漆艺瑰宝的多姿多彩。

今年 5 月 28 日，我在上海工艺美术行业协会漆艺专业委员会一届一次会议上当选为上海漆艺专业委员会主任。这是一个新的起点，在共和国 70 华诞之际，激励我百尺竿头更进一步，思考如何把海派漆艺文化在中国大地上更深入的普及推广，努力培养更多的年轻人和社会力量，为海派漆器的艺术创作提供与时俱进的新思路与灵感，带来新的作品和崭新的探索。我坚信，未来，只要我们付出了、奋进了，只要我们用心用情了，海派漆器非遗文化的传承保护，必定取得新的更加辉煌的成绩。

人物简介

王师军：上海漆艺博物馆馆长，民建上海市闵行区委会员。

瓷板山水凝聚我心中的祖国

王恩达

中华民族千年传承，有过灿烂和辉煌，也饱尝过沧桑和苦难。历经磨难后的中华，如腾空而起的巨龙，用宽广博大的胸怀，傲然在世界的东方。放眼全球，她时刻准备为世界和平与繁荣贡献力量。

家国情怀在我心中的滋长

我是一个普普通通的文化艺术工作者，从事艺术模具设计制作、青铜器复仿设计制作和瓷刻、瓷板绘画等艺术设计创作。1999 年，我跟随恩师先后参加了为庆祝中华人民共和国成立 50 周年特制的“民族宝鼎”和“团结宝鼎”的设计制作工作；同年参与设计制作了庆祝澳门回归的“澳门宝鼎”；2004 年为纪念小平同志诞辰 100 周年，设计制作了“广安宝鼎”；还参与设计制作了庆祝西藏和平解放 50 周年，由江泽民同志题字，胡锦涛同志揭幕的“民族团结宝鼎”。当民族宝鼎和团结宝鼎被安放在人民大会堂的那一刻，我内心感慨万千，我的耳边响起恩师的谆谆教

民族宝鼎、团结宝鼎原模

诲：一个国家的振兴和强大固然需要物质基础，但更需要民族精神的支撑。

当中华人民共和国将要迎来成立70周年大庆的日子，我也从一个20岁的小伙子变成了一个年已不惑的中年人。岁月的洗礼，使我更能深深地体会到这70年，在中国共产党的领导下，全国人民团结奋斗，克服无数的艰难险阻，创造了一个又一个人间奇迹，有着数千年历史的文明大国再一次从东方崛起，展现了制度自信和文化自信的无比魅力，让我们这代人对祖国的自豪与日俱增，也深深地感受到了历史赋予的责任。

家国情怀在艺术中传承

多年前，我曾受邀走进学校开展传统青铜、瓷刻艺术的拓展教学。教学中，我发现，不少孩子对中华民族优秀的传统文化缺乏正确的认知，孩子们本应具备的那一份家国情怀在时代的大潮中逐渐丢失以致陷入迷茫，这让我深深地忧虑。

我记得我的恩师郑重地对我说过的那句话：社会主义需要物质文明建设也需要精神文明的建设，我们就是社会主义精神文明的建设者，我们能够做的就是创作作品，优秀的作品传递的思想和艺术，就是精神文明的一砖一瓦，我们就是这样的泥瓦匠，要努力去建造社会主义精神文明的大厦。师傅的这句话几十年来让我形成了一种使命感，那就是要不断创作出好的艺术作品，通过作品传承中华文化，传达家国情怀。

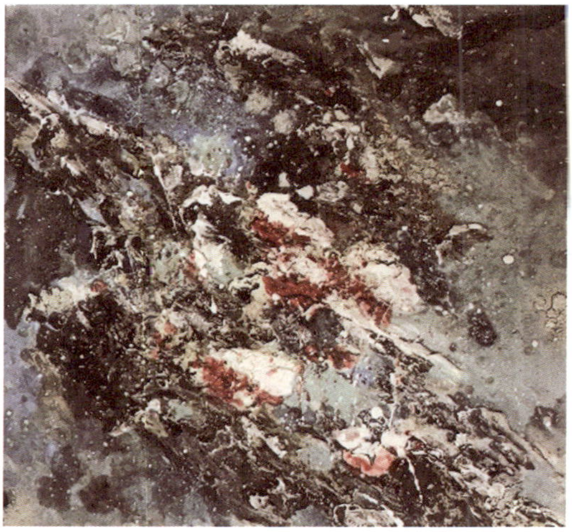

《冬日情》

2012年的一个机缘巧合，在带领学生为学校创作一件艺术展的瓷器礼品后，我对瓷板画产生了浓厚的兴趣。在学校

《寒梅》

领导的支持下，我把全部工作重心转移到美育教学，开始和夏新峰老师一起研究陶瓷艺术，并带领学生探索一种在烧成的釉面瓷板上再用色彩釉料绘画和烧制的陶瓷艺术绘画。

传统瓷板画的工艺历史悠久，最早可追溯到秦汉时期。到了明代中期，真正意义上的瓷板画才出现。清代中期，随着清代瓷艺的迅猛发展，当时的瓷画艺人致力于把纸绢上的中国画移植到瓷器上，使得瓷板画越来越兴盛。传统瓷板画品种非常多，有青花、青花釉里红、五彩、素三彩、斗彩、粉彩、墨彩、浅绛彩，等等。绘画、纹饰内容涉及面也很广泛，包括人物、山水、花卉、虫鸟、翎毛、鱼藻、吉祥图案等，几乎无所不包。景德镇瓷板画始于明清时期，清代中期的一些民间艺人，运用中国画中浅绛彩的绘画方法进行临摹和创作，加速推进中国瓷板绘画的发展。中国瓷板画已有千年历史，形成了以传统中国绘画为基础，结合瓷器绘画工艺的独特风格。

我在传统工艺的基础上，构思出一幅由 99 块 60 多平方厘米的瓷板构成，画高 7.2 米、宽 6 米的大型瓷板山水画。画面上，群山连绵、云海升腾，好比我们中华民族善良朴实、坚强不屈、勤劳智慧、大气谦和的精神品质；连绵的山脉结构由中国各个省份的界线组成，70 块山水画瓷板组合连接在一起，象征各族人民手挽手、肩并肩，紧密团结，构筑起强大的新中国；此外，配以辅助结构的 29 块瓷板，与象征中国领土统一、完整，神圣不可侵犯的 70 幅完整合成的中国地图山水作品，总

《我的国》一稿局部

共99块瓷板，最终连接拼合成组合成一幅完整的画面，我要用这幅画来庆祝新中国成立70周年，表达我对国家能够长治久安、繁荣昌盛、可持续发展的真诚祝愿。

家国情怀在创作中坚守

《我的国》创作中

虽然我在研究瓷板画方面已经积累了一定的经验，特别在瓷板上绘制复杂流动的画面研制也取得了一定的进展和成功，但是一下子绘制这样多数量的瓷板画，无论原稿创作、烧制时间的把握、瓷板的拼接，还是色彩整体的艺术感觉，对我都是巨大的挑战。整幅作品从构思到成型的过程就是攻克一个个难关的过程。由于瓷板画的成品率很低，创作烧制过程中极易出现收缩、开裂，变形、撬曲、变色等问题。画面的山脉需要有立体感，如何在普通瓷板上稳定的实现高度在1厘米以上的立体效果，都是需要解决的技术难题。

这么多块瓷板拼接在一起，对每块瓷板的烧制都要慎重考虑调整和把控。要将瓷板的收缩、撬曲比例降低在最小的范围以内，不然整幅作品的拼接就会加大高低大小的落差，只有充分注意这些细节才能注意把画面的立体感完美地体现出来。

由于整幅研制创作的瓷板画主体笔触凸出，结合了雕塑的一些元素，凸出部分的最高处有1厘米左右，在不同的灯光下，画面自己会产生细微的光影变化，特殊的机理效果，增加了画面层次的丰富感。立体的肌理与流动的釉料结合，使得画面的表现形式多样，创作的方法也在传统技法的基础上有所改变，釉料在瓷板上的堆砌、描绘、烧制、流动、发色、凝结、开裂，形成人与自然的一种独特的互动，从而使整个作品在观感

《我的国》一稿主体部分

上既产生丰富生动的鲜活感，又有震撼炫目的威慑力。

瓷，须经水火历练方能成功，可以说，瓷的经历像极了中华民族坎坷多难、终得复兴的经历。瓷板画就是最好的诠释这种家国情怀的艺术表现形式，它的象征意义十分贴近我的祖国多灾多难的历史。虽然，每个人对祖国都有着或浅或深的情感，也会有不同的认知，但我想，当每一个中国人面对这幅巨大的瓷板山水画，心里一定会有这就是“我的国”那种波澜壮阔、气势豪迈、传承有序、复兴在望的感慨和醒悟。

家国情怀是我们这代人的不了情怀

每一幅艺术作品背后都会有着一段自己的故事，那是创作者内心的表白。在艺术创作上我还很年轻，有很多的不足，今后的道路还很长，这次创作对我来说，是一次挑战，更是一次成长的过程。创作中，深深的家国情怀激励着我，国家的千年历史鞭策着我。

祖国有千年传承的悠久历史和与时俱进的先进文化，今天的我们是幸运而又幸福的。我们的祖国有无数的先辈为之前赴后继，付出了宝贵的鲜血和生命，我们要珍惜它；我们的祖国有多少人为了它的繁荣富强而默默耕耘，甘于平淡，我们要热爱它；我们的祖国曾经有多少人为她的进步和发展而受尽委屈，无怨无悔，我们要敬爱它。每当想到这些，我便感觉有了无限的创作源泉和用之不竭的力量。这就是家国情怀，让我们这代人永远不能为之释怀，因为它是我们每个中华儿女共同的情怀。我们要用自己的行动去书写我们这代人的情怀，在传承中发展，传递正能量，用行动向前辈们致敬，用行动去激励我们的后辈子孙。

人物简介

王恩达：上海鼎宏文化艺术有限公司艺术总监，民建上海市静安区委会员。

祖国，您是我心中永远的挚爱

毛　韬

我是20世纪60年代生人，我曾与祖国一起，度过“大跃进”年代、三年自然灾害年代、备战备荒年代、“文化大革命”年代、知识青年上山下乡年代、学习文化知识为四个现代化建设而奋斗年代和中国改革开放年代等许多重要历史时期。这些年代是我陪伴着新中国一起走过的一个甲子多时光的成长岁月。

孩提之朦胧

今日，我是一位可以被人们称为“50后”的老人。在我出生的那一年，我的祖国已经迈过了六载春秋。因此，我们是被人们称之为“生在新社会，长在红旗下”的一代新人。入队、入团和入会，亦就成为我人生成长进步的“三个重要阶梯”。那时候，我出生在华东电管局的干部宿舍大院里，我的父亲是国家水电部的高级技术专家，他负责着对当时整个华东地区六省一市的电力供给调配工作，参加了我国新安江水电站的建设工作。我的母亲是一位非常好的助产医生，她为我们的祖国接生了无数个共产主义事业的接班人。

在我们这个干部宿舍大院里还居住着许多解放军南下的革命老干部，包括李英才、张玉安、陈警众、周凯、征行、孙贵茂、吉云会、项方中等许多国家电力系统的高级干部。其中，李英才和张玉安这对革命伴侣是我心中最最敬重和热爱的长辈，在我的心中，他们犹如“刑场上的婚礼”的主人公——革命先烈周文雍和陈铁军的再生。李英才伯伯和张玉安伯母都是早年从山东沂蒙山区参加革命队伍的八路军老战士，由于他俩并肩作战，不怕牺牲，英勇抗日，战功显赫，所以他们的革命故事，也曾经被我国早期革命刊物《红旗飘飘》所记载。他们的 4 个孩子也都以革命年代而起名，老大出生在抗美援朝时期，起名“援朝”。老二出生在新中国开展大建设时期，起名“建设”。老三是个女孩子，出生在恰逢全国人民代表大会选举人民代表参加会议，所以起名“选民”。老四和我同年出生，我俩是同学好友。出生那一年，又正好恰逢新中国第一次发行新货币，所以起名“新元”。由此可见，新中国诞生的最初 6 年间，“援朝、建设、选民、新元”，是当时我们那个年代里“国家与小家”的一件件大事情。

童年时与长辈和兄弟姐妹的合影，前排手扶楼梯扶手的小男孩是毛韬

不久之后开展的祖国建设“大跃进”，全民开展大炼钢铁，全市动员驱赶麻雀等一幕幕活动情景，至今仍深深留在我的脑海之中。我曾记得，当时家家户户把自己家中的破铁锅、破铁桶等，甚至把每家每户小院的小铁门和铁栏栅都拆了拿去大炼钢铁。那时候，我还记得在大清早的睡梦中被大人叫醒，起床后，就与我的哥哥毛翔、妹妹毛健一起拿着大人递给的破笤帚和破面盆，和大院里的许多孩子一起奔着、喊着、叫着：“捉麻雀喽、捉麻雀喽……”跟着大院里的大人们敲敲打打，发出一阵阵很大的敲打破面盆和破铁罐的声响，来惊吓驱赶着大院里仅有的几只既十分瘦弱，又可怜巴巴的小麻雀们（注：在 20 世纪 50 年代，人们把小麻雀也列入“几害”之类，因为麻雀要偷吃稻谷，那时候，粮食又非常短缺，每家每户都要凭

购粮卡或购粮证，实行粮食计划供应。凡是购买粮食类食品，除了支付现金之外，还需要支付粮票，就是买一只 3 分钱的光大饼，也要支付半两粮票）。我的朦胧的孩提时光，就是在这居住大院既和谐又热闹氛围中慢慢度过的……

后来，李新元、周亚宁、征向武和陈红与我不仅是同龄青梅竹马的孩童小伙伴，而且成为了幼儿园、小学、中学时期的同窗学友。

入队之庄严

至今，我还清楚记得自己在读小学三年级的时候，光荣参加中国少年先锋队的情景。那时候，我们全体准备入队的同学都整齐列队在学校的大操场上，等待高年级的大哥哥、大姐姐来帮我们每一位新入队的低年级同学们戴上鲜红的红领巾。这时，少先队“列队行进”的号声和鼓声响起，大家齐声高唱：“我们是共产主义接班人，为了继承先辈的光荣传统，爱祖国，爱人民……”，以及高唱：“准备了好吗？时刻准备着，我们是共产主义接班人……”等少儿歌曲。接着，一排排列队的少先队大哥哥大姐姐向我们走来。可是，让我万万没有想到的是，走到我跟前帮我系上红领巾的那一位高年级的少先队员，他竟然是隔壁邻居李英材伯伯家的二儿子李建设。他可是与我一起经常在大院里做游戏的玩伴啊！今天却帮我系上了红领巾，我俩虽然平时挺顽皮捣蛋的，可是比刻在如此庄严肃穆的场合中，都一下子变得沉默严肃起来，我学着李建设的样子，侧过身来面向升起国旗的高台，国歌乐曲响起，国旗慢慢升起了，我们大家都面向国旗致以少年先锋队礼。

自从我的脖子上系上了一条红领巾后，我的心灵中就会充满着一种对祖国的无限挚爱。因为，在我们每一位中国少年先锋队的队员脑海中，知道自己已经成为一名爱祖国、爱人民的共产主义接班人了。

从那时候起，少年英雄刘文学和革命烈士刘胡兰，就是我们“好好学习、天天向上”的好榜样。从那时候起，我懂得了红领巾是少先队员的鲜明标志。红领巾，它代表红旗的一角，是革命先烈的鲜血染成。每一位少先队员不仅要佩戴红领巾，而且要用自己的行为保持红领巾的荣誉，并要为红领巾不断增光添彩。

入团之苦涩

我是 1972 年“文革”后期，上海恢复本市中学共产主义青年团组织后发展的第一批共青团员。由于那时非常看重每一个人的家庭出身，如果不是所谓的“红五类”家庭出身，不要说入团了，就连学校的“红卫兵”组织，也不会让你参加。况且，当时在本市中学恢复共青团组织，发展第一批共青团员的人数是非常少的。所以，那时候虽然我已经知道本市将在中学生中发展第一批共青团员，可是，入团对我来说压根就是“痴人说梦、想入非非”的事情。每天，自己仍旧是背着旧书包，一个人独自沿着旧时江湾淞沪小铁路，边走边踢着脚下轨道边上的许多碎石子，走很远很远的路途去上学，只图能静静地念好几本书。

然而，让我万万没有想到的是，由于我这种无动于衷的表现，却引起了学校和老师们不安起来。班主任老师主动找我谈话，问我：“别的同学都积极递交了《入团申请书》，你为什么不递交？”我苦涩地笑笑，没有回答老师的问话，就远远地躲开了。过了几天后，班主任老师又跑来找我谈话，这次老师明确告诉我：“学校领导经过认真讨论之后，在向共青团虹口区委组织部的拟定推荐名单中，有你的名字，所以你需要递交一份《入团申请书》。”所以我就写了一份《入团申请书》交给了老师。但是，第二天放学的时候，班主任老师再次跑来找我谈话了。他对我说：“你还需要写一份《划清界限书》交给学校，因为你不是‘红五类’家庭出身的中学生。”听了老师这番话后，我好像魂飞魄散。晚上回到家里，也不知道如何写这一份与我的家庭、与我的父亲和母亲决裂的《划清界限书》。那年，我只有16岁，我的父亲已经去了位于奉贤郊县的上海市“五七干校”劳动。此事我不敢告诉母亲，生怕她心里难过。可是，我的母亲是一位非常细心体贴的长辈，她似乎已经知道我心中的痛苦。那天晚上，她轻声对我说：“韬儿，如果你确实想加入共青团组织的话，学校老师叫你写什么，你就写什么吧。爸爸妈妈不会埋怨你的。”听了母亲的这番话语，我顿时泪流满面，泣不成声。第二天早晨，我将自己的一份苦涩的《划清界限书》交给了班主任老师。不久，我就加入了中国共产主义青年团。

1976年粉碎“四人帮”之后，我已经成长为一名共青团基层组织的支部书记，由于工作努力，成绩优秀，所以被评为“优秀团干部”荣誉称号。

那时，我的老父亲和大院里的许多伯伯、伯母们都从农村干校回到了城里，回到了我们共同居住的热闹大院中。

我记得，那年恰逢我们的新中国诞辰28周年之际，这是粉碎“四人帮”，拨乱反正后的第一个国庆节，所以大院里特别热闹。那时，我看见李英才伯伯蹲在院内的地上，用毛笔沾着清澈的水，书写着祝福祖国昌盛富强的心里话。征行伯伯在院内栽种的丝瓜和南瓜也都成熟了，所以他乐呵呵地摘下这些丰收果实，送给大院里的邻居们分享欢乐。陈警众伯伯见到我后，也笑呵呵地说：“毛韬，你和陈红、小弟、亚宁、向武这代人年轻人（注：陈警众伯伯的女儿陈红和我是同班同学。小弟是指李新元，亚宁是指周亚宁，向武是指征向武），都赶上了一个好时代了，所以你们一定要好好学习，天天向上啊！”此时此刻，我一直压抑在心底里长达5年之久的“入团之苦涩”，随着我们居住大院家家户户热烈庆祝我们伟大新中国廿八华诞的欢乐氛围，而彻底烟消云散了。

入会之进步

我的入队、入团原本是期盼让自己早日成为一名合格的共产主义接班人。所以，我刻苦学习，努力工作，积极追求上进，虽未入党，却年年被学校和工作单位评为“三好学生”和“先进工作者”。那时候，一名党外青年干部能够负责本市交通局最重要的外事接待单位的重任，还是不多见的。我在任职期间，总共接待了来沪访问的43位外国元首或政府首脑。由于我们每一次都出色地完成了重要外事接待任务，也年年都获得市政府外事部门的好评和嘉奖。为此，1992年初上海市交通局干部处特地让我去参加中共党校“第一期中青年干部培训班”的学习，亦把我作为一名入党积极分子来培养考察。

然而，正当我即将要宣誓加入中国共产党的前夕，中共上海市交通局党委经过认真研究之后，把我推荐给了中国民主建国会。主要原因就是当时的民主党派组织的成员年龄，已普遍出现比较严重的老龄化情况，当时本市各民主党派组织都希望中共组织能够帮助他们推荐一些比较优秀的青年干部加入民主党派。所以我就成为邓小平南方谈话之后，中共向民主党派组织推荐的第一批青年干部之一。实际上，我很早以前已经认识了曾经担任过民建上海市委领导的刘靖基伯伯，我的二舅和我的母亲与刘靖基是常州同乡，他们年轻的时候就很熟悉，他们相聚喝茶叙旧之时，我常常扮演一个端壶斟水的小茶僮角色。但是，当时我并不了解民建的情况。一直到我加入了民建组织，又经常去聆听陈铭珊主委作的政治时事报告，才逐渐对民建组织有所了解了，知道民建是具有光荣传统的进步组织。之后，我又参加了1997年民建开展的第一次“推进政治交接、传承优良传统”的重大主题学习教育活动，自己通过刻苦认真学习民建先贤和前辈们的著作，真正领悟民建之初心、民建之传承、民建之光荣、民建之进步，并且从民建先贤们的身上，学到了民建之血脉传承。

20多年来，我追随着民建先贤和民建老前辈们努力工作，刻苦学习，积极建言献策，为民建组织的参政履职，贡献出自己一份绵薄之力。这20多年来，我虽然每年都撰写并递交许多参政议政的稿件，其中许多稿件还获得中央领导同志的重要批示。然而，让我最最兴奋的是自己撰写的一份小小“社情民意”稿件，被党中央采纳，是我对祖国母亲最最挚爱的一份祝福！事情的经过是这样的。

2017年11月20日晚上7时，我在收看中央电视台《新闻联播》节目时，看到了中共中央总书记、国家主席、中央军委主席、中央全面深化改革领导小组组长习近平 11 月 20 日下午主持召开十九届中央全面深化改革领导小组第一次会议并发表重要讲话。

让我万分惊喜的是这次中央深改组第一次会议审议通过了《关于建立国务院向全国人大常委会报告国有资产管理情况的制度的意见》重要文件。中央深改组会议指出："建立国务院向全国人大常委会报告国有资产管理情况的制度，是贯彻党的十九大强调的加强国有资产监督管理的一个重要举措。要坚持党的领导、人民当家作主、依法治国有机统一，支持和保证人大依法行使监督权，规范报告方式、审议程序及其重点，推进国有资产管理的公开透明，使国有资产更好服务发展、造福人民。"这个《关于建立国务院向全国人大常委会报告国有资产管理情况的制度的意见》中，也有我们民建近年来参政议政集体建言的成果，所以才让我感到十分惊喜！

早在全国人大十届会议期间，来自上海民建的人大代表彭镇秋就领衔 34 位上海的全国人大代表联名递交了一份《关于制定中华人民共和国国有资产法的议案》的立法建议。当时，全国十届人大会议虽然对《议案》进行相关立法调研活动，并且通过了审议立法，但是在立法之后的人大监督和依法行政方面，仍旧没有严格按照这部法律明确规定的人大监督程序要求，来进一步加强对我国国资国企的监督工作，以至于近些年来许多大型国有企业出现监督不到位、管理不规范、制度不完善等许多问题。为此，近几年来，我几乎每年都要围绕如何加强我国人大机构对国资

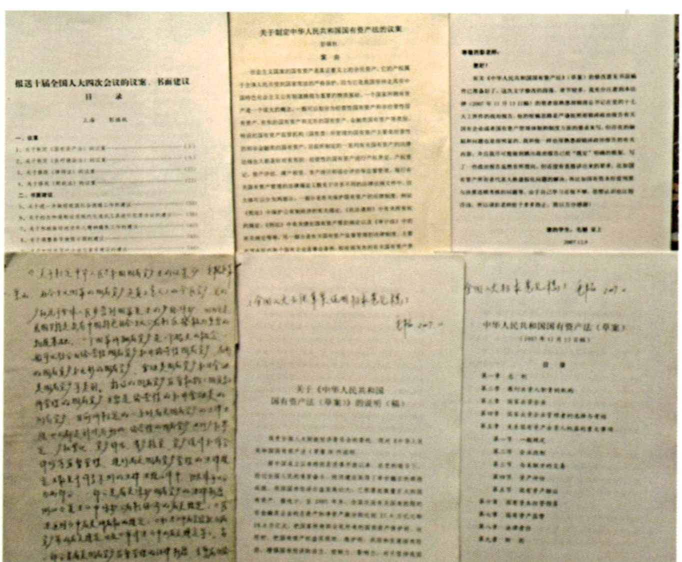

这六份材料是当时民建最初提出的立法建议文件和全国人大立法调研材料，其中，还有第一份原始手稿文本

国企依法进行有效监督等问题，撰写了许多提案或“社情民意”的稿件。

2016年11月3日，我撰写并且递交的《关于建立和健全国有企业法人治理结构的若干建议》的“社情民意”稿件，再次提出了要进一步加强第一环节的人大授权和末端环节的人大评价和考核的依法对国资国企进行监督管理，彻底改变现有国企法人治理“虚拟空壳”模式，从而让全国人大监督机构承担起全民所有权益的监护者和守护神的重要责任。当时，这一篇小小的“社情民意”稿件不仅被刊登在民建中央网上，而且在同年12月21日被刊登在全国政协的人民政协网——“党派好声音”网页上，并且这篇建言文章与民革中央主席、民盟中央主席、民进中央主席和九三中央主席撰写的几篇重要文章同时挂在一个页面上，更让我想不到的是，这篇“社情民意”有关全国人大监督国资国企的有关建言，很快就被党中央、国务院正式采纳了。

2018年10月24日，国务院首次向全国人大常委会报告国有资产“家底”，这是我国政治文明、依法治国、人民群众当家作主的一件具有历史“里程碑”深远意义的重大事情。

再回首，这20多年来，我亲身参与了上海改革开放的“三次伟大跨越”，跨越浦江，开发浦东；跨越长江，建设崇明；跨越大海，建设中国（上海）自由贸易试验区。许多重大项目的前期调研工作，都留下了我的足迹，祖国也给予我荣誉和鼓励，我曾获得上海市三个文明建设先进个人的荣誉称号、全国参政议政先进个人的荣誉称号，民建中央也连续2次授予我“全国优秀会员”荣誉称号。

今年是中华人民共和国成立70周年。伟大的新中国，虽然历经磨难，终于在70年的征程中实现了从“站起来”到“富起来”，一步步走向“强起来”。我坚信，祖国的明天必将更美好。

人物简介

毛韬：上海交运集团退休干部，民建上海市综合工委副主委，民建上海市委理论研究委员会执行主任。

沿着前辈走过的路

卢卫民

我出生于20世纪50年代末，虽未能与新中国共生，但也与新中国共长了60余年。值此纪念伟大的共和国成立70周年和中国共产党领导的多党合作和政治协商制度确立70周年之际，回忆过去的经历，思绪万千，心潮澎湃。

我们这代人生在新中国，长在红旗下。上小学后，国家遭遇了“文化大革命”，那时家庭背景成分是衡量一个青少年有无培养前途的首选标准。我的家庭虽够不上“黑五类”的标准，也不是所谓根正苗红之类。因此在技校求学时，就因家庭有复杂的海外、境外关系，而不能涉及先进技术和军工领域，不能进入数控班，当时对我打击非常大，我当时就认定与政治无缘。

1978年12月，党中央召开十一届三中全会，我国进入了拨乱反正，改革开放的新时代。我走上工作岗位的经历非常荣幸地与国家的改革开放同步，我成为了改革开放的亲历者和见证者，而且我所有的工作经历都在上海汽车行业。伴随着中国的汽车工业从小到大，产销量从世界百位之后到全球第一，我为自己能参与其中而颇感自豪。由于改革开放之后，全社会逐步肃清了“四人帮”余毒，冲破了“左”的禁锢，我的思想意识也得到了转变，自己从事的工作也得到组织的肯定，从而改变了此生不问政治的想法。

1996年上汽集团的民建组织升格为委员会，经老同志介绍我加入了民建，开始积极参与民建组织的活动，加深了对中国共产党领导下的多党合作制度和长期共存，相互监督的政治方针的理解。民建作为民主党派之一对中国近代史的贡献之一就是毛泽东与黄炎培关于历史周期率的窑洞对，这也使我对民建组织的认识上升到一个新的高度，也增强了作为民建会员的自豪感和责任感。我很清楚地记得，30多年前，在当时的上海市工业党委的党外干部培训班上，上海市委统战部的领导讲道：党外干部也是党的干部。这话使我铭记在心，难以忘怀。当时我就意识到，尽管我不是执政党的成员，作为参政党一员也要为祖国建设发挥自身的优势。

位卑未敢忘忧国，我加入了市委统战部组织的上海市中青年知识分子联谊会，以党外知识分子和统战代表人士的身份参与行业建设和社会服务。在担任第十一、十二届市政协委员期间先后以经济界和科技界界别委员身份，积极参与建言献策。按照政协委员不能仅仅着眼于自己所在的企业和行业，要从全社会的高度来参政议政，建言献策的要求，积极寻找社会热点问题，发掘关乎未来发展的前瞻性问题，进行分析思考。

记得在2009年初，全社会还沉浸在举办世博会的热潮中，一则消息引起我的注意：上海已决定要与美国合作建造迪士尼乐园。我结合自己对美国洛杉矶迪士尼乐园和香港迪士尼乐园的亲身感受，又查阅收集整理了迪士尼在全球各个乐园的经营情况，特别是合资经营的美国本土以外的乐园的运营情况，发现合资经营的乐园大多出现了亏损。迪士尼方通过收取特许权许可费，经营品牌和自营项目来获取盈利，使自己旱涝保收，而乐园的另一方则面临投入巨大，投资回报低甚至亏损的尴尬。据此，经过大半年的准备，在2010年初的政协全会上，我提交了有关建设上海迪士尼乐园应引起重视的问题的提案。建议上海迪士尼项目要尽量扩大主题乐园的范畴，把原来迪士尼的自营项目纳入乐园内；建议在上海迪士尼周边创建体现上海特色的“旅游特区”与迪士尼交相辉映，从而带动上海旅游经济发展。该提案得到政府相关部门的肯定，并予以采纳，也受到了《解放日报》《人民政协报》《21世纪经济报》和东方网等诸多媒体的关注，其中观点被多次引用。

值得欣慰的是，迪士尼乐园开业经营已近5年，与其配套建成的上海国际旅游度假区已颇具规模，成为上海乃至全国人民心驰神往的打卡地，由此聚集起的人气，给上海的旅游经济带来了新的活力，也取得了良好的经济效益。作为一位非专业的党外人士，我的建议能够得到采纳，并取得了实实在在的效果，令我颇有成就感。

由于我来自汽车行业，因此既感受到汽车作为国民经济支柱产业的重要性，又为传统汽车制造业对能源的依赖和对环境的破坏而感到担忧。从汽车发展的角度，用新能源汽车替代传统能源汽车是大势所趋，但其过程是漫长的，涉及政策法规、交通设施、产业链调整、生产消费成本等系统性问题，推行起来不会一帆风顺。早在 2008 年市政协组织的一次考察活动中，我就提出了“新能源汽车要切入市场，政府必须在牌照、税收上给予政策优惠”的观点。在 2013 年的市政协大会期间我提交了关于在崇明岛推进新能源汽车示范应用，实行汽车零排放的建议引起县政府的重视。由发改委牵头，会同县科委，交港局，公安局召开专题会议邀我一起研究解决对策。由于涉及面很广，我专程去崇明进行了两次专题调研，还组织民建上汽委员会的相关专家赴崇明考察，了解崇明在推行电动公交车过程中遇到的问题，包括当地的国家电网建立的充电站与新能源汽车不匹配等情况，并提出建设性意见。到了 2014 年的市两会期间，我又专门了解了提案的落实情况，针对尚未解决的问题，再度提出建言。经过几年的齐心协力，新能源汽车的推广应用取得了快速发展，节能环保、绿色出行已逐渐成为全社会的共识，现在回过来看，当时的一些看似难以办到的事情，经过不懈努力还是能完成的，也使我认识到，作为党外人士，民主党派成员履行职能一定要建有效之言，献可行之策；要有前瞻性，不可马后炮；要有独见性，不可人云亦云；要能为国家发展，社会进步真正起到作用。

随着时间的推移，我相继完成了在民建组织中的任职，完成了两届市政协委员的使命，职业生涯也已告结束。但作为党培养的党外干部，对理想信念的追求渴望是无止境的，对祖国母亲的眷恋也只会与日俱增。用当前流行的说法就是“不忘初心，牢记使命”。我虽步入老年，但经历 70 年风雨洗礼的伟大的共和国刚刚进入盛世年华，我将继续紧跟党中央，沿着前辈走过的路，坚定“四个自信”，为使祖国的明天更加美好添砖加瓦。

人物简介

卢卫民：上海恩坦华汽车门系统有限公司总经理，民建上汽委员会原主委。

用志气、勇气和灵气奋斗终身

叶肇恺

2019年是我们伟大祖国——中华人民共和国诞生70周年，也是上海、青浦解放70周年。全国上下隆重纪念，不忘初心、砥砺奋进，“忆往昔峥嵘岁月，展前程锦绣千年”。

我生在旧社会，长在红旗下，与共和国一起成长发展。1950年读小学至1975年与祖国同处于成长期、蓄力期。从小学、中学、大学至踏上社会接受“工人阶级再教育”。一路上除学文化、学知识之外，还接触社会、投身社会，接受“又红又专”教育。我记得，在初中，1958年“大跃进”的年代里，我们小小的年纪就与大人们一起，投身到大干特干的热潮中，我们为此兴奋、激动。为了粮食放“卫星”，我们大搞积肥去河边、去荒野之地收集骨头，挑灯夜战深翻田地一米；为了大炼钢铁，我们去河边拾“狗屎铁”，把家中铁锅、铁锁、铁器等都捐出炼钢；为了除“四害”，我们全校师生与全镇居民一起敲锣、呐喊、用竹子狂赶，使麻雀一一坠地落网。这种为“赶超英美”，改变我国“一穷二白”的敢想、敢干的精神和勇气深深刻痕在我脑中。在高中，1960—1962 年，我国正处于三年自然灾害，在物质极其匮乏连肚子都填不饱的岁月里，老师们仍兢兢业业、一丝不苟认真上课。教我们基础知识，教我们全面发展。这种为了“自力更生”“反帝反修”努力培养自己接班人的志气和忘我育人精神，深深融化在我心中。在大学，在建筑工地，1962—1976 年，老师教我们专业知识，工人师傅教我们工作技能和吃苦耐劳精神。出校门，我到大西北贫瘠山谷的甘肃省磐安镇的一个火力发电厂建设工地，开始了人生的新生活。在工地上拉黄砂、石子，在高空中走跳板，在深坑中浇捣混凝土，样样从零起步。吃尽了体力劳动的艰苦，洒尽了知难而上的汗水，收获了体力和毅力。我在思想品德、专业知识、体能强度上，都得到了空前的提升。最重要的是培育了我思想上的志气、工作上的勇气、学习上的灵气。这“三气”精神使我终身受益、收获巨丰。因而，这一段人生我与祖国同处于成长期、蓄力期。

党的十一届三中全会召开后，果断停止了“以阶级斗争为纲”，把党和国家工作重心转移到经济建设上来。改革开放在全国各地勃起，祖国进入快速发力期、科学发展期。我也从“臭老九”变成祖国建设的主力军、排头兵。从工人岗位转到技术岗位，单位领导鼓励我大胆技术创新，解决施工难题。我犹如初生牛犊不怕虎，把积蓄已久的“三气”精神——“志气、勇气加灵气”用于工作之中，为工地上解决了许多长期困扰的施工难题。1978 年我荣获陕西省电力系统先进科技工作者称号，出席陕西省科技大会，从一个建筑工人，成长为一名土建工程师。

1982 年落实解决“夫妻分居两地”政策，我回到故乡青浦，进了县建筑设计院，从建筑施工变到建筑设计。能够用自己的双手去描绘故乡最美、最新的图画，我很激动、亢奋。我决心继续发扬“三气”精神，用在艰苦环境下磨练的灵气和毅

青浦鞋城全貌

青浦建行金融大楼

力投入到家乡建设之中。在工作中，我一边深入了解青浦的地域、文化、历史，一边进母校——同济大学函授建筑专业的研究生课程。在领导、同事等的鼓励支持下，经过多年的努力，我主持设计了青浦第一幢高层“建设银行大厦”，第一幢体型复杂、建筑面积达1万多平方米的“青浦鞋城”等高难建筑。从工程师晋级为教授级高级工程师，获得国家一级注册建筑师、国家一级注册结构师等资格证书。在行政职务上，从设计员晋级为青浦区建筑设计院院长兼任青浦县第三、四、五、六届土木建筑学会理事长，另任上海市土木建筑学会理事，村镇建设分会副理事长。

1997年至2002年，我在做好本职设计工作的同时，加大科技创新研究力度，研制了适合青浦地区的“地埋式无动污水处理装置”达到国内无动力污水处理的先进水平，填补了上海市的空白，为青浦“天更蓝、水更清”作出了贡献。在2000年的上海市第七届科技咨询优秀项目评比中，该装置以最高分获得优秀项目一等奖。同时我还研制了“夯扩桩”在上海地区的应用，并编制成上海市标准施工设计图集在全市推广使用。为青浦等地区节约了大量的建设资金。我也因此获得了青浦区首届学科带头人和科技功臣称号和2002年度“上海市科技创业领军人物”称号。

上海市科技创业领军人物奖牌

1997年，我加入了中国民主建国会并任青浦区第一届支部主任，历任青浦县人大常委会常委，青浦区政协副主席，民建青浦区委主委，民建上海市委常委，并当选为上海市第十一届人大代表。从此，我又增加了一个“参政党”的岗位和使命。我带领青浦民建的同志，始终把握“中国共产党执政，民主党派参政”，“努力做好参政议政、民主监督、服务社会”，践行多党派合作的统战工作。在这崭新的工作领域中，我始终坚持“三气”精神，再次取得骄人成绩和社会赞誉。在我主政青浦民建的10年中，在参政议政上，共递交党派集体提案50件，个人提案165件，政协大会发言稿12件，优秀提案14件，为区各党派工作之前列。在服务社会上，用集体的力量，发挥密切联系经济界的特色和优势，向民建上海市委互帮基金会、延安希望小学、云南丽江青浦小学、云南绿春县贫困学生、青浦高级中学贫困学生等捐款，累计123.6万元，捐衣400多件。如在1998年就对母校的特困学生进行“捐资助学”，帮助他们出色完成高中学业。在母校领导支持下，一直坚持到今，共21年。在“中国特色党派建设理论”研究中，我撰写了《从实践中探索搞活支部活动的规律》

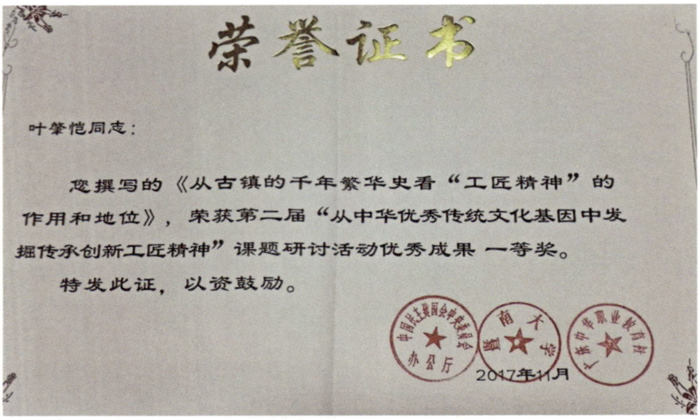

荣誉证书

叶肇恺同志：

您撰写的《从古镇的千年繁华史看“工匠精神”的作用和地位》，荣获第二届“从中华优秀传统文化基因中发掘传承创新工匠精神”课题研讨活动优秀成果 一等奖。

特发此证，以资鼓励。

2017年11月

获全国民建优秀成果一等奖证书

《学习社会主义核心价值体系让夕阳更灿烂》等10余篇党派建设文章。有的被上海市社会主义学院收编于《参政党基层建设研究文集》之中，有的被全国民建和青浦区统战部评为“优秀成果二等奖”和征文一等奖。在2000年、2005年我两次荣获民建“全国优秀会员”。

2007年我退休后，不忘初心，砥砺奋进，为弘扬青浦古文化，继续发扬“三气”精神默默耕耘。十年磨一剑，2016年我编著了《青浦古建筑》一书，填补了青浦这一领域的空白。2017年我撰写的《从古镇千年繁华看“工匠精神”的作用和地位》论文，荣获民建全国第二届“从中华优秀传统文化基因中发掘传承创新工匠精神”课题研讨活动优秀成果一等奖。应邀我又多次在青浦区的“青溪讲台”、中学作青浦古文化讲座。还开辟了“前世今生说青浦”的古文化宣传专栏。在青浦报上续登了题为《老叶话青浦》《析课植园文化内涵，赞古文化经典》《夏瑞方是青浦

在古文化讲座结束后与部分听众合影

人的骄傲》等文章。老骥伏枥，夕阳争春，我要继续发扬“三气”精神，为落实党的十九大“文化自信”、打响“上海文化”、弘扬“青浦古文化”再作贡献。

2019 年是新中国诞生 70 周年，也是改革开放 41 周年，改革开放使祖国在经济发展上、国防科技上、人民生活水平上都发生了世界注目的快速发展。而我个人年龄虽已超过“古来稀”之年，但我还要牢记“三气”精神，要用生命的最后之光，始终不忘初心，活到老学习到老，在习近平总书记为我们开创的新时代大道上继续奋斗，在改革开放再出发的征程上再作贡献！

人物简介

叶肇恺：原上海市青浦区建筑设计院院长，民建上海市青浦区委原主委。

为了我们的“美丽中国梦”

田富钛

绿水青山　我的儿时我的梦

我出生在福建西北的一个小山村。四面环山、小溪环绕，山上松柏竹林、枝叶繁茂，常年郁郁葱葱。村中古井泉水清凉可口，小溪清澈见底、鱼游可见。到了晚上，满天繁星，我们搬着凳子坐在院里数星星。环绕村庄的山上，随处可见的万年形成的天然石灰岩，有的如石鼓，有的如水牛，有的如竹笋，千姿百态、栩栩如生，是我们孩子们玩耍的好去处。再加上颇有古派特色的木质建筑，傍晚时分处处炊烟袅袅，很有些“小桥流水人家”的意境。

大概在我上小学时，改革开放的春风吹进了小山村。小村经济搞活了、村民富裕了，原来的白墙黑瓦老房子被一幢幢四四方方、大同小异的砖楼取代。虽然村民们逐步都过上了“楼上楼下、电灯电话”的现代生活，但原来那份宁静的意境却再也不见了。后来，我离乡学习和工作，回故乡的次数越来越少了。每次回去，看到越来越忙碌的乡村，虽然空气与城市相比仍然清新，但许多景象不复当年，心中不免感慨万千。

2002 年，大学毕业后我来到北京工作。那几年，最大的感受就是空气不好。每年一到四月，北京便经常漫天黄沙、暗无天日，人在外面走，不一会儿就会被吹上一层厚厚的黄土。那几年，沙尘暴让我们苦不堪言。后来，政府下了大力气治理，在西北边种了好多树，终于把沙尘暴治好了。但是，没多久，雾霾又来了。那个时候，最想念的，还是儿时家乡的绿水青山、蓝天白云和清爽的空气。

生态文明思想让“美丽中国梦”梦想成真

2012 年 11 月，中国共产党十八大胜利召开。在这次会议上，生态文明建设被纳入中国特色社会主义事业“五位一体”总体布局，以习近平同志为核心的党中央提出了建设“美丽中国”的梦想。习近平总书记说，“让子孙后代能遥望星空、看见青山、闻到花香”。这，不正是我们儿时的生活吗？不正是我们和孩子们的梦想吗？

正在因为对环境变化有着切身感受，在从事股权投资过程中，我比别人更关注、更愿意参与和环境保护、资源节约有关的项目。2012 年，经过认真研究，我和我的团队判断我国的节能环保和循环经济行业将会有长远发展潜力和巨大的市场规模。我们在上海临港产业区参与投资建设和运营再制造产业园区。因为负责这项工作，我有机会到全国各地的报废汽车拆解工厂、汽配市场、产业园区走走看看。既看到了全国规模最大的二手汽车零部件市场广东湛隆陈田汽配城的热闹繁荣，也看到全国最大的民间报废汽车拆解集聚区江苏连云港东海县桃林镇无序发展对环境造成的巨大危害。在欧美日等发达国家先进的资源再利用、节能环保理念与技术的对比下，巨大的差距，坚定了我们加快突破政策与市场瓶颈、促进再制造等循环经济和环保产业健康发展的信心。

但是，再制造产业在中国毕竟还属于资源循环再生利用的升级版，是一个新兴产业。虽然经过 20 多年发展，已经取得了初步的进展，但是行业总体规模仍然较小、从事再制造业务的正规企业数量不多，再制造产品市场认可度较低，许多消费者不认识、不了解再制造，甚至认为再制造产品是假冒伪劣或“山寨”。而在欧美等发达国家，再制造产业发展历史已超过 60 年，形成了庞大的产业规模，创造数以百万计的就业机会。许多全球知名企业都有再制造业务，如卡特彼勒、梅赛德斯-奔驰、通用汽车、通用电气、IBM、沃尔沃等。

为了推动再制造产业健康发展，让更多的人知道再制造、了解再制造、信任再

2017 年 6 月，田富钛参加上海市再制造产业联盟成立大会

制造，在国家部委和地方政府的支持下，我们不断探索，与政策制定部门、行业协会、示范企业等交流沟通，探讨推动再制造产业健康发展的模式和思路。经过几年努力，再制造产业终于受到越来越多的关注和重视。国家《报废汽车回收拆解管理办法》经修订后于 2019 年春节期间正式发布，鼓励报废拆解后的汽车“五大总成”用于再制造。临港再制造园区引进了包括卡特彼勒、梅赛德斯–奔驰、通用电气、锦持、大陆激光、路迈网等一批有影响力的再制造企业和产业服务企业，形成了一定的规模。

再出发　追寻“美丽中国梦”

目前，我已不再负责临港再制造园区的工作。但是，看着自己曾经为之努力奋斗的产业受到越来越多关注，看到临港的发展越来越好，我很欣慰、很自豪。通过参与国家再制造产业标准的制定、上海市再制造行业发展的规划和推进，我继续为临港再制造园区的宣传和招商提供支持和服务，也希望能够吸引更多人加入这个队伍中。

美丽中国梦，也需要一代又一代人的不断努力。为了向下一代更好地介绍再制造、绿色制造和循环经济，我担任了临港创新管理学院的讲师，为上海市部分中小学生进行再制造和循环经济科普宣讲，希望从小在孩子们心中种下爱护环境、绿色生活的种子。

同时，借着我国新能源汽车产业发展的东风，以及未来动力电池回收和循环利用产业的发展机会，我和团队正全力研究和布局新能源汽车动力电池回收与循环利用及相关产业，希望利用行业资源与技术优势，推动新能源汽车动力电池规范回收与高效再利用。

2016 年，田富钛（左四）参加中国循环经济展并获奖

作为一名普通的民建会员和民建上海市浦东新区临港支部的主委，我也一直努力，希望能够带领更多民建会员为“美丽中国梦”做些贡献。利用民建参政议政的平台，我撰写了《关于积极创新政策，促进再制造产业健康发展的建议》《关于建立长效机制、打造浦东高端智能制造产业集群的建议》等提案和社情民意，积极为再制造和循环经济产业、高端制造、智能制造的健康发展建言献策。通过宣传引导，我吸引了包括锦持再制造公司总经理在内的数名从事循环经济、节能环保和新能源的企业家加入了民建组织，既给企业家们提供了更好的平台舞台，也为民建组织提供更多的新鲜力量。同时，我协助组织北京、重庆等多地民建基层组织到再制造企业去交流考察，让更多民建会员了解了循环经济和再制造产业的发展情况和美好未来。

2019 年春节，我再次回到家乡。村子变化很大，乡亲们的生活越来越好了，家家都起了漂亮的小洋房、买上了小汽车。乡村四周的山上，仍然是树木成林、郁郁葱葱。家门前的几百亩水田，已经不再种植水稻，而是种上了莲子，一到夏天，满目荷花，已成为远近闻名的一景。家乡的水泥厂因为排放不达标已经关停，虽然孤立的老厂房显得破败，但那竖立的大烟囱不再冒烟，空气又清新了，晾在院子的衣服也不用担心容易积灰了。村里现在重点发展特色农业和农村旅游业，家乡产的百香果、烟草、莲子、茶叶、茶油等已小有名气。依托家乡林木和劳动力丰富的优势，还发展了纺织、家具、机械制造等加工业。那些原来开采石灰岩遗留下来的一个个坑洞，被有心的企业家收购，改造成溶洞景点、溶洞餐厅，变废为美。炎热的夏天，在清凉的溶洞中吃着地道的农村土菜，是一种惬意的享受。到了晚上，星星们又出来了，还是像小时候那么亮。抱着女儿望着星空，儿时的感觉又回来了。

看着变得越来越美的家乡，淳朴的乡亲们相信了，生态是最宝贵的资源，绿水青山就是金山银山。美丽中国梦，是一幅五彩斑斓的壮美画卷，是蓝天、白云、阳光、银滩、大海，是人和人之间、人和自然之间、生命与生命之间交汇融合。美丽中国梦不仅是习近平总书记的梦，也是我们每一个炎黄子孙的梦。

人物简介

田富钛：北京富德资本合伙人，民建上海市浦东新区区委会员。

非洲，遇见你恰此时

吕翠峰

在同学朋友当中，我有个很响亮的称号——“非洲女王”。每当想了解非洲时，他们就会想起我；每当想去非洲出差或旅游时，他们也会想起我。他们认为我的身上闪耀着两个亮晃晃的大字：非洲。

非洲，遇见你恰此时

思锐物流是我和其他两位合伙人创立的第一家企业，专注于海外 EPC 总包项目全程物流以及其他全程物流。最早走入非洲，是为了在非洲当地提供个性化、零距离的全程物流服务。由于业务需要，我们用 10 年时间在非洲设立 9 个分子公司，主要集中在非洲东部的肯尼亚、坦桑尼亚、乌干达、莫桑比克、赞比亚、刚果（金）、津巴布韦、南非以及西北非的尼日利亚。

2010 年春天，我去了南非和纳米比亚。这是我第一次去非洲。第一次走进非洲的感觉非常美好。那种原生态的辽阔自然给了我很大的震撼，让我一瞬间就爱上了非洲。以至于当我回到上海的一刹那，感觉上海实在过于拥挤和喧闹了！

思锐物流在非洲的第一家分支机构最初设立在赞比亚，后来迁址坦桑尼亚。坦桑尼亚就成为我们公司在非洲的总部。2014 年，参加中坦建交 50 周年庆祝活动时，在达累斯萨拉姆的 Serena 酒店经历的那些美好的点点滴滴，至今令人难忘。就在那次中坦建交 50 周年庆典活动中，我接触到中非民间商会。回国后就加入了中非民间商会，开启了更多和非洲的往来。

2018 年，我去北京参加电影《非洲遇见你》首映。这场首映礼是在津巴布韦驻华大使馆内进行的。开映前，津巴布韦驻华大使用一口流利的汉语向我娓娓道来津巴布韦的美景，我内心深处充满了欣喜、惊奇以及对中非友谊的感慨。

在非洲耕耘的这些年，思锐物流一直得益于中非之间政府的友好关系和祖国提供的广阔的发展平台。特别是“一带一路”倡议正式提出以后，国家倡导“和平合作、开放包容、互学互鉴、互利共赢”的理念，以及政策沟通、设施连通、贸易畅通、资金融通和民心相通的“五通”构想。这些理念和构想为我国航运业的发展提供了指导思想，航运业成为“一带一路”建设中的先行者。思锐物流，作为航运业领域中的一员，也获得了新的发展空间，开辟了新的业务市场。

思锐物流自有的 SPB 自航式驳船

帮助中国制造走进非洲

中国重汽总部位于“一山一水一圣人”的山东济南。中国重汽也是思锐物流提供服务 15 年的老客户。因此，我们取得了中国重汽长久以来的信赖和支持。于是，我们在莫桑比克设立了第一家重汽的 4S 店，后来赞比亚、印度尼西亚的 4S 店也陆

思锐物流莫桑比克分公司全体员工

续开张，中国重汽的汽车和服务远销到非洲。前段时间去参观重汽集团的历史博物馆。在进门处看到那几个沉甸甸的大字“中国重汽，国之重器”。突然间，就感慨万分。作为重汽的经销商，我们亲历了中国重汽海外拓展的不容易，也亲眼见证了中国重汽开疆拓土的海外之路。

在非洲和东南亚，过去很长一段时间都是欧美和日产车的天下。现在，通过我们的努力，民族品牌中国重汽走出国门走向全世界，我非常自豪。中国品牌用自己的高性价比赢得了海外人民的拥护和认可，在海外立住脚跟，这是历史性的一步，也是让我们中国制造骄傲自豪的一大步。

带领非洲农民奔小康

2016 年，我创立了果锐科技。果锐科技是一个严格意义上的“富二代”内部创业型公司。我希望利用思锐物流在非洲积攒的人脉和网络，把非洲出产的绿色天然、有机产品引入中国，让中国人民在消费大升级的过程中吃得好、用得好，同时也带动非洲的出口创汇，让非洲人民吃得饱。所以，基于 O2O 线上线下新零售模式的果锐科技应运而生，成为连接非洲，带动消费升级的绿色桥梁。

“果锐科技，乐享品质生活。”这是果锐科技的口号，也是我的初心。我们希望为

吕翠峰（左一）参加果锐科技乌干达签约仪式

非洲的经济发展出一份力，让他们有机会通过自救而致富。我们签订了一系列的独家代理协议。同时注册了自己的三大自有品牌：AFRICHAIN、ASSALIA 和 AFRACA。

在 2018 年 11 月的首届中国国际进口博览会上，果锐科技作为唯一一家代理非洲产品进口到中国的贸易商参展，受到了很大的关注。很多媒体来采访，其中《解放日报》写了一篇文章，高度地概括了我们工作意义："这家民营企业带领非洲农民奔小康……"

当然，目前的果锐科技，不仅仅是把非洲天然健康的产品带入中国，我们更多地也希望把中国的高品质产品引入非洲。2019 年 6 月 23 日，我们在撒哈拉沙漠以南的第一家"小米之家"专卖店就正式开业了！基于 IoT 物联网的未来发展，我们也非常愿意和雷军先生一起，让非洲人民用上来自中国的高科技。乐享品质生活，从果锐科技开始。

大爱无疆，大美无言——祖国带给我的历史机遇

现在，我每年要去非洲出差 3—4 次。每年的暑假，我竟也成了半个影子旅行社。我带着同学朋友们前往塞伦盖蒂大草原（坦桑尼亚）、马赛马拉大草原（肯尼亚），共同领略非洲的壮美以及人与动物在自然界中的和谐共处。

4 年前，我参加了"爱加艾减"活动，用自己的实际行动为减轻非洲人民的病痛作出贡献；

3 年前，我组织企业高管集体去了坦桑尼亚。“爱在坦桑”，用爱点亮当地人的心灵。

2019 年春天，莫桑比克遭遇百年一遇的飓风，我们协助慈济基金会在当地开展救援，我还发动员工，为莫桑比克捐款。

2019 年 4 月 14 日，莫桑比克飓风灾难中，思锐物流莫桑比克公司协助慈济基金会组织赈灾救助活动

爱在非洲，就从你我的当下做起。

朋友们冠我以“非洲女王”的称号，实不敢当。非洲是一片美丽的土地，非洲人民勤劳善良。中非友谊，源远流长。从坦赞铁路到“一带一路”，我只是大海中的浪花一朵。中国企业家在非洲的故事，数不胜数，每每聊起非洲，聊起我在非洲创业发展的故事，我最想说的还是感恩这个时代给了我机遇，感恩我的祖国给了我力量。

2019 年 4 月，第二届“一带一路”国际合作高峰论坛在北京举行。40 个国家和国际组织的领导人出席圆桌峰会，我似乎可以看到共建“一带一路”，开创美好未来的画卷就在眼前铺开。

值此中华人民共和国成立 70 周年之际，我祝愿我的祖国富强昌盛，我愿继续在“一带一路”倡议的指引下在中非友谊中贡献力量。

人物简介

吕翠峰：思锐物流总裁，民建上海市委“一带一路”专委会副主任，民建上海市虹口区委会员。

我与祖国共命运

朱理东

我出生在一个美丽而又古老的国度，历经五千年，中华民族一路走来，有过辉煌，也有过闭关锁国、落后挨打的耻辱。2019 年迎来新中国成立 70 周年，内心无比激动。1949 年 10 月 1 日，毛泽东主席向全世界庄严宣布“中华人民共和国中央人民政府今天成立了”，新中国以独立自主崭新的姿态走向世界。回想起新中国 70 年走过的艰难险阻，经历的风风雨雨，我不禁要向她致敬，因为她是如此的坚强！

我出生在 20 世纪 60 年代，上初中正值改革开放之初，是改革开放 40 年发展的见证者、建设者，也是受益者。我们伟大的新中国在中国共产党的领导下风雨兼程走过了 70 年的辉煌历程，中国人民艰苦创业，努力探索中国特色社会主义的发展道路，在改革开放和现代化建设的历程中创造了一个又一个奇迹，沧海桑田，神州巨变。

20 世纪 70 年代末，国家恢复高考，我有幸考入了高等学府。当时，国家医疗水平相对落后，血吸虫病、肝炎、霍乱等各种传染病到处流行，老百姓被疾病折磨。大学毕业，我毅然投入到祖国的防病治病工作中，发挥我的专业特长，去调查、去讲学、做科研，走遍了几千户家庭。由于几代医务工作者出色的工作，如今这些疾病都得到了有效控制，甚至消灭，人民的期望寿命得到了显著提升。2003年，突如其来的传染性疾病SARS在祖国大地上蔓延。SARS死亡率很高，一旦感染几乎无药可救。世界震惊，百姓恐慌。很多医务人员牺牲在救治第一线。面对突如其来的灾难，我作为疾控中心业务主任，视疫情为命令，视病房为战场，在关键时刻挺身而出。我既要指挥全县的疾病防控，还要多次冒着被感染的危险深入第一线跟病人接触，进行采样、流调，获取第一手资料。记得当初我也出现了发热症状，被诊断为疑似感染。我无怨无悔，因为这是我的本职。祖国培养了我，到了我为祖国作出奉献的时候，我怎么能退缩呢？在这场没有硝烟的战场上，我体现了我的人生价值。

2003年我加入了中国民主建国会，成为民主党派一员。随着崇明经济社会的发展，民建组织的日益壮大，我见证了上海崇明民建组织的发展历程。崇明民建从无到有，从默默无闻到现在取得的辉煌成绩，离不开领导的关心，离不开崇明区民建会员的热情。

入会以来我以身作则，不断加强自身建设，提高政治把握、参政议政能力。积极参加党派活动，撰写社情民意和调研报告，每年“两会”期间都会写出几份高质

朱理东（右二）带领民建上海市崇明区委会员到基层调研

量的提案。由于成绩突出我先后被评为崇明区“优秀党外人士”称号，连续三届被评为区优秀政协委员。荣誉的取得源自我关心祖国的发展，关心家乡的发展，因为我跟我的祖国共命运。

遥望新时代征程，长路漫漫，我将继续追随民主党派老一辈革命者的足迹。作为民主党派知识分子和民主党派成员，我更深刻地认识到我们是中国特色社会主义参政党的成员，要自觉和中国共产党保持高度一致，维护国家的利益和国家大局，要把爱国之情融入事业中，把自身事业和前途与国家命运结合在一起。

置身历史，我分享着那过去的兴奋与悲痛；放眼未来，面前的道路更遥远更艰难。我将把科学、理性、进步作为自己的目标，用高尚的品德，把优异的成绩献给祖国，在平凡的工作中努力，为我的家乡——崇明世界级生态岛建设继续添砖加瓦。

我衷心地祝福我们伟大的祖国永远繁荣昌盛!

人物简介

朱理东：上海市崇明区康乐医院院长，民建上海市崇明区委会员。

传承历史文脉　弘扬海派文化

朱惜珍

2019年是中华人民共和国成立70周年，作为新中国的一员，我亲身经历和见证了国家的日益强大，并为此感到自豪。诺贝尔奖得主奥尔罕·帕慕克在他的自传性作品《伊斯坦布尔，一座城市的记忆》中深情地写道：“伊斯坦布尔的命运就是我的命运：我依附于这个城市，只因她造就了今天的我。”帕慕克对于自己城市的感觉也正是我对我的祖国，对上海的感觉。

作为上海的女儿，我出生在上海新天地一带，在上海最早的私家园林“徐园”所在的弄堂里长大，后来又在提篮桥犹太人居住区和山阴路附近生活，现在又居住在静安区，喝着黄浦江水长大的我深爱着我的祖国，我的上海。我的创作始于20世纪90年代初，早期以小说和抒情散文为主，2003年起，开始历史人文的非虚构写作。在2003年出版的海派文化丛书中，我写了其中一本《上海老板》，在这本书里我写了10位老上海的企业家，其中就有爱国实业家刘鸿生，他曾担任过民建中央委员；有解放前不避艰险坚持参与领导民建活动，解放后成了国家领导人的胡厥文；还有在解放后担任过中国民主建国总会委员的味精大王吴蕴初等。之后，我怀着敬仰之心申请加入了民建。

我的第一本写上海的书是散文集《上海的马路》，这本书于2004年11月出版，这本书的章节很快在新浪网连载，并被一些网友认为是写上海的书中较具文化内涵的一本。在淮海中路三联书店收银台后的好书推荐架子上，这本书连续3个月挂在第一排；在陕西路地铁站的季风书店，两排高高垒起放在进门处的《上海的马路》，一个星期后就不见了。不久，上海图书馆又为我举办了一次读者见面会，会上，读者的热情更是让我感动，他们希望我多写一些城市文化的书，为上海留下更多的记忆。从那时起，我的写作重点就自然而然地转向了上海文化。

假如说，《上海的马路》的写作是一种爱好和情感的抒发，那么，之后的《上海·精神的行走》系列就有了一种潜在的使命感。2003年11月，上海市政府批准的《中心城区历史文化风貌区范围》确定12个历史文化风貌区，这些历史文化风貌区都在上海市的中心城区，它们包括具有30年以上历史并具有时代特征的建筑、建筑群以及各有特色的城市空间。12个历史风貌区从各自不同的侧面展现了上海不同时期、不同地域、不同风格的城市与建筑风貌，共同构建起上海城市建设完整而多姿的整体画面。12个历史文化风貌区代表了我们城市历史上的繁荣，它们是经历历史风云的洗礼而保存下来的，是城市历史文脉的承载者。

于是，我决定写一套名为《上海·精神的行走》的书，它包括《永不飘散的风情：上海的历史文化风貌区》《花园洋房的下午茶：上海的保护建筑》和《梧桐深处的别恋：上海的公园和古典园林》。我在这套书里倾洒了自己对我的母亲城市所

2009年，朱惜珍在上海图书馆举办讲座

有的爱，它是我和这座城市数十年间耳鬓厮磨的结果。这套书出版后，也受到读者的喜爱。2009年，在上海图书馆为我举办的讲座上，读者上至耄耋老人，下至豆蔻少女，几乎挤爆整个多功能演讲厅。读者的热情激励和鼓舞着我，上海已成为国际大都市，上海是全国的上海，也是世界的上海，许许多多的人来到上海，成为新上海人，我有责任和义务把上海的美展示给他们。

2007年6月，上海中心城区内144条道路和街巷被列为风貌保护道路，其中64条风貌保护道路为永不拓宽的道路，这64条马路将作为城市历史、文化的传承和象征，给以原汁原味的整体保护，同时，严格控制原有道路的宽度，并加强对沿线建筑、市容、绿化及环境的管理。这意味着今后不会为了拓宽道路而拆掉被保护的老建筑，上海旧区的马路和马路景观将得到永久性的保护。上海的马路作为城市最基本的元素，不少依旧保留着东西方两种文化碰撞的特殊符号，镶嵌着东西方两种文明互相包容的印迹，64条永不拓宽的马路便是其中的典型。这64条永不拓宽的马路是建筑文化在城市发展中的演绎，和上海城市的特点密切相连。建筑可以阅读，街区适合漫步，城市始终有温度，上海市第十一次党代会这样描述上海打造人文之城的未来愿景。

2016年，我写的《永不拓宽的上海马路》一套三册由东方出版中心出版。这是我探寻上海64条一类风貌保护道路的结晶，这些马路都是上海历史街区的保护地标，我用纪实的笔法将上海这64条永不拓宽的马路的万种风情呈现给读者。在读者的要求下，这套书一再加印。读者们拿着我的书去漫步上海马路，领略永不拓宽的马路风情，感知上海。

令我欣慰的是，我写的关于上海的书获得读者认同，《在上海寻找上海》一书获2014年沪上40家出版社近50位社长总编联袂推荐的80本优秀图书之一，纪实散文《走进草根艺人》获2015年度上海市作家协会年度作品奖。《永不拓宽的上海马路》一套三册入选2017年第三季市民修身书单、2018年五四荐书榜单及2018年《老洋房阅读之旅》推荐读物。2018年4月23日世界读书日的前两天，团市委、市新闻出

朱惜珍作品

版局、上海图书馆主办的阅文杯“阅读青春”2018世界读书日主题活动暨老洋房阅读之旅启动仪式在上海图书馆举行，我受主办方邀请，为百余名参会的团干部代表、青年读书会代表、青年代表畅谈了自己写作永不拓宽马路的故事。在活动现场，数百本我写的《永不拓宽的上海马路》书籍被码成优秀历史建筑武康大楼的模型，引起无数读者的兴趣，许多人在模型前留影。不久，我又应邀参加了在上海图书馆举办的“阅读青春　老洋房阅读之旅志愿者培训”活动，并有幸为来自上海各个区的志愿者讲述阅读老洋房的意义和价值。这个活动是由团市委、市新闻出版局和上海图书馆主办的，旨在让更多年轻人深入了解上海的文脉、穿越时空感受上海的历史。站在上海图书馆的讲坛上，看着台下一张张年轻而充满朝气的脸，我萌生了一种幸福感。我的漫步源于15年前，那是为自己写上海系列的书配图摄影，为此，几乎走遍了上海的马路。那时，路上很少有人拍摄老建筑，更没有成群结队的市民在徒步行走，现在好了，越来越多热爱上海的朋友们在漫步上海街区，阅读建筑，他们中不仅仅有怀旧的老上海人，更多的是年轻人，其中不乏新上海人，正是应了“莫愁前路无知己”的古诗。当志愿者告诉我：“惜珍老师，我们是拿着您的一套三本《永不拓宽的上海马路》，边看边行走啊！”上海图书馆团委书记罗天雨说：“感谢惜珍老师一直大力支持老洋房阅读行走活动，从您身上学到的不仅仅是建筑和马路的历史和知识，更是从您身上感受到了海派文化的无穷魅力和深刻内涵，读您的书，与您交流，就是一场文化盛宴。”我被深深地感动了。

2019年3月，我有幸被徐汇区教育局聘请担任“人文行走　市民修身”徐汇

2019年4月13日，朱惜珍在城市规划馆讲“从武康路看风貌保护道路”

市民终身学习人文行走项目的特聘专家。2019 年 4 月 13 日下午，我在上海城市规划展示馆举行了主题为“从武康路看风貌保护道路”的讲座，此次讲座是上海城市规划馆主办的阅读城市系列讲座的首场，规划馆五楼影视厅的 250 个座位被热心的读者坐得满满的。武康路是上海 64 条永不拓宽的马路之一。武康路已经有一百余年历史，至今依然保留着时代的印痕，无言地见证了这座城市的演变和新生，被誉为浓缩了上海近代百年历史的名人路。武康路所承载的人文篇章、海派风情、历史典藏、建筑精品几乎浓缩了上海近百年的时光。我走进这条历史文化名街，走进武康大楼，走进孙道临和王文娟的家，走进爱国民主人士、被 76 号特务暗杀的《大美晚报》总经理朱作同的家、走进金嗓子周璇曾经的家。我挖掘历史，寻找文脉，我把它们写进书里。因读者要求，《永不拓宽的上海马路》一十一再重印，2019 年 3 月又因读者要求重印了一次。

2016 年，朱惜珍在腾冲演讲

从 2016 年起我应邀在上海市区图书馆、社区文化活动中心、大学、中学、小学、医院、企业、宾馆、法院、书友会、白领驿站、侨联、街道等地作了近百场讲座，足迹遍及全市各个街区，我还应邀带着我的书到海南、腾冲等地演讲，受到读者的欢迎。我还在报纸杂志开设专栏，如 2019 年在《劳动报》上刊载的 8000 多字跨版的《寻访国歌诞生和唱响的地方》《城市文明在这条路上见证》《行走在历史发生的房间》等，受到读者好评。2019 年 3 月起，在《旅游时报》上开设“上海街区故事”专版，每周一期，并担任纪录片历史文化名街《陕西北路》的顾问和嘉宾。通过讲座，让听者在了解上海文化历史的同时，我发自内心地爱上我们的祖国，爱上上海。

2019 年世界读书节期间，从 3 月到 4 月，2 个月的时间我做了 20 场讲座，足迹遍布上海的各个街区。从徐汇、静安、长宁、虹口、杨浦等，到工人集聚的彭浦新村。在静安区法院作讲座时，法官们不但认真听，还写了体会。其中有一位这么写：“这次聆听惜珍老师的讲座，我最感动的是她实事求是，不辞辛劳走访每一条永不拓宽的上海马路，实地考察，寻求历史真相，所以她的作品真是感人。在审判工作中，我要学习她的这种精神，重视调查研究，切实了解案情，让人民群众在每一个司法案件中感受到公平正义。”这一段发言伴随我的讲座在上海市静安区法院的公众号上发布，引起很大反响。其实，作讲座是一个互动的过程，彼此的精神交流是一种享受，对自己也是一种学习和提高。

我们的祖国正在越来越强大，上海也变得越来越美，我将不忘初心，不断用手中的笔抒写祖国日新月异的变化，努力传承历史文脉，留存历史记忆，以此表达我对祖国的拳拳之心和深厚感情。

人物简介

朱惜珍：自由作家，民建上海市经济工委会员。

亲历我国期权市场创建二三事

刘　逖

新中国成立70年之际，中国特色社会主义进入新时代。走过70年，经历了“站起来”“富起来”，新中国正一步步走向“强起来”。近几年来，我国资本市场发展迅速，市值规模已跃居全球第二，但产品结构单一等问题仍较为突出。我们需要有更多原创性金融创新。2015年2月9日，上证50ETF期权在上海证券交易所上市交易。作为我国首个场内期权产品，该产品的上线不仅丰富了我国资本市场产品种类，开始了一个即将来临的多元化投资与风险管理新时代，也使上交所成为境内第一家横跨现货与衍生品的综合性交易所。

我有幸成为上交所期权项目的具体负责人，从前期研究到后期产品的推出和运行，亲历了中国场内期权市场的建设，回想起其中的点滴，都是弥足珍贵的回忆。

一

期货和期权作为两大基础性金融衍生产品，是境外市场成熟且最基本的风险管理工具。我国期货市场诞生于20世纪90年代初，但期权产品长期未有突破。与期货的风险对冲功能不同，期权产品为资本市场提供了独有的市场化风险转移功能。没有期权的资本市场，就如同没有保险的实体经济，风险分担无从实现，进而降低整体市场效率和社会经济福利。但是，与期货相比，期权也更为复杂，甚至有人说，如果说衍生品是金融产品中的皇冠，那么期权以其复杂性和策略多变性当之无愧为这顶皇冠上的明珠。

为了让更多人分享明珠的瑰丽，上交所在近10年研究积累基础上，于2008年确定股票期权为新产品开发重点，2010年正式立项，与7家券商成立联合项目组。2012年6月，期权模拟交易系统上线，次年12月推出全真模拟交易系统，近80家券商、40万个投资者参与了全真模拟交易。2014年9月，国务院批复同意在上交所进行期权试点；同年12月，系列规则公开征求市场意见，上交所成立期权上线指挥部，由时任理事长桂敏杰亲任总指挥。2015年2月9日，上证50ETF期权正式上线，上交所的交易大厅里，鸣锣诞生了中国第一个场内期权产品。

上证50ETF期权迈出的每一步背后，都有上交所对于创新的坚持和执着，有期权参与人员共同的努力奋斗，也有建设中国完整完善资本市场的坚定理想。

二

期权产品由于其复杂性，推出过程中难免伴随着争议，1973年美国芝加哥期权交易所推出全球首批场内股票期权时，就曾面临市场相关疑虑。上证50ETF期权的顺利推出，离不开证监会和上交所党委的领导，也离不开社会各界包括相关民主党派人士众志成城的努力。

我是民建会员，申万宏源研究所首席经济学家、民建市委副主委杨成长也是我们期权小组咨询过的市场专家。上交所还聘请了前香港交易所衍生品部总监布锦忠为特别顾问，一起为国内期权事业出谋划策。

印象尤其深刻的是2014年8月1日，中国证监会市场监管部和上交所共同组织了ETF期权专家座谈会，集结了海内外学界业界和投资界的15位专家，国办相关领导也有与会。其中，国务院发展研究中心钱平凡研究员是无党派人士，耶鲁大学陈志武教授是著名海外华人学者。出于保护投资者的角度，我们一度比较纠结于投资者在期权市场的盈亏问题。当时陈志武教授一语中的："期权就像保险，保险公司要赚钱，所以大多数投资者买保险的预期回报应该是负的，但我们还是去买保险，因为它可以帮我们解决不确定性的这个问题，让我们睡觉可以睡更好，虽然不赚钱，但这也是很重要的效益，而且是别的产品无法提供的效益。"

受陈教授的启发，我们总结了八种期权主要策略对现货市场的影响，并归纳出在大部分情况下，期权对现货市场有着积极的影响，并把该结论加入了提交给国务院的报告，打消了相关人士的顾虑，加快了期权的推进速度。

三

股票期权立项以来，如何将这一复杂多变的非线性金融产品通俗易懂地展示给广大投资者，就一直困扰着我们。2013 年 8 月的问卷调查显示，84% 的受访者对期权知之甚少，甚至从未听闻，充分揭示了投资者教育工作的艰巨性。将复杂深奥的期权知识通俗化，让更多人了解期权，用好期权，成为我们工作重点之一。

2012 年 6 月起，我们开始着手编纂《上交所期权知识系列丛书》，其中《期权投资之独孤九剑》和《进才的快乐期权之路》，就是将期权知识通俗化的尝试。《独孤九剑》为漫画体裁，以历史穿越笔法，将期权知识凝练成江湖上大名鼎鼎的“独孤九剑剑诀”。读者在学习剑式的过程中，会遇到令狐冲、黄药师、李寻欢、独孤求败等众多曾经叱咤风云的武林豪杰，并跟随他们的脚步，快速领略期权交易的奥秘，在轻松阅读之际，提升期权实战能力。

2014 年 11 月，芝加哥期权交易所首席执行官爱德华·蒂利（Edward Tilly）拜访上交所，提出期权市场成功最核心的经验就是“教育、教育、再教育”。为此，他们成立了专门的期权学院。受蒂利先生启发，我们就期权投资者教育和市场推广工作进行了讨论。过往，交易所与投资者很少直接接触，而是先培训券商，再由券商培训投资者。但期权产品较为复杂，券商也少有了解期权的工作人员，二传手培训容易消耗内容含金量。在此情况下，我们采取双管齐下的策略，在培训券商投资顾问的基础上，更多开展由交易所专家直接面向投资者的现场培训，从而极大地提高了期权培训质量和效率，得到了市场的一致好评。我和同事也因此成了新一代空中飞人。投教的足迹遍布新疆、海南、黑龙江等祖国各地，一遍又一遍地向投资者传递期现结合防风险的理性投资理念。近几年来，我们每年开展 400 余场期权投资者培训，每年直接培训投资者近 5 万人。

四

鲁迅先生说：“其实世上本没有路，走的人多了，也便成了路。”在探寻中国场内股票期权之路时，如何建设“中国特色”的期权市场是我们关注的核心问题，我把对这一问题的思考，直接贯彻到了期权产品设计之中。

在中国由大国向强国的迈进过程中，我们需要有更多原创性金融创新，需要确立真正属于我们自己的业务范式和技术标准。我们在设计期权产品时，融入了对“中国特色”的创新的思辨，充分考虑了中国有别于西方资本市场的四个基本特征：实体为本、散户为重、技术为先和顶层驱动，在充分理解和考虑中国股票现货市场的特殊性后，在期权市场做出相应的创新性制度安排，设计了“中国特色”的期权市场。例如，期现联动发展的出发点和基本思路，偏严格的风控机制设计，技术为先的设计逻辑，包括熔断机制、非对称涨跌幅制度等在内的若干交易机制创新安排，以及考虑期权产品供需不平衡特点而采取的收费和做市商等创新机制等等。

五

“合抱之木，生于毫末；九层之台，起于累土。”经过4年多的发展，上证50ETF期权已经成为全球最主要的ETF期权品种之一，运行平稳，定价合理，经济功能逐步发挥，得到了境内外业界的普遍认可。50ETF期权的推出，还带动了国内期权市场的整体发展，豆粕、白糖、铜等商品期权纷纷上市，进一步拓展了我国市场的期权品种。

与此同时，50ETF期权也为证券行业创新发展提供了基础工具，全面促进了券商经纪、自营、资管和做市商等各类业务，推动券商和基金公司等资产管理业务转型，提升了行业竞争力，帮助券商更好地应对国际化的竞争。

不畏浮云遮望眼，只缘身在最高层。有幸生于中国改革开放的时代，赶上了历史滚滚向前的车轮，期权市场大有可为，科创板也整装待发。路漫漫其修远兮，吾将上下而求索。

人物简介

刘逖：上海证券交易所副总经理，民建华师大委员会会员。

无论哪个时代都需要匠人精神

刘　斌

我是一个出生于上海长宁区老式里弄的普通工人家庭孩子，毕业于上海财经大学。在中国互联网发展的初级阶段，我依靠自己勤工俭学在校期间在易趣网创立了中国最早最大的年销量百万的数码试听网店，这也是我创业路程上的第一次创业，并成功赢得了事业的第一桶金。经历过浮沉之后，如今的我已是在 TMT 领域连续奋斗 16 年多的创业“老兵”，鼎创汇（国家级众创空间）创始人兼 CEO，极客天使基金合伙人，同时担任多家 TMT 领域公司总经理及董事职位，拥有丰富的企业管理能力及公司整合重组经验。目前，我还担任华东师范大学等多所高校创业导师、新华街道知新荟会长、上海市创业指导专家、长宁区青联委员、长宁区工商联执委、长宁民建第十四支部主委、长宁区人大代表等社会职务。

我赢得过创业的起步，也输光过第一桶金，经历过一个人的公司，也曾并购过国内外的企业。如今我就只想做一名服务青年创业者的创业导师，因此我自掏腰包拿出我这 16 年多奋斗的所有的积蓄在上海长宁、徐汇、普陀、虹口分别建造了五个创业孵化基地，为创业者们在政府部门间奔波，和他们分享我的创业经验。现如今在我的孵化基地里，我更习惯别人称呼我“刘叔”，尽管我只是一个80后。

我觉得从自己创业到做孵化基地，帮助他人实现人生，成就自我，是最伟大的事业。很多人喜欢叫我“刘叔”，我也习惯别人这么称呼我。我觉得这就像上海人叫“老娘舅”，这种称呼就是一个热心、奉献精神的标签。我说，既然大家都喜欢我这个角色，那我就去把这个角色去做好！自己创业也好，做孵化基地也好，我认为，无论在哪个时代，人们都需要有一种匠人精神。当下更是如此。

“为了节省开销，东北饺子作为一日三餐”

2002年，一个偶然的机会，我读了一本《蓝色巨人——IBM》的书，这让我突然萌生想打造一个属于中国的IT服务公司的念头。一腔热血的我在一番权衡之后，我毅然决定关闭了原本生意不错的网店，并用开网店赚来的第一桶金设立了一个以“客户第一”为理念及IT企业服务为核心的科技公司——上海汉蓝电子科技发展有限公司。既然IBM的服务叫蓝色快车，我就叫汉蓝科技，英文名就叫China Blue，一个专属于中国的蓝色快车。我想服务很多中国的民营企业、中小企业，因为我发现，当时这些企业还不太容易得不到这些IT方面的服务。于是，我以自身原来开网店、熟悉电脑科技的基础，开始了第二次创业。

公司在2003—2005年一直处于亏损状态。最艰难的时候，我一个人在公司守了几个月。很多人走的走，散的散，赶上过年了，又回去一批人，只有我一个人留守在自己那半办公半自住的80平方米的屋子里。那年，我二十四五岁，把第一次创业的钱全部输光。为了节省开销，我几乎每天只吃东北饺子作为一日三餐。然而，我依然维持着公司无负债的状态，甚至只有我一个人的时候，我还会给自己发工资，我觉得有时候需要一点这样的仪式感。说起天天吃饺子的经历，我却很淡定，1.5元一两有6个饺子，一天15元钱，这是我给自己定的标准。那家东北饺子店就在公司旁边，饺子方便，吃不掉还可以放冰箱里，还可以翻翻花头，白菜馅、韭菜馅、西葫芦馅……只不过，现在谁和我说吃饺子我觉得一定会吐出来。

让公司迎来转机的正是我当时最重要的一个客户——如家酒店，2006年酒店上市。后来，连锁酒店每家门店都开始供货了，公司的收益也开始爆发式地回升，甚至一年可以超过千万元。当时，第一家门店需要送货的时候，是我亲自送的，我叫了一辆货的到门店，对方店长不认识我，“指挥”我说，你把这个货搬上去。身高1.8米当时只有56公斤的我，就一个人搬了7套电脑，来回爬楼，把电脑搬到楼上的仓库里。他以为我是“小三子”，但其实我是老板，但我又不能跟他说我是老板，否则人家会觉得你公司很不靠谱。由于路途遥远，在我央求下，货车司机后来还帮忙把我送回去。其实，那时公司里还有我其他同事，但我觉得他们还有别的更有价值的工作，送货这种事情就让“闲着”的老板来做吧。

后来，为了纪念人生的这段经历，我在公司旁边买了一套房子，面朝华山路，我觉得夜景很漂亮；再后来，我分别在 2008 年收购了一家法国广告公司，2012 合并了一家国内知名数字影音公司，并在长宁区注册了我的第二家科技有限公司。

“信心来自于终于有人认可我，听懂我说的事情”

2012 年，我参加了长宁区的创业大赛。我其实就是想去领略行情，了解一下周边的世界，想看看周边的同行都在做些什么。正是这次大赛经历，让我真正体会到原来自己在社会上还是有点价值的。大赛之后的一个机会，街道要做孵化基地，我思考了三天就决定接手做了。从原来一个创业者转型成一个创业导师，去辅助别人，我其实还有点别扭，我觉得，自己只是一个草根，但自己要向上，想慢慢地让自己名副其实。

孵化基地从 2013—2015 年的时候很艰难。当时，周围没人认为我能把这件事做好，包括家人和朋友，很多人觉得这是天方夜谭。的确，孵化基地在那个时候是比较新的概念，甚至很多人都不知道孵化基地到底是做什么的。我也尝试“拉拢”过公司同事，没人愿意冒险，我自己其实也不太自信。我不得已从东华大学找来一个哲学系的研二学生，帮我一起做，只承诺给她每月 3500 元。我想的是，我当时一无所有，我也去找一个同样是一张白纸的人一起干。于是，我又开始了新一轮的创业。让我欣慰的是，两人合作地还比较顺利。2014 年，李克强总理提出了‘大众创业，万众创新”，更让我一直铭记在心。我的基地做得还比较好，街道也很积极地帮我展示，以至于后来区领导也很认可我的成就，所以，我坚定信心一定要做得更好！

在我看来，创业者在很多事情无法解决的时候找到了我，我的孵化基地承担着这个角色，我就有义务把这个当做责任，好让他们专心做自己的项目。我明白企业在刚刚成立的时候，精力和成本都是非常宝贵的。然而，要做好业务，也是困难重重。企业碰到的困难，如打官司、社保、税收、文化批文等很多问题，我基本上都跑过了，在那段时间里，我一直往政府、街道不断地跑，后来很多人，很多委办局我都认识了一圈。

令我难忘的是在 2015 年，当时，我的孵化基地正不停地吸收会员。其中有一个英国留学归来的海归，是一个设计师。有一次，我找他帮忙为创客空间进行设计。我坦承自己没多少钱，但绝不会让朋友白做。我回想，当时自己只是请他在一家很普通的拉面店里，吃了一碗三十几元的拉面。我正向他介绍我的空间，说着我的想法，不知道哪里打动他了，他冷不丁地告诉我他不要钱了，我们合伙吧。当时他说："这样吧，我帮你做但钱我也不要了，你把装修预算要多少钱算一下，我再出一点钱，咱们合伙做一下吧。"我顿时就愣住了，对方突如其来的热情让我有点不敢相信自己的耳朵。我万万没想到，自从做孵化基地以来，自己一直不被理解与认同，却竟然这么一个机缘巧合的找到了志同道合之人。正是这个海归朋友，也就是我后来的合伙人的这一句话，给了我极大的信心，这个信心来自于终于有人认可我，而且听懂我说的事情。正是有了这个合伙人，我的创客空间才有了今天这样良好的发展势头。

"我们可以去憧憬，但现在才只是小小的起步"

我喜欢创业，但偶尔也有怠惰的一面。当年给自己买了房子没多久后，那套房子房价暴跌，6 个月跌了 30%。但其实现在回头看看，很感谢当时自己房价的大跌，又让我回到初心，专心去做自己事业。当时如果自己房子房价也涨到好几百万元，可能就不会像现在这样，对自己有这么高的要求。

刘斌（左二）开展新华街道创业者木工匠人文化交流活动

所以我时至今日，对自己工作也好，学习也好都有着要求。我近两年一直与街道图书馆进行着合作，我在创业基地开辟了“品阅书香”阅读角，鼓励更多青年通过阅读，提升职业和文化修养。我所负责的创业基地在2014年成为了上海第一批认定的21家5A青年中心之一，我将其定位于服务创业青年，是高校学生的实习基地，同时，具备创业培训、创业沙龙、创业竞赛、创业社会实践等功能；我还通过联手社会组织，专业化运作，为创业青年析疑解惑，提供多元化的服务。正是通过自己的潜心努力，我正慢慢将我自己主张的认真、求精、奉献的“匠人精神”注入到鼎创汇里。

说起自己与街道图书馆的合作，我认为，这是自己出于对文化的追求。我们看过《无问西东》，我的理解是人无论如何，书一定要读好。一个人一定要学习文化，知识决定人生格局。我认为，现在中国人的创业已不再是投机主义，不再是拼体力，而是智慧创业。时势造英雄，当今这个时代是知识创业的时代。所以，我觉得图书馆是很重要的，我也希望自己的团队，至少能一个月读一本书，我认为，不花时间去多思考，只是一味盲目工作的人，最终的成绩会非常小，大部分时间也会无故消耗。

于是乎，我办孵化基地，做创业服务，还一直在思考着一个问题：面对现在的创业者们，自己应该扮演什么样的角色？到底应该是像保姆呢，还是学长，还是父母，还是教练？我更习惯把自己定义为创业者的朋友，把自己所拥有的东西，可以

刘斌（前排左四）参加鼎创汇在上海1933老场坊举办的CEO年会

共享的东西分享给他们。我比喻我的创客空间就像是一所为所有人敞开的大学，在这所“大学”里，我不是一个具象的校长，这所“大学”只有一个抽象的校长。

我希望，在未来有更多的人可以一直把鼎创汇传续下去，甚至希望有一天鼎创汇也能成为一个百年品牌。我时常对我们团队说，我们可以去憧憬，但我们现在才只是小小的起步，需要很多人前赴后继，而鼎创汇的“匠人”精神一定要有。新中国 70 周年华诞到来之际，我希望鼎创汇未来能孵化出更多具有工匠精神的创业者，用智慧和实干谱写中国梦的新篇章！

人物简介

刘斌：上海鼎创汇创客空间管理有限公司总经理，民建上海市长宁区委会员。

同心筑梦不负韶华　脚下为根不负使命

闫晓慧

2019年是新中国70华诞。70年风雨征程，有许多伟大壮举、辉煌荣光写进了共和国的历史画卷；也有许多朴素的努力与默默地坚守，点滴汇入逐梦的滚滚浪潮。

我出生于1978年，正是改革开放历史性转折之年。1996年工作的第一站是邮电局，3年时间见证了运营商的大分拆；1999年作为知青子女回沪，与国资改革结下不解之缘。回顾20多年的工作之路，脚踏实地又平凡朴实，但我们身处一个大时代，每一个人都是汇入时代巨浪的一个小水滴，一步一个脚印，筑梦前行。

青春无悔　践行国资改革之路

郭沫若先生在《凤凰涅槃》的诗中讲述了凤凰集木自焚，在烈焰中更生的故事，基调雄浑悲壮，浴火重生的凤凰在欢唱、翱翔……这正是中国黑色金属材料华东公司破产新生的最佳写照。2001年，因为一次意外的面试，我入职破产清算组，历时 15 年，与公司共同走过了从生到死，浴火重生的全过程。也正是如此，我得以管中窥豹，切身体会国资改革者的坚守与坚持。

活跃的“不和谐因子”

一个国家物资系统的老牌国企，从鼎盛走向破产，能够自谋生路的人都已纷纷离开，留下来的队伍也是在等一个句号画完。在这家几乎与共和国同龄的企业里，我是第一个从市场招聘进来的人，也是唯一一个没享受过国企辉煌的人，自然也是唯一一个活跃的“不和谐因子”。

从仓库里搬出陈旧的电脑，组织大家学打字比速度；自己琢磨着做网站，花了 5 万元建成了 OA 系统，每两人一组负责 OA 板块更新；组织全体领导和职工轮流当讲师，不管是局级干部还是前台打字员，每周一次，自己做 PPT 分享读书心得、专业知识，自己在读的 EMBA 案例也是我们培训的亮点……无形中信息化为这个破产进程中的老国企注入了崭新的活力。

坚定的国资“守卫者”

在市场经济刚启动的阶段，各种联营形式数不胜数，虚假外资让很多企业的真实面貌被掩盖了起来，独立研判重大国资流失案的任务就落在我这个新人的肩上。“为国资安全而战”是支撑我们坚持到底的信念力量，因为这个信念，不眠不休，有的同事甚至跑坏了 2 部车；这也是最终国家审计署在案件侦办结束后的总结标题，从审计机关、公安、纪检部门到最终法院宣判，经过 5 年的不懈努力，流失 10 余年的逾亿元国有资产终于回归。

发展路上的“寻梦人”

根据《破产法》规定，当破产财产不足以支付破产费用时，破产就可以终结。但支撑我们的信念是生，而不是死，是要以更加饱满的状态重新竖起旗帜，要让每一项工作经得起历史的检验。正是如此，我们的破产历程才持续了 4 年之久。在破产清算的艰难岁月里，没有悲观等候，没有自怨自艾，我们在黑暗中寻找烛光，在不可能中追逐可能，在缺衣少粮中筑梦、逐梦、圆梦……正是在这样难遇到、求不来的特殊环境中，我有了许多精彩的第一次。

第一次认识一种物质叫纳米。纳米，即毫微米，1 纳米 $=10^{-9}$ 米，1 纳米相当于 4 倍原子大小，比单个细菌的长度还要小得多。2004 年下第一场雪的日子，我们去考察了当时许多人闻所未闻的新技术。

第一次模拟驾驶波音飞机。2003 年，在破产最艰难的时候，我们形成了一份可行性报告——公务航空，在那个需要插 modem 拨号上网的年代，收集了各种信息进行分析运用。去广汉飞行学院考察时，不仅乘坐了驾驶员训练的四座小飞机，还自己开了波音 737 模拟机。

第一次独立研究香港上市公司。为了能对第一手信息进行专业判断，我不断地围绕项目学习充实专业知识。资产经营的每一个项目分析都是从财务入手，我虽然没有从事财务工作的经历，却取得了从财务序列初级到高级证书的所有职称。为了做好香港上市公司的分析方案，我买了香港上市公司报表分析的书籍，一边啃书，一边琢磨，交出了高质量的研究报告。

第一次主导上海新平台战略转型。国资的每一个个案都高度综合复杂，面对平台设立初期人员力量薄弱的特点，跨部门、程序化协作是必然的选择。经过许多探索与尝试，最终发现没有人比我们更了解国企改革的综合要求和关键环节。于是自己动手完成了公司的发展规划和业务流程，细化在业务承接、股权甄别和资金流动上的具体流程，为业务发展奠定了基础。

第一次来到世界第三极——西藏。2007 年是一个好年份，随着中国共产党十七大的胜利召开，这一年新的平台已经初步成形，新的办公楼也装修搬迁，各种诉讼也告一段落。我们在搬入新址之前集体来到了西藏，重走红军长征路，也为藏区的孩子送上一份爱心。一个个贴着爱心的包裹一路得到机场、车站的帮助，一站站接力，送到了爱心小学。一双双热切的眼睛、一只只挥舞的小手……被需要，也是一种幸福。

国企就像一只小心翼翼跳舞的大象，努力保持各种平衡，踩准每个节拍，用了最大的努力却不能保证跳出美妙的舞步……数十年来风雨兼程，有赞誉、有诟病，带着浓重的时代特色。每一次改革都是一次刮骨疗毒，痛并坚持着。凭着壮士断腕的决心与坚忍，中国诚通集团成为国务院国资委首批国资运营试点。首批接收会议召开后，天空出现一道彩虹。对于我们这些一直凭借着信念在困难中坚守着的人们，一道彩虹也能比别人看到更多的色彩，这就是我们的未来。

结缘浦东　踏上融入区域发展的全面提升之路

2013 年中共十八届三中全会召开，提出完善以管资本为主的国资管理体制，改革国有资本授权经营体制，发展混合所有制经济等内容，在顶层设计上明确了新时代国有企业发展的方向。这一年，我被选派到浦东新区商务委挂职任副主任，站在改革开放的第一线，政府工作令人感觉到既振奋又新奇。无形中我的事业轨迹又多了一个关键词——浦东。

我的“间隔年”

这一年的挂职经历，我称之为“间隔年”。从企业到政府部门工作，挂实职、

2013 年，周汉民主委看望挂职干部，左三为闫晓慧

行实权、担实责，亲身体验政府的管理运转。政府工作的特点、浦东开发开放的经验、行政管理的协调创新与联系群众的工作方法，以及政策的把握和运用……对我来说都是全新的领域。“一把手”带教的模式更让我们能够更系统、全面地了解各项工作，学习一把手驾驭全局、民主集中的工作方法，既在面上开展工作，也可以有点上的深入。通过点、线、面结合，实现个人综合能力的快速提升。

从带队招商到民生实事，从自由贸易试验区到市场保障，从电子商务到消防安全……挑战与锻炼是全方位的，收获与成长也是全方位的。因为投身浦东，2013 年变得意义非凡，这是成长的一年，收获的一年，更是温暖的一年。这一年的挂职，在我心中埋下了一颗心系浦东的种子。上海首开自由贸易试验区的先河，负面清单管理和各项体制机制创新令人热血沸腾，浦东开发开放的种种创新与挑战都鼓舞着我、吸引着我。

接受全面“雕琢”

2015 年浦东新区推出了国资国企改革十八条，决定成立首家区级国资运营平台——浦东投资控股集团，而我也被调往浦东新区工作。如果说挂职是一次全方位的锻炼，那么在投控集团的历练就是一种全方位的“雕琢”，没有带教老师，没有培训计划，只有自己独立挑起重担，走出这条路来。

入职两个月，公司原总经理离职，在接下来长达两年的时间里，我是公司唯一的经营班子成员。一直以来迎难而上的惯性思维又一次支撑着我，深思考、谋发展、带队伍，主动担当起公司的筹建和运营任务。大到公司的定位与规划、数百亿元资产的整合方案，小到办公楼的装修、信息化推进，事无巨细都要担下来。我们这个不到10个人的团队出色地完成了一项项工作与任务，在缺乏组织和机制保障的情况下，带头学、带头干，确保工作件件有落实，确保队伍个个有活力。

国有资本运营公司上接国资监管机构，下接国有企业运营，如何试出能够有效平衡政府与市场的机制？ 如何能试出符合管资本要求的运营管控模式？ 这是从中央到地方各级运营平台都在探索的问题，虽然国有企业有其共同的规律与特点，但地方国企与地方经济发展的特点和阶段性紧密相关。没有可以套用的成熟经验和模式，我们只能总结回顾40年来国企改革发展的历程研究改革的趋势，只能学习不同地区的经验和做法积极寻找标杆，探索一条符合自身特点的道路。经过反复的调研与论证，在2017年明确了公司“一平台、一主体、一通道”的战略定位和资本运营、战略投资、资本研究三大主业，并以此为指导思想细化各项工作方案，推进专项任务和重点工作落实。

随着工作深入，对区属国资的特点有了进一步的认识，同时，也深深感受到在过去快速发展的过程中化解了许多问题，但也沉淀下来一些深层次矛盾，成为难以破解的瓶颈。习近平新时代中国特色社会主义思想给国企改革指明了方向，我们的每一个案例、每一个课题都是在探索改革之路上的一个小小脚印，走的人多了，成功的路径就会展现在眼前。我的事业与未来的发展完全融入到浦东开发开放的大潮中，能一直走在探索的道路上，能在全方位的“雕琢”和考验下成长，我是何其幸运！我，愿意并会一直在这条路上贡献自己的努力。

参政议政 践行共产党领导的多党合作和政治协商之路

2009年我加入了中国民主建国会，2012年担任民建市委妇女委员会常务副主任，2013年成为民建中央妇女委员会委员，2016年到浦东新区工作后担任民建浦东新区区委副主委，2017年又多了一个浦东新区政协常委的身份。随着肩上的担子一天天重了起来，也逐渐深化了对中国共产党领导的多党合作政治制度的认识。

凝心聚力建良言

第一次写社情民意是关于南京路上的小火车，写了不久就接到了《解放日报》记者的电话，第一次认识到原来我们的一条建议可以起到这么直接的作用。后来因为各种履职需要，写的社情民意越来越多，也越来越认识到作为一个党派干部，除了尽职尽责做好自己的工作之外，从自己的专业角度和视角提出的每一项优化的建

2017年1月，闫晓慧在浦东新区政协大会发言

议都是我们为了这个社会做出自己努力的一种方式。

2017年、2018年我撰写的提案连续被评为浦东新区政协优秀提案，也连续两年成为大会发言的内容，在建言的过程中也慢慢找到了自己的定位。起初负责参政议政工作时，内心忐忑不安，但3年过去了，这三年民建浦东新区区委共提交超过500篇社情民意，多年蝉联民建市委参政议政一等奖。我想建言本身就是凝共识、聚人心，我要做的不仅是提出有质量的建议，更多的是通过自己的努力，激发大家对这个社会、对工作的领域、对区域经济的关注，增加对政府工作的理解与认同，从出主意、想办法的角度，多进有益之言，多建可行之策。

民主监督是一面“镜子”

民主监督是参政党三大职能之一，我在2018年参加了市、区两级的民主监督工作。市委民主监督的主题是科创中心建设中的人才政策，区委的民主监督主题是城市精细化管理，跨度大、内容广，考问着我们：对重点工作了解多少？能提出多少问题？有没有做群众工作的能力？能提出什么样的建议？与之相应的就是知情明政程度与参政议政的能力素质问题了。民主监督这面“镜子”不仅照别人，更要检验自我。

中国共产党领导的多党合作和政治协商制度是中华人民共和国的一项基本的政治制度，经过70年风雨同行，制度的科学性、先进性和必然性得到充分体现。我们要不忘合作初心，进一步凝聚共识、紧密团结，增加认识上的统一和理解，情感上的认同与支持，为共同目标不懈奋斗。同时，也要不断强化参政党自身的建设和能力提升，才能更好地携手共进、砥砺前行。

很多年前，EMBA的教授讲过一句话，至今记忆犹新——“爱就是在别人的需要里看到自己的责任”。10多年过去了，我越发理解这句话的深意。一项项难关的攻克是改革路上的经验积累、一个个反复思考形成的小建议是推动社会进步的点滴

2018 年，闫晓慧（右三）参与专项民主监督及"家门口"共建签约工作会议

力量。每个人在自己的工作、生活中，总会遇到各种各样的问题，但当我们用解决问题的视角去思考可行的建议，那么这些问题就有可能化解，也可能帮助到许许多多的人。我们也会以更加积极、正能力的心态工作、生活，让自己成为一个发光发热的人、心中有大爱的人。正是心中这份爱与正气让我有了行进不竭的动力，在这个新时代，让我们不负时代、不负使命，勇挑重担、逐梦前行！

人物简介

闫晓慧：上海浦东投资控股（集团）有限公司副总经理，民建上海市浦东新区区委副主委。

我的法学心路与五张“脸谱”

许　凯

2019年是中华人民共和国成立70周年，也是我的本命年，虽然我的年龄并不大（1983年生人），但蓦然回首，发现自己竟然已经与法学这个专业结缘将近20年了，而这20年正是中国特色社会主义法律体系快速发展、日臻完善的20年，也是我国法学教育日新月异、法律服务市场蓬勃发展、司法体制改革渐次推进的20年。因此，我想通过自身求法之路的回顾，从一个侧面反映我国法治水平的演进。

很小的时候就听我外公讲，他的叔叔是中国民主同盟会的创始人、我国最高人民法院首任院长沈君儒先生。可能就是因为这一点家学渊源的关系吧，我从小就对法律产生了好奇。不过真正令我对法律职业产生直观启蒙的，还要感谢我的父亲。父亲原本是一名工人，1986年国家开始以“全国律师资格考试”的方式遴选律师，他借此机遇自学法律并在四年内两次参加考试（当时两年考一次），最终如愿成为了一名律师，随后“下海”设立了家乡第一家合伙制的律师事务所，直到现在。从那时起，我便有机会更近距离地接触法律实务，最终在高考时义无反顾地选择了法学专业，正式开启了我的法学心路，也揭开了五张“脸谱”的面纱。

“脸谱”一：法科学生

第一张法学“脸谱”，当然是我作为一名法科学生的求知之路。2002年底，时任全国人大常委会委员长李鹏指出，我国已初步形成了有中国特色的社会主义法律体系，而我也正是在那一年进入到宁波大学法学院，开始了我10年的求学生涯。本科阶段是一个“从无到有”的学习过程，我在大二下半学期就坚定了自己的考研计划。经过两年的努力复习，我如愿以偿地考上了有“东方法学明珠”之称的华东政法大学，师从庄建伟老师研习民商法学。庄老师是1979年华政复校后的第一届毕业生，不仅仅在民商法研究领域造诣颇深，也是沪上有名的律师，因而在庄老师的言传身教下，我在理论研究与实务锻炼方面获益良多，硕士毕业论文被评为优秀论文。

就在研究生毕业前一年，我忽然发现自己面临了一个重大的选择问题：要不要考博？要的话，考什么专业的博士？当时的上海已经是世界闻名的大都市，是我国改革开放的排头兵和先行者，因此基于这种国际化趋势的判断，我最终选择了报考本校的国际法专业。一年后，我又一次如愿通过考试，更有幸跟随我国国际法名家、上海市人大法工委主任丁伟教授开展学习。在三年的博士生涯中，我国涉外法律体系不断完善，从国内立法到司法解释，再到我国对外缔结或参加的各类条约，都体现出党中央、国务院以法治助开放、以开放促改革的坚定立场，也为我提供了丰富的时代机遇和研究素材。2012年5月，我的博士论文《侵权冲突法研究》顺利通过答辩并被评为优秀论文，我也在导师的推荐下得到了梦寐以求的留校任教机会。回首10年求学路，我无疑是幸运的，而从国内法到国际法的学习轨迹也正好与我国改革开放的时代特点同频共振。

“脸谱”二：法学教学和研究人员

博士毕业后，我的第二张法学“脸谱”接踵而至，我成为了一名高校的法学教学和研究人员，从昔日的学生变成了老师。至今为止，7年的教师经历不可谓长，但却是我从一名普通青年教师向副教授的转变历程，也确有几处值得一提的感受。先来谈谈法学教学方面的改革，在我求学的时候，由于当时法学专业著述较少、互联网发展和普及程度不足等原因，学生与老师之间存在天然的信息不对称，因而老师只要采取从书本到书本的“一言堂”方式，基本可以完成教学任务。但到了我站上讲台的时候，我国的法学教学条件和要求早就今非昔比，学生可以借助

博士后成果

的资讯平台、可以找到的学习资料、可以看到的线上“慕课”，学习资源俯拾皆是，要在这样一个知识爆炸的新时代依旧让学生走进你的课堂并引导他们的学习兴趣，难度可想而知。刚刚入职的几年，我上的课总是“激情有余、效果不足”，之后我总结教训发现，要做一个学生喜欢的教师，必须改变以往“教师中心主义”的立场，更多地站在学生的视角来看待教学，以“客户满意度”为目标改进教学方式。为此，我观摩优秀前辈上课、更新最前沿学术资讯、丰富课件与教案等方式，使我上的《国际私法》这门课更加立体、有趣，学生的评价也一直处于全校的前列。

再来说一说我的研究心得，从教以来我完成了 2 部著作、1 部译著，在各类期刊发表论文 30 余篇，主持、参与近 20 项重要课题，其间还跟随中国国际法学会会长、中国政法大学校长黄进教授完成了博士后的研究工作。在研究过程中我深深感到，随着我国法治化水平的与日俱增，法学研究的路径已经逐渐摆脱以往注重比较、移植外国法律制度的舶来主义，转变为以中国特色社会主义法律体系为研究中

许凯（中）与毕业研究生合影留念

心的价值导向。即便是在国际法这一长期以来西方为主导的学科，近几年来随着我国国际地位和话语权的提升，更多的中外学者越来越关注中国在建构国际法治规则中的作用，我也很荣幸成为其中的一员。

“脸谱”三：民建会员

与民建的结缘是迄今为止我最为意外的惊喜，2013 年初在民建华政支部副主委王莲峰教授的推荐下，我成为了一名民建会员。说实话，当时对于党派工作的任务并不十分清楚，只是在老会员的指导下尝试着写了几篇建言，也就姑且作为“投名状”上交。但就在几个月后，我接到了洪冬英主委的电话，她激动地告诉我：“恭喜你啊，你的建言《加强上海自贸试验区的司法保障》被韩正书记批示了！”我当时也很激动，但却不知道领导批示到底有何意义，直到后来学校网站报道、智库成果被计入科研考核，我才明白这大概是很重要的事情吧。自此以后，我在教学科研之余，投入一部分精力紧盯自贸试验区、自由贸易港、长三角一体化等国家重大战略，结合自身的专业优势适时地提出自己的建言建议，屡获中央部委采纳和领导批示。上述的努力也为我带来了许多荣誉，我连续 5 年获得民建上海市委“参政议政先进个人”称号，2015 年更是获得了“民建全国参政议政先进个人”荣誉称号。与此同时，在民建上海市委的推荐下，2018 年我有幸成为民建中央第十一届法制委员会委员，这无疑是对我参政议政工作的最大肯定与回馈。

2018 年 4 月，许凯（右）在民建中央第十一届专委会成立大会上留影

“脸谱”四：兼职律师

我的第四张法学“脸谱”是一名兼职律师。根据《律师法》等法律法规的规定，在高等院校、科研机构中从事法学教育、研究工作的人员，可以申请兼职律师执业。因而在我留校的同时，我也开始了我的律师实习工作，由于此前父亲的影响和导师的引导，我很轻松地拿到了执业证书。在为数不长的执业期里，我始终秉持专业、细致、合规的执业理念，办理国际国内民商事案件百余起，获得客户和当事人的一致好评。作为一名高校的兼职律师，我特别注重法学理论与实务的结合，每次遇到实务中的新型问题或疑难案件都会组织各领域的专家开展理论研讨工作，有些案件甚至直接成为我专业论文的选题或是课堂上与学生交流的案例，这种“产、学、研相长”的效果正是我孜孜以求的。

“脸谱”五：人民法院法官

与前面四个角色不同的是，我的第五张“脸谱”来自庄严神圣的人民法院。2018 年 3 月，我被上海市委统战部遴选为第十批党外挂职干部，5 月 10 日长宁区人大常委会任命我为长宁区人民法院审判员、审判委员会委员、副院长，6 月 4 日我开始了为期一年的法官生涯。来到法院之前，我对法官工作的了解仅限于法庭之上，而对近年来人民法院的司法改革工作也停留在纸面。但来到长宁法院实地工作后，我通过调研、走访等方式，了解了法官员额制、内设机构改革、多元争议解决机制、互联网审判等我国司法改革中的重要任务在基层法院的落地运作，也通过实际办理民商事案件的方式，体会了法官工作的严谨和慎重。而我所在的长宁区法院正是全国法院在新时代的缩影和楷模，作为上海唯一的“全国优秀法院”，长法人以其敬业、高效、负责的态度服务群众，无愧于司法为民的典范。虽然我只是一个挂职干部，但“一日长法人、一身长法情”，在与有荣焉的同时，难得的挂职经历定会极大提升我对法学的认知水平。

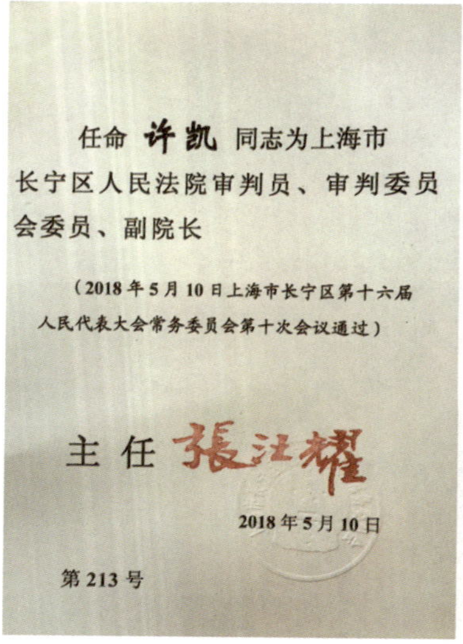
任命 许凯 同志为上海市长宁区人民法院审判员、审判委员会委员、副院长

（2018年5月10日上海市长宁区第十六届人民代表大会常务委员会第十次会议通过）

主任 張江耀

2018年5月10日

第213号

任命书

在本文的最后，可能有人会问，是不是还有第六张“脸谱”？这个问题我无法轻易回答，因为世事难料。但如果您问我现在的打算，我想我还是最想

回到那个三尺讲台去教书育人。这既是我的初心，也是我最喜欢的身份。我相信，随着我国法治水平的不断攀升，法治化、国际化、市场化的未来一定需要更多的法学人才，因此我愿意为了祖国的这一美好远景倾注全部力量，终身不悔。

人物简介

许凯：华东政法大学国际法学院副教授，民建市委“一带一路”专委会副主任，民建华东政法大学委员会会员。

不负时代的召唤

阮建荣

在我的故乡嘉兴南湖上有一条“红船”。1921 年 7 月，中国共产党第一次全国代表大会由上海转移到南湖，庄严宣告了中国共产党的诞生。这艘画舫因而获得了这个永载中国革命史册的名字，成为中国革命源头的象征。在红船的引航下，中国革命在中国共产党的领导下，浴血奋战，夺取了抗日战争、解放战争的伟大胜利。1949 年 10 月 1 日，毛泽东主席在北京天安门城楼庄严宣告中华人民共和国中央人民政府成立了！ 在祖国迎来 70 华诞之际，我心潮澎湃，感恩之情溢于言表。因为，我生长在党的诞生地嘉兴南湖，南湖的水哺育我长大，我的身体里流淌着红色血液。

在改革开放的潮涌下，我坚定地跟党走，响应祖国的召唤，从一个贫困的乡村来到上海，从一名普通的打工者成长为一名优秀的企业家，从一名基层的管理者成长为一个人大代表，还担任中国民主建国会上海市企业委员会副主任、中国林业产业联合会竹木企业发展分会理事长、中国竹材装饰（上海）设计应用推广中心执行主任、上海商界同仁协会会长、上海市浙江商会常务理事、上海市室内装饰行业协会副会长、上海立信会计金融学院教授等职务。我的成功得益于国家统一战线和多党合作开创的良好社会环境。

和平年代的梦想

我出生在浙江嘉兴一个普通的农家，虽然贫穷，但同龄的小伙伴们家里大抵都是这样。我常常和小伙伴们一起去河里游泳、爬树、掏鸟蛋、玩弹弓。

家里孩子多，开销一直特别紧。为了减轻家里的经济负担，我高中读完后，就离开家乡来到上海，一边打工，一边参加高复。日子过得很辛苦，却很充实。

1989年，我到嘉兴二轻局汽配工厂当了一名车间工人。因为技术创新表现突出，被领导直接提拔，调到供销科做供销员，负责工厂的供销业务，成了二轻最年轻的行政干部。2年后，由于工厂领导班组调整，我放弃了农转非户口城市居民待遇，离职来到上海一个合资的针织厂担任供销副科长。那时，因为营销方式比较老旧，贸易出现了一些问题，仓库出现了产品积压。我带领销售人员跑码头、下菜场，把大量的库存一销而空，解决了厂里资金回笼的问题。

经过2年的业务锻炼，我一方面为企业解决了业务上的难题，另一方面也借助工作机会到全国各大城市增长见识，看到了在20世纪80年代末、90年代初经济发展的大趋势。

同时，我发现，一无技术，二无支持，继续留在厂里工作，前途渺茫。此时浦东正在开发，我看到了希望，便离开工厂，跟着二哥学习工程管理、预算、设计等各方面的知识，也坚定了要创业的梦想。

良好的经济环境促使梦想照进现实

在国家大好的社会经济环境下，我拿出自己打工的全部积蓄，还找亲朋好友借钱，为实现创业梦作准备。

终于，在1992年6月，我与爱人在上海康定路开办了一个五金建材门市部，面积仅有11平方米，全部员工加起来也只有三四个人。我又在上面搭建了一个1.5平方米的阁楼，晚上就住在阁楼上。

平时的业务只是一些简单的零售，利润也很低，紧巴巴地养活着一家人。三年来，我勤勤恳恳地经营着门市部。虽然利薄，却也有了一些资源的积累。

偶然有一次，我和一个熟悉的客人聊天，他谈到我做材料非常辛苦，也没有资源可以回收。加上我对装饰设计管理又非常熟悉，完全可以承接一些小型业务，比如他们单位的门窗之类的。我认真想了一下，这是再合适不过的了。这样就可以长期为同一个客户提供服务，并且深度挖掘客户的需求，从而摆脱一锤子买卖的零售模式。

就这样，我认真负责地为他提供了装饰服务，价格非常公道，质量也好，他非常满意。没过多久，又有两个人来找我装修，说是前面的客人介绍的，我开心极了，做事情也格外认真负责。

1995 年 7 月，我成功创立了上海创丰工贸有限公司，办公与营业面积也扩大到 60 平方米，员工增加到 20 多人。管理、财务、材料、销售、工程等工作都有专人负责，公司年产值快速上升，由原来的 50 万元增加到 300 万元。

我起早贪黑地工作，觉得浑身有使不完的劲儿。企业在大家的共同努力下一点点地发展壮大，我不由得喜上眉梢。

然而，风险却在这个时候降临了。由于资金周转、企业管理、工商、税务、规范化经营等问题，我的公司再次面临失败的风险。这一次对我的打击非常大，原以为走上了发展的康庄大道，谁知到头来竟然又要收拾残局。我心灰意冷，甚感前途渺茫。长期的劳累再加上心志全无，疾病在一瞬间爆发了。

病中，父母、爱人对我悉心照料。家人和朋友们鼓励我说，现在党和国家政策很好，你又这么年轻，大不了再来一次！

打好组合拳　护好常青树

1998 年，我总结经验教训再次创业，成立上海嘉荣装潢有限公司，确立了做工装的基本发展思路。过去的经验和业务积累，在新公司成立后发挥了积极的作用。不论是管理水平，还是业务水平，都有较大幅度的提升。

随着公司规模的日渐发展，我同期开了一家餐厅应对市场商务接待需求，还改善了员工的食宿条件。公司全体员工特别支持，大家齐心协力，生意红红火火。

在上海嘉荣装潢有限公司运行稳定的情况下，我看到许多大型酒店、商场超市等，也存在这样的需求。不同的是，这样的项目对公司的资质和技术水平要求非常高。但是，如果不谋长远，公司在激烈的市场竞争中，很有可能再次面临灭顶之灾。

高筑墙，广积粮，在没有硝烟的商业战场上，这个道理同样适用。为了加强后方供应能力，我于 2000 年，在上海大虹桥租赁了 3000 平方米厂房后，成立上海嘉荣展览制作有限公司。公司主要为项目提供配套橱柜产品、展览展示家具和固装家具支持，同时对外接单。

2001 年，因为公司诚信，管理团队壮大，一体化服务能力增强，公司与一家有资质大型企业联手，共同承接业务。公司的业务能力越来越强，积累也日渐丰厚。

步伐稳定的时候，我考虑成立具备一定资质、且有设计施工能力的专业工装公司。于是，2006 年我发起成立上海嘉荣建设工程有限公司。公司设立了商务部、市场部、企划部、财务部、采购部、配套部、行政部、人事部等。稳中有进的运营节奏日渐常态化，公司打组合拳的战略模式初步形成。

2006 年，公司的业务量快速增长，几千平方米的场地显然跟不上发展的需要了，我打算扩大规模。经过多番实地考察，我决定买下一块地，建设一座更大的工厂。在各项准备工作就绪后，上海嘉荣展览制作有限公司嘉兴分公司成立了。而这一次，我的工厂彻底摆脱了手工作坊式的生产模式，有规范化的展示厅、木工车间、油漆车间、仓库等，面积达到 1 万多平方米，员工由初创时的几个人渐渐壮大到百余人。

上海嘉荣的业务从工程装饰到酒店装饰，从绿色材料到环保家具，从资产运作到城市服务，还有各种类型的展览会，嘉荣积累了丰富的项目经验，也沉淀下“诚信、兼容、创新、共赢”的企业精神。

感受党的力量　体验民建的关怀

从一家小小的门市部发展成为初具规模的建筑装饰企业，离不开中国共产党的英明领导，离不开在党的领导下开创的统一战线和多党合作的社会环境，离不开抚育我成长的各级党组织与政府部门以及各民主党派领导的关怀和教导。

通过朋友我有幸认识了一位德高望重的中国民主建国会领导，这位前辈与中国共产党风雨同舟、肝胆相照的光辉业绩，以及赤子之情、报国之志深深地感染着我。我萌发了要加入民建的愿望。中国民主建国会是主要由经济界人士组成的、具有政治联盟特点的政党，是接受中国共产党领导，与中国共产党通力合作的中国特色社会主义参政党。在这位老领导的指点下，我对民建有了深入的了解。2010 年我加入了中国民主建国会。同时，我的公司与中共上海市静安区江宁街道党工委取得联系，成立了党支部。有党的光辉照耀，又有民建的关怀，我对公司的发展更有信心。

响应时代召唤　布局绿色产业

2010 年，国家发改委、科技部、工信部等六部委发布《中国资源综合利用技

2018年3月，阮建荣在中国竹藤产业创新发展大会上作题为“竹钢装配式建筑促进竹产业转型发展”的主题演讲

术政策大纲》，其意义在于开展资源综合利用，推动循环经济发展。处在工业化和城镇化快速发展的大环境中，公司受益良多。我认真学习领会国家有关政策，居安思危，思考怎样走出一条可持续发展道路。从2013年开始，以环保绿色、人与自然和谐发展为目标，公司重新布局。经过几年的时间，公司在竹类生态材料与产品、竹钢装配式智能建筑、竹木家具定制、竹木产品等方面打下了扎实的基础，积累了雄厚的实力。

感恩祖国母亲　爱心奉献社会

一路走来，感恩祖国母亲，感谢中国共产党。

我生在一个伟大的时代，这个时代给了我机会，并塑造了我诚信、执著，不断学习、进取的品格。我通过自身的努力，在华东理工、清华大学总裁班学习工商管理，获得了学士和硕士学位。因为我带领企业不断地拼搏创新，表现优秀，国家和行业授予我很多荣誉：全国轻工行业劳动模范、中国林业产业诚信功勋人物、第三届中国林业产业突出贡献奖、上海市五一劳动奖章、上海市社会主义学院杰出校友、上海市静安区第八批优秀中青年拔尖人才等；公司也得到很多奖杯与奖牌。

怀揣着一颗感恩的心，我要为社会作奉献。我向上海奶奶沈翠英认养200棵爱

2015 年 4 月，上海嘉荣环保科技有限公司被中国竹具品牌联盟认定为“中国竹具品牌联盟执行主席单位”并举行授牌仪式

心猕猴桃树、为贫困学子捐款、帮扶困难职工、修筑残疾人爱心坡道、向上海慈善基金会捐款、参与禁毒活动、参加蓝天下的挚爱·爱心一日捐活动……

一点一滴虽然微不足道，却塑造了我日渐丰盈成熟的内在。我愿像蜡烛一样，释放自己的光和热，温暖一方天地。

唯有拼搏奋斗　方不负时代召唤

中国现代诗的代表诗人艾青在《我爱这土地》中写道：为什么我的眼里常含泪水？因为我对这土地爱得深沉……

在这里，我也想写下一句话：为什么我一次次地跌倒又爬起来，是因为我有一颗赤子之心，我爱党爱国爱社会主义。

不忘初心，方得始终。只有脚踏实地，才敢仰望星空。唯有拼搏奋斗，方不负时代召唤！

人物简介

阮建荣：上海嘉荣建设工程有限公司董事长，民建上海市委企业委员会副主任，民建上海市静安区委会员。

乘风破浪　砥砺前行

孙　红

2019年是中华人民共和国成立70周年。70年岁月，民建在中国共产党的领导下，始终不忘合作初心，为中国人民谋幸福，为中华民族谋复兴。岁月滔滔，互联网新时代，民建始终同祖国肝胆相照，荣辱与共，协助党和政府推进社会主义经济发展，矢志不渝彻底践行实现中华民族伟大复兴的新时代中国梦。

今天，在新中国诞辰70周年之际，感恩党和政府，感恩民建组织的正确指引，让我可以更好地加强自身建设，舍小为大，着眼社会，踏时代之风，助力中国梦。

成就他人　成就自己

我出生成长于改革开放的激情年代。19岁那年，我从陕西考到湖南长沙理工大学读中文系。凭着一股冲劲，刚念大一的我就带着手写的简历，来到被称为“电视湘军的黄埔军校”的湖南广播电视台经视频道，毛遂自荐求一份兼职工作。第一次求职成功后，我便开始在电视台做场记，有时候当群众演员、临时观众，有时还要打杂、买盒饭，工作非常繁杂却十分充实。后来，我台里混熟了，就开始挖掘选题、采访、写稿，我还自编、自导、自演节目，成为经视频道的一名记者。

踏入记者行业，我才真正深入世情百态。从事记者工作期间，我走遍湖南14个地州市，完成各行各业的采访，甚至包括农业、养殖业、殡葬业。通过实地采访，我体察到企业主的不易，开始帮一些企业办企业报、帮学校办校报。那时我和同学会拿着校报去找眼镜店、餐饮店谈合作推广，也会为帮助更多的同学勤工俭学，替寻找家教的家长和求职的同学搭建平台。这或许是当时比较先进的校园服务行业了。有了这些经历，走出校门后，我跟商业、服务业结下了不解之缘。

做记者的经历，重新塑造了我的人生观、价值观——用知识成就他人，成就自己。我放弃了去电力系统当局长秘书的工作机会，选择继续求学，跨专业攻读产业经济学硕士。

秉持助人助己这股信念，毕业后，我来到上海，从企业最底层做起，先后在均瑶、博大等集团任职。大型集团管理经验培养了我全面的商业视角，给了我从高处把握宏观的眼界。2009年，我加入了民建，在民建组织中完成了从企业视角到社会视角的重要升级。

作为民建新人，我能做些什么呢？时代的力量是惊人的，互联网的风呼啸而来，带着对互联网趋势的思考，我毅然从职业经理人的身份，转为白手起家的创业者。我给我的企业命名为“开沙”，我希望开沙过处，绿茵遍野。在国家实施“互联网+”行动计划的战略下，开沙致力为客户提供以技术咨询、技术实施、互联网教育、投融资服务四位为一体的“互联网+”综合服务，帮助大量传统企业完成转型升级。

时代的风造就了开沙。为了帮助更多企业、机构完成互联网升级，开沙与国家工业和信息化部直属的中国电子信息产业发展研究院（赛迪集团）旗下“赛迪教育”、教育部中国成人教育协会、人民网、中国市场情报中心和上海信息安全测评认证中心等权威机构展开密切合作。

在优化升级开沙企业服务的同时，作为民建会员，我积极响应李克强总理“大众创业、万众创新”的号召，无偿为社会各界人士进行“互联网+”培训，我们已经开办有关产业互联网时代传统行业升级与转型讲座不下百场，这都是为了帮助实现成就中小企业的创业梦。

乘着时代的风，砥砺前行，民建为我提供了实现社会价值的舞台。我被推荐担任上海市各地在沪企业（商会）联合会副会长、上海中华职教社中青委主任，这些职位饱含的使命感，让我时刻铭记，作为一名民建人，今后应更加充分发挥特色和

孙红与公司员工部署项目版图

优势，积极建言践行，为国家经济建设贡献更多智慧。

作为民建会员，一名女性创业者，在创办开沙的过程中，我深知在竞争激烈的互联网时代，要想在事业上有所成就并非一蹴而就。互联网虽正在风口上，但也一定要有冲破创业路上艰难险阻的力量。

个人的力量是有限的，但如果形成“帮、带、学”的女性创始人合作体，搭建创业共享平台，便可以通过创业者带动创业者。在此想法下，“她商学院”应运而生。“她商学院”成立后，以“求同、创新、善美”为核心价值，以分享、交流和互助为特色，团结最广大女性创业者，以明星女企业家为依托，以“她商学院”导师团为支撑，通过经验分享，资源对接，在共同学习和交流中助力会员企业的成长与发展。

在创办商学院的过程中，我意识到，除了帮助女性企业家，或许还能助力更多创业项目甚至培养人才发展高新技术。在百年社团中华职教社上海社的支持下，我同近 300 名在上海各个领域有影响、有作为的中青年精英人士，成立了上海中华职教社中青年工作委员会。精英们服务社会，积极奉献，开展“一路一带”与职业教育系列研讨，帮助中小企业主在“互联网 +”时代顺利过渡。

作为一名民建人，要敢于创新，乐于奉献。全国公益组织温暖基金工程 20 周年之际，在民建中央副主席、上海市政协副主席、民建上海市委主委周汉民等领导的大力支持下，我同经济界人士联合发起了“智慧众筹”项目。这个项目融合当前市场流行的众筹理念，将智慧传播、人才培训与爱心公益相结合，向社会特邀有爱心、有智慧的资深人士筹集公益培训课时，与第三方机构或企事业单位进行对接。所筹集的公益课时费，统一捐赠给上海中华职教社温暖工程基金会，用以支持上海市温暖工程项目，培养高素质人才、助力青年创业者、服务国家“一带一路”倡议和上海科创中心建设。

项目启动至今，已有60家机构参与，200余各领域资深教师参与报名，500多门课程供选择，当前已筹集近14万元善款，目前还在陆续报名中。第一季由周汉民领衔的24位来自教育培训领域的专家、学者组成的讲师团的50余个公益课程已经上线。

在“互联网+”时代，“共享+创新”的思路或许能帮助更多好的项目和优秀人才。

传统行业与互联网企业的融合，简单看是线上和线下的结合，是信息流与供应、物流的融合，但究其本质，是互联网连接了产业的上游与下游，将大数据、云计算、物联网、人工智能、传感器等先进技术同步融入其中，既实现了产品升级，也实现了从生产到管理等多方面的升级。

2016年6月，孙红荣获CAWE中国女企业家协会杰出创业女性称号

在党的十九大精神的号召下，在信息技术日新月异的今天，开沙对“互联网+”时代服务进行深入探讨，不再局限于帮助单个企业实现互联网化，而是致力于从整个产业出发。近年来，开沙逐步将“智慧产业园区”业务作为发展主线，开

2018 年 12 月，孙红获上海市统一战线（工作）先进集体和先进个人表彰

始攻坚。无数个攻克难题的深夜，待我回到家，女儿早已睡熟。为了项目，我牺牲了个人时间，最终，在团队的不断努力下，我们成功开发了智慧招商等业务系统，先后服务了富盛开发区、崇明供销经济开发区、崇明工业园区等园区客户，具备了较好的基础。

未来，开沙将以自身的技术优势和实施经验，做好各项业务，提升各园区的智慧化建设水平，为全国智慧园区的发展提供扎实的经验和可推广的模板，更好地推动社会主义产业园区科技化、信息化。

我出生在黄土高原，成长在改革奋进的年代。是祖国的山水养育了我，是时代和组织，给我提供了舞台。新中国成立 70 年华诞之际，我已是不惑之年，但干事创业劲头正足。民建前辈教育我，舍小我成就大我，舍小家为国家。祝愿我的祖国越来越强盛，希望我能为祖国贡献更大的力量。

人物简介

孙红：上海开沙信息科技有限公司董事长，民建上海市妇女委员会副主任，民建上海市崇明区委会员。

致平凡而厚重的援藏岁月

杜云峰

我出生于1974年5月，1999年7月参加工作，2004年8月加入中国民主建国会，2012年3月通过公开竞聘担任上海市财政局社会保障处副处长，2017年12月担任该处调研员。2016年6月我入选上海市第八批援藏干部，被任命为日喀则市财政局副局长，并担任援藏干部联络组财务管理部负责人。2016年11月，我兼任日喀则经济开发区筹委会副主任。作为上海市第八批援藏干部中唯一一名民建会员，以及上海市级机关援藏干部中唯一一名党外干部，我深切体会到党和人民对我的信任和重托。援藏经历平凡而厚重，辛苦并快乐，令我感触良多。

感悟之一：何谓家国情怀

孟子曰：天下之本在国，国之本在家，家之本在身。援藏让我对家国情怀有了更为真切的体会，渺小的个人从未与看似抽象的国家如此紧密地联系在一起。日喀则作为传统意义上的后藏中心城市，面积18.2万平方千米，边境线长达1753千

迎风飘扬在洞朗最前线的五星红旗

米，位于反分裂、维护民族团结、保障边境安全的第一线，战略地位极为重要。2017 年 6 月 18 日至 8 月 28 日，中印洞朗对峙事件正是发生在上海对口支援的日喀则市亚东县西南边境地区。近两年前发生的紧张对峙历历在目，边关重镇亚东战云密布。印度重兵压境，悍然越界挑衅，可以说是蓄谋已久，且有配合美国印太战略的明显痕迹。然而，他们明显低估了中国的强大国力和战略定力，中国不惹事、但也绝不怕事。为应对局势发展，日喀则、拉萨机场迅速新增部署了各种新型主力战机和预警机，拉日铁路满载导弹等先进武器的火车呼啸而过。通往亚东的公路上，运送作战部队和军需物资的车队源源不断。新中国成立近 70 年来，尤其是改革开放后的飞速发展，极大增强了我们的综合国力，这是我们沉着应对各种挑战的底气所在。

尤其令人感动的是，当地藏族少年儿童看到军车路过，纷纷驻足立正敬礼，目送军车驶离。亚东边境寺庙的爱国僧尼婉拒后撤，他们说留在前线至少能为解放军端茶送饭。这是国家强大、民族团结、同仇敌忾的生动体现，我们之所以能够沉得住气，是基于对自身实力的自信。局势最为紧张的一段时间，武装直升机连续在日喀则市区巡逻，但是整座城市秩序井然，民众没有一丝紧张慌乱。全体上海援藏干部密切关注局势发展，同时坚守岗位、履职尽责，并为身处亚东前线的援藏兄弟们加油鼓劲。只有经历过这些，才能真正体会到什么是家国情怀，“苟利国家生死以，岂因祸福避趋之”。我曾有幸走进洞朗，亲眼目睹驻守边境的广大解放军将士枕戈待旦、严阵以待。仰望漫山遍野高山杜鹃簇拥下迎风飘扬的五星红旗，内心不禁感慨万千，“神圣国土守护者”使命光荣、责任重大。援藏承载了家国情怀，这何尝不是一种成全，圆了我亲身参与卫国戍边的梦想，能够为国家安全、民族团结贡献一己绵薄之力，这是多么幸运。

感悟之二：援藏应该做些什么，留下些什么

进藏工作后，我们面临的首要问题就是怎么援藏、怎样才能交出满意的答卷。我觉得，援藏应求真务实、不图虚名，踏踏实实地做好立足当前、着眼长远的基础工作，这样才能不辜负组织的重托，不辜负这片厚土高天。作为财政部门援藏干部，还要统筹兼顾派驻单位和联络组的工作，规范援藏项目资金使用管理，确保援藏项目聚焦精准扶贫、民生改善。我充分体会到当地干部群众对援藏干部的厚爱和期待，就我所在单位日喀则市财政局而言，局党组不仅对我委以重任，还非常重视听取我的意见与建议。我分管科室负责人以藏族干部为主，刚开始有些担心，在沟通交流方面会不会有障碍。事实证明我的担心完全是多余的，当地干部职工淳朴善良、坦诚相待，各项工作顺利推进，交往交流交融在潜移默化中不断深入。

我认为，专业援藏干部的一大重要职责就是要发挥专业优势，传授工作经验，带动当地团队能力素质提升。部分藏族干部在文字表达方面并不擅长，存在畏难心理，对此我充分理解、大胆放手、积极鼓励。日喀则市财政局设有科室简报考核指标，藏族的社保科科长没信心、不敢写，科室考核排名一直倒数，我分管社保科后，对她说，没关系，尽管写，能写到什么程度算什么程度，还有我呢！我对简报等文字材料悉心修改，指导下属提高文字表达水平，最终社保科年终考核排名第一。社保科科长连声说：真没想到！更为难能可贵的是，科室全体同志从此信心大增，工作局面焕然一新。在做好常规事务性工作的同时，我对全市“十二五”期间

2018年8月，杜云峰（左一）主持日喀则市财务会计专题培训

2019 年 3 月，杜云峰（右二）前往日喀则海拔最高的仲巴县调研基层财政工作

财政工作经验进行分析总结，深刻认识并准确把握财政改革与发展的目标任务，亲自执笔编制了《日喀则市“十三五”时期财政发展规划》，倾尽全力健全完善日喀则市公共财政体系。援藏期间，我先后撰写了《关于规范完善援藏项目资金使用管理的若干建议》《关于健全完善脱贫攻坚体制机制的若干建议》等文章，得到了上海市政府领导的亲笔批示。我认为，援藏就是要把先进理念留下来，并循序渐进加以推广，从某种意义上讲，这比单纯援助项目资金更为重要。我坚定执行上海援藏“人才为要”的工作方针，依托上海市财政局以及上海财经大学、上海立信会计金融学院，组织开展日喀则市、县（区）财政业务骨干专题培训，大力培养本土化财政财务人才队伍，确保日喀则市财政事业和财会工作后继有人。

记得有一次，为了表示对我的感谢，藏族同事即兴献上赞美祝福的歌声，我的内心被深深触动，一时竟无语凝噎，不知不觉泪水已在眼眶中打转。我不禁感慨和自问：何其有幸！何以为报？回想当初孑然一身、离家万里，带着忐忑不安的心情入藏，如今顺利融入全新的工作环境，得到当地干部群众认可，援藏辛苦并快乐着。2016 年 11 月，我被抽调到日喀则经济开发区工作，原本可以从市财政局全脱产。但是想到单位领导和同事的信任，特别是我分管科室同志虚心求教、真挚诚恳的眼神，我实在不忍离开亲手打造的团队，最终下定决心身兼两职，用实际行动表明自己的态度，做一名敢于担当、重情守义的援藏干部，即使经常加班加点也毫无怨言。

感悟之三：如何实现西藏长足发展、长治久安

西藏的特点是平均海拔较高、地广人稀，且生态环境较为脆弱。制约西藏经济发展的瓶颈问题主要是自然条件、地缘政治以及市场要素等因素。西藏经济发展应当坚守生态红线，坚持“绿色”发展，践行“绿水青山就是金山银山，冰天雪地也是金山银山”理念。良好的生态环境是西藏独一无二的资源禀赋优势，将为旅游业、农牧业等特色产业向高端发展提供坚强支撑。西藏经济发展应当融入国家“一带一路”建设和西部大开发战略，在区域经济理论指导下，充分发挥资源禀赋优势，通过内引外联打造完整的产业链，找准最适合西藏的产业分工，不断提高产品的附加值。西藏产业发展既要有正面清单，更要有负面清单，严禁过度开发、破坏生态环境的各类产业。西藏的长足发展应当是可持续发展，而非大干快上、不计环境承受能力的盲目发展。

根据供给侧结构性改革理论，从生产要素角度分析，西藏最急需的是各类技术、管理和职业技能人才，健全完善本土化人才培养机制极为迫切，这样才能培育形成真正的内生发展动力。西藏正处于历史上最好的发展时期，实现西藏长治久安，必须坚持依法治藏，强化各族人民的公民意识。爱国守法既是公民的基本道德规范，也是宪法规定的公民基本义务，要不断强化“四个认同”，积极搞好“四个团结”，牢固树立中华民族命运共同体意识，夯实反分裂斗争的群众基础。同时，应不遗余力地加快民生发展改善，保障各族人民安居乐业，争做“幸福家园建设者”，提升群众获得感和幸福指数。西藏的民生保障政策比较多，也很优惠，但是政策分散在各个部门，又比较专业，老百姓往往搞不清楚自己到底该享受哪些保障，能拿到多少福利。财政部门就要帮老百姓把账算清楚，让广大群众真正了解“惠在何处，惠从何来”，从而真心实意“感党恩、听党话、跟党走”。为此，我着手牵头编制民生保障汇编小册子，把现行各项民生保障政策简单明了地讲清楚。我带领工作团队认真梳理、核实政策，汉语部分逐字逐句亲自审核，藏语部分确保精准易懂。初稿完成后，拿给精通藏语的老师、学生看，反复修订完善，确保老百姓看得懂、用得上。3 个多月后，大约 20 万本小册子发放给全市城乡居民，政策汇编条理清晰、简明易懂，受到群众一致好评。

时光荏苒，岁月无痕，不知不觉中，3 年援藏已临近尾声。雪域高原磨炼意志、荡涤灵魂，生命因此变得厚重，胸怀因此更为宽广。2019 年是新中国成立 70 周年华诞，也是西藏民主改革 60 周年，我将加倍珍惜所剩无几的在藏工作机会，不忘初心，砥砺前行，为 3 年援藏画上一个圆满的句号，愿岁月不负天地，愿此生

辽阔高远。

人物简介

杜云峰：上海市财政局社会保障处调研员，日喀则市财政局副局长（援藏），民建上海市浦东新区区委会员。

幸福，就是和祖国的建设同步

李人范

我于20世纪50年代出生在上海，父母都是中国共产党员，父亲是20世纪30年代参加革命，1940年就加入了中国共产党。父亲当时在白区开展工作，母亲协助父亲做革命的“地下工作”…… 我从小一直以“革命干部”的家庭成分而感到自豪。

记得我在幼儿园时，学会的第一句歌就是“没有共产党，就没有新中国”。我小学时喜欢剪纸、刻画，布置学校宣传栏让我感到很快乐；中学阶段是学校的文体骨干，经常代表学校比赛，有一次参加南市区文艺演出，我演唱“我爱这蓝色的海洋”，学校音乐老师和学校舞蹈队为我伴舞，得到了非常好的效果。高中毕业时，我和当时的有志青年一样，为能成为工人阶级的一员而自豪。“工人阶级领导一切”伴随着我的成长，我从工人到技术革新专员，以后由于特长和工作需要而到厂宣传教育科工作，又到厂工会做文体委员、到厂党委办公室做宣传专员；其间，我组织参加了各种区、局文艺演出和体育比赛……

“改革开放”如春风拂面。处处“万类霜天竞自由”，时时“万紫千红总是春”。和着祖国建设发展的步伐，我努力学习，完成了上海教育学院“汉语言专业”的自学专科。从古代汉语到现代汉语，我贪婪地吸收着知识。后又经过上海市文化统一考试、参加了“艺考”，以优秀的成绩进入上海美术学院学习。从东方美学到西方美学，系统的东西方艺术史的学习激发了我的“创新”意识，我在中国画的基础上，探索首创了新的绘画语境“明矾书画”。“明矾书画”当时被誉为上海一绝，《新民晚报》做了专题介绍，我也应邀到上海电视台接受采访。毕业后，我先后服务于上海美术学院下属的几家公司，主要从事策划和设计工作，后又参加了上海美术学院“CIS 高级国际研修班”学习，还荣幸地获准为此研修班设计了结业证书……

海不择细流，故以成其大；山不择细壤，方能就其高。国家改革开放深得人心，经济建设高潮席卷全国。企业的转制在各行各业展开着，社会的一系列变革给大家带来了创业发展的动力和机会，为了方便把我数十年学来的知识服务于社会，1994 年 11 月 23 日“上海人范广告有限公司”诞生了，这是我创办的第一家企业。

“位卑未敢忘忧国”，我渴望“楼船夜雪瓜州渡，铁马秋风大散关”的豪壮，可我却不是一个卫国将领，不能为救国于苦难而浴血奋战；我感佩“先天下之忧而忧，后天下之乐而乐”的忘私，而我却不是一位国家官员，不能为国富民强而指点江山。作为一名普普通通的中国人、一名平平凡凡的民建会员，我接触得更多的是厚厚的史书载不动的推动历史践行的普通民众。鲁迅先生说得好，我们自古以来，就有埋头苦干的人，有拼命硬干的人，有为民请命的人，有舍身求法的人……他们是中华民族的脊梁！

祖国的发展给了我们“用武之地”，我和我的团队在为企事业单位和社会活动服务的同时，看到了市民和他们的子女非常需要文化艺术的学习和熏陶。2002 年我和我的团队创立了“新上海人文化艺术进修学校”，主要从事文化、艺术的培训。适时而为，与时俱进，继而我又创立了“如范文化传媒（上海）有限公司”……

公司和学校共同服务于社会。从广告策划、设计、制作，到“CIS”整体的策划、设计、导入；从推新人书画大赛策划运行，到“我的特奥我的家——爱心传递到黄浦”。特别要说的是“我的特奥我的家——爱心传递到黄浦”，当时黄浦区中小学有 20 多家学校积极参与，共收到 2000 多份学生绘画作品，当时报纸电视均有新闻报道。

无论对外面形象的塑造，还是对内在素质的提升，都要求不断学习，广泛实践，深入拓展才能逐步完善。“德在人先，利居众后。”民建先贤的劝勉，提醒我要不间断地学习工作。当时我常在上海各大报刊杂志撰文，有发表在《新民晚报》的小文《隶源管窥》，叙述了文字的起源和隶书的诞生；还有《中国画的时间款》，阐明了中国画落款的专门讲究要求。值得回顾的是，我为国画大家吴冠中江南巡展的宣传撰文，《感受生命，走近"吴冠中2007新作展"》《再读吴冠中》《吴冠中：感受艺术真谛》在《新民晚报》《联合时报》《上海商报》《文汇报》《解放日报》等媒体发表。

城市的建设与发展，需要在社会经济建设的同时，有文化精神层面的发展。社会的发展需要有影响力的大型活动加以烘托。我们积极参与协办上海时装周"东方国际模特大赛"的活动，我也应邀荣任此比赛活动的艺术总监。此后我们先后筹备、策划、承办了环球超级模特大赛上海赛、全球比基尼小姐大赛上海赛、旅游形象大使冠军赛上海赛，协办了歌王卡雷拉斯上海演唱会、荷兰达人冠军马丁 · 赫肯斯世界巡演等大型赛事和活动。

为方便市民学习的需求，我们策划编辑了"儿童素质教育VCD"，编导了"小主人电视中心"少儿电视节目，我们和上海电视台"艺品生活"栏目组合作，策划了许多活动，访谈了许多艺术家、企业家、社会名流，其中国际美声比赛第一名、

李人范（中间鼓掌者）承办的2010环球时尚超级模特大赛

国画《七十》

上海音乐学院教授邱曙苇和现任上海市书法家协会主席丁申阳的访谈特别受人推崇……

“外塑形象，内强素质”的精神永远鼓舞着我！祖国在建设，我也在奋斗。祖国在发展，我也在进步。我听见豪言壮语也看见脚踏实地。人生短短几十年，我感到十分幸福，因为我始终和我的祖国同步。

虽然我只是一个普通的民建会员、一个平凡的民营企业业主、一个书画爱好者，但我也要有一份热发一份光，用自己的画笔写出自己的心声。2019年是中华人民共和国成立70周年，上海解放70周年。我满怀深情创作一幅作品，命名为“七十”！画中老松树枝伸展形成“七”“十”两个字形，表达了我对中华人民共和国成立70周年的深情感恩，以及对上海解放70周年以来建设成就的祝贺！

人物简介

李人范：如范文化传媒（上海）有限公司法人、董事长，民建上海市黄浦区委会员。

创新发展永不停步

李健军

只有一条路不能选择，那就是退缩的路；

只有一条路必须坚守，那就是创新的路。

我出生在一个知识分子家庭，父亲是新中国第一代轻金属材料学家．他在苏联科学院乌拉尔分院学成归国后，创建了中国第一个铝镁合金金相及金属物理实验室，父亲用他严谨的治学态度和永不放弃的钻研精神，在我的成长阶段留下了深深的烙印，他的鼓励和教诲帮助我确立了人生目标。母亲是一位医生，心脑血管专家，在几十年职业生涯里，她从死神手中抢救了许许多多危重病人，与死神赛跑，与死神争夺患者的生命，母亲的果敢、冷静和智慧，清晰地印在我的记忆里，她的坚韧与贤良，慈爱与管教，养成了我越挫越勇、百折不挠的性格。

磨难与涅槃

1986 年 7 月我从西安工程大学（原西北纺织学院）毕业，进入了中信集团

（CITIC）渤海铝业公司和戴卡轮毂公司工作，先后从事铝型材和轮毂表面处理技术工作，1993 年调入戴卡公司销售部，负责华东地区的销售工作。1994 年成功获得上海大众铝合金轮毂订单，销售额达 2 亿元 / 年，戴卡公司获得了充足的销售订单，从此扭亏为盈。

1994 年正当职业生涯已有起色之时，我却总感到身体乏力不适，经医院检查确诊为肝硬化。医生告诉我，要好好保养，肝脏还能用十五六年。这对 27 岁的我，如同晴天霹雳。对死亡的恐惧和对人生憧憬的幻灭，让我夜不能寐。我常回忆起学生时代，父亲鼓励我好好学习，希望我青出于蓝而胜于蓝，超越他的成就，可是病魔让我陷入深深的绝望。我渴望能在人世多活一段时间、能在人世多留一些我生命的痕迹！冥思苦想，最终我决定：不能坐以待毙，我要创业。我希望在离开人世前按照自己的想法做一些事，才不枉此生。我死后，如果留下一个健康、活着的企业在人间，不也是生命的一种延续吗？

艰难与突破

在一没资金、二没资源的情况下，我凭着一股执念和勇气，创办了上海瑞尔实业有限公司，从事咨询业务。创业之路异常艰辛。但我一步一个脚印，业务逐步发展起来了。在有了一定的经济基础后，我决定利用我的专业知识进入制造业。

1997 年，我听说某汽车厂想要寻找一家企业配套铝合金光亮饰盖，但是在国内却无法找到具有相关制造技术实力的企业。当时国内汽车产业方兴未艾，汽车零配件基本都靠国外进口，“零配件制造商”完全是一个新概念。我认为这是一个机会，我想尝试一下能否通过自己的努力打破国外企业的垄断。所以我努力争取到了这款铝合金光亮饰盖研发生产的机会。在父亲和弟弟的支持下，通过铝合金新材料技术、精密制造技术和表面处理技术的研发，我们与技术人员、操作人员一起在实验室和生产现场夜以继日地工作。经过 2 年多的研发，克服了材料白斑、粗大晶粒、光泽度、附着力等各种技术难题，我们终于研制成功瑞尔的第一个工业产品——铝合金光亮饰盖。这

创业初期李健军（左一）给客户讲解产品

款产品的新材料技术和精密制造工艺，均填补了国内产业化的空白。投产后，第二年公司销售额增长 1000%。

2001 年 12 月 11 日，中国正式加入世贸组织，这几乎改变了所有中国人的命运，也改变了我的命运。WTO 入世协议中对中国汽车及零部件工业的保护条款，使我们公司获得了宝贵的由弱变强的缓冲期。这一年对我来说也是生死搏命的一年。当时我的肝脏功能已经接近衰竭，在生命的危急关头，我选择了肝脏移植手术闯关，万分幸运的是，这次手术成功了。我获得了第二次生命，身体逐步恢复了健康。

创新与求索

对于第二次生命，我倍感珍惜。重新回到工作岗位，我以更饱满的激情投入到创新发展中。我选定的研究方向是精密制造 ABS 阀体。当时，能够生产 ABS 阀体的企业都是世界知名企业，像德国博世、美国天合、日本爱信等。中国当时没有这种特殊的铝合金材料，我们只能自主研发新材料，然后再把材料的解决方案，委托国内加工厂定制。我们花了 4 年时间完成新材料的研制，新材料研发成功以后，我们又用 3 年时间才完成了制造技术的研发。所以，这个项目的研发历经了 7 年的时间。连我自己都没想到，这一埋头就是整整 7 年。

在这 7 年里，我们有过无数次的失败，很多次都忍不住想要放弃，但我们有幸获得了国家科技部创新基金的支持。每当我灰心丧气，一想到祖国对我们的期望，我就重新振作起来。我们的研究工作始终没有停下来。我父亲带领我们的技术团队，克服了不计其数的困难，一直咬牙坚持到 2006 年才终于成功。汽车 ABS 刹车防抱死阀体从研发成功到现在一直是瑞尔公司最具代表性的产品，我们成为了这个细分市场的行业冠军。研发过程中，父亲和弟弟李健强，为了能够得出准确的实验数据，经常通宵达旦地跟踪实验。ABS 阀体的研制成功并实现了产业化，使企业销售增长了 300%，也使上海瑞尔成为世界知名企业，与德国博世、美国天合、日本爱信等齐名。新材料和精密制造技术都是研发的关键技术，这是瑞尔发展的第二次飞跃。该项目 2005 年获国家科技部创新基金支持、上海市高新技术成果转化 A 级项目、上海市火炬计划项目 2 项发明专利。2009 年 3 月 20 日，国务院发布了《汽车产业调整和振兴规划》，并出台一系列鼓励汽车消费的政策，之后的 9 年时间，中国汽车市场一直高速增长。我幸运地赶上了这一轮产业的春风，使瑞尔顺利实现了第三次飞跃——2010 年自主研发成功电子稳定控制系统 ESC 阀体及自动变速器控制阀体，并成功实现产业化，填补了空白。

李健军（前排左五）与春节加班员工合影

我们公司经历了连续 14 年复合增长率达到 53.6% 的增速，相当于 2 年翻一番的高增长。这主要得益于国家持续改革开放的政策和瑞尔持续的自主创新能力。在 14 年里我们取得了 3 次填补中国空白的产业化突破，获得 3 次跳跃式增长，同时这也是我人生中自我实现的 3 次突破。

瑞尔的每一次创新都历尽千辛！在研发过程中，为了能够得出准确的实验数据，我们需要查阅大量的资料、进行无数的实验和演算。有一年春节，实验到了关键时期，我们的研发团队自发放弃了与亲人团聚的时间，夜以继日地坚守在岗位上，保障了研究工作的进度。涡轮增压器叶轮的成功使我们成为了博格华纳在国内唯一的一家供应商，取得了这一领域从零到一的突破。

收获与奉献

创业至今，已经走过了 20 多个年头。这 20 多年的创业发展经历，已经将我和瑞尔融为了一体，没有企业就没有现在的我。而经过 20 多年的技术沉淀和艰苦发展，上海瑞尔也已成为上海市民营制造企业 100 强、上海市高新技术企业，获国家人事部批准成立博士后工作站，拥有上海市认定的企业技术中心。为全球 48 家汽车整车品牌配套，拥有各类专利近 200 项。这些成绩是可喜的，但我深知瑞尔还有很多需要完善的地方，也还有很大的发展空间，我们仍需继续努力创新才能不愧对祖国对我们的支持与关心。

2018年年初，上海张江高新区管委会突然联系到我，邀请我参加一档“活力张江大讲坛”的节目录制，我没有多想就答应了，体会了人生第一次对着摄像机演讲的感觉。后来我才知道，他们之所以邀请我，是因为瑞尔在发展历程中持续的创新能力和成绩，为瑞尔积累了良好的科研信用，上海瑞尔的创新能力和成绩获得了政府的认可。

2018年10月9日，由上海张江高新区管委会主管、上海瑞尔发起的上海张江瑞尔先进制造业技术研究院注册成立。多年来，我一直都想要以汽车零部件制造为核心，进一步进行行业深耕，同时将研发做成平台，形成创新的孵化器，通过公司的金融支持，不断加强创新能力，从更高层次打破创新壁垒，加强研发工作。张江管委会的支持与鼓励无疑给了我们一个更高更大的平台，这让我十分感动，当即就决定捐资成立这个面向社会的非营利性研究院，与张江共同打造上海张江高新区在先进制造业领域的创新平台。瑞尔派出专业团队管理、市场化运营，对标德国弗朗霍夫研究院和美国贝尔实验室，面向全球引进顶级人才，开展工程化和产业化的工作，目标是建成国际一流的工业研究院。我也时刻准备着为祖国的创新事业贡献自己的一份力量。

回顾瑞尔20多年的发展历程，正是在祖国高速发展的大背景下，祖国对民营经济越来越重视，出台了很多支持民营经济发展的政策和法律法规，民营经济的发展也在稳定增长、促进创新、增加就业、改善民生等方面做出了巨大的贡献，我们对未来的发展充满了信心。“持续自主创新”是我们一直坚持的发展理念，我和瑞尔都将不忘初心，持续为祖国做贡献。

只有一条路不能选择，那就是退缩的路；

只有一条路必须坚守，那就是创新的路。

人物简介

李健军：上海瑞尔实业有限公司董事长，民建上海市委创新创业委员会执行主任，民建上海市嘉定区委会员。

不忘初心　砥砺前行

杨玉娟

时光荏苒，岁月如梭。转眼就是新中国成立70周年的伟大日子。70年，新中国欣欣向荣，经济腾飞，乡村振兴。我们吴泾也不断成长，实现了地区经济飞速发展。我们见证了新中国成立70周年的辉煌成果，见证了中华儿女艰苦奋斗的历程。这个繁荣昌盛的时代属于我们每一个人。

想起刚刚嫁到吴泾时，农田荒地、交通不便，朋友们戏称去一趟市区打个来回的时间，苏州都能到了。这些年来，吴泾的变化肉眼可见，高楼鳞次栉比，虹梅南路高架畅通无阻，地铁15号线即将贯通……生活越来越便捷。

眼看着高楼平地起，眼看着田园牧歌渐渐消失，现代生活带来便捷高效的同时，也给现代都市人带来了压力。我很想在吴泾打造一个回归自然的都市田园。于是我暗下决心，要在吴泾这块毗邻着黄浦江的风水宝地上做一片苗圃，种种花草蔬果，为城市生活带来近在身边的诗意，也为吴泾人民的餐桌增添绿色健康的乡愁味道。

创业初始，真不知该从何下手。那时的我，有好长一段时间，每天下班回到家中，就盯着吴泾地图看，琢磨吴泾地区的农村布局、经济环境。我还特地找当地人聊天。创业之初，我几乎走遍了吴泾。慢慢地，我对吴泾有了鲜活的印象和深刻的理解。我是吴泾的媳妇，我也是吴泾的一分子。我明白了乡村振兴战略的意义，我决心毫无保留全身心投入到乡村振兴建设中，为吴泾做出实实在在的贡献。

杨玉娟查看水果番茄生长情况

我带领大家一起走农业产业化的路，成立了羊鑫果蔬合作社，让群众们都能够享受到真正有机绿色的果蔬产品。我也走过弯路，遇到过挫折，每当疲惫的时候，看着乡亲们在果蔬基地快乐的采摘果实、接受科普教育，看着群众们能在我们“羊鑫服饰工作室”买到实惠优质的衣服，看到公益活动中孩子们开心的笑容，老人温暖的目光，我的心中顿时暖暖的。

有时候，听到大家伙一句简单的感谢，就能让我感动一整天，这是对我工作最大的肯定和认可，让我能够真切到感受我的付出是有价值的、有意义的。

我热衷于参加志愿活动，争当公益事业的“排头兵”，在“巾帼建功”活动中，我坚持以服务与活动带领“羊鑫人”积极参加志愿公益活动。我带领团队积极参加吴泾镇区域党建“家园自治金”项目，我们你一百、我两百……捐了整整1万余元。在梅陇镇，我赞助的贫困学生如今早已大学毕业，我还与梅陇大华敬老院2名孤寡老人结对，不管多忙多累，我都时常上门探望。在闵行区开展的助残活动中我也同样倾囊相助，捐赠了价值2万元的大烤箱。我和我的团队还积极参加国家“希望工程”公益活动，资助了2名四川贫困学生，每年坚持募集2000元。2018年，在闵行区妇联对接香格里拉“希望小学”的活动中，我个人捐赠2万元。重阳节向吴泾镇敬老院老人捐赠156对保暖杯。

作为一名女企业家，有时候我也会感受到来自身边人的质疑，感受到对女企业家的种种疑惑。但我想，既然我选择了这条路，我身上应该要有作为一名女企业家的责任、担当与力量。这种倾力助人的滋味，就像是将一粒种子埋进土壤，黄沙不会将它掩埋，风雨不会将它摧垮，它带着坚定的信念努力向上生长，总有一天会枝繁叶茂，带来绿茵满地。

这些年来的工作让我深刻意识到，在竞争日益激烈的各行各业，如果没有过硬的业务技能，就干不好本职工作。当我怀揣着信念实现心中的梦想时，我的内心是如此的紧张与激动。所以，我一直坚持提高农村合作社管理能力。我不断扩展视野，积极学习了解先进科学技术，并将这些技术运用到农作物的生长和服装的设计制造中。我相信只有熟练掌握了这些技能，才能在工作中得心应手。我们不满足于现有的能力与水平，我不断地阅读学习，扩大自己的知识面，提升自己的精神层次。只有这样，我才能更好的展现作为吴泾媳妇的精神面貌，更好地办企业，更好地为他人提供方便、快捷、准确的服务。

从一开始嫁到吴泾，一无所有在吴泾白手起家，到现在小有成就，这条平凡的路上，磕磕绊绊，有过许多困难和险阻，有过许多质疑与不理解。但我不曾后悔，正如一句老话所说："既然选择了远方，便只顾风雨兼程。"

"墉基不可仓卒而成，威名不可一朝而立"。我一定不忘使命，牢记习近平总书记的嘱托，争做有理想信念、有道德情操、有扎实知识、有仁爱之心的女企业家。我要不断奋进，发扬奋勇向上、不畏艰辛的青春能量。我是一名吴泾媳妇，但是我有我的芳华巾帼梦。我要用自己的力量，为吴泾的乡亲们带来一份温暖灿烂的笑容和力量。

杨玉娟（前排左二）与合作社的员工们在一起

在新中国成立 70 周年之际，我愿同每一位坚守在平凡岗位上的吴泾建设者，为吴泾的建设奉献自己的青春力量，为践行改革开放的成果而不断努力，为实现自己的人生价值而不断前进。衷心祝愿我们的祖国建设越来越繁荣，越来越昌盛！

人物简介

杨玉娟：羊鑫果蔬专业合作社社长，民建上海市闵行区委会员。

超越自我　寻梦祖国

杨冬喜

新文化运动给中国革命带来了新思想和新出路，经过中国共产党人的浴血奋战，1949 年 10 月 1 日，毛泽东主席在天安门向全世界庄严宣告："中华人民共和国中央人民政府今天成立了！"中华儿女，终于开始建设自己的家园。

走出家门　寻求学之梦

1978 年十一届三中全会，中国共产党从农村吹响了"改革开放"的号角，那时的我已经有了家庭联产承包的记忆。农家不养闲人，每天放学回家，爸妈都还在自家的农田里干活，我也就打小学会了扫地、洗衣服、生火做饭等家务活；快手不如贴手，抢收抢种的农忙期间，我也慢慢学会了拔秧、插秧、收割等农活。夕阳西下，每当城市的孩子在歌咏血色黄昏的时候，我仍在农村田间割稻子、拔秧苗、或放牛。正因为有了这些农村艰辛生活的经历与体验，我明白了"谁知盘中餐，粒粒皆辛苦"的道理。于我而言，这不是课本的诗歌教育，而是真切的生活体验。

一分耕耘，一分收获。儿时农村的艰辛生活，磨炼了我的意志，成就了我的坚强。记得1989年，刚满15岁的我参加初三毕业中考，最后以高出全校第二名30多分的优异成绩考取了中等师范学校。那年秋天，我第一次走出了家门和乡野，第一次离开了我的父母独立生活，开启了我在城市里的求学之路，我的人生也因此翻开了崭新的一页。

师范毕业后，执教2年，我顶住了成家立业的世俗压力，在自身经济条件的限制下，毅然选择了英语脱产进修学习之路。经过4年的系统性学习，我基本上掌握了英语在听说读写方面的技能，顺利拿到了英语专科、本科文凭和学士学位证书。榜样的力量是无穷的。经过大学4年的浸润，看到周围有很多学长通过自学和努力，先后考上了研究生，成为国家的栋梁之材时，我羡慕不已，在一位老乡的鼓励和帮助下，也萌发了报考研究生的意愿，从此就踏上了艰辛的考研求学之路。

现在回想当年的考研经历，可以说那是“一本书、一碗饭、一张床”三点一线的生活方式，毫不夸张和自作矫情，不可谓不辛苦，其中的苦与乐也许只有经历过的人才能深有体会。其实，我当时也是凭着“我也不比别人差”“不达目的不罢休”的一股劲在支撑着、激励着。2003年9月，我终于怀揣着复旦大学的研究生入学通知书，独自一人来到上海，继续追寻着自己的求学梦与理想梦。

走出校门　寻创业之梦

复旦大学，在外人眼里是名校，在我心中就是学校，认真学习，认真钻研，心系天下就是安分守己。复旦大学为期3年的自由的学习氛围中，我认真旁听了孙关宏、林尚立等老师2年的博士课程，并圆满地完成了我的社科部硕士毕业论文，顺利毕业。“在校时，我以复旦为荣；毕业后，复旦以我为荣！”校长毕业临别赠言深深激励着我。

2006年7月，我顺利进入上海市信息服务业行业协会工作。三个月的见习期内，协会罗海蛟秘书长走到哪里就把我带到哪里，我起草的协会重要文稿，他都会认真审读修改。一个月后，我顺利完成了角色转换，在协会秘书处独当一面开展工作。秘书长又让我出席上海市信息服务业行业的一些重要会议，激励我不定期的在新闻媒体上发表署名文章。不仅如此，秘书长还推荐我参与了市区信息行业发展规划任务的起草、制定工作以及协会年鉴的统编工作，还引荐我参与《现代服务业文书写作规范》的相关编辑工作。有所作为，才能有地位！这是协会秘书长给我职业生涯的启蒙教育和职业真理。后来，我在上海石油交易所与上海邮币卡交易中心等金融职业岗位上都践行着这句话。考虑到我工作努力，专业相关，公司专门成立了上海石油交易所能源研究部，并让我主要负责。2011 年 6 月，我很荣幸地加入民建组织，成为民建上海市委金融工委成员，这是我在石油交易所工作期间值得一提的一件事。

家事国事天下事，事事关心，是知识分子的一种担当。党的十八大召开后，我国的改革开放进程逐步推向了深水区，国企“混改”便是国家改革任务之一。2014 年，中石化也顺势启动了业务发展的“混改”方案，这在石油能源行业激起了不小的波澜，成为了时下国企改革治理与能源发展方向的热门话题。经过一番深思熟虑和思想斗争后，我毅然投稿《上海证券报》发表了署名文章，并在新华社主办的《金融世界》发表了《打造能源交易“阳光市场”》专刊，均受到了社会的广泛关注和大量转载。

性格决定命运，这不是宿命论，这是科学真理。8 年国企工作经历，让我深深感觉到中国市场经济中存在着巨大的活力和蕴藏的潜能。不言而喻，在此期间我的职业观、是非观、人生观也在现实社会各种思想的碰撞下，逐步走向了现实与理性。2015 年春，我做出了人生中一个重大的决定和选择：自主创业！

为慎重起见，经过一年的过渡期准备，2016 年夏天，我毅然选择和复旦校友合伙并以光纤传感技术项目为主业进行科技创业。

走出国门　寻未来之梦

事非经过不知难，实践出真知。放弃稳定，自主创业，我欣然接受自己的大胆选择，坦然面对，勇往直前。正因为有着这样的心态和决心，我在创业的道路上虽说满是艰辛，但也快乐和充实。2016 年忙了大半年的时间，在创业合伙人的努力与配合下，公司居然完成了 3 个安防报警项目，公司的科技发明专利也收获了丰硕的成果。

2017 年 7 月，我临危受命只身前往湖南省长沙市接管新公司并开展工作，经过 2 个月时间的努力调查、协调工作，基本理顺了新公司的股东关系与管理结构，使得公司停止了前期亏损，业务管理步入正常轨道。

2017 年 11 月，我前往欧洲参加第 69 届纽伦堡国际发明展会。纽伦堡国际发明展是世界较为知名的国际发明展览会，主要是集中展示展览世界各国企业与机构的科技产品与技术发明成果。在为期半个月的参展期间，通过各国专家的评比，我们参展的光纤传感产品技术因其理论的超前性和应用的广泛性而斩获发明金奖，作为中国民族企业的代表，能拿到这样的奖项，很是欢欣鼓舞，也算是不虚

2017 年 11 月，第 69 届纽伦堡国际发明展会颁奖仪式现场，杨冬喜（左一）获金奖

此行。

就个人而言，通过这样一个国际展览交流会的平台与机会，我结交了很多国内外的同行，并与之进行了业务与技术的交流，深刻认知到中国民营企业在国际竞争格局中的现状与方位。在现有西方国际社会主导的工业体系与秩序条件下，中国民营企业如何获得国际社会的广泛认可，树立中国民族与企业品牌，任重而道远。

2017 年 12 月，我有幸被组织推荐加入了民建“一带一路”委员会并参加了在北京召开的民建“一带一路”委员会成立暨商贸与文化交流论坛。首届专委会会议及商务与文化论坛反响热烈，有来自 20 多个国家的大使或参赞参加，共同围绕“一带一路”建设出谋划策，提出主张和商务合作。作为主办方的与会嘉宾，我更是心潮澎湃。

2018 年 12 月，民建“一带一路”委员会第二届商贸与文化国际交流论坛如期在安徽蚌埠隆重召开，诸多各国使节纷沓而至，共话“一带一路”的发展机遇。虽经历中美贸易摩擦升级，世界经济环境急剧恶化，但谋求“一带一路”的合作与发展之路却成为了全球广大发展中国家及部分西方国家首选的发展战略，这恰好说明中国“一带一路”倡议，是具有世界发展格局和集聚全球智慧的倡议，是共建“人类命运共同体”的伟大实践。

2019 年，新中国迎来了 70 周年华诞！作为中华儿女，作为一名社会创业者和民建委员，如何在市场与社会发展中发展企业，作出自己的贡献，这是一种社会责

2018 年 12 月，杨冬喜（左一）在民建“一带一路”委员会第二届商贸与文化国际交流论坛

任与使命。未来之路，任重道远，我无所畏惧！因有祖国、伟大母亲，正带领着我们中华儿女在世界潮流中奋勇前行！

人物简介

杨冬喜：上海吾轩实业有限公司总经理，民建上海市金融工委会员。

打开人生的“巧克力盒”

吴　越

我特别喜欢电影《阿甘正传》里的那句经典台词：“人生就像一盒巧克力，你永远不知道下一块是什么味道。”这句话几乎成了我的人生信条，面对人生这盒“巧克力”，每当我面临选择，我总是毫不犹豫地选择试一试、闯一闯。而我之所以能去试一试、闯一闯，除了性格使然，我想也离不开时代的庇荫。我生于20世纪70年代末，可以说我们这一代人，真正是赶上了好时代，也见证了中国日新月异的发展。

2000年，刚刚走出大学校门的我，面对一份月薪800元的事业单位“铁饭碗”，毅然决定闯一闯，我要“单干”。而我选择的创业项目，源自打小的爱好：收藏。当时没有任何本金和资历的我，就从邮票、钱币和古玩入手。

我的创业之路始于“摆地摊”，因为这是准入门槛最低，投入最少的选择。初出茅庐的我，来得早、撤得晚，市场上上下下很快就认识了我这个爱聊天的年轻人。对于客户询问过的商品，我总是记在心里，并努力去找到，下一次顾客再来，东西就一定会出现在我的摊位。渐渐的，我累积起了属于自己的客户群。

也许是作为一个商人的天生敏锐，我总能从日常的买和卖中发现商机。那时有一个客户，非常频繁地向我咨询和选购钱币领域的收藏品，通过几次合作，我就迅速了解了这个客户的销售渠道和方法。受此启发，我决定将自己的商品放到互联网上开拓新的销售渠道。当时，互联网远没有今天如此普及，可是我却凭借一个网站，一台二手照相机，打开了新加坡、欧洲和美国市场，成为了千禧年中国收藏品门户网站的第一代经营者。

传统营销在拥抱互联网模式之后，将会收获信息交换和成交机会的几何倍增长，一个传统企业可能需要 10 年甚至 20 年才能实现的业绩，我通过互联网只用了 6 年。短短 6 年间，我的公司就已经在北京、上海、广州开设了直营店，成为了细分垂直领域的“独角兽”。

面对成功，我并没有沾沾自喜。我问自己：“在自己领域内收获的这份互联网思维，如果跨界而为，是否能够别有作为呢?”我决定继续闯一闯，于是开始了第二份创业——互联网短视频内容新媒体。我通过在实业实战中累积的互联网传播经验发现，中国各个行业在传统媒体的广告投入效果越来越低，而在新媒体端，品牌和产品的广告投入，以及目标受众的传播效果，正在急剧上升。传统媒体转向新媒体的变革是大势所趋。但在我眼里，新媒体只是一个新的传播平台和渠道，接受资讯的受众真正的需求是大量的内容产品，而自己最熟悉的收藏品和艺术品行业本身，就是一个非常垂直的内容源。

于是，我决定打造中国第一个宣传生活美学和艺术欣赏的短视频栏目，而这将成为这家新媒体创业公司打开互联网传播和商业化的敲门砖。优质的口碑立刻收获了包括 BAT 在内的各大流量平台的肯定和合作，成为上海新媒体短视频内容的一块招牌。

扎实的实业基础 + 互联网思维 + 新媒体传播，让我不断发现更多机会，凭借创新整合，很快，我又走出了一步跨界棋——进军黄金行业。我成为了上海黄金交易所综合类会员、中国金币特许经销商。

面对这是个熟悉又陌生的传统行业，如何通过互联网的方式，通过内容价值的挖掘，通过新媒体的传播概念，打造全新的行业模式，成为我新的课题。我用收藏品公司的线下直营店，收集市场一线的反馈；用新媒体公司不断创造内容和传播价值，顺应最新的国际趋势和技术革新；如此，黄金企业才有机会实现更大体量的产品销售、金融服务。这就相当于海、陆、空三军联动，只要将三个板块打通，串联在一起，这家全新的黄金企业，将成为兼具创意性、投资性和生活场景的新零售企业。

回顾我这一路的创业历程，从一个钱币、邮票爱好者到“旧版人民币品种最多的收藏家”；从人称“地摊小王子”到上海黄金交易所会员；从每天为省下 20 元车费，步行 10 多公里送货，到成为承担更多社会责任的上海市政协委员。我深感个人命运与国家前途密不可分，我的每一步发展都离不开祖国的富强、繁荣，社会的稳定、和谐。感谢我的祖国，让我有机会打开一个又一个巧克力盒，品尝生活的美好滋味。

人物简介

吴越：橙娱集团董事长，民建上海市委创意产业委员会执行主任，民建上海市黄浦区委会员。

小家随国家　巨变在华夏

应福康

欣逢中华人民共和国70华诞，也是中国共产党领导的多党合作和政治协商制度确立70周年，我欣喜、我歌颂、我感恩。我不是诗人，无法献上一份诗意凝成的贺礼。我不是歌唱家，无法用美妙的歌喉赞颂神州处处突飞猛进的盛况新貌。但，我要为共和国的生日，为70年的卓绝和非凡、辉煌和美丽、豪迈和荣光，添一份个人“小家”跟随神州“大家”翻天覆地巨变而健康成长的见证和感恩。

出生已是新中国，从小热爱共产党。我出生在一个普通工人家庭，可谓生在新中国，长在红旗下。我1950年12月6日清晨诞生在上海市江苏路443弄21支弄诸安新村9号底层后间房内。那时家中像大多数人家一样贫穷，我诞生时父亲一早还步行去复兴东路大众橡胶厂上班，是母亲上班途中折返回家，独自一个人在家生下了我。父亲50岁又得子十分喜悦，对我寄予厚望，常激励我要成为对新社会有用之材。

读小学时正值国家遭遇三年自然灾害，我的父亲和小哥全家随厂迁往广西南宁市橡胶厂支援内地工作。我学习成绩好，还经常学雷锋做好人好事，读中学第一年就加入了共青团，还被评为三好学生和优秀共青团员。参加工作后，我屡次被评为先进工作者。进入21世纪，我便光荣地参加了中国民主建国会。我积极参加民建组织学习，还参加江苏街道民主党派学习小组活动，我提出的愚园路近邻江苏路的6层楼房可采用众筹建电梯等参政议政的书面建议，被街道、居委会采纳。我积极介绍发展了5名优秀同志加入上海民建。2010年12月，我还介绍上海交通大学硕士毕业的儿子也加入了民建。

资本市场中国梦，“做多”祖国不放松。股票市场是中国改革开放的标志性产物。1986年9月26日，新中国第一个证券交易柜台——静安证券业务部开张，意味着改革开放的中国开始有了股票交易。我是1987年第一批参与上海证券市场股票投资买卖的老股民。1992年春天，响应上海市政府号召，我在上海知诚投资研究会里带头认购了几百份“股票认购证”，每份要30元，当时几乎是近一个月的工资。但这就是我的“第一桶金”。至今我已经在股海搏击了32个年头，我是与中国证券市场一起成长的投资人和见证者。每当人们对股市前途犹豫不定感到悲观失望的时候，我总是以我自身的经历和阅历，现身说法告诉大家，一定要坚定信念，抓住机会“做多”祖国，以实际行动为资本市场的发展助力。

自1990年起，我主持召开各种报告会、股市沙龙，在大学讲坛上讲授投资课程，传播信息、传播投资理念。至今我策划与主持过的大小股评报告、沙龙活动有近千场，绝大多数是免费的，受到股民、券商、咨询机构和上市公司的欢迎。从21世纪初至今，我受聘担任东华大学数学系高级顾问，在上海普陀区业余大学兼职教金融投资学、房地产投资项目评估等课程13年，三度荣获优秀教师证书，还受聘担任客座教授。2000年我屡次受到中央电视台、北京电视台和上海人民广播电台、上海电视台以及《中国证券报》《上海证券报》《新民晚报》的采访和追踪报导，荣获中央电视台2000年“年度财经人物”。2010年第一财经和上海电视台联合出品的《财富与梦想》一书和五集电视纪录片还专门采访报道了我。

老来更觉改革好，人生七十金灿灿。6岁那年我家应同康橡胶厂之邀置换，搬住到江苏路443弄21支弄诸安新村弄堂底的11号楼下。1964年参加工作后，我一直省吃俭用，但每年单位里认购国库券时我都积极带头，最多一次认购了600元，连续五年在公司系统购买金额排名第一。1995年初我将投资股票的部分收益，全款支付购买了徐汇区狮城花园二室一厅崭新住房。1998年因单位经营困难，我向单位缴付8800元办理了停薪留职手续，应邀担任了四川《金融投资报》上海站采访记者。2012年1月，我正式办理了退休手续。现在，我还在担任上海市理财有道联合

江苏路忆定村旧貌

教研室教研员，参加上海市长宁区江苏街道民主党派学习小组和江苏省昆山花桥经济开发区绿地社区自治议事会。

退休养老的生活安逸舒适，我住上了2007年购买的昆山花桥绿地国际社区3层带地下室的别墅，前门有自备车停车位，后园是高墙独用20平方米花园。冬天还可飞去海南省于2003年购置的海口市国贸路中心区近300平方米4层楼的别墅过“候鸟生活”。夫妇俩每月还有养老金，体健舒心，生活甜美，安逸幸福。真可谓人生七十金灿灿，翻身不忘共产党。

街巷里弄换新颜，抚今追昔感党恩。1943年以前，江苏路名称忆定盘路，属于上海公共租界在沪西的越界筑路，是上海市长宁区东部的一条道路。解放初的江苏路很窄，人行道最宽处不过14米，最窄处仅9米。母亲对我说过：旧社会时江苏路一带治安混乱，道路排水设施也很差。外面一场大雨弄堂里就会发大水，诸安新村弄堂外就像河浜一样。邻近东诸安浜的弹格路更会像泽国一片，出行都几乎要用船了。90年代上海西区还没有一条南北向的主干道。1991年，江苏路拓宽为32米宽四车道的二类道路，并重新开辟出江苏北路，跨越苏州河，与曹杨路贯通，成为上海西区主干道。除德式建筑忆定村、月村完整保存外，其余低矮街面房、老旧房屋和棚户区也先后按现代城市规划尽数拆迁。新

如今的江苏路忆定村

建高楼大厦鳞次栉比，学校商店医院应有尽有，十分繁华。我家是响应政府号召第一批签约动迁户，在市郊哈密路克服困难过渡4年后，于1997年按“原拆原回”政策搬至东诸安浜路东浜小区。新居煤卫独用，宽敞明亮。小区内还有环保绿化，小区卫生医疗站、街道文化体育活动中心每天免费开放。

白驹过隙，青山不老，改革开放已经进入新时代，开启新征程。在这新中国70华诞的日子里，我忍不住要高歌一曲献给新中国：

秦川大地出太阳，长江黄河耀光芒。
新征程远红旗舞，砥砺前行众乐康。

人物简介

应福康：民建上海市金融工委会员。

我成长的脚印也印在了祖国的强国路上

沈水兴

2019年注定是不同凡响的一年，是新中国成立70周年、人民政协成立70周年、多党合作制度确立70周年、决胜全面建成小康社会第一个百年奋斗目标的关键之年。伴随共和国成长60余年，我有幸见证了共和国由弱而强、由瘠至沃的大国崛起之路。在过去几十年的人生旅途中，一个“国家”的情怀始终萦绕着我：“祖国，我的母亲！你荣我耀，你福我贵，你骄我傲！”

此时此刻，回眸自身成长、成熟、成业的点点滴滴，回顾作为一个上海市高新技术企业创始人所走过的创业、创新、创造的坎坷征途，回望作为一名民建支部主委13年的所思、所感、所悟，回顾与党合胆同心，守望相助之经历，可谓是心潮澎湃，思绪万千，一种难以抑制的情怀在心中泛起。

争强好胜性格的历练

1959—1961年国家三年自然灾害的困难时期，孩提时期的我，过着物质条件艰苦的生活。这磨炼出了我吃苦耐劳、争强好胜的性格。

1974 年，我 18 岁高中毕业，进入了奉贤医药公司的中药饮片车间，成了一名中药加工炮制的“火头将军”。当时，饮片加工设备比较落后，药材的炮制离不开蒸、炒、锻、煨等工序。作为一名刚入职的学徒工，我每天守着炉灶，用拙笨的动作往炉膛里添煤鼓风。烟火呛人之下眼泪直流，一天下来，满脸涂黑，只剩下一双白亮又红肿的眼睛。争强好胜的性格终于让我赢得一个岗位的转变。为了提高中药加工环节的自动化程度，车间要成立一个“老中青”三结合的技术革新小组。在我的一再请求下，我有幸成了其中一员。当时，我的学历名谓高中，但由于历史的原因，实则连初中文凭都得不到承认。为了提高自身文化程度，适应新的岗位要求，我白天工作，晚上补课，经过 2 年自学得到了初中毕业文凭。看着其他青年伙伴也陆陆续续的拿到初中毕业文凭，争强好胜喜争第一的性格，驱使我又偷偷自学 3 年，拿到了一张高中毕业文凭。当时，我成了医药公司青年职工中唯一一名被国家承认、被企业嘉奖的高中毕业生。

20 世纪 70 年代末电视机开始在中国市场登台亮相，为了活跃青年职工的文化生活，医药公司购置了一台彩色电视机。于是，每天晚上公司里的一批青年职工都聚集在电视机旁，跟着电视屏幕里的歌舞节目又唱又跳，尽情欢愉。而那时的我，已经提前几个小时，端坐在电视机前，如饥似渴地收看中央电视台推出的“无线电基础”等电化教育课程。好胜的性格使得好学成了一种自觉。每天晚饭后的五点半我都会准时出现在电视机前。之后，我又参加了电工培训班和奉贤县电子协会开设的为期 2 年的“电子技术”业余班。几年后，我成了一名有执照的电工和一名能维修收音机以及电视机的技术人员。1982 年，医药公司饮片车间的一条中药饮片自动烘干、筛选和定码包装的流水线宣告投产。作为自动化电气控制系统的设计者，我初尝到好强好学和辛勤付出后的甘甜。

1985 年，我被抽调到奉贤县供销合作社机关工作。原本以为这辈子在医药公司工作，在学历上已经“功成名就”的我，突然发现在机关的年轻人中，我的文化程度是垫底的。另外，在机关工作需要有较强的文笔功底。记得机关有一个“情况交流”的刊物，我受命撰写了第一篇反映基层供销社棉花收购准备工作的文稿。文稿打印出来后，出现了令我哭笑不得的一幕。拟稿人是我，校对员也是我，可铅字打印出来的文稿明明是别人帮助重写的呀！一种混杂着自卑和屈辱的感觉强烈冲击着倔强好胜的心理。那时，我咬咬牙在心里对自己说：“你一定要去拿更高学历的文凭，一定要让自己这支笔强起来，否则，就无颜待在机关科室这个岗位上。”1987 年底，高等教育自学考试开设了“价格学”大专课程，由县物价委员会协助办班，我赶紧报名成了一名正式学员。高等教育自学考试可谓“进门容易，出门难”，尤其是学员都来自有工作、有家庭的职业人。第一次考试下来，很多人熬不住这样的苦日子，原本50来号人的一个班，一下子走了一半。在整整4个春夏秋冬的日子里，我放弃所有的娱乐活动，几乎每天晚上把自己关在不到10平方米的斗室里闭门自学。最后，我成了奉贤县参加“价格学”专业高等教育自学考试唯一的一名毕业生。同时，我在机关苦练文笔，并给自己设定了一个目标，我写的稿子不许被改掉一个字，哪怕一个标点符号，否则，我会深究其原因加以改进。几经磨炼，从1988年起连续三年，我被奉贤县广播电台评为优秀通讯员。同时，还被《华东物价报》聘为特约记者。那几年，在《解放日报》《上海城乡报》等报刊都能不时见到我发表的文章。高等教育自学和苦练写作的过程，强化了我做事追求完美、追求第一的个性。

创业者的苦尽甘来

1992年邓小平南方谈话，中国改革开放进入新阶段。不甘在机关工作的寂寞，一种顺势而为的创业冲动终于使我作出了辞职经商的决定。1993年，我离开机关开始实践自己的创业梦。1998年，在经历了许多次失败的煎熬之后，偶然一个机会，我结识了一位制造生化分析仪器的企业老总，看到对方经营场地不大，生产并不复杂，但效益却不菲。我自认为曾经学过电子技术，又有机械维修经验，进入这个行业肯定会成功。几经调研，我给自己规划了产业的定位：要做就做高科技，要做就做一流产品，要把企业打造成生物实验室设备细分领域的“将军”。从那时起，性格倔强，勇于冒险的我选择了科技兴业的探索之路。

其实，当时的我几经挫败下来手里根本就没有资金，只好孤注一掷，到银行抵押住宅，贷出60万元资金，创办了一个新的企业。我给自己的企业起了个响亮的名称：“智城”，既有“有志者事竟成”之意，又有智慧和诚信之意。我对企业的未来充满了憧憬。

然而，从商业一步跨进工业，而且是具有科技含量的分析仪器制造领域，这对制造业所知不多的我来说，谈何容易？仅靠房产抵押借来的区区几十万元资金和几个并非科班出身的技术人员，要想实现理想中的目标，要付出加倍的辛劳。整整三年时间过去了，公司先后投资环保脱硫装置、高效毛细管电泳仪等多个研发项目，不是技术过不了关，就是资金捉襟见肘，直到最后无以为继，再次败下阵来。

翻开智城企业2001年的会计年报，呈现的数字令人难堪：销售收入33.8万元，亏损21.5万元。当时的公司境况是“三空”：车间里空，仓库里空，银行账户

上海智城于 2018 年捐助三十万元，在中国科学院微生物研究所设立“智城奖学金”，为国家科技人才的培养作出贡献。左二为沈水兴

里也是空，还欠了全部 5 名员工半年的工资。多少个寒来暑往，无数的心血和期待都在失望中付之东流。冬去春来，转机出现在 2002 年。

20 世纪末，伴随着国内生物工程技术和生命科学研究的迅猛发展，相关实验室仪器设备的需求在质量和数量上都对国内生产企业提出了迫切的要求。我敏锐地抓住了这一商机并及时调整了研发思路。2000 年底，在朋友牵线搭桥和外聘专家的努力下，经过整整一个夏天挥汗如雨的艰苦研发，智城企业真正意义上的第一台拥有自主知识产权的产品——“新型恒温培养振荡器”走进了瑞金医院血液病研究所。这是一个属于当时国内领先的专利技术，能够替代进口产品。

锲而不舍的性格在自主创新的道路上终于迈出了探索许久的第一步。没想到，柳暗花明就从此时此地开始。申请国家专利，申报上海市高新技术成果转化项目，参加全国实验室仪器设备展览会……智城公司生产高档恒温培养振荡器的消息不胫而走，一些原本想购买进口产品的客户纷纷把眼光投向了智城。

如今，20 年前拥有一台样机的智城企业，已发展成拥有五大系列 150 多个产品规格，拥有 90 个国家专利，24000 平方米花园式厂房，连续 14 年被评定为上海市高新技术企业的科技型企业，还承担并圆满完成了国家工信部下达的“恒温培养振荡器”行业标准的制定任务。

面对全球性生物细胞研究应用的兴起，我了解到国内科研部门使用的细胞振荡培养设备全部从国外进口，每台 7 万美元的价格每年要使用国家大量的外汇。于我而言，这是一个生产替代进口产品为国家排忧解难的机会。责任与使命促使我投入资金并花了足足 3 年时间，最终研发成功具有多项国家发明专利的“精密细胞智能培养摇床”，填补了国内空白。一家设立在浦东新区张江园区具有美资背景的培养基研发、制造企业用我们的样机与国外同类顶尖产品作母细胞对照实验，结果表明，智城的这款产品完全可以与进口一线产品媲美。这款产品因其性价比高而成为这家美国独资企业向自己用户广为推荐的产品。针对市场空缺，我们依靠“智城院士专家工作站”的力量，开发出了另外两款填补国内空白、细胞研究领域急需的专利新产品。

经过 20 年的潜心研发和品牌打造，我为我国生命科学事业发展，提供了急需的、先进的实验室设备而感到骄傲。

民建人的爱国情怀

2008 年我加入了中国民主建国会，2010 年底又成了奉贤区民建第三支部的主委。我深知作为民建最基层的一级组织，在新形势下担负着“讲政治、识大局、严要求、善履职”的光荣使命，承载着更大的责任。不辱使命，敢于担当是作为支部主委应有的政治素养。我确立了自己的任期目标，致力于追求民建区委层面支部工作的业绩第一。我意识到实现参政党参政议政的历史使命，就必须强化广大会员的使命感和责任感，把参政议政的积极性调动起来，我从制度建设、参政议政能力建

2015 年 10 月，沈水兴（左一）参加第三支部开展的社情民意评比活动

设和凝聚力建设这三个方面入手。

我与支委会成员先将民建区委分为6个大类8个小类的对支部工作考核的要求进行具体化，建立了6个大类15个小类的支部成员年度评价体系，将支部的各项制度用考核评价表的形式进行运转，并采用积分制度，对会员参与支部、区委活动的情况进行积分统计，年终张榜公布。对表现优异的会员进行表彰和奖励，并作为区政协委员和支部干部候选人向民建区委推荐。由于支部的制度建设形成了约束和激励双重机制，会员们既感到身上的责任，更看到了发展的希望，正能量明显得到提升。

与此同时，我通过微信平台建立了支部交流群，把会员撰写的各类文章放到平台上，由会员自发进行点评和建议。这个借助于网络空间的“虚拟教室”，不限时间，不限地点，不限对象，最大程度适应了会员不同的作息时间。所以，会员的参与度非常高。事实证明，在这种潜移默化的影响下，会员的思辨能力、写作能力大都有了很大的提高。2014年，我推出了支部层面“社情民意”年度评选活动，以此带动会员参政议政的积极性，并通过评选活动来提高会员提案和社情民意的写作能力。

为了提高支部的凝聚力建设，我创建了支部凝聚力建设的三个特色。一是“家”的特色。在支部这个平台上努力营造“家”的氛围。倡导会员之间见难伸援手、排忧解难题、喜事共庆贺、互动传真情。将支部建设成会员思想交流的平台、友爱互助的平台、劳作小憩的平台。二是“校”的特色。民建组织汇聚了来自各行各业的优秀代表和成功人士，他们身上都蕴藏着独特的成长经历和感人的故事。我注重挖掘感人素材，创建交流平台，形成“校”的特色。弘扬坚韧不拔、负重拼搏、催人奋进的时代精神，使得支部的广大企业家会员从中受到教益、得到启迪，实现自我的跨越。三是“园”的特色。在完成基本职能的前提下，我根据会员的不同兴趣爱好，积极组织开展诸如旅游、健身、垂钓、联谊、书会、演讲和农家乐等丰富多彩的休闲活动，使会员能在紧张的工作之余，放松心情，舒缓情绪，修身养性，化解疲劳，将支部建设成为大家的开心乐园。

事实证明，从支部的制度建设、参政议政能力建设和凝聚力建设三个方面加强支部工作的力度和深度，支部工作出现了“三多三少”的可喜现象，即“支部活动缺勤的人少了，丰富支部活动的点子多了，不交会费的人少了，慈善募捐的人多了，怨气牢骚的话少了，建言献策的多了”。广大会员参政议政和社会服务的主动性和积极性都得到了明显的提高。第三支部的提案和“社情民意”的稿件数量连续多年位居各支部第一。

作为支部主委，我在努力做好支部组织建设的同时，注重在参政议政方面起到履职带头作用。我结合自己工作特点，先后撰写了“关于破解上海市高新技术企业发展瓶颈”的建议、“关于上海市中小民营制造企业走出去”的调研文章和“关于大力营造科技创新环境体系”的调查和建议等提案，均取得了较好的社会反响。其中，调研报告《上海中小先进制造业走出去问题及解决途径》荣获2013年度奉贤区民主党派调研成果评比一等奖和区统一战线理论研究会2013年度论文评比二等奖。第三支部于2015年和2018年两次获得民建上海市先进支部和先进集体，我个人也屡次获得民建奉贤区委优秀会务工作者等荣誉。

“功崇惟志，业广惟勤”，共和国70年成长之路上，也镶印着我的成长脚印，小小的我，与伟大的共和国同呼吸共命运，中华民族伟大复兴的中国梦也是我的梦，始终在我心中激荡……

人物简介

沈水兴：上海智城分析仪器制造有限公司创始人，民建上海市奉贤区委会员。

法律援助那些事

沈　丹

从 1949—2019 年，历经 70 年的发展，我们的祖国发生了翻天覆地的变化。回望过往 70 载风风雨雨，祖国尽其所能为我们营造了祥和安定的大环境，始终如一地在实现政治清明、法治健全、经济繁荣、文化昌盛、社会稳定的道路上大步前行。

伴随着改革开放的不断深入，中国的法治事业蒸蒸日上，律师行业亦呈现欣欣向荣之势。作为一名律师，亦是一名民主党派人士，有幸生活在法治逐步健全的当下，我以民主党派人士的身份参政议政，以律师的身份为法治事业的建设添砖加瓦，以法律援助律师的身份对处于穷困中的犯罪嫌疑人、被害人等施以援手，帮助受援人乃至受援人的家属脱困。

从新生到全覆盖　法援制度不断完善

1994 年初，中国司法部首次公开提出建立中国司法法律援助制度的设想后，北京、上海、广州、青岛等城市陆续开始了构建法律援助制度的试点工作。1996年3月17日，第八届全国人民代表大会颁布的《中华人民共和国刑事诉讼法》第34条，首次将“法律援助”明确写入法律；同年5月15日，第八届全国人民代表大会常务委员会颁布的《中华人民共和国律师法》的第六章对法律援助的内容作出了专门的规定；1997年5月26日，司法部法律援助中心在北京正式成立，中国法律援助基金会亦于不久后成立；同月，司法部下发了《关于开展法律援助工作的通知》；1997年11月，司法部继续颁布《关于开展公证法律援助工作的通知》；1999年初，司法部法律援助中心草拟了《法律援助法（示范法草案）》，为各地法律援助工作的开展提供了可供参考的法律依据。

法律援助制度从来不是空中楼阁，从它诞生之日起，无数人为之努力。从国家层面来看，法律援助制度的相关法律规定不断完善，法律援助站点如雨后春笋般覆盖全国，法律援助资金投入从不吝啬。从个人层面来看，无数的法律援助工作人员在宣传援助制度、施行援助制度的道路上坚持不懈、无畏困苦，法律援助律师在每个法律援助案件中发挥着星火之力，以期形成燎原之势，帮助受援人脱困，从而实现受援人的自我救赎。

上海作为法治建设的先锋城市之一，在法律援助制度的构建方面亦是投入良多。2017年，上海市法律援助中心预算支出总额为993万元；2018年，上海市法律援助中心预算支出总额为1070万元；2019年，上海市法律援助中心预算支出总额高达1175万元，上海市法律援助中心的资金投入呈现逐年增长的态势。

2018年11月，沈丹在闵行区公共法律服务中心提供法律咨询

法律，平等地保护和对待每一个中国公民，法律援助制度为贫困群体开通了免费获得法律服务的渠道。穷困的受援人可以通过援助申请，获得必要的法律服务，从而保障其合法权益。但无论是制定法律援助相关的法律法规，还是设立法律援助站点，抑或是投入法律援助资金，这都是祖国母亲的作为。

作为一名法律援助律师，我是法律援助制度中的一颗

“铆钉”，虽微小却不可缺。我曾无数次思考我能为受援人做些什么？为法律援助制度的完善做些什么？倘若仅是尽职尽责地完成每一个法律援助案件，那么法律援助律师与普通律师的区别在哪里？我与其他法律援助律师的区别又在哪里？

从细节到全案　全身心地投入办案

自 2013 年以来，我已处理了不少法律援助案件，每一个法律援助案件的办理，都能给我带来不一样的感受。我在不同的法律援助案件中扮演着不同的角色，前一个法律援助案件中，我可能是被害人的代理律师，而后一个法律援助案件中，我则有可能是犯罪嫌疑人的辩护律师。群众利益无小事，法律援助亦无小事。我曾办理过一起失去父母的未成年人盗窃的法律援助案件，尽管涉案金额仅 1000 余元，我仍然不遗余力地联系犯罪嫌疑人的远房家属、被害人，沟通退赔及出具谅解书的事宜，尽我所能地为这个误入歧途的少年提供帮助。这一个法律援助案件仅是我律师工作中很小的一个部分，然而对于这个受援的少年来说，却是颠覆他命运的“黑夜危机”。尽职尽责的法律援助律师是穿破黑暗的明灯，是受援人的救命稻草。因此，无论是作为被害人的代理律师抑或是作为犯罪嫌疑人的辩护律师，我均以维护当事人的合法权益为己任，尽我所能的帮助受援人走出人生的困境。

2019 年 6 月，沈丹在闵行区法律援助中心接受法律援助案件的指派

律师常遭人误解，法律援助律师亦然。在多数人的眼中，律师是“拿人钱财，与人消灾”的工作，不少人认为不用支付律师费的法律援助律师大多数不尽职。这是律师圈外人对律师的误解，亦是对法律援助律师的误解。律师是一份平凡但不普通的工作，平凡在于律师是众多工作岗位中的一种，不普通在于律师承担着比一般工作岗位更重的责任。律师有一颗严于律己的心，律师需要做完工作并做好工作，尽量避免因一个小失误而造成的颠覆性后果。在面对众多困惑、误导、不解的时候，律师被要求

以清晰的头脑理清思路、拒绝诱惑、剖析问题，因为律师不仅是一份职业，更是一份责任。

在我曾办理的一起交通肇事的法律援助案件中，因受援人的家属另行聘请了律师，该法律援助案件的承办工作虽过半，但按照法律规定，受援人已经无权再获得法援律师的帮助，法律援助中心最终还是撤销了该案件的律师指派。在与受援人家属的沟通中，我清楚地认识到尽管法律援助制度已有20余年的历史，但是绝大多数人仍然不了解法律援助制度，甚至并不知道法律援助制度的公益性。

回顾我曾办理的法律援助案件，我发现受援人大多数是被动地等待帮助，援助律师很难通过简单的案件办理帮助受援人实现自我救赎。社会公众所认知法律援助制度的“他赎”和“自赎”之间隔着一堵墙，社会公众对法律援助制度本身的认识明显不足，在这种缺乏认识的前提下，法律援助律师很难通过承办个体案件来直接实现法律援助制度的真正价值。

从办案到创作　用影视剧传播正义

法律援助律师能做的事情不仅是简单地办理几起法律援助案件，更多地是在办理案件的过程中，向受援人、受援人的家属宣传法治理念，让受援人得到自我救赎。“他赎”仅仅是手段，“自赎”才是援助的根本目的。然而，因种种原因，法律援助制度未能直接地帮助受援人实现“自赎”，甚至对“他赎”的宣传也不到位。如何向社会公众传播法律援助制度背后的“他赎”和“自赎”？如何让社会公众重新认识法律援助律师和法援工作人员？我想到了制作以法律援助为主题的律政剧。

2019年5月，沈丹（中）与团队律师讨论《法律援助律师》剧本创作

通过前期策划，由我作为主创的影视剧《法律援助律师》已经进入制作阶段，我们几名律师亲力亲为，担任编剧，融合各种类型的法律援助案件，结合社会热点，创作展现法援工作人员、援助律师、公检法机关的工作内容与细节，让社会公众认识真实的法律援助制度和场景，通过被害人、犯罪嫌疑人及被害人家属等的视角，

以戏剧化的手法全面展现法律援助案件的纠葛与无奈、受援人自我救赎的心路历程。制作法律援助律政剧的尝试需要耗费大量的时间、精力，但我带领的律师团队都将全力以赴，无论是否成功，即使只是溅起水花，也将为中国法律援助制度的广泛传播和向前发展贡献一份力量。

2019 年是新中国成立 70 周年。新时期的祖国强大昌盛，在政治、经济、文化领域全面发展。作为一名民主党派人士，我参政议政，在参与、服务、推进党和国家事业发展中献计献策；作为一名法律援助律师，我将尽职尽责完成法律援助工作，尽我所能帮助受援人，并通过制作法援律政剧传播司法正义理念。

在今后的岁月里，我亦将有新担当新作为，适应时代发展的要求，不断地解放思想，深入学习，认真履行参政党成员的职能，进一步提高业务水平，做更多的尝试，努力成为中国法治进步中的积极分子。

人物简介

沈丹：上海中夏律师事务所律师，民建上海市闵行区委会员。

我的“双博”情缘

沈映红

我的父亲是1950年便加入中国共产党的老党员，他给“文革”结束后出生的我取了这个非常具有时代特征的名字——“映红”，意在一颗红心跟党走。20世纪90年代中期，高考填写志愿的时候，我所有的第一志愿均填写了上海高校的经济类相关专业，不仅是为了一睹东方巴黎上海的芳容，更是要积极投身到全国第一大城市的经济建设中来。当时已经从国家机关基层领导岗位上退下来的父亲尊重了我的选择。

于是，上海成了我的第二故乡。上海以海纳百川的胸怀吸纳了千千万万像我一样，心系祖国、胸怀大志、兢兢业业的外来者。在上海学习工作的20多年来，我更是有幸全程参与了中国2010年上海世博会和中国首届进口博览会的部分服务保障工作。

世博篇——发挥专业，勇立潮头

2007年12月，我是某欧美500强企业上海办事处部门经理，偶然看到了中国

2010年上海世界博览会向全球公开征集志愿者标志和口号的信息，从此和世博结下了一生情缘。利用业余时间，我翻阅了中国2010年上海世博会的相关信息，在参与志愿者标志和口号的设计中，深深感受到祖国的崛起和强盛，以及世博会的兼容并蓄和开拓创新。

想起当年不远千里远赴上海的初心，我意识到上海世博会不仅对中国、对上海是个机遇，也是我实现自己初心的机会。“不忘初心，方得始终”，我毅然放弃外企职业经理人的高薪，全面投身到筹办世博会的洪流中。2008年6月，通过层层笔试、面试后，我光荣地成为上海世博事务协调局的一员。我充分发挥专业特长和多年累积的工作经验，全程参与了上海世博会物流中心的筹建、物流仓库和配送点线路的规划和设计、运营方案策划以及上海世博会物流服务供应商的管理工作，并牵头对接非洲联合馆参展者供应链全程服务。

上海世博会面临的物流需求迄今为止可以说是空前的，各种物资的数量和规模都超过历届世博会，2015年米兰世博会也没能超越。

自2008年9月26日上海海关成功验放首批自以色列进口的世博会物资，至2010年10月31日上海世博会闭幕，上海世博物流工作累计受理进境物资超过3500票，1万多吨，申报金额11亿多美元；累计完成境内物资（主要是中国馆）物资超过600车次，1万多吨；累计组织保障品及活动品物资运输共7万多车次，25万多吨；累计发放1亿份世博导览图。

可以说，在加入上海世博局工作后，我便无我，白加黑，5+2成了常态。不是我们不懂得合理调配时间，而是时不我待。我们不仅需要充分了解参展者的参展方案，进境物资数量，帮其设计运输路线，还需要根据参展方物资的特点，联合海关、商检、口岸、机电办、濒危办、食药监、新闻出版局、林业、渔政、图书进出口管理部门等，为其提供政策咨询和通关服务。而仅有专业的服务还远远不够，上海世博会所有参展国物资将在相对集中的一段时间内，通过各种运输方式进境，我们还需要确保过程的时效性和物资的安全性。

2009年初，在时任上海世博局副局长、民建上海市委主委周汉民同志的感召下，考虑到世博会参展商服务的工作需要，我加入了中国民主建国会。当时年近80岁，有着59年党龄的老父亲还是尊重了我的选择。他说，跟着党走，跟着时代走，好好参政议政，好好报效祖国。这句话在他去世7年后的今天，仍然时时在我耳边萦绕，为我鼓劲，给我力量。

作为“幕后英雄”的上海世博会物流工作，贯穿于筹备、运营和撤展的全过程，是上海世博会按时开幕、成功运行和顺利撤展的重要保障。让我印象最深的是非洲岛国塞舌尔的象龟进境的过程。众所周知，2010 年上海世博会是第一次在发展中国家举办的综合类世博会，而中非友好关系历经了几代人的传承，更应该在发展中国家的世博会上充分地展现。非洲联合馆是上海世博会体量最大的联合馆，有 42 个国家和非洲联盟入驻，共同演绎充满生机、丰富多彩、和谐共处的整体非洲形象。其中，塞舌尔政府向上海世博会捐赠了一对最能体现塞舌尔国家特色的象龟。同时，塞舌尔政府希望在新中国成立 60 周年之前将这对世界珍稀动物送至上海，而当时留给我们的时间不足 2 个月。但这种稀有的庞大的物种之前并没有进入我国境内的记录。为了配合塞舌尔象龟的顺利进境，由我牵头，联合海关、检验检疫、濒危办等研究进境通关方案。我们马不停蹄地走访了国家林业局、海关总署、商检总局、商务部、外交部，提出了空运进境，现场临床检疫，隔离 30 天检疫的建议方案。同时，我们与塞舌尔政府联系，由其备齐相关出境检疫证明、捐赠证明、出境通关证明等相关文件，随机送达。2009 年 9 月 28 日，接到领导指示要求主办方和象龟的隔离检疫地上海动物园的一线负责人参加当日下午国家林业局关于象龟进境的紧急工作会议，以便更好地做好保障工作。来不及回家准备换洗衣物，我带上相关资料，飞赴北京。29 日我们从北京直抵上海浦东机场，与海关、检验检疫等相关部门一起迎接象龟。

塞舌尔象龟

在过去的 2 个月中，我从相关资料中已经对这对体重达 80 多千克，30 多岁“年轻”象龟的外形、习性、特征等了如指掌，但亲眼目睹它们万里迢迢风尘仆仆而来，还是感慨万千。这对“友谊使者”不仅凝聚着中塞两国人民的友谊，也汇聚了我们过去 2 个多月紧张忙碌工作的汗水。

在检疫现场，我请教检疫局和动物园的同志：“这象龟是旱龟，怎么还是有股味儿？”与我一起紧急出差的同志吸吸鼻子，弱弱地回答：“是不是我们俩两天出差，没换洗衣服的味儿啊？”是啊，秋老虎的季节，两天飞行 2000 多千米，是要有那么点味儿。同志们不禁哈哈大笑，小小的尴尬为繁忙的办博工作增加了几许欢乐的气息。

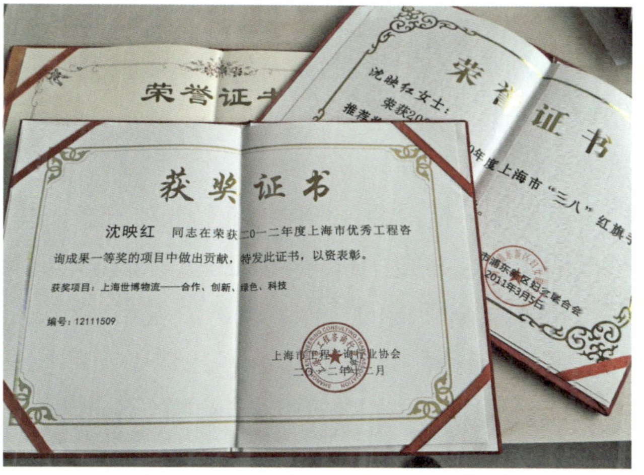

获奖证书

2010 年 10 月 31 日，上海世博会成功、精彩、令人难忘地落下了帷幕。作为一线办博人员，我选择留下，这是我初步实现梦想的地方，我相信我的梦想会在这里延续。我带着上海世博会物流中心留下来的团队，于 2011 年底之前，完成上海世博会所有进境物资的核销工作，核销率达到 100%，圆满完成了上海世博会物流保障工作。我的敬业心、责任感和专业素质得到了组织和领导的肯定，我获得了“世博园区服务保障先进个人”的嘉奖。作为主笔人之一，我参与编写了《上海世博物流》一书，将上海世博会的物流经验总结并记录下来，个人因此也获得了 2012 年度上海市工程咨询一等奖，同时，我也是《世博志》物流部分的主要撰稿人。

2012 年，为了延续上海世博会的通关便利政策，作为上海世博发展集团供应链公司助理总经理，我经过全面的市场调查，咨询相关的专业机构，以及和海关、检验检疫局的多轮沟通，成功地推动在世博会 2 号仓库的原址上设立了“浦东国际展览品监管服务中心”，引进海关和商检现场办公，依托原 2 号仓库的软硬件优势，为黄浦江以东的展览品进境通关业务提供了报关、查验、暂存、回运等相关便利服务。因为我坚信，尽管上海世博会已经落幕，但世博精神永不落幕。上海世博会留下来的宝贵思想成果，所积累的丰富经验，对于深化改革扩大开放，创新城市发展模式，促进城乡协调发展，尊重自然注重生态，实现可持续发展均具有深远的意义。

进博篇——“跨界”的“螺丝钉”

2017 年 5 月，习近平主席在“一带一路”国际合作论坛上宣布，中国将从 2018 年起举办中国国际进口博览会（以下简称进博会）。进博会意在打造“世博会 + 广交会 + 博鳌论坛”三者合一的最高规格博览会。首届进博会由中华人民共和国商务部和上海市人民政府主办，由中国国际进口博览局和国家会展中心（上海）承办，而城市保障工作则落在了由上海市商务委牵头的“中国国际进口博览会筹备工作协调推进办公室”（以下简称推进办，与“城市保障领导小组办公室”一套班子两块牌子）身上。2018 年 3 月，时任上海市商务委副主任吴星宝同志带队到世博发展集团，提出抽调几位精兵强将支援进博会城市保障服务工作的建议。于是，2018 年 4 月 3 日，在集团领导的委派下，由我带队，一行三人加入了轰轰烈烈的进博会城市保障服务队伍中。

有别于在世博会工作中专业特长的充分发挥，进博会的城市保障工作琐碎而内容广泛。推进办成立初期不到 20 人，最顶峰时期也没有超过 60 人，却做着几乎覆盖城市保障全领域的工作：会务、城市宣传、市容绿化、通讯、交通、能源、通关、安监、卫生、餐饮、票务等。另一个区别是，上海世博会期间，我们作为主办方，负责的是 5.28 平方千米园区内的各项事务；而推进办负责的是进博会红线以外的城市保障工作。跨出园区的“界”，工作内容更是实现了“跨界”。除了对接我熟悉且擅长的贸易便利化领域，我还对接了主会场艺术创陈、进博会 LOGO 征集、能源、专家征询、公众日组织等协调工作，并牵头起草了城市保障演练方案。在这里，没有处长和科员，没有国企老总和职员，大家也都不是全能手，但是为了共同的使命和信念，我们凝心聚力，勇挑重担。我们都是“螺丝钉”，哪里需要往哪里拧。5 月初，为了提高工作效率，方便与承办方开展协调工作，推进办迁至展会现场——国家会展中心附近的绿地虹桥世界办公，超过一半同志的通勤时间比原单位增加了一倍以上，而对于家住浦东张江的我来说，每天上下班单程 43 公里，单程通勤时间 1.5 小时以上。为了安全和不影响工作，有时候加班太晚了，便在附近找个酒店公寓休息一晚。我的后备箱因此长期备放着换洗的衣服和必需的生活用品。

沈映红在进博会工作

2018 年 11 月 5 日至 10 日，首届中国国际进口博览会在国家会展中心（上海）成功举行，从开幕式前夕的 11 月 4 日至 10 日整整一周，留守值班的我几乎每天都是无法入眠。因为我知道，进博会不是一次普通的会展，而是中国主动开放市场的宣示，是我国更好地利用国内国际资源、推动国内产业升级的重要举措，所以，进博会城市保障工作不能有任何疏漏。越是大型的活动，越是不能忽视细节。为了防止参观券被仿冒造假，我们提高工作精细度，给自己加压。我们要求实名制的公众日票只能提前一天发放到区级组织机关手中，而区级组织机关也只能提前一天将参观券发放到自行前往的参观者手中。也就是说，从第3天起，我们白天还需要发放2天后的单日公众日票。我对接的是奉贤区的公众日组织工作，我和助手不仅每天要发放2000—3000张参观券，还需要协调奉贤区组织的50多辆集中出行大巴的安检、交通、停放以及司机的就餐，以及观众出入场馆的行走路线。与此同时，牵头对接的海关现场监管工作信息反馈、能源保障工作仍需时刻保持关注。紧绷的弦直到各个区组织机关反馈平安到达后才真正放松。和2010年10月31日上海世博会闭幕那天些许的惆怅不同，首届进博会结束后，我们兴奋地和各路“战友”拍照留念。因为这只是开始，我们有6+365平台，我们还有第2届、第3届、第4届……的期盼。

沈映红参加世博会和进博会的工作证件

从上海世博会到进博会，我成长了许多，也收获了许多。我亲身经历了上海作为改革开放的龙头，面向未来，不断创新，扩大开放的变化。我为有幸参与到“双博”工作而自豪，也为伟大的祖国用实际行动表明了坚定支持贸易自由化和经济全球化的立场，全面塑造强盛、稳定的负责任大国形象而骄傲。

人物简介

沈映红：上海世博发展集团经贸公司助理总经理，民建上海市浦东新区区委会员。

找寻草根创业者的踪迹

张为民

草，细小而卑微；草根，不见天日，更显低贱。但草根的坚忍、执著却让它迸发出了无穷的生命活力，所谓野火烧不尽，春风吹又生，正是源于草根强劲的后发之力。

“每一块土上生长的小草，味道是不一样的。”这是多年前采访一位商铺经营者时所听到的一句话。其所想表达的是，对经营者来说，识得市场的气息，懂得什么样的土种什么样的草，方能收获一片绿意盎然。经营者在商言商，而我却听出了弦外之音：坚韧的小草或如无数拥有热情的市场开拓者，只需一夜春风，便能迸发出激扬的活力，为市场增添无数靓丽的色彩。

金秋十月，新中国即将迎来70年华诞，70年岁月波澜，从努力实现四个现代化到国民生产总值翻两番，从棚户简屋到高楼大厦，从“两弹一星”到载人航天……民生的改善，科技的进步，无不令人欣喜，令人感佩。昔往今来，带动经济腾飞，促进市场繁荣，引领科技进步的，是新中国成立之初多快好省，铆足干劲上的燃情岁月，是党的十一届三中全会吹响改革开放号角，谱写春天故事的动人篇章，更是实现社会主义现代化和中华民族伟大复兴，走进新时代的美好愿景。

“海不辞滴水，故能成其大；山不辞土石，故能成其高。”新中国成立后，通过有计划地进行大规模建设，经济实力由小而大，由弱而强，目前已成为世界上最具有发展潜力的经济大国之一，人民生活总体上达到小康水平。这其中，密如繁星的民营企业贡献了50%以上的税收，60%以上的国内生产总值，70%以上的技术创新成果，80%以上的城镇劳动就业，90%以上的企业数量……民营经济已经成为社会主义市场经济的重要组成部分。

小荷已露尖尖角

余生也晚，家族成员中少有从商者，对于纷繁芜杂的商业信息、对于变幻莫测市场动态并不十分敏感，但市场却始终和我的生活、工作如影随形，息息相关。20世纪70年代，少不更事，常被父母差遣去打酱油，摆篮头。物资匮乏，逢年过节，为购买到配额的商品，常常早上四五点钟就被父母催逼着起床，冒着寒气跟父母一起赶到菜市场，为的是能够分头排几个摊位，抢购到配额商品，但结果往往并不如意，入手往往也就是几块冰蛋，三两条小鱼。商品奇缺，供不应求，这或是市场给我留下的最初印象。春水连江接海平，改革开放的春风给市场带来了新气象，市场上的商品渐渐丰富起来，粮票、肉票等配额票证渐渐取消了，朝南坐的店家开始笑脸相迎顾客。商品的多寡，买卖的易位是市场展示给我的新气象。尽管其时，我对于有形之手与无形之手之间的关联，市场的种种奥妙尚在懵懂之中。

大学读的是中文，做的是文学梦，却没有想到从事的工作让我成为了一名市场的观察者。大学毕业，就职沪上某经济期刊。20世纪90年代，正是改革开放快速起步之年，市场热点此起彼伏，媒体人奔走在各个场景之中，感受着市场的热力奔腾，欣赏着市场的高光一刻。一个极富个性化的“底层”创业群体恰在当时闯入我的眼帘。在连锁加盟展、创业投资咨询会……很多和投资创业相关的场合，总能看到无数心怀渴望的草根创业族群。他们是如此迫切地追寻着任何一个可能的机遇，似乎命运改变的契机就在这咫尺之间。这样一个群体究竟预表了怎样的一种趋势，他们的生活和生意状态又是如何？于是近距离地接触他们，解读他们便成了自己的一桩“心事”。其结果是在我供职的杂志上催生了一个以草根创业群为表现对象的栏目——《商机》，数十位草根创业者向我敞开心扉，毫无保留地表述自己的创业经历，“附生在学生街上的生意”“裱画师用心来赚钱”“用压岁钱起家的维果C糖”“对子店的赚钱套路”“北大街上做格调”……一篇篇映射草根创业者心路历程、揭示市场萌动气息的文章接连刊出，在受访者和阅读者之间激起阵阵涟漪，而草根创业者的轮廓亦随着点点滴滴文字在我眼前渐渐清晰起来。

上海，注定是一个财富的策源地。它的魅力并不仅仅在于其有着让大资本纵横驰骋，获得显赫战绩的大商业市场，更在于它还为无数细小的创业资本提供着一方独特而适宜的生长土壤。回望历史，草根创业者的踪迹从来就充斥在上海人生活细节中：摇着拨浪鼓收旧货的破烂王、更深夜静时弥漫在小巷深弄里的桂花莲心粥的叫卖声、还有在晨光微曦中就忙着卸下门板开张的杂货铺小老板……

改革开放的春风释放了压抑已久的市场活力。上海，这座洋溢着浓郁商业气息的城市，率先激活的依旧是这批有着灵敏商业嗅觉的草根创业者，在放活、鼓励的政策激励下，他们活跃在华亭路小商品市场、三官堂家禽批发市场……开始了最早的市场试水。受限于资本和所能承受的风险，草根创业者更注重行业的选择和机会的把握，讲究的是积小胜为大胜，他们机敏、善思、精于审时度势和与时俱进，风行于商业市场的“花车”销售形式和“DIY”正是由草根创业者最早发起并“光大”到整个市场中来的。从某种程度上说草根创业者更善于捕捉现代商业市场中的原生态机会，财富的实现因此而变得现实而具触摸性。无疑，在他们身上更能够看到现代市场的制胜之本——先机的把握。

历史总有着其相承性。今天，当上海已经成为一个令人目眩的现代大都市时，新生的一代草根创业者依旧充满梦想地在这块滋生着无数商机的土壤里寻找着新的创富机会。尽管他们所从事的行业和所面临的创业环境显然都已经发生了巨大的变化，但依然能够透过无数的表象，管窥到其内在的一种原始动能，那就是创造财富和实现自身价值的愿望。在坚持“两个毫不动摇”，落实鼓励引导支持民营经济发展的各项政策措施，营造有利于民营企业健康成长的良好氛围的社会环境下，草根创业者更有了施展身手的舞台，繁荣的市场也因此变得更富有鲜活性和层次感。

满园春色关不住

2018 年 12 月 28 日，上海绍兴饭店大宴会厅披红挂彩，嘉宾云集，欢声笑语，凯明齿科连锁机构 20 周年庆正在举行中。庆典的主角陈明医生略施粉黛，身着端庄精致的旗袍，款款穿行在酒席之间，同来宾敬酒、寒暄……大屏幕上正播放着企业的大型宣传片《凯明·匠心》。往事历历，让宾客们赞叹不已，陈明却感慨万分。

21 世纪初，我借调至上海个体劳动者协会和私营企业协会任职，负责协会的宣传教育工作和《上海民营经济》月刊的编辑，有更多机会近距离、长时间地跟踪、观察各类草根创业者，了解他们的创业缘起，洞悉他们的心路历程。陈明医生就是在那时认识的。其时，她刚从公立医院辞职下海不久，市场的深浅，经营的模式尚在摸索之中，亲人朋友的质疑，患者同事的将信将疑无不困扰着她，但毕业于国内著名医科大学的陈明并没有退缩，改革开放20年，让她看到了市场经济蓬勃发展，人民生活不断改善，群众个性化医疗需求日益增长。她把握住了机会，20年来，陈明医生借助于改革开放的春风，良好的市场环境，持守仁心，怀抱匠心，以精湛的医术和高尚的医德赢得了同事的信任和患者的好评。从一家小小的社区齿科诊所，发展到今天拥有4家专业诊所，从社区口腔全科医疗到中高端齿科诊疗全覆盖，满足患者不同层次需求的口腔医疗服务体系。“创业的过程是艰难的，但有国家鼓励私营经济发展的政策，我相信市场会越来越大，越来越好。”陈明医生这样对我说。

在协会工作近10年，了解到很多如陈明医生这样的草根创业者是如何一步步走来，他们中有从个体修车开始走上自食其力创业道路的“路灯下的宝贝”虞惠和；有申领上海第一张个人独资企业营业执照“吉祥馄饨店”，发展到今天店铺遍及全国，成为餐饮连锁大公司的翁联辉；有身残志坚，自强不息的祥和面馆业主孙祥英；有背着幼儿打铁创业，最终创立模具公司的外来创业者柯燕萍；有从渔家女成为企业家的周龙珍；有传承古镇传统工艺，成为远近闻名豆腐大王的赵家豆腐店店主赵善徕……无数草根创业者赶上了好时候，作为市场弄潮的先行先试者，他们尝到发展的甜头，收获了人生的辉煌。

彼时，更好奇的是，“先富起来”的一群草根创业者会是如何一种群像，是否如人们想象中财大气粗，挥金如土，奢靡招摇呢。事实并不然。作为草根创业者，他们知道成功的偶然性和必然性，他们更知道滴水之恩涌泉相报的道理。还是陈明医生，连续10多年组织“萤火虫”云南助医活动，为云南贫困地区的居民提供免费齿科保健和诊疗，先后获得“全国先进个体工商户”、上海市“三八红旗手”、“上海十大个体户文明标兵”诸多荣誉。而在上海民营经济发展成果整理、先进民营企业（个人）评选等过程中，我看到了更多草根创业者纯净的心灵。他们中有一把爱心剪，奉献数十年，获得上海市十大杰出志愿者称号的个体理发师殷仁俊；有积极参与军民共建，关爱孤老烈属的个体工商户康志坚；有致力于社会帮教工作，投身平安上海建设，为失足人员重返社会创造条件，获上海市平安英雄称号的民营物业企业主王元洪；有路见不平，挺身而出，获上海市平安英雄称号的个体修车业主项全雄……

草感地恩，方得其郁葱；花感雨恩，方得其艳丽。众多草根创业者不显山露水，默默地奉献，默默地反哺社会，他们是社会财富的创造者，同样也是社会文明的构建者。

风物长宜放眼量

2010年，我加入了民建组织，作为经济界别的参政党成员，我更加关注经济、市场的脉动。新世纪科技进步迅速，市场上新技术、新模式不断涌现和渗透，互联网+、网红经济快速兴起，消费模式更迭转换频繁，众多草根经营者熟悉的传统市场面临前所未有的挑战，新的市场环境下，他们如何应对、如何生存、如何发展，带着参政议政的独特视角再次深入到这个群体，一个别样的天地呈现在我眼前。

家里的一辆永久牌自行车已经骑了近20年，斑驳的车架，陈旧的座椅处处流露着年代感，却一直没有舍得丢弃换新，盖因小区门前设着王师傅自行车摊。这么些年来，每每推着破旧的自行车来到王师傅的摊前，换个车轮，调个手刹，安个车铃，只消片刻，王师傅便又能让旧车焕发出新的活力，看着我骑上车飞蹬而去，脸上露出满意的笑容。但近几年来，王师傅的笑容明显的少了，尤其那天看着我骑着共享单车从眼前驶过时，他讪讪地说道，你自己的车不骑啦，骑着要比小黄车舒服多了。闻听王师傅的言语，我心不由一动，是呀，已经好久没有光顾王师傅的摊位了。那天晚饭后，我来到王师傅的摊位前，地上依旧散着一地零零碎碎的自行车零件，王师傅有些落寞地等着生意。聊起来，知道当下新的经济模式给传统行业带来的影响是如此广泛，早期的草根创业者有的是持守的恒力，却往往缺乏更新的勇气，面对变化迅速的新市场往往不知所措。将传统经营模式与新的市场观念，新的业态相融合，不仅需要市场经营者的自我适应，同样也需政府部门的鼓励引导。在做了更多的调查之后，我撰写了《上海个体经营户生存状况调查报告》《大都市应有农夫市集的一席之地》等社情民意报送相关部门。

新生代草根创业群体呈现的却是另一番光景，他们具有一定的学历基础和市场眼光，他们借助市场风口，如鱼得水，网红食品、主题餐厅、生态旅游……样样玩得风生水起。党的十八大以来，随着对民营经济支持力度的不断增强，营商环境持续改善，新生代的草根创业者们更懂得如何以市场之手来取长补短，来获取更多的市场机会。但同时，纷繁芜杂的市场对于新创业者来说，也存在着很多未知和风险。行业组织作用尚未得到充分发挥，以盈利为目的的职业索赔行为直接压抑了创业者的经营激情。观察愈细，思考愈深，我先后写下了《建立政社沟通协调机制，发挥行业组织缓冲垫作用》《建立“职业索赔行为”甄别处置机制》等一批为草根创业者搭平台、减负担的建议提案，为营造更好市场环境，促进草根创业者的成长尽自己的一份绵薄之力。

大鹏一日同风起，扶摇直上九万里。新时代的和煦春风温暖着、激荡着，大江南北春草萌动，生机盎然。草根创业者们将迎来更好的发展机遇，而我将继续做一名观察者，触摸着他们前行的印痕，感受着他们成长的快乐。

人物简介

张为民：上海市市场监管局高级经济师，民建上海市委理论研究委员会副主任，民建上海市静安区委会员。

将“爱国心”化为“报国行”

张铧平

“五星红旗迎风飘扬，胜利歌声多么响亮；歌唱我们亲爱的祖国，从今走向繁荣富强。”这是我手机里保存的歌曲。每当我走在异国他乡，播放起这首歌，总是心潮澎湃。

从小我就喜欢放风筝，风筝总是被一根线牵着，无论飞得多高多远，都离不开大地的怀抱。我从事旅游工作，走遍世界各地，天涯海角，我总感觉自己被一根无形的线牵着，走得越远，就越加思念祖国，思念亲人。

创办天天　讴歌神州河山

1996 年，我创办了“天天旅行社”，先后设计、开辟了 20 多条国内经典特色旅游线路及多条休闲度假线路，我带着四方游客欣赏祖国壮丽山河。1997 年，天天旅行社就被评为“静安区优秀旅行社”，之后多次被评为“全国国内旅行社百强企业”，2014 年被国家旅游局批准为可从事出境旅游的国际旅行社，2018 年荣获上海市旅游局颁发的 4A 级旅行社资质。

创业的过程充满艰辛，最困难的一次就在 2003 年。当时“非典”肆虐，旅游业务全部关停，公司员工都没活干了。怎么办？一定要想办法熬过去。我思前想后，决定转型发展。凭着对市场的敏锐性和前瞻性，我组织员工一起去上课、练内功，学习房地产中介知识，直到 6 个月后旅游业恢复正常。我意识到，公司要发展，必须牢牢搭准市场脉搏，才能够大跨步向前走。

2014 年以来，公司在“旅行定制”及为社区服务方面做了大胆尝试。美国西部一号公路、羚羊峡谷、马蹄湾、黄石公园，加拿大落基山脉，欧洲、中东国家旅行定制，还有“一带一路”沿线国家的定制旅行都得到了市场的广泛好评。2018 年，公司与上海人民广播电台经典 947 合作，带着电台主播与音乐爱好者 40 余人赶赴德国，开启首次“德国音乐之旅”。2019 年 3 月，公司又组团赴“意大利音乐之旅”。最近，我们还在准备“迪拜音乐之旅”、“俄罗斯文化艺术之旅”等定制旅行。为了更好地提供服务，公司前期做了大量准备工作。为了看到歌剧院演出，我们提前半年订位抢票。为了给乐迷更好的体验，我们带他们参观小提琴工厂和博物馆、参观歌剧院建筑及了解功能，有了高级定制，“天天国旅”名声大振。2018 年，公司还带领 3400 名老人出游看上海，活动空前成功，得到老年人的高度认可。

公司在发展过程中，“不忘初心，牢记使命”，帮助困难地区捐款捐物，始终牢记肩负社会责任，努力做最真实的人，培养更多有用之才为社会服务。

投身民建　点燃澎湃激情

2002 年 9 月，我加入民建。17 年来，我花了大量精力和时间，投身民建工作。

为祖国发展，参政议政忙。出差时，我在旅途中打腹稿，朋友聚会时，我和朋友们讨论社会上的热点焦点话题。这些年，我先后撰写了《关于大学生暑期规划的建议》《旅游业发展要注意结合中国文化传播》《协调政府与市场关系，充分发挥市场资源配置作用》等多篇提案和社情民意，受到民建市委、静安区委的表扬。作为一名民建会员，我也先后光荣当选为第十三届静安区政协委员及新静安第一届区政协委员。无论工作有多忙，我都会抽出时间，积极参加区政协的各项调研活动，并帮助安排会场、车辆，进行参观等，为政协工作出一把力。

为支部建设，关爱帮助忙。初入民建时，我担任新会员支部副主任，负责组织生活，关心每一位会员。以往，这些新会员会被分配补充到各个支部，也就彻底散了。但考虑到这些新会员特别积极，我便提议是否能够成立一个新会员支部，让他们凝聚在一起。区委很快接纳了这个建议。在新会员支部，每位会员都积极发挥力

2018 年张铧平（左），被民建市委任命为第十三届委员会创新创业委员会副主任，民建上海市委主委周汉民（右）为其颁发证书

量，干劲十足。第一年，新会员支部就被评为区优秀支部，我非常开心。后来支部陆续输送了好几位骨干去区委其他支部担任工作。

总感觉有一种力量在支撑鼓励着我前行，由于我在新会员支部工作表现出色，民建静安区委领导调任我去经贸二支部担任主委。经贸二支部会员 32 人。为了尽快了解每一个会员的情况，便于开展工作，支部工作必须有创新。我到每一位会员家中走访，了解他们的工作和生活。一位支部会员的儿子失业了，我和支委知道后，短短几天就帮他找到了工作。一位会员 30 多岁仍单身，我和支部热心牵线搭桥，为他介绍女朋友，不久他俩就喜结良缘。当会员面临家人去世或生病住院，支部总会第一时间送上温暖与帮助。我用自己的大量业余时间，走进每一位会员的家中，深入了解他们的工作和生活，体会他们的喜怒哀乐，及时送上温暖和帮助。只有把每一个音符都点亮，才能奏出优美的旋律。由此，我们的支部充满了活力，开展工作充满激情。2011 年喜讯传来，民建经贸二支部的工作得到了民建中央的肯定和赞赏，一跃成为“全国先进基层组织称号”。我还协同支委推出了很多人性化新举措，让会员在组织里迅速成长。比如鼓励支部会员每年学一样本领，看几本书；做

张铧平赴云南广南县参加扶贫工作考察

有意义的活动，一起健身做操；每年组织支部会员向老会员学习，听他们说民建历史……民建是个温暖的大家庭，区委要求支部一年活动 8 次，我们支部开展工作总有 10 多次，而且参与率极高。我们开支委会会议，共同研究支部的发展，我们鼓励引导会员发挥特长，建言献策，一起为静安发展为祖国振兴贡献力量。我还积极组织区委联合支部赴外参观学习，每次组织主题明确，意义深刻，收获满满，参与活动的会员一次比一次多，得到区委领导肯定和支持。

殚精竭虑　奉献伟大祖国

2010 年，适逢中国上海世博会盛事，作为静安区旅游业的代表，我为更高质量、更规范地接待好来自世界各地的嘉宾，专门设立了“世博接待部”。在迎接上海世博会的日子里，公司组织全体导游、工作人员进行了大强度的世博专题培训和实战演练，内容包括规范用语服务、双语服务、紧急事件应急处理等，并就导游的综合素质和业务能力进行了评定，评出一——三星级导游，为做好世博会的接待工作打好扎实基础。上海世博会开幕后，公司承接的第一单观光业务，就是一支 3000

天天国旅接待外国友人

余名来自东南亚的大型世博观光团队。在服务过程中，我从大处考虑，不仅要让外国人看到精彩、难忘的世博，更要让他们有机会看到上海改革开放以来所取得的巨大成就和展示出新时代上海旅游业者的精神风貌。我放弃休息，多次协同导游一起带领外国游客参观新外滩、东方明珠等标志性景点。我从小处着手做好无微不至的服务工作，一位外国游客的相机不慎丢失，我立刻加派人手帮助仔细寻找、多方索骥，最终找到，物归原主，外国友人感谢万分。

世博会的接待工作任务重，规格高，要求严，除了观光游中发生的意外，还会遇到不少突发需求。有一次，静安区临时需要调用 12 辆大客车增援，短时间内，快速聚集 12 辆大巴车不是件容易事。但区里的指示，就是命令；区里的任务，就是企业的责任。我立马发动公司车管部门用一切方法寻觅车源。终于在半个小时内，联系落实了所有车辆，顺利完成指定任务。世博期间，天天国旅共接待了 6 万余名前来参观世博会的中外游客。而我，面对高强度的接待安排，在很多时候也承担着和普通员工相差无几的一线工作。当区有关部门提出表扬时，我表示，世博会旅游接待工作既是市场行为，更是政治任务，也是展示伟大祖国壮丽风采的一个窗口和舞台。作为民建会员、静安区旅游行业的一员，一切都是应该的，并为旅行社能不负众望、不辱使命而感到高兴。为此我也被民建中央评为“民建全国社会服务工作先进个人”的光荣称号。

2017 年及 2019 年，公司圆满完成国际剑联花剑世界杯大奖赛后勤保障项目，接待了来自美国、意大利、俄罗斯、日本、法国、英国等 46 个国家的 400 多名击剑运动员、教练员及国际剑联官员，提供了从机场、火车站接送到车辆安排、酒店住宿、进出比赛场馆接送等优质服务，受到各方赞扬。

2018 年进博会期间，天天国旅为中外来宾准备车辆、提供接送服务，满足他们的各方面需求。我联想到，进博会各国贵客需要有大量住宿的场所，且有独特要求，急需建言，于是我写下《关于发展上海郊区民宿产业的几点建议》一文，获上海市政协采用。

2018 年，我被民建市委第十三届委员会任命为第十三届委员会创新创业委员会副主任。

2019 年是新中国成立 70 年，在这短暂又漫长的 70 年光阴里，中华民族勠力同心、厚积薄发，走进了中国特色社会主义新时代，在政治、经济、文化、社会、生态各领域建设中取得了辉煌成绩。习近平总书记指出，方向决定前途，道路决定命运。中国发展的过程与成果无数次地证实了中国道路的正确性。新时代提出了新要求，新征程描绘了新目标，新使命激发了新作为。而我，作为一名女企业家，一名民建区委委员，一名区政协委员，更应殚精竭虑，奉献伟大祖国。

我以我心荐轩辕。中华民族创造了一个又一个的奇迹，我为祖国的今天感到骄傲和自豪，我要把自己的爱国心化为报国行，以亮眼的“成绩单”向新中国成立70周年献礼！

人物简介

张铧平：天天国旅董事长兼总经理，民建上海市委创新创业委员会副主任，民建上海市静安区委会员。

窗外的景致

张　媛

我自小就有一个嗜好，那就是没事时总爱趴在窗口，望向窗外，甚至一待就是好几个小时。大人们都感到很奇怪，为何日复一日都能看到的窗外景色竟会如此地吸引我呢？

印象中，觉得自己最早的关于“窗外”的记忆就是爷爷的一顶帽子，上面还嵌有一枚写着“公安”字样、带黄边的红五角星。帽子好像从来没见爷爷戴过，但每逢天晴，这顶帽子总会出现在窗外的晾衣架上，在阳光的照射下，那枚红五角星便会闪烁出耀眼好看的光辉。家里人都知道，这顶帽子可是爷爷的宝贝，它的年龄比我还大呢。说起爷爷，爸爸总是满脸的自豪。爷爷在新中国成立前表面上是警察，可他的真实身份却是一名“中共地下党员”。爷爷在当时暗无天日的白色恐怖中“提着脑袋干革命”，终于盼来了新中国成立，领到了象征着确认自己身份的第一套“中国人民警察”的制服和这顶帽子。爷爷平时不舍得戴这顶帽子，但却会经常拿出一小块绸布仔细轻柔地擦拭帽子上的那枚红五角星的帽徽，谈起曾经和他并肩工作过、却已经牺牲了的很多战友。听爸爸说，这顶帽子在爷爷去世后也伴随在他的身边。或许，是爷爷和他的这顶帽子的故事在我当时幼小的心灵里扎下了根，因为至今我还很清楚地记得小时候的自己最喜欢看“抓特务”的电影，每逢看到大屏幕上出现一个嵌有“八一”字样的、光芒四射的五角星，下面伴有“八一电影制片厂”等几个文字的图像出现的时候，便会和一群小伙伴们欢呼雀跃起来，并用尽力气地拍响小巴掌，而对于故事片《闪闪的红星》和《红孩子》，则更因每映必看的缘故竟达到了对其中的每个细节如数家珍的地步。

逐渐地、随着年龄的增长，关于“窗外”的记忆也日益清晰、丰富起来。记得在学龄前，窗外那些三五成群背着书包的“红领巾”们是最吸引我的一道“风景”。我总是幻想着自己有朝一日也能穿上一件白色的“的确良”衬衫、胸前飘扬着一根鲜红的红领巾时的模样。在这个梦想终于实现的同时，我也了解到“红领巾”背后的意义——“红领巾是国旗的一角，是无数先烈用鲜血染红的。”所以，每逢敬队礼的时候，一定会以一种不容亵渎的神圣感将小手高高地举过头顶，因为我知道这代表着“人民的利益高于一切”。

后来，窗外更成为我感受古今中外的启蒙老师。这源于邻居王阿姨家率先买了一台电视机，在不能满足太多蜂拥而至的观众们的情况下，王阿姨索性在每天晚饭后从家里搬出一张桌子，将电视机摆在弄堂里，俨然搭建了一个免费的露天影院。左邻右舍，甚至附近几条弄堂里的人们纷纷不辞劳苦地端出小凳子，围聚在那个比两个手掌大不了多少的屏幕前，一边摇着蒲扇、一边谈笑风生、一边兴致勃勃地关注着和有轨电车一样“长着辫子”的“小匣子”里的黑白世界。

我家在二楼，有一扇窗口正好对着那台电视机。看不太清楚画面，也听不清楚声音，但每次一边享受着一碗拌好砂糖的“炒麦粉”、一边居高临下看电视的时刻便成为当时的我一天中最感幸福快乐的时光。也就是在那段时期内，我亲眼见证了“女排姐姐”“五连冠”的辉煌；发现很多爷爷奶奶们原本佝偻的身躯竟也挺直了许多，站在电视机前挥舞着青筋暴露的干枯手臂，用比年轻人还激动嘹亮的声音为女排助威、呼喊着“中国队加油”的口号；“拼搏”也成为了我们小学生作文本上“曝光率”最高的文字。

再后来的10余年里，我家也从“弄堂”搬到了“新村”，再进入如今的“佳苑”。当初三代人蜗居一处的窘况早已被抛诸脑后。只是，由于电视机、洗衣机、电冰箱、空调，甚至电子钢琴和电动跑步机等各式电器和家具的纷至沓来，令已拥有三室两厅的家人现在仍怀有“再多一间屋”的渴望。

新居敞亮的阳台和落地窗门也为我提供了更开阔的窗外景致：远，可以看到东方明珠电视塔；近，可以俯瞰小区内的花草树木、泉池亭台，以及或在遛狗嬉戏、或在运动区域强身健体的人们。

单位办公室的窗外是一所中学，能够听到学子老师们在宽敞明亮的校舍内读书朗朗；能够观望到朝气蓬勃的孩子们在操场上欢呼嬉闹、日渐成长；能够感受到旗杆上那面红旗在风中猎猎作响、飞舞飘扬的气势。下班途中，走在树影婆娑的石子小道上，经过一户又一家的窗口时，能闻到屋内飘出的酒菜的醇香，能听到人们在悠闲地欢歌，能看到晚霞映红了沐浴其中的每个人的脸和心。

校园操场

乘公交车的时候，我也总会倚窗外眺。不知何时起这每日必经的桥面、路面就拓宽了一倍、还增添了雕塑绿化；以前桥下满眼的浮萍、葫芦草和污秽的垃圾已不知所踪，只有清澈的河水潺潺流动；在“上海，你越长越高”的广告歌声中，低矮的棚户逐渐消逝，取而代之的是一幢幢拔地而起的摩天大厦；就连路边的街灯和市标建筑也日益透露出这座海派城市的现代摩登；熙攘的人流颜色早已从单调的灰、白、蓝变成了姹紫嫣红，仿佛在和隔离带中五颜六色的花儿争奇斗艳；原来手推车、黄鱼车和助动车当道的路面现在已成为了款型各异的小汽车、电动车和摩托车的天下。

然而，有一次的乘车经历和窗外的景象留给我的却是满怀的悲壮的感受。那是在2008年5月19日的14时28分，乘坐的公交车停滞了车轮。从窗口望去，发现路上所有的车辆、行人都已自觉地驻足低首，世间的一切仿佛瞬间凝固。泪水再一次抑制不住地夺眶而出，那是为在汶川特大地震中数以万计罹难的手足同胞扼腕痛惜，那是向仍在瓦砾废墟中搜寻生命奇迹的坚持致敬，那是为首次对遇难公民降半旗致哀决策的唏嘘感动。呜咽的鸣笛声在空中回响不绝，胸膛内一颗激荡的心却已发出清晰的跳动声，和着响彻天安门广场那声声“中国加油”的呐喊穿透云霄。

70载春秋寒暑，从站起来，到富起来，再到强起来。祖国母亲一路走过的从来就不是一条坦途。但正因为荆棘的羁绊始终无法遏制母亲昂然地前行，才更诠释了“多难兴邦”的痛楚与欣慰，才更彰显了中华民族的坚毅与伟大，才更激发了炎黄子孙传承、发展、创新的热情与斗志，才更坚定了人民百姓坚决拥护中国共产党领导的决心和信念。对比1997年亚洲金融危机时人们的恐慌忐忑，你会发现在中美贸易摩擦的今天，人们多了一份从容淡定。这是因为我们懂得了只有中国共产党才能救中国的道理，这是因为我们相信中国经济的大海不会干涸，以人为本的政府是百姓坚实的依托，这是因为我们领悟了我们生长、生活的国度正是可以保障我们安居乐业的家园。

又一个旭日东升的清晨，当第一缕阳光透过晨曦的雾霭洒向大地时，我已被窗外喧闹的声音唤醒：小鸟的叽喳，舒扬的音乐，人们的笑语……走到阳台上，首先映入眼帘的是自家养的一株牡丹花，红艳可人，在微风的摇曳中轻轻起舞。窗外不远处一个开放公园内，早已自发聚合了一大群人，正身着红衫红裤，手舞红扇，一招一式、有板有眼地打着木兰拳。我喜欢这幅画面，喜欢这清新空气中沁人心脾的花香，尤其喜欢在这绿荫掩映中翻滚着的红的海洋。这是我们熟悉的红色，这红色令人感到这样的亲切，令人觉得这样的感动，令人充满这样的信赖。

如今，“一带一路”、中国国际进口博览会、中非合作论坛、杭州G20峰会、博鳌亚洲论坛等等，已一次次地彰显中国的大门越开越大，随之而至的窗外的景致也愈发精彩。

已近知非之年的我突然顿悟，为何窗外的景致长久以来对于我都有如此诱人的魅力：这源于窗外常变常新的人物风情，这源于窗外承载的历史印记，这源于窗外展现的前进步履，这更源于窗外那一抹亮丽的中国红。其实，不知从何时起，窗外的风景就已经走入了我们的内心，而那抹亮丽的中国红也早已浸入我们的血脉，在一代又一代中华儿女的体内流淌、澎湃。

人物简介

张媛：民建上海市静安区委秘书长，民建上海市妇委会执行主任。

为振兴中国的刀具产业而奋斗

张鹏里

2019年是新中国诞生70周年，也是上海解放70周年。这70年，在中国共产党的正确领导下，在全国人民团结一致艰苦卓绝的努力奋斗下，我国从一个“一穷二白”饱受世界列强蹂躏的弱国，发展成一个受世人瞩目的世界第二经济大国。“忆往昔峥嵘岁月，展前程信心百倍”。

我出生于1976年10月，从小就沐浴着改革开放的雨露成长、发展。我不仅是一个改革开放的参与者，更是改革开放的受益者。我从小在山西运城的农村中长大，受地域传统文化的影响，在我的血液中渗透着晋商不甘现状、一心想到外面精彩世界去闯荡、历练的品质和基因。20岁，我从山西工程职业技术学院毕业，来到河南叔叔的一家刀具厂工作。我努力、虚心、刻苦工作，5年的历练，从一个技术工人脱颖而出，成为一个年轻的车间主任，学到了不少刀具加工的技能和管理经验。但我并不满足，还想跨入更大的舞台，去实施自己的理想和抱负。在叔叔的鼓励下，我决定走出河南，到改革开放最活跃的城市之一——上海去历练、发展。

初到上海 艰苦创业

2001年中国加入了世贸组织，中国得到了世界，世界也得到了中国，中国的经济将成为世界市场经济和多边贸易化体系的一部分，使中国经济发展进入了规模化的良性循环，促使国家经济、国家财富和居民收入快速增长，进而也促进了中国的体制改革进入了新的历史时期。就在这一年，25岁的我，来到了改革开放最活跃、最具活力的国际大都市——上海。就在这一年，我在上海市闸北区注册了一个公司，开始了自己艰辛创业的历程。

初来乍到，举目无亲，一切从零开始。我租借了在闸北区昌平路西苏州河路附近的一个里弄小厂房，面积虽不大，但有现成的机械设备可用，也算是雪中送炭，于是这厂成了我吃、住、生产一起的上海初创起点。初生牛犊不怕虎，凭着一腔热血，凭着我五年积累的刀具知识和加工技能，开始创业、开始独立生产刀具。有了产品，接下来就要开拓销售市场，我不怕人生地疏，相信在改革开放的市场中，要获得客户、获得市场，就要靠过硬的产品和好的服务态度。我很自信地骑着自行车在上海走街串巷，穿梭在各厂家中推销。让客户先试先用，给客户充分的时间去了解产品性能，用到客户认为合适满意后再付款。随着时间的推移，靠着过硬的品质，上海的销售市场被我一点点地打开，有了自己的人脉和固定的客户群，公司业绩蒸蒸日上。

聚焦客户 开拓市场

一晃五年，随着销售额的快速增长，现有的厂房和环境已经满足不了我的生产需求：其一，生产、生活、办公在一起互相影响太大；其二，工厂周围均为居民住宅，产生的噪音，特别是晚上加班，经常受到居民的投诉，周围环境制约了生产；其三，公司需发展，需添人添设备，也必须要有更大的厂房。更重要的是，党中央在2004年决定把全面建设小康社会作为新世纪、新阶段的发展目标。这要求全国人民一定要以更加开放的胸襟和姿态，以更加有力的战略和举措，在更大范围、更广领域和更高层次上参与国际经济技术合作与竞争，充分利用国际国内两个市场，优化资源配置，以开放促改革、促发展。要重点吸引外资投向现代服务业、装备制造业和高新技术产业。在这种形势下，上海的高、精、尖外向型企业，特别是汽车制造企业得到了发展的极好机遇，因而给精密刀具市场也带来巨大的生机。

我抓住机遇，2005年把刀具厂搬到青浦区青东农场西庆路，租了一个1000多平方米的厂区。那时我们生产的刀具，随需方的定位转变而进行结构升级，由服务于生产摩托车、电瓶车为主的厂家变为服务于生产汽车的厂家，如上海大众、上海通用等大型企业。随着我国汽车产业的突飞猛进，它们所需刀具的品种和数量也越来越多，切削的精度和使用寿命也有了更高的要求。这也倒逼着我要想尽一切办法去购买更高端的加工设备，引进更优秀的人才，来提升刀具产品的品质、缩短产品的交期，始终跟上汽车制造商的发展需求。

勇于创新　砥砺前行

一晃又过了五年，我的客户群、刀具品种、产量均在直线上升。现有的生产规模又已满足不了业务的需求，为了提高公司能级和实现长远发展，我狠下决心，一定要建一个现代化工厂来满足企业发展的需求。2012 年在青浦练塘国家级开发区进行了新厂区的开工奠基，2014 年迎来了占地 20 多亩的园林式新厂区的落成典礼，从此开创了公司的新起点、新征程。

在过去的 15 年里，我听党话、跟党走，和工人们一起团结奋战、含辛茹苦，一步一个脚印，牢牢抓住改革开放的契机，经过 3 次工厂搬迁的蜕变发展，终于和祖国实现了同步惊人的飞速发展。如今上海新山田精密刀具有限公司已是一个以“为金属切削提供刀具方案和服务”为使命，以“打造国际一流刀具专业服务商”为愿景，以“聚焦客户、诚信服务、勇于创新、专注高效”为企业价值观，以“诚实做人、用心做事”为企业文化的上海市一流专业制造超硬精密切削刀具的高新技术企业。我们凭着先进的生产设备和技术，先进的管理模式，洁净的工作环境，吸引了更多的高端人才加入到我们的团队，成功实现了筑巢引凤。企业现有员工 200 余人，其中大专以上学历 120 人，技术人员 40 人，设有“韩向首席技师”工作室，成立“青浦工匠”工作站。有了这些硬实力和软实力，我们能自信自如地为不同客户提供不同需求的高品质超硬精密切削刀具。目前我们的产品已广泛应用于汽车制造、航天航空、精密电子、风力发电等行业。

伟大复兴　任重道远

2015 年，公司被评为青浦区首席技师企业、上海市“专精特新”中小企业和高新技术企业。2016 年，我被选为青浦区青年创业协会副会长、上海练塘镇商会副会长、上海山西运城商会副会长。2017 年开始资助练塘经济困难大学生完成本科学业，帮助残疾人就业等。2018 年我公司技术科科长韩向同志被授予青浦区首批“青浦工匠”称号和上海市“五一劳动奖章”。同年，我加入了中国民主建国会，又有了一个温馨的家和一批关心公司发展的同志。

在纪念新中国诞生70周年之际，我激动万分。没有祖国的发展，也就没有我今天的成绩。改革开放、伟大复兴是我们唯一的康庄大道。我加入民建组织之后，要真心向民建的老前辈学习，学习他们与中国共产党“肝胆相照、荣辱与共”及爱国爱民的崇高品质，担当做好公司生产和社会服务两项重任。以“超硬品质、全心服务”为宗旨，把上海新山田精密刀具有限公司做大做强，为振兴中国的刀具产业而奋斗，为实现中国2025制造强国而添砖加瓦。

人物简介

张鹏里：上海新山田精密刀具有限公司总经理，民建上海市青浦区委会员。

新春四乐章

张新春

我住在大海边上，是个很远很远的地方。
无数个故事要对你讲，要对你讲。
我出生在冬天，是个很冷很冷的早上。
无数首歌要对你唱，要对你唱……

从民主党派大厦六楼参加上海市两会前的民建企业家座谈会出来，在附近找咖啡馆坐下，马上整理会上提到的关于创新创业赋能教育的议题，听到音响里传出谢天笑的这首熟悉的老歌《约定的地方》。他在唱他的故事，也像在说我的故事。

春　耕

那年正月，已度立春，依然春寒料峭。在中央电视台首届春节联欢晚会直播结束没几天，在位于我国东疆，南黄海边的一家乡镇医院的职工宿舍楼里，我来到了世上。此时，天未亮，寒露微凉。但新生儿的啼哭带来满屋的温暖。于是我的小名便被定为“新春”，即新春佳节，万象更新。

我的大爷爷说，那学名也不用考虑家谱字辈了，就叫张新春，否则小名叫习惯了，将来哪天大名出现在报纸上也不知道这是我们家的孩子。

大爷爷 8 岁到旧上海的纱厂做童工，是年龄最小的一批。很多年后在高一课本上读到现代作家夏衍于 1935 年创作的报告文学《包身工》，讲述的就是他那一群人的悲惨故事。这和父辈长在红旗下的 8 岁，和我们一代长在经济快速增长时代的 8 岁，形成了鲜明的对比。

新中国成立后，大爷爷进入上海自行车厂工作。他家里挂着的先进生产者、优秀党员各类奖状和照片，记录着他在新中国建设中的奋斗。20 世纪 60 年代，上海支援三线建设，他选择到启东，继续在机械工人的岗位上工作。

我的祖辈们，那时都还在务农。我的父母也经常在农忙时在田地里忙着播种和收获。收成之后拉去“供销社”交易粮食，没有人会预想到，市场经济有一天会如此的繁荣，在 20 世纪 90 年代初看到自选超市替代柜台式的供销社都已是难以想象的突破。如今电商、无人超市、自动货柜、冷链物流等，都不断颠覆着我们关于生产和交易的认知。

在“万元户”都是稀罕的年代里，我们关于经济的发展尚缺乏想象，但所有人都在埋头苦干，投入到热火朝天的祖国发展建设中，一个个奇迹就这样在身边不断被见证。

夏　耘

20 世纪 80 年代初到 20 世纪 90 年代的高速发展，现在回顾起来，不仅是中国，也是人类史上的奇迹。而这段时期，我一直在学习中不断感受着外面环境的变化，无论是不断涌现的商品、文化、经济现象，还是身边的人来来往往，不断带来的新的变化。

人们不断在耕耘着自己的生活。有人从农民发展成种子、农药的经销商；有人从农民变成工人，进入村办企业、乡镇企业工作，机器的轰鸣声掩盖了稻花香里的蛙鸣；有人放弃了国企的工作，走南闯北；还有很多人，去了改革开放最前沿的城市深圳，从此有了不一样的人生境遇。

秋　收

前 18 年，一切按部就班，外面的世界快速变化也没法参与，只能在电视前观看，在道听途说中一知半解。足迹没有出过百公里的半径。18 岁之后，已是 21 世纪，作为“跨世纪的接班人”，是时候该独自出去看看。

我被江苏师范大学录取了。这是省内距离我最远的高校。第一次坐火车，如何假装经常坐的样子？在车站认识的一位大叔说，要买一盒泡面，再买一些泡椒凤爪之类的零食，火车上的啤酒、饮料、矿泉水、花生、瓜子、八宝粥都老贵了。但我记得在一本书上看到的是，应该注意观察生活，倾听有生活阅历的人讲述他们的故事，多与有知识的人交流，开拓自己的认知。那时的火车旅行，乘客们都很健谈、热情。

在这趟火车上，最能带动场景的是一位来自上海的白领，和一位来自南京央企的大哥，他们各自从自己的职业角度高谈阔论着中国经济发展趋势和上海、南京两座城市的未来产业布局，包括人才政策、房地产走势、人文历史等细分因素。围观者不时加入一些讨论和见解。对我来说，这几个小时的聆听，胜过我 18 年来的对中国经济发展回顾和趋势的所有阅读体验。我记得最清楚的就是，当晚约 9 点，来自上海的白领腰间的摩托罗拉 V998 手机响了，接电话时他就大呼小叫起来：“什么？美国被炸了！飞机撞的？纽约双子塔？”起初人们不信，那时还没有如此便捷的移动互联网，但很快人们通过收音机、打电话让人上网查询等方式获悉了。那一天，正是 2001 年的 9 月 11 日。

9 月 12 日，学校正式开学报到！入学第二天，我在众多社团招生中，选择报名参加了学校共青团团委报纸的学生记者、编辑岗位，面试题就是“你如何看待‘9·11’事件对中国经济的影响”，我将听来的观点糅合，加入我的表达，得到总编当场的肯定，最终公布被第一名录取。这可能是我人生中前 18 年最有效的一次学习成果收获。注意聆听他人，加以信息综合，正确理解问题背后的问题，加以形象化表达，成为我长期以来的思维习惯。

2004 年 12 月，张新春去远方徒步

18 岁第一次出门远行，让我

大开眼界。从此，我不断收获，不断成长，也见证着祖国的发展日新月异。

冬　藏

申花主场虹口足球场的看台写着“理想丢弃，方堕暮年”，出自德裔美国作家塞缪尔·厄尔曼的《青春》。球迷用这句话来激励自己，也鼓励球队为冠军理想去奋战。

我距离暮年还很遥远，理想依然滚烫，洋溢着对工作和生活的热情，远没有到总结人生故事的阶段，奋斗仍然在路上，并且这一路所有的努力，都将化为我的人生收藏。就像迈克尔·柯蒂斯导演的电影《卡萨布兰卡》里的台词：“你如今的气质里，藏着你走过的路，读过的书和爱过的人。”

毕业后在上海工作的这 14 年，无论是从事文史资料研究、媒体公关，互联网营销、软件平台开发运营还是现在做的创新创业赋能教育；无论是后来读 MBA、DBA 还是参与各类在线和线下课程；无论是在上市公司负责新业务部门还是创业做新的垂直细分领域——我都在不断学习，增加专业的深度和思维的广度，让自己成为一个“T 型人才”。相信这些积累，都将在工作、生活中体现出来，不断用于实践，创造新的可能。

在国际化大都市上海，尤其能感受到当前中国经济发展的迭代之快。技术不断突破、产品不断创新、商业模式不断变革，企业和个人随时都在面临机会，又随时有可能遭遇淘汰，更需要我们不断更新自己。个人如此，企业如此，国家亦如此。面对外部环境变化，需要具备不断自我调整、自我学习、自我迭代的能力。只有在

2018 年 1 月，张新春（右）获得广告协会大奖

前面三四十年积累的基础上不断与时俱进，才能具备强大的竞争力和把握商业机会的决胜能力。

中华人民共和国已走过70个年头，改革开放已进入第41年。不仅于我，对于所有人而言，这都是最好的时代。时代的快速变化催生出无数令人充满想象的新机会，如一条条刚刚铺就的全新赛道，正张开双臂欢迎勇敢的奔跑者。

我还在路上，我和我的祖国的故事还在继续，邀你一起来讲述。

人物简介

张新春：笑点文化传媒（上海）有限公司总经理，民建上海市浦东新区区委会员。

伟大时代下平凡者的求学成长之路

张　瑾

《论语》曰："十有五而志学，三十而立，四十而不惑，五十而知天命。"近知天命的我，时常感悟圣人对于人生阶段的定义。以新中国成立 70 周年为契机，我想追记改革开放 40 年我的平凡前半生。我，一个小镇教师的女儿，于改革开放的伟大时代，从江南水乡的偏远小镇，九万里风鹏举，立业成家于繁华都市。感悟颇多，情长纸短。

我出生在浙江省海盐县横港乡偏远的小镇上。在"上山下乡"的年代，师范毕业的爸爸和高中毕业的妈妈没有插队落户到农村，而是在小镇的中学和小学谋到教师职位。爸妈婚后迎来了姐姐和我。那时的物质生活很是紧巴，但是父慈母爱，生活简单幸福。记得那时，我们一家四口住在镇上学校的集体宿舍。那是一排中间有走廊的砖瓦房。我家在最后一间，30 平方米左右，窗棂是木头做的，墙壁很薄，隔壁叔叔阿姨说话声稍大些都能听到。当然还能听到夏夜水田里的蛙声，红漆木门的吱呀响声。但那不是最重要的，重要的是门缝太大，穿堂风很厉害。那时，晚上常断电，点蜡烛或油灯的时候，需要用手遮牢火柴棍迅速点着油线，很是紧张刺激，因为不小心会烧到手。学校有食堂，我家周一到周五一天三顿都在食堂。有时傍晚，等不及爸妈下课，我就会自己拿着饭菜票和搪瓷碗去食堂。食堂主事的火头军老步先生会从木桶里给我一勺米饭放在我的搪瓷碗里，再在米饭上盖一勺蔬菜。食堂中午供应的菜品有些荤菜，而到了晚饭则只供应蔬菜。伙食实在不能令人满意，但食堂却也有吸引人的地方。因为老步先生会跟我讲旧社会他在上海学生意和抗美援朝最可爱的人的故事。故事非常精彩。为了改善伙食，妈妈还养了几只鸡。到了周末，走廊尽头的煤球炉就登场，凭票买来的肉或鱼虾以及自家产的鸡蛋飘香让姐姐和我欢喜雀跃。那间宿舍里的油灯是那么的温暖。小学语文课本里的小橘灯，让在黑暗潮湿山路上走着的冰心先生似乎觉得眼前有无限光明。而我家油灯罩里跳动的火苗，昏黄的光晕，就是我心中永远的小橘灯。

1978 年，张瑾（左）与姐姐在横滨中学教学楼前合照

而到了 1978 年，一篇名为《实践是检验真理的唯一标准》的特约评论员文章推动了思想解放。那年 9 月，没有去过一天幼儿园的我斜背着妈妈手缝、姐姐用过的花布书包开始上小学了。多年以后，我才知道 1977 年冬天和 1978 年夏天的中国，迎来了世界历史上规模最大的考试，自此中断多年的高考恢复了。10 年后，我也加入这场改变命运的考试。而从此我就和高校不再分离。多么巧合，1978 年是我国改革开放起始之年，也是我漫漫求学路的第一年。从那以后，我在横港小学，横港中学完成了 8 年的小学和初中教育。我的小学初中求学生涯正与我国改革开放的第一阶段契合。

有关中国改革开放的研究文献通常将 1978 年 12 月党的十一届三中全会至 1984 年 10 月《中共中央关于经济体制改革的决定》发表看做是改革开放的起步阶段。这阶段改革首先在农村实施家庭联产承包责任制。在取得显著成果后，城市开始进行企业改革，从扩大企业自主权实行企业承包制入手，初见成效。

那时，我生活在浙江农村的小镇上亲历了这种巨大变化。首先是爸爸妈妈晚上不用再进行政治学习了，代之以进教室上晚自习课；其次，农忙时，爸妈也不用去下乡支农了，因为生产队里的田地都承包到户了。一到农忙时节，我们还会停课一周，绝大多数同学都会回家帮助家里干农活。而我，就可以没有限制地阅读《好少年》《儿童文学》等学校里的图书期刊。再后来，食堂里供应的米饭越来越晶莹剔透，菜品越来越丰富，而晚饭也有荤菜供应。而火头军老步空暇时间会跟我讲他同乡步鑫生与海盐衬衫总厂，如何一把剪刀开启企业改革帷幕，如何与日本人谈判等诸如此类的故事。还是小学生的我对于这些遥远的事情很是好奇。而印象最深的变化是上学的路，小学一年级时的烂泥路，两边都是农田；到了二年级就变成石子路，等到小学毕业就有了两车道的水泥路，并在两边种上了水杉行道树。等我初中毕业的时候，道路上的自行车、汽车越来越多。上学路上的农田仿佛被拉长焦距摄影似的变小了。农田附近，时不时有砖厂，丝绸厂，小卖部的出现。而我初中毕业时，老步也从食堂辞职，做了个体户，卖起了酱鸭。以前横港到县城（海盐武原镇）只有水路的，一天仅一班客船，要花 6 个小时。等到 1986 年，我进海盐高中时，坐的是乡镇间的公交，花了 1 个半小时；而 2016 年横港中学 86 届初中同学会时，这段公路只花了我 40 分钟。

我在高校教学授课涉及改革开放初期的历史，横港乡的生活经历总是鲜活地出现在脑海中。那个阶段我国发展的指导思想从以阶级斗争为纲转变到以经济建设为中心，从封闭转变到扩大开放，从固守陈规转变到大胆改革，为此后波澜壮阔的 40 年改革开放明确了方向。这阶段，我与整个社会一样怀揣着对知识的渴望，对未来的憧憬，积极奋进，完成了中学教育，参加了千军万马过独木桥的高考。

1989 年，张瑾（前排中间）高中毕业与同学老师的合影

1989 年高考成绩放榜后，高三班主任老师帮我分析：小姑娘读个师范，选择外语，最好了。于是，没有太多的思考，我选择了杭州师范大学英语系。就这样，我怀揣妈妈准备的 30 斤全国粮票坐了 3 个小时的公交车，从海盐来到“之江西，西湖滨，桃李一堂春”的大学学习英语。在这里培养了我观察外部世界的兴趣与视野，提供了我探究天下大道的语言基础。这是一所学风严谨

的师范大学，晨操，晚习，培养了我良好的学习习惯；“勤慎诚恕”的校训，让我终身受益。在毕业前的寒假，看到了一则复旦大学“国际经济法学班”的招生通知。抱着试试看的心态参加考试后，我有幸入了复旦大学。其后，相辉堂前时习敦学；南区宿舍吾侪同学相勉相亲；两载光阴，学与俱进。复旦大学的校训“博学而笃志，切问而近思”为我奠定了国际法的研习之路，也开启了我在上海生活的新篇章。这样的契机于我个人而言，或许与运气有关，但我相信这更是时代给予我的机会。因为彼时的上海是我国对外开放的前哨阵地，急需各类会外语懂专业的人才，而复旦大学法学院就是顺应这种国家和地区的人才需求，效仿美国法学教育的 JD 项目在全国范围内招收国际经济法学的双学位班，而英语专业本科毕业的我就成为了 93 届的幸运儿。

作为改革开放成功的必然结果，我国经济与世界经济联系日益紧密。一方面，1992 年邓小平南方谈话后，改革开放进入到新阶段。1993 年 1 月，浦东新区正式成立，其作为国务院特批设立的国家级新区，吸引了众多的跨国公司落户上海。而申请恢复我国关贸总协定缔约方地位的谈判也在紧张的进行中，我国的社会主义建设对于经济人才的需求是前所未有的。另一方面，我国第三次留学潮方兴未艾，大量优秀的高校毕业生，远渡重洋留学深造。海派文化熏陶的上海本地学生纷纷选择出国留学。多方面的原因使得 20 世纪 90 年代的上海吸收了大量外地毕业生留沪工作。于是乎，也是没太多费周折，我顺利留沪工作，进入了上海外国语大学任国际经济法教师。

在我进入工作岗位后，职业人生可以说是打开了绝大多数高校教师的标准模式。作为一名高校教师，面对教学与科研的要求，专业进修是必不可少的。硕士学位、博士学位、海外访学、国家课题、挂职锻炼；助教、讲师、副教授、教授，一个目标接着一个目标地完成。不知不觉我已成为学院里的老教师之一了。所有这些来得那么自然，几乎不需要我个人做太多的思考，因为学校的发展携带着我一步一步成长；时代的洪流托举着我，从一个平台向更高的平台努力进取。20 世纪末，学校赶上了中国高等教育快速发展的 10 年，高等教育毛入学率持续提高，高等教育进入大众化阶段。学

2016 年，张瑾（右）与毕业学生合影

校对于师资队伍建设非常重视，所以提供便利和资源鼓励青年教师攻读学位、海外交流。现在回想自己工作的20年也是不断学习的20年，也许还算勤奋，但倒未觉辛苦。因为每每有适合的机会或项目，总有学校相关部门或者学院领导提示大家尽快申请，而一旦符合条件进入流程后，又有政府基金、学校制度等相关支持，解我后顾之忧。记得第一次出国访学时，流程比较繁复，但每遇困难，都有外办后援支持，出国之路有惊无险。而随着我国经济发展，国力增强，现在出国游是家常便饭了。当然，我这个新上海人怀着对美好生活的向往，在这个美丽的城市里恋爱、结婚、生子、买房，不知不觉，我也成了华师大学生的妈妈了。

2018年，张瑾在延安鲁艺旧址参观学习

2018年9月我送女儿进入她的大学，在回来的路上心中诸多感慨。一方面，送女儿上大学的路，我自己驾车半小时就完成，也不需要考虑粮票和学费；与30年前我的上学之路何其不同。我的上大学之路与今日女儿上大学相同的是都标记了一个少女独立人生的开端；另一方面，感叹岁月蹉跎，弦歌不辍。这改革开放40年的成果取得何其不易，生活其中，何等幸运；但共筑中国梦的路上吾辈尚需努力。我已年近半百，时不我待。但还好，现在女儿基本独立，我有更多的时间投入工作。

1978年，新中国史上艰苦卓绝的改革开放肇始，巧合我上学的第一年。这算是志学之年吧。我在横港小学，横港中学完成了8年的小学和初中教育，后进入海盐一中，在去杭州、上海读了大学之后，最后留在高校。回首细思量，改革开放这一时代旋律为我个人的奋斗之路定下了主基调。而今改革开放已经走过了40多年，又迎来了中华人民共和国70华诞。平凡如我，感恩时代成就我的幸福人生。我会铭记“勤慎诚恕”，以此自勉，精进每日，希望不辱博学笃志的校训。

人物简介

张瑾：上海外国语大学国际金融贸易学院教授，民建上海外国语大学支部副主委。

沐浴春风成长　乘风破浪前行

张　曙

2019年，恰逢中华人民共和国70华诞。心有感慨，以文纪念！

我出生于1980年，我生命的40年，几乎与祖国改革开放的40年同步，我沐浴着改革开放的春风，见证了我们国家强盛的崛起，历经一个民族兴旺的开端。在这个伟大的时代中与祖国同呼吸、共命运，这是何等幸运！

回顾过往，国家在不断的变革，变得富强、民主、文明、和谐；社会在进步，越发自由、平等、公正和法治。而我，作为这个伟大时代的公民，在做到爱国、敬业、诚信、友善的同时，将我个人小小的奋斗，融进了美丽的中国梦。虽近不惑，我却在半生的求学、工作、创业历程中，时刻感受到我们国家发展强盛和社会和谐进步对自己的巨大影响。

求学——磨砻镌切　孜孜以求

20世纪90年代末，我离开了恬静安逸的江南古镇朱家角，踏入上海海洋大学的校园，学习计算机专业知识。这个行业有一个摩尔定律，每隔18个月，技术水平将提升一倍。这种迭代速度，让我知道知识的技术更新如此迅速，这种速度直接带动了社会的快速发展。

这让我认识到了持续学习、更新知识的重要性。即便在踏上工作岗位之后，我仍然保持着学习的习惯。我于2007—2009年到复旦大学在职深造，并攻下项目管理工程硕士；2011年，又在上海交通大学及报喜鸟商学院攻读EMBA。多年的“沉浸灌养”，应该说都是在为之后的“行而才备”做的准备。

工作——脚踏实地　一步一印

工作，是人生的积累过程，一切可以从零开始。

2002年，我参加了工作。第一份工作是在一家国企电力设备公司。从那个工作开始，我接触到了全球领先的系统软件——ERP（企业资源计划）系统。整个10年的ERP管理经验结合到企业运营管理中，为一个个企业提升管理效率。这种收获感不亚于学习的过程，也获得了满满的成就感。在这个过程中，我脚踏实地一步一个脚印地苦干、钻研积累，并快速成长、成熟起来。

2005年开始，我使用全球知名的ERP软件SAP，为企业提供高级别的系统软件咨询和业务管理咨询服务。2007年，我跨行进入服装定制行业，实施SAP B1系统，是该系列产品在服装定制行业首个成功案例，载入《SAP企业成功实施案例》，受邀出席于2012年在北京国家会议中心举办的SAP中国商业同略会，并作为演讲嘉宾分享了行业应用经验。

2010年，我开始了职业生涯的第一次真正转型，从信息技术管理岗位转型为企业经营管理层，分管报喜鸟旗下宝鸟公司供应链和上海工厂。在此期间，我利用自身在信息技术方面的背景，全力推动企业生产数字化改造，将宝鸟的服装定制业务提升到智能制造层面。2014年，宝鸟成功实现信息化和工业化两化融合。2015年，集团公司报喜鸟入选国家工信部遴选确定的100家互联网与工业融合创新试点企业。2016年，又被国家工信部列入智能制造试点示范项目单位。

2015年，我离开报喜鸟，但作为智能化业务咨询顾问，我继续为老“东家”提供必要的帮助。此时，我也确立了自己创业的想法，寻求自身的第二次转型。2014年9月，在李克强总理“大众创业、万众创新”的倡导下，我踏上了创业的征程。我相信，处于国家快速发展、变革时期的我们这一代，一定能够找寻到更加适合自己的天地，一定能够实现自己的抱负和梦想。

创业——创新创业 期于有成

创业，干事奋斗的激情，迎接挑战的决心。

2016 年，我成为中国千万创业大军的一员，创立上海且恩数据技术有限公司，并结合自身在信息数据方面的技术积累和 10 年服装定制行业的运营经验，设定创业的方向为服装个性化定制行业提供数据智能服务，为资金投入有限但急需转型升级的中小微型传统定制企业，完成数字化的升级改造。

当前中国的服装产业，已经不再具备大批量生产的规模化成本优势，但是个性化的定制服务模式，作为新制造，不断显现其独特优势，在国际市场上具备足够的竞争力，所以我们在供应链的服务上，逐步向海外市场发展，将中国的柔性智造推广出去。

未来，我们基于现有的数字化服装定制服务云平台，不仅能够为现有的传统中小型企业提供多样化的数据技术服务，同时我们利用自身的平台资源，为新进入的从业者，提供一体化的创业孵化服务，从培训、产品供应到互联网数字化推广，形成一个开放式的行业资源共享数字平台。

“穷年磨砺，期于有成”。当前，中国经济进入转型调整期，在国家“大众创新、万众创业”的号召下，我投身自己热爱的事业，专注在一个有着巨大潜力的细分市场中耕耘。创业过程是艰辛的，依靠公司团队的共同努力，我们稳步发展。公司在 2017 年、2018 年连续两年荣获得国家创新创业大赛市级奖励。作为一个科技型创业公司，我们还有很长的路要走，但是只要有明确的方向和团队共同的努力，我们始终坚信我们能够成为一个优秀的企业。

责任——心存感恩 回报社会

责任，担负社会责任，以感恩之心回报社会。

2017 年 12 月，我加入中国民主建国会，成为青浦区民建大家庭中的一名会员，积极参加了党派提供的学习机会，汲取营养、丰盈自我。作为一名年轻的民主党派成员，在提升自身的政治思想觉悟的同时，更需要将自身的社会价值予以发挥。小至社情民意，大至参政议政、民主监督，不仅是作为中国民主建国会员的职责，也是对我们祖国的一份责任。

2018 年 12 月 26 日召开的青浦中华职业教育社第二次社员大会上，我有幸当选为社务委员会委员，为我们国家的职业教育尽一份力量。由于多年在制造行业中的工作经历，我知道职业教育的重要性，中国的高质量发展，离不开高水平的产业技术人员，不论是智能制造还是人工智能，职业教育都将是托起中国工业强国的重要举措。

2019 年，在公司所在园区的推荐下，受邀开设企业职业教育课程，结合自身在以往学习工作中的点滴经验和知识，为更多的人分享知识，这也是一种人生的快乐。

70 年，我们的国家愈发意气风发、生机勃勃，散发出属于这个古老民族的独特魅力，其用实力、责任和担当，展示着中华民族复兴之路上华夏子孙奋力前行的深深印记，这种从心所欲的自信和魅力让全世界为之瞩目、礼赞！

40 年，人生已近不惑，但我心依旧，不慌张、不懈怠。基于本职岗位，追随伟大复兴，在实现个人价值的同时为社会做出应有的贡献。正如习近平总书记在首届中国国际进口博览会主旨演讲中指出的："中国经济是一片大海，而不是一个小池塘。……经历了无数次狂风骤雨，大海依旧在那儿！经历了 5000 多年的艰难困苦，中国依旧在那儿！"我愿做这大海中的一朵浪花，与着大海一起乘风破浪……

人物简介

张曙：上海且恩数据技术有限公司总经理，民建上海市青浦区委会员。

为美丽崇明披红着绿

陆祖秦

今年，是新中国的70华诞。70年风雨兼程，70年砥砺奋进，70年春华秋实，70年沧桑巨变。在中国共产党的正确领导下，我们的祖国一路披荆斩棘，克服了无数艰难险阻，实现了从站起来到富起来到强起来的伟大飞跃，谱写了屹立于世界民族之林的光辉篇章。我为祖国的繁荣昌盛而无比自豪，我为祖国的远景辉煌而点赞喝彩！

我的家乡在美丽的崇明岛，这里是未来的世界级生态岛。作为一名民建会员，我更是把参与建设生态岛作为履行参政议政职责的重要途径。在深刻认识建设世界级生态岛重要意义的基础上，我深入开展社会调研，广泛听取各界人士的意见建议，紧紧围绕生态立岛的科学涵义，有机结合各个阶段的社情民意，充分利用崇明区政协委员的身份，积极向有关部门建言献策，先后撰写了“关于加强生态林地管理的建议”“关于以宅基地置换形式加快推进农民集中居住的建议”“关于进一步提升美丽乡村建设内涵的思考与建议”“浅析花村花宅建设中的存在问题及应对措

周汉民主委（右）和陆祖秦（左）合影

施”，以及与生态岛基础设施建设相关的“关于增设横沙至陈家镇对江渡航线的建议”“关于响哃镇老街改造的基本设想”“关于人行横道线行人等候区设置遮阳遮雨设施的建议”等多项提案和意见建议，绝大多数提案和建议引起了有关职能部门的重视，得以采纳或列入议事日程，为推进生态岛建设起到了听民声、汇民意、集民智、惠民生的积极作用。

建设世界级生态岛是个高大而宏伟的目标，把这个美好的意愿从理论层面转化为操作实践，除高端的顶层设计外，还需将总体的建设思想转化为具体的项目设计。我和我的团队——上海荣冠建筑工程有限公司——满怀激情，筑梦而行，努力为生态岛事业架桥铺路、添砖加瓦，为美丽崇明披红着绿、增光添彩，为实现中国梦奋力拼搏、砥砺前行。

近年来，根据相关部门的要求，我组织公司设计部门致力于美丽乡村建设项目的方案设计，先后为25个村设计了具有个性化特征的建设方案。美丽乡村建设作为生态岛的基础性项目，其设计理念、建设风格、规划布局等均要服从服务于世界级生态岛的建设大局，为使设计方案充分体现“中国元素、江南韵味、海岛特色”的总体要求，我组织设计人员深入现场，踏勘地形，收集资料，听取意见，在充分了解社情民意、人文特色和地域特征的基础上，按照“一村一品”的要求，精心设计富有个性化的建设方案。由于设计方案秉承生态理念，体现以人为本，符合当地特点，我们为美丽乡村建设绘制了一幅幅美丽的蓝图，得到了群众的肯定和专家的认可。

我是土生土长的崇明人。参与生态岛建设，是我的责任。有时候施工条件差、困难多，我们也坚持迎难而上，乘势而为，克服困难，创造条件，千方百计把项目建设好。2015年底，我接到了为一个村建设泯沟保塌的任务。这个工程条段多、分布散，总共五千米的保塌，却有73个条段之多，最短的一段仅8米左右。相当一部分条段杂树丛生，道路狭窄，机械设备根本无法进场。这样的工程不仅施工难度大，而且需要经常转换施工场地，效率低、成本大。面对这样一种施工环境，我组织施工队伍，发扬能打善拼的荣冠精神：运输车辆进不到现场，就肩扛手抬把几十吨施工材料运到工地；施工机械无法进场就人工操作。在零下七八度的气温下，施工人员站在冰冷的河水里，用水枪冲引、人工放桩的方法，硬是把一根根6米长的水泥桩准确安装在预定位置，确保了工程按时间节点顺利推进。

建设世界级生态岛是造福子孙后代的千秋大业，因此，保证施工项目的高标准、高质量，不仅是一种责任，更是一种对历史负责的态度。我坚持生态岛建设无小事的原则，抓质量从细节开始，抓管理从标准着手，以精细化管理的要求，积极打造优质工程。我负责建设的美丽乡村中，有3个村被评为市级样板村。

建设世界级生态岛是改革开放给崇明带来的新机遇，也是历史赋予崇明人民的光荣使命和重大责任，投身于这样一个伟大的事业，是我们的荣幸与骄傲，我和我的团队将继续在这块热土上大步快走，为早日建成世界级生态岛而作出应有的贡献。

人物简介

陆祖秦：上海荣冠建筑工程有限公司董事长、总经理，民建上海市崇明区委会员。

不忘初心 不负光阴

陈津津

我是一名儿科医生。孩子是人间的天使，是世界的春天。他们给人们带来了欢笑和希望，他们稚嫩如新芽，柔弱似朝露。每天面对着孩子们，我似乎忘记了时间的流逝。值此中华人民共和国成立70周年之际，驻足回望，猛然发觉自己为孩子们看病已经20多年。

我也是一名民建会员。2007年入会至今也10多年了。民建是个团结、奋进、和谐的“大家庭”。有了这个大家庭的滋润和熏陶，人生旅途中多了一份别样的温暖和关怀，也更多了一份积极参加社会主义现代化建设，为祖国医学进步贡献力量的责任和担当。

作为一名儿科医生、一名儿童健康的守护者，需要有扎实的基本功、熟稔流畅的操作技术、面面俱到的医学知识，更要有一颗仁爱的守护之心，一份永持耐心的关切之情。这些年，坚持用“以人为本、负责任”的服务理念去服务患者是我不懈奋斗的目标。

2018 年，陈津津（中）完成为期 1 年的哈佛大学医学院项目培训，并在结业仪式上取得证书

我于 2007 年获上海交通大学儿科学博士学位，同年晋升副主任医师，2010 年赴美国康奈尔大学访问学习 1 年，2014 年被聘任主任医师，2017 年晋升上海交通大学博士生导师，2017—2018 年完成美国哈佛大学医学院 CLIMB 课程培训。我始终坚持开拓技术、服务创新，用新技术、新疗法来提升专业服务能力，更好地为患者提供精准化的个体服务，同时也拥有了包括专利和软件著作权在内的 5 项自主知识产权。一路的学习不仅扎实了自己的理论基础和专业技能，拓展了国际视野，同时更深深体会到作为一名民建会员，只有全身心的投入到新时代中国特色社会主义建设中，才能不辜负组织对我的培养。

除了专业知识的积累、视野的开拓、技术的创新外，在临床工作中，我坚持立足本职、热爱本职，从本职出发，恪守职业道德，发扬医德医风，严格执行医院的各项规章制度。通过 20 余年经验积累，逐渐在儿童发育迟缓、喂养及营养相关性疾病，以及孤独症谱系障碍、注意缺陷多动障碍等发育障碍性疾病上形成了个人诊治特色，并善于从患儿及患儿家长的角度换位思考，用实际行动去诠释治愈、帮助与安慰并重，由此也获得了良好的口碑。我先后荣获上海市“五十佳”医务工作者，上海市“五四”优秀青年，上海卫生系统“三八红旗手”等称号，并带领团队建立了卫生系统“医教家结合”创新工作室，获巾帼文明岗、上海市儿童工作白玉兰奖等荣誉，个人也陆续担任了中国医师协会儿童健康专业委员会副主委、中华医学会儿童早期发展委员会委员、中华医学会儿童疾病与保健委员会委员、中华预防医学会儿保分会青年委员、上海儿科学分会儿保学组组长、上海营养学会理事等职务。通过这些学术方面的社会兼职，我能够更好地开展多方合作和交流。作为一名儿童保健的工作者，我能够最大限度发挥个人所长，为国家促进妇幼健康总体建设目标发挥作用。

我还积极开展理论研究，在科研上，先后主持国家级、省部级、局级课题数十项，参与国家“863”、“973”和重大科技攻关项目多项，发表 SCI 收录的高质量论著 18 篇，在中文核心期刊发表论文 26 篇，担任国家自然科学基金、国家博士后基

2018 年 3 月，陈津津获上海市科技进步三等奖

金、北京自然科学基金、上海自然科学基金等评审专家，科研成果先后获上海市科技进步奖三等奖，中国妇幼健康科技成果奖三等奖、“星光计划”科技创新三等奖，以及上海市科委“青年科技启明星”、上海市卫生系统高端人才海外进修计划、上海市教委高原高峰计划—研究型医师等多个科技奖项和人才计划支撑。

教学上，我先后获上海市教委“晨星计划”二等奖、上海交通大学医学院优秀导师、上海交通大学医学院“新百人计划”、上海交通大学医学院优秀青年教师等称号及培养计划，发表教学论著 1 篇。我培养的研究生多次获国家奖学金、全国专业年会论文大赛二等奖、国际专业大会论文发言、研究生创新课题等。在当下儿科人才短缺情况下，积极担任全科医生培养、内科医生转岗儿科培训课程设置与教学。

在医教研的本职工作之余，结合儿童保健以预防为主、面向健康儿童为主的专业特点，我热情投身科普宣传和公益事业，积极把握儿童保健的专业特色，将各类社会普遍关心的儿童保健知识、营养常识通过电视台、电台、报纸杂志等多种媒体进行科普宣传。我还开设了个人微博，虽然很累，但是经过慢慢耕耘，逐渐拥有了 17 万余粉丝。随着时间的推移和孩子的慢慢长大，虽然自己可能被慢慢淡忘，一点点退出了家长和孩子童年的记忆，但那份医患相互信任的真诚和感动，却始终伴随我、激励着我。

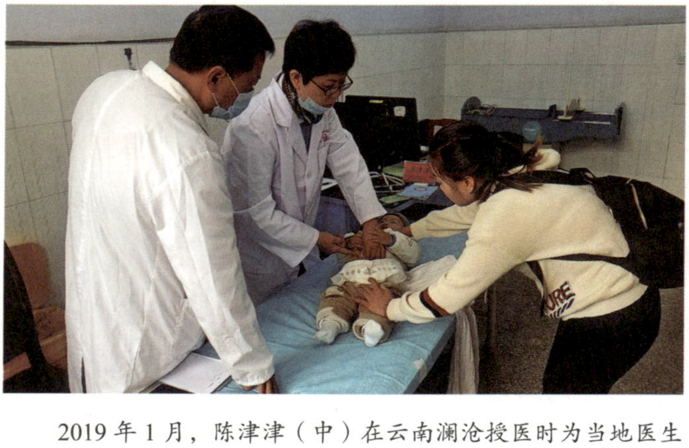

2019 年 1 月，陈津津（中）在云南澜沧援医时为当地医生做门诊诊疗示范

科普的尝试不仅加深了我和孩子及家长们的情感互动，也让我积累了更多的经验，并逐步担任了上海医学

会科普分会委员，收获了上海市“科普创新个人贡献奖”，出版科普专著4本，并有机会通过全媒体途径向更多更广的人群提供前沿的、科学的儿童保健常识，无论是新浪微访谈、12320热线，还是辣妈朋友圈、活到100岁等广播，再或者上海、湖南等电视台在线回答或访问，都获得了热烈的社会反响，拉近了医患距离，也取得了良好的社会效益。

被信任、被依赖，给了我极大的鼓舞。我要把这份热情带到基层社区，带到贫困边远地区。日喀则、遵义、大凉山、普洱、澜沧，都有我的足迹，我为当地提供医疗援助与医疗培训，参与社区医疗服务，由此我荣获民建市委颁发的上海市社会服务先进个人奖。我开动脑筋，每到一处，我竭尽全力寻找适合当地条件可应用的适宜技术向区县、社区、托幼机构的儿保医师、保育人员传授和推广，做到授人以渔。

医学本身是一门缺陷科学，医生都不是万能的。我们常常会因为成功挽救一名危重患儿而欣喜若狂，也会因为面对一条生命无力回天而惋惜忧伤。但我们一直在努力。

新中国成立70年，一代又一代的医学工作者为人民健康用心服务，为祖国医学勇于探索，前赴后继。我为新中国70华诞歌唱，也为医学工作者歌唱，为自己立下雄心斗志：不忘初心、不负光阴，在新时代中国特色社会主义建设中尽己所能、展己所长，甘于奉献、不畏艰险，不计得失。这是我作为一名中国民主建国会会员的责任，也是我的光荣！

人物简介

陈津津：上海市儿童医院儿童保健科行政主任、主任医师，民建上海市委医卫委副主任，民建上海交大医委员会会员。

开发祖国试剂的追梦人

郑其庚

第一篇：我的前 30 多年

幼年求学

我在 1920 年出生，幼年私塾先生教我中国蒙学读本《幼学琼林》。父亲常讲往事，我家原是务农人家，后来父亲受到国家从以农立国到以工立国的思潮影响，决定响应国家号召，去杭州学工，读纺织学校，毕业后他回台州办工厂，不久产品就获得了全国工商博览会一等奖。从小他就常教育我："你是郑家人，又是中国人。"

9 岁时我进小学五年级，我的求学之路连遇三次"事变"，小学时我遇到了"九一八"事变，在中学时又遇到了"七七"事变（卢沟桥事变），在大学时又遭到了"八一三"事变。在校时老师们都很喜欢我，在大同大学四年级时，我成了校长的"入室弟子"，当时正逢大同大学计划新办化工实验室，我和几位同学便被派去处理筹措事宜，我们多次向社会上几家大企业收集有关仪器价格等事。在访谈中，我从经理、专家处听到两类信息：一是爱国实业家吴蕴初、侯德榜艰苦创业的故事，二是我国广用的纯粹化学品一向进口，从无国产的现状。

办试剂厂

1942 年，我们 6 位大同大学的毕业生成为了开创祖国纯粹化学品事业的同志，成立了育发化学厂。我们为了筹措资金办厂，决定“穷开始”，虽已毕业，但又各自问家里讨了“学费”，借来实验室，又赊账买了原材料，以“纯三酸”为开路产品，生产出了第一批样品。随后又请母校帮助分析产品并试用，产品稳定合格以后，就以“育发”厂为名，向各化学实验室、各学校推销。我们动手生产、动脚送货（当时都是自己骑脚踏车送的），不久就有了利润，上了规模。

但没想到，由于纯粹化学品英文叫 Chemically Pure，简称为 CP，正巧和共产党的缩写相同，被日伪警备司令部“抄了厂”，变得一贫如洗。

1952 年，育发化学制造厂股份有限公司成立十周年纪念留影

但是我们不忘初心，又重整旗鼓，组建了育发化学制造厂股份有限公司，索性把规模做大。说起来这可真是一桩巧事。当时我们的有限公司得到了四方面的援助：一是资金上我们办化学厂的事得到了许多爱国实业家的投资帮助；二是技术上，来自我母校去德国留学的教授，无私地将当时最新技术投入支持我们生产；三是生产的厂房机器设备。当时我们哪里有这么多钱呢，可就偏巧，当时大中华橡胶厂有个分厂，正处于停产的情况，同意无偿给我们使用，只有一个条件，到以后抗

战胜利了再还回来就可以了；四是，杜邦公司的美国高级技术专家，因为太平洋战争，滞留在上海回不了家，眼看就要进入日本人的集中营去。当时有一个条件，如果你在中国人的工厂里工作，就可以不要进集中营去，于是这几个专家就到了我们厂里来，提供了有力的技术支持。这几个条件一来，我们就大获成功了，后来育发开设了三个厂，生意兴隆。年底我们在兰心大戏院开股东大会，向股东和亲友们汇报。他们觉得："你们这几个小伙子能够在这样子的土地上面办这样子的厂，为人民服务，不容易！"当时育发被称为沦陷地上的爱国企业。

抗战胜利后，进口货占据了市场，物价上涨，借来的厂房也如约归还了，育发的生意逐渐清淡了起来。于是我又有了一个设想：为祖国的教育事业创制现成试剂——为学校制造成套的"初高中化学试验器材"。我请了一位高中老师，花了几个月功夫编写试剂实验使用说明书，两本给老师在课堂上做"示教实验"使用，两本给学生实验使用，书和试剂配套，既使用便利，又价格便宜。然后，我又找了大学的校长、职教社的人员等教育专家进行评审，经教育部推荐，我去台湾地区试销，大受欢迎，结果台湾全部公立的初高中都采用了我的产品。这笔生意不仅打开育发经济的新局面，更显示了我国现成试剂的新前景。我曾在台湾召开的全国工程师大会上提交了论文《中国化学工业新苗》，新苗开始生长。

上海解放后

1949 年 5 月的一个清晨，我站在静安寺路育发公司二楼看下去，哇，马路对过人行道上睡了这么多穿着军装的解放军，这个解放军的风格真不得了！

这里又有一件喜事。有一次，我得到了一个"帖子"，竟然是来自陈毅市长招待酒会的邀请。当陈毅市长知道我是学化学的，他鼓励我说，"化学是变化之学，将大有可为。"酒会结束后，陈毅说，慢点走，邀我去楼下舞厅跳舞，我说，我不会跳舞。我说要来欣赏你这个法国留学生穿军装跳舞的舞姿。因为来参加舞会的都是上海有名的实业家，他们看到我一个 20 多岁的小伙子做了这样的贵宾，也很惊奇。后来我听说，我是以爱国青年的身份收到邀请的。

后来我参加了上海市化工考察团，花了两个月的时间看了 105 个厂矿企业。回来后，我在大同大学做了半天的"北方之行"考察报告，分享了我的所见所闻，讲述化工之广、祖国之大。1950 年，我去陕西北路参加工商业者学习组，多次聆听民建前辈胡厥文的讲话，从此开始重视政策、法规方面的学习。1956 年，我加入了民建。

我国试剂首次出国展览

上海解放后市场渐热，小厂纷起，多达 30 余家，不再是育发厂一家。同业公会特设立纯粹化学品组，我任同业公会副会长兼副组长。1952 年请专家评选全组产品，产品送往莱比锡国际博览会参展，为我国首次出国展览。

1955年，我参加了全行业申请公私合营大游行，到当时的中苏友好大厦递交申请，并获得批准，国家派来公方厂长领导生产。国家12年大规划是对育发厂的大鞭策，国家将试剂和仪器列为最重要的57项任务之一，国家空前的重视激励了育发厂研定了革新计划，把改革纯三酸列为最重要的任务。

我将纯三酸从旧的"热法"工艺改为新的"冷法"工艺，并研制成功。纯三酸的生产在旧的"热法"工艺中产生污染，将"花园厂房"的花木都变得枯萎，职工也受苦，我建议采用新的"冷法"工艺，并在1956年取得原料酸厂的合作，进到厂房进行安全、经济的根本性改革实验，很快就出了成果，并上报化工部。部长听了直接下厂调研，并会同上海市委书记和工业局长商讨，决定付诸生产。后来国营试剂厂长多次来访，要我介绍办试剂厂之道。我写了12条"经验教训"，再告知我和上海科学院王应睐、朱洗谈妥的"院厂合作开发新生化学试剂"的打算。那可能在当时就是"产学研"的雏形了。1958年，育发厂并入国营上海试剂厂，从此老育发厂告终，我的新生活开始。

第二篇：我的后60多年

工场生产

来到工场也是"回娘家"，我牢记黄炎培先生的教诲，既要动手完成产量任务，又要动脑力求技术革新。我在生产过程中提了不少革新，主要有以下几种。

乙二胺四乙酸——原来厂里用进口的山奈作为原料，但是山奈是有毒的，用起来危机四伏，厂领导为了解决这个问题，多处取经，最后使用了常备"工厂设备中毒急救药"来解决的方法。我觉得等人中毒了就已经危险了，所以潜心研究实验，采用了一氯乙酸为原料代替山奈，成功地解决了这个问题。

格氏试剂——老方法大锅生产，格氏试剂碰到水会爆炸，非常危险，所以我建议从大锅生产变为连续管道化生产，缩小反应量，哪怕炸了，也不会产生很大危险，厂长听了以后，觉得非常好，到社会上推广使用。但是后来工人们还是觉得大锅快，管道慢，喜欢大锅。后来我和交大合作研究，发现用煤油可以避开遇水炸的情况，又补充了煤油大锅法。

过氧化环己酮——这是大量急需的军工品，由于含水怕炸，只能以烧瓶、滤瓶小规模生产。后来我查材料研究以后发现，水分含量非常少的情况下，不会爆炸。于是我去做小实验，故意多加了水分，就炸了，水分小，就不会炸。掌握了规律，我的胆子就大了，开始大规模做。本来玻璃瓶做，我把它放大到大锅子，本来过滤时用滤瓶，我用离心机，做了几个月，做了很多批数，安全生产的同时还能大量交货。可是，同样生产过氧化产品的另一个化验室里，一个华侨大学生，做小实验时“轰”地一下炸了，整个房子坍塌，人也送医不治。这件事让厂长来找我了：“同样是生产过氧化产品，差不多的反应，人家小实验都炸了屋顶，你这边还在用大锅做，是不是不要命啦？”于是，他命令我停了下来。但是后来，解放军来了，一看我的工作成果，觉得做得非常好，连连可惜我怎么没有继续下去。

三氯化铬——因为生产中有副产品氯气，氯气是有味道的，附近办公室人员受不了，只能改为半夜上班，等人不在了再生产。后来我一研究，发现试剂之间只要调整先后添加顺序，氯气就不产生了，不影响办公室的同志了，于是可开启日夜班了。

三氯化二铬——老法要在大缸里以蒸馏水洗涤七八次才能合格，我看到操作女工吃力流泪，建议先加些草酸洗一次，再用蒸馏水洗两次，便可过关。

硝酸银——重要大产品，但遭到不合格大退货事件。书记在大会上大呼革新，听说要扩大投资、调设备，我自荐做三天三夜的研试，结果只在原流程上稍作改动，便可过关。后取得高产量、低成本的丰收。

1978 年市民建董幼娴来厂，先向厂领导师傅们了解，随后和我交谈，问我在工厂劳动数十年如一日，不为名不为利，为什么？我答：因为爱国家的试剂事业。临别时她以民建的名言勉励我：“为国努力、为会增光。”

建言试剂

1979 年我第一次有幸出席全国民建工商联代表大会，见到邓小平，听到他讲：“要勇敢地负责地发表意见，提出建议、批评，做党的诤友。”当我从工厂调到办公室后就用心建言、做诤友。先任经营科副科长，提议去保定，做成硝酸银大生意。提议和试剂站以新办法做成交易会上纯醋酸的大交易。后调任试剂总厂副总工程师，随书记们在福州大楼办公，我向厂每周提议，向试剂行业常交论文，例如《振兴试剂的技术经济观》（1982，试剂学会）、《论试

1995 年，郑其庚（右一）在上海化学试剂总厂留影

剂行业的技术进步》(1983，试剂学会)、《对我国化学试剂的再认识》(1999，《精细与专用化学品》)、《试剂行业面临入世的对策》(2000，《上海化工》)、《他山之石试分析——探索试剂发展新思路》(2007，《化学试剂》)。

服务社会

郑其庚参加上海工业系统1999—2000年度“同舟共济”主题活动表彰会留影

1987年我退休了，为开发“现代试剂”“小试剂”而设厂中止，走向社会，为各行各业服务。曾任职上班的企业、化工局综合咨询公司副经理，工学技术发展基金会部门经理、两会经济咨询中心顾问和上试厂顾问。后来经常在华谊集团公司工作，参加大小会，下厂活动，既服务又学习。2000年，华谊为我办了80岁祝寿会，我又喜获市工业工作委员会、上海经济委员会举办上海工业系统1999—2000年度“同舟共济”主题活动表彰会的“同舟共济奉献奖”，32名获奖者中只有我一个人是退休的，我以“老当益壮”自励。

退休日子里我还做有兴趣、有新意的服务。

内酯豆腐的开发——将两千多年的豆腐制法从盐卤石膏改为微温加内酯，先在黄浦区试制，继而全市采用、各省采用。

首次二手设备展览会的举办——由上海工业技术发展基金会办理，副市长揭幕。二手设备常以为只是旧货，其实二手意思是转手，有旧的有新的，合用采用，便省时省钱省力，开展览会不在于成交多少，而在于提高兴趣和认识，颇有价值。

技术经济评估的新用途——人行对企业大贷款原是直接自行决定，后改为第三方先客观作出评估的新办法。社科院方面约我对上海石化总厂、上海氯碱厂、上海化工厂、上海炼油厂评估，经几个月苦工夫，下厂调研，向专家请教，写成交卷，认为合格合用。

为两个母校服务——我有两个母校，我毕业于大同大学，大同大学就是母校，1952年院系调整，大同化工系并成华东理工大学，华东理工大学就成了我第二个母校。我曾任大同大学校董，有幸与赵祖康、沈尹默等共事。在华东理工大学，我任兼职教授顾问，上课、评论文、审职称。任化工化学校友会会长，办理校友捐设的“立达奖学、奖教金”等。每逢大小会，校友依依不舍。

造桥铺路建议的实现——我任普陀区人民代表时，和火柴厂厂长、人民代表共同建议，建造苏州河大渡河路桥，取消摆渡船。建造花园旁的水泥马路，改造烂泥路，政府采纳后，很快建成。我还和普陀区法院院长、人大代表多次去受有害气体污染的居民区和有关化工厂调研，提出方案，使情况有所改善。人民代表就是要为人民服务。

纯氢氧化钠国产化的新路——这个试剂大品种从来都是进口的，晚年我很想做国产化的试验。经上海酸碱厂同意，我进工厂研究半年之久，功夫不负有心人，我终于找到了质量的关键点和生产的新对策，上海酸碱厂和试剂站用之大喜，共商产销合作。

2018 年，郑其庚（左）参加民建纪念中共中央发布“五一口号”70 周年大会与周汉民主委合影留念

赶写“试剂梦”——通过民建大小会议、民讯的学习和国内国外同行的信息，我深感到祖国新时代的到来，要有新的试剂事业。想来想去，我将新试剂要有新变化写成“试剂梦”，如有读者乐于择用，不亦乐乎！

但愿自己老年不朽而不休，我这个郑家人要为祖国试剂事业继续努力。

人物简介

郑其庚：原上海市工商联化工局基层工作组副主委，民建上海市普陀区委会员。

七十年风雨同舟路　三代人同心共筑梦

罗易娟

《我和我的祖国》这首歌是2019年的“网红”，动人的歌词、优美的旋律、真挚的情感，让人百听不厌，我的心潮也随之澎湃。70年前天安门城楼上一声“中华人民共和国中央人民政府今天成立了”的庄严宣告，我们伟大的共和国从此诞生了！70年，岁月如梭，光阴荏苒。祖国，经历了雄赳赳气昂昂跨过鸭绿江的热血激昂，经历了“文革”的十年磨难，经历了摸着石头过河的探索前行，经历了成功加入WTO的意气风发，也经历了改革开放再出发的睿智坚强。

我是一名“80后”公务员，出生在红旗下，成长在春风里。祖国在我眼中，不仅是我生存的这片世代相传的土地，更是我崇拜、珍惜和捍卫的大好河山和灿烂文化。祖国把她的印迹深深镌刻在我的生命里，也镌刻在我的父亲、我的外公、以及我身边每一个人的生命里。在这70周年华诞之际，我不禁回忆起祖国与我家三代人血脉相连呼吸与共的故事来。

新中国的诞生，赋予了外公崭新人生

1949年12月10日，解放军从西河挺进四川南充的消息传来，南充城内人头攒动，工人、职员、学生及各界人士纷纷走向街头，高举五星红旗迎接解放，我的外公就是这游行队伍中的一员。

因父亲早逝，外公还没读完高小便扛起了供养继母和照顾妹妹的重任。解放前，四川境内军阀混战、政治腐败、物价飞涨，百姓生活非常艰苦。为了养家糊口，外公从学徒做起，白天在布匹店里看店，晚上还要给师父师哥们打水烧饭照顾孩子。凭着年轻、身体好、做事勤快，他学会了打算盘和谈生意，很快就能独当一面。然而他再怎么能干也只是个学徒工，除了简单的包吃包住以外，一点工钱和保障都没有，家里生活仍然朝不保夕。

新中国的到来如同一道曙光，照亮了外公的人生，从此工人从被剥削阶级翻身做了主人，拥有了读书、进修、提干等过去想都不敢想的权利。在新政府的号召下，外公以城市平民中的工商从业者身份加入了店员工会，在工会里他接触到了马列主义和毛泽东思想，树立起了为共产主义奋斗的信仰，很快就光荣地加入了中国共产党。

1950年1月，中央人民政府决定撤销四川省，划分为川南、川北、川东、川西四个行署，直属于西南局，川北行署的驻地就在南充，外公怀着满腔的热血和激情，投身到川北行署的筹建当中。那时川北交通落后，很多物资和产品积存在个人家中，无法在社会主义建设中发挥应有的作用。外公依靠从商的经验和勤奋的韧劲，到下辖的县区收购土布、蚕茧、木材等物资。他走过铁路，走过马路，走过水路，走过小路，甚至深入人烟稀少的山区，有时一去就是数月。他跟我回忆起那时的生活，一个粗粮大饼带在身边就是一天的口粮，奔波劳累后经常要下半夜才找到地方休息，纵然是清贫辛苦，但是想到这是为了祖国和人民在筹集重建物资，那种发自内心的价值感和自豪感，支持着他咬紧牙关克服困难，常常超额完成任务。

川北行署成功组建后，外公凭着优异的工作成绩被招入了商业局，担任办公室主任。接下来，根据社会主义改造、公私合营等一系列国家改革措施的要求，川北地区成立了国营的百货站，新任站长需要一名精通商业的人，就向商业局申请把外公调过去。在组织征求本人意见的时候，外公回答道："我是共产党员，只要国家有需要，只要人民有需要，只要组织有需要，我愿意去任何地方。"于是，外公从铁饭碗的机关调任到国企，然后在业务岗位上一干就是30余年。在这30余年里，百货站经历了计划经济时代的香饽饽，股份制改革阶段的摸石头过河，市场经济环境下的激烈竞争，以及新零售冲击下的渐渐没落。无论是哪个阶段，外公都坚守原则、不忘初心、宠辱不惊。他常对我说："人生的路很漫长，我们好比是骑自行车的人，眼睛不能只盯着前面开汽车的、乘火车的、坐飞机的人，也要想着身后还有走路的、拉车的、甚至拄着拐棍的人。百货业虽然目前不景气，但祖国要发展要进步，必须有一部分人先富起来，一部分人承受改革的阵痛，我们的日子已经比解放前好太多了，一定要知足，要感恩！"

是祖国给了外公改变命运脱胎换骨的机会，他也在新中国的成立、发展和变革中，树立起共产主义信仰和让我敬佩的人生格局，他以坚守信仰和无私奉献的精神，实现了与祖国同呼吸共命运的人生价值。

国际形势的召唤，承载了父亲的报国之心

我的父亲是个农村小子。他出生在20世纪50年代初，"碰巧"遇上三年自然灾害和十年"文革"，等到高中在半休学的状态下混过去，已经长成了20多岁的大小伙子，无法进入大学学习。然而父亲已经在学校里见识过现代科学，再回到田间面朝黄土背朝天地重复走父辈们的老路，他实在是不甘心。况且他生在新中国，长在红旗下，从小接受共产主义教育，崇拜董存瑞、黄继光等英雄人物，父亲觉得自己身上有股劲，渴望建功立业，让生命能像英雄人物一样发光发热！

20世纪70年代中后期，中苏关系紧张，苏联在中苏边境屯兵百万，虎视眈眈，中苏边界接连爆发了珍宝岛事件和新疆铁列克提事件。父亲明白了，原来一直等待的建功立业的机会，就是去保家卫国圆儿时的英雄梦！然而，子曰："父母在，不远游"，爷爷奶奶都年过半百，正需要儿女在身边尽孝，战场上刀枪无眼，父亲自顾不暇，如何能照顾家人？父亲的内心也犹豫过挣扎过，他瞒着家人进城报名参军，并顺利通过了体检，等到他把入伍通知书拿给爷爷奶奶的时候，奶奶默默地不说话，父亲看得出她是不舍得儿子离开。父亲知道自己做了一个"自私"的决定，但他告诉我，他不后悔，如果每个人都想着自己的小家，那祖国这个大家怎么办？天下兴亡，匹夫有责！没有军人守疆护土，就没有祖国和平发展，也没有人民的安宁生活！

父亲和战友们一起乘坐运送新兵的解放牌货车到重庆兵站后，转乘货运闷罐火车经过七天七夜的颠簸，来到滴水成冰的乌鲁木齐附近的军营，在军营中完成严格的新兵训练，成为了驻守在天山脚下的一名解放军战士。父亲的部队在新疆伊犁，主要任务是防御苏军的突袭和新疆民族分裂分子"还乡团"的侵袭。父亲和战友们紧握钢枪，夏天顶着大风和沙暴，冬天冒着零下三十几度的酷寒，坚持严格训练，

驻边守防。1978 年对越自卫反击战打响后，父亲所在部队进入了一级战备，他们怀揣着给亲人的遗书，在恶劣的环境中坚守阵地，誓死保卫祖国的西北边疆。条件虽然艰苦，但父亲从不诉苦叫累，他还挤出时间阅读了《毛泽东选集》《马克思恩格斯选集》等书籍。因为表现出色，他由新兵光荣地加入了中国共产党，并担任了班长、排长、连指导员等职务。

1984 年的裁军中，父亲忍痛脱下了军装，转业到地方成为一名统战干部。他忘不了部队对他的教育和培养，继续发扬解放军既是战斗队又是工作队的优良传统，在巩固和发展爱国统一战线的岗位上，兢兢业业，一干就是 28 年。父亲现在已经光荣退休了，而那段穿军装的岁月，他至今还深深怀念。

1985 年，父亲与赴疆探亲的妻女合影

是祖国给了父亲实现自我的勇气和改变命运的机会，他在祖国危难之时，用实际行动证明了自己，从农民子弟到共产党员，从保家卫国的军人到维护稳定团结的公务员，他没有辜负战友的鼓励、军队的锻炼和祖国的培养，践行了自己建功报国的理想！

新时代的光芒，照亮了我的逐梦人生

我出生在 20 世纪 80 年代，随着改革开放，人们的生活越来越好，“三转一响”已不稀奇，电视、冰箱、空调等“奢侈品”也走入了寻常百姓家。因为独生子女政策，那时媒体上称我们这代人为“小霸王”。在我看来，我们独生子女并不专横霸道，只不过是享受了全家人的关爱，衣食更无忧，选择更精彩，“小霸王”一代其实是祖国给予更多关心的“幸运”一代。

犹记得 1992 年北京亚运会，看到亚运健儿们狂揽奖牌，把五星红旗牢牢锁定在奖牌榜首位，只是小学生的我，心里也燃起自豪和感动。是祖国把我们一个个独立的个体联系在一起，能站在领奖台上听国歌响起，是每一个炎黄子孙最大的幸福和梦想。我也许下了个小心愿，长大了也要凭借自己的能力为祖国增光添彩！

赶上了祖国教育发展的好时机，我顺利读完了义务教育和高中。迈入21世纪，大学开始扩招扩建，高考已不再是千军万马过独木桥了，只要有梦想、肯拼搏，每个人都有公平公正公开的机会进入自己心仪的高等学府。怀着对上海这个国际大都市的向往，对市场这个"看不见的手"的好奇，我通过高考走进了上海财经大学的校门。在校园里，我更感受到祖国对莘莘学子的眷顾，从住宿到餐饮，从学科设计到勤工俭学，都给我们极大的支持和帮助。虽然离家千里，我却感受到上海的包容和温度，也感受到祖国赋予的安全感和获得感。毕业之后，除去读研和出国深造，我们班80%的外地学生都选择了留在上海。我也一样，我参加了上海市公务员考试，成为了嘉定区税务局的一名税务干部。

在2005年上海市税务干部初任培训的结业典礼上，我们以"在税海中扬帆起航"为演讲主题，向前来观礼的领导和同事们表达了一份来自税收新兵的诚挚心声。从此，"为国聚财，为民收税"这八个大字，成为了我税务工作的座右铭。在税务局，我从征收大厅的窗口做起，纳税申报、发票认证、涉税受理……工作平凡而又琐碎，但是我明白这联系着千千万万纳税人，代表着税务机关甚至祖国公务人员的形象，唯有严格执法热心服务才能不辜负祖国赋予我的职责。2年后，我被调入区局机关，经历了综合征管系统上线、全国税收调查、重点税源、税收计划、税源分析等多岗位的历练，也让我对自己的税收工作与祖国的关系有了更加深刻的理解。税收不仅是祖国财政收入来源，而且在反映经济发展质量、调节经济发展速度、维护社会公平公正、参与社会综合治理等方面发挥着非常重要的作用。在"跳出税收看经济"、"提升税收分析站位"等新时代税收工作思路的指引下，我不断创新和改进重点企业、重点行业的税收监控、预警和分析方法，为服务祖国经济发展贡献自己的一份力量。

2015年，罗易娟在征收大厅从事窗口服务工作

2012年，我光荣地加入了中国民主建国会，民主党派参政议政的职能开启了我为祖国贡献力量的新途径。我尝试把自己对税收的思考转化为建言献策的能量，几年来，撰写了《加强中小型网店管理要先从加强税收管理做起》《建议出台个人所得税优惠政策来支持全面二孩》《关于设立影视娱乐从业人员纳税排行榜的建议》等10余篇参政议政稿件，在统战部和民建组织的指导下，有的被报送到全国政协、

中央统战部，有的被民建中央单篇录用。我欣喜地发现，我的调研、思考和设想被陆续采纳并落地实施，成为造福群众的切实举措。虽然不能像亚运健儿那样在台前领奖，但是能为祖国更美好的未来在台后奉献，这也是对我儿时梦想的宝贵回应！

2018 年 9 月，因为工作需要我从税务局转岗到了民建嘉定区委，成为了民建专职干部。14 年的税收经验清零重来，我又要站在民主党派专职干部的岗位上重新起航。新岗位、新时代、新标准，我知道我需要学习的东西还有太多太多，需要历练的道路还很长很长。我一方面要加强统战理论知识的学习，不断提高政治素养和工作方法；另一方面要运用好已掌握的知识和经验，在多党合作的平台上为祖国美好的未来发声出力，不辜负组织对我的信任。

是祖国给予了我富饶的资源、开阔的眼界和多元的选择，让我自由自信地追逐梦想，从四川小城到上海大都市，从大学生到公务员，从税务局到民建机关，每一步成长都让我更接近自己儿时的梦想。我相信，在这片广袤无垠又充满生机的祖国大地上，只要怀着一颗追梦之心，愿意努力奋斗，就一定能与祖国共同成长！

三代人，三段岁月，不同的情景和故事，相同的是与祖国血脉相连、呼吸与共的情怀。我们只是一朵小小的浪花，加入祖国奔腾 70 载的滚滚巨流，跟随着历史前行。然而，这也是我们平凡的一生中最值得骄傲和回忆的事情，因为我们所做的一切，都与祖国紧密地联系在一起。是祖国给予我们一切，我们也用自己的爱和努力去回馈祖国！愿大家携起手来，共同为美好生活奋斗，也祝福祖国的未来更加辉煌！

人物简介

罗易娟：民建上海市嘉定区委副秘书长，民建上海市嘉定区委会员。

打造民航新效率

金亚东

那年，1949。10月1日，开国大典。毛泽东主席在天安门城楼上庄严宣告：“中华人民共和国中央人民政府今天成立了！”从此中国人民翻身成了国家的主人，在满目疮痍、一穷二白的基础上，开启了建设社会主义新中国的华丽篇章。

那年，1978。以改革开放为起点，中国共产党人打开了一心一意搞建设的新征程。中国的发展按下了“快进键”，创造出了举世瞩目的“巨龙速度”。

那年，1981。随着一声啼哭，一个婴儿呱呱坠地。我诞生在军人家庭。祖父是红军老战士，我从小在部队大院长大，受祖父的影响，骨子里渗透了军人勇于拼搏的品质、不惧困难的作风和永争第一的信念。

那年，2013。通过认真学习，深刻领会党和国家的方针、政策与法律、法规，并且学习和掌握了大量的公司管理的先进理念和方法，在市场竞争十分激烈的大上海，我选准了航空领域信息服务应用解决方案这个新行业，决心以产业报国、兴市富民为己任。我创立了如东信息技术服务（上海）有限公司（以下简称“如东科技”）。

成立之初，如东科技就确立了“提供有竞争力的航空服务解决方案，真诚服务持续为客户创造价值”的企业使命，坚持“以客户为中心，以奋斗者为本，长期坚持艰苦奋斗、敢于自我批判”的价值观。在大众创业，万众创新大背景下，由于国家对创新创业企业在政策、税收人才、资金等方面的倾斜，再加上团队整体创业能力和经营管理能力强，熟悉国际贸易规则，系统掌握现代企业管理知识，善于根据市场变化作出科学决策等因素，尤其是注重优秀人才的发现、培训和使用等，公司得到了快速发展。

2014 年，随着市场的扩大和深入，在壮大网络研究队伍的同时，对其他人员进行基本知识和技术培训，确立了严格的资格认证制度。2015 年，以国际先进技术、丰富的实施经验、良好的服务质量树立起如东科技的信誉和品牌。2016 年，公司建立了完善的人员培训体系，在以现有技术、开发培训为主的基础上，对目前最主流技术的介绍、学习并对相关技术在新产品中的应用进行培训。2017 年，公司又建立了模式标准化体系，从施工、建设、运维、应用到研发，拟定、撰写案例完整文档，整体把控航空信息服务管理标准化、科学化地完善、执行。

经过短短几年打拼，一个小公司成为目前国内首家打通机场站坪区最后 50 米传输的航空级无线专网服务提供商，并帮助东航推出国内第一家机坪移动作业管理应用专网。

2018 年，金亚东参加上海民建浦江论坛

我和我的团队，运用技术为航班准点奠定了基础。东航等航空公司地面服务实现了全流程管控运行模式，航班管控员可以直接和作业班组保持信息交互，并对航班 27 项关键保障任务及 41 个关键节点进行监管，大大增强了航空公司的管控效率，提高了航班准点率和一线作业效率。2018 年 11 月全球大型机场出港准点率 TOP10 榜单中，上海虹桥机场首次跻身其中，以 86.65% 的出港准点率位列全球第 8 位。

如东科技建设“无线专网 + 智慧机场”应用模式，为行业制定了标准化示范。上海虹桥机场实现安全运营 1000 余天，目前无线虹桥项目已经申请成为“上海市标准化示范项目”。随着经济的高速发展，人民生活水平日益提高，航空旅客人数迅速增长。东航地面服务部原本计划2015—2016年，两场要增加约2000名工作人员。成功实施“无线专网＋智慧机场”应用模式为东航解决了增加工作人员的问题。仅此一项，东航节约了2亿元人民币。

与此同时，如东科技特别注重形成自身的核心竞争力，我和我的团队获得了24项软件著作权和6项专利，于2017年11月23日获得“高新技术企业证书”。

在做好国内市场的同时，我还积极响应国家“一带一路”倡议，成为一家走出国门的航空服务企业。2016年3月3日在保加利亚国庆仪式上，我们与索菲亚机场签约，并得到了40多个国家的关注，被国务院发展研究中心信息网、国家商务部对外投资和经济合作司、央视网、新华网、中国网、凤凰网、纪实频道等各大主流媒体宣传和报道。我们将在航空信息服务领域积累的经验，通过“一带一路”，布局海外保加利亚、罗马尼亚、希腊、捷克等国家，并尽快形成国际标准，带领更多的航空信息服务领域的企业走出去，做大做强，提升中国品牌的世界影响力。

今年，2019。

2019年是中华人民共和国70华诞，也是中国共产党和各民主党派“长期共存，互相监督，肝胆相照，荣辱与共”的第70年。70年，中国从百废待兴、强敌环伺到国富民强，和平稳定。没有共产党，就没有今日中国的繁荣富强；没有共产党，就没有中华民族的伟大复兴；没有共产党，就没有富强民主文明和谐的中国特色社会主义国家。

雄关漫道真如铁，而今迈步从头越。我和我的团队正在以全新的“虹桥模式”为样板开展运营与服务工作，打造机场的“无线高速公路”。充分发挥“互联网＋智慧未来机场”的快速迭代效应，通过这一模式的顺利推进，建立规范和标准，并将此标准推广到国内外其他机场。推动整个民航业的结构转型，推动民航业从运营管理到大服务的变革，努力实现“打造民航新效率、丰富民航的沟通和生活”的愿景。

人物简介

金亚东：如东信息技术服务（上海）有限公司董事长，民建上海市长宁区委会员。

我亲历了祖国的巨大变化

周乃传

2019年是中华人民共和国成立70周年，人民政协成立70周年，也是中国共产党领导的多党合作和政治协商制度确立70周年，是决胜全面建成小康社会第一个百年目标的关键之年。在迎接这大喜的日子里，回顾自己从一个不懂事的小孩到成为一名光荣的民建会员和中学语文高级教师的历程，真是感慨万千，我有多少知心的话要向祖国母亲诉说。

我是1944年出生的，新中国成立后才开始上学读书，是和共和国一起成长的。从小学起就戴上红领巾，在唱着“没有共产党就没有新中国”的歌声中长大。初中毕业后，又考上高中，在国家“出身不由己，道路可选择”的政策感召、指引下，我在学校里努力学习，积极参加各项政治活动，积极为班集体、学校做好事，终于在1961年考入华东师大中文系，国家根据当时的政策以及个人表现，免去我的学费和伙食费，录取我成了师范大学生。我从内心深处感恩共和国，感恩共产党，感恩毛主席。在大学里，我刻苦学习文化知识，努力改造世界观，先后担任小组长、生活委员等班级工作，热心为同学们服务，市教育卫生工作部政教处领导曾在我小组“蹲点”，在他的积极引导下，我小组与师大修建科的工人师傅一起学毛选，学习雷锋精神，在校内外做好事，积极争创上海市模范红旗小组，我被系党总支评为学习雷锋同志的积极分子。这一时期，祖国各条战线呈现出一派生机勃勃的大好形势。

大学毕业时，正遇上“文革”，祖国母亲受到严重伤害，党组织陷入瘫痪状态，我的家中也受到冲击，父亲的行医工作被迫停止，每月只发生活费，接受群众监督劳动改造。在这祖国历史大变动时期，在接受这严峻的考验中，由于受到党和祖国母亲的培养教育，我坚定地站稳了无产阶级立场，坚决相信群众、相信党，从而我更加热爱祖国母亲。在学校组织下，我积极参加学工、学商、学农活动。我曾到华师大一附中、市六女中复课闹革命，劝说红卫兵要正确执行党的干部政策，要文斗，不要武斗；我曾到市食品一店糖果饼干柜台当营业员；曾到上港五区海港码头当搬运工人，与码头工人突击卸掉积压在码头的货物；曾到上棉七厂当锅炉工，始终和基层的工农群众打成一片，受到他们好评和赞扬。在危难的日子里，我始终与祖国母亲同心同德，心心相连。祖国母亲也没有厌弃我这个“文革”浪潮激流中的“游子”。

1968 年，我积极响应祖国母亲召唤，被分配到四川省南充地区农村中学任教，三年后，又调到皖南革命老区县城中学任教。我带领初中学生下河捞运黄沙．上山搬运石块，修建新校舍，我带学生下农村种山芋秧，点穴黄豆，采茶叶，带学生进工厂学工，既教书、又育人，我带的班级被评为县教育先进集体称号，为革命老区的教育事业做出了贡献。十多年中，就这样在平凡最基层的工作中，脚踏实地一步一个脚印为党、人民和祖国默默奉献。

中共十一届三中全会后，拨乱反正，祖国母亲逐步治愈了身上的创伤，沐浴着改革开放的和煦春风，教育战线都洋溢着勃勃生机。当时的青浦县人民政府也实事求是地澄清并纠正了我的家庭出身问题。当校长拿着青浦县政府的公函，向我宣读时，我激动地从床上跳了起来。我背了几十年的家庭包袱总算放下来了，感谢英明的党，感谢亲爱的祖国母亲，给我带来新的希望和期盼。

与此同时，国家恢复了高考，颁布了人才引进政策，经过组织上批准，我被青浦人事局以县里 001 号人才引进青浦，我回到母校任教，真是令人太高兴了。祖国母亲没有忘记我们，我在青春岁月，经历了种种艰难困苦的磨炼后，在国家需要的关键时刻不辱使命、敢于担当，成了教育战线生力军。

在青浦高级中学，我努力学习，在工作实践中，不断加强师德修养，在教学中努力钻研，发奋工作，取得了多项教育科研成果奖。我曾11次教高三毕业班（包括高复班），所教学生在会考、高考中成绩一直在区里名列前茅，20多名学生获得区、市级阅读、作文竞赛一、二、三等奖，我撰写的教学论文被评为区教学科研成果二等奖，自己被评为全国“桃李杯”作文竞赛优秀指导老师一等奖。

1993年，经过多年的辛勤劳作，我终于被评为中学语文高级教师。从此，我在教学上更加斗志倍增，青春焕发，为祖国母亲培养合格的社会主义建设人才而拼搏。

写到这里，我要特别提到的是我在1999年2月，在党组织的支持下，光荣地加入了中国民主建国会。对革命老一辈建立的新中国有了新的认识，为我的人生又开启了一扇追求理想事业的大门，我的人生更加丰富多彩。入会后通过市民建组织的读书班的学习，聆听了市民建领导的报告会，我觉得自己进入了一所终身学习的自我教育的大学校，它使我认识到民建的性质、地位和历史使命。

参政议政是参政党的重要职责，搞好民主党派自身建设必须搞好参政议政。多年来，我反映的多条社情民意被采纳落实。事情虽小，但在民建的呼吁和政府部门的支持下，做到了件件有落实。我也多次被民建青浦区委评为反映社情民意的先进个人。

我觉得参政议政不仅落实在社情民意上，每个会员最重要的是在政治原则、政治方向、重大的方针政策上与党中央保持高度一致，与祖国母亲心心相印。我记得1999年7月（我刚入会4个月）支部组织会员赴浙江慈溪市民建学习考察交流，经过上午3小时路程，下午工作交流，大家已有些劳累，晚上支部组织大家学习讨论贯彻中共中央《关于共产党员不准修炼“法轮大法”的通知》。一方面要坚决揭开李洪志“真、善、忍”的假面具，另一方面坚决拥护党和政府依法取缔“法轮功”组织的决定，同时要规劝亲朋好友不参加该组织，为维护社会安定团结出力。青浦区民建老领导孙季奇、叶肇恺的精辟发言对我教育很大，印象极深。一直到2013年，我乘坐邮轮到台湾旅游，在高雄市景点游览时，有人张贴“法轮功”的宣传品叫我去看，有人拿着小册子、光碟等偷偷摸摸要塞给我，我毫不迟疑地当场厉声痛斥。有一位老太想去看看，我就极力劝阻她不要去，因为这些人手中的材料都是反党反政府的。我想，在“法轮功”问题上，我能有坚定的政治立场和态度是与慈溪会议的学习分不开的。我由此想到，对危害中国共产党的领导，危害我国社会主义政权，危害国家制度和法治，损害最广大人民根本利益的问题，必须旗帜鲜明地坚决反对。可见，在21世纪与中国共产党长期亲密合作、坚定不移自觉接受中国共产党的领导、全面加强党派成员自身建设是多么重要，只有政治思想上与党中央保持高度一致，才能在多党合作的道路上奋勇前进！

2008 年我国在北京举办了精彩圆满的奥运会以后，又于 2010 年在上海举办全球举世瞩目的世博盛会，百年梦想，一朝实现。我有幸遇到了可遇而不可求的好机遇。经民建青浦区委的推荐，我受聘于青浦区迎世博窗口服务指挥部办公室，担任特约联络员。在这个服务世博、奉献世博的平台上，我有了施展才华、报效祖国、奉献自己聪明才智的机会。在 20 个月的迎博办博的过程中，我始终保持着一种奉献精神，报效祖国，只争朝夕。在中共青浦区委、区政府的坚强领导下，青浦区迎世博窗口服务指挥部在市服务文明指数测评中连续七次名列郊区县的前三名，取得了优良成绩。我自己也被中共青浦区委、青浦区人民政府授予“青浦区世博工作优秀个人”，接着又荣获上海市迎世博三运行指挥部窗口服务组优秀组织奖，这是各级领导对我服务奉献世博的鼓励和鞭策，这也是我作为民主党派成员在中国共产党领导下参与重大的国家级活动的一次生动实践，中国共产党、祖国母亲统一协调了全国的人力物力、调动了全市的力量，举办了一届成功、精彩、难忘的世博盛会，充分证明改革开放给上海带来的巨大变化，充分证明中国特色社会主义制度的优越性，我真切地感受到中国共产党的伟大、光荣、正确。

加入民建后，青浦区民建又给我增添了一个温馨的“大家庭”，在这个亲密无间的大家庭中，大家政治上互相关心，生活上互相关怀，充满了真诚和热忱，充满了正气和温暖。2000 年，我父母亲相继患病去世，因为我是民主党派成员，父亲、母亲的追悼会，学校党支部书记、工会主席在百忙之中都来参加，把组织的温暖、党的关爱送到一个普通教师的心坎上。抚今追昔，令我感动不已，热泪盈眶……怎不让我从心底迸发出祖国好、共产党好的呼喊呢？

2014 年 3 月某一天，我突发心绞痛，胸口闷得慌，紧急送医院，医生确诊为冠心病，决定做冠状动脉造影，查看冠状动脉堵住的严重程度。从小到大都没有住过医院的我，心中很害怕，当我入住病房后，民建青浦区委、支部领导、专职干部前来病房探望，嘘寒问暖，鼓励我树立信心战胜病魔。区委秘书长李峰又专门打电话给我安慰我不要紧张，冠脉介入是个微创手术，而且已经做得很成功、很熟练了，鼓励我好好配合医生，做好手术。年纪轻轻，心细如发，给我以家人般的关爱。叶主委、尤主委也打来电话表示慰问关切。支架微创手术非常成功。学校党组织、工会领导也到我家中探望，并帮助报销部分医药费。五年来，我身体恢复得较好。人生不尽是坦途，生命也不尽是阳光，当我经受磨难的时候，祖国母亲就是在风雨中一盏守候生命的灯，给我以信心、温暖和力量。

2019 年，我已经 75 岁了。退休 15 年来，国家连续每年给退休教师增加退休金，真正做到了吃穿住行不用愁，尤其我想写一下我家庭住房的变化。当我刚调回母校任教时，住在 20 多平方米潮湿阴暗的学校矮平房里，过了三年，学校分配给我 50 平方米二室一厅公寓房，我们一住就是 20 年。退休前两年，我和爱人通过辛勤工作，购买了 130 平方米三室二厅的商品房，改善了住房条件。2018 年，住上海市区的儿子购买了新房，把原来的住房给爸爸妈妈住，当我们住上了 100 多平方米装有地暖的高档花园式住宅后，真是做梦也没有想到啊！

从我的家庭衣食住行发生的梦境般的变化，这也是我们国家建设飞跃发展和人民生活充分改善的一个缩影。2019 年恰逢伟大的中华人民共和国成立 70 周年，我亲历见证了伟大祖国发生的翻天覆地的巨大变化，更庆幸在波澜壮阔的这片改革开放的热土上，有我洒下的辛勤汗水。祖国母亲正经历从站起来、富起来到强起来的巨变过程，我和我的祖国一刻也不能分离，只有祖国富裕、繁荣、强大，人民才能有幸福安宁的生活。祝愿祖国母亲永远宁静欢乐，祝福亲爱的祖国繁荣昌盛强大，祝愿世界和平！

人物简介

周乃传：上海市青浦高级中学退休高级教师，民建上海市青浦区委会员。

从村干部到人大代表，不忘初心，牢记使命

项美君

2019 年是新中国成立 70 周年，也是我的本命年。很巧，也是在民建成立 70 周年之际，我加入了民建，一晃已 4 年。我感恩能加入民建这个大家庭，民建伴随我成长，促使我优秀，让我一路坚定履职。

村干部之职，坚定初心

2008 年，大学毕业第二年，在得知农村需要大量大学生村干部之时，我毅然辞去了彼时待遇丰厚的工作，一路过关斩将，以笔试第二、面试第一的成绩加入了村干部的队伍。当时我的面试主考官问我这样一个问题，你为什么想来做村干部？我回答，因为我的祖辈父辈都是农民，在我的童年记忆里，农村那广阔的田野、清澈的小河、幽静的竹林、邻里间的信任、同村人的互助、伙伴间的嬉戏、农忙时的汗水、夜晚时的蛙叫蝉鸣与萤光点点一直都是给予我力量的源泉，也养成了我豁达开朗的性格，我想做一名村干部，为农村为村民做点什么。入职后，我发现那位考官就是我的上级领导，每每回忆过往，他都会和身边的人说，我把他给感动了，他在我身上看到了我这个年龄孩子少有的成熟，很少有人那么清楚地知道自己想做什么，而我不但清楚还很坚定。后来，我的表现也一直没让他失望过。

刚到村里的时候，从村领导到村民对我都是充满质疑的，我是大学生村干部这个新兴概念出现之后的第二批村干部，大家总觉得我们这些“娃娃”起不了什么作用，无非就是来“玩玩”。但我一来就用3件事征服了他们：第一件事，自己动手，花了几天时间将原本破旧脏乱的村委会办公室打扫得窗明几净，原先只能捏着鼻子进去的厕所被我刷得异味全无，我自掏腰包买来了很多香氛制品及绿植以美化环境，让所有步入村委会的人都感觉焕然一新。第二件事，我埋头苦干，用了近2个月的时间将整村村民信息录入电脑，又将档案管理、文件收发、各类总结等电子模板一一建立。上级部门或村领导要任何数据，我几分钟就能提供，让他们真正意识到信息化的便捷。第三件事，我深入百姓，挨家挨户地探门走访，手绘了该村村组位置与村民分布地图，还形成了一份调研报告递交政府有关部门，其中包括提出早日开通村际交通、减少同区农民待遇差距、重视农村老龄化现象等意见、建议。

三件事干完，大家开始对我心服口服，村主任也渐渐放心交办我各种事情，每次我都完成得非常漂亮，村民们也对我越来越认可。下雨降温，会有村民给我送伞送衣，烈日炎炎，会有村民给我送来西瓜凉茶，但最让我感动的，莫过于大冬天的那一盆温水：那时，村际交通尚未开通，我从家到村委会乘公交车需要转3趟车近2小时，而开助动车就只要45分钟，所以不管刮风下雨我都开我的“小毛驴”上下班，别看只有45分钟，大冬天的早晨真的会把你冻哭，寒风刺骨，穿再多的衣服都会把你冻成“冰棍”。当时，村委会有一位老阿姨，总会在我到单位后，给我打一盆温水让我暖暖。

2015年12月24日，永远记得那一天，我从当时民建上海市青浦区委主委的手中接过了我的会员证，真正成为民建一员。加入民建后，有幸参加了很多培训班，同学几乎都是各行各业的精英与“大咖”，每次与他们交流时，我总会开玩笑地说：“你们啊，都是因为优秀而被邀请加入民建，而我，却是为了加入民建而逼着自己优秀。”2015年，我协助我们区委老主委撰写的有关大型社区的提案就得到了领导重视，切实为大型社区百姓解决了如安装路灯、开通交通信号灯、邮政递送等实际问题。

人大代表，履职为民

2016年11月16日，我在百姓的推选下，当选为青浦区第五届人大代表。日常工作本已非常繁忙，加入民建之后，又相继担任了参政议政委员会委员与妇委会主任，党派工作开始加码，当选为人大代表后，就更忙了，真的让人恨不得一天掰成三天用。但再忙再累我都彼此兼顾，每一个岗位、每一份职责我都尽力做到最好。

2017 年，项美君（前排左一）参加青浦区五届人大一次会议留影

我尽力积极参加各种履职活动。因为在我看来，每一次会议与活动都是我能针对政府某个议题为百姓发声的机会，能切实为我的选区居民反映问题。碰到问题，我甚至会对某些部门言辞激烈，不留情面。有人劝我不要“太较真”，但我每一次都“较真到底”。群众利益无小事，可能有一些看起来是芝麻绿豆大的小事，在百姓眼里却是天大的事、要紧的事。我的每一次发声，其实就是希望有关部门能正视到某些问题的存在，用积极的态度去解决问题，如果确实是目前我国国情及现实原因无法解决的，我也希望相关部门能给予百姓一个合理的解释或满意的答复，只有这样，社会才能够稳定和谐。

2017 年，2 号河问题解决前后对比图

连续3年，我撰写的人大书面意见都得到了解决或采纳。其中，人生第一篇人大书面意见的解决更是让我印象深刻。那是一篇关于解决一条关于“2号河脏臭问题”的建议。2号河是一条两岸房屋造好后再开挖的小河，由于房屋在建造审批过程中出现纰漏，小区的围墙矗立在河口线上，导致2号河开挖过程中遇到问题，即按照原有规划河面宽度和深度开挖，小区的围墙就要坍塌。为了保住两岸小区的围墙，2号河就没有按照规划实施，而是变成了一条又窄又浅的小河，日渐腐臭。这一问题一直都没有得到妥善解决。于是我抱着试试看的心态，撰写了人大书面意见，没想到立刻得到了区人大领导的高度重视，作为督办案件要求相关部门严格按照河道原有规划实施，彻底解决问题。就此，一个困扰百姓多年的问题在我这篇人大书面意见的推动下被解决了。

这些年，一路走来，我清晰地记得，我的初心源自哪里，是什么，也越发清楚我的使命是什么。那就是为民发声，为民履职；那就是不忘初心跟党走，牢记使命为人民。

人，是家中的人；家，是国中的家；国，是人民的国。若每一位中国人都不忘来时初心，牢记此生使命，坚定前行道路，中华民族伟大复兴的实现，定不远矣！

人物简介

项美君：上海市青浦区人大常委会办公室科员，民建上海市青浦区委会员。

燕归来　春常在

相旭东

在我心里，祖国带着隆隆的历史宏声而来，那样庞大而令人敬畏。

耕乐堂前燕归来

小时候，大家日子都过得紧巴巴，可是年幼的我们并不知晓父母的艰辛；生活在农村，草垛里面玩游戏，田地里撒欢地跑便是生活，那个跑得最快力气最大的便算是最有见识的。我就是那个跑得最快力气最大的，于是在孩子世界里，相家最厉害。等到稍微长大一些，走出小村落，我才发现，相家最不厉害。因为除了我和堂弟，从来没见过学校里还有第三个姓相的。1989 年我从上海技术师范学院毕业，被分配到松江县洞泾中学（1995 年九年制试点，改为松江区洞泾学校）。那时缺老师，无论你是否有经验、是否能干好，上来就干。年轻的我也愿意干，更被人羡慕，因为终于跳出了农门，吃上了“皇粮”拿国家工资了。这个时候，我也才真正发现，为了供我读书，家里少了一个有力气的劳动力，多了一份别人家没有的支出；还要建房子，勤劳的父母已经竭尽所能，家中见底了。日子真正好过是从20世纪90年代开始的。年轻的我，一边认真教书，一边帮忙张罗家庭事务，尽量减轻父母压力。记忆中那段日子最值得回味的是我们几个青年教师提出校园里开一个小卖部，提供学习用品和点心；挣的钱用来搞团活动。领导同意了，并交给学校会计承包经营，结果一年下来亏本。那就我来承包，生意很好，自己赚了钱，学校多了点活动经费，过年还给老师们发点小礼品。可是那几年学校教学成绩不理想，全区排名总落在后面。领导们商议，说是这个商店生意太好，孩子们只顾着吃了。要把店关掉，专心做好教育。校长恰好也要调任别处，他在会上提议：店关了，让小相负责初三，他有办法。于是，店关了，我担任初三年级组长，负责攻坚突破。攻坚突破成功，小小的洞泾学校，那一年考入重点高中27个学生。作为一种管理措施，我提出的团队协同和奖励法，在洞泾学校沿用了很多年。

1999年，我被评为上海市优秀园丁；2001年，我离开洞泾学校到九峰学校任教；2002年，我被评为上海市金爱心老师；2004年，我离开了九峰学校，走下了中学讲台。走下中学讲坛，离开教师岗位，原因多样，其中有一条是关键，即我的主观愿望。1999年我参加了上师大国际交流中心举办的中美21世纪素质教育研修班，2002年我参加了劳动部委托上海市劳动局举办的中国首批持证国家二级心理咨询师集训。一边是工作岗位上获得的荣誉和评高级职称的机会，一边是个人学习上获得突破和专业发展的挑战。反思、观察和研究成了那一段时间我的主旋律。2004年6月，我以入党积极分子思想汇报的方式，向九峰学校党支部书记提交了一个想法——鉴于现实需求和个人能力，希望下一个学年，学校增加一个为家长提供家庭教育和孩子们心理健康服务的窗口，我来负责；若可行，我需要减少一个班级的教学量并不能继续兼任班主任。恰好那一年松江区教师进修学院需要招募心理教研员，我也积极报名。7月份，在教师进修学院招聘行动之前，九峰学校出于对新学期任课安排的考虑，需要我作出明确选择，是否同意继续任教两个班语文并且做班主任，同意后不能变更，也不能调动；不同意，岗位就要安排别人了。我左右为难，静下心来仔细想了想：我为什么要提出这个想法？又为什么要参与心理教研员招募？答案归结起来只有一句话——现实告诉我，我们的教育改革或发展要达到我心中对教育的理解，还太远，可能要等上二三十年；可是，25年之后，我要退休了。九峰学校的教学氛围尚且如此，别的学校更不可能。我不想随声附和混迹在教师队伍中等25年，不然岂不可惜了这一生？于是，第二天我回复不同意。事情的结果是两头不着，我就此离开了教师岗位，最后来到了教育系统非教学岗位——上海市松江区民办教育管理服务中心（当初叫上海松江区职业教育集团）。后来我才明白，这是一条注定要我去走好的路。

就在那一年，金冬云同志在筹建中国民主建国会松江区委。他找到我，关心我的未来和发展。也在那个时候，我这个中国共产党入党积极分子第一次认识了中国民主建国会。2005 年春天，我加入了民建，成为光荣的民建会员，也真正开始了被同行称为十年磨一剑的中国本土心理咨询实践探索之路，在探索中学习、总结、反思和创新。这条路不好走，得耐下性子慢慢走。新岗位相对不忙，我戏称为偷得浮生半日闲，闲来读书看报学学心理学。民建给了我很大的力量和支持。冬云主委对我的职业生涯发展始终关心，鼎力支持，多次鼓励我把实践的积累写出来，写出来可以更好地总结和发展。

相旭东（右）的新书《爱的七项修炼》首发式

2013 年，我出版第一本个人专著《落地的感觉：家庭成长心理咨询手记》。2014 年，受邀为心理疏导职业技能培训编写教材《心理疏导技术》，也是第一次提出并定义了“狭义心理疏导”的概念。2016 年，编著出版心理疏导学术专著《心理疏导技术和运用》，被收入上海市心理学会 2016 复旦学术年会论文。2017 年，出版实践心理疏导在教育方向的实践指导专著《爱的七项修炼：家庭成长心理动力关系和疏导指引》并在全国社会心理学会 2017 贵阳学术年会上进行了专场报告。2018 年，受邀担任上海市终身教育研究会家庭教育专委会副主任。2019 年，受邀成为上海市终身教育研究院智库成员。

我变得越来越忙，变成浮生难得半日闲了。松江区教育学院的“班主任心理疏导研修班”每期都邀请我去讲课，不少学校直接委托我创办的机构为他们提供教师岗位能力培训，机构每年还为大量的家长提供科学家庭教育的普及培训。我放弃了教师编制却变成了教育大忙人，这是一份责任和一种使命。令人欣慰的是不用等上

25 年，我离退休还有 10 年的时间，还可以为推进“心理学的教育应用”做点事情。

在这个过程中，我对中国传统文化有了更深的感悟，自然也联想到自己家的“耕乐堂”。我家堂号叫“耕乐堂”。可是，我家是贫农，新中国成立前根本没有自己的田地，一个没有田地的人家，叫耕乐堂，而且家中根本就见不到有这样一个祠堂。经过了解，我才知道原来相家耕乐堂祖上是耕读世家，在那个国破家亡的民族历史变局时期，我们这一支颠沛流离落脚在松江。在嘉兴，相氏还有个“讽德堂”。一个耕读田亩，一个针砭时弊。我不知道先祖们到底经历了什么，做了怎样的选择，是啥想法。但是我知道国运兴衰关乎家庭存亡。时代变迁，中国文化的美好发展已经缓缓舒展开卷，我希望在自己工作室的墙上挂上一副对联，上句是：修身齐家耕乐堂前燕归来——过了几代人了，耕乐堂终于真正有了读书人的机会、身份和气息，实在是与祖国同命运共呼吸，来之不易，又生生不息——没有国，哪有家啊！

半日轩里春常在

我的工作室取名“半日轩”，缘起于“半日闲”，又是“开轩面场圃”的耕乐堂生活。冬云主委早些年就欣然提笔为我写下这三个大字。半日轩里春常在，对联的下句是“诚意正心半日轩里春常在”。

对联下句还与我的工作有关系。我给狭义心理疏导技术下的定义是“一种通过言语的沟通技巧进行‘梳理、泄压、引导’，改变个体的自我认知，从而提高其行为能力和改善自我发展的心理疏泄和引导方法”。心理疏导解决的是正常人的情绪困惑和发展困扰，它不是对心理异常患者的治疗。心理疏导与中国文化紧密关联，因为我们绝大部分人在中国文化中获得发展，文化影响是我们人格的重要组成部分，我们的认知脱离不了我们身处其中的文化大染缸。那些前来寻求心理疏导的案主，解决他们的问题，根本路径是必须“带着诚意”来“正心”。

我们这一代心理工作者，虽然经历了来自西方心理学的学习，但还要在这个过程中洋为中用，古为今用。

有机会在中国文化土壤里发展中国本土心理服务，是我的幸运。在今后的一长段日子里，我将继续沐浴在中国文化的春风里捡拾心理学成果，为祖国的伟大复兴，拾柴添薪、添砖加瓦。

人物简介

相旭东：上海市松江区旭日社会工作发展中心主任，民建上海市松江区委会员。

寄迹微茫　结念霄汉

费永明

乡村教师的“千粒重”

我稍有幼年记忆时，“文革”结束了，那时候每个村子都有很多差不多大的小孩，大人们听到生产队的钟声去集体劳动，小孩子们成群结队熙熙而乐、无忧无虑。学生们的学业压力也不像现在的孩子们那么大，小孩子只要能在学校读书，大人孩子都很开心，考不取学校，回家来种地，也是自然而然的事情，不大会有人为此焦虑。

我的父亲是个乡村小学的教师，能拉二胡、会唱淮剧。每一年，不仅编排点小孩子们的节目参加公社汇演，连大队公社的一些宣传演出，也要请他协助编导。我是一家人中年龄最小的，所以经常跟着父亲跑来跑去，心里有时也暗暗骄傲。

我 7 岁那年，父亲去本公社的丰华大队小学任教，住在学校，我也跟着他一起去读一年级，才读了半个学期，父亲就因坐骨神经痛休病假，我也就跟着回到家里。翻过年来，我直接在自家所在的大队小学从二年级开始读书，这导致我汉语拼音一直不大好，心里挺委屈。

然而，就在从二年级开始读小学的1978年，我们大队、公社，乃至整个国家发生了一件大事，那就是“联产承包分田到户”。真是改革开放的春风啊！不光自然田野里的空气清新，每个乡亲的脸上也都洋溢着笑容。农田分了，生产队里集体打谷场也分了，我们家分到的田地土质坚硬，翻熟深耕，费了父母不少力气，土地不辜负勤劳汗水，农村有句谚语叫“肥场薄路”，晒谷场上会长出好的庄稼，油黑墨绿的小麦长势特别好，种子是父亲托好友从外地买来的良种，叫“济南13号”，同组的社员都说这块麦子长得好，很羡慕，我父亲也很开心。

记得一天放学，他带着一支胖大的麦穗回到家里，刚好时任生产队长的二堂哥也在我家，他们把那支胖大的麦穗揉开吹去麦壳，数数大概有50粒，计算着1000粒大概多重，计算着这块地，亩产大概能达到600斤左右——这是个了不得的收成！从前一般生产队的小麦，普通亩产也就300斤左右。他们开心的说笑、发自内心的快乐感染了全家，我们是那样的幸福！

虽然后来我们家的兄弟们都到城市里买了房子、过起了城市人的生活，一切都一天比一天好起来，但后来所拥有的一切都比不过那天那支胖大的麦穗带给全家心里的解脱、希望和梦想。现在父母都已经离开了我们，每当我回忆起那一幕仍然有一股暖流流过心头。

我们收获下来的那块打谷场地里的小麦基本上没有吃过，都被乡邻拿他们家的普通小麦换作来年的种粮，后来各种各样的良种也多了，产量也一年高过一年，我们家重新翻盖了房子，公社、大队变成了乡、村。村小学变成了九年一贯制学校，盖上了新的校舍，父亲也成了村小学的校长，一切都在国家土地政策的改革中蓬勃生长，充满希望。

“5元门票”改变的人生

到了20世纪80年代末90年代初，土地政策改革带来的收入增长逐渐停滞下来，进城务工成了农村青年的潮流，长发男孩喇叭裤、大领子白衬衫、双卡录音机、轻骑摩托车……包工头们带回来的发财传奇、进城经营水产花卉赚了钱的乡邻，让平静的农村渐渐不安焦躁起来，各个家庭都在寻找各种社会关系，寻找进城的道路。

我从小受大哥影响，喜欢写字画画，但身在苏北的穷乡僻壤，这只是一个梦想而已。中学毕业，在乡中心小学做了代课老师，每月有30多元的收入，1989年随着大的社会潮流，我辞掉了乡村代课教师的工作进城务工。不知是怎样的机缘，一下子跑到了甘肃兰州，做的第一份工作是安装电工。工地上的老话叫“吊儿郎当学电工”，建筑工地上的工种里，电工是比较清闲的。同组的青年电工与我聊天时说，他和在昆山文化馆工作的小叔学过裱画，一下子勾起了我喜爱写字画画的那点兴趣。

那天晚上到他家里，在他家茶几上他托了一张画心给我看，我很激动，没想到世界上还有这样的行业！随后我在兰州五泉山美术书店买了一本故宫文物修复组编写的《中国书画装裱与修复》的小册子，放在衣袋里随时展读，几可成诵。偶尔也买些材料回来试做……

1991 年我到了上海，仍然做电工，工作之余喜欢逛书店，福州路南京路的几家书店，我是常客……有一个星期天，我从南京东路往南京西路闲逛，到了老的上海美术馆（现在的仙乐斯广场）那里。看到写着“纪念上海文史研究馆成立 40 周年画展”，我买了 5 元一张的门票进去观看，画展质量非常高，海派大画家的经典作品都有呈现，临走时在门口的桌案上有发放的宣传招贴，我拿了一张，回来看时有装裱大师严桂荣先生在上海文史研究馆举办装裱学习班的消息。有初级班，中级班，高级班……我许下去寻师学艺的愿望。

经过近一年的努力，文史馆联络处的任万祥处长终于坦言：由于国家教育政策，文史馆再开办学习班的可能性不大，看你太喜欢这个手艺，要不你来文史馆做，我们馆裱画室中断很多年了，你来我们就重新开，你不来我们就不开……我大喜过望，进了思南路 41 号上海文史研究馆，在里面住了 3 年，拜识了师傅严桂荣大师。

我小心谨慎，认真向他讨教学习，直到老人家 2011 年过世。师父过世后，师母把他生前用的修复工具全都赠送给了我，算是继承了先师的衣钵。

师傅生前交游广泛，不单纯是个手艺人，特别是与钱镜塘、吴湖帆、赖少奇等一代大家都有交往；在鉴赏方面也独具慧眼，我在这方面收获尤多，师傅一直强调我们扬帮装裱不单纯是做手艺，一定要懂画、会看画，懂真假、知好坏，把自己培养成这方面的全才。

1995 年费永明（左）和严桂荣师父（右）在上海文史馆装裱室

在师傅指导的近20年里，我留心集藏名家字画，特别是古代书画材料标本。2018年春，师母也离世了，想到两位老人家生前对我的照顾，我非常悲伤。扬帮古书画修复在中国文化史上是一个独特的现象。我继师之志，向闵行区申请了非物质文化遗产代表性传承人，立志要将这门技艺传播得更久更远。

区文化基金资助的项目

2015年10月，我在闵行区浦江镇浦江中心购买了近300平方米的工作室，用于古代书画修复。镇委宣传委员来访，见到我们修复的古代书画作品，以为于地方文化有独特的价值，于是推荐我参加到闵行区新的社会阶层联谊会，我继而又加入了中国民主建国会，自此一个漂流于大都市的个体劳动者，成了民主党派的一员。

我想做一个系统的装裱文化展览，之前还没有人做过。虽然2017年底才正式着手筹备，但我几乎已经为之收集储备了近30年。展览的最初想法得到了中共闵行区委宣传部的支持，并取得区文化发展基金的资助，还得到了中共闵行区委统战部、民建闵行区委的大力支持。

2018年9月15日至9月18日，《妙造自然——费永明扬帮古书画修复艺术展》在上海图书馆成功举办。

可以说展览以独特的文化视角，收集与古代书画装裱与修复相关联的各种原材料的历史标本，全方位展现古代书画修复的历史文化价值，是全行业的首次，在行业内取得了巨大的反响。

2018年9月，费永明（右）向民建上海市委捐赠黄炎培、胡厥文手书真迹

展览取得这么大的反响是我始料未及的。这见证了一个手艺人的光荣与梦想，若没有中共闵行区委宣传部、统战部和民建市委的支持是不可能实现的，一个和平璀璨的时代，只要努力就有回报、只要是金子就会发光，真是一个昌明的时代——这是以我个人的际遇从内心发出的赞叹！

技艺与材料的整合

《妙造自然——费永明扬帮古书画修复艺术展》的成功，圆了我平生一大心愿，一个对古代书画材料本身开展研究与探索的念头逐渐滋生出来。清代李斗《扬州画舫录》记载："叶御夫装潢店在董子祠旁。御夫得唐熟纸法，旧画绢地虽极损至千百片，一入叶手，遂为完物。"叶御夫是我们扬帮的祖师爷，因为得到唐人熟纸法，技艺超绝，可唐人熟纸法到底是怎样一个情形呢？

古代大文人很少记述艺能之事，只能在文房清事之类的笔记片段中找到片言只语，加以贯穿。为此，我查找了几十本古籍，摘抄成笔记。再加上我与纸打交道30年，有着仔细的观察体会，又有第一手的古代纸张的标本对照，现在已经有了试验产品，所以我能把它做出来，请熟悉的书画家试用，希望在传统书画的传承实践中，对青少年，乃至中国传统艺术的未来贡献一份光和热。

数十年的生命如倏忽的流星，微小而脆弱，我们对于世界可能的贡献和改变微不足道。但正是因为有了强大的祖国，个人的努力就有了着落。祖国团结起所有这些光芒、温暖和善的力量，就能发出更加坚定、明确、真诚的声音。作为手艺人，祖国给了我力量，我以祖国的"纸上文化"为傲。

人物简介

费永明：上海乐观文化传播有限公司总经理，民建上海市文体委副主任，民建上海市闵行区委会员。

一名“小石匠”的梦想

袁国良

2019年是中华人民共和国成立70周年，也是我来沪创业32周年，作为一名改革开放的参与者、见证者、受益者，又是一名民建会员，我常常感恩党的领导好、社会主义制度好、改革开放政策好！

我也常常告诉自己，没有共产党就没有新中国，就没有我的一切。我要将自身的发展与国家的建设融合在一起，顺应时代潮流，悉心办好企业，努力为改革开放、国家建设贡献自己的绵薄之力。

我的创业史

我的老家在浙江温岭山村，那里人多田少，都说“八山一水一分田”。当地盛产石材，俗话说“一方水土养一方人”，山里人祖祖辈辈以采石为生。著名的国家4A旅游风景区——温岭长屿洞天，就是1500多年前，我们的祖先采石留下的“石”景观遗址。从小耳闻目睹，我也深受家乡“石文化”的影响和熏陶。

袁国良的创业起点：在青浦大观园做一名“小石匠”

16岁那年，为了生计，我与许许多多温岭人一样，离乡别土、四海为家、外出打拼求生存。1987年，我怀揣梦想走进大上海，踏上艰苦创业的历程。

那年，位于青浦的大观园正在动工兴建，建造亭台楼阁、铺设景观道路都需要大量石匠。我和伙伴们一起，从一名小石匠开始起步，一斧一凿从头干起，有时刀斧砸在手背上，咬咬牙继续干。年轻人有的是拼劲，第一年过年，许多人回老家了，我和小同乡盘算了一下，一天多挣几块加班费也好，选择留下来继续干活……

功夫不负有心人，靠着“金石为开”的毅力，我取得了事业的良好开端。但我心里有更大的抱负，我梦想拥有自己的石材企业，从矿山开采到石材加工、从幕墙到内装、从设计到施工，要创办一家产业链完整的龙头企业。

20世纪80年代末90年代初，虹桥开发区建设方兴未艾。我常常一大早就从青浦出发，到处去承接业务，在零敲碎打中，我的“工程小分队”起步了……不久，我注册成立的“金博石材建设有限公司”，在虹桥路一间12平方米的小办公室开张了。终于有了自己的企业，创业途中我实现了“小石匠”人生第一个梦想。

1992年，借助党的改革开放政策和上海大发展的历史机遇，我一方面在青浦徐泾购地100多亩，建造石材生产基地和珠宝大楼；一方面将“金博石材建设有限公司”更名为“金博建工集团有限公司”，让企业步入健康发展的快车道。

2009年，在青浦区委、区政府关心支持下，我又在上海青浦工业园区购地130亩，建成“金博现代服务业装配基地”，总建筑面积9万平方米，并于2012年投入使用。

"金博现代服务业装配基地"坐落于上海青浦工业园区

"金博现代服务业装配基地"的建成投产，是金博转型发展的一件大事，也是当年那个"小石匠"二次创业发展的重要标志。随着玻璃幕墙、节能门窗生产启动，金博单一的石材加工逐步向综合性幕墙施工和现代服务业生产转变。

难忘我的"世博"情怀

30多年来，我这名"小石匠"带着我的企业先后参与南京路步行街、上海浦东国际机场、虹桥交通枢纽、上海市委党校、中国浦东干部学院、北京摩根大厦、上海新江湾城、上海刘海粟美术馆新馆、上海中心大厦、上海迪士尼等多个重大工程项目建设，还参与中国驻美国大使馆、俄罗斯圣彼得堡"明珠"项目、澳大利亚布里斯班"天空之塔"等国外知名大型工程项目建设，留下一个个经典的石材幕墙和玻璃幕墙建筑，也收获了一个个鲁班奖、白玉兰奖、金石奖。

但是，最令我难忘的还是参与上海世博会"一轴四馆"项目建设。

2008年，上海世博会项目全面启动。为表达对世博会在上海举办的支持，实现参与世博、服务世博、奉献世博的意愿，我决定向中国馆无偿捐赠大台阶，并参与世博会"一轴四馆"项目建设。我的想法获得了上海世博会组委会和项目部的大力支持。

为了弘扬石材加工手工绝技和工匠精神，我决定采用"三斩斧"工艺完成中国馆大台阶加工。"三斩斧"是一种发源于浙江、福建等地，纯手工加工石材的工艺。石材要经过初斩、细斩、终斩3道工序，方能呈现最佳的纹理效果，故名"三斩

金博荣获“上海世博工作优秀集体”奖牌

中国馆大台阶荣获“工艺流芳”奖牌

斧”。其独特的凿刻技术遒劲有力，每一刀下去，深浅、间距必须完全一致，代表了一名石匠最高超的技术水准。但那时，这项工艺正濒临失传的境地。

为此，我回到家乡，从浙江各地好说歹说，请到了一百来位年过半百的工匠。他们中有的“封刀”已久，重新出山，只为了圆一个世博梦，为中国馆留一个经典的石材建筑。历经600多个日日夜夜奋战，总计76级踏步、宽度达72米的大台阶终于如期、优质完成。

2010年2月8日，被誉为“东方之冠”的世博会永久性场馆——中国馆顺利竣工，时任中共中央政治局委员、上海市委书记、上海世博会组委会第一副主任委员俞正声出席竣工仪式，并宣布中国馆竣工。我有幸作为中国馆建设者见证了这一激动人心的时刻，也为世博会的成功举办奉献了一份爱心。

如今，当我们站在中国馆（现更名为中华艺术馆）正门前，远眺蓝天白云下的宏伟建筑，中国馆极具中国特色的外形设计、中国红的墙体颜色，给人强烈的视觉冲击和心灵震撼，而那静卧地面、由“华夏灰”花岗石制作而成的76层大台阶，更是衬托出中国馆的庄重大气、华丽秀美。

是的，上海世博会承载了中国人百年世博梦想，也承载了我这个“小石匠”太多的回忆和世博情怀。

“进博会”让我感受责任与担当

2018年11月5日，又是一个令人难忘的日子，举世瞩目的“中国首届国际进口博览会”在上海国家会展中心开幕了。

上海国家会展中心位于上海市虹桥商务区，建筑呈四叶草造型，总建筑面积近150万平方米，是目前世界上面积最大的会展综合体，也是我带领企业参与世博会场馆建设后，又一个标志性的重要工程。

当年，金博工人参建了四叶草 A 区幕墙工程，包含玻璃幕墙、幕墙窗、铝格栅、钢板包柱、玻璃雨棚等，施工面积 5 万多平方米，200 多名工人、历经 7 个多月紧张施工，项目如期竣工，施工质量得到业主和总包方一致认可。

那天，我有幸现场聆听习近平主席的主旨演讲，既感到荣誉与自豪，更感到责任与担当。

2018 年 11 月 5 日，袁国良（右）陪同青浦区委书记赵惠琴（中）出席进博会开幕式

习近平主席在演讲中强调“包容普惠、互利共赢，才是越走越宽的人间正道”，“中国经济是一片大海，而不是一个小池塘。经历了无数次狂风暴雨，大海依旧在那儿！经历了 5000 多年的艰难困苦，中国依旧在这儿！”习近平主席的讲话掷地有声、意蕴深远，说出了我们的心里话，让我深受鼓舞，十分振奋。

我骄傲自己是祖国大海中浪花一朵，我庆幸自己赶上了改革开放的好年代、上海大发展的好时机，我从内心拥护党的改革开放政策，感谢党和政府对民营企业的关心支持。

2019 年，我们迎来中华人民共和国 70 周年华诞，我这个“小石匠”的梦想更加绚烂，我常常激励自己，要常怀创业创新激情、工匠精神、感恩情怀，不忘初心，勇于担当，办好企业，回报社会，为国家强盛作出新的贡献！

人物简介

袁国良：金博建工集团有限公司董事长，民建上海市委企业委员会副主任，民建上海市青浦区委会员。

一个“本地小囡”的胸怀

夏维智

2019年是中华人民共和国成立70周年，也是全国政协成立70周年，更是多党合作政治协商制度确立70周年，我作为一名普通的民建会员，亲身感受到几十年来国家综合实力持续提升，经济和科技发展所取得的辉煌成就，内心感到无比地骄傲和自豪。同时，回顾这些年，上海和浦东的历史变迁、城市发展、经济建设和社会进步所取得的非凡成果，我深感自己作为一名参政党成员积极履职的使命与责任，不禁心潮澎湃、浮想联翩。

从18世纪末起，我大大（爷爷）的大大就生活在浦东的黄家宅（今浦东商城路浦东南路附近）。我父亲也出生在那里。虽然后来生活在浦西父亲单位分配的家属楼里，但我也算是一个地地道道的“本地小囡”。

我记得小时候，每次要去大大、阿奶家里玩，虽然路上要换3趟公交，再坐1趟轮渡，花费将近2个小时，但还是抑制不住提前几天就开始兴奋激动，那里乡村田园牧歌式的生活，对我来说真是世外桃源。我这个“本地小囡”心里一直装着大大和阿奶，装着大大家的院子、院旁边的小河、河里的小鱼小虾、村里水稻田和田里的青蛙。

20世纪90年代初期，浦东迎来了改革开放的难得机遇和全面发展的崭新局面。我大大的房子动迁了，旁边的小河填掉了，周围的农田消失了，取而代之的是一片片热火朝天的建设工地和一栋栋高楼大厦拔地而起。原先上海的标志性建筑——海关大楼，被陆家嘴地区颇具现代主义美感的东方明珠电视塔所取代，成为上海的新地标。浦东给世人带来的惊喜远不止于此。金茂大厦竣工、上海环球金融中心落成、上海中心大厦建成等等，浦东速度和浦东高度一次次被刷新、被超越。

2000年，由于工作需要，我回到了浦东，公司办公室也设在张杨路南泉路附近。我惊喜地发现，我大大原来所在的黄家宅已改头换面、今非昔比。我眼看着第一八佰伴商厦、华润时代广场、浦东第一食品商店、新大陆广场和百脑汇商场等一大批商业建筑落成开业，这里一天天变成现在浦东最繁华的商业中心之一。

经过将近30年的发展，浦东新区区域规划和发展路径越来越清晰，吸引了全国乃至全球500强的顶级和著名企业落户浦东，凝聚世界顶尖的科研、金融、产业、服务人才加盟浦东。浦东的新农村建设、科技农业发展和乡村振兴战略也不断推向深入，浦东已经被打造成全球卓越城市最靓丽的组成部分。

我开始主动关心起上海城市建设和浦东开发开放，并且积极思考合适的解决方案。我这个“本地小囡”心里装着的是整个浦东和上海。围绕着浦东的开发开放，我开始尝试写了第一篇建言。没想到，这篇建言被民建上海市委录用，并在民建上海市委内刊《调研建言》上刊登出来，这给了我极大的信心和鼓励，从此一发不可收。

在我第三篇建言提交后不久，从浦东新区有关部门传来了喜讯——我的建言被中央有关部门录用。这是作为党外人士建言录用的最高荣誉啊。我当时的欣喜之情难以言表，兴奋了好几天，内心感到无比骄傲和自豪。当我接到浦东新区有关部门邀请我参加有关建言献策会议通知时，既惊喜又忐忑。这是由中共浦东新区区委统战部召开的，由浦东新区各党派及无党派人士组成的“建言献策联谊会”（以下简称建联会）理事会议，我有幸成为一名代表民建的理事。

建联会里集中了浦东新区党外建言献策的能人和高手。他们有的已有十几篇建言被中央有关部门采用了。与他们坐在一起，心里顿觉深深的惭愧和不安，唯有继续努力学习、虚心讨教，尽快提高自身能力。现在，我这个“本地小囡”心里装着的是国家——完善国家法治环境、促进国家经济建设、创新前沿科技发展、稳定金融监管服务、发扬祖国传统文化……

2018 年 6 月，夏维智获民建浦东区委 2017 年度参政议政杰出贡献奖

我感恩民建对每一位会员的悉心栽培和细致关怀，同时也感恩中共浦东新区区委统战部对每一位党外人士的关心、支持和帮助，更感恩生在了一个好时代。

“心系浦东、家国天下”，这就是我这个“本地小囡”的胸怀。我要用浓浓的家国情怀和主人翁精神，为上海早日建成卓越的全球城市，为实现中华民族的伟大复兴，也为新中国 70 华诞献礼。

人物简介

夏维智：上海潞维科技发展有限公司董事长，民建上海市浦东新区区委会员。

我，准备好了

顾鉴涛

2019年是中华人民共和国70华诞，也是我进入法律行业整整10年。在这个重要的日子里，我想祝福我的祖国繁荣昌盛，我也想勉励自己更上层楼。

2009年，我通过国家统一司法考试，取得了律师执业资格证。踌躇满志。紧接着在上海贸仲办了执业后的第一起案件，收到了生平第一笔律师费——15000元。庭前准备两个月，开庭一小时，最终结果：平局。年少气盛，怒而上诉。被告知：仲裁案件一裁终局，不得上诉。遂怏怏作罢。2010年，自我评价是乏善可陈。之所以不想说，不是因为没得说，而是不知道怎么说。完全没有把握的案子居然赢了，信心十足的案子却输了。让我感觉，案件的胜负似乎与专业技术并无太大干系。

2011年、2012年，我接手的案件不断增加、收入不断提升。但我对律师职业的兴趣却不断降低。一时迷茫，说不清为什么。

2013年，两件足以写入中国法制史的重大事件：八项规定的颁布、劳教制度的废除。前一项将法院的办案风气为之一振，后一项让法律人真正看到了从“法制”到“法治”的转变。法治改革的萌芽，在这一年初现端倪。

2014 年，媒体在年初时报道，这可能是中国经济最困难的一年。我信。因为当年找我办案子的人特别多。那是我第一次静下心来思考我的职业理想，看着同行为了增加收入而每天拼搏时，我只剩下了最后一个疑问：这是我期待已久的律师工作吗？

2014 年 10 月 28 日，《中共中央关于全面推进依法治国若干重大问题的决定》发布，依法治国成为中国共产党领导人民治理国家的基本方略。

很快，我被安排参加了民建中央课题的研究，撰写的主题当然还是全面依法治国。我文章写的是基层自治，关于这个庞大国家的神经末梢。文章从调研、分析、研究、定稿，耗时耗力数月，我却乐此不疲。遗憾的是，这一次的稿件由种种原因，最后没有能够参与评审。四年后的我卷土重来，一举斩获了民建中央的课题二等奖，也算是弥补了四年前的遗憾。

2016 年，嘉定区司法局干部调任，新一批的领导到岗主持工作，万象更新。这一年，嘉定区设立了依法治区领导小组、法宣办和法学会，法治氛围空前浓郁。越来越多的法律人开始聚到一起，探讨的社会和法治问题。我不是这个群体中的主角，只不过和他们在一起，觉得很有意义。

2017 年，顾鉴涛（右）在嘉定区“五违四必”整治中的拆违现场

同年，全市开展“五违四必”区域环境综合整治，我走进村居，协助政府部门拆违。那是我记忆里最充实的几个月，我以村居为家，每天驻扎在现场处理各种法律问题，解答当事人的疑惑。生理上的疲惫和心灵上的充实形成了鲜明的反差。

三个月，几十万平方米的违建被拆除，完全运用法治思维和法治手段。无一起诉讼，无一起上访。相关部门评价说，律师功劳很大。我反而觉得，是整个社会法治意识的提高，才给了律师们用武之地。后来《解放日报》《法制日报》纷纷报道了律师参与拆违的过程，结尾的点题部分我特别喜欢：“五违四必，法治先行”。

还是在 2016 年，我被推选为嘉定区政协委员。我知道这意味着什么，荣誉与责任从来都是成正比的。

2017年，《民法总则》颁布。虽然不是法律人一直所期盼的《民法典》，但是瑕不掩瑜，这部《民法总则》已经足够好了。我记不清那一年我到底被邀请讲了多少场关于《民法总则》的普法宣讲。之所以讲了那么多场，说到底还是老百姓们喜欢听。他们爱听，我们爱讲。

也是这一年，我正式业务转型，成为以普法宣讲、社会公益和矛盾化解为业务方向的专业律师。这意味着，我正式开始专业化法律服务，有了属于自己的业务领域。虽然我选的这个专业，在同行看起来很不赚钱。两年后，我受邀去上海政法学院给新生们做分享，新生们都好奇为什么我会选择这个领域。我想了想，结论很有趣：并不是我选择了这个专业，而是这个专业选择了我。正如这个国家，最终选择了法治……

2018年3月，顾鉴涛（前排左二）发起成立了萃群法律讲师团

2018年，我发起成立了"萃群法律讲师团"，一群有朝气的青年律师脱颖而出，组成了一支完全以公益为目的的法律宣讲团。讲师团冀望通过基层普法宣讲，进而提升社会的法治氛围。一年里，讲师团义务普法宣讲、法律咨询、法律援助近百起。老百姓觉得好，政府也觉得好，我们自己感觉更好。萃群法律讲师团开始为区残联、区妇联定制各项公益的法律服务，普法讲座节节攀升，法律援助交口赞誉，社会治理屡见成效，矛盾化解百姓信服……团队还创新融入新媒体，自编自导自演了法律文化小视频，通过融媒体的方式向社会不断传递正能量。除了各界的一致好评外，各种社会荣誉纷至沓来。

念念不忘，必有回响。对于年轻的讲师团而言，荣誉来的尚嫌过早；但对于整个法治社会而言，这些奖项却来得恰如其时。

2018 年 3 月 12 日，第五部《宪法修正案》正式公布。讲师团开启了新一轮的基层法律宣讲。这一轮的宣讲，我改变了一贯幽默的风格，摒弃了一切戏谑的内容，严肃而认真地讲完了每一堂课。宪法是国之大法，值得每一个人尊重。1905 年，清政府预备立宪失败，至今 113 年。此刻的中国，应当有一部配得上它的宪法。

2018 年 8 月，顾鉴涛（右四）获得上海市信访工作先进个人称号

8 月，我从中共上海市委政法委书记陈寅同志的手中接过奖状：“上海市信访工作先进个人”，这一年我 35 岁，也成了这个奖有史以来最年轻的获奖者。站在领奖台前的我百感交集，这些年所有的努力、付出在此时都得到了最大的肯定。晚上当我捧起奖状仔细端详时，我记忆的时间线突然走得很远很远……

2002 年，一个来自上海的学生第一次走进南京大学法学院的夏令营，在这里他第一次见到了陶广峰教授。那天陶教授舌灿莲花，滔滔不绝地讲了整整一个下午。各种关于法律人价值的解读，似乎并没有引起太多同学的兴趣。他谈到法律人的人生境界时，效仿了一段王国维。他说：身为法律人，上等经世济民；不达，转而中等匡扶正义；再不达，转为下等劝业谋家。之后，我查阅了好多听课笔记，都没有找到关于这段的出处。我不知道这段甚至没有被记上笔记本的讲义，为什么会深深镌刻在我的脑海之中，整整 17 年。

今天的中国，正处于“中华民族伟大复兴”和“百年未遇之大变局”这两个大局之中，中国的法治春秋也不会绝笔于获麟。伴随着中国的法治化进程，还有法律人的春天。

下一个法治的十年，民建里的法律人已经准备好了……

人物简介

顾鉴涛：上海中天信律师事务所合伙人，民建上海市嘉定区委会员，民建嘉定区委疁城二支部副主委。

国与家　我们的黄金时代

徐为勇

从 1949 年到 2019 年，在历史的长河中，不过是弹指一挥间的 70 年，而对出生于 20 世纪 70 年代的我们来说，却正好是新中国成立之后、改革开放蓬勃发展、举国上下为实现中华民族伟大复兴而奋斗的黄金时期……

我出生于改革开放萌芽时期的红色革命土地——湖南平江县；

求学于有千年历史的岳麓山下、橘子洲头；

奋斗在 21 世纪的国际大都市——上海……

耳濡目染了新中国成立后百废待兴、改革开放 40 年翻天覆地的变化，改革的春风伴随我成长，又助力我扬帆远航……可以说，“新中国”“改革开放”“中国梦”已深深烙入我的人生！

我的家乡湖南平江县位于湘鄂赣三省交界，是一个并不起眼的小县城，是彭德怀的平江起义让它从此为中国历史抹上了浓墨重彩的一笔，山沟里走出的 52 位开国将军拉开了平江人民奋斗不息的历史，也奠定平江人敢于拼搏、自强不息的精神图腾。从我懂事起，耳边经常会听大人们讲起前辈们的英勇故事，感觉自己身体里也流淌着革命先辈们敢于拼搏、敢为人先的血液，这种潜意识从小到大一直激励着我。虽然并不富有，父母还是竭尽所能把我从小学送入初中、中专、大学，为我后来步入社会打下了较好的基础。

2000年，怀揣梦想我踏上了来到东方魔都的列车，和很多年轻人一样，上海以它独有的大都市魅力吸引着我。远离家乡，一切都改变了，改革开放的声音在这个沿海城市随时随地可以听到，进入社会的我自然而然融入这场历史的变革中……

看到许多企业家们短短几年间从白手起家成为行业中的佼佼者，也看到因为国企改革而下岗之后的老百姓艰难的生活；

看到上海的中环、外环、高架一条又一条快速的架起来；

看到地铁从仅有的1、2号线魔术般变出了到现在的16、17号线；

看到上海南站建成时曾感叹这座滚滚车轮上的火车站设计得如此美妙，转眼间又一个集机场、高铁、地铁于一体的大虹桥出现在我眼前……

看到曾经的地标东方明珠旁边，高高的竖起金茂大厦，上海环球金融中心，现在又出现了上海中心大厦……

短短十几年，这一切就如魔术般在我身边不停变换，像一架开足马力的列车不停地往前奔跑，中国梦已经引领着所有人停不下脚步。

上海千贯节能科技有限公司获湖南省青年创新创业大赛二等奖

得益于改革开放政策下上海这个充满机遇、公平竞争的环境，我从业务员开始，2002年注册了自己第一个家具公司——展华家具，梦想在上海这片天地里闯出自己的一席之地。记不清跑坏了多少双鞋，骑坏了几辆自行车、摩托车，经历过风雨无阻的创业艰苦，很庆幸我搭上了改革开放的这班车，这些年我陆续创办了自己的上海芈捷网络科技公司、芈展众创空间管理（上海）公司、展仁物业管理（上海）公司、芈烽新能源科技（上海）有限公司、上海千贯节能科技有限公司、加油站，并在江苏扬州市拓展地产开发……还幸运地加入民建、工商联、商会并为组织出一份力，也从独自一人的奋斗到逐渐培养和打造出自己的团队。创业的路上虽然充满艰辛，也充满了各种机遇，我很庆幸自己抓住了机遇。

上海浦东芈展服务园

2016年，我在浦东新区唐镇开始打造集总部办公、科创、新能源、企业展示于一体的“芈展服务园”，正式进入产业地产，在各级政府的关怀下，历经3年努力，已初具规模，并被浦东新区授予招商集中登记地，协助政府招商。

刚来上海时，我很少回家乡，因为交通不便，一天只有一趟车，也因为家乡确实缺乏自己发展的机会。近些年来，我往返于湘沪两地的频率越来越高，交通方便了，每天航班、高铁二三十趟，也因为看到家乡跟随着沿海城市改革开放的步伐，变化越来越大，机会越来越多。人们的观念已经完全改变，信息交流全无障碍，我也很乐意能尽己所能为家乡的建设和发展牵线搭桥。

徐为勇担任“大爱平江”扶贫助困慈善协会副会长

2017年3月，响应政府号召，我牵头发起，有27个股东加入，在湖南平江老家成立了“东海堂新农村产业开发有限公司”，让公司和附近农户所生产的农产品通过发达的信息网络销往全国各地。

2017年1月23日，我和老家平江的88位乡友发起成立“大爱平江”扶贫助困慈善协会和基金会，并担任副会长，助力老区脱贫。我希望能为家乡脱贫、为老家的农业发展、为农民致富、为农村兴旺贡献一点自己的力量。

2019年全国“两会”期间，习近平总书记在福建代表团讲话指出：“今年是新中国成立70周年，要饮水思源，决不能忘了老区苏区人民。要梳理排查、抓紧工作，确保老区苏区在全面建成小康社会进程中一个都不掉队。”从农村革命老区走出来的我，深知这一历史使命需要我们每个人的共同努力，助力改革的春风应当吹到祖国的每一个角落。

回顾历史，如果没有新中国、没有改革开放的种种政策生根落地、没有上海这片生机勃勃的沃土、没有祖国的繁荣稳定，凭我们从山沟沟里出来闯荡的年轻人，又如何能够如此顺利的在这里立足、发展？我们是新中国的幸运儿、改革开放真正的受益者。

“伟大梦想不是等得来、喊得来的，而是拼出来、干出来的。”习近平总书记带领中国共产党和全国各族、各党派人民，以实际的行动向全世界展示出中华民族的强大力量和伟大智慧，带领新中国开启奋斗之路、幸福之门，也必将带领我们实现中华民族伟大复兴的中国梦！

人物简介

徐为勇：芈展企业集团董事长，民建上海市委中青年工作委员会副主任、民建上海市青浦区委会员。

站稳三尺讲台　绽放生命之花

徐念玉

在喜迎中华人民共和国70华诞的日子里，伴随着中国共产党带领中国人民朝着伟大的中国梦努力奋斗的脚步，我和所有的国人一样深深地沉浸在祖国日益繁荣昌盛、生活无比美好的幸福与自豪之中。

我生在新中国，长在红旗下，耳闻目睹了祖国沧桑巨变的建设和发展过程；在上山下乡接受贫下中农再教育的广阔天地里晒黑了皮肤，锻炼了意志；又在拨乱反正恢复高考制度的年代有幸重新走进校门学习，随后成了一名光荣的小学教师，实现了自己小时候的梦想。

从1980年踏入教育岗位直至2012年退休的三十多年中，我与祖国同呼吸共命运。没有惊天动地的豪言，没有气吞山河的壮举，面对所有的困难不曾退却，面对众多的诱惑不曾动摇，有的只是甘做人梯的默默奉献。在教书育人的岗位上，我把满腔热情献给了我挚爱的孩子们；把勤劳和智慧融入小小的三尺讲台；把自己有限的生命与知识融入中国梦的建设之中，助力这块沃土上的朵朵花儿茁壮成长，竞相绽放。

十年树木，百年树人，我深深地知道我小小的梦想——教书育人——与实现伟大的中国梦密不可分。孩子就是祖国的花朵，就是未来实现中国梦的亲身参与者和实践者，孩提时的学习正是为将来成才奠基，身心的健康成长与否牵动着祖国未来的建设与发展之路，而小学阶段正是每个孩子长身体、长知识，世界观形成的关键时期，需要我们每一位师者谨言慎行，为人师表。当要求学生努力学习时，自己首先做到有忘我的工作态度和刻苦钻研的精神；当教育学生要热爱劳动时，自己不指手画脚、拈轻怕重，而是榜样示范首当其冲；当叮嘱学生遵守纪律时，自己首先做到严于律己率先垂范身体力行。在三十多年的教学生涯中，我不仅处处以师德严格要求自己，而且自觉遵守校纪校规，从不迟到早退，从没请过一天的病假和事假，即使在老父亲病重病危期间也克服各种困难，舍小家顾大家……风风雨雨几十年如一日直至退休。我骄傲地对自己说：你没有辜负党的培养，没有辜负小时候愿望，美梦已经成真，你的孜孜不倦和伟大的中国梦紧密相连。

2001 年 6 月，徐念玉（前排左五）与毕业班师生合影留念

在学校里，我既是严师又是慈母。学生病了，我会第一时间带着礼物前去安抚；学生没吃早饭，我会及时送上牛奶和包子让其在我办公室安心吃完再去上课；谁的功课落下了，我会抽出时间及时帮其补上……儿子小时候总是嗔怪我，你对你的学生胜过我这个儿子！我爱“金凤凰”，更爱“丑小鸭”。还清晰地记得 1996 年 6 月的一天，我带的毕业班中有个小男孩为了躲避回家作业的检查而几次逃学。他

家住在离南桥城区比较偏远的树园乡下，“不能让一个孩子掉队”，我对自己说。于是，我顶着酷暑不厌其烦地好多次找上门找他谈心，循循善诱，从学习的重要性谈到以后的人生道路，从祖国突飞猛进的建设发展谈到知识就是力量的道理，我的真诚和耐心教育感动了孩子纯真的心灵，他终于返回了学校。像这样暂时的学困生我总是倾注了满腔的爱，就像对待玫瑰花瓣上颤动欲滴的露珠一样格外小心，坚持做到多沟通、多帮助、多鼓励，努力寻找和善于捕捉他们身上的闪光点，及时表扬，促其进步。在我特别的关爱下，这个孩子最终以优良的成绩顺利毕业迈入中学的大门。这是我三十多年从教中“爱”的一个缩影。在教学过程中，我努力钻研教材，循序渐进，做到心中有数。结合教材的特点和学生的实际情况，针对不同层次的学生设计了多种深度不一的教学方法，摸索出了“抓两头，促中间”自己独特的教学方法：即牢牢抓住优等生鼓励他们更上一层楼；绝不放弃学困生，利用一切空余的机会帮助辅导激励他们快步跟上同学们的脚步；抓住了上下两头便有力地带动和促进了中等生的学习劲头。大家在比、学、赶、帮、超这样浓厚的学习氛围中齐头并进，这种因材施教、因人而异的教学方法效果很理想。我所带的班级集体多次荣获市、区、镇的优秀集体，指导学生参加的故事大王、诗歌朗诵、征文等各类比赛也屡屡在全国、市、区中斩获大奖……

徐念玉教书育人所获荣誉

还记得那是一个炎热夏天的早上，忽然听到一阵敲门声，我赶忙打开门一看，原来是我当年教过的一个学生站在我的面前，手里捧着一张大学录取通知书，他激动地告诉我，他考取了清华大学，让我一起分享他的喜悦，他说他永远不会忘记我这位小学的启蒙老师。是的，这是一个起初并不特别优秀的男孩，当年的他因为开口说话比同龄的孩子迟而经常遭到周围同学的嘲笑，是我爱护他、鼓励他，抽出时间给他另开小灶：从课堂笔记的整理到课后作业的检查；从音标发音的位置到每个单词的默写，不厌其烦地帮助他，使他对学习充满信心，学习成绩突飞猛进。今天的成绩有他的努力，也有我的关爱和教导，望着他手中的录取通知书我的眼睛也不由得湿了……

1998年，我有幸与民建组织结缘而成为其中的一名会员，顿有孤雁归队之感。在民建这个大家庭中，通过组织的不断培养和自我学习，我的政治觉悟和参政议政的能力迅速得到提升。作为组织的一员，我深知这不仅是一份荣誉更是一份责任，一定要自觉服从党的领导，和祖国同舟共济、荣辱与共。我立足本职，岗位立功，慰问孤老、送教上门、探望农民工子弟等各项活动中有我活跃的身影；学习交流、参观调研、捐献善款……也有我积极的行动。

2017年10月，徐念玉（右三）参观中国民主建国会旧址

抚今追昔，30多个春秋，我迎送了一批又一批的莘莘学子，当年的小树如今已发芽长大，他们中有医生、护士、科研人员、学者、企业的经理和教师……他们都是在各行各业中为实现中国梦而努力奋斗辛勤耕耘的普普通通的劳动者。每每收到学生们从祖国各地传来的捷报，我禁不住心潮澎湃热泪盈眶，为了培养祖国的下一代，为了实现伟大的中国梦我竭尽全力贡献了自己的绵薄之力，那种当教师的自豪感、幸福感和获得感油然而生，无以言表。亲身经历了祖国日益强大的发展过程，谁能说这中间没有我们每一位劳动者曾经的付出与奉献呢？

如今的我已退休在家享受着国家给予我的优厚待遇，过着幸福的生活，每当夜幕降临，我会情不自禁地问自己，你是不是那首歌里唱的“黑发泛起了霜花”的烛光里的妈妈？是的！我自豪地回答自己。我和我的祖国一起成长，我和我的祖国紧密相连。我愿将深切的感恩化作对祖国母亲深深的祝福：我和我的祖国一刻也不能分割，我永远紧连着你的心窝；你是大海永不干涸，永远给我碧浪清波，我亲爱的祖国……

人物简介

徐念玉：上海江海三小退休教师，民建上海市奉贤区委会员。

从公交购票变迁看 70 年时代进步

殷博武

儿时上车掏钱买票

我儿提时代住在杨树浦鱼市场附近，门前的杨树浦路上有 2 条有轨电车线路，一条是 12 路从许昌路到静安寺，一条是 8 路从临清路到十六铺。每辆电车有 2 节车厢，前面一节车厢的车票要比后面的车厢贵 2 分钱。坐前面一节车厢从许昌路到提篮桥要 5 分钱，而坐后面的一节车厢只要 3 分钱。提篮桥是当年的商业中心，加上下海庙的香火不断，是一个非常热闹的地域，儿提时代的我经常想到提篮桥去玩耍，可是只能够走去再走回来，好累好累哟！难得有了几分钱，还得要从江浦路走到许昌路上车，为了节约 3 分钱的车票。上车后售票员招呼：上车请买票，月票请出示。我将捏在手心里的 3 分钱递给售票员，换来一张打有洞的车票。只见在旁边的爷叔从口袋里掏出一张有相片的硬卡，朝售票员扬一扬并喊了一句：月票！好不神气。这时我才知道这一张硬卡是上海市公共交通月票。

渴望拥有一张月票

进入工作单位以后，由于家离单位的距离较近，够不上购买月票的资格。当时购买月票要职工自己先填写月票购买申请表格，单位人事科有专人计算职工的上下班路线，有时还会派人沿着职工填报的线路走上一圈实地查看，按每次公共汽车最低票价5分计算，只有每月超过6元车费的职工才可以享受月票，由单位到公交公司指定窗口集体购买。1956年起公交月票不分普通、特价，统一改为公共汽车、电车通用月票，每张价格人民币6元，但只限市区线路使用，郊区线路、浦东公交线路是不通用的。看到不少同事都持有一张公交月票我心里痒痒的，多么渴望什么时候拥有一张自己的公交月票。

后来因为工作需要，我经常坐公交车在市区里东西南北的奔波，每周要报销车费，一张张小小的车票十分容易遗失，还要将车票黏在纸上，作为报销的凭证附件。我黏起来麻烦，领导和财务审核起来也相当花费时间，而且每个月的车费已经大大超过了6元钱，单位决定给我配备一张公交月票。当我第一次拿到贴有我照片的公共交通月票的时候，心里有说不出的高兴，多年的渴望终于得到了满足。当年公共交通的车辆人满为患，乘客的前胸贴着别人的后背，每平方米车厢要挤上23.5个脚，也算得上是吉尼斯纪录了。当我挤上拥挤不堪的公交车，看到其他乘客通过众人传递的“摆渡”方式才能够完成购票的过程，而我只要从口袋里拿出月票扬一扬，道一声“月票”就可以了，一下子仿佛觉得我就是小时候坐车时旁边一位出示月票的爷叔，感觉不要太爽啊！

有了月票的每个星期周日，我总要抽出半天的时间去坐公交兜风，心里㕵忖：趁着有公交月票坐遍全市公交线路，踏遍上海的角角落落，不过最终没有能够做到。一则当时每周做六休一时间有限；二则那时上海公交月票上都特别印有“浦东公交线路除外”的规定，公交月票不能够乘坐浦东的81路、82路等6条公交线路，直到1978年浦东地区才正式通用上海公交月票；三则最重要的原因是上海发展太快，公交线路迅猛增加，还辟有不少专用线路，比如龙吴专线、隧道专线、徐闵专线、曹江专线、翔敦专线等，专线大多有自己专用月票，普通的上海公交月票是不通用的，购买专线月票还需由单位派人到公交月票总发售处集体办理。

从“本票”到公交卡

上车买票和公交月票并存的年代终于渐行渐远，1996年1月1日起月票正式

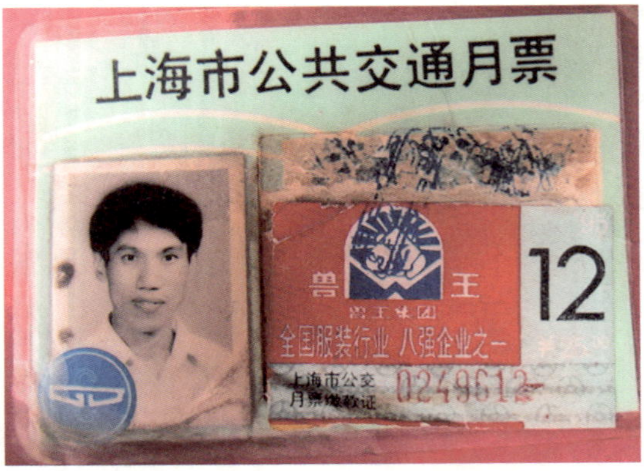

殷博武保存的上海市公共交通月票

退出历史舞台。我迄今为止还保存着贴有1995/12的上海市公共交通月票，月费25.00元。公交公司开始发放公交预售票，也称“本票”，代替现钞买票和公交月票。本票作为一种有价票据，将50张票订成一本，先后有0.50元、0.70元、1.00元和1.50元几种面值。作为乘车购票的凭证和无人售票的投币方式，乘一次车撕一张票，免除了上车卖票找零钱的麻烦，单位也把发公交预售票作为职工车贴的主要形式。同事间偶尔碰到身边没有零票时的尴尬，也权作零钱交换，毕竟每个人都要坐车的嘛！1999年底公共交通卡的问世并迅速普及，方便快捷让大部分市民不再使用“本票”，公交公司从2010年1月1日起停止发售公交预售车票，“本票”也完成了历史使命，退出了公交市场。“本票”和“月票”一样，都成为上海人乘车经历当中一段难忘的记忆。

近几年，公共交通卡的功能越来越多，除了公交车，轮渡、出租车、机场线路、地铁等交通工具全部实现了“一卡通”。交通卡不仅使用方便，而且换乘还能减免1元，充值点也越来越多，越来越便利。现在的交通卡不但能在上海乘，还可以到长三角部分城市刷卡乘坐公交车，也能享受当地的优惠待遇。2018年我们一群退休的老同事到江苏宜兴农家乐竹亭庄园小住，在宜兴上公交车准备买票，驾驶员提示我们可以用上海的公交卡，还享有优惠。我们纷纷掏出上海公交卡刷卡坐车，在晚餐桌上我们计算了一下刷卡优惠的金额，用公交优惠的金额多加了一道菜，一班老人充分享受到了公交卡带来的实惠。

与时俱进高科技

2018年11月起，上海公交又多了一种坐车新方法，可刷手机通过支付宝等手段支付车费，手持手机就能在全市所有线路乘坐公交、地铁了，实现公交、地铁、轮渡、单车等出行领域移动支付全覆盖，利用大数据构建“智慧城市”的数字出行。支付宝里暂时没有余额也可以先乘车、后付费，刷手机乘车同样享受换乘优惠。目前，上海共有近1300条公交线路、10条轮渡线路和地铁都可以通过刷手机坐车坐船。

吾辈老头赶时髦，请能者下载了公交支付的App，还在学习和使用的起步阶段，第七届中国（上海）国际技术进出口交易会上，传来了更加不可思议振奋人心的消息：坐公交车不用刷公交卡，不用刷手机，只要刷刷自己的手掌，就能够识别付费坐车了啊！据介绍这是一种高科技的体内识别方式，是基于通过手脉即掌心的皮下血管的生物特性，来识别身份论证的技术。在上交会的展台上有一辆熊猫智能公交车上，就配备了这一套全新的手脉识别系统。展望未来，普及刷刷手掌坐公交就在不远的明天！

新中国成立 70 年，坐公交“上车请买票，月票请出示”的声音维系了 47 年，使用公交本票到全部公交车全部刷公交卡维系了 14 年，从刷交通卡到刷手机再到刷手掌坐公交用了不到 10 年。从购票方式的变迁可以看到，随着时代的进步百姓生活日益改善，日子真是越来越有奔头！

人物简介

殷博武：上海华源药业有限公司质管部原经理，民建上海市杨浦区委会员。

两代人的接力赛

陶小明

“五星红旗迎风飘扬，胜利歌声多么响亮，歌唱我们亲爱的祖国，从今走向繁荣富强……”我父亲唱着它从北到南，从解放旧中国到建设新中国，奉献了毕生心血。我从小唱着它，长在红旗下，到如今也贡献了半生精力。经过两代人的奋斗，我们已经走在了小康路上。到 2019 年，中华人民共和国也整整 70 周岁了。

70 年，对于一个人的生命而言，如此漫长，几乎是整整一生。而中华人民共和国经历了 70 年，依旧是如此年轻，欣欣向荣，充满了活力。

走共同富裕的路

“越过高山，越过平原，跨过奔腾的黄河长江，宽广美丽的土地，是我们亲爱的家乡。”生于斯长于斯，有谁不热爱自己的家乡？有谁不希望自己的祖国繁荣昌盛？多少革命先烈抛头颅洒热血，才换来这大好河山！

我父亲怀着报国之志，20 岁参军，跟着四野南下，一直打到海南岛。他有一枚解放奖章，宝贝得很，还有各种奖章和立功证书，那是他特有的荣誉。20世纪50年代的父亲是个意气风发的年轻军官，生活简朴也讲品位，偶尔也会下馆子，还带母亲在上海国际饭店吃过西餐，花了4块钱。45年后我请二老故地重游，半个世纪过去了，上海的面貌翻天覆地。老眼昏花认故土，真是春色浓于酒。

我和父亲人生轨迹的重叠大致分为三段：我的童年，他在经历“文革”；我的中学，他在经历改革开放初期的转型。这两个阶段他都在忘我地工作，很少管我们。第三个阶段，我上大学，参加工作，算是接了革命的班。他离休退下来，工作重点转移到研究、著书和教育革命下一代上来了。

我父亲是中共党员，我是民建会员，所以我家也算多党合作，有团结有分工，有集中也有民主，先齐家而后治国嘛。他是计划经济思维，干了大半辈子计划经济，喜欢什么事情都有规有矩有计划。我是市场经济思维，初生牛犊不怕虎，市场不是资源配置的有效手段吗？尊重经济规律。他一直艰苦奋斗、艰苦朴素，我爱美爱打扮，说消费也是拉动经济的马车。我们常常争论得面红耳赤，我们的代沟其实也反映了社会的变革和时代的变迁。不管计划经济、市场经济，走共同富裕的路总没错。贫穷不是社会主义，国计民生，共荣共衰，国弱民也贫，国强民也富。

陶小明和父亲在天安门前

报效祖国　殊途同归

怎样才能报效祖国呢？我父亲的方式是革命加拼命。“为有雄心多壮志，敢教日月换新天。”他几乎没有休息日和上下班时间，一心扑在工作上，除了吃饭整天见不到他。他带领大家建了桥，修了路，他给公社送过拖拉机，捐助过图书馆。他不会游泳，抗洪时还带头跳进水里堵缺口；他带病拼命工作至大出血送院抢救，切除了三分之二的胃；他学雷锋，一辈子做好事，大公无私，把所有一切都奉献给了党和国家。《江西日报》登过整版介绍父亲的事迹，《新闻晨报》也刊登过对我们父女俩的访谈。他们那一代，这样的人还不少，以“先天下之忧而忧，后天下之乐而乐”为己任，他树立了一个我无法超越的道德标杆！

父亲那种艰苦朴素到了苛刻的地步。他的房子从未装修过，没有一件像样的家具，他也舍不得吃穿。他的收音机和手表都是20世纪50年代买的，用了一辈子。绝大多数家用是母亲负担，他自己的工资是用来学雷锋、扶危济困的，帮助了成百上千的人。

“文革”中，父亲度过了一段艰苦岁月。“文革”后，我们住在一栋灰楼里，晚上起夜要绕到很远的公厕，父亲是这栋楼里唯一一个这个级别的干部。其他同级的干部都住在两户一栋的小红楼里，楼上楼下，客厅电话卫生间，我很是羡慕。但知道父亲向来严格甚至苛刻要求自己，他是管后勤的，就这样来以身作则。我们住了6年，一直到我上大学离家，他离休进干休所，同级别同待遇，我们终于和别人住上了一样的房子。

党的十一届三中全会，历史又一次转折。改革开放后，短短几年就解决了吃饭问题。我在粮食部门体会最深，以前一个人每月30斤粮不够吃，后来10斤米还吃不了，因为食谱丰盛了。可见制度设计，道路选择，都要尊重经济规律。大方向对了，事半功倍，大方向错了，就南辕北辙。

父亲一如既往地爱国，以他自己的方式支持国货。20世纪80年代，很多人家都有了电视，就我家没有，我们就经常跑邻居家看。父亲看着太不像话，决定买个彩电。当时国内都是从国外引进的彩电生产线，国产组装的福日牌1030元，原装进口东芝的1080元，全家都赞同买东芝，只有父亲一意孤行要买福日牌，就因为福日算是国货。没办法，我们的觉悟不如他高，家里这种大事都他说了算，还是买了福日牌彩电。

怎样才能报效祖国呢？我认为首先是做好本职工作，不断提升自己，做力所能及的有价值的事情。我努力工作，自己有价值，对社会才有价值。我对“以人为本”深以为然，认为用不着过度透支自己的生命。人文关怀，社会情怀，人民福祉，有多大本事做多大事儿，在实践中不断提高认知水平和办事水平。

我和父亲的两种做事风格还闹了一个笑话：上海有一年刮大台风，狂风骤雨，晚上很晚了，父亲突然打个电话来，问我为何不到工厂去看看？这种时候应该奋战在第一线。我哭笑不得，工厂认识我是谁呀？这样的夜晚我不出门，就是不给政府添乱了。现代社会的特色之一，就是社会分工，让专业的人做专业的事。要到一定高度层次了，才能玩得转跨界。

改名风波

每个人身上都有时代的印记，70年的历史很多反映在取名上了。有叫建国、建军的，也有叫红卫、卫东的，名字是一种寄托。20世纪50年代初，我父亲将他的原名陶宇清，改为了陶苏华，就是那时以苏为师理想化的反映。

我还想把我过于普通的名字改得诗意浪漫非凡一些呢，可派出所不让啊。那时我十几岁，正在寻找存在的意义，我向父亲提出抗议，怪他漫不经心的给我取名小明，太普通了，没有给我一个好的开始。他说："邓小平同志的名字不是很普通吗？可并不妨碍他成为一个伟大的人。"

丈夫立于世，不是凭一个好名字，而是要立功、立德、立言。青史是否能留名，凭的是对社会的贡献和功绩。今天的邓小平同志以改革开放总设计师的功绩彪炳青史，我们都是受益者。于是我对名字不再纠结，但总有点小小遗憾，好在现在有了微信和各种自媒体，取了个微信名有聊居，公众号晚尚，聊以自慰。但要别人记住你，还是要有真才实学、真知灼见，能提供有价值的东西。

传承与发展

父亲喜欢跟我讲优良传统，说我们是革命后代、干部子女，要待人宽待己严，要处处吃苦在前，享受在后。他的重点在传承，是纵向的学习。我喜欢跟他讲发展，放眼世界，取长补短，依法治国，"己所不欲，勿施于人"。每人做好自己的事，社会自然就进步。我的重点是发展，是横向的学习。只有纵向横向的多方比较，才能有比较准确的立体定位，既不夜郎自大、故步自封，也不妄自菲薄、诚惶诚恐。人如是，国家亦如是。

活在长辈的期许中也是有很大压力的，无论我如何努力，他总是有更高标准、更多要求，没完没了。人还是要活成自己喜欢的样子，对于前人的智慧，有传承有发展，才能生生不息。时代在变迁，他学雷锋，我做公益，都是做好事，自觉自愿，因为这是对社会有益有价值的事，是内省的自我要求，而不仅仅是榜样的力量。整体人文素质的提高，与其靠道德说教，不如靠教育，靠基于人性的制度考量，"仓廪实而知礼节"。

香港回归的时候，父亲很想去看看，说就是想站在那片土地上感受一下，为祖国而自豪。但他的组织纪律性太强，说还要组织审批。我心说：你一退下来一几年的老头儿，自己办个通行证去就是了。几番折腾他终究没去成，留下终身遗憾。

如今的我们，可以满世界去旅行了，可以看看世界到底是什么样子。不看不知道，世界真奇妙，读万卷书，更要行万里路，诚不我欺。书是死的，人是活的，异域风情活色生香，每到一处，人文、历史、自然风光扑面而来，那种真实，那种震

陶小明（中）和世游赛的志愿者们

撼，那种身临其境的感受，不是一本书能带给你的。从前我们从书中认识世界，现在我们有了周游世界的能力，能更真实客观的去观察这个世界。这样的历史机遇，是我们前几辈的人不敢想象的，他们受条件所限，只能从书中去想象世界。现在的我们，放飞吧！还等啥？我们是中华好儿女，同时也是世界公民，祖国自有大好河山，地球村的风景也同样精彩。几千年的历史画卷都是全人类的宝贵财富，不画地为牢，自我禁锢，行者无疆，去感知世界，去拥抱世界，眼界开阔格局就开阔，探索世界运行的奥秘，下一站总有惊喜在等着你。

上一代谢幕，下一代接力

父亲退下来后，就在他的卧室里挂上了他的行动准则："思想上坚持共产主义世界观；工作上服从四化总体目标的需求；生活上力求大众化、实用化、民族化；作风上永远保持普通劳动者本色；品德上追求高尚正直的节操；知识上深化、广化、开放、吸收、更新；方法上全面、系统、时效、优化。"这么多年来他身体力行，有过之而无不及。

父亲写了很多理论、政策、时事分析研究论文，前后有42篇之多，大多交给了组织，有时也直接寄给中央。他组织原则性很强，只通过正规渠道建言建策。我在民建，有参政议政和社情民意的渠道，这是多好的平台啊。如果能够切实地提出问题、解决问题，社会就会越来越进步。

后来父亲发现网络是个宣传教育的阵地，就拿些纪念革命先辈、歌颂党、歌颂祖国的诗词让我给他发到网上，这说明他与时俱进，保持了终身学习的信念。

陶小明父亲陶苏华（左立者）参加希望工程活动晚会

父亲总是计划着月工资来帮助别人，每逢集体募捐他总是最多，经常高出第二名许多。他也经常向红十字会、慈善总会捐款，其他如希望工程、资助大学生等就没停过。我也建议过他把细水长流的善款存起来捐笔大的，那样才有号召力嘛，他不听，我行我素。

父亲在2007年的父亲节那天走了，去世时仅余当月工资2000元。他是幸运的，坚持自己的理想直到最后一刻，过了有尊严、有气节的一生。他在遗书中写道："我只有精神遗产，没有物资遗产。请把骨灰撒向我建造的大桥下面的江水中……永别了，我的祖国！"他的挽联概括了他的一生："大公无私鞠躬尽瘁为党为国为人民，一身正气两袖清风高尚品德昭后人！"

墓碑上刻着他的自题诗：

萍水相逢谢知音，万众同心报党恩。
百折不挠凌云志，险滩翔旋中华魂。
信人不疑终无悔，行高志远敢为先。
七十九载全名节，落英满地主义真。

赤子之心、爱国之情跃然纸上。

70 年，两代人的接力赛，父亲完成了他的使命，我仍需负重前行。以前讲子承父业，是拘于一家一业。现在都讲接班人了，我接的是社会主义的班，走的是国强民富的路。我要为早日实现中国梦继续努力，继续奋斗！

我是听着《歌唱祖国》的歌声写这篇文章的，熟悉的旋律一遍又一遍："我们爱和平，我们爱家乡……我们团结友爱坚强如钢……我们的生活天天向上，我们的前途万丈光芒。"这是我和父亲的心声，也是我和父亲走过的历程，我们始终不忘初心，砥砺前行。我相信这嘹亮的歌声，在即将到来的中华人民共和国 70 周年的各种庆典活动中，将再一次响彻云霄，也会沿着"一带一路"传唱开来。大国崛起，祖国的宏图伟业指日可待！

人物简介

陶小明：上海今亭房地产开发有限公司副总经理，民建上海市静安区委会员。

值得每个中国人来祝贺和回忆

陶敏之

2019年是中华人民共和国成立70年大庆，值得每个中国人祝贺和回忆。我是原工商业者，出生于1926年，按农历计算已经虚度95春秋了，是高龄老人。我庆幸生活在这个年代亲历了国家从站起来到富起来到强起来的全过程。在讲述这过程之前，先叙叙新中国成立前我的所见所闻，谈一谈新中国成立后我在党和民建等各个组织教育下如何接受锻炼和考验的过程。

建国前我的所见所闻

首先，我认为这与当时的外环境有关。要知道旧社会妇女的政治经济地位是从属于男性的。女孩子成年后唯一出路是“出嫁从夫”“为人妻”“相夫教子”，这是天经地义的原则。当然有极少数走上社会的先进分子，那是凤毛麟角。我对此忿忿不平，立志想成年后和男同胞一样对个人对国家有所建树。由于接受教育不多，接触面也不广。虽然在小学里读过中山先生的遗嘱，但一知半解；也读过岳飞的《满江

陶敏之与先生李正廷近照

红》，气吞山河，很感人。但我不知道如何才能爱国，发挥一个中国人的作用，让国家不受外来侵略，人民不忍气吞声毫无尊严地活着。我曾经认为像前辈那样开厂开店才算扬眉吐气。但现实告诉我不完全是这样的。10余岁时，我随家人从盛泽家乡避难到湖州，转道在浙江桑林的小船上遭到了国民党兵痞的抢劫。存放在湖州中国银行的货物也被劫走。又听到祖上在上海闸北开设的丝织厂也被日本人轰炸殆尽。人民根本没有生存的保障。

1943年我踏上社会，在祖父开设的打字社工作，既做会计，又做打字员，也教人学习打字，本来说可以安居乐业了，但又遭到了打击。因那时我年幼无知，曾到“陶公馆”去讨账（类似上海76号特务组织），结果被一只狼狗赶了出来。我的合伙人还被两个“黑皮”汪伪警察押着去修打字机。1945年，我在上海北京西路279号租赁了一间门面，开始做打字业务。那时我曾梦想能自己制造打字机，但是那时舶来品充斥了市场，我们店根本没有发展的余地，还平白无故被封了店门，被逼停止营业。其实这都是反动派企图对我敲诈勒索采取的手段，这一切都是旧社会留给我的印象。

喜迎解放　加入民建

后来听说要解放了，我像大多工商界人士一样感到无所适从。等到真的解放了，我的心情是错综复杂的，不知道共产党会不会和国民党一样欺诈中小企业，不知道自己的企业能不能有生存空间。但很快，这种疑虑就消除了。解放军进上海不扰民，坚决执行三大纪律八项注意。与此同时，中国共产党对工商界有明确的方针政策——“发展生产、繁荣经济、公私兼顾、劳资两利”。看来我的担心是没有必要的。随后的“五反”运动，让我知道有国才有家的道理。个人富裕，国家还是一穷二白的，那还是免不了受外来欺凌。只有放弃小我，才有大我。思想变化了，就主动配合运动的开展，不做“绊脚石”，心里也亮畅了。当时政府一再申明教育从严、处理从宽，我受政府支持到处现身说法，帮助业内解除顾虑，在当时是有一定作用的。运动结束后，一度业务萧条，我们厂连开伙也难，记得卢湾区团委一再鼓励我克服困难，工人同志自愿提出暂不发工资，我也主动将自己的首饰出售用来开伙，受到工人们的赞同。

不久迎来了难忘的1953年，市场一切欣欣向荣，工商界通过教育安分守己、合法经营。这时，我重新认识自己，认为自己应该从头开始。因为我常受到共产党有组织的教育，自己的思想随着大环境变化也有了变化。1953年，我加入了民建，成为一名会员，又参加市民青联各项活动，与工农青年一起参观学习，根本没有因为是资产阶级而被排斥。我还参加了青代会，这才体会到新社会的可爱。

我觉得自己尚年轻，来日方长，既要学习各界青年的朝气蓬勃，又要学习他们以实际行动献出青春。于是我决定要以实际行动响应国家号召。从此我开始积极支持企业生产，因为打字机在20世纪50年代属于文教事业的先进产品，我曾在业内带头参加统购包销，即以低于市场价近1/3的价格把产品包销给国家。当然，业内对我大有非议，认为我要出风头、争荣誉。合伙人也心有不甘。我现在回忆起来，我这样做，无疑是民建、青联让我受教育后思想认识有所提高的具体行动。

1954年第一届上海市人代会，我当选为代表，又出席了民建、青联中央召开的代表会议。其间，我又受邀出席民建、青联中央的陈叔通、孙晓村（黄炎培秘书）等几位领导人的便宴。我才逐步了解我的前辈都是以实业救国投身革命的。这支力量不可小看。他们都是我学习的对象。从此，凡是民建、青联安排的工作我都认真去执行。实际上这是一种锻炼的机会，比如让我做纳税小组长，让我开展的工商管理安全教育……都是在改造客观世界，同时也是在改造主观世界。公私合营也是同样如此。先从参观老合营企业开始，到迎接大合营高潮也是有一个认识过程。记得在卢湾区召开会议时，我振臂高呼成立工商界青年突击队，受到了全市的响应。1956年2月，我被推荐为全市60位积极分子之一，前往北京出席“全国工商界青年积极分子大会”，并且担任了上海市代表团的副团长，又一次见到了中央领导同志。我真的一心一意跟党走了，从此我成为半个公家人。我被任命为副厂长，民建、民青联一如既往让我出来参加各项活动和各类社会活动，如万人检查团、四清工作队……我心中暗喜，这是工商界中的极少数，我大概已被认为是自己人了。

历经挫折终不悔

意想不到的是，“文革”开始了，民建、民青联二会停止办公。是党的十一届三中全会扭转了乾坤，恢复国家以经济建设为中心，宣布原工商业者已是劳动人民的一分子，可以说普天同庆。

1979 年落实政策，我又被召回到民建、青联（原民青联）参加一些拨乱反正的工作，又控诉了“四人帮”罪恶行为。民建按中央指示发掘原工商业者的特长，也恢复工作，为“四化”服务。这一次我以妇女身份出席了全国各民主党派召开的“四化”界别交流大会，见到了邓小平同志，并参加了宴席。不久，邓小平同志又指出工商界“落政”后，“人要用起来，钱要用起来”。于是各地原工商业者以知恩图报的心情积极行动起来，上海就成立了全国第一家私营企业——上海市工商界爱国建设公司。我曾参加宣传集资工作，还根据个人所长协助公司开办了一家爱建打字社，介绍了近 30 人左右的知青就业。还随民建、工商联赴宁夏考察，同行人员有专业的服装、制革业……这一行使我看到边远地区与上海差距如此之大：工厂设备陈旧、原料大量浪费、人才缺乏……而上海民建成员绝对可以取长补短，工商界能工巧匠大有用武之地。大批原工商业者都对党的忠心不变，上了年纪的都从心底里感谢政府的统战政策，感谢各级组织协助政府推动人们努力进步跟上形势，我当然也是其中之一。

1982 年，民建、工商联“两会”送我去了党校。这次学习成员中有党外人士 170 人。我又系统学习了党的十一届三中全会的所有文件。学习结束后，我被分配到上海市政协，任副秘书长兼办公厅副主任。工作环境变了，单位里的党员占 95% 左右。但我没有被歧视，也不低人一等，我有职有权，作为统战政策在政协里的典范。不久全国掀起机关办三产之风，我被任命为振益经济贸易开发公司的法人代表。我一点思想准备也没有，一无资金，二无货源，仅一间办公室和几位办事人员。领导人是退下来的副主席，实在是一筹莫展。思来想去，我想我只能重操旧业卖打字机（当时要凭票供应）。在厂领导的极力支持下，我才打开了市场。后发展到出口真丝围巾和真丝服装，颇有效益，基本上做到“为机关创收、为职工谋福利，为国家间接创汇”。不久，政府落实机关要停止“三产”，我们就立即停办。我认为，我不负组织重托，做了自己应该做的工作。

伟大复兴生逢其时

2003 年我正式退休。试想一个整天忙碌的人一下子停下来，真有点无所适从。为此，我进了老年大学学习国画，也算圆了我童年时的心愿。我的爱好在童年时家庭不允许，后来走上社会时间不允许，加上“文革”更是不可能。现在可以了，就是人老了。从入学至今，已二十余年，我参加市级机关苍松书社、集兰书画社，天天自学临摹，迄今小有成绩，已有近十次被入选刊登在画册上，这是我退休后一大收获。

陶敏之与她的作品

陶敏之作品《垂钓图》

令人刻骨铭心的苦难已经过去了，老伴也先后受到外经贸的表彰，成为先进工作者。我在民建也被评上先进个人。几个孩子先后考上大学，两个以全奖学金出国，一个已是终身教授，著书立说；一个从哈佛大学毕业后参加工作到2018年，也已经退休了。

以上讲的是自我的获得感，来自改革开放中国特色社会主义。从大的方面讲，国家已非一穷二白，而是富起来了、强起来了，上到天上的大飞机，下到海底探索，地面上高速公路四通八达，边远山区正在脱贫。在党的领导下，特别是党的十八大以来，改革开放再出发。我认为我正处在伟大祖国复兴的时代，我的一生是生逢其时。我个人政治上没有压力，经济上不算富裕但也算超过小康，一切的一切，是70年跟党走，接受锻炼经受考验获得的。现在人老了，心没有变。我对我对祖国有信心，祖国后继有人，前途无可限量。作为中国人，我很自豪，中国一定会越来越强大，大家一定要努力、努力、再努力！

人物简介

陶敏之：上海市政协原副秘书长，上海市卢湾区第一届民建支部副主委。

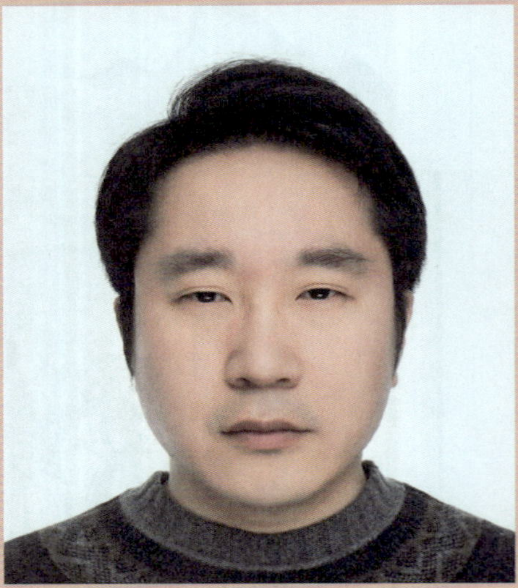

身在非洲　心系祖国

黄少鹤

2019 年，我们将迎来中华人民共和国成立 70 周年。这一年，“80 后”的我妥妥地“奔四”了。临近不惑，我反而对世界充满了求知欲，也燃起新的期许。我收拾下国内的业务，毅然踏上非洲这片比尔·盖茨说的“全世界都老了，只有她年轻”的热土，在走过 20 多个非洲国家后，最终落地东非肯尼亚。肯尼亚虽距祖国万里之遥，可我感到，走得越远，心离祖国越近。我所见的一切，所遇的一切，所感的一切，都让我身在非洲，心系祖国。

祖国的民航世界一流

记得第一次非洲之行选在农历除夕，我和太太一起搭乘了国航的航班。国航最大的优势是“安全”，国内三大航空公司都保持着顶级的安全飞行记录，此外完全不输于外航的硬件和日益提升的服务都令人欣喜。这次的除夕飞行，飞机上布置了很多祖国的元素，传统的窗花让人倍感亲切，每人还赠送了精美的书签，又增添了一份惊喜。正餐也提供了平时机上很少见到的饺子，年味十足。虽然我这次选择超级经济舱出行，可空乘人员依旧热情亲切，服务感觉与平时商务头等并无二致。坐久了起来踱步到备餐区域，空乘人员正在准备一道传统八宝鸭料理。“黄先生，要不要尝尝？”食物和服务都一样让人惊艳。和机上的“乘友”聊天中，大家都不约而同地称赞，祖国的民航业世界一流。在 8 万英尺的高空感受祖国的温暖，真是令人难忘！

2019 年 1 月 16 日，黄少鹤（右一）体验肯尼亚内罗毕 Matatu（本地私人公交车）

祖国的成就有目共睹

2018 年 7 月，我有幸参加了在南非约翰内斯堡举办的金砖国家领导人峰会。会议期间，当地的新闻媒体除了本国之外，报道最多的就是中国。“金砖领袖，大国之风”，和不同国家的友人聊天，他们均被中国改革开放以来几十年的巨大成就所深深折服，也对“一带一路”倡议发自内心地认同。2018 年 10 月，我还参加了在卢旺达举行的第二届非洲青年论坛。来自非洲各国的年轻精英们无论是会议上，还是私下里，最津津乐道的就是中国的新经济奇迹和互联网旗帜人物马云。在非洲兄弟眼里，马云是中国人民智慧和成功的代表，是非洲发展与希望的导师。在非洲兄弟眼里，中国的马云、马化腾，比美国的比尔·盖茨、“钢铁侠”马斯克更让他们佩服。从演艺明星成龙到创业明星马云，祖国对外输出的已经从传统的功夫变成了现代的商业奇迹！

祖国的后盾令人安心

2019 年 3 月，刚落地肯尼亚不久，内罗毕遭遇了恐怖袭击。过去只在电视上看到的情景就发生在离自己很近的地方，呼啸而过的直升机，打破寂静的阵阵枪响不禁让人感到恐惧。幸好有祖国的坚强后盾，中国大使馆第一时间发布官方信息，透过社群传递到每个人，提醒大家要注意哪些问题。各个华人微信群里也互相报着平安，由于在微信群里表达了酒店离事发区域较近的担心，一个不太熟悉的华人朋友立即联系我，把我接到了他的家中住了几日，直到危险警报完全解除。后来听他说，就是因为我们来自同一个祖国，身上留着同样的血液，所以接我过去，同胞间好有个伴。孤身飘在海外，这浓浓的乡情着实让人万分感动。

祖国的强大令人自豪

过去一年的非洲游历，无论走到何处，身在哪里，都能感受到祖国的强大。尼日利亚拉各斯的城际轻轨，肯尼亚内罗毕到蒙巴萨的蒙内高铁，安哥拉连绵十里的安居房，埃塞俄比亚首都亚的斯亚贝巴宏伟的非洲会议中心，连接数亿非洲人民的华为中兴电信网络……来到异乡，自豪感比任何时候都强。

当然，祖国的强大也是改革开放 40 年来靠着艰苦奋斗、逐步积累出来的。多年以前，祖国也才蓄势待发。一位 20 世纪 80 年代初就去南非的老华侨在忆起往事的时候就诸多感慨。他说，南非在 20 世纪 80 年代的时候就已经接近发达国家水平了，在那时候津巴布韦首都哈拉雷的高楼大厦可能比北京还要多。到了 20 世纪 90 年代，中国人才慢慢富裕起来了。21 世纪以来，随着祖国国力日盛，对非洲的援助和支持不断增加，令非洲兄弟刮目相看。尤其是“一带一路”倡议的提出，让非洲兄弟看到了和中国成为命运共同体，共同发展的希望。近些年，除了传统援建和贸易之外，越来越多的国人在非洲投资工业、投入科技创新，为当地创造了大量的工作机会和产业升级的机会。非洲兄弟与中国的感情也日益深厚。

长居非洲，离祖国地理上愈远，心灵上便愈近。亲情、友情、乡情，无论是刚到肯尼亚的“新肯”，还是已经许多年的“老肯”，都和祖国都血脉相连，从未断开。暂别非洲，再次踏上祖国的土地，感觉更加亲近，难舍难离。70 周年的人民共和国，就像父亲，教育我们成长；就像母亲，给与我们温暖；就像家庭，是我们坚强的后盾和支柱。

人物简介

黄少鹤：上海易酩酒业有限公司董事长，民建上海市徐汇区委会员。

时代的烙印　人生的变迁

黄罗维

2019年是一个非常特别的年份，我们迎来了中华人民共和国成立70周年。这几十年来，特别是在改革开放之后，我国的经济取得了快速的发展，人民的生活水平有了很大的提高。这一系列令人瞩目的成就取得，也充分体现了有中国特色政治制度的优越性，特别是中国共产党领导的多党合作制度，让党外人士可以充分建言献策，通过70年来在社会主义建设中的实践，正显现出越来越鲜活的生命力。

在这样一个重要时刻，回顾自己这么多年来走过的人生历程，我的内心感慨万千。其中，既有成为一位民建会员的无比自豪和荣誉感，更有作为一名参政党成员所必须承担责任和义务的紧迫感。自豪和荣誉，责任和义务，也让我对“民建会员”这个称号有了更多、更深的理解。其实，我们每个人的命运都与国家的发展紧紧地联系在一起，新中国成立70年来，大家在祖国的怀抱中不断发展和成长，每一个个体人生经历的缩影，也是国家在70年发展过程中的一个又一个真实写照。细细回忆一下这么多年来自己所走过的人生历程，感受到了角色之变、责任之变和事业之变，这些正是时代在我身上的烙印，也深深体会到了国家在各个方面发生的巨大变化，正走在不断繁荣和富强的进程中，通过民建、政协和本职工作的桥梁和纽带，自己也从多个方面融入国家发展的大潮中去。

角色之变

我在1995年加入了中国民主建国会，随之而来的，是自身角色发生的巨大变化，成为了光荣的参政党的一员，是当时徐汇区民建最为年轻的会员之一。参加民建后，给我感触最深的，就是民建的许多老前辈，他们无私无怨默默奉献，为民建的发展作出了巨大的贡献，许多感人的事迹我至今都还历历在目，对我来说触动很大。民建有着光荣的历史传统。在新中国成立后，许多民建前辈通过各种方式为国家的发展献计出力，为社会主义建设作贡献。对于我个人来讲，就是要继承民建前辈的优良传统，立足本职岗位建功立业。回想起20多年来自己的发展与变化，我深深地觉得，民建所赋予我的，是人生的又一个新的起点，更是自身政治素养的全面提升。

新中国成立以来，民主党派被赋予了新的历史使命，我们是在中国共产党的领导下，建设有中国特色社会主义的参政党。肝胆相照、荣辱与共，1989年12月30日，中共中央第一次以正式文件的形式发布了《中共中央关于坚持和完善中国共产党领导的多党合作和政治协商制度的意见》，这是新中国成立以来关于中国共产党领导的多党合作和政治协商制度的第一个全面系统的指导性、纲领性文件。该文件的发布，使民主党派有了更为广阔的发挥作用的舞台。2018年全国“两会”上，习近平总书记进一步提出，希望各民主党派和无党派人士要做中国共产党的好参谋、好帮手、好同事。

中国的新型政党制度需要我们深刻地去理解其内涵，并为之而努力奋斗。70年来，民主党派的地位逐步提高，发挥作用的舞台日益宽广，对此我也是感触很深。加入民建之后，我获得了不少学习的机会，这使得我各方面的能力有了很大提高。在民建的大家庭里，我也得到了不少锻炼的机会，比如我曾较早地参加了民建市委理论委员会的工作，参与了《建立评价制度，健全民建基层组织制度建设体系》《在继承中创新，在创新中发展，不断开创会务工作新局面》《建会65年来自身建设的基本经验》等多个课题研究撰写。这些课题在民建中央的评比中都获得了一等奖，我也多次受到了民建上海市委的表彰。2015年，我参与撰写的论文《创新驱动，依托互联网金融推动民营经济转型升级》，在上海市社联“学习习近平总书记系列重要讲话精神与推进四个全面”理论研讨征文评选中获优秀论文奖。

角色之变于我而言的意义是巨大的。我想，正是因为中国新型政党制度在70年中的不断巩固和发展，才使得像我这样一名普通的参政党成员获得了不断成长机会。从自己参加民建二十多年的经历中，也深切感受到了中国共产党领导的多党合作制的巨大生命力。

责任之变

如果说自己此前还只是一名普通的工作者，作为一名参政党的成员，时代则赋予了我新的责任，参政议政成了我重要的社会职责。1998年，我担任了徐汇区政协第十届委员，并且连续担任三届，还担任了十二届徐汇区政协常委。由此，我也与政协结下了浓厚情缘，也让我与上海乃至国家的发展更为紧密地联系在一起。2019年，同样也是人民政协成立70周年。70年来，在中国共产党的正确领导下，人民政协作为我国协商民主的重要渠道，在新中国由建立到富强的奋斗过程中，发挥了巨大的作用，显示出了独特的优势，而我也是其中的一位见证者。2017年，我曾再次担任了徐汇区政协委员。2018年，则光荣地被推荐为上海市政协委员。

刚刚加入政协时，对于如何当好一名政协委员心中真是没底，非常希望能得到各方面的指导，政协、统战部和民建等都给了我们许多学习的机会，使我们对政协的内涵有了更为深入的理解。新中国成立以来的70年也是政协不断发展的70年，自己也跟着政协发展的脚步不断地融入其中，也深深体会到了政协在国家发展过程中所发挥的巨大作用。作为一名政协委员，我深深地感到政协有着一种凝聚力，正是由于这种凝聚力的存在，使得政协的工作不断地向前拓展，也使它真正成为了一个各界别人士参政议政的大舞台，一次次的调查、研讨更是它最好的实践。凝聚力更会化作一种感召力，它催人奋进，也让每一位政协委员感到了所肩负的责任。

2018年黄罗维被推荐为市政协委员

黄罗维在市政协会议发言

一件件提案的提出和落实是最好的证明，在徐汇区政协，我撰写的《发展我区创意产业可打文化牌》以及《对进一步推动我区企业上市的几点建议》等获得了徐汇区政协的优秀提案奖，不少建言献策也受到了方方面面的关注，被《人民政协报》《新闻晨报》《新民晚报》《浦江纵横》《联合时报》和东方广播电台等进行了报道。比如民建市委有一份《调研建言》的刊物，很多会员建言献策的文章都会在上面刊登，这也成为了我能够发挥自身作用的一个大舞台。许多年来，我撰写的不少社情民意都被刊登在了《调研建言》上，甚至还有一些文章被中共中央统战部网站、中共上海市委统战部网站等转载，这对我无疑是一个巨大的鼓舞。

不少个案现在还记忆犹新，我曾撰写了《建议适度调整普通住房标准》的建言刊登在《调研建言》上。后来上海宣布调整普通住宅标准，对于自己的建议得到落实也是备感欣慰。我还撰写了《应对公共危机需更多发挥政务微博作用》的建言，提出加强对政府微博维护人员的培训、建立政务微博发布协调机制、政府部门应建立重大事件微博应急预案等建议，最后该文被中共中央统战部网站采纳刊登。2017年，《建立动态管控体系，加强历史建筑保护》的建言献策被上海市委办公厅和统战专报采用。

我在 2007 年获得民建上海市委参政议政工作先进个人二等奖，2008 年获民建上海市委“情系上海，共话发展”建言献策先进个人称号，2010 年获民建上海市委《调研建言》创刊 100 期先进个人，2013 年获民建上海市委“参政议政先进个人”，2014 年获民建上海市委《调研建言》200 期先进个人二等奖。

事业之变

新中国成立 70 年，特别改革开放以来，对于我国的投资理财市场来说同样是令人难忘的。在过去这些年中，理财市场风起云涌，新生事物层出不穷，也让人感慨万千。于我而言，正是伴随着国家的不断发展，让我的事业产生了许多新的变化，在我的人生轨迹中留下了深深的印痕。时间恍然飞逝，2001 年我来到《理财周刊》专注于财经新闻，周刊还刚刚创办，一切都是崭新的，但却孕育着勃勃生机。那时候中国的房地产市场也才刚刚起步，然而就是在这样一个时点，却是新一轮市场大潮的开端。由此，我也见证了上海乃至国家的一段发展历史。

记得2004年夏天，上海南汇的大发展初露端倪，我们来到现场的第一线进行报道，虽然那时天气非常炎热，但我们仍然四处调研，把南汇未来发展轮廓呈现给广大读者。后来的发展也印证了报道中所展现的蓝图，随着行政区划的调整，南汇已纳入了浦东新区的发展轨道，日益展现出了勃勃的生机。在过去的这些年中，这样的报道可以说有太多，它们都是上海社会经济发展的缩影，每一次都是城市发展的一个又一个制高点。

黄罗维在上海理财博览会上作演讲

这许多年来，也许是与财经有缘，我也把这一领域作为专注的园地，也深深感受到了上海这许多年来的巨大变化。上海的轨道交通线星罗棋布、四通八达，原来人气不怎么旺的郊县地区早已成了舒适的居住区，社会经济发展所取得的成就令人瞩目，随着改革开放的不断推向深入，整个城市的面貌日新月异。理财市场的发展同样令人炫目，从1990年上海证券交易所开市至今，市场中的投资品种越来越多元化，一道道投资理财的饕餮盛宴让市民们应接不暇。这一切的发展和变化，都在我们的《理财周刊》上不断得到体现，使我们的新闻报道有了很多崭新的素材。国家的发展是令人振奋的，市民们的财富不断积累，对理财的需求越来越大，周刊也发展成为一家多元化的理财传媒机构。在这期间，我也获得了不断成长，从记者到副总编辑，出版了《楼市大趋势》和《100个你不知道的财富秘密》（主编）两本著作，还获得了上海经济类期刊优秀工作者称号，一系列成绩的背后，感恩时代是我最大的感触。

蓦然回首，我感慨万千！这是令人心情激荡的70年，我们的国家从站起来，再到富起来，正在强起来，而我也在祖国的怀抱不断成长。过去的70年是值得我们纪念的，而未来国家的发展则更让我们期待，而我也时刻准备着，在国家深化改革的大潮中继续努力奋斗，作为参政党的一员，贡献自己更大的力量。

人物简介

黄罗维：上海《理财周刊》社副总编辑，民建上海市委理论研究委员会副主任，民建上海市徐汇区委会员。

毫芒写春秋

——我与微缩制作工艺

黄跟宝

我从事工艺美术设计，制作微缩艺术四十余年，我制作的微缩乐器和明清微缩家具工艺、微缩石雕、文玩工艺形成了颇具特色的“精致微缩艺术系列”。这一系列蕴含着中国人民的智慧，融汇了中华民族特有的气质和文化素养。我经常说一个人一生中找到一个自己认为很理想的路走下去，这是很幸福的。我的一切成绩离不开我们中华民族的优秀文化。

我出生在一个木工世家，从小在家庭环境的熏陶下，耳濡目染，对木制品情有独钟，很小便能分辨出多种木材品种。每当父辈们干木工活总是会在旁边观看，有时还想动手触碰工具，由于年龄小，父辈们怕伤着我，总是严厉吆喝不让我乱动。我们儿时的爱好和今天不同，那时代的孩子很崇尚解放军，我们受的教育、看的电影都是《小兵张嘎》《地道战》《地雷战》，每个孩子都希望有把木头枪，这是我们50后的成长的烦恼。做把木头枪就成了我最大的愿望。经过和大人的哭闹，总算有了一把驳壳枪的雏形，经过自己锉、磨、刮、砂，一把像模像样的枪诞生了。

记得那时我刚好小学一年级。上学后我又对音乐产生了兴趣，那时特别想学一件乐器玩。我们家住在沿街，街口有位摆代写书信摊的老者（现在看来也正五十岁左右）喜欢拉京胡，生意清淡时便会拉上几曲，或西皮或二黄，我想跟他学学，苦于没有乐器。因为京胡的皮很容易爆裂，他的京胡只能看不能碰。我看这京胡造型很简单，一个音筒、一根琴杆、二个轴，于是就产生了自己动手做一把的想法。量好了基本尺寸、了解了要点，我就想马上动手做起来。记得那是一个夏天，我找了一根细竹竿做琴杆，又发现母亲坐的竹椅的腿正好和京胡音筒差不多粗细，便偷偷拿到外面量好尺寸锯掉，按上琴杆琴轴，没有蛇皮就用薄铁罐做铁皮蒙上，安好弦，马老先生送我一根旧弓，声音竟然很响带有金属声，先生说适合拉西皮调。

初学乐器就从此琴开始。先生和我成了忘年交，在他那里我知道了很多关于京剧的事。那是一个夏天晚上，当母亲纳凉时发现了那三条腿的竹椅，心里是一团雾水。第二天我找了根木头修好了三条退的椅子，告诉了母亲此事，母亲严厉的目光中渐渐流露出慈祥的微笑。

我在迷恋乐器演奏的同时又对乐器的制作产生了强烈的好奇心。从 14 岁至 20 岁，我先后做了数百件木质乐器。

记得 14 岁那年，我父亲的朋友，川沙龚路镇著名雕花师傅赵林福，看我心灵手巧，有意教我手艺，让我每年寒暑假期去川沙跟随学艺。那时，当地风俗男婚女嫁家具都要自己让木工打制。从架子床、厨柜、顶箱柜、梳妆台、马桶箱、桌椅板凳，全套家具都要制作。锯、刨、雕、刻、装配……在长期的实践中我积累了丰富的木工与雕花知识，为今后的木艺制作打好了扎实的基础。

由于木工和雕刻技艺日益长进，我开始了小提琴的制作。当时情况下，小提琴很不普及，我对小提琴知识一无所知，在这种情况下要制作出一把小提琴难度是可想而知的。没有可查阅的资料，更不知道小提琴是怎样演奏的，只知道是放在肩上拉，还不知其究竟放左放右。

但是自从有了制作小提琴的想法后，我就不断地寻找资料。第一个想到的就是查《辞海》，《辞海》乐器条目里记载小提琴是弓弦乐器。古代东方弦乐器在欧洲长期演变而成，15 世纪末至 16 世纪后期逐渐定型。木制，分琴颈和琴身两部分，全长约 600 毫米，琴身长约 355 毫米，有弦 4 根，按 G-D-A-E 定弦，音域约有四个八度，琴颈部分附有指板，琴身部分由面板、底板等构成，内装有音梁和音柱。有了这些文字资料，下一部我就是按葫芦画瓢。要看真的小提琴实样就去当时上海南京路的中百公司（现在叫第一百货商店）橱窗里展示的小提琴实物。带上纸、笔、尺等绘制用品，把小提琴各部位比拟的画了下来。为了做好小提琴，我去了十次以上，回家就立刻准备材料动手制作。

做木工活的都知道木材的圆弧制作是相当有难度的。经过备料，锯、刨、挖，雕刻琴头，烘烤侧板，装配胶合，土洋结合用了许多替代品，我把制作船模的方法全部用上。经过数月的努力，一把带有奇异造型的小提琴终于完工。说它是小提琴但又不是小提琴，说不是小提琴但人家看了都说是小提琴，那就是当时普通大众对乐器文化的理解程度和见识水准。后来我好不容易找了位略懂小提琴的老师来拉，他看了后说这是一把奇怪诡异的乐器，这把小提琴最诡异的地方就是把部件都装反了，连颈上的腮托也是反装在右面。我竟然无所察觉，知其然而不知所其以然，真是无知者无畏。我想，当时如果让我装配武器、装配枪炮，那不是闹着玩，那要是谁敢试用，等于自取灭亡。后来，我潜心钻研，曾经四次受邀参加在德国米腾瓦特举办的“国际提琴制作比赛”，我制作的标准小提琴屡屡获奖，在制琴行业算是为祖国争了光添了彩。

中西乐器

有时候一件事或一句话，会对一个人产生深刻影响，甚至会改变他的人生方向。1974 年是我终生难忘的一年。我喜欢木工，爱好艺术，好爱动手，并一直在寻找我人生奋斗方向和目标。就在青少年生命力极其旺盛的时期，我参观了在上海博物馆举办的法国乐器展，这对我来说就是走进了乐器的神圣宫殿，人类太伟大了！这些木材在乐器制作大师的手中竟会变得如此美妙，我无法用语言来表达，此时一切的言语形容都会显的苍白无力。我内心翻腾，热血流动，幸福感油然而生。我决定和木材相伴终生，从此一发不可收拾。

从 1974 年至今，我就开始在工艺美术领域，按比例缩小乐器、家具、文玩。为适应微缩艺术作品的制作需要，我对雕刻刀具的磨制和工具进行了近百次的改革和创新，创新了数十种刀具，并对各种材质的研磨、打光和油漆等加工工艺开始了研究。

黄跟宝作品“微型小提琴”

我听说专门收录“世界之最”的《吉尼斯大全》中，记录德国人做的微型小提琴，琴身高 7.6 厘米，我就自己尝试用小提琴原质原材按 1∶100 比例制作意大利名琴“斯特拉利瓦利”，比德国人的微型小提琴还小。后来我又以 1∶225 制作，琴身仅为 3.9 厘米。我又听说美国人做的微型小提琴，身高 2.38 厘米，就再做一把微琴，按 1∶800 的比例，琴身高 2.1 厘米，第三次打破吉尼斯纪录。这把微琴以正式演奏琴材为标准，琴把、琴身均采用名贵木材，面板仅 25 丝，是普通头发的 1/3，4 根琴弦细若游丝，最细一根仅 2.5 丝。琴身呈半透明状的古铜色，琴背为虎斑纹，琴弦穿在芝麻还小的弦轴上，还能演奏出不同调的标准的音阶来。为此，大世界吉尼斯总部还聘我为大世界吉尼斯博览馆顾问。

黄跟宝作品“案上云烟”

我制作的微型明清家具，完全采用当时的工艺结构，严格保存了明清时期的工艺原貌，具有很高的传统价值。特别是作品“案上云烟”，以明清中堂形式，案上清供陈列有序，文玩配置，博古藏珍，好一副书香门第之景色。我在制作“案上云烟”时，选用紫檀、红木、印石、牙、角等高级家具材料，运用微缩艺术技法，再现明清文案景观，使观赏者一如身临其境，感受典雅的笔墨馨香。文案尺寸仅为360×160×164毫米。文案有抽屉八个，案上设有各种文房四宝、笔洗、多宝架、梅瓶、佛像、花熏炉。其中花熏炉形体大小仅如一颗银杏，炉上蟠虬玉龙三条，蜿蜒灵动，还有玉环十八个，环环相扣，每个玉环皆能各自轻巧转动，但玉环的间隙，连绣花细针都插不进去。

“微缩乐器”曾参展文化部举办的首届“中国民间艺术一绝大展”，“案上云烟”入选了2014中国当代工艺美术双年展。此外，作品“十八学士”获西湖博览会优秀作品奖，作品“多宝格”获上海民博会银奖，石雕“寒江独钓”获百花玉缘杯铜奖，“微缩文案”获国匠杯金奖。作品“清明上河图”也是我的得意之作，长仅20厘米，画上近千人物各具形态，栩栩如生。

多年来，我带着我的微缩作品，七次东渡日本参加展览，随后应法国、匈牙利、土耳其、新加坡邀请参加了许多国际性展览，我的微缩艺术逐步走出国门亮相于世界舞台，为传播中华文化、促进中外交流发挥了积极的作用。我也先后荣获首届上海市民文化节市民收藏大展“市民收藏家”荣誉称号、“十佳坊间能人”称号和第一届中国工美行业艺术大师荣誉称号。

新中国成立70年来，社会的安定，使艺术园地呈现一派百花齐放的繁荣景象；盛世的“收藏热”又使工艺美术的制作升高了温度；世界各国对中华民族工艺的热爱，更使传统工艺美术的发展向前推进了一大步。我衷心希望在这样国强民富的环

2014年在上海木文化博物馆举办黄跟宝大师微雕作品研讨会，前排左一为黄跟宝

境下，传统工艺美术能走得更久、更好。

人物简介

黄跟宝：上海三山会馆管理处副主任，民建上海市委文化体育委员会副主任，民建上海市黄浦区委会员。

祖国母亲陪我走过 70 年书画路

崔绍柱

中华人民共和国成立 70 周年了，随着共和国前进的脚步，我看到祖国从“一穷二白”走向繁荣富强，见证了伟大的祖国越过了一个又一个艰难险阻。在伟大的中国共产党领导下，中国巨人站起来了，我为祖国繁荣昌盛而欢呼，我为自己是大写的中国人感到骄傲。面对鲜花怒放、绿水青山的美丽祖国，总想说点什么。思量许久，我就讲述本人在这 70 年里坚持学习、研究、弘扬中国传统文化瑰宝书画艺术，所做的书画梦和走过的书画路，以感恩的心，来回报陪我走过 70 年书画路的祖国母亲吧。

“我的书画梦”——如饥似渴拜师学艺

可能我家世代都是教书先生的缘故，我从小就受到书画艺术的熏陶。耳濡目染，四五岁就认字背诗，6 岁临帖，照《芥子园画传》信笔涂鸦。书画成了我少年时最大的乐趣，成了我青年时最大的梦想。书画也成了我中年最大的追求，最终成了我老年最大的享受。

小时候学画，没有资料，一是借小人书回来照着描，二是到地摊上去买年画回来临，宣纸买不起就买最便宜的元书纸来画，同学和邻居都叫我“小画家”。我听了心里真是美滋滋的。有一天邻居秦家爷叔香烟厂的好友到他家喝酒，喝到一半，发现墙上贴着几张花鸟画，问是谁画的。秦叔讲：“是邻居家儿子画的，我看画得蛮好看的，就要了几张贴在墙上了。”客人叫他把我叫过去，再顺便拿上一叠画好的画。我被弄得稀里糊涂。这位爷叔和善地问了很多。“学的什么资料？”我摇头说没有，最好的资料就是路边买来的这些年画。又问：“为什么喜欢花鸟画呢？”我说好看，像真的一样，因我家附近有卖花鸟鱼虫的，是我一直去玩的地方。他继续问我：“有没有跟过老师？”我说没有。“那你想不想拜一个有名气的老师呢？”我答，那怎么可能？有名气的老师怎么会教我呢？他点着一张画说：“就拜被你临的这位老师如何？”我答，这画作者是江寒汀，不可能，这简直开玩笑！他看我疑惑的脸，就拍着我的肩：“你如肯勤学苦练的话，我替你介绍。”我也没有当回事。过了不到半个月，他叫我到南货店买了几包礼品，就真的带我去拜见了江老师。还没有叫我磕头，我就迫不及待跪下连磕了3个头，16岁的我终于有了学画的老师啦。真像是天上掉下来似的。后来知道，这位“贵人”爷叔就是江老师的大弟子——专画松鼠的杨村先生。江先生不但一遍一遍地教我，还开了稿子让我回家好好学习，画好后一张一张批改，并讲出许多道理。在江先生的耐心教授下，我的画艺日益大进。可惜江老师只教了我2年多就生病了，我也不敢去打扰他了。江老师嘱咐我不要停，吩咐大师兄乔木、钱行健继续教我。没有多久，江老师离开了我们。我就跟乔木、钱行健继续学习江派花鸟。乔木教学一丝不苟，十分严谨。钱行健教学比较轻松活泼，我喜欢什么就教什么，还开了好多稿子让我练，至今我还保存着他一大批稿子呢。

我跟着他们又认识了画院里的邓怀农、殷梓湘等一大批画家。他们各有特长，一有机会我就跟他们学，跟他们去看画展，仔细听他们对画的评论，大大提升了我的绘画水平和对书画鉴赏的能力。

我这一生中的拜师经历，要数拜“四王”山水传人施南池教授最为曲折。这事要从我借调到织纺局老干部处筹建离休干部疗养所说起。干休所筹备完成时，局领导视察后说会议大厅里还缺一幅画和一幅字，画要画12米×4米的黄山迎客松山水画，这么大的巨幅山水画对我画花鸟的人来说，就是棘手的问题。时间紧迫，干休所开馆日期已定，只好找资料硬着头皮干下去。经过一周的日夜奋斗，终于完成了，受到局长的表扬。但这事对我的触动太大了。我知道自己的不足，虽有花鸟画的秀气，但缺乏黄山和迎客松坚韧不拔的霸气。于是，我暗下决心要学山水画。父亲告诉我，他的小叔叔是画山水的，两江师范学堂毕业，他的山水教授是萧俊贤。萧老1949年在上海逝世，小叔就去了台湾。但上海应该还有萧老的学生。根据这条线索，我到图书馆查阅资料，发现有关萧俊贤多次在上海宁波同乡会办展览的消息里总有施南池这个名字出现。施南池先生现在是上海文史馆馆员和诗社社长。我的书法老师，富先生与他有一面之交，决定带我去试试。结果施先生以年老体弱为由连续婉拒了两次。但我没有放弃，经过再三打听，得知施先生和企业界一位老前辈顾老先生有结拜之缘，关系十分密切，我们就登门说明缘由，哪知，顾老前辈竟是豪爽爱才之人，看到我拜师诚心真切，便一口答应帮忙。在顾老先生的努力下，我终于第三次上门，拜在施先生门下，收为入室弟子。当施老师知道我手里收藏着一大批殷梓湘先生送我的“四王”画册珍本时，他告诉我：“萧老先生是王原祁的传人，你既然有这么多的珍本画册，我就专教你‘四王’山水吧。”一切好像都是上天安排好的，真是一环扣一环，我拜师学山水画也梦想成真了。

施老师告诫我，要画好画，首先要学会做人，他希望他的弟子们能把国画这一中华宝贵的文化遗产传承发扬光大。在先生悉心教授下，我不问寒暑，如饥似渴刻苦学习。记得一次得了急性阑尾炎，开刀后五天出院。出院第二天应该是我去老师处上课的时候，当我捂着伤口出现在老师家门口时，老师吃惊地说：你怎么不养好伤就来了。老师被我求知的热诚所感动，更加认真地教我，我也更加拼命地学。每前进一尺，我就与画家梦近一寸。在施老师的引见下，我又认识了“鱼王”吴青霞先生。

我就像不知疲倦的小蜜蜂，在百花园里吸吮着百花蜜，正如黄关从先生勉励我的题词：锲而不舍，滴水穿石。

我的“书画路”——钻研国粹乐此不疲

我的书画老师们，应该说都是画坛著名风流人物——江寒汀的花鸟，殷梓湘的马和山水，邓怀农的墨牡丹和菊花，施南池的兰竹和“四王”的山水，富铁畊的章草，吴青霞的鲤鱼和芦雁，都闻名于世。他们带领我在艺海行万里程，他们对艺术赤诚的心，他们对我的谆谆教诲，让我享用一生。老师告诫我，我们只是教你如何走路，但路还要由你自己去走。

在我跟随施南池教授专研“四王”山水十年后，时任全国人大副委员长周谷城教授看到我画的山水画，非常高兴地对施南池说：“我们老一辈要大胆地推年轻人出来，让他们拿出好作品出来，我们去捧场，托他们一把。”我听了很感动。两个月后，周谷城副委员长又为我写了“崔绍柱个人画展”展标寄给我。朵云轩的展厅已经全年都排满了任务，但他们硬是挤出一周的时间让我办展。

消息传到我当时所在单位——中国纺织机械股份有限公司，时任董事长黄关从十分重视，不但批准我脱产去准备，还通知公司办公室和宣传部门，要协力办好这次员工个人画展，要把这次个人画展作为企业文化的一个重要活动，并决定为这次画展出资。

1992年7月21日，“崔绍柱山水画展”在朵云轩隆重开幕。黄关从带着公司领导班子全体出席画展，他在致词中指出公司为员工举办个人画展，这是培育企业文化的一次具体实践，从中可以反映出企业职工队伍的素质，树立新型企业员工的形象，使企业职工体会和感受到荣誉感和自豪感，从而增强企业的凝聚力。出席开幕式的施南池、赵冷月、胡文遂夫妇、翁开运、吴青霞、任政、吴长邺、富铁畊、杨村、符骥良和薛景清等老艺术家们，为企业有这么好的领导，这么支持书画艺术活动报以热烈的掌声。

1992年7月21日，黄关从董事长出席崔绍柱（右一）画展

为了加强艺术交流，我多次在国内外举办个人书画展，每次展览我都认真创作，把它作为自己每个阶段学习总结的汇报。黄山展、天台展、雁荡展、扬州展、南京展、台湾展、香港展、日本展、加拿大展等都收到了很好的效果。

最难以忘怀的是交通大学成立120周年校庆。全国五所交大同时庆祝，声势浩大。上海交大在钱学森图书馆隆重举办了书画展，我有5幅作品入展，特别是我画的青绿山水长卷和巨幅双鲤腾飞图，引起了轰动。半个月展览结束，移师闵行交大图书馆展出，得到了校领导的赞许。2016年8月，在全国五所交通大学共同庆祝交通大学建校120周年庆典后，我随上海交大代表团赴台湾新竹交大进行回访慰问活动，我创作的国画《新篁图》作为礼品赠送给新竹交大，以几枝新竹挺力向上，下配以磐石，磐石是以2块形似上海和台湾地形的石头叠加一起，既表示二校的关系牢不可破，又祝贺新竹交大兴旺发达。接待我们的副校长听到这图立意，指示办公人员立即去精心装裱，陈列到校博物馆永久收藏。

我用手中的笔，为实现自己的书画梦在万里征途上就这样勇敢地亦步亦趋地前行着。

我的“书画心”——弘扬国粹服务社会

我们的国家正处在一个深层次的改革年代，为了实现伟大的民族复兴，国家的强盛，人民的幸福，就更需要我们的书画家以实际行动去弘扬祖国优秀传统文化书画艺术。我们应该创作出人民大众看得懂喜闻乐见的作品，去传播中华优秀传统文化。我们没有理由让这些传统书画艺术束之高阁脱离人民大众，更没有理由让传统书画艺术成为小众文化和贵族文化。

在民建活动中，2002年初我出席民革香山书画活动时就想，我们民建书画家和爱好者还不少呢，也应该有自己的书画团体，于是我鼓起勇气向时任民建市委主委的黄关从提出在会中设置书画组织的建议，搭建书画平台，丰富会员文化生活，增强组织的凝聚力。建议很快得到采纳和回复，6月份我接到通知，参加宣传部对组建书画组织的各项具体工作的筹备。经过几个月的紧张工作，准备就绪。为迎接党的十六大胜利召开，上海民建书画研究会成立暨首届书画展于11月6日在党派大厦隆重举行。研究会下设办公室，由宣传部原领导陆孝金任秘书长，我为办公室主任，二人常驻办公室处理书画研究会日常事务工作。办公室设在会员企业家管宝龙老总的办公大楼内，他无偿提供两间办公房，一间为办公室，一间为书画展示厅兼作会议室。由于书画家的热情参与，加上市委大力支持，大小画展、笔会、党派联展、出版画册等活动一个接一个，得到广大会员好评。在研究会5年期间，我们为民建尽了一份力。有人问，市委给你们多少津贴？哪有津贴，甚至车费和吃饭都是自己掏腰包，不要问为什么，因为我们都是民建人。

我任施南池教授艺术秘书期间，他老人家为了让我扩大眼界，结识更多的书画家，就把我推荐到上海交通大学东方艺术中心，参加他们的活动。可能施南池教授在交大有较大的威望，他是交大原文艺系资深教授，后又担任东方艺术中心名誉主

2003 年 11 月 24 日，崔绍柱（左一）在民建书画研究会周年庆上

任，故艺术中心特聘我为理事。从 2001 年开始至今我已在中心干了近 20 年了，从理事到书画部副主任，再到书画部主任、常务理事、副总干事兼书画艺术部主任。上海交通大学东方艺术中心现已成为上海交大对外交流的一张名片。由于我们是非营利组织，除学校组织的活动由学校报销外，班子人员都没有补贴，很多老教授风趣地讲，上海世博会时有“小白菜”志愿者，我们是学校“老白菜”志愿者。就是我们这群“老白菜”，用自己的艺术才能为学校为社会发挥“余热”，为丰富交大精神文明建设和文化生活无悔贡献一份力量。

电气集团民建会员中，有很多书画爱好者，要求组织书画辅导活动，因找不到星期天上课的老师而发愁。负责宣传工作的同志在一次民建画展上遇到了我，提出了能否为他们学习班上课的请求，我毫不思索就答应了他们要求，告诉他们，只要你们组织好人员，落实好上课的地方，定好时间，我来上课就是了。由于是初学爱好者，我还特地为他们制定了学习进度，为期 4 个月的国画培训班，每周 1 次，又是星期天，学员们风雨无阻，让我非常感动。现在我不但在民建组织支部活动中见缝插针宣扬书画艺术，传播书画文化，还扩大到其他党派团体和整个社会。凡是有单位来请上书画艺术课的，我决不打回票，并分文不取。同时，我为民建、政协、统战部门义务提供书画作品，供他们对外交流作为礼品赠送，毫不吝惜。

在民建组织中，我受到了教育，也享受到快乐，各级组织为我提供了施展书画才艺的舞台，我应该把所学的书画艺术回报社会、服务社会。我很高兴成为民建中

2007 年 10 月，崔绍柱（右二）和民建画家们进行书画艺术研讨

央画院首批院士、十二届民建上海文化委员会委员，还很荣幸地获得过民建市委宣传工作表扬个人和先进个人称号。

我用一生的努力和奋斗追求自己的书画梦，走过 70 年崎岖曲折的书画路。我感恩教导我的老师们，感谢组织的培养，更感激我的祖国母亲，我要画铁骨红梅，我要画腾飞万里，我要画绿水青山献给您——祖国母亲。

人物简介

崔绍柱：上海交通大学东方艺术中心和上海交通大学世界遗产学研究交流中心常务理事、副总干事，兼任书画艺术部主任，民建上海市浦东新区区委会员。

我的三次职业转变

崔霁阳

我和我的祖国，一刻也不能分割，无论我走到哪里，都流出一首赞歌……

我是中国民主建国会会员，生在新中国辉煌的70年里，在红旗下成长。国家原副主席宋庆龄先生创办的中国福利会少年宫，是我从小非常向往的圣殿，是我梦想开启的摇篮。1970年4月24日，我国第一颗人造卫星东方红1号成功发射升空，实现了毛泽东的指示“我们也要搞人造卫星”，从那时起，上海市中国福利会少年宫恢复科技小组活动。我受学校选派，参加少年宫无线电科技小组课外活动。头一天去参加无线电科技小组活动，我找到了位于少年宫主楼东侧北面近南京路的科技楼。进门看到活动室左边墙上挂着一幅红色横幅标语：“我们也要搞人造卫星”。无线电科技小组活动室隔壁是航模小组的活动室，这两个科技小组培育出许多科技专业人才，当年做小船，现在造大船，当年无线电爱好者现在成为国防科技建设者。这里是我度过了金色童年的地方。在指导老师的帮助下，我认识了许多无线电元器件，了解了无线电原理，成功装配出四管半导体收音机，那时是很高级的收音机，可以随身携带无线收听，一改家里电子管收音机用交流电固定收听的方式。指导老师是上海元件厂的技术员，他带来我国刚试制成功的集成晶体管给我们长见识，娓娓动听的讲述把我们带入无线电奥妙世界，形成憧憬未来自动化的梦想，对无线电产生浓厚的兴趣。1973 年我中学毕业，被分配在技校电子专业学习。

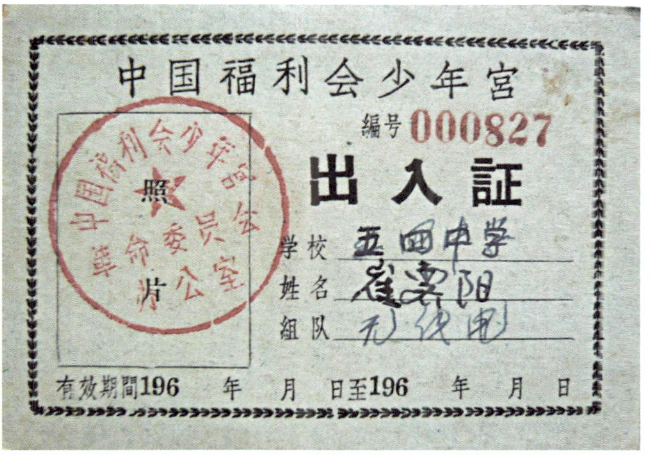
中国福利会少年宫
编号 000827
出入証
照片
中国福利会少年宫革命委员会办公室
学校 五四中学
姓名
组队 无线电
有效期間196　年　月　日至196　年　月　日

上海市福利会少年宫无线电科技小组出入证

1975 年，无线电专业学习毕业，祖国正处在备战、备荒时期，需要国防科技建设，我服从祖国分配，光荣赴皖南山区上海小三线从事军用雷达研制工作，严格遵守国家军事保密制度，认真负责研制地对空 305 雷达和地对地 372 雷达。在雷达研制过程中，通过机密档案查阅，参考前苏联雷达资料，对 372 雷达方位角发生器线路进行电子管替换为现代晶体管的改造，优化雷达装备，大大提高雷达方位角发生器性能。中国人民解放军保定炮校需要我厂协助编写雷达教材，我用自己学习到的无线电专业知识，与保定炮校教官一起研讨，提供雷达研制维修中所积累的技术经验，和保定炮校教官一起完善了许多有关雷达教材内容，结下了深厚友谊。当对

小三线军品雷达研制工作

越自卫反击战打响，我手把手带教一批又一批奔赴中越前线的昆明部队雷达兵，让上前线的雷达战士具备会操作能维护的过硬本领，狠狠打击侵犯祖国神圣领土的敌人。在前线战士浴血保卫祖国的时候，我和解放军官兵参加305雷达大会战，常常熄灯号吹过，我和解放军官兵还守在例行试验岗位上，直到起床号响起迎来第二天的曙光。经过夜以继日的奋战，305雷达定型终于获得圆满成功。每当前线传来捷报，我们都欢欣鼓舞。虽然没有上前线，但前线的胜利和我们日日夜夜的雷达研制是分不开的，我们对雷达产品生产的每一份心血付出，就是前线战斗多一份胜利的保障。祖国的神圣领土有我们研制的雷达时刻守卫着，我心中感到无比自豪。为祖国的国防科技建设，我把自己的青春留在了山沟里，这段经历永远铭刻在我的心中。

祖国改革开放，战略目标转向经济建设，我走出大山，经历了祖国改革开放给予我的三次职业转变。

第一次职业转变是我所在军工企业转产为民用无线电收音机产品。在国家百废待兴经济恢复刚刚起步，人民向往美好生活的时候，国家经济体制还处在计划经济的时代，上级部门要求我厂生产能满足广大边远地区民众和农民需求的调频调幅收音机。早在1980年祖国无线电有很大发展，有了调频广播，抗干扰、信噪比、失真度、音频输出带宽等指标大大优越于调幅广播。设计生产这款先进的收音机关系到我们小三线企业初步改革，为了转产的需要，我通过全国高考，学习了工业美术设计专业，担任无线电民用产品设计师。我和同事欣然接受这项艰巨任务，翻阅很多有关资料，研究调频调幅收音机，在市场消费能承受的要求内，成功设计出民用产品调频调幅收音机，还配有皮套满足农民劳作中能背能挂的需求，受到全国用户欢迎，产品销量几十万台，使祖国边远地区民众和农民生活水平显著提高，收音机产品荣获上海市优秀新产品奖。

1986年随着祖国改革开放发展需要，国家产业调整，小三线撤回上海。我担任工程师，参与设计民用产品收录机，产品获国家银质奖，以优异的产品质量夺回进口收录机占领的市场，我为祖国的国产收录机感到自信和骄傲。

第二次职业转变是在祖国改革开放的推进中，社会主义计划经济进入到市场经济时期，国企进入市场经济商业运作，产业盈亏独立核算，有了产销自主权。我的产品设计工作转为产品推广工作，担任企业广告部设计师，负责产品推广，策划设计报纸杂志平面广告和路牌车身广告，组织社会系列广告活动。工作中，我经常与上海广播电台、电视台、报纸杂志磋商广告发布，参与策划设计深受群众欢迎的节目广告、电视广告及报纸杂志广告。空闲时漫步在祖国日益繁荣的大街上，看到

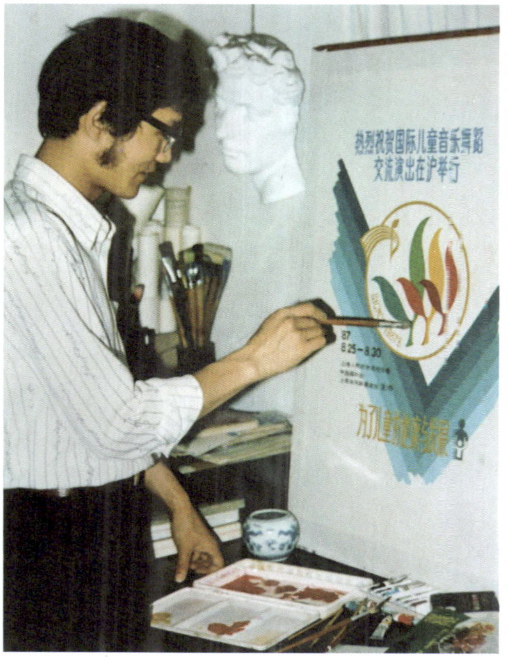

为 1987 年上海国际儿童音乐舞蹈交流演出创意设计广告宣传画

自己推广的新产品，听到自己所策划设计的产品广告，我深切体会到广告信息传播对祖国丰富多彩的市场经济发展有多么重要，市场经济给祖国带来了繁荣。

第三次职业转变是在市场经济条件下，每个劳动者获得了自由择业的权利，让我获得充分发挥智慧的机会，我也做过星期天工程师。业余时间，我用无线电专业知识参与设计了收录机磁带拷贝机和电子琴，常常为中小企业和乡村企业的产品做一些技术支持，享受到了从没有过的改革开放政策红利。择业自由，打破了“大锅饭”“铁饭碗”的束缚，充分发挥劳动者的才干。

20 世纪 90 年代开始，祖国敞开大门，引进外资参与建设。我出任外资企业华东地区设计部主任，推广国际品牌，在华东地区负责设计了百多个专卖店，在上海南京路、淮海路、四川路、徐家汇和浦东八佰伴都能见到我的设计作品。祖国的经济发展越来越与世界接轨，大大提升了人们对生活品质的讲究。

当祖国建设科学发展，各行业数字化兴起时，我担任计算机杂志编辑，为祖国各领域计算机应用推广做了大量的普及工作，为祖国四个现代化不再遥远而努力。

全国奔小康时代开始，人民对美好生活需求高涨，汽车、房子成为很多人生活中的标配，我担任汽车杂志编辑记者，通过在汽车市场的采访、调查，发表多篇汽车材料与安全的文章。在人们对住宅要求越来越高的时候，我担任房地产书刊编辑，出版发行房地产典型住宅书刊，多次组织发布上海市房地产市场预测开发研讨信息。看到祖国日新月异飞速发展，老百姓生活水平如芝麻开花节节高。

2003 年，我光荣加入中国民主建国会，通过组织教育和培养，更加热爱伟大的祖国。为祖国改革开放发展经济，实现美好生活，我响应组织的号召，在新时期继续发挥自己的专长，积极参加组织的参政议政和献计献策，也多次反映基层的社情民意。曾经对上海市地铁的调度提出合理化建议，获得组织的认可和嘉奖。又有一次我经过社会调研，提交了关于养老院对老人收费问题的建议，得到各级组织关注，建议送至市级有关部门和中央有关部门。在此期间受到统战部同志多次指导，深受组织无微不至的关怀，感到了组织的温暖和爱护。

从祖国培养的无线电爱好者、祖国国防科技的建设者，到祖国改革开放的参与者和见证者，我深深感到祖国这块土地处处滋养着我平凡地幸福成长。

我最亲爱的祖国，我永远紧贴着你的心窝。祖国啊我爱你，这不是歌词，而是我的心声。为了您的繁荣昌盛，我将继续履行中国民主建国会会员的责任，关注民生热议，为祖国为人民做好基础工作，为祖国奉献自己一份应尽之力。

人物简介

崔霁阳："典型住宅"丛书编辑部总监，民建上海市静安区委会员。

传承匠心

傅麟勇

我觉得我很幸运，因为我从出生之日起就与祖国紧密相连。1986 年 10 月 1 日，在中华人民共和国 37 周年庆的日子里，我来到了这个世界。

我从小就觉得生日在国庆节非常棒，因为在生日的时候能看到黄浦江边的烟花绽放。

我孩提时代的记忆是从一声声“咄、咄、咄”的敲击声中起始的，那是我爷爷制作、修理秤的声音。爷爷是一名老共产党员，从工作单位退休后，又在家里做起了他小时候“学生意”学来的手艺：修秤。我们家住在南市区的老城厢里，离家不远处就有几个“自由市场”，小商贩做买卖离不开秤，爷爷的手艺好，他做的秤都是用上好的硬木料，黄铜的秤钮秤芯，靠锤子、锉刀、焊锡精心制成。渐渐地，在我家附近，老傅家的秤也小有名声，每天都有不少小商贩来我家买秤修秤。“咄、咄、咄”的敲击声伴随了小学的生活。但不知从何时开始，家里修秤的生意开始逐渐清淡下来，爷爷也不再在每天早上 5 点多就开始敲敲打打，后来，他为家里做了

爷爷做的纯手工秤

几杆秤后就不再制作新的秤了，偶尔帮老客人修理一下秤，家门口门牌下，用毛笔写的“修秤”两字也慢慢斑驳起来。爷爷空闲下来，每天去公园跳舞，和邻居聊天，偶尔和我下下象棋，晚年过得悠闲淡泊。

“修秤匠”这个职业，我也不知道始于中国悠长的历史中的哪个年代，但我估计也有近千年的传承，爷爷本想把他的手艺传给我爸爸，但爸爸并没有好好学，后来他去了工厂上班，也就把这门手艺遗忘了。有时候我调侃我爸爸，幸好您没跟爷爷学做“修秤匠”，不然现在哪有人需要杆秤呀，也许只有新人结婚，乔迁之喜，才会买一把小的工艺品杆秤，寓意称心如意吧。

2009 年，我从大学毕业，参加了工作，在制药行业中，从事药物制剂研发工作，这个行业算不上新兴行业，但也是一个蓬勃发展的行业。刚入行时，我懵懵懂懂，所幸公司的总工程师是行业内的专家，带着我一起做试验，教会了我很多药物制剂研究中的理念。“QbD”是他传授给我的最重要的理念，“QbD”指“Quality by Design”即是“质量源于设计”。正是这个理念，督促我把药物制剂研发工作做到精益求精。不仅是为了公司生产的药品能更好的符合质量监管的要求；更是为了患者的用药安全，为患者的健康谋福祉；为祖国医药行业的有序、蓬勃发展贡献自己绵薄之力。

2016 年，李克强总理在《政府工作报告》中提到了“工匠精神”一词，忽然惊醒了我。“工匠精神”本指手艺工人对产品精雕细琢、追求极致的理念，即对生产的每道工序，对产品的每个细节，都精益求精，力求完美。想起来小时候爷爷为了秤钮与秤杆中间连接的一根插销，几乎跑遍了整个上海，只为了能找到最好的那半根针大小的不锈钢，因为当用秤的时候，提着秤钮，所有的重量都集中在这条不锈钢插销上。这半根针大小的插销，也许就是爷爷制作的秤经久耐用的原因之一吧。虽然“修秤匠”这个职业已经几乎消失，但是做一把好秤的工匠精神已经传承下来。我是一个“修秤匠”的孙子，“斤斤计较”，毫厘必究的精神已经刻在了我的骨子里。随着工作年限的增长，我对制药行业知识了解加深和工作中承担的任务越来越多，我更深切地了解到，制药行业，尤其是我所从事的药物研发岗位是一项多么严谨重要的工作。如何控制药品研发生产过程中的技术参数和风险，必然需要应用到“工匠精神”，对工艺内容精益求精，对质量控制吹毛求疵，让每一位患者用的每一片药品都是放心药。

2018年，在上药集团和公司的领导和支持下，我和我所在的部门在工作中也取得了一些成绩，我部门牵头研发的“盐酸氟西汀胶囊”一致性评价项目的补充申请，国内首家获得了国家药监局的批准，在其他品种的一致性评价工作中，也出色地完成了集团和公司的任务目标，荣获2018年上海医药集团“团队贡献奖”和上海市嘉定区“青年突击队”称号等荣誉。一切取得的荣誉和成绩，都说明研发工作需要脚踏实地，扎扎实实地去做。在今后的工作中，只要我们继续秉承“工匠精神”，对工作精益求精，定能取得更好的成绩，为公司创造利益、为患者谋求福祉、为自己证明价值！

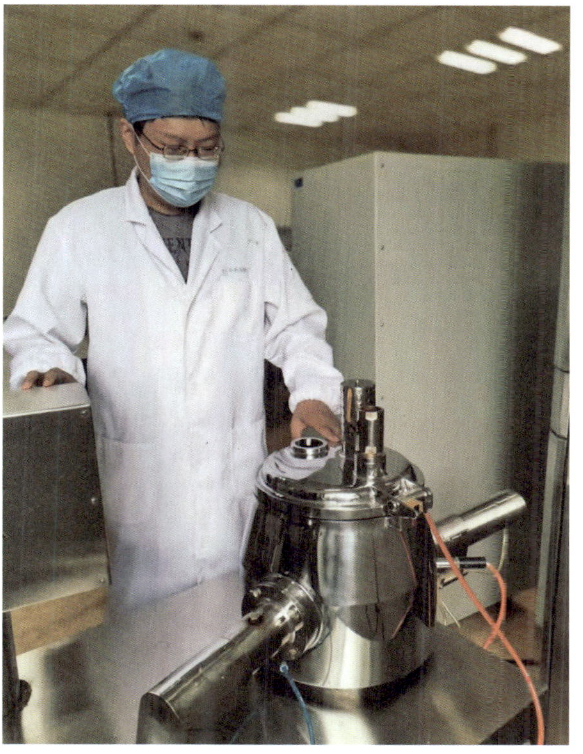

傅麟勇在工作中

2018年，我在公司的推荐和组织的考察下，非常荣幸地加入了中国民主建国会。在这个具有光荣历史传统的组织中，我又找到了新的奋斗目标，不仅要在工作和生活中锻炼自己的技术水平，更要积极培养政治素养，为祖国更加繁荣昌盛的未来，贡献自己的力量。

我爱我的祖国，正是祖国的繁荣发展为我们带来了日益美好的生活，为我们实现人生目标和事业理想提供了坚实的平台。每年的“十一”，祖国和我共同成长一岁，祝愿我的祖国更繁荣昌盛，也希望我的绵薄之力能为祖国更美好的未来添砖加瓦。

人物简介

傅麟勇：上海上药中西制药有限公司制剂开发部经理，民建上药支部会员。

我和共和国一起成长

谢荣生

我出生于中华人民共和国成立前夕的1948年，自幼与两个哥跟着父母到处逃难，过着颠沛流离的生活。新中国成立初期，我国还在一穷二白，处在百废待兴的建设阶段，在党和人民政府的领导下，父母盖起了楼房，不但有了固定的居所，还开了一爿小店，全家过上了稳定的生活。我们的少年时代虽然物质条件不够丰富，但社会安定、衣食无忧、生活幸福；我们上学时代崇拜的英雄是董存瑞、黄继光等革命先烈；我们学习的楷模是雷锋、王进喜等先进人物；当时受到的教育“为人民服务”这五个字影响了我的一生。

1968年10月，我从上海市商业学校摄影642班毕业，被分配到国营照相馆工作。当时正值“文革”期间，照相馆拍摄的是清一色的黑白证件照、合影照；人们穿着的服装也是蓝灰色、军绿色的中山装、两用衫。我在为顾客拍摄美术照时，想采用黑背景映衬，或披块头纱作点缀，都会被定为“小资产阶级情调”；我想向师傅们学习技术，师傅们也“谈艺色变”、人人自危，唯恐被扣上“反动学术权威”

的帽子，我当然也就被冠以"走白专道路"的典型了。当时的我二十来岁，正所谓"初生牛犊不怕虎"，买不到可供学习参考的摄影书籍与画册，我就到周围废品回收商店寻找，将废旧报纸杂志里刊登的摄影作品剪贴成册，带到家中认真学习、仔细琢磨，虽然废品回收站里气味难闻、灰尘满屋，但当我从中找到一张想要的摄影作品时，不禁欣喜万分；为了能学到前辈们的摄影经验，当面聆听专家们的指点，我利用每周一天的休息日，骑着自行车到南京路、淮海路等，去观摩本市各大照相馆橱窗里的摄影作品，并带上自己拍摄的照片登门求师学艺，虽然有时会吃闭门羹，但在我每周的坚持下，最终都能如愿，得到大师们的指点；我想光看、光听是不够的，必须付诸实践才能真正得到提高，于是，上班时把为顾客拍摄的每一份照片都当作摄影作品来对待，将看到、听到的摄影知识用于每一位被摄人物的姿态造型、光线布置、画面构图与表情捕捉之中；下班后邀请当时盛行的工人、农民、解放军等作为模特，进行摄影创作，从中琢磨曝光控制、质感表现、影调构成、神态掌控等摄影技术。

功夫不负有心人，我的努力学习终于等到了施展才能的大好时机。1978年，党的十一届三中全会后，改革开放的春风吹遍祖国大地，我所从事的摄影行业也迎来了百花齐放的春天。我设计的"双式照""菱形照""生肖照""叠影照"等数十种花式品种，不仅生意兴隆，受到广大顾客的喜爱，还被本市各区及外省市照相行业的同行们前来学习观摩、纷纷仿效；我在照相馆"五一""国庆""春节"等节前更换橱窗的阶段，不失时机地分批推出杨在葆、王文娟、任桂珍等文艺界著名演员的肖

免费为社区老人拍摄赠送金婚婚纱照

像照片，引起了轰动，橱窗外的人行道常常被挤得水泄不通，照相馆的业务也与日俱增。其实，在得到领导和同行认可的背后，我默默地付出了许多，每天下班后我独自一人，在单位里设计制作拍摄花式品种所需的各种图案与模版，常常义务工作到下半夜，第二天一早又出现在摄影室内上班。同样，照相馆橱窗里陈列的名人肖像，也是我利用休息时间想方设法上门邀请，为不影响照相馆营业时间内的业务，等照相馆打烊后，没有顾客的时候我再进行拍摄创作，有时一个人忙到深夜十一二点钟才回家。虽然很累，但我却无怨无悔、乐此不疲。在这一段时期我也积累了数百位艺术家肖像，至今看来十分珍贵。

1983 年，由于市场经济不断深入，企业生产的产品需要通过广告传递信息，我抓住这一发展机遇，率先开展了广告产品摄影的拍摄业务，主动联系上海广告装潢公司、上海中艺美术社等单位，给它们为企业单位印制产品样本、制作灯箱广告等业务提供广告产品的拍摄服务。当时广告产品摄影在我国刚刚起步、方兴未艾，没有现存的书籍及范本，也没有经验和规律可循。我每天下班后骑着自行车到南京西路的上海图书馆，从借阅的外文期刊中寻找有关广告产品摄影画面创意、广告产品拍摄表现技巧等相关资料，画好草图以备后用。通过我的努力，当时上海手表行业、轮胎行业、自行车行业、电视机行业、制皂行业等数百家企业都慕名而来，成了我的固定客户，我为自己单位创造了良好的经济效益和社会效益。虽然当时拍摄一张产品照虽然只收 13 元，但我却以广告摄影的标准来严格要求自己，力争以主题鲜明突出、形式完美和谐、手法新款奇特的表现方法来完成每一幅作品的创作。有时为了酝酿一幅独具匠心、令人叫绝的广告摄影作品，我盯着面前的产品发呆，苦思冥想好多天才找到灵感。同行们看到我拍摄的广告产品照片时，有些人不解地说我“傻”，认为我收这么些钱不值得如此认真，甚至于当时广告摄影行业协会多次开会讨论，敦促我涨价。但我却认为，“广告摄影的传播面广、社会影响大，所拍摄的作品不是用金钱可以来衡量的，在为客户辛勤创作的同时，自身也是一种提高”。当然，在多年的广告产品摄影拍摄中，我的作品不仅得到了企业的认可，还在国内举办的广告摄影展览中多次荣获金、银、铜等大奖。1992 年，我与广告摄影师刘建新在上海市展览中心举办广告摄影作品联展时，市领导看了我们的广告摄影作品后，高度赞扬地说“达到了国际水平”。我本人也根据拍摄实践，总结并编写了《广告摄影教程》，在上海工程技术大学、上海交通大学等多所高校担任广告摄影课程的教师。我还在本市和外省市摄影行业开设广告摄影讲座，为提升我国广告摄影创作水平、培养更多的广告摄影人才作出了不懈的努力。

1999 年，我国改革开放进一步深入。我已经 50 岁了。我带领单位 8 位员工下海，成立了“上海谢荣生摄影工作室”，面向了市场，传承“海派人像”的精髓，开发了典雅大方、富有韵味的婚纱照、全家福、职场照等艺术肖像的服务项目，满足了人们日益提高的审美需求。同时，也见证了我国摄影行业从黑白到彩色、从胶片到数码的飞速发展。并于当年9月成立了“上海谢荣生摄影艺术职业培训中心”，以“崇德尚艺、执着追求、锐意进取、德艺双馨”为宗旨，在市、区民政和人社部门的指导帮助下，积极开展摄影师初级、中级、高级、技师、高级技师等职业培训。近20年来，有一万多名学员经考核鉴定，分别取得了国家摄影师初级至高级技师的职业资格证书，为本市和全国各地培养并输送了大批摄影人才。学员中有一百多人在国内外影展、大赛中摘金夺银，有三十多人被吸收为中国摄影家协会会员，有五十多人被吸收为上海市摄影家协会会员，成为本市专业摄影师队伍的中坚力量，分别在新闻纪实摄影、商业人像摄影、广告图文摄影等领域发挥了积极的作用。我的工作室尤其在残疾摄影师培训方面取得了丰硕的成果，为残疾人自强不息、融入社会尽了一份力量。聋人学员朱德春，取得国家一级摄影师资格，在本市、全国的残疾人职业技能大赛中荣获第一名，并在代表中国参加世界残疾人职业技能大赛中荣获了第一名，为中国、为上海赢得了荣誉。聋人学员费锋、邹洁取得国家一级摄影师资格，还分别在商飞公司、中国电信等企业担任专职摄影师，为国家拍摄了大量珍贵的历史资料。上海谢荣生摄影艺术职业培训中心在上海市人力资源和社会保障局开展的“办学质量和诚信等级”评定中，连续九年被授予A级机构的称号。

谢荣生为徐虎等数百位劳模拍摄肖像

谢荣生举办摄影讲座

回顾自己数十年从事摄影工作的生涯，我在平凡的工作岗位上，无怨无悔地做好自己的本职工作，得益于各级领导的关心与帮助，得益于单位同事们的支持与帮衬，更得益于民建商二工委和朱天民先生等民建老前辈言传身教、潜移默化的影响，我不忘自己是一位民建会员，坚定了“清清白白做人、认认真真工作”的信念。为回报社会对我的培养和关爱，长期以来我免费为于漪、徐虎、包起帆等数百位著名全国劳模、两院院士拍摄艺术肖像，并于2014年国庆节在上海市工人文化宫举办“光荣与梦想——谢荣生劳模肖像摄影展”，开幕式上吸引了杨怀远等百余位著名全国劳模，以及广大摄影爱好者的踊跃参加。

如今，在庆祝中华人民共和国成立70周年之际，回想自己几十年走过的漫长路程，能亲身经历新中国成立以来的各个历史时期，目睹了从贫困落后的新中国成立初期，到改革开放、全民奔小康的新时代，我国发生了翻天覆地的巨大变化、取得了令人瞩目的伟大成就，让我倍感自豪、充满信心。我作为一位民建会员，更应与党风雨同舟、肝胆相照，发挥自己的专长，为我们共和国美好的明天增光添彩。

人物简介

谢荣生：上海谢荣生摄影艺术职业培训中心艺术总监，民建上海市委综合工委会员。

感怀祖国养育恩　勇做时代奋斗者

薛　芹

我的家乡连云港，坐落在黄海之滨，自然资源和人文景观都很丰富，是一座美丽的旅游城市。记得小时候玩捉迷藏，误入一处纪念馆，立刻被里面反抗侵略者、建立新中国的宣传画册所吸引。英雄们为新中国的成立抛头颅、洒热血的伟大形象深深地印在我的脑海里。正是在那里，我开始有了人民与祖国同呼吸、共命运的概念。长大后我离开家乡求学、工作，更加感受到中国发展带来的力量，也切身体会到个人前途与祖国发展的紧密联系。

中国力量：成就不凡，助力梦想

父辈们总说我们这一代人是最幸运的。确实如此，在我成长的重要阶段中，总是有好事发生。在我即将上小学的时候，国家出台《义务教育法》，实行九年制义务教育制度。明确规定义务教育适龄儿童必须入学且不收学费。中学时代经历举世瞩目的香港回归。至今记得全校师生聚集在礼堂观看回归仪式，见证庄严的历史时刻。随着米字旗的徐徐降下，英国在香港的殖民统治宣告结束。最激动人心的时刻，就是在国歌声中，国旗与区旗一起徐徐升起。礼堂中响起经久不息的掌声与欢呼。那一刻，仿佛自己也置身在仪式现场，内心的激动难以抑制，民族的自豪感与自信心油然而生。由此我也深刻认识到人民的命运是与国家的发展紧紧联系在一起的。同时暗暗下定决心，一定要好好读书，以后要为国家发展、社会进步作出应有的贡献。在大学时期经历了澳门回归。澳门回到祖国的怀抱，中国人民在完成祖国统一大业中又迈出重要的一步。中国政府按照邓小平同志提出的“一国两制”的伟大构想，成功地解决了香港、澳门问题，这是中国人民的伟大创举与成功实践。受此鼓舞，我提交了一篇以“一国两制”为主题的论文作为中国近现代史课后作业，被择优刊登在校报，为我攻读研究生打下基础。

毕业后，我在上海工作。直达连云港的铁路交通，需要12小时，回家曾一度是个难题。现在，据连云港市政府官方消息，连接青盐铁路的盐通、沪通铁路建设取得突破性进展，预计2020年建成通车。届时，从连云港至上海仅仅需要2小时。就这样，在我迷惑彷徨时，祖国为我带来力量与希望，当我渴望成功时，祖国又是我的坚强后盾。我怎能不爱我的祖国！

中国形象：不卑不亢，人格榜样

在中国特色社会主义建设进入“新时代”和世界进入“新全球化”的背景下，基于“一带一路”倡议和“人类命运共同体”的理念，中国正成为“新全球化”的重要力量，也塑造着未来全球新闻舆论场的新版图。伴随着经济的飞速发展，中国对国家形象的构建已逐步成为政治、经济、文化、外交和社会发展乃至每一个普通公民需要面对的现实问题。

在一次捷克的旅行中，我进入到一处教堂景点内参观。一位年长的管理员表情严肃地问我，是日本人吗？我笑着回答，不，我是中国人。他展开笑颜，竖起大拇指说，欢迎中国人！日本人，No！我听了觉得有趣，便与他攀谈起来。原来此处是一个“二战”纪念景点，所以日本人是不被允许入内的。老人对中国充满了好感，盛赞中国温文尔雅、不卑不亢的大国形象。特别提到他的儿子在匈牙利工作，中国的“一带一路”倡议给他的公司带来了机遇。但是他不明白这个词的具体含义。我用拙劣的英文解释了一番。老人再次竖起大拇指，赞道，中国领导人充满智慧，中国人民是值得交往的朋友啊！我备受鼓舞，同时心中感慨万千。

谁说国家与个人无关呢？随着经济的发展，越来越多的人有机会走出国门。国门之外，公民就代表着国家。我们每一个人都有责任讲好中国故事，有义务维护国家形象！

国门以内，家庭是一个国家的缩影。我的父母始终教育我要踏实做事、低调做人。父亲在管理岗位，最常做的就是在生产一线与工人们并肩作战。他常说，生产线就是企业的生命线，工人们的任何意见和建议都可能关系到企业的存亡。母亲是养殖场职工，因为工作出色，母亲在 20 世纪 90 年代被评为省劳动模范，相关事迹还被写入地方志。我的父母是千千万万个普通中国人的缩影，他们做事细致认真、为人不卑不亢，是我毕生学习的榜样。

2018 年 8 月，薛芹（左一）参与“五违四必”专项执法工作

如今我在城管执法一线岗位已经工作了 5 年。有人说乡镇、农村才是最能体现国家真实发展水平的地方。村民不会每天去关心国家 GDP 增长快不快、国际关系好不好，他们对国家政策好坏的判断更多的就是门口的路是不是好走、河道是不是干净、手里的钱能买到多少东西，等等。这几年，我所在乡镇的市容环境和人民群众的获得感在国家政策的推动和条线部门的努力与配合下得到全面提升。我也亲眼见证了“绿水青山就是金山银山”的思想在这里变为现实的过程。

在这个过程中，困境与难题不是没有，但是无数共产党人发挥先锋模范作用，发扬吃苦耐劳、敢为人先的工作作风，带动广大群众攻坚克难、破解难题。就这样，我的祖国外塑国际形象，内化国民人格。我怎能不敬我的祖国！

中国特色：多党合作，共铸辉煌

我对中国特色政党制度的理解原本只停留在书本，直到2016年底，我加入了中国民主建国会。在这个大家庭中，每个人都在为国家建设建言献策，我亲身感受到了中国特色政党制度的优势。2018年，我作为民建中央理论研究委员会专项监督调研组成员，赴广西开展扶贫攻坚民主监督调研。民建广西壮族自治区区委主委钱学明同志“既要动口建言，又要动手办事”的履职特色深深打动了调研组成员。广西的地形非常特殊，农作物种植带来的经济效益微乎其微。钱主委经过实地调研，提出了养殖禽类的建议，并在实践中取得了非常好的效果，目前正在向全区推广。在调研过程中，他十分仔细地询问养殖户鸡仔目前的状况是否可以参观。他特别叮嘱调研组只能派代表入室参观，一定要严格消毒，以免惊扰鸡仔，给养殖户造成损失。这种高度负责的工作态度，给大家留下了深刻印象，对我本人也极具教育意义。我想中国特色的政党制度之所以能够取得今天的成绩，正是因为有无数个具有钱主委这样品格的民主党派人士的共同努力。能成为这个组织的一员，我感到无比自豪与骄傲。

党的十九大报告清晰擘画全面建成社会主义现代化强国的时间表、路线图。在2020年全面建成小康社会、实现第一个百年奋斗目标的基础上，再奋斗15年，在2035年基本实现社会主义现代化。从2035年到本世纪中叶，在基本实现现代化的基础上，再奋斗15年，把我国建成富强民主文明和谐美丽的社会主义现代化强国。在新的历史条件下，每一个中华儿女都要不忘初心，奋进搏击，为实现近代以来中华民族最伟大的梦想，进行伟大斗争、建设伟大工程、推进伟大事业。习近平总书记说，历史只会眷顾坚定者、奋进者、搏击者，而不会等待犹豫者、懈怠者、畏难者。蓝图已经绘就，号角再度吹响。我们身处这个伟大的时代，心中怀有伟大的梦

出席民建中央专门委员会成立大会

想，怎么能够不锐意进取，怎么能够不埋头苦干！

现在，我们比历史上任何时期都更接近中华民族伟大复兴的目标。已是而立之年的我，要以什么样的状态参与这个伟大工程的建设呢？我想，那就是奋斗！除了要在本职的执法岗位上继续奋斗，我还要在民建的舞台上继续奋斗，为我所敬爱的祖国苦练参政履职本领。与 14 亿同胞共同紧密团结在党中央的周围，高举中国特色社会主义伟大旗帜，勠力同心、不懈奋斗，聚合磅礴之力书写人生华章，实现伟大梦想。

人物简介

薛芹：崇明区三星镇城管中队一级行政执法员，民建上海市崇明区委会员。

以小我融入大我　始终与祖国同行

戴　玮

70年砥砺奋进，70年春华秋实，70年，一段记录伟大历史进程的光辉岁月。

身为祖国的一份子，能够参与到现代化建设进程，为中国的经济发展、商业繁荣添砖加瓦，十分荣幸。我从1999年加入家乐福中国大家庭，积极开展各类企业履行社会责任活动，希望能通过自己的实践和努力为社会的可持续发展和文明献计出力。

农超对接，将精准扶贫落到实处

随着农业产业化的发展，传统的农产品销售方式难以在消费者心中建立起安全信誉，也难以保证生态农业基地生产的优质农产品的价值。很多特色农产品局限在产地，无法进入大市场、大流通。生产与销售脱节，消费引导生产的功能无法实现，农业结构调整、农民增收困难重重。

看到广大农民面临着这一困境，我认为企业必须要以实际行动和切实可行的办法带动当地农民提高产能、脱贫致富。从2007年开始，家乐福尝试“农超对接”

采购模式，直接向农民采购包括水果、蔬菜等在内的农产品，减少传统的中间流通环节，帮助农业生产者提高产品的市场竞争力；同时通过家乐福全国的门店网络进行销售，帮助农民增产创收。

2017 年，家乐福“农超对接十周年”发车仪式隆重启幕

从项目启动以来，我们就成立了专门的采购团队，深入全国各地寻找优质的农产品，同时秉承“扶贫帮困”的原则，对贫穷地区的农户和农产品给予特别的关注和帮助。截至目前，“农超对接”项目已与全国 601 个农民合作社合作，惠及超过 132 万农民，采购金额达 45 亿元人民币，采购吨数达到 75.6 万吨，为 7500 多位农民进行了相关农业培训。

“知中国，服务中国”，我相信只有了解到中国不同地区的实际情况，不同人群的实际需求，才能更好地提供切实的服务从而解决实际问题。

小额贷款项目，将爱心能量放大

除了“农超对接”项目，在汶川灾区启动的小额贷款项目，以及各类扶农助农项目都是我们从实际问题出发实施的精准扶贫。

家乐福的小额贷款项目是在汶川大地震后推出的，主要为了加快汶川地震灾区的生产恢复工作与当地农民脱贫致富的步伐。这个过程中，我和我的团队经过了多次实地考察与调研，希望以这种独特的扶贫方式，让更多的灾区群众受益，重点关注地震灾区、贫困地区农民的培训与创业。

如今这个项目已经 10 年了，我们也做出了实实在在的成绩，共计开展农民技能培训 1679 人次，454 人获得项目无息贷款，贷款资金达 573.5 万元，资金回收率达 90%，这些都让人备感欣慰。我也将一如既往地推进这种可持续的扶助方式，希望可以帮助更多的人，从根本上解决贫困问题，将爱心能量放大。

2018 年，第四期家乐福“农牧民技能培训暨创业扶持项目”在新疆青河县顺利进行，右一为戴玮

关爱儿童健康，用心营造良好环境

在中国有着这样一群最不容忽视的弱势群体，那就是留守儿童。我作为一个社会公民，也是一位母亲，特别希望能为留守儿童营造更加良好的生活学习环境。2016 年，家乐福加入由全国妇联与中国儿童少年基金会共同推出的“儿童快乐家园”公益项目，捐资 100 万，用于建立 8 所儿童快乐家园，进一步深化留守儿童关爱服务工作，为留守儿童提供托管、家庭教育指导、心理咨询等服务。同时以“儿童快乐家园”为阵地，开展亲子视频、亲子课堂、亲子阅读、亲子游戏活动，以增进亲情交流，加强家庭教育科学知识的宣传普及，优化留守儿童成长的家庭及社会环境。

2016 年，戴玮（右一）带领家乐福志愿者团队，与合肥“儿童快乐家园”的小朋友共同欢度六一儿童节

2018 年，在“99 公益日”期

间，我们又携手中国儿童少年基金会、腾讯公益在全国范围内发起关注留守儿童爱心活动，通过线上线下募捐的形式，为云南文山儿童快乐家园的孩子募集到了上万元的爱心捐款。

关注全民健康，食品安全我们在路上

在精准扶贫与关爱儿童成长之外，食品安全我们也一直在路上。没有全民健康，就没有全面小康，食品安全问题关系着全民健康，每一次问题的出现都在刺激着国人的神经，成为民生痛点。我作为在零售行业工作的人员，深知保障大众的食品安全，任重而道远。

家乐福致力于为消费者提供达到安心、舒心、开心、省心、称心、随心“六心级”标准的优质食品。并且在全球同步发起了“Act For Food”行动，向消费者和社会展示家乐福提高食品品质、发展新概念生鲜零售、推广自有品牌及健康绿色食品的决心。我们相信这一行动的展开，将大幅改善消费者的饮食健康，提高全民的饮食安全水平以及健康意识。

“授之以鱼，不如授之以渔”，我们也与各专家、学者积极探讨食品安全的最佳实践，并连续多年举行食品安全宣传教育活动，邀请消费者参观食品安全实验室及供应链生产基地，深入了解供应链上的食品安全管理。同时，在各地开展“一店一校一农场”“食品银行募捐行动”“余量食物课堂”“婴幼儿营养改善行动”等公益项目，普及食品安全、营养与健康常识，帮助困难群众。

践行社会责任，追求可持续发展

我们关注群众的利益，关爱公众的健康，更追求人与环境的和谐共生，以践行社会责任带动可持续发展。家乐福积极活跃在人道主义救援、志愿者活动、节能减排和环境保护等领域，就是希望凝聚多方力量，推动社会、经济和环境三个维度的可持续发展。因为这不仅是我们的责任，更是驱使我们不断前行的内在动力。

作为“2019 地球一小时”的推广合作伙伴，家乐福带头践行有助于推动环境和社会可持续发展的绿色生活方式；提倡减塑行动，尽量选用可循环利用的环保袋，减少塑料吸管、拖鞋等一次性用品的使用；投入大量的资金用于节能减排，上海所有门店都是节能店；积极响应国家政策，推进上海垃圾分类，除了销售上海标准家用分类垃圾袋、垃圾桶外，还提供“绿色账户”积分兑换服务，鼓励更多市民参与垃圾分类等。

可持续发展的最终价值应当落实到“人”身上，为人们的美好生活做出可持续的努力。家乐福在中国开展的每一个公益项目，都在践行着企业对社会的承诺，即向社会大众倡导更加美好的生活方式。

如今，中国消费者越来越追求品质生活。关注时代变革下的消费升级，满足人们对更美好生活的向往是新时代企业的使命。因此，去年我就积极推动家乐福参加了首届中国国际进口博览会，采购了价值约 10 亿元人民币的优质进口商品，进一步丰富了中国市场，满足着消费者对高品质生活的美好诉求。中国零售业已经进入智慧零售时代，上海良好的营销环境十分有利于外商投资。我也在通过组织和接待各种参观和采访，包括法国信息技术部长，巴西、荷兰、卢森堡、比利时等国的政府团、媒体团，以此介绍上海零售业的发展和创新，希望让世界更好地了解上海，了解中国。

2019 年是家乐福进入中国的第 24 个年头，24 年的风雨陪伴，24 年的守望相助，24 年的共同成长，家乐福始终把自己当成是中国的一份子，希望通过自己的行动，唤起更多企业的关注和帮助，携手一道，为中国的发展贡献力量。我自己也在各项活动的组织开展中，明白始终要做好自己、完善自己，坚持将小我融入大我，“与国同梦、与国同行”。

2019 年是新中国成立 70 周年，70 年，走过激情燃烧的建设年代，走过风雷激荡的改革年代，迈入更加昂扬的新时代。作为一名普通的社会公民，我亲身感受到这些年来，社会生活的巨大变化，人民生活步入小康，有着深深的自豪感、幸福感。感恩，为这个好时代。而作为民建上海市贸易工委副主委、组织的一份子，我也始终不忘初心、牢记使命，无论是履行职能还是服务社会，努力为祖国更美好的明天贡献更大的力量。

人物简介

戴玮：家乐福（中国）管理咨询服务有限公司副总裁，民建上海市贸易工委副主委。

创办全国首家民营企业——上海市工商界爱国建设公司

剑　玄

1978 年 12 月，中共中央召开十一届三中全会，全面纠正“文化大革命”和“左”倾错误，把工作重点转移到社会主义现代化建设上，开辟了我国改革开放和现代化建设新的历史时期，多党合作也进入新的发展阶段。上海民建组织在民建中央提出的“坚定不移跟党走、尽心竭力为四化”的行动纲领指引下，团结带领广大会员，为社会主义现代化建设作出了积极的贡献，其中与工商联协同创办首家民营企业——上海市工商界爱国建设公司，更是其中最具代表性的，在上海民建历史上永远被铭记的大事。

创立爱建　实现报国夙愿

1956 年全行业公私合营后，除少数年迈体衰者外，原工商业者一般都被安排在国营或公私合营企业任职，称为“私方人员”。中国共产党对他们实行赎买政策，每年按清产核资确定的资本额给予 5% 的定息，期限 10 年，同时也保持原来的薪金待遇不变。1966 年开始的“文化大革命”给原工商业者带来了巨大冲击。

1978 年 12 月，中共中央召开十一届三中全会，确定了以经济建设为中心，实行改革开放的方针政策。1979 年 1 月 17 日，邓小平在人民大会堂约见胡厥文、胡子昂、荣毅仁、周叔弢、古耕虞 5 位民建、工商联老同志，认真听取了他们的意见，提出要落实原工商业者的政策，亲切鼓励原工商业者“钱要用起来、人要用起来”。

1979 年春，中共上海市委统战部及时传达了中共十一届三中全会决议和邓小平讲话精神，并在落实政策方面做了大量工作，比如发还原工商业者的定息、存款和查抄财物，复查平反了大批在“文革”中及之前发生的冤假错案，还落实了私房政策等等。其间，民建、工商联也开展了深入的调查研究，积极反映成员的意见和要求，在协助退还被查抄物资、发还冻结存款和扣发工资、补发定息、清退被占房屋等方面，做了大量切实有效的工作。上海的原工商业者无不欢欣鼓舞，大大激发起报效祖国的热情。在不久之后召开的全国政协五届二次会议上，邓小平正式宣布：“我国的社会阶级情况已经发生了根本的变化，我国资本家阶级中有劳动能力的绝大多数人已经改造成为社会主义社会中自食其力的劳动者。”邓小平同志的重要讲话，明确了中国阶级关系的新变化，宣布摘掉资本家阶级的帽子，并科学界定了新时期民主党派的社会基础和性质，为新时期坚持中共领导的多党合作以及各民主党派的发展奠定了思想理论基础。喜讯传来，广大原工商业者更是喜出望外，互相祝贺，认为这是“脱帽”（脱资产阶级之帽）、“加冕”（加劳动者之冕），这再次激起了原工商业者的报国夙愿，纷纷表示要把自己的“有贝之才”和“无贝之才”贡献出来，愿将自己的资金、一技之长、海外关系为国家经济建设再作贡献。民建和工商联“两会”中央负责人胡厥文、胡子昂等要求市“两会”成员在落实政策后，对资金的使用要做到“三个有利于”（有利于社会、有利于子女、有利于自己的改造）。经市“两会”领导反复酝酿，形成了筹建上海市工商界爱国建设公司的设想，即通过认款的办法吸纳工商界落实政策发还的资金，创办一个旨在以“爱国”为动机，以“建设”为目的的经济实体。

1979 年 5 月 19 日，上海市民建、工商联经过反复酝酿，在“两会”召开的“为‘四化’服务学习交流会”上，以刘靖基为首的原工商业者提出用落实政策发还的钱款筹集组建公司的倡议。21 日，成立了筹备小组，决定筹集资金，成立上海市工商界爱国建设公司。筹备小组成立后，市民建、工商联“两会”对于成立爱建公司的目的和意义进行了广泛的宣传，许多民建和工商联的骨干会员都积极投入了这项工作。短短几个月内，海内外 1000 多位工商界人士积极响应，集资 5700 余万元，创办了中国改革开放后首家民营企业——上海市工商界爱国建设公司。民建中央主任委员胡厥文亲自为爱建公司题写“爱国建设”四个大字。

原工商业者在认款中涌现了不少动人事迹。刘靖基带头认款 150 万元，在拿到发还的利息后，当即又追加认款 50 万元。陈元钦在会上带头认款 200 万元。嘉定县民建、工商联原负责人汤所均在筹建期间因病重住进了医院，当他得知动员认款，立即认了 10 万元，后来病情恶化，自知来日无多，特嘱其子将一个银行存折送至筹备工作组办事处，了却其心愿。待到公司成立之时，他已离开人世。原工商业者车懋章，落实政策中发还了现金 1.8 万元，他坚持要认款 1.6 万元。还有女工商业者邬润珠，把自己仅有的积蓄500元拿来认款，她经济并不宽裕，工作人员向她解释，请她把钱拿回去，她不接受，经再三做了工作，才听从劝告。

在上海市工商界爱国建设公司的建立过程中，民建会员发挥了重要的作用。经统计，在第一批1027位认款人中，民建会员有397位，占到了38.65%比例。

勇于实践　创造爱建精彩

1979年9月22日，上海市工商界爱国建设公司在香港路59号正式开业。当日，在上海展览馆友谊电影院召开成立大会暨第一次认款人大会。上海市革命委员会、上海市政协、市党政有关部门、人民团体和各民主党派负责人，以及800多位认款人代表应邀出席大会。大会经过表决，通过了刘靖基所作的筹备工作报告和《上海市工商界爱国建设公司章程》，选出了由42名董事组成的第一届董事会和17名监事组成的第一届监事会。

1979年9月22日，爱建公司主要创始人刘靖基（右一）在成立大会上致辞

成立大会暨第一次认款人大会结束后，分别举行了第一次董事会和第一次监事会会议。根据公司章程，推选刘靖基为董事长，杨延修、吴志超为副董事长；推选唐君远任监事长，马一行、丁忱担任副监事长；任命刘靖基为总经理，宗之琥、韩志明任副总经理。在爱建公司创业之初的这些“元老”中，有多位担任民建上海市委的领导职务。以后曾在爱建公司重要岗位任职的陈铭珊、宗之琥、王仁中等同志，都历任民建中央和民建市委的主要领导。

“爱建”即“爱国建设”之意，这是公司的创业宗旨，也是传家宝。作为中国民族工商业者的杰出代表，公司主要创办人刘靖基先生曾意味深长地说：“我年轻时想‘实业救国’，但在旧社会这条路走不通。我从香港飞回上海迎接解放，是我平生最大的抉择。”正是这个抉择，使刘靖基等人完成了从“实业救国”到民主建设，再到“爱国建设”的跨越，成就了老一辈工商业者的百年夙愿和梦想，恰如爱建公司创业宗旨表述的那样："爱国是动力，建设是目的。"

爱建创办者诚信经营、勤俭持家的经营风格深深影响了公司。当时，450多位原工商业者在公司各个岗位工作，他们虽大多年事已高，但怀着"报国之日苦短，报国之心倍切"的心情，不图报酬，艰苦创业，在各自熟悉的领域长袖善舞，各展所能，很快打响了品牌，创造了效益。

20世纪80年代到90年代中期，爱建曾创造了诸多精彩的"第一"：为配合对外开放，吸引外资参与国内建设，公司牵线搭桥，与香港地区著名实业家唐翔千先生等合资创办了上海首家沪港合资企业——联合毛纺织有限公司、闵行开发区第一家中外合资企业——环球玩具有限公司等。1983年获准开展进出口业务，并在香港设立办事处，以后又获准升格为爱建（香港）有限公司，成为最早获进出口贸易权和设立海外分支机构的民营企业之一。1986年，公司作出重大决策，投资设立了上海爱建金融信托投资公司，成为国内信托行业内首家非国有企业。此外，在参与浦东开发、投资高新技术产业等方面，公司也都勇于实践，进行了探索，取得了实绩。

公司在1992年9月22日改制为上海爱建股份有限公司，并于1993年4月26日在上海证券交易所挂牌上市。

踊跃奉献　成为民建窗口

爱建公司为广大民建成员提供了前所未有的实践舞台和发展机遇，被称为"民建的窗口"。由于民建成员的构成主要包括民族资产阶级、城市小资产阶级和与其有联系的知识分子，因此原工商业者中有许多各行各业的行家里手，他们满怀爱国热情，除踊跃认款外，很多人还想以自己的一技之长为"四化"建设贡献一份力量，纷纷提出兴办各种小型企业，为国营企业发挥拾遗补阙的作用。同时，还开展了安置待业青年就业、经济咨询服务、对外经贸联络等工作，取得了显著效果，充分发挥了工商界的"无贝之才"的作用，极大地推动了爱建事业的发展，为爱建的初期积累贡献了力量。

1985年，民建爱建支部成立，经过多年来的不断发展壮大，目前已成为民建爱建委员会。民建爱建委员会建立以来，在民建上海市委及中共上海市委统战部的领导下，在爱建公司党委的高度重视和支持下，踊跃投入到社会建设和公司的各项工作中，并努力增强自身的凝聚力和扩大社会影响力，每个民建会员在各自的岗位上都发挥着积极作用。

近年来，民建爱建委员会努力弘扬民主、团结、创新、奉献的精神，坚定不移地贯彻社会主义基本路线，坚持中国共产党同各民主党派“长期共存、互相监督、肝胆相照、荣辱与共”的方针，积极履行参政议政和民主监督职能。同时，民建爱建委员会延续薪火相传的光荣传统，积极投身全面建设小康社会的实践，把老一辈民建会员开创的事业继承下去，并加以发扬光大，成为爱建公司中一支活跃的政治力量。

“爱国是动力，建设是目的”，这是爱建的特色；“坚持爱国主义，致力于建设中国特色社会主义事业”，这更是民建宝贵的优良传统；爱建公司已载入民建光辉的史册，成为民建人价值追求的生动体现，并将激励年轻一代民建人砥砺前行，奋发有为。

上海工商学院创办纪实

孙丕晋

由上海市民建、工商联（以下简称市“两会”）主办的上海工商学院是改革开放后全国第一所可以颁发国家文凭的民办高校。它筹建于 1984 年，1985 年 4 月市人民政府正式批准，1986 年 3 月国家教委核准备案。1985 年起正式向社会招生。由于紧扣社会需要，办出了特色，办出了质量。1992 年被国家教委评为“全国成人高等教育先进学校”。在此基础上继续开拓和发展，到 2000 年为进一步满足社会需要，在青浦区华新镇置地造校舍，自 2001 年起增招高职班大专生，年年超计划完成，至今已成为一所普高与成高并举、规模与质量齐飞的民办高校。这 20 年来，我自始至终参与学院的工作。作为历史的见证人，亲身经历学院的筹建、成长和发展，是在党和政府的领导、支持与帮助以及几代“两会”领导人的不懈努力下取得的，也是与一批民建知识分子和工商联退休干部的辛勤耕耘和献身精神分不开的。

1985 年 2 月，民建上海市委、市工商联举行上海工商学院校董会成立大会

现特追忆经过，录之如下。

“两会”办学的传统和优势

早在20世纪50年代后期，市“两会”开始合驻办公时，就积极响应党和政府“广开学路”的号召，动员广大成员踊跃捐资，兴办专业学校和中等学校，就市“两会”而言，当时“两会”成员就集资437万元，设立一个上海工商界民办学校基金，兴办规模较大的3所专业学校，即外岗工业学校、沪光商业学校和光华补习学校。各区“两会”，也捐资办起了18所中等学校，请区教育局一起领导和管理。这些学校都办得卓有成效，对当时缓解就学矛盾起到排忧解难的作用。

粉碎“四人帮”后，百废待兴。党中央先提出“以经济建设为中心”的战略决策，国务院于1981年2月又公布了“关于加强职工教育的决定”。全国“两会”中央结合自身特点，及时提出“开展经济咨询和工商专业培训”作为当时尽心竭力为“四化”服务的主要任务。市“两会”又立即响应号召，继承过去的办学传统，办起了近10所成人学校，积累了举办学历教育与非学历教育的经验，锻炼了一批办学干部。同时，民建在各大专院校和科研机构已成立了直属支部，有不少教授和专家，他们都乐于为本组织办的教育事业服务，其中有些工作不能分身，愿意担任顾问教授，提供信息，献计出力。这些就为上海工商学院的创办打下了良好的基础。

第一阶段　创建学院，学历与非学历教育并举

1984年春，民建上海市委副主委汤蒂因首先提出，可否在已经办好上海工商专业进修学校和上海工商职工中等专业学校的基础上再办一所大专工商学院，重点培养外向型经贸管理人才。这个创议立即得到市“两会”主委刘靖基和大家的一致赞同，立即成立了以汤蒂因为首的筹备小组。我也参加了筹备工作。接着，在市委统战部召开的各民主党派、工商联双月座谈会上，刘靖基主委正式提出了创办上海工商学院的建议，张承宗部长对此非常支持和关心，提出了边筹备、边建设的方针。汤大姐在征求各方面和高校一些专家的意见后，亲自与市高教局就校名、性质、办学规模与模式等进行磋商。那时就提出用改革的方法即不同于公办大学的模式与机制来办学，拟设立一个校董会成为学院的最高决策机构，以保证正确的办学方向；实行院长负责制以提高工作效率；全员聘任制、打破“三铁”(“铁饭碗”“铁工资”“铁交椅”)以保证工作质量和教育质量；在筹备期间，先举办高复班以保证新生质量。这些设想都获得市委统战部和市高教局的认可。是年冬，汤蒂因与董幼娴两位副主委在去北京开会期间，专程向民建中央胡厥文主席作了汇报，请他担任

校董会名誉主席，并题写“上海工商学院”校牌，当场得到厥老的赞同和首肯，她俩又拜访了著名经济学家、中国社科院副院长许涤新，请他担任学院的名誉院长，也得到他的赞同和首肯。

接着，市“两会”决定聘请哈佛大学经济学博士、市民建常委、市工商副主委兼秘书长丁忱担任首任院长。由于丁忱正被中国国际投资信托公司借调至美国担任驻纽约代表处主任，其任务更为重要，也更为光荣，一时不能到位，刘靖基主委根据大家提名，决定多聘几位副院长兼系、部、处主任。我作为“两会”培训工作委员会副主任和市民建副秘书长被派去兼任副院长和行政处主任与培训部主任，主持日常工作，民建财大支部主任李志远教授任副院长兼教务处主任，上海社科院唐雄俊教授任副院长兼外经贸系主任，财大客座教师杨天龄任企管系主任与基础部主任，民建仪表局支部王嘉业会计师任财会系主任。市“两会”从工商界教育基金中拨出 10 万元筹备费，筹备工作就紧张地进行着。不久，靖公又加聘财大李葆坤教授（九三学社）为副院长，以加强教学力量。这样，四位副院长、三系、二部、二处的院领导班子，总共只有 6 人，可谓十分精干，凡事决策快，行动快，效率高。由于民办学校不拿国家一分资助，不占国家一个编制，我们的创业十分艰苦。我们的办公条件十分简陋，我们 4 位兼职的副院长除了每人每月一张公交月票外，没有任何其他报酬。随着教学工作的开展，学院增聘张敬梓、柳伟敏、张白华、杨存裕等人兼任系、部副主任，一批工商联退休干部担任行政与教务工作。他们为自己组织出力，不计报酬，而精神矍铄，干劲充沛，工作效率极高。1988 年上海市编制委员会来院调研，写了一份题为“独特的管理体制，精干的办学班子”的调研报告，上报中共市委与中组部，通过学院与同类型 3 所公办学校的对比，称赞学院“是一个充满生机和活力的新型大学……也是把竞争机制引入教育战线，开创教育改革新局面的契机，应当受到全社会的鼓励和支持”。

上海工商学院领导正在商量、制订教育计划。右三为民建上海市委和市工商联主委、院董事会主席刘靖基，右四为院董事会副主席汤蒂因，右二为院副院长孙丕晋

上海工商学院校董会于1985年2月28日首次举行。名誉主席张承宗、唐君远，主席刘靖基，副主席陈铭珊、郭秀珍、汤蒂因以及应聘为校董的市“两会”领导人、各界名流和香港人士15人应邀参加，时任上海市市长汪道涵前来祝贺以及许涤新名誉院长专程从北京赶来参加并讲话给大家以极大的鼓舞。

在讨论学院的办学方向时，校董会提出，一定要适应社会需要，充分利用“两会”在经济界、学术界以及与海内外有紧密联系的优势，尽多尽快地培养改革、开放急需要的人才，为成人教育多作贡献。在会上有人说，“两会”已经成功办了爱建公司，为国家积聚“有贝之才”；现在再办一个工商学院，为国家培养“无贝之才”，两者可以相得益彰。正是指出了这个目标，使学院努力向学历教育为非学历教育同时并举的方向不断前进。

在学历教育方面，首先是根据社会需求，不断调整专业，1985年首期招收新生时，“外经贸”专业是上海百余所成人高校中首创的，长盛而不衰。1988年增设的“金融与保险”和“旅馆管理”两个专业，在沪也是首创，到1990年随着浦东开发和对外进一步开放，又及时把“金融与保险”改为“国际金融与保险”，把“财务会计”改为“涉外会计”专业。学院从一开始就强化英语训练，使其课时达到总课时1/4至1/3的幅度，以适应涉外经济工作的需要。

其次是适应成人教育特点，学院率先在上海成人高校中采取学分制。这是由于学员是在职职工，年龄相对较大，既有工作负担，又有家务牵累，规定在2年半至5年内修满全部学分都可毕业，就为他们提供了灵活性。当时有部分外贸系统的外销员来院就读外经贸专业，他们每年秋季要被派去广州参加一年一度的广交会，实在无法兼顾学习，就为他们提供了方便之门。在这部分学生中，往往会出现他们当天傍晚一下飞机便赶到学院上课的动人事迹。

在非学历教育方面，学院舒展的园地更为广阔，是不断适应社会急需，举办多渠道、多形式、时间长短不一的各类培训班和讲座，总的来说，分为单课专业教育与大学后继续教育两个层次。

单科专业教育方面，学院从1986年起就接受市经委的委托，为其所属各局年龄较大的现职干部进行“专业资格证书”教育，按外贸、企管、财会、物资管理等不同岗位开设2年制的专业课程培训，使之达到大专水平。连续几年，共有1300人取得证书，普遍反映边学边用，获益匪浅。又接受市旅游局委托，培训了一批旅馆管理专业人才，成为对外开放宾馆的排头兵。学院还为市广告协会联合举办7期“广告策划研修班”，为新兴的广告业培训了业务骨干300余人。此外，学院举办多期“涉外业务培训班”和“会计师考前培训班”，入学者也很踊跃，这里就不多赘述了。

大学后继续教育方面，学院在1985年就与沪港经济发展协会联合举办“沪港外经贸经营管理”培训班，接受市司法局委托举办“涉外经济法”班；1986年接受市公关协会委托举办“公关经理”班；1986年、1987年2次接受市人事局委托，举办2期营、团级转业干部外经贸培训班。这些学员都具有大专以上学历，学习效果十分显著。如沪港班学员50人，在沪培训5个月后，得到香港校董唐翔千的金额资助，由郭秀珍副主委亲自任团长，我们一起带领学员赴香港见习与参观半个月，不仅使他们增长了知识，还亲身体验到香港经济起飞的奥秘与市场经济运转的模式，在各自的岗位上颇有借鉴，不久多数学员就提升为处、局级干部。军转干学员100人，脱产学习半年后，全部安置在外经贸系统。由于培训效果好，学院受到市人事局的表彰。我撰写的总结《转业训练必须注重针对性与实用性》一文还被国家劳动局遴选，在全国劳动局长会议上进行交流。

此外，不失时机地举办各类高级讲座，也是学院非学历教育的一个亮丽点。当1988年党和政府号召进一步对外开放时，学院为了推动上海各行各业发展外向型经济，举办一个大型的“外向型经济专题讲座”，邀请市外经贸委、经委、体改办、人行、旅游局等单位负责人和有关专家来作专题报告共10讲，分发各种资料与讲稿，受到各界的欢迎，听讲者400多人。1989年至1991年由唐雄俊副院长牵线搭桥，分别引进日本大和证券公司审计部长和美国芝加哥期货交易所副总裁举办2期“高级证券业务讲座”、1期“期货期权交易讲座”、1期“外汇风险管理高级讲习班”，当场分发大量业务知识教材，参加者不仅有上海金融界与大型企业的负责干部和学术界教师，还吸引了深圳、江浙、两湖、新疆和黑龙江等省市的一批金融干部，其影响十分深远，客观上对不久后上海证券交易所和各类期货交易所的诞生起了教育先导的作用。

第二阶段　开拓创新，规模与层次齐飞

1992年，丁忱院长因被中信公司留任为驻美代表，辞去院长职务，市“两会”聘请美国沃顿学院MBA、复旦大学美国研究中心副主任、市民建常委汪熙教授为院长。这时名誉院长许涤新已不幸去世，经汪熙院长推荐与联系，市“两会”聘请汪道涵与谢希德两位著名教授为名誉院长。李葆坤、杨天龄、王嘉业等人因院务难以兼顾，已先后辞职，唐雄俊则因疲劳过度突然中风辞世，只有李志远与我，仍留任为副院长。不久，李志远因病请辞，我仍分工行政工作与非学历教育。随着办学的向前发展，我们聘请较为年轻的民建外贸学院支部主任裘果芬教授与同济大学副研究员陈皓（党外人士）为副院长，前者分管英语教学，后者分管教务处，学院的面貌焕然一新。

在汪熙院长主持院务，我从旁辅助的五年中，学院在原有基础上不仅在学历教

育与非学历教育方面均有开拓与创新、而且大力开展国际学术交流，并以此为载体，参与市府的90年代紧缺人才与跨世纪人才培训工程，使学院为社会服务又上了一个新台阶。

学历教育方面，为了适应外向型经济进一步的发展，学院增设了国际商务、国际营销、商务英语等专业，还增设国际金融与保险和对外经济贸易2个专业第二专科，为上海培养复合型人才。另外，还与上海电视大学订立合作协议，在我院招收专升本学生。这一时期，教育部陆续出台文件，对高等院校的硬件设施作出规范性的硬性规定，而我院香港路校舍并无扩展的余地。这时，地处嘉定的上海科技干部学院（筹）正在市区寻找合作对象，市高教局介绍该院周良毅院长与我会晤。我们本着双赢原则，坦诚相商，迅即达成合作协议，我院在该院设立外经贸专业的教育点，对外招收新生，该院的土地、校舍与图书资源，我院可以共享，从而达到教育部规定的标准。2年以后，该院被教育部核准备案。可以自行招生，我们为了避免教育部的黄牌警告，四处寻觅新校舍。这时，市纺织局统战处介绍上海针织十四厂在黄陂南路806号有一座独立的车间，可以转让，其地点、面积与价位都还适当，经陆柏林处长从中再三协商，最后以分期并优惠价格购入，改建为教室，成为我院的“南区分部”，从而使学院转危为安，而且招生年年超额完成，使专科和本科生总数达到历史上的最高点。

非学历教育方面，随着形势发展的需要，除了尽力举办会计师和律师职称考试辅导班、法律英语与高、中级英语口译培训班等外，主要以引进外资与外方为契机，在市委组织部的支持和帮助下，一面大力开展国际学术交流，一面参与市府90年代紧缺人才和跨世纪人才的培训工程，努力培养上海紧缺的高级管理人才。

1993年，当我国保险事业基本上尚处于封闭状态时，汪熙院长作为一个保险老行家，就引进美国最大的再保险公司——通用再保险公司来沪联合举办“中美国际保险研讨会”“中国金融建设”“国际投资与浦东基础建设”“中国社会保险的改革与前景”等国际研讨会，受到市政府和市委组织部的重视，汪道涵、孟建柱、谢希德等领导同志分别莅临作了主题发言，金融与保险界人士踊跃参加，影响十分深远。接着，在通用再保险公司的全额资助、我院一起精心安排下，由市委组织部遴选共10名副局级以上的年轻干部，分3批赴美国学习与考察，每期5个月左右，培养成为跨世纪的后备干部。1996年起，通用再保险公司与我院联合成立“中美高级保险培训及信息中心”，由通用提供师资、教学设备、最新保险资料和信息软件，在我院培训国际保险高级人才。学员由上海各保险公司输送，每期25名，结业时成绩优秀者可免费去美国通用总部进修。

与此同时，学院在市委组织部的支持帮助下，参与了90年代紧缺人才培训工程。曾举办2期高级国际商务培训班，由该部推荐各区局的处级干部来我院入学，由我院引进加拿大最新的国际商务、国际营销等教材，培训结业后派往加拿大烈治民商业学院与塞内加学院见习与考察半个月，以增长见识。又举办多期“高级现代企业管理培训班”，也以现职处级干部为对象。这些培训班，对上海的经济发展逐步与国际接轨起到有益的作用。

此外，1994年后，汪熙院长联系美国威斯康星大学商学院派遣MBA研究生25名来我院接受“中国市场学”课程的培训，为期4天，由该院给予3个学分。我院还牵头并组织上海美商斯米克集团联合邀请全世界最大的企业管理协会——美国管理协会来沪举行“中美企业管理研讨会”。随后与该协会达成协议，由该协会每年提供最新的AMA管理丛书，由汪熙院长与斯米克总裁李慈雄博士联合主编，我院教师翻译，上海人民出版社出版发行，每年10册，自1995年起已出版4辑，共计40册。该丛书由于介绍和论证最新的现代企业管理理念和经验，每辑都大受社会欢迎，对我国企业改善经营管理，走向国际市场起着促进的作用。

第三阶段　与时俱进，普高与成高同时并举

1997年5月，汪熙院长和我2人由于年事已高，精力不济，本着认真负责的精神，向校董会提出辞呈。校董会准予所请，一致同意聘用全国人大常委孙廷芳任代院长（1年半后转正）。汪熙改聘为名誉院长，我为校董兼顾问，以便对院务继续有所襄助。

汪熙院长离任时，学院不论在生源、规模、经济效益和声誉上都处于历史上的高峰。为了使工作正常运转，当时学院已提升舒子唐教授（党外人士）与钟其康讲师（中共党员）为副院长，以代表因病已辞职的裘果芬与陈皓，又提升章汝荣与吴惠民2人为院长助理，一切行政工作与教育工作都照常进行，因此孙廷芳院长接班十分顺利。

这时，我国的高等教育形势发生了重大的变化。教育部为了加速专业人才的培养，也为了维护社会稳定，实行高等教育普及化的政策，鼓励公办高校扩大招生，鼓励民办高校筹办高职班，使大多数应届高中与三校毕业生都能进入普通高校求学。与此同时，成人高校的大专生源已渐渐减少，专科升本科的生源则不断增加，这样，工商学院的存在与发展就面临两条出路：一是提高办学层次，申请成人专科升为本科；二是在成高序列下增设普通高等职业班。这两条出路有一个共同要求，即增加土地与校舍，以符合教育部规定的硬件标准，即土地30亩，校舍6000平方米以上。对于专升本，市教委对本院是十分支持的，但必须经过教育部的严格

审批，而高职班由于迫切需要，市教委有较多的自主权。根据教育部颁布的“民办教育法”，政府对办出成绩的民办学校可以给予一定的奖励，北京市与浙江省都已有先例，我们大力倡议由市“两会”向市政协、全国人大和政协提出民办公助的议案、提案，一面将材料抄报“两会”中央，请求从旁推动落实。全联经叔平主席在一次会议上及时向朱镕基总理如实反映学院的要求，1999年春，市工商联副会长万国森在全国人大提出的民办公助议案得到国务院办公室的重视，及时批转上海市人民政府处理，这以后，市计委与市教委经过反复调研核实，最后列入基建项目，由政府拨款1150万元，于2000年开始启动。

早在汪熙与我离任前，我们在到处物色校舍中，已与青浦区华新镇联系购置其闲置的华新中学与小学校舍一事，谈判一直没有停顿。市府批准立项拨款如久旱逢甘露，也使华新镇政府对我们更加信任和支持，不仅购置旧校舍，还同意在北侧增购土地，建造新的教学大楼，谈判十分顺利。与此同时，开办高职班的筹设工作也紧张地进行。学院把黄陂南路房屋溢价出售给卢湾区政府，全部资金亦投入华新校区建设。经过民建支部推荐，学院聘请刚退休的复旦大学副校长宗有恒和外贸学院副院长陈忠培2位教授（均为中共党员）为副院长，负责华新校区工作。到2001年春，全部准备工作已经就绪，当年即向全市公开招收高职班新生，市教委给我院计划500名，结果共录取600名，超额完成，而且全部是规定分数线以上的合格生。从2002年到2004年，每年都是同样情况。从此，学院已顺利地实现普高与成高并举，成为一次历史性新的飞跃。

上海工商学院创办至今，已经整整20年了。这20年，我亲眼看见学院在不拿国家一分资助、不占国家一个编制的情况下艰苦创业，办出特色、办出质量，获得全国先进称号；到第二阶段开拓创新，成为享誉海内外的民办高校；到第三阶段发展到普高为成高并举，规模与质量齐飞，实行新的飞跃。截至2004年底，学院已为国家培养合格的大专生、二专科生和专升本生共5000名，培训各类非学历教育学生共3万名，如以10∶1的最低比例折算为学历教育3000名，则总计已为国家培养大专生8000名，若以每个大专生需投入教育经费5万元计算，学院就为国家节省了4亿元的教育经费，其对国家的贡献、对社会发展提供的潜能是难以估量的。这20年，在办学过程中，大家不辞辛劳，不计报酬，夜以继日，一心扑在教育事业上，这种高尚的精神鼓舞着每个人。这20年，我本人能够躬逢其盛，感到无比的荣幸，特就追忆所及，录之为志。

（原载《上海文史资料选辑·上海民建专辑》）

忆上海市民建、工商联"两会"支边经济咨询

王鸿文

1982年9、10月间，时任中共中央统战部部长杨静仁到上海来，并与中共上海市委统战部长张承宗等拜访全国政协常委、民建上海市委主委、市工商联主委刘靖基。杨静仁为靖公介绍了宁夏的情况，特别是宁夏西（吉）海（源）固（原）地区贫困落后的情况，希望上海市民建和工商联能伸出援助之手帮助他们。市民建、工商联"两会"领导对此事十分重视。约一星期后，"两会"中央也来了电话，希望市"两会"派出一位副主委带队，会同中央"两会"有关同志，去宁夏实地了解情况。

1982年11月15日，市"两会"派了民建市委副主委蒋达宁和我（我当时任民建市委副秘书长）两人乘机飞京，会同"两会"中央几位干部出发去宁夏回族自治区。我们一行乘火车，风尘仆仆到了宁夏首府银川，受到当地统战部、民委、民建、工商联的热情接待。到达的第二天，我们就马不停蹄地到西海固地区听取该地区有关人员介绍工业、手工业等行业的状况，提出要求援助的项目等。经过实地考察，我们知道西海固地区居住的主要是少数民族，回族占85%以上。这里历来是兵家必争之地，有许多历史文物。如西夏王国建立的遗址、宋朝杨家将与辽战斗的古战场、红军二万五千里长征到达后建立过的苏维埃政权等。这地区自然条件差，气候变化无常，尤其是干旱缺水，老百姓生活非常贫困，例如那里有的百姓一家只有一条被子，常年靠国家救济。有的工厂企业处于停工半停工亏损状态。了解了这些情况，我们都大为震惊，也激起了我们的责任感。支边扶贫，伸出援助之手是我们义不容辞的责任。从宁夏回沪途中，我们先停留在北京，当晚，"两会"中央有关领导同志和蒋达宁等向中共中央统战部、"两会"中央作了详细的汇报，得到"两会"中央的重视和支持。回到上海，我整理了需要援助宁夏的项目，约有五六十个。经市"两会"开会讨论商量，大家认为落实这些项目是我们的

职责。

1983 年初，中共中央统战部和国家民族事务委员会又联合颁发了《关于沿海发达的经济地区要为协助边远地区的经济开发作出应有努力的意见》。4 月 4 日，由市民建副主委蒋达宁、市工商联副主委胡世俊、市“两会”家委会副主任陶敏之和我等 20 余人组成的赴宁夏回族自治区经济咨询考察队乘机离沪，转道北京去宁夏，成员中有各区、局“两会”负责同志和各行业有各类专长的行家、骨干，两个星期后回沪。这次实地考察，全体成员形成了 4 点共识：（1）开阔眼界，提高认识，感到大有可为；（2）清除疑虑，增加信心，并决定成立市“两会”经济咨询服务队；（3）经过充分调研，拟出咨询规划，为下一步工作奠定基础；（4）要在当地开展小改小革，帮助解决具体问题，取得积极效果。我们还向各区、局“两会”负责人介绍情况，提出要求，使大家对支援贫困地区的意义有了更深刻认识，也激发了广大原工商业者的积极性，大家感到现在报国有门了。虽然大多数原工商业者年龄已经不小了，但他们不顾年老体弱，报国之心倍切，纷纷要求参加咨询服务队，为“四化”建设贡献自己的绵薄之力。市“两会”主委刘靖基还以“老牛明知夕阳短，不用扬鞭自奋蹄”的诗句勉励自己，立志要在“四化”征程上留下晚年的脚印，为子孙后代树立榜样。他还鼓励大家要为老少边贫地区早日脱离贫困作贡献，并宣布

1983 年 6 月，上海市“两会”经济咨询服务队为宁夏固原地区开办培训班，图为上海师傅与固原工业企业经营管理短期学习班全体学员及固原地区、县领导合影

成立咨询服务队。我们除了组织咨询服务队赴宁夏，1983 年以后，还根据“两会”中央和上海市有关领导同志的意见，组织人员赴云南等老少边贫地区进行经济咨询服务。

我们这支经济咨询服务队，除有“两会”的成员外，在区、局统战部门和工会的支持下，还聘请了少数退休技术工人一起参与，为边区建设贡献了力量。

自 1983 年至 1986 年，我作为队长连续多年带队到宁夏回族自治区固原地区及中宁、灵武、吴忠、银川等地区，云南红河哈尼族彝族自治州、德宏傣族景颇族自治州，内蒙古包头市，青海西宁市等老少边贫地区支边援助。以宁夏、云南为主，春夏季去宁夏，秋冬季去云南，一次约 2—3 个月。每次去的经济咨询服务队，集中了各行各业的精兵强将、行家里手，为当地的皮革、皮鞋、服装、针织、毛纺、糖果糕点、罐头食品、饮料、造纸、印刷等行业作出了很大贡献。

例如，上海泰康食品厂厂长乐嗣良等 5 位在食品生产方面富有经验的成员，对宁夏灵武县罐头果酒厂进行咨询服务，教工厂职工如何制罐和选料以及生产操作，还带去自己厂里的一整套操作规程的详细资料，提供给他们，对该厂机器设备提出改进方案，用较少的钱更新了设备，使原来日产罐头食品 2.5 吨增加到 4 吨，还帮助开发新品种，改变了长期亏损局面。同时，还组织他们到上海，参观上海泰康食品厂等，并为他们进行培训，使他们能把上海的管理模式及先进的生产技术带回本地，在当地生根、开花，效果显著。

1984 年 8 月，王鸿文（左一）等在云南红河哈尼族彝族自治州与当地领导座谈

上海静安区工商联副主委石培钧等同志了解研究当地服装行业情况后，决定由上海长江服装店经理周凤奎、服装行家周麟等六七位成员，为当地服装厂的职工亲自讲课和示范，服装打样、制样、划线、裁剪、缝制、熨烫等一系列操作，无一不是手把手示范操作，耐心细致地制图讲课，使当地几十名青年技工掌握了做男女服装及西装的技术，建立起比较完整的服装厂，结束了宁夏人民穿西装要到北京、上海等地定做的历史。在云南德宏傣族景颇族自治州举办的服装培训班，除了当地的青年工人参加外，远在中甸藏族地区的藏族同胞3人也赶到德宏州参加培训班学习。

原上海市皮革公司副经理赵璧城和虹光制革厂负责人、原普陀区工商联副主委李锡骅等6位成员针对当地是牛羊皮的原产地，货源充沛，把上海制革和制鞋业的生产技术和经营管理经验传授给工厂职工，并提供皮鞋款式20多种，改变了过去式样老、质量差，皮鞋上不了市场的局面。同时还教会他们利用抛弃的边角料生产小商品；在制革中增添新颜色皮张，做成彩色的皮包、皮箱等皮革制品，提高销售价格，并对皮革厂污水处理提出建议，作出方案。

原上海针织研究所退休工程师余伟璞等针织行业的成员帮助宁夏中宁县针织厂，开发和试制成功当时上海刚发展起来的雪花腈棉交织衫，自由花腈纶弹力衫等多种新产品，还把整理好的100种流行色谱、工艺配方及国内外最新出版的技术书籍，无偿地赠送给该厂；帮助宁夏银川织袜厂解决了染色定型问题；为宁夏中宁、灵武等针织厂培训毛衫设计打样人才，并结合当地人民衣着习惯和原料状况，设计了掼领衫、镶花女套衫、男女衬衫、网眼围巾等44种新产品，还为宁夏、云南多家工厂传授针织、漂染等方面的技术，培养了少数民族技术人才。

我们咨询服务队在云南德宏州时，还应上海爱建公司之托，探索中缅边境贸易问题，与德宏州协作办等机构进行了讨论和研究。还受德宏州瑞丽边境贸易公司委托，与上海玉石雕刻厂就玉石材料的开采、鉴别、运销等工作进行了联系。

此外，我们灯泡行业的行家还为云南个旧市灯泡厂解决灯泡质量问题，延长了寿命，增加了效益；为宁夏固原造纸厂采购设备；为青海西宁筹建饮料厂，对饮料制作、配方和质量检验等提供技术帮助，并提出了解决有关厂的污水处理问题……

在支边的日子里，咨询服务队的成员克服了许多困难，一是成员中年龄都较大了，多数已退休，还有的体弱多病；二是不习惯那里的气候和饮食，许多成员水土不服。但他们怀着一颗为改变边区贫穷落后面貌的赤子之心，不计时间、不图报酬，克服困难，辛勤工作。如石培钧等为了更好地做好经营管理方面的培训工作，从上海把资料带到当地，并结合当地的实际情况，晚上挑灯夜战，认真准备教材，白天为当地职工上课，为使授课取得更好的效果，还采用黑板进行板书；赵璧城抱病三上宁夏，两去云南，为发展当地的制革、皮鞋作出了很大成绩，翌年旧病复发而不幸去世；李锡骅等在处理皮革时，不怕脏、不怕累，双手长时间浸泡在药水中，手被严重腐蚀，起泡出血，还继续工作。这样的例子真是不胜枚举。

我们的支边活动，始终得到中央“两会”的支持和关怀，咨询服务队回沪在北京转机转车时，中央“两会”派同志负责安排一切，有几次中共中央统战部的同志也到机场欢迎和欢送。如叶宝珊曾到机场迎接；张敬礼亲自到我们在北京的住宿地慰问并听取意见；孙起孟打电话向我们了解情况并亲切地关心和鼓励；周同善、冯克煦等还热心为我们操持具体事宜。同时我们也得到了边区党政领导的关心和支持以及人民群众和当地民建、工商联组织的热情帮助和关心。如在去宁夏西海固地区途经陕西西安转车，得到陕西省“两会”的关心，安排住夜、转车车辆，在停留期间，组织我们参观；在去云南少数民族自治州途经昆明，得到云南省“两会”、中共省委统战部、民委的关心和照顾。我们咨询的地区是少数民族比较集中的地区，如宁夏西海固地区是回族占多数，他们过开斋节等节日时，邀请我们参加座谈，参观清真寺；云南红河州、德宏州是地处边陲的少数民族地区，他们过泼水节，也邀请我们参加，还请我们参观佛教寺庙，与僧人座谈等，这一切都显示了他们对咨询队员的热情，也显示了各民族的大团结。

我们在宁夏、云南做出一些成绩后，该两省、区的主要领导在北京出席全国两会时，还当面向靖公致谢，邀请靖公赴当地视察、访问。还有件事，我至今还记忆犹新，那年我们在云南时，恰逢当地地震，电讯中报道了边区受灾的消息。那天，夜已很深，突然接到时任民建中央秘书长蒋达宁打来的电话，询问我们的状况，并向我们表示慰问。接到这个电话，我们的心里都是热乎乎的。民建中央的关心，给了我们巨大的力量。市“两会”家属委员会的同志经常到咨询队员家中访问和关心，也给了我们温暖。

1983 年至 1986 年，市“两会”先后派出经济咨询服务队 18 批，184 人次，分赴宁夏、云南、新疆 3 个省、自治区，10 多个地区和市、县，培训了专业技术和经营管理人才 2300 多人，开发 564 种新产品，提出了 900 多项咨询建议，同时还组织了当地 20 家企业 1000 余人次来沪参加技术培训。

由市“两会”组成的支边经济咨询服务队，在 1984 年 10 月，被上海市民委评为上海市民族团结先进集体；在 1985 年 10 月全国各民主党派、工商联为“四化”

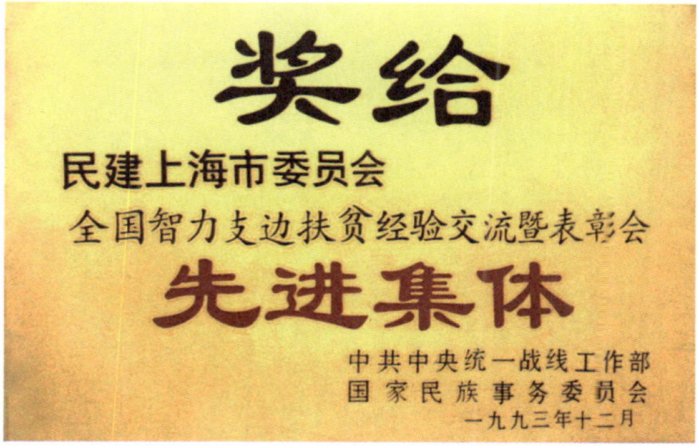

1993 年 12 月，中共中央统战部和国家民族事务委员会举行全国智力支边扶贫经验交流暨表彰会，民建上海市委被授予“先进集体”光荣称号

1994 年 9 月，在国务院召开的第二次全国民族团结进步表彰大会上，民建上海市委被授予“全国民族团结进步模范单位”称号

服务先进集体和先进个人代表表彰大会上被授予先进集体光荣称号；1988 年 4 月获国务院颁发的“全国民族团结进步先进集体”光荣称号；1990 年又获国务院、国家民委颁发的“全国民族团结进步先进集体”光荣称号。还有许多参加经济咨询服务队的民建会员获个人先进光荣称号。这几次会议，我多数是参加的。

时光如梭，20 年真是弹指一挥间，当年的支边活动虽已成为历史，但许多情景还时时萦绕在我的脑海中，久久不能忘怀。如今，这些边远地区的经济也有了发展，贫困面貌有了改变。我有那么一个愿望：有机会，我想自费和当年曾去支边的老同志重返故地，到那里走走、看看，会会那里的朋友，并祝愿我国西部及老少边贫地区的建设取得更多更好的成就。

（原载《上海文史资料选辑·上海民建专辑》）

涓涓细流汇成爱的海洋

——上海民建扶帮公益基金会工作纪实

剑 玄

心系国家，胸怀天下——民建人的家国情怀和社会责任，自民建组织成立之初，即已根植于广大会员的心中。从新中国成立初期踊跃认购国债，到如今帮困扶贫、捐资助学；从抗美援朝时期积极捐献飞机大炮，到今天抗震救灾、捐款捐物，上海民建会员始终以国家和民族的利益为重，牢记党派使命，不忘社会责任，热心公益，奉献社会。

2009年7月31日，在民建上海市委的精心组织和不懈努力下，在原“上海民建互帮基金”的基础上，经上海市民政局和上海市社会团体管理局批准，上海民建扶帮公益基金会正式注册成立。这是当时全国各民主党派省级组织、上海各民主党派市委中唯一一个依法注册成立、具有独立法人资格的公益基金会。在民建上海市委原主委、基金会名誉理事长黄关从的亲自主持下，上海民建互帮基金管理委员会成员一致同意，由上海民建扶帮公益基金会承继原民建互帮基金的结余资金，充分体现了上海民建的历史传承。基金会的成立，拓展了民建上海市委开展社会公益活动的载体，为各级民建组织和广大会员提供了参与公益、投身慈善的重要途径，成为民建上海市委团结会员、凝聚会员的重要平台。经过近10年的健康运作，在上海市民政局、市社团局的领导和民建市委的指导下，在民建各级组织和广大会员的大力支持及基金会全体人员的努力奉献下，上海民建扶帮基金会的社会影响力逐步扩大，公益资金稳步增长，已经发展成为拥有独立网站和刊物的3A级社会组织。

暖心行动　凝聚人心

2013年1月23日下午，已过大寒时节的申城寒风凛冽，寒气逼人。而在民建黄浦区委百岁老会员王土琛的家中，却是暖意融融，充满了欢声笑语。

2013年1月23日，民建市委主委周汉民（左）慰问黄浦区委百岁老会员王土琛

"王老，感谢您为上海民建扶帮公益基金会奉献爱心。"民建中央副主席、上海市政协副主席、民建上海市委主委、基金会名誉理事长周汉民来到老人家中进行慰问，并将一本大红色的捐赠证书送到了王土琛的手中，感谢他将自己百岁寿辰时儿孙所赠的21000元寿礼全部捐赠给上海民建扶帮公益基金会。周汉民主委的慰问，拉开了民建上海市委"暖心活动"的帷幕。

每年，在最寒冷和最酷热的时候，周汉民主委都身体力行，坚持亲临老会员、困难会员家中走访慰问，启动民建上海市委"春节送温暖""暑期送清凉"项目。这两个凝聚人心的传统项目延续已久，传承着民建的历史，传递着组织的关怀，使民建老会员、困难会员感受到民建组织的温度。2013年，为了响应中共中央的号召，向群众学习，向实践学习，体现民建组织对老会员的关心和崇敬之情；也为了弘扬民建优良传统，学习和传承老一代会员的优秀品德，激励民建事业不断发展前行，民建上海市委启动了"暖心活动"，对1956年12月31日前加入民建的老会员的生活状况进行摸排，每年通过补助、结对、走访等形式对他们进行关怀慰问。

"那些曾经为国家的建设和发展、为民建组织作出过贡献的老会员，我们一定不能忘记"，在2015年末民建上海市委召开的"民建公益"项目及人物选送活动总结交流会上，周汉民主委动情地说道："我们一定要对他们过往的奉献表示感谢，并在他们年事已高、生活困难、需要关怀和帮助时送上民建组织的心意。"

自上海民建扶帮公益基金会成立以来，民建上海市委每年都由基金会拨出专项资金，用于开展"春节送温暖""暑期送清凉"和"暖心活动"的传统公益活动，这三个项目累计用款308.59万元，慰问会员5926人次。基金会，正是这样一个传承传统、凝聚人心的重要平台，使广大会员们感受到民建组织的温度，激发他们乐于向基金会奉献爱心，而这些爱心捐赠款又通过春节送温暖、暑期送清凉、定期补助、临时补助等形式惠及全市的老会员、困难会员，并延伸至其他帮困助学、公益救助项目，将民建的爱心播撒到更广泛的社会领域。

扶贫帮困　播撒爱心

广西省田阳县，全国集中连片特殊困难地区之一，地处石漠化严重的大石山区。贫困，限制了世代居住在自然条件恶劣的山区里的贫困户走出大山、进入更适于居住的城镇安居乐业的能力。贫困，也阻碍了他们的孩子继续求学的道路。2010年，民建上海市委响应民建中央号召，积极参与民建中央倡导的生态教育移民项目，依托上海民建扶帮公益基金会，在田阳县初级中学设立“上海民建扬帆班”，为大石山区家庭贫困但品学兼优的小学生继续完成初中学业提供资助。上海民建扶帮基金会为每位扬帆班的学生提供一年2000元的生活资助，帮助这些来自山区的贫困孩子在教育和生活条件相对较好的县城中学接受教育，从而具备在城镇工作、生活的能力，将来能够带着他们的家人走出大山、进入城镇生活，逐步实现全家搬迁进城。2010年以来，基金会共在田阳县初级中学资助6个班级共310名学生，累计资助金额176万元，捐赠教学器材372件（套），捐助图书2万余册。

2013年，第一届“上海民建扬帆班”的50名毕业生参加了中考。其中，中考总分A+的有28人，占全班总人数的56%，全班中考成绩居全县之首。2016年，这50名学生参加了高考，44人考上了大学，其中还有中国政法大学这样的名校。

2016年6月28日，上海民建扶帮公益基金会理事长、民建市委原常务副主委朱德瀛（中）率上海民建扶帮公益基金会一行，赴桑植县贺龙中学考察调研，走访受助学生家庭

2014年6月4日，周汉民主委等一行，在民建广西壮族自治区委主委钱学明、广西壮族自治区政协副秘书长吴俊明的陪同下，前往田阳县初级中学，专程考察“上海民建扬帆班”项目实施情况，看望“上海民建扬帆班”师生，并为“田阳初级中学·上海民建扬帆图书馆”揭牌。

在资助广西田阳“上海民建扬帆班”的基础上，2014年，基金会又在湖南省武陵高寒山区桑植县贺龙中学复制教育扶贫模式，同样设立了“上海民建扬帆班”。至今，基金会已经在该校资助了4个班级的200名学生，累计资助金额106万元。

“十年之计，莫如树木；终身之计，莫如树人。”基金会在助力精准扶贫、精准脱贫的过程中，始终坚持扶贫与扶志、扶智相结合。每年，基金会的理事、监事，民建的企业家会员代表，都会去看望扬帆班的学生们，去他们的学校看一看，去学生的家中走一走，年近八旬的民建市委原常务副主委、基金会理事长朱德瀛多次亲自带队。上海民建扶帮基金会给予这些孩子们物质上的资助是有限的，更重要的是向这些孩子们展现了生活中的真与善，在他们小小的心灵里埋下爱的种子。等将来他们有了能力，也会将这份爱传递给其他需要帮助的人们。

2014年，为促进民政公益事业的发展，及时、有效地缓解家庭经济困难儿童的外科手术医疗费用的压力，帮助他们早日恢复健康，基金会与复旦大学附属儿科医院签订协议，设立为期三年的“上海民建儿科医院公益救助项目”。在2015—2017年这三年间，基金会共计出资60万元人民币，资助经济困难的患儿48人次。基金会的资助，给予了这些原本感到茫然无助的家庭爱与希望，使这些患儿没有因为经济压力而放弃治疗，从而能够通过手术治疗，获得健康的新生命。2018年，基金会与儿科医院再次签约，继续合作设立这一公益项目，将上海民建的温暖之光播撒给更多需要资助的患儿。

饮水思源　富而思进

上海民建扶帮基金会是一个传递关怀、传播爱心的平台。通过会员帮困、会员慰问、扶贫助学、民政公益等项目的开展，传递了民建组织对困难会员、老会员的关心和关爱，发扬了上海民建扶贫济困、奉献爱心的优良传统，也体现了广大会员围绕中心、服务大局的政治意识和致富思源、富而思进的社会责任感。

2013年四川雅安地震，民建上海市委广泛动员，号召广大会员积极向灾区人民奉献爱心。基金会认真做好相关工作，及时上网公示捐赠信息，开具捐赠发票和证书。该次捐款，基金会共收到各级组织、会员捐款810余人次（含单位），金额580余万元。还有企业界会员捐赠了上千件羽绒服和300多条棉被，为灾区人民雪中送炭。

2015年下半年，为迎接民建成立70周年，弘扬民建优良传统，激励广大会员的公益热情，推进民建社会服务及公益事业的发展，民建上海市委开展了“民建公益”项目及人物的选送活动。活动得到了各区委、县委和直属基层组织的积极响应，共向市委选送了15个“民建公益”项目和59名“民建公益”人物。12月14日，民建上海市委召开“民建公益”项目及人物选送活动总结交流会。会上，有12位民建企业家会员慷慨解囊，向上海民建扶帮公益基金会捐助善款。三位企业家会员代表在发言中谈道：企业要积极融入社会，要同时具有社会价值和经济价值。在企业的发展过程中，要始终考量是否能够对员工、他人、社会有所帮助，要积极思考能不能为社会带来正能量，为企业内部带来正价值。要秉承感恩心做人、责任心做事的良好传统，热心公益事业，努力回报社会，做一个有公益心、有社会责任感的民建企业家会员。

完善机制　规范运作

打铁还需自身硬。上海民建扶帮公益基金会自成立以来，始终坚持规范运作、公开透明，不断完善议事、决策、监督机制。基金会理事会每年召开会议，对重大事项进行审议表决。为完善监督机制，基金会设立监事会，监事长独立召开会议，监事列席理事会会议，并对年度财务决算报告签署意见。基金会办公室努力学习，规范负责，感恩每一分捐款。2010年7月，上海民建扶帮公益基金会网站正式上线运行。网站的上线运行，搭建了民建会员了解公益、参与公益的新的交流平台，更成为基金会规范运作、增强信息透明度和社会公信力的有效载体。基金会网站及时发布民建上海市委和各级组织开展公益活动的相关信息，对基金会的资助项目情况定期进行公示，公开每一年度的“年报公告”和“审计报告”，并对基金会资金捐赠者予以公示。上海民建扶帮基金会办公室每年编印基金会年报，作为宣介和档案；每年编印《民建扶帮》宣传资料，发放范围已覆盖全市民建会员。

2016年9月，经过理事会讨论并形成决议，上海民建扶帮基金会购置了办公用房，其中一部分将用于建设“上海民建会员之家”。这是上海民建老会员一直以来的情结，也将更好地提升基金会的综合实力，有利于更加规范、持续地开展上海民建的各项公益活动。2017年，根据《中华人民共和国慈善法》的相关要求，上海民建扶帮基金会完成了慈善组织认定申请工作，搬到了新的法定注册地办公，并聘用了专职财务工作人员，基金会的运行进入了一个新的阶段。上海民建扶帮公益基

2017 年 12 月 29 日，上海民建扶帮公益基金会第二届理事会第八次会议在上海民建会员之家召开

金会，将带着上海民建 1 万 4 千余名会员的信任，坚持规范、健康、透明运行，不忘成立初心，牢记参政党使命，在帮困扶贫、捐资助学、民政公益等领域继续发扬民建组织的优良传统，在助力国家精准扶贫事业的道路上继续稳健前行。

（本文成文于 2018 年 9 月）

为上海设立自由贸易试验区“鼓”与“呼”

剑 玄

为改革建言献策，为发展贡献智慧，既是上海民建人的职责所在，更是上海民建人的使命所系。长期以来，民建上海市委努力追寻民建先贤的足迹，传承多党合作的历史、弘扬多党合作的优良传统，针对上海经济社会发展的重点、难点问题建言献策，贡献智慧。近几年来，按照民建中央的部署要求，民建上海市委立足上海的发展实际，把上海设立自由贸易试验区作为履职尽责的发力点和落脚点，通过政治协商、民主监督、参政议政，全方位参与到上海“五个中心”建设，以实际行动践行“不忘合作初心、继续携手前进”，努力建功伟大事业，筑梦伟大时代。

独具慧眼，用民建人的改革智慧“助力”自贸试验区落地

上海民建人身处我国改革开放前沿，通过长期对改革开放的追踪观察和对全球经济发展趋势的理性思考，深深地感受到了对外开放和全球经济一体化所带来的活力与发展，更坚定了致力于推进改革开放的信心与决心。上海民建人高度关注国际贸易运行和国家进出口领域制度变革，长期跟踪外高桥保税区等海关特殊监管区域的发展，敏锐地意识到了建设自贸试验区对深化改革和扩大开放的重要意义，迫切地希望通过民建人的努力推动上海自贸试验区的建设与发展。为此，民建上海市委以饱满的热情关注着自贸试验区建设，持续组织会内相关专家深入调查研究，就自贸试验区建设的法治化、国际化、便利化，在全国和上海层面的多种场合提出意见建议，并为国家自贸港战略落户申城积极呼吁，提出有质量、有深度、有水平的建议。

早在上海自贸试验区落户前，在 2011 年外高桥举行的“世界自由贸易区论坛”上，民建中央副主席、上海市政协副主席、民建上海市委主委周汉民就在其论坛演讲上提出，外高桥保税区已经为自由贸易区转型积蓄了重要力量，“和国际通行的

自由贸易区相比，现在的综合保税区还存在许多体制、机制、税制、管制问题，要真正突破‘四制’问题，需要努力争取中央国家层面大力支持的‘外力’，也要以超前的意识、勇往直前的勇气、孜孜不倦的毅力，练好‘内功’，争取在推进‘保税区’向‘自由贸易区’‘自由贸易港城’的转变中实现‘率先’”。当时在主席台上就坐的时任中共中央政局委员、中共上海市委书记俞正声同志为这一个发言拍手叫好，认为这是一个重大问题，需要在国家层面振臂一呼。事后他又批示：“深受启发，值得研究，应发给市委、市政府领导人手一份，共同探讨。”随后，在2012年市政协大会发言中，周汉民主委又以民建上海市委的名义，提出“争取在推进‘保税区’向‘自由贸易区’、‘自由贸易港城’的转变中实现‘率先’”。在2013年上海市政协大会上，周汉民主委在进行了大量调查研究的基础上，又提交了《关于上海设立浦东国际自由贸易区的建议》，提出上海建立国际自由贸易区的时机已基本成熟，大力呼吁，积极争取国家政策在上海率先试行。

接续发力，用民建人的专注热情培育自贸试验区“沃土”

2013年，上海自贸试验区正式运行以后。民建人把自贸试验区的诞生日作为推进自贸试验区改革发展的始点，全身心地投入到为自贸试验区深化改革、制度创新的建言献策当中。当年12月，民建上海市委就聚焦上海自由贸易试验区的试点情况，围绕“自贸试验区建设成果盘点及前景展望”，主办“上海民建浦江论坛”，向包括企业家在内的社会各界详细介绍了中国（上海）自由贸易试验区成立以来的情况，解读了自贸试验区建设带来的重大机遇，并针对自贸试验区建设过程中体制、法制、金融等方面的改革，邀请来自不同领域的专家学者、企业家以及民建会员展开深入的研讨和交流，并将其中的核心观点予以提炼，以资决策，揭开了上海民建人投身自贸试验区建设的大幕。

随后，上海民建更注重通过政协委员和人大代表的渠道，将民建人对自贸区建设的思考和探究，在上海“两会”上提出一系列的真知灼见。2014年，在市政协十二届二次会议上，民建上海市委以《以制度设计导航，把自贸试验区建成投资热土、经营乐土、管理净土》作为大会发言，从数十篇关于自贸试验区的发言稿中脱颖而出。当年，民建界别的政协委员围绕着自贸试验区提交提案十几篇。2015年，市政协十二届三次会议，民建上海市委再次提交组织提案《上海自贸试验区负面清单修改建议》，并在分组会议上，民建界别的政协委员围绕如何扩大自贸试验区溢出效应群策群力。2017年，市政协十二届五次会议上，民建12名委员联名提交提案《关于发挥自贸试验区优势，关注对外贸易新动态，加快建设出口跨境电商发展软硬环境的建议》，建议密切关注跨境电商交易，呼吁用大数据为自贸区发展“把脉”。

再次起航，用民建人的改革闯劲助推自贸港“破题”

正是连续多年来的持续关注和密切跟踪，使民建人对自贸试验区发展和建设有了更深一步的思考和认识。在中共十九大报告提出“赋予自由贸易试验区更大改革自主权，探索建设自由贸易港”的要求后，有着深深的“自贸区情结”的上海民建人，第一时间启动了“关于探索自由贸易港建设”课题研究，通过“三个坚持”，全面动员上海民建会内的各领域专家和精英参与课题研究，为上海自贸试验区升级转型提供有价值的参考意见。

首先，坚持组织发动与自愿报名相结合，遴选组成高素质、有热情的调研队伍。本次调研，上海民建转变传统发动方式，在组织推荐的同时，通过上海民建的微信公众号，发布“招贤榜”，邀请全市会员主动报名参加。在短短2周的报名时间内，课题组首批吸收成员133人，其中民建会员119人，涵盖了上海民建在金融、贸易、航运、法律、大数据产业等领域的精英人才，其中全国政协委员2人、市人大代表2人、市政协委员6人。随着调研的深入，课题研究的影响力越来越广，不少错过报名时间的会员强烈要求加入调研，并向课题组提供了本人关于自贸港建设的研究成果。最终，课题组成员拓展至140余人，分别从金融、航运、贸易、税收、人才体制机制创新、自贸港（区）功能与产业方向和大数据应用等方向分设7个子课题，共同开展调研。

其次，坚持线上互动与线下调研相结合，营造严肃认真、生动活泼的良好氛围。为掌握第一手资料，周汉民主委亲自为课题组做动员，亲自带队前往上海自贸试验区管委会调研。课题组还分别召开企业家和学者专家2场专题研讨会，摸清企业对于自贸港的政策需求，听取学术界对自贸港政策的预判。同时，课题组还通过民建市委的微信公众号发布“上海自由贸易港建设企业调查问卷”，回收有效问卷340份，了解更多企业管理层对自贸港的态度和建议。与此同时，为方便课题组成员相互交流，7个子课题组分别建立微信群，在网上交流观点、探讨问题、分享成果。

第三，坚持稳步推进与同步转化相结合，及时形成高质量的阶段性研究成果。自贸港研究是一项系统性工作，牵涉到各个领域的改革突破，但同时在全国各地争取国家自贸港落地的激烈竞争环境下，课题组每名成员都深知自贸港的研究具有很强的时效性，既不能拖、更不能等。为此，除了加班加点进行研讨调研以外，课题组化整为零，将金融开放、航空租赁等具体问题交由相关专业背景的课题组成员进行重点攻关。在课题研究的过程中，陆续形成各子课题组的各类中期成果30余篇，

2018 年 2 月 28 日，民建上海市委主委周汉民率民建市委“关于探索自由贸易港建设”课题组赴中国（上海）自由贸易试验区调研

其中较为成熟的专题报告先期作为民建市委《建言专报》报送中共市委、市政府参阅。从 2 月课题启动到 4 月课题结题的两个月中，相关中期研究成果陆续得到了中共市委、市政府领导的重视，从 3 月 18 日收到市领导第一个批示开始，几乎每周都有新的成果报送上去，有新的批示反馈下来。此外，调研期间，就已有市商务委、市金融办等主管部门就相关建议主动联系课题组，对接具体工作。

民建上海市委关于“上海探索自由贸易港建设研究”课题的建言专报及课题成果汇编

经过两个月的密集调研和座谈研讨，上海民建课题组收获了丰硕的研究成果，梳理出自贸试验区建设过程中亟待解决的痛点、难点和堵点，提出上海探索建设自由贸易港应该具备最大的开放力度、最优的开放环境、最好的开放设施、最新的开放制度等一系列特征，并为自贸港构想了一系列制度体系框架，最终形成了包括1个主报告、7个子报告、8个专题报告在内的16篇系列研究成果，通过《建言专报》报送给中共上海市委、市政府领导，得到了中共上海市委书记李强同志的批示肯定，课题各类成果累计得到了8次市领导批示。李强书记在2018年5月2日召开的上海市委纪念中共中央发布“五一口号”70周年座谈会上，又一次点名表扬了上海民建自贸港研究课题的工作。在民建中央“关于建设自由贸易区的调查与建议”调研组来沪调研时，全国人大常委会副委员长、民建中央主席郝明金评价，“民建上海市委本次调研拿出了政治站位高、视野宽、系统性强、可操作性强的高质量报告”，对此，他表示深受感动，也倍感自豪。

回望这些年民建上海市委在参政议政的各项工作，自贸试验区建设虽然只是其中一部分工作，却极具代表性，代表着民建上海市委立足我国发展新的历史方位，坚定不移贯彻新发展理念，紧扣人民群众日益增长的美好生活需要，紧扣经济社会发展实际，紧扣贯彻落实国家重要决策部署，聚焦国家和上海经济发展的热点、难点问题，通过严谨、扎实、持之以恒认真的态度履行参政党的职能，努力践行“经世济民”的价值理念。

（本文成文于2018年9月）

民建上海市委智库体系框架的创新探索和发展

剑　玄

为加强参政议政能力，提升建言成果质量，几代民建人不断传承和发扬“五一口号”精神，积极参政议政，成果采用率和影响力不断扩大，逐步构建起上海民建参政议政智库体系框架。

上海民建参政议政智库体系框架包括了智库生产平台、交流平台和服务平台等三大平台。

14 年数度嬗变，智库生产平台雏形初现

14 年前，时任民建中央主席成思危来上海开展调研，对民建上海市委提出了创建新时期民建参政履职的智库——民建经济社会发展研究中心的想法。此后，时任民建中央副主席、民建上海市委主委的黄关从召集筹建会议，并对“研究中心”的建制、职能、机制和成员等方面提出要求。2005 年 11 月 30 日，上海民建经济社会发展研究中心正式成立。作为民建上海市委领导的会内研究性机构，上海民建经济社会发展研究中心的工作目标是为了更好地整合本会的智力资源，形成更紧密连接会内及社会各界专家学者的纽带，开阔本会参政议政的思路和领域，进一步提高参政议政的能力和水平。“研究中心”的成立是民建参政议政工作的创新，为加强会的专家学者队伍建设开辟了新的载体，为参政议政工作创建了新的平台。“研究中心”成立以来，先后吸纳了包括人大和政协政策研究室专家、市政府参事、社科院研究员和高等院校的学者，并形成了涉及经济、社会、法治、科创等各方面的会内外专家队伍，为智库建设奠定了人力资源基础，形成了参政议政智力资源体系。

2012 年，为进一步优化“研究中心”结构，发挥成员参政议政积极性，“研究中心”进行了重大调整，经过组织推荐，充实了部分研究员和成员，并开始实行执行主任轮值制度，每年由一位执行主任担任轮值主任主持“研究中心”的日常

工作。五年间，五位轮值执行主任积极履职、无私奉献，有力地推动了“研究中心”各项工作机制的完善和落实。然而，“研究中心”依然面临机构庞大但发动不足，活动丰富但参与率不高，成员众多但骨干较少等诸多问题。为紧密围绕国家战略和城市发展大局，更好地整合会内外智力资源，提升民建市委参政议政的能力和水平，2018 年初，民建上海市委对“研究中心”的组成架构和人员构成进行了全面改组和升级，正式组建了民建上海市委上海经济社会发展研究院。研究院的组成人员包括：名誉院长、院长、副院长、特聘顾问、所长、副所长、研究员、秘书长等。其成员主要来自民建市委专家学者和近年来参政议政工作突出的骨干会员。为针对不同的参政议政专题开展研究工作，研究院内部还设置了经济、金融、法治、科创、社会等研究所和一个风险投资研究中心，并根据成员专长建立了相应的研究员队伍。民建上海市委将以研究院为参政议政智库平台，围绕国家和上海经济社会发展中的重点、热点和难点问题，深入调查研究，不断积累成果，进一步扩大民建参政议政影响力。

2013 年 7 月，习近平总书记视察中国科学院时曾指出：“大数据是工业社会的‘自由’资源，谁掌握了数据，谁就掌握了主动权。”2015 年 8 月，国务院印发《促进大数据发展行动纲要》，要求全面推进大数据发展，加快建设数据强国。在同年 11 月召开的党的十八届五中全会上，提出“实施国家大数据战略”，这是大数据第一次写入党的全会决议，标志着大数据战略正式上升为国家战略。为推动我国大数据产业持续健康发展，实施国家大数据战略。2017 年 1 月，工信部正式发布了《大数据产业发展规划（2016—2020 年）》。在这样的大背景下，民建上海市委大数据应用研究中心应运而生。2017 年 10 月，民建上海市委大数据应用研究中心与上海数据交易中心有限公司签订战略合作协议并揭牌成立。大数据应用研究中心的设立旨在围绕国家大数据战略相关部署，为上海打造大数据战略高地提供有力支撑。同时发挥民建密切联系经济界的特色和优势，利用大数据平台为民建上海市委参政议政各项工作提供支持，并推动上海民建会员企业在大数据领域的互联互通和深度合作，为大数据应用和产业发展作出积极贡献。

12 年传承与承诺，智库交流平台逐渐成熟

举办品牌论坛，打造智库交流平台。2007 年 9 月，由民建中央主办，民建上海市委和民建中央会员培训中心共同承办的“金融论坛——中国经济改革与世界资本市场发展”在上海举行。三位诺贝尔经济学奖获得者罗伯特·蒙代尔、托马斯·谢林和埃德蒙·费尔普斯，特地风尘仆仆来到上海参加了本次论坛。该论坛在我国各

参政党所举办的大型经济论坛中，形成了鲜明的民建特色，并体现了与时俱进和独树一帜的风格。以成功举办金融论坛为契机，民建上海市委积极响应中共上海市委、市政府的号召，立足实际，发挥优势，每年围绕中小企业发展和专题内容开始主办“上海中小企业发展论坛”和“上海民建浦江论坛”。

2013 年 9 月 25 日，上海中小企业发展论坛在上海市奉贤区举行，论坛首次发布上海中小微企业生存发展指数

从 2008 年开始，为聚焦中小企业发展，发布相关调研成果，民建上海市委联合有关方面每年主办“上海中小企业发展论坛”。在各方共同努力下，该论坛已经成为民建上海市委的品牌活动之一，并成为一个具有较大社会影响力的交流平台。自 2013 年以来，每年由“研究中心”轮值主任在论坛上发布“上海中小微企业生存发展指数”，并从 2016 年开始发布“上海中小企业创新能力调查报告”。

“上海民建浦江论坛”是民建上海市委围绕区域经济发展重大课题，充分发挥紧密联系经济界的特色，为推进上海“五个中心”建设，“建睿智之言，献可行之策”年度系列行动的主要形式之一。在“研究中心”全体成员的共同努力下，论坛自 2009 年创办以来，从不同角度、领域为上海科学发展建言献策，成为民建市委继中小企业论坛之后的第二大品牌论坛。“上海民建浦江论坛”在发挥各界智力优势、推动地区发展方面进行了有益的探索，成为民建上海市委和全市各区县之间的

2018 年 5 月 22 日，上海民建浦江论坛在上海市长宁区举行

良性互动平台，体现出民主党派工作与地方经济社会发展的紧密结合。

除此之外，民建上海市委参与主办“上市公司论坛”，助力上市公司可持续发展。“2017 年中国上市公司论坛”以“实体经济发展、创新驱动转型、资本规范运作”为主题，旨在为全面深化五大发展理念，加快推进供给侧结构性改革，凝聚智慧，贡献力量。论坛通过专家学者、企业家发言，解读经济新常态和当前金融形势，为上市公司可持续发展带来更多启迪。通过参与主办“中国上市公司论坛”，既呼应了民建密切联系经济界的特色和优势，又形成并放大了具有上海特色的民建之声。论坛还每年发布《中国上市公司竞争力排名蓝皮书》，为助推上海“四个中心”和科创中心建设、深化自贸试验区改革、丰富国家“一带一路”建设功能，作出应有的贡献。

以《调研建言》刊物为依托，不断扩大智库影响。2006 年 7 月，由“研究中心”主办的民建上海市委参政议政内刊《调研建言》正式发刊。经过多年来的发展，《调研建言》从最初每期 1 万余字，向 400 余位会员发放，到逐年发展壮大，经过 5 次改版，形成目前的每期近 3 万字，面向全体会员的参政议政刊物，并于 2014 年 11 月成功获得上海市连续性内部资料准印证，成为各民主党派中独有的参政议政半月刊。创刊以来，已录用700余位会员撰写的3300余篇文章。不少基层组织将刊物作为学习活动的资料，组织会员积极投稿，并将刊物选用的文章作为稿件录用的统计依据，引起了越来越多会员的关注和参与。相对于民建上海市委传统的参政议政材料报送渠道，《调研建言》体现出录用率相对较高、形式多样、注重交流和互动、可读性较强等特点。通过办好《调研建言》刊物，发现和培养了一批民建参政议政的骨干力量，新鲜血液不断地充实到了民建上海市委参政议政的队伍中来。办刊以来，《解放日报》《联合时报》《浦江纵横》等报纸杂志曾多次转载刊物文章，并围绕具体问题采访相关作者，深入探讨有关内容，在社会上形成了一定的影响。

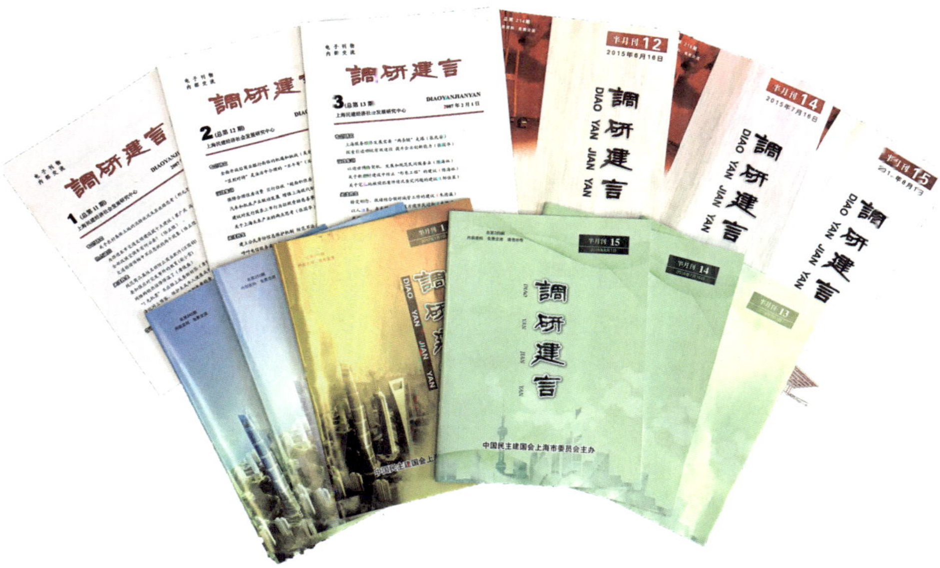

民建上海市委参政议政内刊《调研建言》

举办参政议政沙龙，建立人才发掘机制。参政议政沙龙是民建上海市委为充分发挥会员智慧、拓宽参政议政思路而举行的交流座谈类活动。沙龙针对民建各级基层组织每两周举办一次专场，通过围绕经济社会发展专题内容开展交流，共同探讨参政议政新思路、新办法、新热点。每一期沙龙都会要求相关组织负责人汇报参政议政工作情况，对组织实际参政议政能力形成了压力，有效推动了各级组织的重视程度。自2015年2月民建上海市委首次举行参政议政沙龙以来，已围绕二十余项专题，举办专场沙龙共达59期，参加沙龙的会员达到580人次，发现和培养社情民意骨干人才60余人。通过在每场沙龙交流讨论期间与会员直接约稿，在较短的时间内形成了多篇社情民意材料，并在民建市委参政议政内刊《调研建言》上以专栏形式呈现。截至目前，《调研建言》以专场形式登载的沙龙文章已达130余篇。

3个平台整合创新与集成，智库服务平台硕果累累

智库服务平台在14年的酝酿与发展，传承与创新中，终于结出了累累硕果，其中最重要的即是3个关键平台。

一是内参编辑平台。依托《建言专报》，将高质量的建言材料直接报送市领导和有关部门。《建言专报》是民建市委参政议政新平台，也是面向上海市委、市政府主要领导、民建中央调研部等有关单位开辟的直通车和内参文件。2017年，《建言专报》共获得5次市领导批示，并在中共市委书记李强同志首次走访民建上海市委后，第一时间编印并专程向李强书记报送了5篇《建言专报》。2018年以来，在围绕自贸港专题编印的16期系列专报中，1份总报告和7份分报告获得了市领导李强、周波的批示，还有6份专题报告分别获得市领导周波、翁铁慧、吴清、龚道安等的批示。《建言专报》越来越受到领导和有关单位的重视，部分材料通过领导批示转有关部门承办，有力地促进了相关问题的改善，并推动了工作的有效开展。

二是成果转化平台。通过对各级组织和广大会员报送的各类建言来稿进行编辑整理和成果转化，形成适合向民建中央、上海市政协、上海市委统战部等各类渠道报送的建言材料。同时，对来自智库生产平台和智库交流平台产生的成果进行加工和转化，并通过有关渠道报送。

三是社会推广平台。通过民建市委网站、微信公众号以及各类社会主流媒体平台，对外宣传和推广参政议政成果。随着近年来民建上海市委参政议政成果在数量和质量方面的不断提升，通过社会推广平台的传播，可以对参政议政成果从不同角度进行深入挖掘，进一步扩大民建参政议政的社会影响力。

通过搭建上海民建参政议政智库体系框架，逐步集聚了上海民建的参政议政人才和素材，并初步整合了生产、交流、服务等多个环节。在此基础上，民建上海市委将进一步建成上海民建参政议政智库体系，从而真正实现民建市委参政议政能力和水平的质的飞跃，为国家和上海经济社会发展作出应有的贡献。

（本文成文于2018年9月）

后 记

今年是中华人民共和国成立70周年、人民政协成立70周年、中国共产党领导的多党合作和政治协商制度确立70周年。70载风雨兼程，70载岁月辉煌。在伟大的中国共产党领导下，伟大的中华民族和中国人民开辟了中国特色社会主义道路，形成了中国特色社会主义理论体系，建立了中国特色社会主义制度，推动中国特色社会主义进入了新时代，我们国家发生了翻天覆地的变化。无论是在中华民族历史上，还是在世界历史上，这都是一部感天动地的奋斗史诗。

礼赞新中国，奋进新时代。为庆祝新中国70华诞，民建上海市委组织力量编辑出版《我和我的祖国》，全书收入106篇文章，以民建会员亲历、见证的视角，立足上海，展现新中国70年取得的伟大成就，讲述民建会员与新中国同成长、共命运的动人故事。

本书分为上下两篇。上篇“缅怀与纪念”，围绕民建先贤在参加人民政权建设、参加人民政协工作、坚定走社会主义道路过程中的主要贡献，选择了部分民建老领导和会员在不同时期撰写的、从不同侧面反映民建先贤事迹的文章18篇。民建先贤灿若繁星，此处所录挂一漏万。希望读者能够从他们身上汲取精神滋养，凝聚起新时代团结一心、艰苦奋斗、实现中华民族伟大复兴的磅礴力量。

下篇“奋进与礼赞”，由“我和我的祖国”优秀征文组成。今年1月2日，民建市委向全市民建会员和会务工作者发出征文活动通知，以“我和我的祖国”为主题，讲述立足本职、建功立业的亲身经历和所感所悟。截至6月30日，共收到征文235篇。逐篇拜读，新中国70年所取得的巨大成就、一代又一代新中国的建设者们70年爱岗敬业的奋斗历程，跃然纸上；民建会员议政建言的声音、扶危帮困的身影、民主协商的细节、神圣庄严的时刻，宛在目前。来稿中优秀者，数不胜数，从各个方面展现了上海民建会员履职尽责、与时俱进、探索创新，脚踏实地为上海经济社会发展作出的独特贡献。由于篇幅有限，书中仅收入征文76篇，优秀者未能悉数入选。在此，谨代表民建市委向所有征文来稿作者致以衷心的谢意。

本书还收入了上海民建工商业者在建国初期国家经济建设中的重要作用，民建会员在迎接上海解放、抗美援朝和资本主义工商业社会主义改造过程中的事迹，上海民建会员创办上海市工商界爱国建设公司、创办上海工商学院，上海民建组织会员开展支边经济咨询、为上海设立自由贸易试验区建言献策、探索民建智库体系和上海民建扶帮公益基金会工作纪实等内容，共12篇文章。这些可以看作上海民建会员在新中国70年发展历程中努力奋斗的集体画像，是上海民建会员热爱祖国、报效祖国精神风貌的集体表达，希望亲历者阅后，重现历史画面，当年壮志愈加坚定；后来者读后，了解那时情境，从中找到新时代勇敢担当新使命的精神力量。

本书与《踏石留印》和《我与改革开放40年》一起，组成了上海民建不忘合作初心，继承优良传统，坚持中国共产党的领导、坚持走中国特色社会主义道路，在多党合作舞台上的真实记录。

本书由民建中央副主席、上海市政协副主席、民建上海市委主委周汉民担任主编。民建市委副主委汪胜洋担任副主编。宣传部副部长仲晔骅带领宣传部同志完成了征文活动的组织部署和书稿编选。宣传部徐泽春、陈阳乐承担了本书编写过程中的具体事务，陈越骏、茅靖玮、姚元晨、殷鉴也参与了全书的选稿和校对工作。民建各区委、直属基层组织相关同志在组织征文、收集会员信息和照片方面做了大量工作。上海人民出版社对本书的出版给予重要协力。在此一并致以衷心的感谢。

书稿即将付梓，难免有疏漏、欠妥之处，还请各位读者谅解。诚恳希望大家提出宝贵意见。

2019年7月27日